2021年第2卷

第66卷

刑法论丛

CRIMINAL LAW

REVIEW VOL. 66

■高铭暄/学术顾问

■赵秉志/主　编

■阴建峰/副主编

■彭新林　张　磊　苏明月/专业编辑

中文社会科学引文索引（CSSCI）来源集刊

法律出版社
LAW PRESS CHINA
——北京——

图书在版编目(CIP)数据

刑法论丛. 2021年. 第2卷 : 总第66卷 / 赵秉志主编. -- 北京 : 法律出版社, 2022

ISBN 978-7-5197-6919-2

Ⅰ. ①刑… Ⅱ. ①赵… Ⅲ. ①刑法-文集 Ⅳ. ①D914.04-53

中国版本图书馆 CIP 数据核字(2022)第127069号

刑法论丛(2021年第2卷·总第66卷)
XINGFA LUNCONG (2021 NIAN DI-2 JUAN · ZONG DI-66 JUAN)

赵秉志 主编

责任编辑 韩满春
装帧设计 李　瞻

出版发行 法律出版社
编辑统筹 学术·对外出版分社
责任校对 杨锦华
责任印制 陶　松
经　　销 新华书店

开本 A5
印张 17.75　　**字数** 503千
版本 2022年8月第1版
印次 2022年8月第1次印刷
印刷 永清县金鑫印刷有限公司

地址:北京市丰台区莲花池西里7号(100073)
网址:www.lawpress.com.cn
投稿邮箱:info@lawpress.com.cn
举报盗版邮箱:jbwq@lawpress.com.cn

销售电话:010-83938349
客服电话:010-83938350
咨询电话:010-63939796

书号:ISBN 978-7-5197-6919-2　　**定价**:88.00元

凡购买本社图书,如有印装错误,我社负责退换。电话:010-83938349

目

录

〔外国刑法〕

〔比较刑法〕

〔国际刑法〕

CONTENTS

〔过失犯罪专栏〕

客观预见可能性的构造与机能*

——兼论主客观理论

纪　康**

目　次

过失犯的本质经历了旧过失论到新过失论的演变，预见可能性也从过失犯的本质要素转换为过失犯成立的前提，与之相关的理论和研究也随着回避可能性理论的兴起日渐式微。及至晚近的客观归责理论使过失犯的主观构成要件遭到摒弃，至于曾一度被认为是过失犯本质要素的"预见可能性"，我们却开始找不到它的位置。① 在日本已经几乎无人主张的旧过失论，也正是因为预见可能性而遭到攻讦：基于事实

* 本文受国家社科基金重大课题（17ZDA135）、司法部重点项目（17SFB1004）、华东政法大学优秀博士论文培育项目（2020－1－014）资助。

** 华东政法大学刑法学博士研究生。

① 参见吕英杰：《论责任过失——以预见可能性为中心》，载《法律科学（西北政法学院学报）》2016 年第 3 期。

层面考察行为人可能预见的范围,可能会因规范性不足而陷入经验法则的空洞化,归责范围因此无限扩张。

由此我们可能得出的结论便是,预见可能性在过失犯的客观归责中完全没有意义。在台湾地区,林钰雄教授支持这种观点,“只要客观构成要件可归责就成立过失,因此注意义务违反、可预见性、认识可能性及避免可能性等要件皆为重复和多余”。① 陈璇教授也以预见可能性的事实性、经验性的内容为批判对象,将任何与预见可能性挂钩的归责路径都视为“方向性”的错误。②

与此同时,也有学者认可预见可能性与归属理论之间的关系,但其中的地位和作用,却各有不同。王皇玉教授将“对结果的预见可能性提升为过失犯行为不法的核心角色”。③ 与之类似的,劳东燕教授也认为“预见可能性宜定位于客观归责层面的行为归责环节”。④ 相比之下,德国学者更多将预见可能性和结果不法的判断结合起来,作为判断结果不法的必要步骤。⑤ 韦塞尔斯在结果归责中提出,根据客观上的可以预见性和可以避免性等来确定相当性的范围。⑥

此外,客观归责理论近年来不断遭受着“不够客观”的批判,行为人主观因素影响客观归责已成为不争的事实,以主观认知能力为基础的主观归责理论大有卷土重来之势。鉴于客观预见可能性和主观预见可能性的分野,预见可能性理论也不可避免地卷入在这场主客观之争中。然而,当前预见可能性理论的研究过于重视理论概念的诠释而忽

① 林钰雄:《新刑法总则》,中国人民大学出版社2009年版,第135页。

② 参见陈璇:《论过失犯中注意义务的规范保护目的》,载《清华法学》2014年第1期。

③ 王皇玉:《刑法总则》(第5版),新学林出版股份有限公司2019年版,第502页。

④ 劳东燕:《过失犯中预见可能性理论的反思与重构》,载《中外法学》2018年第2期。

⑤ 参见[德]汉斯·海因里希·耶塞克、托马斯·魏根特:《德国刑法教科书》(下),徐久生译,中国法制出版社2017年版,第789页。

⑥ 参见[德]约翰内斯·韦塞尔斯:《德国刑法总论》,李昌珂译,法律出版社2008年版,第106页。

视了使用语境的考察，过于重视具体内容的说明而忽视了机能作用的发挥。在厘清使用语境的基础上，为预见可能性找出体系性定位，方能帮助我们走出头绪纷杂、玄机四伏的归责理论。

一、主客观理论纷争的由来

归责(Zurechnung)概念源于拉丁文 imputatio，强调对主体和主观的归责。① 这种主观化的客观归责理论深受黑格尔的影响，正是他将唯心论法哲学带入故意和责任的判断中，认为“归责是将行为归咎于行为意志的过程”。② 但是真正的客观归责(die objective Zurechnung)的概念，最先是由拉伦茨提出的。其核心意义在于归责的对象为客观关系，即将某个事实归于主体的行为；与之相对的，主观归责是将行为归于法律或道德上的责难。在拉伦茨那里，归责被切分为行为归责和法律归责，前者是对行为的判断，后者是对行为价值的判断，行为归责是法律归责的基础。在判断行为归责的过程中，由于不涉及行为人的判断能力，拉伦茨将其称为“客观归责”。③

由此可见，拉伦茨所创的客观归责理论虽然属于意志归责的范畴，但因其具备了客观目的性而被赋予了客观属性。所谓目的的客观性在于归责并不取决于行为人本人的意愿和认知，而是行为人可能具有的意愿和认知。当我们将“意志”这一主观词语通过客观方面来展现时，行为人的主观层次和客观层次就开始呈现交织的态势。不仅如此，当意志归责在考察行为人可能具有的认知时，就不得不虚构一个理性人。只有通过在同样的情形下理性人的行为，才可以为行为人的评价提供基准。这里的理性人或一般人，相对于行为人来说，又是另一种层面的主观与客观的交织。基于一般人/行为人的判

① Sch nemann，ber die objective Zurechnung，GA 1999(5)，S. 207.

② [德]黑格尔：《法哲学原理》，范扬、张企泰译，商务印书馆 1961 年版，第 118 页。

③ 参见吴玉梅：《德国刑法中的客观归责研究》，中国人民公安大学出版社 2007 年版，第 24 页。

断立场对立,以及内在意志/外在表现的对立,主客观之间的界限越发地混沌与迷离。

对于主观归责和客观归责的区分,霍尼希(Honig)认为,将客观归责理解为对"平均能力标准人"进行归责,就此而言,行为义务与虚拟规范对象者相关联。① 与之类似的,"是否应当肯定将被考察的举止的危险性,关键在于一个被构想出来站在行为人立场上的观察者的事前评价"。② 由此,在进行危险判断时,重要的并非行为人主观上认识到了风险,而是客观第三人是否认识到了风险。可以说,正是客观第三人可能的预见范围为行为人的归责范围划定了边界,预见可能性从而脱离行为人的主观层面,具有了客观层面的属性。

从拉伦茨到霍尼希,对抽象人的客观归责优先于对主体的归责的判断方法被奉为圭臬,但对于判断内容的筛选,却没有过多涉及。及至目的行为论,这一问题被一语道破:客观归责理论容许在客观构成要件层次考虑并评价行为人的主观面,已导致一个体系上的断裂,严重混淆了主观构成要件和客观构成要件的范畴区分:主观构成要件应描述行为人的内心世界,而客观构成要件则应描述外在世界。③ 因此,客观归责中是否能够包含对主观要素的考察,是客观归责理论一根在背的芒刺。

从归责理论的发展我们不难看出,客观归责和主观归责可以作两个维度的理解,其原因在于"主观"和"客观"词语的多意性。

第一道路径,涉及犯罪构成要件要素的判断时,行为外在显现形态的客观构成要件要素和涉及行为人主观心理状态的内在的主观构成要件要素。④ 例如,相当因果关系判断中以行为人本人可能认识作为判断基础的主观的相当因果关系理论和以行为时存在的事实背景为基础

① 转引自[德]乌尔斯·金德霍伊泽尔:《论所谓"不被容许的"风险》,陈璇译,载陈兴良主编:《刑事法评论》2014年(第34卷)第1期。

② Burgstaller Wiener Kommentar, zum strafgesetzbuch, 1979, § 6 Rn 26, 65 f.

③ Struensee, Objektive Zurechnung und Fahrlässigkeit, GA 1987, S. 97 f.

④ 参见林钰雄:《新刑法总则》,中国人民大学出版社2009年版,第109页。

的客观的相当因果关系。[①] 再如,关于未遂犯的处罚理由上基于客观危险性的客观未遂论和基于法敌对意志的主观未遂论。[②]

第二道路径,解决问题的判断标准是采用一般人标准还是行为人标准。例如,结果预见义务以具体行为人的注意能力为标准还是以抽象一般人的注意能力为标准,以及期待可能性判断中被期待的对象是一般人还是行为人。

伴随着这些主客观学说的,还有各种形式的折中说,以及主观说与客观说内部的实质说与形式说。林林总总的学说对立遍布犯罪论的各个领域,也将主客观之争推向高潮,同时也将犯罪论的纷繁复杂之势淋漓尽致地呈现出来。周光权教授将第一道路径称为刑法基本立场上的主观主义与客观主义之争,第二道路径称为刑法具体问题分析中的主观说与客观说之争。[③]

具体来说,我们需要明确这样一个问题:客观究竟是行为人心理的反义词,还是行为人个体的反义词?如果将"客观"理解为行为人心理的反面,即行为人的客观行为,那么这里的主客观之争就是行为与行为人之争,争议焦点在于刑法责难的对象是客观行为还是主观恶性,也就是持续至今的主观不法论与客观不法论之争,并被许玉秀教授称为"真正的主客观之争"。[④] 如果认为刑法惩罚行为及其对法益的侵害,则属于客观主义的立场;如果认为刑法惩罚行为人的危险性格,则属于主观主义的立场。[⑤] 如果采纳第二道路径,即"客观"是就行为人的对立面而言的,其内涵就是指以一般人为视角的判断立场或判断标准。

① 参见黄荣坚:《基础刑法学》(下),中国人民大学出版社 2009 年版,第 179 ~ 180 页。

② 参见黄荣坚:《基础刑法学》(下),中国人民大学出版社 2009 年版,第 307 页;林钰雄:《新刑法总则》,中国人民大学出版社 2009 年版,第 279 页。

③ 参见周光权:《法治视野中的刑法客观主义》(第 2 版),法律出版社 2013 年版,第 7 页。

④ 许玉秀:《主观与客观之间——故意理论与客观归责》,法律出版社 2008 年版,第 182 页。

⑤ 参见张明楷:《刑法的基本立场》,中国法制出版社 2002 年版,第 56 ~ 57 页。

一般人标准的实质,是一般人应有的知识与态度,也就是被类型化、领域化的“常识、常情及常理”。[①] 在部分刑法客观主义的卫道者看来,两种主客观之争是相通的,因为如果在第一种主客观之争中持客观主义立场,就应当排除行为人的主观恶性而单纯考察行为,就此而言,行为人的主观恶性、反社会性就没有刑法评价的必要。既然刑法评价脱离了行为人的内在心理之后,就没有必要再将犯罪者本人作为刑法评价的对象,由此也就转向了一般人的立场。周光权教授虽然区分了判断内容和判断立场,但是却经常在同一语境中对二者进行混用。[②] 但是,采客观主义的刑法立场并不代表着对抽象人的主观方面完全不加以考虑,而是基于非决定论的立场将具备意志自由的抽象个体作为理论分析的前提。如后所述,很多主客观的迷思都是建立在对一般人的主观方面之上,如行为人特殊认知问题、因果流程偏离问题等。

二、走出主客观的迷思——一般人标准的客观维度

(一)归责标准的选择:一般人标准

实际上,主客观之间的混乱局面与语意的多义性不无关联。“Zurechnung”一词可以作三个层次的理解:(1)构成要件的归属;(2)罪责的归属;(3)单纯的负责之意。[③] 第一层次和第二层次是不法层面的归属问题,构成要件的归属是以构成要件作为归属对象的判断,是将构成要件结果向行为人归属的第一步,即建立构成要件结果与行为之间的义务违反关联性。由此可见,客观归责理论使用“归责”一词,并非终局性地认定犯罪行为,而是客观构成要件

① 陈航:《民刑法中的“一般人”观念及其判断基准》,载《法学家》2020年第3期。

② 参见周光权:《法治视野中的刑法客观主义》(第2版),法律出版社2013年版,第39~40页。

③ 参见蔡桂生:《构成要件论》,中国人民大学出版社2015年版,第163页。

的归属问题。[①] 国内有学者将其称为归责(Zurechnung),也有人将其称为客观归责(Objektive Zurechnung)。与之相对,主观归责即"根据个人能力标准划定责任的界限"。[②] 在主观归责中,罪责的归属是把行为归因于行为人的过程,它决定了能否在道义上对行为人加以谴责。就此而言,客观归责大致对应客观不法的判断,主观归责大致对应主观罪责的判断。

在客观归责理论中,客观归责中既有主观构成要件的判断问题,也有客观构成要件的判断问题,二者无法截然分开。原因就在于行为不法的判断无法像结果那样以物理性和自然性的状态改变呈现,也不会像意志那样因原始性和终极性而无法单独呈现,而是既有行为人心理的外在呈现,又有对外界物理环境的状态改变。强行将其拆开,便如同"人格分裂"。因此,根据判断内容区分主观归责与客观归责既无可能,也无必要。这也是客观归责理论虽然广为流传,却一直无法拔掉的一根在背的芒刺。在面对"客观归责并不客观"或者说"主观要素对客观归责的渗透"这一质疑时,罗克辛教授所作的解释是苍白的:借由归责所架构的构成要件行为是客观的,之后加入的才是主观构成要件。[③] 这样的理解似乎将客观方面作为归责的基础,而主观要素和客观要素都属于客观归责所要判断的,只是判断的先后顺序有别罢了。由此可见,罗克辛教授所欲表达的客观归责并非归责对象意义上的、作为行为人主观方面相对的"客观"。

在第一道路径(从评价对象的角度)归于失败之后,从相对于行为人的一般人角度(评价立场的角度)理解"客观"就成为一条可行路径。"一般人标准"最早由拉伦茨提出,拉伦茨的贡献在于为"目的"这一主观词语赋予了客观意义,即"可能为行为人所认识和意

---

① Honig FG Frank, Bd. I, 1930, S. 174 ff.

② [德]沃斯·金德霍伊泽尔:《故意犯的客观和主观归责》,樊文译,载陈兴良主编:《刑事法评论》2008年(第23卷)第2期。

③ 参见[德]罗克辛:《客观归责理论》,许玉秀译,载《政大法学评论》1994年第50期。

欲”。为了解决这里的“可能性问题”,拉伦茨设定了一个第三人的标准,它“不以某个特定主体认识为准,而是存在一个超越个人的客观的认识标准,它是主体所共通的一种客观理性”。[①] 鉴于不同个体主观样态的多样性,即便是采取行为人标准,归责的判断也不应离开一般认知经验的限制。立法者不可能对每个公民量身制造一套行为规范体系,只能根据一般人的经验认知,按照一般人的能力范围进行规范的设置。因此,也只有通过一般人的经验认知,才能实现规范与个人之间的有效互动。

(二)当下理论难以撼动一般人标准的通说地位

根据大陆法系刑法体系的通说,注意义务的违反都是根据一般平均人的标准来衡量,但也有学者持个别人标准,比较有代表性的有雅各布斯和许玉秀。雅各布斯所构造的个别化标准中评价对象也并非行为人个人,而是假定有避免动机的行为人。[②] 许玉秀教授则认为行为人有能力避免行为偏差却没有认识,这种避免可能性是个别化理论建立的基础。总体来说,对一般人标准有以下批判:

国内学者有从方法论上加以批判的:“一般人认识与具体案件中行为人的过失认定总是存在跨度。”[③]但是很明显,这里的跨度应当被理解为不法与有责之间的阶层跨度。从1882年李斯特在德国马堡大学发表《刑法的目的的思想》演讲后,以经验论哲学为基础的古典犯罪论学派开始形成,不法与罪责的两分成为犯罪论体系基本立场。在古典体系中,不法只是一切与犯罪有关的外在要素,包括行为、构成要件该当性、违法性,而罪责被认为是与犯罪有关的各种主观情状。因此,

---

① 许玉秀:《检验客观归咎的理论基础——客观归咎理论是什么?》,载《刑事法杂志》第42卷第6期。

② Jakobs, Studien zum fahrl ssigen Erfolgsdelikt, 1972, S. 59.

③ 曹菲:《管理监督过失研究——多角度的审视与重构》,法律出版社2013年版,第72页。

从方法论上对一般人标准加以批判等于是否定犯罪判断中所有的一般性判断,必将转向主观主义的恣意性。众所周知,一般人标准遭到最多的批判就在于归责步骤的重复性。但是,即便是采行为人标准,也可能存在重复判断,即在不法判断阶段考虑行为人个体性要素,然后在责任判断阶段再判断一次。[①] 因此,只要坚持违法和有责的区分,就难以避免所谓的“重复性”问题。在双层过失理论下,不法阶层考察客观的预见可能性和结果避免可能性,罪责阶层考察行为人个人预见可能性和回避可能性;在单层过失理论下,按照金德霍伊泽尔教授的理解,应当区分行为人的行为能力与动机能力,前者属于不法阶层考虑的内容,后者属于责任阶层考虑的内容。[②] 实际上,在笔者看来,且无论两种过失理论孰是孰非,就方法论的层面而言,二者都遵循了“先不法后有责,先客观后主观”这样一条判断路径。所以一般化理论的判断过程属于阶层犯罪论的体系化之必然要求,并无重复性可言,由此个别化理论的批判并未切中要害。有极端的过失个别化理论为了避免上述所谓的“重复性”,基于“不法和罪责具有相同的评价对象,得出的结论也是互相对应”[③]的理由,推翻了不法与罪责的区分。但是,这样付出的代价也是惨重的,因为不法与罪责并非形式区分,不加以区分将会直接推翻阶层犯罪体系的大厦,将主观判断和客观判断彻底混淆,整个犯罪论体系也将呈现无序状态。

此外,陈璇教授也反对一般化理论。但在过失犯的不法判断中,陈璇教授也提倡设立“标准人”来衡量行为人是否不当降低了自身的危险认知能力,只不过这里的标准人却是以行为人个人为标准。[④] 但这里的个人,在陈璇教授看来是假定具有足够谨慎态度并配备了一定能

---

① 参见于佳佳:《过失犯中注意义务的判断标准》,载《国家检察官学院学报》2017年第6期。

② 参见[德]乌尔斯·金德霍伊泽尔:《刑法总论教科书》(第6版),蔡桂生译,北京大学出版社2015年版,第43页。

③ 许玉秀:《主观与客观之间——故意理论与客观归责》,法律出版社2008年版,第155页。

④ 参见陈璇:《注意义务的规范本质与判断标准》,载《法学研究》2019年第1期。

力的公民,作用在于检测行为人认知能力下降是因为力有不及还是思虑不周。[①] 在笔者看来,这样的论述不无问题。首先,区分力有不及和思虑不周既无可能,亦无必要。陈璇教授将规范对个人的要求分为心素和力素,前者对应思虑不周,后者对应力有不及。在陈璇教授2019年发表于《法学研究》的论文中,他提出标准人之争仅涉及力素而无关心素。由此,注意义务判断的时候,心素便成了前提,注意义务规范的本质成为了"能力维持规范"。[②] 但在陈璇教授2020年于法律出版社出版的著作中,这一表述便换成了"标准人就是被假定具有足够谨慎态度并配备了一定能力的公民"。[③] 短时间内陈璇教授的观点出现如此大的反差,着实令人不解。在笔者看来,注意规范所提出的要求应当同时包含遵守规范的态度和维持遵守规范的能力,二者互相促进,难以分开。时刻调动自己的能力,自然是对规范尊重的一种态度;时刻保持尊重规范的态度,对于维持自己的遵守能力也会起到促进作用,所谓的"心素"和"力素"难以截然分开,将注意规范界定为能力维持规范也没有说服力。其次,陈璇教授以具有谨慎态度和足够遵守规范能力的个人作为标准人,这样的看法难有说服力。例如,陈璇教授举例的保姆案中,保姆服用降压药后未及时锁入抽屉导致客厅玩耍的幼子误服毙命,判断保姆是否违反注意义务时,所设立的标准人是一名足够谨慎、同时具备一定能力的保姆。人的一生都会随着年龄增长和社会阅历的变化而变化,无论是能力还是态度,都是千变万化的,以哪个时点作为标准人就成为问题。由此可见,行为人标准最大的问题就在于无法对行为人进行抽象化。一旦抽象化,就走上了一般人标准的老路,这是行为人标准无论如何都不能接受的。而一旦选择正常状态下的行为人作为标准人,一来难以确定,二来如此之"标准人"与行为人立场还有多大区别,值得商榷。

① 参见陈璇:《刑法归责原理的规范化展开》,法律出版社2019年版,第58页。

② 参见陈璇:《注意义务的规范本质与判断标准》,载《法学研究》2019年第1期。

③ 陈璇:《刑法归责原理的规范化展开》,法律出版社2019年版,第58页。

(三)一般人标准下的客观归责与主观归责

如前所述,无论在刑法上采取何种行为理论,都无法切断行为主观面与客观面的一体性关联。即使是客观归责论者所倾向的人格行为论,也仍然认为无人类主观意志的行为概念是不可想象的,并要排除那些单纯只出自于人类肉身的、纯物质性的甚至生物性的,而非受人类精神层面操控的身体行止。① 也正是因为行为的主客观两面性,不法的评价对象是仅限于行为的客观侧面,还是同时包含行为的主观方面,引发了不同犯罪论体系之间的争议。② 古典体系秉承客观的不法论,在不法阶段判断进行客观要件的判断,有责层面进行主观方面的判断。新古典体系基本维持了古典体系的判断立场,但是在目的犯等个别犯罪中,也开始承认主观的构成要件,因而具备了主观不法的一些特征。及至目的主义,及至目的主义犯罪论,认为行为与行为人不能截然分开,不法和罪责阶层都同时评价行为和行为人。这样一来,行为理论可以横跨犯罪论的不法和罪责阶层、主观与客观两个维度,这也是主观归责与客观归责至今难以区分的根本所在。

虽然在主观归责和客观归责的界定上难以达成一致,但德国刑法上在归责对象和归责理由上却有着类似的描述。施特林泽认为,“客观构成要件指的是刑法上答责的对象,而故意和过失则是归属刑法上答责的理由”。③ 金德霍伊泽尔教授也有类似论述,“结果不法是刑法归责的对象,而行为不法则是刑法归责的根据”。④

就此而言,故意犯与过失犯都存在不法和罪责的判断,也都存在主

---

① Roxin. AT I,4. Aufl. ,München 2006, § 8 Rn. 44 f.

② 参见劳东燕:《刑法中的客观不法与主观不法——由故意的体系地位说起》,载《比较法研究》2014 年第 4 期。

③ 转引自[德]乌尔斯·金德霍伊泽尔:《犯罪构造中的主观构成要件——及对客观归属学说的批判》,蔡桂生译,载陈兴良主编:《刑事法评论》2012 年(第 30 卷)第 1 期。

④ [德]乌尔斯·金德霍伊泽尔:《论所谓“不被容许的”风险》,陈璇译,载陈兴良主编:《刑事法评论》2014 年(第 34 卷)第 1 期。

观归责和客观归责的区分。客观归责与主观归责内容存在归责对象上的区分,前者是将结果归咎于行为的过程,不需要考察行为人的具体状况,因而是一种一般化的标准,归责的对象是一般人。但是,在这个过程中,行为人的主观认识可能会对不法的成立产生影响,对此应当予以肯定,由此形成的"一般人标准+行为人特别认知"的标准也属学界的通说。后者是将行为归属于行为意志的过程,行为人个人具备识别风险和排除风险的能力,是将危害结果归属于行为人的前提。在这个过程中,客观归责仅仅解决客观上发生的侵害事件是否属于行为人的作品,至于是否构成犯罪,还需要通过主观归责进行个别化的检验。因此,先客观后主观是归责判断的必要流程,不能跨过客观直接进行主观归责。从结果到行为然后到行为意志,才能将危害结果归责于个人。单纯的意志无法形成法益侵害事件,只有通过意志支配下的行为才能与法益侵害结果形成关联。

三、客观预见可能性的双层构造

一般化理论的要义在于构成要件阶层应当包含对客观预见可能性的检验。这与传统上从主观层次理解预见可能性的观点存在差别。前者用于排除行为与结果之间的偶然关联,后者用以限定行为人的非难范围。黄荣坚教授就坚决否定客观预见可能性的概念:"别人有没有预见,和行为人有没有故意的问题不相干。相同的道理,别人有没有预见可能性,和行为人有没有故意的问题也不相干。"①但是我们需要明白的是,"预见可能性"与"预见到"本身就是两个不同的命题,前者属于客观条件,后者属于主观心理。② 当然,由于"预见"本身就被赋予了主体性的要义,完全排除预见可能性主观性的一面也是存在问题的。这就涉及预见可能性的第一项机能,作为连接客观判断与主观判断的媒介。

① 黄荣坚:《基础刑法学》(上),元照出版有限公司2012年版,第380页。

② 参见柏浪涛:《狭义的因果错误与故意归责的实现》,载《法学》2016年第3期。

(一)作为承接主观与客观之间的预见可能性

根据我国《刑法》的规定,故意的成立要求预见到,过失的成立要求具有预见可能性。由于预见到的前提也是预见可能性,因此预见可能性是故意、过失的共同前提。① 由此可见,故意在这里是作为一种"必然性"意义上的理解,必然并非指结果发生的必然,而是认识层面的"认识到"的必然。"可能性"的概念相对于"必然性",人若要实现其意志内容,永远只能以创造其所欲外在世界变动之可能性的方式为之。就此而言,可能性概念源自主观意志与客观世界的相对关系,没有主观意志就不会有可能性概念。作为主观归责的重要内容,自由意志是行为人为其行为承担责任的基础。拉伦茨也支持一般人标准下的客观归责,其决定性的标准在于客观目的,即只有意志指向的结果才是归责意义上的结果。意志所决定的目的是构成要件符合性的事件和主体之间的连接体。②

从意志对结果的正向效果来看,毫无疑问,只有意志操纵的行为所造成的结果才是值得刑法谴责的。当然,这里的个人意志能否具备影响外界的能力,关键在于个人认知可能达到的最远边界。如前所述,这里的最远边界就是一般人可能预见的范围。因此,一般经验法则就扮演了个人意志过滤器的角色。霍尼希将这里的一般经验法则称为客观合目的性。例如,在著名的"雷击案"中,叔叔的主观方面不能说没有预见到侄子被雷劈死的可能性,但是这里的意志从客观评价上难以影响到整个犯罪进程,因此完全可以通过主观归责排除叔叔的违法性。这就要求,结果的发生是在一般人可能预见的范围之内。除此之外,在众多引起了构成要件结果的因果流程中,除了要满足必要条件的要求之外,只有那些从生活经验来看可以预见的,

① 参见柏浪涛:《狭义的因果错误与故意归责的实现》,载《法学》2016 年第 3 期。

② 参见吴玉梅:《德国刑法中的客观归责研究》,中国人民公安大学出版社 2007 年版,第 25 页。

也即具有某种盖然性,而非完全不可能的、异常的因果流程,才足以实现构成要件。[①] 不管是因果关系的发展还是结果的发生,都应当在一般人的预见范围之内,只有这样才可以被评价为意志范围内的结果,进而满足责任主义的要求。实践中大量的被害人特殊体质问题,都在行为人完全无法预见到的情况下将被害人的死亡归责于行为人,从而造成了归责范围的无限延伸。

从结果对意志的反向效果来看,法律对人们的引导性功能,只能通过影响人们的意志而产生,只有在意志选择下的行为才能进入到法律的评价范围,从而告诉人们何者是对的,何者是错的。这里的针对行为人所发出的禁止与诫命,有论者直接将其作为行为规范,与评价规范相对。[②] 也有论者将其作为行为规范的下位概念,以决定规范相称。但无论如何,这里的行为规范都表现出对于行为人评价之外的规训作用,通过法的评价作用来指示行为人的行为,所表现出来的都是一种意向非价或行为非价,以区别于对法益侵害后果加以评价的结果非价。

(二)作为承接事实关系与规范归责的相当性判断

预见可能性是一种以经验事实作为要素的判断标准,社会相当性是其判断的重要内容。因为相当是指行为产生该结果在日常生活中是一般的、正常的,而不是特殊的、异常的。[③] 就此而言,相当因果关系理论中的相当性的概念,其核心内容就是客观的预见可能性,[④]或者说"从人类社会普遍关系出发的正常人及其客观预见可能性"。[⑤]

客观归责理论之所以不同于条件说、相当性因果关系说等因果理

---

① R. v. Hippel Deutsches Strafrecht, Bd. 2, S. 143 ff.

② Wolter, Objektive und personale Zurechnung von Verhalten, Gefahr und Verletzung in einem funktionalen Straftatsystem, Berlin 1981, S. 24 f.

③ 参见张明楷:《刑法学》,法律出版社 2017 年版,第 177 页。

④ 参见蔡圣伟:《刑法问题研究(二)》,元照出版有限公司 2013 年版,第 25 页。

⑤ Traeger, Der Kausalbegriff im Straf-und Zivilrecht, 1904, S, 159, 161.

论,主要在于其属于规范维度的归责。事实评价和规范评价在归因与归责之间划定了一条鸿沟。至今都在日本扮演通说地位的相当因果关系说,之所以遭到批判,也是因为其缺乏规范目的的考量,使得刑事政策难以实现与刑法体系的融会贯通。但是,规范维度的评价本身就不是相当因果关系的任务。相当因果关系说是以社会经验法则为基础,对自然意义上的因果关系进行筛选,将那些事实上满足"引起"关系的条件进行筛选,为规范评价提供素材。正如学者所言,"条件关系可以通过事后判断加以确定,但这种自然科学领域内的可能性只有在与行为当时一般人所掌握的经验法则相吻合时才能成为规范领域的内容"。[①] 因此,相当性的判断是将明显不符合社会一般法则的构成要件要素排除出归责的范畴,其功能主要在于限制归责范围,主要在于出罪而非入罪,因为在经验事实层面的排除后,还会进行规范目的意义上的检验,所以对于预见可能性在功能论上恣意入罪的批判并不成立。

因此,相当性或者说一般预见可能性的判断虽与条件说同属存在论意义上的因果关系判断,但是二者有着判断前后顺序,相当性判断是承接事实关系与规范归责的桥梁。

过失不法中是否存在主观层面的内容历来存在争议。通说认为过失犯在主观层面上是"无"。[②] 但是,这样的结论并非毋庸置疑:完全脱离意志而从规范层面构建过失不法,将会面临刑事政策过度侵蚀刑法理论的危殆。例如,规范层面的占有只能对事实较为薄弱的占有起到补充作用,而事实层面占有关系为零的情况下,无论如何从规范层面解释都不能认定占有关系的成立。再如,刑法上的教唆犯、帮助犯和正犯

① 参见陈璇:《论客观归责中危险的判断方法——以"行为时全体客观事实为基础的一般人预测"之提倡》,载《中国法学》2011 年第 3 期。

② 参见[德]汉斯·海因里希·耶塞克、托马斯·魏根特:《德国刑法教科书》(下),徐久生译,中国法制出版社 2017 年版,第 691 页以下;[日]大塚仁:《刑法概说(总论)》(第 3 版),冯军译,中国人民大学出版社 2003 年版,第 203 页;许玉秀:《主观与客观之间——故意理论与客观归责》,法律出版社 2008 年版,第 156 页;陈兴良:《刑法哲学》(第 2 版),中国人民大学出版社 2017 年版,第 45 页。

也是基于三种行为形态上构造上的差异,再以刑事政策为指导而进行立法上的划分。在过失不法的判断中亦是如此,无论是故意行为还是过失行为都应当具备在法律上可评价的意志根据。[①] 诚然,过失在启动和支配不法进程中的作用远不如故意,但这并不代表着过失完全没有主观不法的。从意志层面对行为人科以的谴责也并非简单的"疏忽大意"。从意志的角度来说,行为人意志自由表现在关系到结果的行为上放弃自我决定。[②] 不顾行为人的真实意志而一味强调规范对公民的期待,有将公民作为统治工具的嫌疑。因为一个人绝对不应该仅仅作为一种手段去达到他人的目的。[③] 雅各布斯是规范论的代表者,他所创立的功能性罪责可以说是将规范归责演绎到极致:如果贯彻彻底的个别化标准,考虑行为人的职业、特殊认知、特殊能力这些要素,很容易得出在当时的状态下行为人别无选择的结论,从而否定了意志自由论,责任报应失去了其理论根基,最终完全背离了现代法治国的基本精神。

因此,过失不法应当同时注重存在论和规范论的内容,前者表现任由自己失去了本身具有的能力,后者表现为这种能力维持的失败偏离了法规范的期待。客观预见可能性与前者的互动作用表现在,行为人的个人意志只能通过一般人可能预见的范围来被赋予社会一般经验法则,从而成为价值评价的内容;与后者的互动作用表现为"法秩序必须从客观上提出要求,但以行为人的年龄、能力、职业以及人生经验等能够满足该要求为限"。[④]

---

① 参见吴玉梅:《德国刑法中的客观归责研究》,中国人民公安大学出版社2007年版,第39页。

② 参见吴玉梅:《德国刑法中的客观归责研究》,中国人民公安大学出版社2007年版,第42页。

③ 参见[德]康德:《法的形而上学原理——权利的科学》,沈叔平译,商务印书馆1991年版,第164页。

④ [德]汉斯·海因里希·耶塞克、托马斯·魏根特:《德国刑法教科书》(下),徐久生译,中国法制出版社2017年版,第680页。

四、作为经验层面出罪的客观预见可能性

从韦尔泽尔开始,人们开始逐渐重视行为和结果在不法判断中的双重作用,并按照实质的观点将不法分为行为不法(行为非价)和结果不法(结果非价)。后来发展成为日本刑法上的行为无价值论与结果无价值论之争。这一争论至今都在影响着我国犯罪论体系的构造。以过失犯为例,行为无价值的内容是行为人实施了违反注意义务(包括结果预见义务与结果回避义务)的行为,结果无价值则体现为违反注意义务的行为引起了法益侵害的结果。①

平野龙一教授反对犯罪是由行为和结果所组成的,无价值的行为通常会导致无价值的结果;反过来,无价值的结果也往往从无价值的行为中产生,从这个意义上讲,行为无价值论和结果无价值论只不过是一个问题的两个侧面。② 因此,在讨论客观预见可能性与行为不法、结果不法的关系之前,还需要明确一个前提,那就是行为不法与结果不法是否有区分的必要。如有必要,应当如何区分。

(一)归责判断的前提:行为不法与结果不法的区分

在客观归责理论中,行为不法与结果不法的区分较为容易:行为不法是制造法不容许的风险,结果不法是实现了法不容许的风险。按照罗克辛教授的说法,客观归责理论提供一个普遍有效的判断规则,用来判断何种引起死亡结果、伤害结果或损害结果的行为是杀人行为、伤害行为或毁损行为,而何种不是。③ 但是,对构成要件要素的认定与构成

---

① 参见陈璇:《论过失犯中注意义务的规范保护目的》,载《清华法学》2014 年第 1 期。

② 参见[日]平野龙一:《刑法的机能性考察》,有斐阁 1984 年版,第 17 页。

③ 参见[德]罗克辛:《客观归责理论》,许玉秀译,载《政大法学评论》1994 年第 50 期。

要件要素可归责是两个问题。行为与结果的认定只是认定客观归责的相关因素,所以应当作为客观归责的前提而非客观归责的内容。[①] 在过失犯中也是如此,过失的认定和过失的归责也是两码事。前者仅仅涉及对构成要件的判断,是基于一般人标准判断具体的构成要件要素是否具备;过失的归责则涉及"存在过失行为且危险现实化之后,同时具有预见可能性的情况下,能否在不法意义上要求行为人对行为及其结果负责"。[②]

就此而言,尽管客观归责被赋予了构成要件判断的任务,但是能否完成这一任务,取决于其能否回应学界的相关批评。例如,对于"制造法不容许的风险"是否属于客观归责理论的质疑,在国内外的著述中已经被多次提及。[③] 大部分批评意见都认为"行为制造不被允许的风险只是客观归责的前提,而非客观归责本身"。[④]

应当说,这样的批评是中肯的。行为和结果虽然同属于客观构成要件要素,但是二者在归责判断中的作用并不相同。无论是在故意犯中还是过失犯中,实行行为能够作为独立要素开启犯罪过程,并通过造成法益后果影响到犯罪的成立。因此,行为可以独立于结果单独存在(未遂犯),但是结果不可独立于行为凭空产生。因此,客观构成要件的判断可能需要涉及对行为的两次评价,第一次是实行行为性的评价,第二次是结果的发生是否归属于行为的评价。客观归责理论将二者都

---

① 参见[德]英格博格 · 普珀:《客观归责的体系》,徐凌波、曹斐译,载陈兴良主编:《刑事法评论》2017 年第 1 期。

② 劳东燕:《责任主义与过失犯中的预见可能性》,载《比较法研究》2018 年第 3 期。

③ 参见[德]沃尔夫冈 · 弗里施:《客观归责理论的成就史及批判——兼论对犯罪论体系进行修正的必要》,陈璇译,载《国家检察官学院学报》2020 年第 1 期;[日]曾根威彦:《刑法における結果帰属の理論》,成文堂 2012 年版,第 133 页;张明楷:《客观归责——响亮口号》,载梁根林、[德]埃里克 · 希尔根多夫主编:《刑法体系与客观归责:中德刑法学者的对话(二)》,北京大学出版社 2015 年版,第 110 页;崔志伟:《"制造法所不容许风险的行为"的构造与定位——以故意的作为犯罪为视域》,载赵秉志主编:《刑法论丛》2019 年第 2 期。

④ 前注诸篇文章中基本都表达了这一层意思。

作为归属的范畴是有问题的,因为实行行为的判断不涉及归属的层面,只是归属的前提。

这里需要考虑的是行为所造成的法益危险应当划入行为不法的判断,还是结果不法的判断。要解决这个问题,需要对危险进行分类。抽象的危险一般对应行为危险,具体的危险则是结果的危险。按照一般意义上的理解,抽象危险是立法者在利益衡量之后筛选出一部分应予禁止的行为样态。张明楷教授对此进行了清晰的划分:“当一类行为存在发生法益侵害结果的危险时,采取何种立法政策,与现实的某个具体行为是否制造了法益侵害的危险以及是否符合某个犯罪的客观构成要件,是两个不同的问题:前者是立法政策,后者是刑法解释论。”[①]诚然,张明楷教授所作的立法与司法的分类具有明确性,因为抽象危险犯本来就是一种法律拟制的产物,法官在认定抽象危险犯的时候,只需要判断行为人是否实施了刑法分则中的条文规定的行为,而无须具体判断抽象危险是否真正存在。[②] 但是,毕竟过失犯不同于故意犯,故意犯可以通过构成要件的描述为行为人提供明确的行为指引,[③]而过失犯由于缺乏实行行为性的定型,仅通过结果这一裁判规范的内容无法为行为人提供明确的行为指引。因此,在过失犯中,就必须通过危险状况发生的可能性,来判断行为本身的危险属性。

正如有学者所谈到的,“抽象的危险是指行为所具有的导致法益侵害发生的一般危险。由于它体现的是行为本身的某种属性和倾向,所以属于行为无价值的一个组成部分。具体的危险是指行为引发的现实危险状态。由于它体现的是独立于行为的危险结果,所以属于结果

---

① 张明楷:《论被允许的危险的法理》,载《中国社会科学》2012 年第 11 期。

② 参见冯军:《论〈刑法〉第 133 条之 1 的规范目的及其适用》,载《中国法学》2011 年第 5 期。

③ 当然,这也只是从故意犯和过失犯的整体对比而言。故意犯罪中也有很多并未清楚勾画出具体的行为方式,比如故意杀人罪中,“不得杀人”的诫命就很难为行为人提供行为指引。

无价值”。[①] 由此可见,Gallas教授是以行为本身的危险性和行为所造成的危险状态来区分行为不法和结果不法的。

因此,行为不法的判断是判断行为是否具备法益侵害可能性的静态判断,结果不法的判断是行为与结果之间是否可以实现客观归责的动态判断。

(二)预见可能性在归责判断中的具体应用

客观预见可能性影响行为不法还是结果不法的问题,已经转化为客观预见可能性是实行行为判断的因素,还是结果归责判断的因素。目前学界更倾向于前一种观点。例如,劳东燕教授认为,只有行为本身属于行为人主观意志可控制的对象,行为完成之后的发展流程不再属于行为人主观意志可控制的范围。[②] 陈璇教授也认为,决定规范只涉及行为制造法所不容许之危险的过程,无法涵盖行为结束之后危险最终实现为结果的过程。[③] 但是,如果真的如同劳东燕教授和陈璇教授所言,因果关系不能受到行为人的主观控制,那么又怎么能将行为引发的结果归责于行为人呢?在笔者看来,上述结论的孱误之处在于未能区分行为风险与行为引发的危险状态之间的区别。

1. 行为风险不属于预见的内容,而是知晓的内容

预见是指根据普遍的科学规律预先料到事物可能的变化过程及大致结果。对于行为的风险,由于是伴随着行为的演进而同步产生,因而难以划分到事物未来的变化过程中去,对行为属性的认识并无“预测”可言,因此只能属于知晓的内容。因此,行为危险性的判断独立于危险实现的判断。例如,甲实施了足以引发生命危险的伤害行为,但由于乙

---

① Wilhelm Gallas, Abstrakte und konkrete Gefährdung, in: Festschrift für Ernst Heinitz, 1972, S. 178ff.

② 参见劳东燕:《过失犯中预见可能性理论的反思与重构》,载《中外法学》2018年第2期。

③ 参见陈璇:《论主客观归责间的界限与因果流程的偏离》,载《法学家》2014年第6期。

的介入导致了被害人死亡,则不能将死亡结果归责于甲。但否定了归责,并不影响行为危险的成立。然而,我国司法实践中存在严重的忽视行为危险判断的倾向,径直以结果发生的可能性代替行为危险的判断。例如,轻微暴力致人死伤的案件中,忽视实行行为的考察,将大量日常推搡、辱骂行为所导致的死伤结果归咎于行为人。①

劳东燕教授所言的“行为人对行为发生后的流程缺乏控制”,实际上是将控制的对象理解为已然发生的事物。但是,不管是故意还是过失,行为完成后的外界变动都无法被行为人完全支配,行为实施完毕到结果发生之前的外界因素都会影响结果的出现。当然,笔者也不主张结果出现与否完全取决于客观因素,而应与行为人制造的法益危险性密切相关。就此而言,并非达到支配程度的后果才能归属于行为人,而是只要是行为时可合理预期的后续发展要素,都可以与行为共同构成刑事不法的评价对象。这里的“可合理预期”,毫无疑问,应当作为一般人的预见可能性来理解。论及此处,客观的预见可能性就被赋予了决定结果不法的作用。

2. 对结果和因果关系的认识属于应当预见的内容

在结果不法的判断上或者说结果归责的过程中,各个归属要素之间的替代和排列并不会改变“归属”这一判断的本质,我们既可以说“将结果归属于实行行为”,②也可以说“行为应当引起注意规范的保护目的所指向的结果”,③还可以说“行为人的行为与结果之间的因果关系是归责问题的核心”。④ 从这一意义上来说,行为、结果、因果关系等构成要件要素都应当作为归责的要素存在,但对要素本身的考察不属于归责的认为。就像论者所言,“归责不问行为是什么、结果是什么,

---

① 参见(2010)淇刑初字第83号;(2009)拓刑初字第116号。

② 张明楷:《刑法学》(上),法律出版社2017年版,第188页。

③ 张明楷:《刑法学》(上),法律出版社2017年版,第189页。

④ 梁根林、[德]埃里克·希尔根多夫主编:《刑法体系与客观归责:中德刑法学者的对话(二)》,北京大学出版社2015年版,第102页。

而是二者是否具备可靠的归责关系"。① 无论描述的核心是行为、结果还是因果关系,他们都不可能静态地、孤立地存在,而是展现一种动态关系。

在这样一种动态关系中,对因果关系的预见和对结果的预见属于归责内容的一体两面。在结果归责的范畴内理解因果关系,可以将其视为结果流程的一部分。日本学者将实行行为发生之后,危害结果发生之前的因果关系演变过程称为"中间项",并将因果流程的基本部分作为中间项的内容。② 根据"中间项理论",对"中间项"的预见可能性判断可以直接被置换为对结果的预见可能。预见结果与预见因果关系可谓风险实现原则的一体两面,因为二者同属于行为实施完毕后发生的事项,同属于真正意义上需要"预见"的内容。

就此而言,客观预见可能性在结果不法的判断而非行为不法的判断中扮演重要角色,只有常态关联才能肯定客观归责,异常的因果流程因为超出了一般人可得预见的范围,因而属于一种偶然的因果关联,应当排除归责。从这一意义上来说,客观预见可能性只能承担起出罪的功能,而无法通过经验判断承担入罪功能。因为可以预见是对因果流程控制的前提,行为人要想达到控制的程度,必须首先满足预见可能性的要求,但是满足了预见可能性的要求并不一定就一定能够达到控制的层面。

The Structure and Function of Objective Foreseeability

—Also on Subjective and Objective Theory

JI Kang

[**内容摘要**]伴随着刑法归责理论发展的主观主义与客观主义的

① [德]英格博格 · 普珀:《客观归责的体系》,徐凌波、曹斐译,载陈兴良主编:《刑事法评论》2017 年第 1 期。

② 参见[日]前田雅英:《刑法总论讲义》(第 6 版),曾文科译,北京大学出版社 2017 年版,第 220 ~ 221 页。

立场对立存在于两个层面上，一是归责的内容为主观要素还是客观要素，二是归责的立场是行为人标准还是一般人标准。真正应当解决的是第二个层面，并以一般人基准来构建归责理论。在一般人标准下，核心的判断内容为客观的预见可能性判断。客观预见可能性通过客观合目的性筛选主体意志与结果之间相关联的内容，通过相当性判断筛选符合自然意义上因果关联，但不满足经验事实的内容。至于客观预见可能性的具体作用，不在于行为危险性即行为不法的判断，而是作为排除行为与结果之间归责的工具。

[关键词]客观预见可能性；主观归责；客观归责；一般人标准

Abstract: Accompanied by development of imputation of criminal law theory of subjectivism and objectivism of antagonists exists in two aspects, one is the content of the imputation of subjective and objective elements, the second is the position of imputation is the offender should be standard or the average person really is the second level, with reference to the average person build imputation theory under the average person standard, the core content for the objective possibility of prediction evaluation of objective possibility foreseen by objective purposiveness screening is associated with the results between the content of the subject will, through determine screening accord with natural sense causal association, but does not meet the content of the empirical fact As for the specific function of objective foreseeability, it does not lie in the judgment of the wrongful act, but as a tool to exclude the imputation between the act and the result.

Keywords: Objective Foreseeability; Subjective Attribution; Objective Attribution; Ordinary Person Standard

过失不真正不作为犯的认定规则和限制路径*

杨智博**

目　次

一、问题的提出

不真正不作为犯中的作为义务和过失犯的注意义务均属于开放的构成要件,①需要依据具体的情形进行实质判断。解释者在认定作为

---

* 国家社会科学基金重点项目“中国刑法立法现代化的理论基础与路径选择研究”(18AFX013)。

** 中南财经政法大学刑事司法学院刑法学博士研究生,中南财经政法大学东盟刑事法研究中心研究员。

① 所谓“开放的构成要件”,是指刑罚法规之构成要件仅规定该犯罪之部分要素,其余部分则预留委由法官适用时加以补充者。参见陈子平:《刑法总论》,中国人民大学出版社2009年版,第98页。

义务、注意义务的有无时可能会因为自身成长环境、价值观等因素的不同,对行为人是否具有作为义务或者注意义务得出截然相反的结论,也因此成为理论界与实务界争论不休的议题。[①] 如果行为人在客观上以不作为的形式造成危害结果的发生,主观上具有过失的话,学界将此种特殊的犯罪类型称为“过失不作为犯”。过失不作为犯又进一步分为过失真正不作为犯与过失不真正不作为犯。相较于过失真正不作为犯,由于过失不真正不作为犯要分别判断注意义务与作为义务的有无,在认定过失不真正不作为犯时就显得更为复杂与困难。且此种犯罪类型并不少见,尤其是广泛存在于监督管理过失中,因此在近年来也日渐成为学界研讨的热点。应当认为,过失不真正不作为犯的成立本应当同时符合过失犯与不真正不作为犯的构成要件,即要对注意义务、作为义务等诸要素一一进行确认,缺乏任一要素均应当否定过失不真正不作为犯的成立。可是通常来说,某一犯罪的构成要件越多,该罪的成立范围也会因此越小。由于过失不真正不作为犯可能会产生严重的社会危害后果,为了方便定罪,应扩大刑事处罚范围。有部分学者主张虽然从事实层面来讲,过失不真正不作为犯确实是由过失犯和不真正不作为犯相结合而形成的犯罪类型,但是完全可以对这种犯罪类型予以规范化地解读,即只需符合单纯的不真正不作为犯或者过失犯的结构构成,亦可肯认过失不真正不作为犯的成立。此即所谓的“单纯的过失犯说”和“单纯的不作为犯说”。[②]

---

① 通常认为,注意义务是指如果行为人集中意识,就能预见并据此可以回避结果的发生,但由于行为人没有集中意识,没有履行结果预见义务,因而没有避免结果的发生。注意义务是结果预见义务与结果避免义务的统一,同时也是客观的注意义务与主观的注意义务的统一。参见刘艳红:《过失犯的构成要件构造及其适用》,载《政治与法律》2003 年第 1 期。作为义务是指行为人负有实施某种积极行为的特定义务,并且能够履行而不履行的行为。参见刘艳红:《论不真正不作为犯的构成要件类型及其适用》,载《法商研究》2002 年第 3 期。

② 应当明确,如下文所述,无论是“单纯的过失犯说”还是“单纯的不作为犯说”都要求有客观的犯罪行为以及在主观上有过失。只是“单纯的过失犯说”认为无须进一步区分客观行为方式是作为还是不作为。“单纯的不作为犯说”仅仅笼统地认可过失的成立,未在特定的案件类型(比如监督管理过失)中论证行为人是否对结果的发生等因素有具体的预见可能性。

其中,“单纯的过失犯说”认为故意不作为犯在构成要件上所预定的原型的行为是“作为”的情形,则会产生作为与不作为的等置问题……而在过失犯的规范构造上,过失犯的行为样式并不被限定为不作为。[①] 该观点主张在过失犯中行为方式是何种类型并不重要,只要行为人主观上存在过失,并因为该过失产造成了危害结果即可肯认过失不真正不作为犯的成立。无须进行作为与不作为间是否具有等置性的判断,以此间接放弃对作为义务有无的认定,有违反罪刑法定原则之嫌。与此相对,持“单纯的不作为犯说”的学者指出,我们谴责过失犯,非因其不作为,而是因为制造了不被容许的危险,并进而实现了构成要件的结果。我们谴责不作为犯,是因为他虽未制造危险,但却不力阻危险的蔓延,而且具有防阻的身份。事实上,对于过失不作为犯的谴责重点,依然是“没有防阻悲剧发生”,不谨慎的未曾防阻。[②] 否认行为人亲自制造危险的行为类型(先行行为)可以成为作为义务的来源,也是不正确的。在不真正不作为犯中,不作为者在该不作为成为问题之前的阶段里,如果由于故意或过失而设定了致使结果发生的因果流动的话,不作为者也可以是起因的主体,[③]即行为人的故意或者过失行为亦为作为义务的来源之一。[④] 例如,行为人误以为远处的被害人是动物,过

---

① 参见[日]稻垣悠一:《刑事过失责任与不作为犯论——以刑法上的制造物过失相关事例为中心》,张光云译,载《四川师范大学学报(社会科学版)》2015年第2期。

② 参见林东茂:《刑法综览》(修订5版),中国人民大学出版社2009年版,第134页。

③ 参见[日]日高义博:《刑法解释论和不真正不作为犯》,张光云译,载《四川师范大学学报(社会科学版)》2014年第6期。

④ 反对将先行行为认定为作为义务来源的主要理由在于使更多的故意犯、过失犯得以转化为不真正不作为犯。凡因故意、过失而伤害他人者,只要未予救助最终死亡,根据先行行为很容易地认定成立不作为的杀人。例如,单纯的肇事逃逸可直接构成不作为的杀人,这一结论并不妥当。参见[日]西田典之:《日本刑法总论》,刘明祥、王昭武译,中国人民大学出版社2007年版,第93页。可是,即便认可先行行为属于作为义务的来源,也不会不当扩大刑事处罚范围。以交通肇事为例,只有在交通肇事后为逃避法律追究,将被害人带离事故现场后隐藏或者遗弃的,致使被害人无法得到救助而死亡等情形中,才成立故意杀人罪,否则仍然只成立交通肇事罪。参见周光权:《刑法各论》(第3版),中国人民大学出版社2016年版,第191页。

失的开枪致他人腿部受伤无法行动,行为人在没有认识到这一事实的情况下置受害者于不顾,最终造成受害者死亡的可以成立过失致人死亡罪,即属于过失不真正不作为犯。实际上,“单纯的不作为犯说”之所以回避过失犯理论的介入,重要的原因之一在于在监督管理过失中,有学者认为监管人员对结果何时发生等因素缺乏具体的预见可能性,难以认定过失犯的成立。比如在因管理监督过失造成火灾事故的案例中,存在起火原因不可预测这一特殊因素,宾馆、商场的经营者即使再集中也不可能对他人自我答责的放火、失火行为存在具体的预见。而如果采取不作为犯构造,以安全体制确立义务违反作为过失的实行行为,就可以不必再执着于“起火”这一恼人的中间因素。[①] 言下之意,该说认为,过失犯的成立要求行为人对结果的发生有具体的预见可能性,而在监督管理过失中通常缺乏对这一要件的认知,不能构成过失犯。可是,此种过失类型经常会造成严重的损害后果,基于处罚的需要,为了回避对具体预见可能性(主观的注意义务)的认定,迫不得已提出“单纯的不作为犯说”。[②]

应当承认,无论是过失犯还是不真正不作为犯相较于故意作为犯而言,均只是在例外情况下才会进行处罚。该保护何种法益或应该防止何种危险,是从保证人义务及注意义务中产生的。这两种义务既相互规定又相互限制刑法上的责任。[③] 不能人为割裂过失不真正不作为犯的成立要件,只做单向度的、过于规范化的解读,从而忽视对作为与

---

① 参见曹菲:《管理监督过失研究——多角度的审视与重构》,法律出版社2013年版,第147页。

② 当然,此类监督过失行为究竟属于作为犯还是不作为犯在学界仍然存在争议,如有学者认为在灭火设备等不完善的过程中,因旅馆火灾造成他人死亡,对旅馆经营者所进行的对死伤的非难的重点并不是没有具备安全设备这一不作为,而是针对预防火灾事故的监督不注意这一作为。参见[韩]金日秀、徐辅鹤:《韩国刑法总论》(第11版),郑军男译,武汉大学出版社2008年版,第461~462页。但是,如果支持这种观点,似乎所有的不作为犯都可以认定为作为犯。因此,将这种类型的过失犯看作不作为犯更为妥适。

③ 参见[韩]金日秀、徐辅鹤:《韩国刑法总论》(第11版),郑军男译,武汉大学出版社2008年版,第447页。

不作为间的等置性、结果发生的具体预见可能性等要素的判断。这样可能会不当扩大过失不真正不作为犯的适用范围,甚至有沦为结果归责之虞。因此,上述两种学说均存在不妥适之处。然而,这两种学说所刻意回避的问题却仍然是亟待解决的,即有必要厘清在过失不真正不作为犯中如何认定作为与不作为间具有等置性、行为人有无具体的预计可能性,以及注意义务与作为义务之间是什么关系等问题。本文拟通过对上述问题的探讨明晰过失不真正不作为犯的认定规则,以期合理划定这种犯罪类型的成立范围。

二、等置性认定的必要性

(一)"单纯的过失犯说"产生的深层原因

在作为犯与不作为犯的等置性判断中存在两大要素:保证人地位和行为样态的同价值性。[①]"单纯的过失犯说"由于缺乏对等置性的判断,可能使得不具有保证人地位的人员承担刑事责任,亦有可能将只具有较小法益侵害的不作为认定为不作为犯,从而不当扩大犯罪成立范围,有违罪刑法定原则。"单纯的过失犯说"主要存在如下问题:

1. 混同了作为义务与注意义务。

除了传统的旧过失论只在责任要素中探讨过失犯的成立外,无论是修正的旧过失论还是新过失论都同样开始要求具有"结果回避义务",但"结果回避义务"既然也是客观的构成要件,则必然会和原本已经存在的客观构成要件譬如不作为犯的"作为义务"发生交错,[②]故而可能造成作为义务与注意义务相互混同。"单纯的过失犯说"提出,现实的行为即使是不作为,也并不存在展开不作为犯论的必要性。这是

① 参见[韩]金日秀、徐辅鹤:《韩国刑法总论》(第11版),郑军男译,武汉大学出版社2008年版,第467页。

② 参见洪兆承:《论过失不作为犯的"注意义务"与"作为义务"之关系——从"结果回避义务"的理论发展谈起》,载《中原财经法学》2018年总第40期。

与过失犯中的客观注意义务的设定方法相关的问题。过失犯的客观注意义务是无法漠视行为者的社会地位而进行设定的。① 这种观点的实质思路是,只要能够清楚判定义务主体与形成具体义务内容的基准,就没有特别区别作为义务与结果回避义务的必要……只要在注意义务中,区别主观的预见可能性和客观的结果回避义务后,在客观上就不需要再区别结果回避义务与作为义务。② 但疑虑在于,研究作为犯中也同样存在的"注意义务"的问题,如此看法是否会淡化对于不作为所固有的关注点——限定行为主体人员——的关注意识呢?③ 可以说,这一质疑一语中的,虽然注意义务与作为义务都是不履行某种义务的犯罪,但作为义务的主体认定是不作为犯特有的问题。④ 两种不同义务的具体内涵存在差异,认为某一义务完全包含另一种义务混淆了不同义务的功能,容易忽视被包含义务的作用,是不妥当的。

将作为义务与注意义务等同,可能造成义务范围判断的恣意性,混淆了一般义务与特别身份义务。罗克辛教授曾经认为过失犯全部属于义务犯,但由于受到将过失犯全部视为义务犯完全模糊了一般义务和特别义务之间的区别的批判。因此,他转而认为只有在刑法之外的特别义务导致了特定的、不是每个人都可以具备的正犯前提时,通常才可以谈到义务犯。⑤ 因此又不再将过失犯视为义务犯。虽然学界对义务犯概念的合理性及涵盖范围均存在争议,但从对义务犯的批判中可以看出,因为义务内涵的不确定性与开放性,在容易造成一般义务与特别义务的混同这点上是相类似的。为此不能将义务进行泛化的解读,不

---

① 参见[日]稻垣悠一:《刑事过失责任与不作为犯论——以刑法上的制造物过失相关事例为中心》,张光云译,载《四川师范大学学报(社会科学版)》2015 年第 2 期。

② 参见洪兆承:《论过失不作为犯的"注意义务"与"作为义务"之关系——从"结果回避义务"的理论发展谈起》,载《中原财经法学》2018 年总第 40 期。

③ 参见[日]松原芳博:《刑法总论重要问题》,王昭武译,中国政法大学出版社 2014 年版,第 217 页。

④ 参见王海涛:《论管理过失中下级从业人员的注意义务——以 4·28 胶济铁路列车相撞事故为例的展开》,载《清华法学》2015 年第 2 期。

⑤ 参见何庆仁:《义务犯研究》,中国人民大学出版社 2010 年版,第 16 ~ 17 页。

同的义务类型的作用与功能亦是不相同的,将过失犯、不作为犯笼统地视为是对义务的违反不尽合理。纯粹的过失犯说排除不作为犯的适用,但在界定注意义务时又不自觉地将对作为义务的违反融入注意义务之中,显然是不正确的。当然,下文所述的"单纯的不作为犯说"亦存在类似的缺陷,即将注意义务有意无意地融入作为义务之中,这当然也与作为义务与注意义务都属于开放的构成要件密不可分。至于注意义务和作为义务二者间的关系,将在下文进行进一步探讨。

2. 忽视过失犯的行为定型性。

"单纯的过失犯说"认为,过失犯注重法益保护、不强调行为性质,因而解释空间很大,可以包容不作为。① 因此,即便过失犯的行为方式在事实层面上确属不作为,也无须进行作为与不作为间的等置性判断。而之所以不强调具体的行为方式,是因为过失犯属于轻罪,是以法益保护为出发点设立的,是结果导向的刑法。传统重罪是以行为危险性为蓝本存在的,是行为主义刑法。② 此观点的逻辑在于,传统重罪在主观心态上必然是故意,故意犯是以作为形式为原型。故而成立不真正不作为犯必须进行作为与不作为间等置的判断,使其与相对应的作为犯具有同等程度的侵害法益危险性时。而处罚过失犯侧重的是是否因为行为人的过失造成了损害结果,行为方式为何对过失犯的成立几乎没有影响。该观点主要存在两点问题。第一,无论是结果无价值论还是行为无价值论都不会认为轻罪是以法益保护为出发点,重罪是以行为危险性为出发点,这种区分标准缺乏坚实的法理基础。另故意犯也可能只是轻罪,按照"单纯的过失犯说"的逻辑,似乎也可以规范地认为,在故意犯轻罪的情形下亦不用进行作为与不作为间的等价值性判断,这显然是不合适的。第二,实行行为与行为是两个不同的概念,犯罪是

---

① 参见高艳东:《不纯正不作为犯的中国命运:从快播案说起》,载《中外法学》2017年第1期。

② 参见高艳东:《不纯正不作为犯的中国命运:从快播案说起》,载《中外法学》2017年第1期。

行为,并不意味着构成犯罪非得有实行行为。① 是否开始实施实行行为是区分预备犯与未遂犯的标志。然而通常认为,过失犯属于结果犯,对于未产生损害结果的过失犯的未遂犯不予刑事处罚,也失去了探讨过失犯实行行为的意义,部分学者便以此为由否定过失犯具有实行行为。② 但是,作为犯与不作为犯的区分标准是行为方式的不同,无论是否承认过失犯有实行行为,也不应忽视对过失犯的行为方式的认定。

3. 错将等置性规定视为法律拟制。

"单纯的过失犯说"还提出,从立法层面上讲,在德国、日本等一些国家,不作为行为之所以能够套用以作为犯罪为原型的构成要件,是因为这些国家在刑法总则中设立了把不作为按照作为处罚的拟制规定。③ 而我国与英美等国一样,并没有类似的拟制规定,不纯正不作为犯基本上都是按照过失犯罪处理。④ 鉴于我国并未在刑法总则中设立将不作为行为等同于作为犯的规定,因此不必照搬德日等国的刑法理论,在作为与不作为行为之间是否具有等置性上下功夫,可以借鉴英美等国的刑法理论对过失不真正不作为犯径直以过失犯论处。在笔者看

① 参见周铭川:《论过失犯的行为构造》,载《中国刑事法杂志》2008 年第 6 期。

② 参见[日]大塚仁:《犯罪论的基本问题》,冯军译,中国政法大学出版社 1993 年版,第 79 页。在笔者看来,过失犯亦具有实行行为。虽然"实行行为"(Ausführungshandlung)最早是由德国学者从 1871 年的《德国帝国刑法典》第 43 条关于未遂犯的法条表述中演绎出的概念("开始实行犯罪":Anfang der Ausführung),这说明实行行为最早的功能是确定未遂犯的成立时期,但是随着时代的发展,实行行为的功能不断增加,主要还包括限定因果关系起点行为的功能和区别正犯与共犯的功能。承认过失犯具有实行行为的学者显然看到了实行行为有限定因果关系起点行为的功能,有防止刑法过早介入的优势。比如有观点认为,只有对结果发生有紧迫危险的行为才是过失犯的实行行为。参见张明楷:《刑法学》(第 5 版),法律出版社 2016 年版,第 294 页。因此,在此意义上可以肯定过失犯具有实行行为。

③ 参见《德国刑法典》第 13 条规定:"不防止属于刑法构成要件的结果发生的人,只有当其有依法必须保证该结果不发生的义务,且当其不作为与因作为而使法定构成要件的实现相当时,才依法受处罚。"《意大利刑法典》第 40 条规定:"负有法定阻止义务而不阻止结果发生的,等同于造成结果。"

④ 参见高艳东:《不纯正不作为犯的中国命运:从快播案说起》,载《中外法学》2017 年第 1 期。

来,这一论证理由也是不充分的。因为日本在正式的刑法典中并未如论者所述规定了不真正不作为犯存在的刑法依据,只是在《日本刑法改正草案》第 12 条中进行了规定。① 但是日本的理论界与实务界都承认不真正不作为犯概念的成立,并展开对其作为义务的探讨。因此,不能将不作为犯均视为过失犯。处罚不真正不作为犯则并不需要一国法律在总则中予以规定才会被认为不违反罪刑法定原则。应当认为,德国、意大利等国刑法中有关作为与不作为间的等价值性规定属于注意规定,而不是法律拟制。此规定是为了提醒司法人员要慎重进行作为义务有无的判断,与对应的作为犯相比,要将不具有相当性的不作为行为逐出犯罪圈。也许有学者认为不作为犯通常在违法性上低于作为犯罪,如果定罪量刑与作为犯完全等同,有违公平公正。其实比照以作为犯罪为原型进行处罚的不作为犯罪,并不是说在定罪量刑上均与对应的作为犯罪标准相同。虽然与对应的作为犯罪定罪相同,但在量刑时司法机关会结合具体情况予以从轻、减轻处罚,努力做到罪责刑相适应。综上所述,不真正不作为犯是将以作为形式论处刑罚的法规适用于不作为,必须与作为犯具有同等程度的法益侵害危险,以做到罪行相适应,维护罪刑法定主义。

(二)等置性认定对限缩处罚范围的作用

即便在过失不真正不作为犯中,也必须仔细认定作为与不作为间是否有等置性,否则容易造成恣意入罪。如前文所述,确立行为人具有保证人地位和行为样态的同价值性是判断作为与不作为间具有等置性的两大要素。首先,如果认为行为人处于保证人地位,则通常来说可以肯定不作为与作为间具有等置性。故此,要求审慎认定保证人地位的成立,不能以行为人对结果的发生有具体的预见可能性为由,毫无限制地确立其具有保证人地位。以例为证,A 与 B 在 C 的酒馆畅饮后,欲

① 参见《日本刑法改正草案》第 12 条规定:“负有义务防止犯罪事实发生的人,虽然能够防止其发生但特意不防止该事实发生的,与因作为而导致的犯罪事实相同。”

醉酒驾车离去，而C未加劝阻，A与B因为醉酒驾驶发生交通意外死亡的案件。C未加劝阻的不作为便无法评价与作为具有相同的功用，因为，未加劝阻无法与积极实施的行为，做相同的评价。[①] 在这种情形下，即便C对于结果的发生有相当程度的预见可能性也应该否定成立犯罪。类似的案例还有，以行为人是否具有进言义务为例，如果下级员工所负责的业务并不涉及企业的安全保障制度或者虽然从事安全保障制度的工作，但并没有被赋予实质管理权限。即使其发现安全保障制度不完善，有发生火灾等事故的可能，也没有向上级监督管理人员报告的义务。因为此时该员工并不具有保证人地位，不产生作为义务。即使对损害结果有预见可能性，也不应承担刑事责任。等价值性是为了防止宽泛认定作为义务而提出，用以限定不作为犯成立的重要标准，不能刻意忽视与作为犯间等价值性的判断，对不具有作为义务之人论处刑罚。

其次，作为可能性一般是在作为义务确定之后，在判断具体的作为义务之际被考虑的。[②] 如果不重视等置性的判断，在个别案件中也有可能忽略与等置性判断息息相关的“作为可能性”的问题。比如在我国台湾地区发生的一起案件中，被害人怀孕到医院待产，被告护理人员为当日值班护士，且其有独立接生的权限。但该护理人员由于在接生过程中发现胎心音减速达10分钟之久，却未通知值班医师接手处置，而是自己进行急救措施最终胎儿因吸入性肺炎导致死亡。法院审理认为护理人员因未通知值班医师的“不作为”，造成胎儿死亡，应负刑事责任。[③] 可是在该案中，由于情况紧急，如果分心通知其他人员也很有可能造成不利后果，加之该护理人员有独立的接生权。因此，原则上不应将接生护士的不作为行为认定为是犯罪。再如，在政府行政监管部

---

① 参见张丽卿：《过失不纯正不作为犯》，载《月旦法学杂志》2002年总第57期。

② 参见[日]高桥则夫：《刑法总论》，李世阳译，中国政法大学出版社2020年版，第145页。

③ 参见黄惠满等：《护理行为之刑事过失——以不作为犯为例》，载《长庚护理》2015年(第26卷)第3期。

门的相关人员是否构成渎职类犯罪的问题上,监管人员虽然处于抽象意义上的保证人地位,但是我国《产品质量法》第 15 条规定"国家对产品质量实行以抽查为主要方式的监督检查制度",这是因为从现实层面来讲,不可能对所有的产品进行检查。故此,如果监管人员在进行中业已尽职尽责(如按时去现场检查、认真查证查票等),即便因为产品质量问题致消费者伤亡,也应尽可能避免对监管人员进行刑事处罚。

三、主观预见可能性的证成

(一)"单纯的不作为犯说"提出的缘由

如前文所述,"单纯的不作为犯说"提出的主要原因是为了回避对具体预见可能性的判断,其隐含的逻辑在于监督管理过失①对结果的发生只有极低的预见可能性,如果监督管理过失成立过失犯,则只能将危惧感说作为其理论依据。"危惧感说",是指对预见可能性不要求具体的预见,仅有模糊的不安感、危惧感即为已足。危惧感说经常受到属于结果归责,不当扩张过失犯成立范围的批评。因此通常认为,过失犯的成立要求行为人对结果的发生有具体的预见可能性,以达到合理限定过失犯处罚范围的目的,从而与危惧感说区别开来。

有意见指出,在监督管理过失中行为人虽然可能对其自身疏于对人或者物的管理监督有明确的认识,但是对损害结果的发生以及因果进程的基本部分如何发展却只有很低的预见可能性。故此才会有观点提出,即使对万一火灾发生造成惨剧有预见可能性,如果不能认可对火

---

① 所谓监督过失,是指处于指挥监督地位的人对直接实施引起结果发生的过失行为(直接过失)的行为者,怠于履行监管、指挥、指导义务以致发生危害结果的过失。管理过失,则是指因疏于对物的管理或人的管理而发生的安全事故,致人身财产受到侵害的过失。其类型划分标准,以是否介入他人(直接行为人)的过失行为为标准。参见程皓:《注意义务比较研究——以德国刑法理论和刑事判例为中心》,武汉大学出版社 2009 年版,第 218 页。

灾发生本身有具体的预见可能性,便不能认定成立过失。如果以危惧感说为依据,几近等同于认可结果责任……对于明知违反日常、消防法的事实却仍然置之不理而发生火灾事故的,仅因为被害的重大性而以刑事责任处理,并不会防止事故的发生。在公害和药害事件中也是一样,真正的责任所在是应该要求国家以及地方公共团体在行政上予以铭记。[①] 亦言之,如果过失犯的成立仅要求具有极低的预见可能性,属于结果归责,容易导致责任内容的空洞化,会使过失犯罪的处罚范围显著地扩张,[②]同时也难以起到一般预防与特殊预防的作用。

我国通说的观点也主张,无论是管理过失还是监督过失,都以行为人对结果具有具体的预见可能性为前提,不能以抽象的、一般的危惧感为根据认定过失责任。[③] 可是,通说中的多数观点一边认为过失犯的成立在主观上必须对结果有具体的预见可能性,危惧感说过于扩大了过失犯的成立范围,另一边忽视在监督管理过失中行为人可能只对损害结果的发生有着极低程度的预见可能性,却仍然肯定监督管理过失属于过失犯,从而在认定标准上与普通过失犯达成统一。这种论证逻辑似有自相矛盾之嫌。诚然,监督管理过失经常会造成严重的人员伤亡,基于需罚性的理念,才会刻意回避监督管理过失中对具体预见可能性的认定。但是,需罚性不等于应罚性,如果不能合理解释在监督管理过失中行为人只对结果发生有较低程度的预见可能性之问题,则无论是以新过失论还是旧过失论作为理论基础,均难以将监督管理过失解释为过失犯。如果忽略了这一论证过程,属于冠以具体预见可能性之名而行危惧感说之实,致使两种学说的区分变得困难。值得注意的是,在日本虽然具体的预见可能性说仍旧处于通说地位,但是认为危惧感说与具体的预见可能性说没有本质的差别之

① 参见[日]浅田和茂:《刑法总论》(补正版),成文堂2007年版,第353页。

② 参见[日]山口厚:《从新判例看刑法》(第2版),付立庆、刘隽译,中国人民大学出版社2009年版,第67页。

③ 参见张明楷:《刑法学》(第5版),法律出版社2016年版,第297页。

观点日渐成为有力的观点。[①] 因此,有必要先明晰危惧感说与具体预见可能性说各自的内涵,在此基础上分析这两种学说具有何种程度的差异。

(二)“危惧感说”存在的问题

为了解决这种矛盾,有学者提出,危惧感说的观点是,即使并不知道危险是什么样的,只有隐约的不安感,也能够承认过失。即使是行为时尚未查知的未知危险,只要有征兆,根据这些征兆应该抱有隐约的不安感,就被科以采取措施消除不安感的结果回避义务。与此相对,宾馆中火灾发生的概率尽管低,但发生原因本身一般是可以预见的。因此可以认为,过失犯虽然要求对结果发生有具体的预见可能性,但不要求对实际的因果经过有预见可能性,也没有必要是高度的预见可能性。[②] 亦言之,这种观点认为:第一,危惧感说是指行为人连危险是什么样的都无法得知,再怎么完善监督管理体制也无法避免最终结果的发生。因此,将危惧感说作为肯定过失犯的根据显然不合适,使得刑事处罚的触角过于扩张。第二,具体的预见可能性与高度的预见可能性并不完全等同。对结果发生的原因有较低程度的预见,也能肯定行为人对损害结果有具体的预见可能性。

此观点体现出了将监督管理过失解释为过失犯的努力,但是第一点理由对“危惧感说”之内涵显然有所误解。最初提出危惧感说的日本学者藤木英雄教授认为,认可危惧感说的前提当然是要求如果事前

---

① 参见[日]船桥亚希子:《過失犯における予見可能性の対象について—具体的予見可能性説と危惧感説の対立構造を中心として—》,载《法学研究論集》2016年总第45卷;[日]土井和重:《「未知の危険」と過失犯における予見可能性——福島原発事故の刑事責任を巡る議論を契機として——》,载《北九州市立大学法政論集》2018年总第45卷。

② 参见[日]佐伯仁志:《刑法总论的思之道·乐之道》,于佳佳译,中国政法大学出版社2017年版,第256页。

持慎重的态度,预防的可能性也是不小的。① 以此观点为依据,如若确实完全不知道危险是什么样的,连危惧感说也无法成立。在笔者看来,第一点理由实际上是将危惧感说中的"危险"与"风险"这两个不同的概念相混淆。贝克在《风险社会》一书中提出,"风险"是指完全脱离了人的直接感知能力,是既看不见也感觉不到的那种危害。② 这就致使人们难以在事前进行准确的把握,以便对此进行评估,从而制定出防止风险发生的对策。"风险"和"危险"从表面上看似乎都在强调行为人只需有抽象的、模糊的不安感就应当承担相应的责任,实则这两个概念具有本质上的不同。因为,其一,监督管理过失并不是随着现代化的发展才出现的,可以说自过失犯产生以来,因监督管理过失造成损害结果的案件便屡见不鲜。其二,即使是"危惧感说"也要求对危险是什么有所认知,只是相较于其他过失犯理论,在对结果的发生等要素有更低的预见可能性这点上存在程度上的差异。为了防止将"风险"与"危险"这两个概念混同,才会有学者提出危险源(source or origin of danger)不是单纯的风险源(source or origin of risk),后者是一般的风险管理,超越此风险与处罚相结合则应以前者的理解为必要。特别是在监督管理过失的场合,有必要预先自觉。③ 实际上,造成这种混乱的重要原因之一在于"危惧感说"本身就是一个自相矛盾、含混不清的学说。该说一方面认为只需有模糊的危惧感即可成立过失犯,另一方面又认为如果事前持慎重的态度,则很有可能避免结果的发生。然而若是只要求有模糊的危惧感,似乎又难以期待行为人采取举措弥补监督管理工作上的不足,因此在逻辑上有自相矛盾之嫌,也自然会致使不同的学者对危惧感说产生不同的理解。

---

① 参见[日]藤木英雄:《刑法総論講義》,弘文堂1975年版,第234页。

② 参见[德]乌尔里希·贝克:《风险社会——新的现代性之路》,张文杰、何博闻译,译林出版社2018年版,第14页。

③ 参见[日]甲斐克则:《刑法におけるリスクと危険性の区別》,载《法政理論》第45卷第4号(2013年)。

(三)具体预见可能性的判定

本文认为,无须采纳“危惧感说”,亦可肯认监督管理过失成立过失犯。可是,因为究竟具有多高程度的预见可能性才能认可过失犯的成立难以确定固定的数值,需要结合具体的犯罪情景予以综合认定,难免会出现不同的解读者对特定的过失行为是否构成过失犯存在相异看法的局面。尤其是在监督管理过失中,有必要对具体预见可能性的限度进行匡定。

1. 故意与过失在主观方面的差异

应当明确,有意识的过失无须与一种危险性故意相同。当人们要求一种容易想到的危险的故意时,就像在具体的危险性犯罪中的情况一样,这样的一种同一性无论如何是不存在的,因为对有意识过失来说,想象一种非常微小的危险就足够了。① 还有学者认为,过失犯是因为不注意而产生的结果,而故意犯是以意图实现结果为目标而实施行为,二者在构成要件结果上是不同的,故而不能维持故意犯和过失犯的平行性。② 也就是说,过失犯本身就不可能与故意犯一样对结果的发生有高度的预见可能性,因此认为过失犯成立在主观方面要有“高度的预见”这一说法本身就是存在问题的。可能有观点认为,过失犯中所要求的“高度预见可能性”是指,普通过失犯相较于监督管理过失对结果的发生有更高的预见概率。

但这种想法也难以成立,在过失犯中,依据过失类型的不同,对结果发生的预见概率本来就有所差异。虽然应当否定结果归责,但是在必要的限度内造成的危害结果越重大,就越要尽可能放宽对结果预见

---

① 参见[德]克劳斯·罗克辛:《德国刑法学总论》(第1卷),王世洲译,法律出版社2005年版,第729页。

② 参见[日]高桥欣也:《「因果経過の基本的部分」の予見可能性に関する予備的考察—最一决平成28年5月25日刑集70卷5号117頁を素材として—》,载《城西大学経営紀要》第13号。

概率的认定。另外,不少普通过失犯中对结果发生的预见概率同样也是极低的,以此为由否定监督管理过失成立过失犯,无异于"五十步笑百步"。

2. 高度预见可能性理论基础的动摇

实际上将具体的预见可能性与高度的预见可能性相等同的学者多持传统的旧过失论,因为传统的旧过失论认为只要具有预见可能性,过失犯也因此成立。如此会过于扩张过失犯的处罚范围,才有学者提出过失犯的成立必须对结果的发生有高度的预见可能性,但这种解释方法却又有可能不当缩小过失犯的成立范围。随着责任论由心理责任论转向规范责任论,传统的旧过失论的缺陷是将过失只视为责任要素,受到了德、日学者的批判,即认为责任的根据不仅仅是对行为人造成结果的心理关系的非难,而且是对反规范违法行为的非难可能性。所以,过失不单纯是心理概念,应包括所谓违反注意义务之规范要素。由此而形成了以规范违反说为核心理论的新的过失理论。[①] 传统的旧过失论也日渐式微,而不论是新过失论还是修正的旧过失论在试图从客观上限制过失犯的实行行为性这一点上两说之间并无不同。[②] 无须将限定过失犯处罚范围的功能全部赋予在预见可能性上。可能有学者认为,如果否认过失犯的成立要有对结果发生的高度预见可能性,即便在客观上对处罚范围进行限制,但总体而言仍然大幅度扩张了过失犯的处罚范围。应当认为,不是说某一理论最能限定刑事处罚范围,该理论就最为合理,只有最符合特定犯罪类型本质的理论才是相对正确的。如前文所述,高度的预见可能性本不属于过失犯的本质要素,不能以此为圭臬限定过失犯的成立范围。

3. 监管者要具有支配可能性

过失犯中要求在行为当时具有对行为的义务违反性及其所蕴含法益危险的预见可能性,实质是在要求,行为人对相应的行为与之后的危

① 参见林亚刚:《犯罪过失研究》,武汉大学出版社2000年版,第24页。

② 参见[日]桥爪隆:《过失犯的构造》,王昭武译,载《苏州大学学报(法学版)》2016年第1期。

险现实化过程具有支配可能性。① 也就是说,监管者具有结果回避可能性。不可能对责任人不具有支配可能性的情形追究刑事责任,如果单纯以造成危害结果对责任人进行刑事处罚,则属于单纯为了平息民愤而跨越自我答责的界限,丧失了处罚的公正性。监督管理人显然对拥有对物和对人的支配可能性,只要提前完善硬件设施,选择具有资质的人员进行作业,将会很大程度地避免结果的发生。如果监督管理人做到了上述要求,就绝不可能对其进行定罪处罚。而且,虽然从客观上来说,在现实中因行为人的监督过失发生危害后果的概率略低于普通过失产生损害结果的概率,但是行为人只要稍加注意同样也能清楚地认识到相关人员资质水平的不足或者安全保障设施存在漏洞,对一旦出现事故必会造成严重的后果具有相当程度的预见可能性,完全可以承认对结果的发生有具体的预见可能性。

以森永奶粉案为例,②该案直接促使了"危惧感说"的提出。多数学者认为,该案的被告人对结果发生的预见,只是怀有内容不特定的、一般的、抽象的危惧感,不能成立过失犯。但在笔者看来,这一质疑是站不住脚的。食品安全问题关乎民生,而且从食品制造业者专门家的立场出发,饮用奶粉的对象多为婴儿,抵抗力很弱。③ 有必要赋予食品生产者更高程度的注意义务,其必须充分、清醒地认识到在任何一个环节出现纰漏都很有可能造成顾客的损伤。而且更换原材料品牌的行为也绝不是小事一桩,在更换品牌时更是需要仔细检验其中有无危害人体的成分,在当时的技术下显然也能够检测出新产品中含有砒霜的成分,证明了奶粉生产者对危险源有控制可能。如若忽视对新原材料的检验,有可能因材料不合格引起事故,甚至会致使他人死亡。完全可能

---

① 参见劳东燕:《责任主义与过失犯中的预见可能性》,载《比较法研究》2018年第3期。

② 该案的基本案情为被告人自1953年起从有信誉的药商那里购买了第二酸苏打,用来作为安定剂加入奶粉中。可是在1955年4~7月,被告人在同一家药商购入了另一种含有砒霜的第二酸苏打加入奶粉,致使多名婴儿死亡。

③ 参见[日]中义胜:《業務上過失致死傷罪—森永事件どライミルク—》,载《ジュリスト》临时增刊565号(1967年)。

以具体的预见可能性说为立场证成被告人成立过失犯。而在该案一审中之所以否认被告人成立过失犯,主要是依据信赖原则,被告人可以信赖药商提供合格的商品,而不是说认为行为人对结果没有预见可能性。但是此处援引信赖原则作为出罪的理由显然也是不正确的,因为只有当食品制造者尽其所能排除可能造成顾客身体损害的因素之后,始有可能探讨能否信赖他人提供合格产品的问题。

4. 无须认识到基本的因果进程

还有必要探讨行为人对因果关系是否要有认识。持肯定说的观点认为,虽然对具体因果经过不要求有预见,但对因果关系重要的或基本的部分必须具有预见。有观点以此认为,如果不发生火灾,就不会造成死伤,因而“起火”作为造成死伤结果的不可或缺的前提,属于“因果进程的基本部分”,对此的预见可能性的阙如,会直接导致对死伤结果的预见可能性的阙如。[①] 主张否定说的观点则指出,事实上,只有故意犯才要求对因果进程的基本部分有认识可能性,监督过失并不是独立于疏忽大意过失与过于自信过失之外的一种过失。[②] 在疏忽大意的过失中,行为人完全不可能对因果关系基本进程有认识。在过于自信的过失中,行为人只是暂时地“预见”结果发生的可能性,[③]至多只会对因果进程有一部分认识,难以总体上掌握实际的因果流向。可以说两种类型的过失都不会对因果进程的基本部分有具体、完整的认识。认为过失犯也要对具体因果进程有认识的观点同样是以故意犯为模板,强行适用于过失犯的成立条件之中,是不尽合理的。因果关系的预见对于成立过失责任并不重要,行为时,在结果之外还要求对因果经过的基本部分有预见可能性,是不妥当的。[④] 可以说,否定说是对过失犯构成框架的准确把握。

---

① 参见[日]松原芳博:《刑法总论重要问题》,王昭武译,中国政法大学出版社 2014 年版,第 231 页。

② 参见张明楷:《刑法学》(第 5 版),法律出版社 2016 年版,第 297 页。

③ 参见张明楷:《刑法学》(第 5 版),法律出版社 2016 年版,第 291 页。

④ 参见[日]西原春夫:《刑法总论》(改订版)(上卷),成文堂 1993 年版,第 209 页。

5. 我国刑法罪名体系设置存在的问题

此外,我国刑法罪名体系设置的特殊性可能也会造成对具体预见可能性的忽视,值得引起注意。日本刑法典将业务上过失致死伤罪规定在过失致死伤罪之后,二者的保护法益相同,属于一般法条与特别法条的关系。自然会认为监督管理过失也要适用通常过失犯的成立条件,而并非与此不同的特别的过失规定。① 而我国刑法规定了诸如消防责任事故罪、重大责任事故罪等犯罪,并将这些犯罪规定于危害公共安全类犯罪之中,而没有规定在侵犯公民人身权利罪中。这些犯罪属于业务过失,也是过失犯的一种类型。以消防责任事故罪为例,虽然拒绝执行是故意的,但是对严重后果的发生,既不是希望,也不是放任,而是轻信能够避免,所以消防责任事故罪的主观方面是过于自信的过失。② 因此,如果符合消防责任事故罪的构成要件,则事故负责人既构成过失致人死亡罪,也构成消防责任事故罪,两罪产生犯罪竞合。而且,在《刑法》第 233 条中指出,对构成过失致人死亡罪的,《刑法》另有规定的,依照规定。司法机关也可以根据特殊法优于一般法的原则,径直选择适用重大责任事故罪、消防责任事故罪等犯罪。但是由于在这些犯罪的法条表述中并没有出现诸如"过失""不注意"等体现过失犯特征的字眼,③可能会使司法部门忽视主观具体预见可能性的认定,只要满足事故类犯罪客观上的构成要件即构成犯罪。但笔者以为,必须以过失犯为框架,要求相关责任人在主观方面有具体的预见可能性。此外,消防责任事故罪明确规定只有在责任人接到改正通知而拒绝执行时,造成严重后果的才能以犯罪论处。对于并未接到改正通知或者在限期改正期限内还未改正就产生损害后果的,则不会构成消防责任事故罪,可见该罪的适用范围有限。此时也必须对责任人是否构成过

---

① 参见[日]松宫孝明:《刑法总论讲义》(第 4 版补正版),钱叶六译,中国人民大学出版社 2013 年版,第 169 页。

② 参见魏克家:《认知过失犯罪》,中国政法大学出版社 2015 年版,第 160 页。

③ 比如《刑法》第 139 条消防责任事故罪中规定:"违反消防管理法规,经消防监督机构通知采取改正措施而拒绝执行,造成严重后果的,对直接责任人员,处三年以下有期徒刑或者拘役;后果特别严重的,处三年以上七年以下有期徒刑。"

失致人死亡罪等犯罪予以判断，确认其是否对损害结果有具体的预见可能性。

（四）否定具体预见可能性的情形

当然，绝不是说行为人存在监管过失，并在其监管范围内发生危害结果，就能认定其具有具体的预见可能性。首先，虽然监督管理不善的事实客观存在，但是损害结果是由他人故意引起的或是因为自然灾害等不可抗力的缘故等造成最终的危害后果，可以认为属于他人自我答责的领域或者是因果进程过于异常，原则上应否定行为人具体预见可能性，从而不构成过失犯。

其次，即便不属于上述情形，鉴于危害结果可能是由多重因素结合在一起产生的，如果行为人只存在轻微的监管过失，且从一般人的视角出发，该过失几乎不可能单独发生危害结果，或者是虽然存在过失，但是事后能够证明即便没有监管人员的过失，结果仍然会发生，通常不宜认为成立过失犯。

最后，现代社会分工日益细化和专业化，企业发展至一定规模其管理模式也呈现层级化。若因过失不作为产生危害结果，是否要对每一个层级上的管理人员定罪处罚便成为难题。某人所处的层级越高，对下级监管状况的了解程度必然越少。假如高层级管理人员经常视察和听取下级监管工作，而下级监管人员却刻意隐瞒监管中存在的问题。此时基于信赖原则，在类似状况下要否认高层级管理人员有具体的预见可能性。

四、新过失论之提倡

（一）对新过失论的误读

1. 与处罚范围的限缩无必然的关联

可能还有观点认为之所以错将过失犯都看作不作为犯是因为采纳了新过失论。新过失论被一些学者批判为混淆了过失犯与不作为犯。

新过失论认为过失犯的本质是对结果回避义务的违反,将结果回避义务设定为客观上的一定的行为标准,属于客观的注意义务。[①] 客观的注意义务往往由行政法规所设立,在产生损害结果的情况下,容易认为只要违反了行政法上的作为义务就是违反了社会生活中必要的注意义务,以此肯认过失犯的成立。因此遭到旧过失论者的批评。例如,张明楷教授认为,为了避免恣意的行为基准,新过失论便援引行政法规上的义务。于是,以引起一定结果为成立要件的过失犯,成为违反行政法规的结果加重犯。这不仅没有限定过失犯的处罚范围,反而扩大了过失犯的处罚范围。[②] 新过失论的提出是为了把意外事件或者不可抗力等不具有过失行为性的情形在违法性阶段就予以排除,限缩过失犯罪的成立范围。如果只要违反行政法规即认可过失犯的处理似乎与新过失论的初衷背道而驰。

可是,给新过失论扣上了限制刑事处罚范围的帽子并不准确。由旧过失论向新过失论的转变是与在责任论中从心理责任论向规范责任论的转移相对应,旧过失论的缺陷是将过失只视为责任要素的理论,这受到德、日学者的批判,认为责任的根据不仅仅是对行为人造成结果的心理关系的非难,而且是对反规范违法行为的非难可能性。所以,过失不单纯是心理概念,还应包括所谓违反注意义务之规范要素。由此而形成了以规范违反说为核心理论的新的过失理论。[③] 这就说明新过失论原本就不是专门为了限制处罚范围而提出的,将不可抗力或意外事件在违法性阶段就予以出罪,只是适用新过失犯理论在某些情形下所产生的附加效果,不能以此作为否定新过失论的理据。而且,诚如有学者所言,只要在作为义务根据的讨论上,还是维持以"法律""契约""法理"的形式法律义务见解的话,就结果而言,仍无法解决义务根据的讨论过度依赖行政法规的问题……直接讨论义务根据的实质基准,才是

---

① 参见[日]前田雅英:《刑法总论讲义》(第 6 版),曾文科译,北京大学出版社 2017 年版,第 181 页。

② 参见张明楷:《刑法学》(第 5 版),法律出版社 2016 年版,第 285 页。

③ 参见林亚刚:《犯罪过失研究》,武汉大学出版社 2000 年版,第 24 页。

正本清源的解决之道。[①] 可见，过失犯与不作为犯混淆的根源之一是在于没有从实质上确认行为人是否有保证人地位，与是否采取新过失论关系不大。还有学者批判新过失论使注意义务与作为义务之间界限模糊，但却同时又主张，我国宜放宽对保证人地位的认定以满足后工业社会的刑事治理需要。[②] 这种观点实质上也是放松了作为与不作为等置性的判断标准，同样有可能将原本不具有保证人义务的行为人认定为不作为犯，不能认为是妥当的。

2. 不意味着肆意认定过失犯的行为方式

虽说采纳新过失论并不意味着一定要限缩处罚范围，但也绝不能予以不当的扩张。与"单纯的过失犯说"主张不必区分作为与不作为的观点相对应，有观点提出在新过失论的立场上，应将过失犯优先解释为不作为犯，即事实上过失犯确实既有作为又有不作为的形态和形式，但实质上，根据规范论优先解释为不作为。[③] 此观点的出发点是认为作为犯罪的因果关系认定如果以条件说为基础，可能会造成只要是由于过失行为产生了最终的危害结果则因果关系成立。而过失犯的实行行为和因果关系定型性较弱，有必要通过类似于不作为犯的假定的因果关系补强，限制处罚。[④] 可以看出，虽然该说最终得出的结论与"单纯的过失犯说"截然相反，但都犯了将注意义务与作为义务相混同以及忽视过失行为定型性的错误。此外，诚然过失的作为犯与过失的不作为犯均违反了客观的注意义务，但是作为犯与不作为犯在因果关系的认定上存在差异。不作为犯的因果关系属于"拟制的因果关系"，往往在科学上无法证实，需要确认行为人具有保证人地位以弥补不作为行为在因果关系认定上的缺陷。不能只看到过失犯因果关系定型性较弱的优势而忽

① 参见洪兆承：《论过失不作为犯的"注意义务"与"作为义务"之关系——从"结果回避义务"的理论发展谈起》，载《中原财经法学》2018年总第40期。

② 参见姚诗：《不真正不作为犯的边界》，载《法学研究》2018年第4期。

③ 参见胡洋：《论过失犯实行行为的不作为犯解释》，载《甘肃政法学院学报》2016年第5期。

④ 参见胡洋：《论过失犯实行行为的不作为犯解释》，载《甘肃政法学院学报》2016年第5期。

视了其因果关系本身属于规范上的拟制,将过失犯都认定为不作为犯可能会使本来不处于保证人地位的行为人承担刑事责任,甚至将不具有因果关系的不作为也认定为存在因果关系,反而会不当扩大处罚范围。

主张在规范层面将过失犯全部视为不作为犯的另一个理由是,过失犯与故意犯相异,没有明确的目的以操纵因果历程的行为发生,只是一种"虽然有可能支配法益侵害的因果流程,但行为人不实行结果回避义务,以放任法益侵害发生"的犯罪。[①] 这种观点认为作为犯属于目的犯,必须要求行为人有意识地操纵因果流程。过失犯因为缺乏实施犯罪的意志性,故而不存在作为形式的过失。可是,纵然过失犯不像故意犯一般,具有明确法益侵害的目的性,但若过失的作为开启法益侵害的因果流程时,此时没有过失作为则结果根本不会发生。如果从这个角度来看,为什么要固执于目的性,而把所有的过失行为均理解成不作为这一点即有疑问。[②] 鉴于此,不能将故意作为犯的特征完全适用于过失犯中,故意犯和过失犯是不同的犯罪类型,在成立条件上存在诸多差异。而且,规范论也不能过于脱离事实,我国刑法中规定的强令违章冒险作业罪等犯罪,虽然属于过失犯,可是行为方式是作为,不能将此种类型的犯罪解释为不作为犯。

(二)与修正的旧过失论并无本质的不同

即便在持新过失犯论的学者中,也少有将过失犯全部视为不作为犯的说法。因为新过失论确实认为行政法规范是刑法上注意义务的渊源,但并非将前者等同于后者,而是认为后者是将个案中避免结果的必要措施义务化。[③] 持新过失论的学者也并不承认只要违反行政法规就

---

① 参见[日]竹田直平:《過失犯および不作為犯の構造と行為支配性》,载《甲南法学》1968年第9卷。

② 参见洪兆承:《论过失不作为犯的"注意义务"与"作为义务"之关系——从"结果回避义务"的理论发展谈起》,载《中原财经法学》2018年总第40期。

③ 参见王海涛:《行政法规范之违反与过失实行行为之认定——基于新过失论的阐释》,载《法学研究》2014年第2期。

成立过失犯,尽管在不少情况下可以认为触犯行政法规就是违反了客观注意义务。对是否具有客观注意义务也要进行实质的分析论证,如果是单纯出于行政管理的便利高效而不是为保护法益所设立的行政法规,或者违反行政法规的行为还未达到刑事规制的必要的情形下,就不宜将该行政法规作为客观注意义务的来源。因此,旧过失论对新过失论的批判是错误的。实际上,过失犯的本质是注意义务的违反,只是不同的过失理论在注意义务的内容上存在认知差异。传统的旧过失论认为过失和故意的区别只存在于责任阶段。此时的注意义务仅指主观的注意义务,即使自己精神紧张从而预见到结果发生的义务,是以预见可能性为核心。完全没有考虑过失的"行为"性质……修正的旧过失论虽维持过失属于责任要素的观点,但也同时重视对过失犯实行行为的认定,将其界定为"对于结果发生具有实质上不被允许的危险的行为"。[①] 修正的旧过失论认为过失犯与故意犯的实行行为都是实施了不被允许危险的行为,以此维持故意犯和过失犯的区别仅在于主观认知的不同,仍将有无预见可能性作为过失犯成立与否的核心。新过失论提出过失犯在不法层面上即与故意犯存在差异。过失犯的成立虽以具体的预见可能性为前提,但其可罚性并不在于对结果的预见义务,而在于违反了结果回避义务。

修正的旧过失论为防止过失犯的惩罚时点过于提前,主张在违反作为义务后选取一个对结果有现实危险性的时点认定过失犯的成立,相较于新过失论更能审慎地认定过失犯成立的始点。可是,不少持修正的旧过失论的学者通过客观归属论的理论框架认定过失犯,而客观归属论的第一个要件是要求行为人"制造了法律所不允许的危险"。新过失论所主张的结果回避义务之违反,其同样是在说明行为人之行为逾越了行为准则造成的危害结果是为法所不允许的,这里就存在这样一个等式关系,即过失 = 违反注意义务 = 制造不被允许的风险。[②]

---

① 陈家林:《外国刑法理论的思潮与流变》,中国人民公安大学出版社 2017 年版,第 225 页。

② 参见王焕婷:《德日过失犯构造探究及过失实行行为在不法论上的展开》,载《净月学刊》2015 年第 3 期。

故而,新过失论与修正的旧过失论在试图从客观上限制过失犯的实行行为性这一点上两说之间并无不同。① 通过新过失论或者修正的旧过失论所匡定的过失犯的处罚范围也是几乎相重合的。修正的旧过失论既重视过失犯的实行行为,又维持过失是责任要素,显然体系定位不够清晰,可能会产生逻辑上的混乱。因此,新过失论具有相对合理性,基于新过失论即得出过失犯都是不作为犯的结论是错误的。

五、注意义务与作为义务的关系

成立过失犯的核心是行为人违反了注意义务,而是否具有作为义务是是否构成不真正不作为犯的关键。学界对于注意义务中的结果避免义务与作为义务间具有何种关系见解不一,这也直接影响了过失不真正不作为犯的成立范围,因此有必要进一步厘清二者的关系。②

(一)不同观点的评述

1.“一体说”的缺陷

主张“一体说”的学者认为作为义务与结果避免义务属于同一义务。因为二者的问题都在于,在具体状况之下谁应该通过何种行为来

① 参见[日]桥爪隆:《过失犯的构造》,王昭武译,载《苏州大学学报(法学版)》2016年第1期。

② 本文认为,保证人地位与由此而生的防止结果发生的作为义务是一体的,二者均属于构成要件要素,均被包含在本文所指的“作为义务”之中。有不少学者认为应区分“保证人地位”和“保证人义务”,前者是构成要件要素,后者是违法要素。因为类型性的、抽象性的、形式的“保证人地位”要在构成要件该当性阶段加以检验,个别性的、具体性的、实质性的保障人义务则应在违法性阶段加以判断。参见陈子平:《刑法总论》,中国人民大学出版社2009年版,第114页。可是构成要件符合性是违法性的存在根据,而非纯粹的法律形式,不能简单认为构成要件与违法性是形式与实质的关系。实际上,只要没有特殊的违法阻却事由,符合构成要件的行为就是违法的。参见张明楷:《刑法学》(第5版),法律出版社2016年版,第127页。故而区分说是不正确的。

保护法益，因而两者实质上就是同一个义务，没有分别研究二者之必然性。[①] 还有观点认为作为义务与结果回避义务都是为了避免结果而要求的义务，两者的发生根据是一样的，都是对结果原因的支配。因此，在由对结果原因支配而肯定了保障人地位的场合，在过失犯中区别作为犯与不作为犯恐怕就没有特别的意义。[②] 如前文所述，此观点不当地混淆了特别义务与一般义务之间存在的差异，有不当扩大过失不真正不作为犯成立范围的危险。而且，在过失作为犯中，能够清楚发觉过失结果是由谁的行为造成的，只是需要判断该行为人是否应对其过失行为承担刑事责任，无须判断行为人是否处于保证人地位。而不作为犯的因果关系属于"拟制的因果关系"，行为人的不作为通常需要与其他要素相结合才能产生最终的损害结果。为了限制过失不真正不作为犯的处罚范围，需要特别确认行为人具有保证人地位以弥补不作为行为在因果关系认定上的缺陷，故而不能认为两种义务完全是同一义务。

2. "结果避免义务优先说"的不足

"结果避免义务优先说"认为，在判断义务的逻辑顺序上，应该先判断过失犯中的客观注意义务，即结果回避义务。因为保证人作为义务之因果是建构在假设因果关系之评价基础之上，而客观注意义务之回避结果义务是建构在事实上因果关系之判断基础之上。若欠缺事实上因果关系者即属客观上结果发生是不可避免，就阻却客观之结果归责性，不成立过失，既无过失就不再判断不作为之作为义务的问题。[③] 此观点存在以下问题：首先，诚然行为人对结果具有回避可能性（实际上就是"作为可能性"）是确认有无结果回避义务和作为义务的共同前提，但这不等于说结果回避义务要先于作为义务进行认定。不作为的主体有很多，必须首先确定这些不作为者中的哪些主体能够被课予结

① 参见［日］桥爪隆：《过失犯的构造》，王昭武译，载《苏州大学学报（法学版）》2016 年第 1 期。

② 参见［日］山口厚：《刑法总论》（第 3 版），付立庆译，中国人民大学出版社 2018 年版，第 245 页。

③ 参见陈宏毅：《论过失不作为犯》，元照出版有限公司 2014 年版，第 212 页。

果回避义务。[1] 即只有先确定了哪些人处于保证人地位,才能进一步分析具体的保证人有没有结果的避免可能性以及是否违反了结果避免义务。其次,并不是因为否认了事实因果关系,得出结果的发生是不可避免之结论,毋宁说正是因为不能回避结果的发生,始能否认事实的因果关系,该说也犯了倒果为因的错误。最后,之所以称为"客观的结果回避义务",是因为要以一般人之注意能力为基准来判断结果预见义务与结果回避义务的有无。鉴于一般人标准的抽象性,自然需要进行规范化的判断。

3."作为义务优先说"的基本主张

"作为义务优先说"主张,保证人地位的有无是进一步探讨其注意义务的前提。只有在认定了保证人地位的人当中,才能对注意义务进行考察,即通过考虑预见可能性、避免可能性等要件,做出认定。[2] 也就是说,作为义务本身是由两部分构成的,第一部分是对作为义务发生根据的保证人地位之确认,第二部分是对成为作为义务具体内容的结果回避义务的确认作业,其中结果回避义务起到了填充作为义务具体内容的作用。由此可见,主张"作为义务优先说"并不是说作为义务与结果避免义务完全交集,两种义务在前述第二部分是相互重合的。"作为义务优先说"实际上是指作为义务中的保证人地位的判断要先于结果回避义务。本文认为,这种观点将不具有保证人地位的人员排除出过失不真正不作为犯,起到了合理限制刑事处罚范围的作用,相对而言是合理的,具体论证如下。

(二)本文的基本观点

应当认为,人作为一定的行为主体确实是位于行为之前,尤其是在

---

① 参见王海涛:《论管理过失中下级从业人员的注意义务——以4·28胶济铁路列车相撞事故为例的展开》,载《清华法学》2015年第2期。

② 参见王海涛:《论管理过失中下级从业人员的注意义务——以4·28胶济铁路列车相撞事故为例的展开》,载《清华法学》2015年第2期。

身份犯的情况下,行为人的一定身份是在行为之前需要研究的,没有这种身份的人不可能实施该行为。[①] 不真正不作为犯属于身份犯的一种,只有处于保证人地位之人才可能成立不作为犯。在过失不真正不作为犯中,宜先认定行为人是否具有相应的身份,如果不具有则不会形成保证人地位,无法产生作为义务。亦言之,保证人地位的判断是作为义务特有的成立要件。故而有学者认为,在作为犯中,只需要解决"什么样的行为"应被归责,而在不作为犯中,需要同时解决"什么样的行为人"应被归责以及"什么样的行为"应被归责两个问题。过失不作为犯中的注意义务是以行为人具有保证人地位为前提的。[②] 从这一角度来看,作为义务中保证人地位的确立先于结果避免义务。

值得注意的是,有学者认为义务主体恐怕无法和义务内容的确定完全分开讨论。比如,建筑物的防火管理者是否要为建筑物火灾发生导致的死伤结果负责这个问题,如果不先确定防火"管理"的实际内容,则根本不可能找得到谁应该有法律上的权限来为管理疏失负责。同时管理的实际内容本来就是与义务内容的讨论相关,[③]不能将行为主体与行为内容割裂开来进行判断,也就因此无法对作为义务与结果回避义务进行绝对的区分。该观点错将防火管理的实际内容等同于结果回避义务。在火灾发生之前,哪些人员负责建筑物内的防火管理事务,以及防火管理的具体内容为何已经由法律法规、公司规章制度、合同等进行了确认。如果特定人员已经具有了形式的作为义务,若能进一步肯定其对危险源有实质的控制力,[④]且不属于他人的自我答责领

① 参见陈兴良:《刑法教义学的发展脉络——纪念1997年刑法颁布二十周年》,载《政治与法律》2017年第3期。

② 参见曾文科:《不作为犯的归因与归责》,载《刑事法评论》2011年第1期。

③ 参见洪兆承:《论过失不作为犯的"注意义务"与"作为义务"之关系——从"结果回避义务"的理论发展谈起》,载《中原财经法学》2018年总第40期。

④ 当然,"实质的控制力"不等于"最终的决定权"。在某人负责防火管理事务却没有是否要完善管理设备的拍板权时,若事后查明其在火灾发生前即发觉在防火系统中存在较大的安全隐患,却仍然知情不报,应认为该行为人对危险源有实质的控制力,没有履行进言义务,应承担过失不作为犯之责。

域或者不存在不可抗力等因素,原则上就可以肯定该人员具有保证人的地位。随后才需要探讨行为人是否履行了结果回避义务。具体而言,结果回避义务的作用在于从无数的结果回避措施中,确定处于保证人地位之人未实施何种特定的措施。比如防火管理者可能同时负有向员工提供消火、通报和避难诱导等训练,以及设置自动火灾警报设备、必要数量的救助袋和避难梯子等避难设备的责任。[①] 在损害结果发生之后行为人是仅履行了其中的一项或几项义务,还是全部没有履行,则需要结合具体情形判断行为人未履行哪些结果回避义务。因此,作为义务中的保证人地位与结果回避义务能够区分开来。

The Conviction Rules and Restrictive Path of Negligent and Untrue Omission Crime

YANG Zhibo

[内容摘要]过失不真正不作为犯的成立本应当同时符合过失犯与不真正不作为犯的构成要件,逐一判断行为人是否具有注意义务、作为义务等要素。可是通常来说,某一犯罪的构成要件越多,该罪的成立范围也会相对应的缩小。为了处罚造成严重损害后果的过失不真正不作为之行为,有观点提出只需通过单纯的过失犯或者单纯的不作为犯的构成框架,从规范层面判断过失不真正不作为犯的成立。应当认为,单纯的过失犯说有忽视作为与不作为间要进行等置性判断等缺陷,而单纯的不作为犯说存在刻意回避行为人对结果有无具体的预见可能性等问题的分析,且这两种学说都将注意义务与作为义务的基本内涵完全等同,不当扩大了过失不真正不作为犯的成立范围。因此,在过失不真正不作为犯中有必要认真论证每一个构成要件要素的成立,厘清注意义务和作为义务二者的关系,合理框定过失不真正不作为犯的成立范围。

① 参见[日]松宫孝明:《"進言義務"と過失不作為犯——大洋デパート火災控訴審判決を素材に》,载《南山法学》1989年13卷1号。

[**关键词**]过失不真正不作为犯;等置性判断;具体的预见可能性;作为义务;注意义务

Abstract: The establishment of the crime of negligent omission should be in line with the constitutive requirements of both the negligent crime and the unreal omission crime, and judge whether the actor has the duty of care, the duty of act and other elements one by one. However, generally speaking, the more constitutive elements of a crime, the scope of the establishment of the crime will be correspondingly reduced. In order to punish the act of negligent omission which causes serious damage, some people put forward that it is only necessary to judge whether the crime of negligent omission is tenable from the normative level through the framework of simple negligent crime or simple omission crime. It should be considered that the simple theory of negligent crime has the defects of neglecting the equal judgment between the act and omission, while the simple theory of omission has the analysis of the problem of deliberately avoiding the actor's possibility of foreseeing the result. These two theories completely equate the basic connotation of the duty of care and the duty of action, which improperly expands the establishment of the crime of negligent omission Range. Therefore, in the negligent omission crime, it is necessary to seriously demonstrate the establishment of each constituent element, clarify the relationship between the duty of care and the duty of conduct, and reasonably determine the scope of the establishment of the crime of negligent omission.

Keywords: Criminal Offence Committed by Omission; Equivalent Judgment; Specific Foreseeability; Duty of Act; Duty of Care

疫苗监管过失中玩忽职守罪的适用困境与突围*

赵姗姗**

目　次

一、现有规范的条文选择与适用困境

2017年11月,长春长生生物科技有限公司(以下简称长生生物)和武汉生物制品研究有限责任公司生产的共计65万余支百白破疫苗效价被指不符合标准;2018年7月15日的国家药品监督管理局通告显示,长生生物在冻干人用狂犬病疫苗的生产过程中存在记录造假,严重违反了《药品生产质量管理规范》。然而,此二事件并非我国疫苗事故

* 本文系陕西省教育厅"大数据时代西北地区社会治理中的刑事法治"研究课题的阶段成果。

** 西北政法大学刑事法学院讲师,西北政法大学刑事法律科学研究中心研究人员。

的开端。自2004年的江苏宿迁假疫苗事件后，接续发生安徽泗县疫苗违规接种事件(2005年)、大连疫苗违法添加事件(2009年)、山西疫苗事件(2010年)、山东潍坊非法疫苗事件(2012年)，足见我国的疫苗安全问题由来已久、案发频繁。

根据2016年修订的《疫苗流通和预防接种管理条例》(以下简称《条例》)第2条的规定，《条例》所称之疫苗是为了预控传染病的发生与流行，用于人体接种的预防性生物制品。作为药品的一种，疫苗自生产到接种的诸多环节受到药品监督管理部门的监管。根据2019年修订的《药品管理法》第68条的规定，国务院药品监督管理部门对下列药品在销售前或者进口时，指定药品检验机构进行检验；检验不合格的，不得销售或者进口：国务院药品监督管理部门规定的生物制品。同时，《条例》第48条规定，药品监督管理部门依照药品管理法及其实施条例的有关规定，对疫苗在储存、运输、供应、销售、分发和使用等环节中的质量进行监督检查，并将检查结果及时向同级卫生主管部门通报。根据《药品管理法》与《条例》的规定，疫苗作为生物制品，未经检验为合格则不得销售；同时，其储存、运输、供应、销售、分发与使用环节均需接受质量检查。然而，在前述的疫苗事件中，只有2018年长生生物的造假狂犬疫苗尚未出厂销售，其余皆已进入使用环节。在监管层面，疫苗安全问题之所以存在，或缘于监管者贪图经济利益而为假劣疫苗大开方便之门，或因监管不慎而在客观上使假劣疫苗流入市场。2007年因受贿罪、玩忽职守罪被一审判处死刑的国家食药监局原局长郑筱萸即为实例。[①] 然而，在十余年间所爆发的疫苗事故中，对负有监管职责的国家机关工作人员科以刑事处罚的案例却言之甚少。针对2018年长生生物的疫苗事故，对被问责的7名省部级官员以及35名非中管干部的最终处理结果仅是免职、引咎辞职、责令辞职或深刻检查。[②] 根据我国《公务员法》第87条的规定，“领导成员因工作严重失误、失职造

① 参见(2007)一中刑初字第1957号。

② 参见《疫苗问题处理大量官员：不能头疼医头脚疼医脚》，载中国新闻网，http://www.chinanews.com/sh/2018/08-23/8608086.shtml，2020年10月18日访问。

成重大损失或者恶劣社会影响的,或者对重大事故负有领导责任的,应当引咎辞去领导职务”,“应当引咎辞职而本人不提出辞职的,应当责令其辞去领导职务”。可见,“引咎辞职”与“责令辞职”之原因在于“工作严重失误、失职造成重大损失或者恶劣社会影响或者对重大事故负有领导责任”,论性质皆属过失。然而,在涉案官员中,只有原国家食品药品监督管理总局副局长吴浈,以及吉林省食品药品监督管理局原局长崔洪海被提起公诉,但所涉罪名为滥用职权罪或受贿罪,并无过失类罪名。①

既然疫苗在接种前需经过多重监管,在问责过程中又确有大批监管官员因“严重失误”而落马,却鲜有官员因过失而获罪。究其原因,笔者认为,既有立法上的不足,也存在适用现有条文的困境。在立法上,以“三鹿毒牛奶案”为代表的食品安全问题凸显后,《刑法修正案(八)》在原《刑法》第408条后增设了食品监管渎职罪,明确将负有监管职责的国家机关工作人员的渎职行为纳入了规制视野。但是,我国当前并无专门针对药品监管渎职罪的罪名,在现有条文的适用上,对疫苗监管过失可能适用的是《刑法》第397条的玩忽职守罪以及第115条的过失以危险方法危害公共安全罪。前者的入罪要求“致使公共财产、国家和人民利益遭受重大损失”,后者要求“致人重伤、死亡或者使公私财产遭受重大损失”。然而,对疫苗事故的涉案监管者适用此二条文的困境在于,因疫苗本身并非绝无风险、侵害结果的出现存在潜伏期、接种者的不同体质对疫苗的反应有所差异,以及涉众型事故的死伤结果与原因间的疫学因果关系较难认定等原因,②适用过失以危险方法危害公共安全罪来认定犯罪存在相当程度的困难。相比之下,玩忽职守罪所要求的“致使公共财产、国家和人们利益遭受重大损失”则存在较大的适用空间。但在疫苗已被不特定多数人接种,而死伤结果却

① 载中共中央纪律检查委员会与国家监察委员会网,http://www.ccdi.gov.cn/toutiao/201902/t20190202_188303.html,2020年10月18日访问。

② 参见《中国疫苗事故索赔:鉴定难,赔偿少》,载网易新闻2013年12月23日,http://view.163.com/special/reviews/vaccine1223.html,2020年10月18日访问。

未能判明的场合,能否认定存在"重大损失"的存在?玩忽职守罪作为认定国家机关工作人员过失的一般法条,当用于追究疫苗监管过失时,其注意义务又应如何确定?此两个问题,是适用玩忽职守罪规制疫苗监管过失的困境,亦是有待突破的焦点。

二、疫苗监管过失所侵害的法益剖析

(一)传统"秩序说"的浅表性

在刑法罪名的设定上,玩忽职守罪被置于"渎职罪"章节,通说认为,本罪的保护法益为国家机关的正常管理活动,①即国家机关工作人员在调整社会事务时所应遵守的行动准则。② 关于这一"行动准则"概念的范畴,按照法律哲学家埃德加·博登海默分析法律制度时的思路,"秩序(order)"与"正义"是理解法律制度之形式结构及实质目的的基本概念。其中,前者"被用来描述法律制度的形式结构,特别是在履行其调整人类事务的任务时运用的一般性规则、标准和原则的法律倾向"。③ 可以说,"正常管理活动"这一"行动准则"作为众多法益的一种,在法理学上可被归入"秩序"的范畴。在我国,刑法中有关药品的故意犯罪被规定于"破坏社会主义市场经济秩序罪"章节。按照通说以主要法益(客体)为标准对罪名进行归类的观点,生产、销售假、劣药的行为所侵害的主要法益为社会主义市场经济秩序。那么,由此可以

---

① 参见马克昌主编(执行主编:吴振兴、莫洪宪):《百罪通论(下卷)》,北京大学出版社2014年版,第1220页;贾宇主编:《刑法学》(第3版),中国政法大学出版社2017年版,第486页;周光权:《刑法各论》(第3版),中国人民大学出版社2016年版,第494页;高铭暄主编:《刑法专论》(第2版),高等教育出版社2006年版,第843页;曲新久主编:《刑法学》(第4版),中国政法大学出版社2011年版,第562页。

② 参见陈忠林主编:《刑法(分论)》(第4版),中国人民大学出版社2016年版,第320页。

③ [美]E.博登海默:《法理学:法律哲学与法律方法》,邓正来译,中国政法大学出版社2017年版,第233页。

推导出,过失导致疫苗事故的行为所侵害的主要法益亦为市场经济秩序(即便我国尚不存在过失生产、销售假药或劣药的相关罪名),因为,法益侵害是一种客观现象,并不以行为人的主观罪过为转移。然而此时的困境在于,在适用《刑法》第397条以玩忽职守罪来追究疫苗事故中国家机关工作人员监管过失的场合,需达到"致使公共财产、国家和人们利益遭受重大损失"这一标准。那么,对"秩序"的破坏能否指向这一标准?关于玩忽职守罪的入罪条件,虽然2012年《关于办理渎职刑事案件适用法律若干问题的解释(一)》(以下简称《解释》)对其进行了细化,但难言对追究疫苗事故的国家机关工作人员的过失责任带来明显的改观。因为疫苗事故波及范围广,潜伏期长,因果关系难以认定,故条文及《解释》第1条第(1)与第(2)项所要求的具体死伤数字及经济损失并不易确定,而第(3)项所要求之"造成恶劣社会影响的",笔者认为亦无助于在所有的疫苗事故中发挥作用。因为,疫苗事故的表现形式各异,爆发的环节亦不尽相同,在假劣疫苗大量流入社会,已被接种却并未被社会公众所知悉的场合,则会因不符合"造成恶劣社会影响"而无法将玩忽职守行为纳入刑法的规制范围。此时,公众的健康、生命却未得到应有的保护。至于第(4)项之"其他致使公共财产、国家和人民利益遭受重大损失的情形"是否可以指向通说中的"秩序"法益?笔者认为,在语言学上,用以描述对秩序造成侵害的动词应为"破坏",而非"损失"。在此,即便将"遭受重大损失"理解为是指向对犯罪对象的损害亦未必妥当,因为以秩序作为法益时,难言存在具体的犯罪对象。因此,用"遭受重大损失"来形容秩序被侵害的程度在文法上未免牵强,有损规范性文件在语言学上的科学性。如果立法者与司法者对法律的追求指向一个共同的目标,即通过法律的制定和适用,给人们提供行为规范以实现正义,那么,当司法者都无从语言规则上理解法律的规定时,正义的实现又从何谈起?[①]

通过玩忽职守罪的条文表述及司法解释的规定可以看出,"重大损失"并未仅指向秩序,而指向秩序所保护的其他法益。这一点正如

① 参见王政勋:《刑法解释的语言论研究》,商务印书馆2016年版,第133页。

埃德加·博登海默所指出的,秩序存在的终极意义在于维护更高层次的价值——正义,具体包含了安全、自由与平等三个成分。① 关于秩序的法理学定位,罗斯科·庞德也曾提出,“当法律秩序已经认定和规定了它自己要设法加以保障的某些利益,并授予或承认了某些权利、权力、自由或特权作为保障这些利益的手段后,现在它就必须为使那些权利、权力、自由或特权得意生效而提供手段”。② 为此,虽然“与法永相伴随的基本价值,便是社会秩序”,③但亦应当认识到在秩序与正义之间,前者是前提和基础,乃是连接法与正义的中介,故“仅以秩序价值的实现为目标的法是目光短浅的法……法追求秩序又不满足于秩序,才能获得真正的秩序并有可能实现法的所有价值”。④ 也正是基于秩序与正义之间的表里关联,日本学界的普遍认为,渎职罪所保护的法益绝不仅限于公务秩序的维护以及国民对公权力的信赖,还包括作为被害人的国民的自由与权利,⑤“不应将对个人法益的保护理解为仅是保护国家法益时的反射性利益”。⑥

围绕对秩序价值定位的分析,笔者认为,当前通说将玩忽职守罪的法益限定为“国家机关的正常管理活动”略欠缺深度。既然玩忽职守罪是渎职犯罪的一般罪名,那么本罪的保护法益,除了国家机关的正常管理活动之外,还应当结合事故发生的具体领域,对“国家机关的正常管理活动”这一秩序背后所保护的法益进行深层次、个别化的判断。

---

① 参见[美]E.博登海默:《法理学:法律哲学与法律方法》,邓正来译,中国政法大学出版社2017年版,第41页。

② [美]罗斯科·庞德:《通过法律的社会控制·法律的任务》,沈宗灵、董世忠译,商务印书馆1984年版,第114页。

③ [英]彼得·斯坦、约翰·香德:《西方社会的法律价值》,王献平译,中国法制出版社2004年版,第45页。

④ 卓泽渊:《法的价值论》,法律出版社2018年版,第343页。

⑤ 参见[日]平野龍一:《刑法概説》,東京大学出版会1977年版,第294页。

⑥ [日]西田典之:《刑法各論》(第4版補正版),弘文堂2009年版,第442页。

(二)将公共安全列为疫苗事故之保护法益的正当性

关于疫苗事故所侵害的法益,鉴于前述"秩序说"的浅表性,笔者认为,应透过秩序这一"前屏",结合药品的功用探究刑法所要保护的正义。如《条例》所述,疫苗的功用在于防控传染病的发生与流行。以用于预防小儿麻痹症的脊灰疫苗为例,在该疫苗问世前,脊灰作为噬神经病毒所导致的急性传染病,几乎5岁以下的幼儿皆会感染,甚至每200例感染中便有1例发生不可逆转的终身瘫痪。[①] 据联合国儿童基金会2017年统计,自2000年以来全球25亿名儿童接种了该疫苗后,脊灰病例数下降了99%以上,至2017年仅22例。[②] 可以假设的是,在接种了效价不达标的疫苗或变质疫苗的场合,不仅无助于社会公众特别是儿童对疾病的抵抗,甚至可能导致伤亡的出现。疫苗的问世,旨在将威胁人类生命与健康的疾病防患于未然,究其本质,乃是人类对自身安全的追求。正如心理学家马斯洛的在人类动机理论中所提出的,在人已相对充分地满足了生理需求后,则会出现不被疾病威胁等安全需求。[③] 针对"安全"的价值,埃德加·博登海默也认为,安全是社会系统所必须设法增进的东西,[④]当考虑孩子的需要时,这一价值就变得愈加明显。[⑤] 笔者认同这些论断,认为包括疫苗事

① 参见邢力莉、曹玲生:《脊髓灰质炎疫苗接种现状与进展》,载《中国疫苗和免疫》2018年(第24卷)第2期。

② 载联合国儿童基金会网,https://www.unicef.org/immunization,2019年8月29日访问。

③ 参见[美]亚伯拉罕·马斯洛:《动机与人格》(第3版),许金声等译,中国人民大学出版社2012年版,第22~26页。

④ 参见[美]E.博登海默:《法理学:法律哲学与法律方法》,邓正来译,中国政法大学出版社2017年版,第233页。

⑤ 参见[美]E.博登海默:《法理学:法律哲学与法律方法》,邓正来译,中国政法大学出版社2017年版,第321页。

故所侵害的法益实则为安全。也正是认识到药品的关乎安全性与公共性，日本学者倾向于侵害医药领域法益的行为视为公害。例如，藤木英雄教授在论著中曾明确指出，凡是涉及使公众、居民和一般消费者的生命、健康和生活的舒适性受到威胁或损害的行为，就是典型的加害行为，对消费者的生命和健康造成损害或威胁的食品、药品、化妆品、衣物、玩具、家具、食具及其他各种家庭用品等，在广义上讲，皆应当算是公害的一种。①

疫苗除了有助于维护个人健康之外，个人接种疫苗也对他人与社会产生证明的外部性，亦即群体免疫（herd immunity）的效果。当人口中接种疫苗人数比例越高，则越能避免传染病流行，而未接种疫苗者也能间接得到保护；反之，如果一定范围内接种比例越低，彼此传染的风险则越大。② 可以说，疫苗的"群体免疫"特性决定了其具有更加明显的公共性。既然疫苗事故所侵害的法益亦包括公共安全，那么，因玩忽职守而导致事故的场合，"重大损失"不应仅指向秩序被破坏的程度，亦应指向被秩序所保护的、可以被量化衡量的、与安全相关的利益的灭失程度。

三、疫苗监管过失中的注意义务

（一）当前主流过失犯理论的立场

按照当前我国学界的通说，玩忽职守罪属于过失犯的一种类型，应符合过失犯的基本构造。但关于过失犯基本构造之核心的"注意义务"的内容，理论界存在不同的主张。作为早期德国通说的旧过失论（传统过失论）认为，过失与故意皆为心理的、主观的要素，即值得非难

① 参见［日］藤木英雄：《公害犯罪》，東京大学出版会1975年版，第1页。

② 参见何建志：《公费疫苗法制解析与重构——科学不确定性下自主与公卫之平衡》，元照出版有限公司2018年版，第7页。

的意思状态。过失的本质为违反结果预见义务——行为人在对危害结果的发生有预见可能性时,应对该结果有所预见,若违反预见义务以致发生危害结果的场合,则成立过失犯。[①] 具言之,依照旧过失犯理论,在疫苗事故中,只要国家机关工作人员违反了结果预见义务,加之严重后果的出现,则很容易成立过失犯罪。但是,随着近代科技发展起来的新过失论则认为,传统过失论对社会成员科以了过于严苛的注意义务,不利于交通、医学等虽存在风险但对社会有益的领域的发展。故学界开始主张,过失不仅仅是值得非难的意思状态,还是违法问题,即脱离"基准行为(客观结果回避义务)"的、社会所不容许的不注意才是过失的原因,[②]以实现对过失范围的限制。依据新过失论,处罚过失的依据不在于心理要素本身,而在于行为人违反了法律、法规、规章、习惯等预先设定的客观结果回避义务。为此,仅预见结果并非尽到了注意义务,只有在行为人不采取结果回避措施的场合,才可能成立过失犯。根据新过失论,疫苗事故中玩忽职守罪的成立,在于国家机关工作人员未谨慎履行其工作内容所设定的注意事项(客观结果回避义务)。可以说,旧过失论将注意义务的内容限于结果预见义务,而新过失论则除了预见义务之外,又加入了客观结果回避义务,并偏重对客观结果回避义务的考量。当然,新过失论中的客观结果回避义务也需以结果预见义务为前提,否则回避无从谈起。而随着技术的革新与公害问题的严峻化,学者们意识到公害发生的机理复杂,若再"把预见可能性作为基础来考虑过失理论……除了宣告无罪,大概再别无他法了"。[③] 故以日本的藤木英雄与板仓宏为代表的学者,以"森永奶粉砷毒案"为契机,主张行为人对其活动抱有将致人的生命、健康发生某种危害的不安感、危惧

① 参见[日]瀧川幸辰:《犯罪論序説(改訂版)》,有斐閣1955年版,第136页;[日]香川達夫《刑法講義(総論)》(第3版),成文堂1995年版,第246页。

② 参见[日]大谷實:《刑法講義総論》(新版第4版),成文堂2012年版,第182~186页。

③ [日]藤木英雄:《公害犯罪》,東京大学出版会1975年版,第76页。

感时,即可认定存在预见可能性,进而要求其采取回避措施,在未尽到该义务时,成立对注意义务的违反。[①] 这一基于危惧感来认定预见可能性之有无的理论被称为"危惧感说"。

值得注意的是,以上三种过失论中,对成立过失与否的侧重点虽存在差异,但在对于预见义务的立场上并非绝对的对立。因为,在新过失论与危惧感说中,并非不重视结果预见义务的有无,只是对预见可能性的内容与程度作了宽于旧过失论的理解。三种过失论中的预见义务,或被看作判断注意义务存在与否的核心(旧过失论),或被看作生成注意义务之核心的前提(新过失论与危惧感说)。

(二)认定监管"注意义务"时所面临的困境

1. 预见可能性的多义性

预见可能性虽为判断注意义务的核心或前提,但学界对其内容的理解并未达成一致。在旧过失论中,"存在结果预见可能性→存在注意义务(也即,结果预见义务)→成立过失犯"的公式被广泛认可。基于这一公式,预见可能性与过失的成立紧密相连,针对结果的预见可能性是过失论的中心。故而旧过失论对预见可能性有较高程度的要求——在对危害结果的预见方面,所要求的是相当高程度的具体结果。这一"具体结果"表现为构成要件的结果,而非泛指抽象的法益侵害。[②] 在新过失论中,因新过失论以结果回避义务为注意义务的核心,预见可能性的有无仅是判断结果回避义务存在与否的前提,故预见可能性与危害结果间的关系被稀薄化了。从而,预见可能性的内容也被主张为是对因果历程"基本部分"的预见可能性,此处的"结果"也非构成要件的结果,而表现为因违反行为规范而导致的抽象意义的法益侵害。尽管新、旧过失论对预见可能性的理解存在差异,但在认为预见可能性的内容为包括因果历程的基本部分在内的、所谓"具体的预见可能性"的

① 参见[日]藤木英雄:《公害犯罪》,東京大学出版会 1975 年版,第 79 ~ 88 页。

② 参见[日]山口厚:《刑法総論》(第 3 版),有斐閣 2016 年版,第 251 页。

方面是一致的,这一立场又被称为"具体的预见可能性说"。该说的意义在于,降低了判断有无预见可能性的难度。① 故日本的判例也逐渐认为,对因果历程"基本部分"的预见是必要的。② 但随着危惧感说的登场,出现了具体的预见可能性说与危惧感说的对立——危惧感说并不要求对因果历程的基本部分有所预见,主张只要行为人对其活动抱有将致人的生命、健康发生某种危害的危惧感时便可认定存在预见可能性。在危惧感说看来,所谓预见可能性的内容需在"具体的预见可能性说"所主张的法益侵害的基础上进一步抽象化,达到对法益侵害的危险这一程度。因危惧感说易导致处罚的过剩,故在学界饱受批判。③ 具体的预见可能性说则得到多数学者及判例的认可,是当前日本过失犯理论与实务的通说,④亦得到我国学界多数学者的支持。⑤

基于预见可能性的多义性,疫苗事故中玩忽职守罪的认定,也不免存在以下困扰——关于国家机关工作人员对结果的预见可能性,是应当预见到因不负责任将会导致的具体结果(构成要件的结果),还是预见到因果历程的基本部分(广义的法益侵害结果),抑或是只要对自己的不谨慎行为心存不安就足够了,我国刑法学界也未达成一致见解。此外,危惧感说虽然广受批判,日本实务上也在认定了"森永奶粉砷毒案"的监督过失后再未使用过,但因该说主要面向于公害犯罪,在我国"三鹿毒牛奶案""朔州假酒案"后亦出现了支持的呼声。⑥

---

① 参见[日]林幹人:《刑法総論》(第 2 版),東京大学出版会 2008 年版,第 289 页。

② 札幌高判昭和 51 · 3 · 18 高刑集 29 · 1 · 90。

③ 参见[日]樋口亮介:《刑事過失と信頼の原則の系譜とその現代的意義》,载《東大法科ローレビュー》2009 年第 4 期。

④ 参见[日]岡野光雄:《刑法要説総論》(第 2 版),成文堂 2009 年版,第 193 页。

⑤ 参见陈兴良:《教义刑法学》,中国人民大学出版社 2017 年版,第 518 ~ 519 页;黎宏:《过失犯研究》,载《过失犯研究——以交通过失和医疗过失为中心》,北京大学出版社 2010 年版,第 23 ~ 24 页。

⑥ 参见毛乃纯:《论食品安全犯罪中的过失问题——以公害犯罪理论为根基》,载《中国人民公安大学学报(社会科学版)》2010 年第 4 期。

笔者认为,理论上或存在较大的争鸣空间,而欲解决我国当下的问题,还应结合我国刑法中有关过失犯的规定展开探讨。我国《刑法》第15条规定,"应当预见自己的行为可能发生危害社会的结果,因为疏忽大意而没有预见,或者已经预见而轻信能够避免,以致发生这种结果的,是过失犯罪"。可以看出,在过失的判断上,我国偏重对主观构成要件要素的考量,这一点恰如劳东燕教授所指出的,我国刑法中的结果预见可能性是疏忽大意的过失与过于自信的过失的共同要件。同时,我国《刑法》第15条第2款规定之"过失犯罪,法律有规定的才负刑事责任"。可见,根据我国刑法的规定,过失犯刑事责任形成的关键时刻在结果出现的时刻,即采取了结果主义的视角,故我国过失犯的构造基本等同于旧过失论。[①] 那么,依据旧过失论对预见可能性的要求,预见的对象应当是构成要件的具体结果。也即,在以玩忽职守罪追究疫苗监管过失时,监督者应对"致使公共财产、国家和人民利益遭受重大损失"这一具体结果存在预见可能性。但是,根据2006年最高人民检察院《关于渎职侵权犯罪案件立案标准的规定》,玩忽职守所造成的严重损失,既有经济损失、人身伤亡,也有"严重损害国家声誉,或者造成恶劣社会影响"。由此可以看出,玩忽职守罪的"重大损失"又不仅限于能够量化的损失,而是指向了更具抽象意义的"法益侵害"。此处对"法益侵害"的预见,则突破了旧过失论的主张,更带有了新过失论的色彩。可见,由于预见可能性的多义性以及我国对玩忽职守罪立案标准的多重规定,导致在认定疫苗监管过失时,再以当前对预见可能性内涵的理解去判断注意义务,难免令司法者无所适从。

2. 因果历程无从支配

新、旧过失论所主张的"具体的预见可能性说"均包含对因果历程的预见,只不过旧过失论要求得更全面、具体,新过失论只要求对因果

---

① 参见劳东燕:《过失犯中预见可能性理论的反思与重构》,载《中外法学》2018年第2期。

历程的"基本部分"有预见可能性即可肯定预见可能性的存在。① 但是这一点,近年被我国学者所批判。例如,劳东燕教授指出,强调考量因果历程的前提是存在知行合一的、能够有效掌握因果历程的行为人,故一旦认定该行为人对结果的发生存在预见可能性,则意味着其对行为后的因果历程存在支配或支配可能。劳东燕教授进一步认为,这种思路其实是受到刑法自然主义的影响、立足于因果一元论而得出的结论。在风险全球化的今天,过失犯的成立易受到经济、政治、社会等多元因素的影响,加之风险的因果机理日趋复杂与介入因素的存在,因果一元论正在过失犯的认定中丧失作用。同时,结果主义的导向,会让人们寄希望于侥幸避免结果而在行为时有失谨慎,故无法为社会成员提供足够的反对动机——对于实施了相同过失行为的人,责任的有无取决于结果的偶然,因此有失正义。② 此外,陈璇教授则立足于规范论,认为过失犯中的预见可能性仅指该行为违反了注意规范而带有的危险性,当过失行为宣告完结,其后的事实流程则进入自然发展阶段,行为本身便失去用武之地,并无法对因果历程实现有效的支配。③

从上述对"具体的预见可能性说"的批判可以看出,风险社会中的危险或损害往往由诸多因素造成,而非源于个人的特定行为,亦非个人能力所能支配。以疫苗事故为例,药品监督管理部门应对疫苗在储存、运输、供应、销售、分发和使用等环节中的质量进行监督检查,特别是"疫苗储存、运输的全过程应当始终处于规定的温度环境,不得脱离冷链,并定时监测、记录温度"(《条例》第 16 条)。可见,疫苗所处的诸环节本身存在影响疫苗效价的因素。2004 年完全不具备存储温度条件的"江苏宿迁疫苗案"即为实例。此外,我国对儿童实行预防接种证制

---

① "基本部分"被部分日本学者称为"中间项",本质上与对"基本部分"考量并无差异。参见[日]前田雅英:《現代社会と実質的犯罪論》,東京大学出版会 1992 年版,第 243 ~246 页。

② 参见劳东燕:《过失犯中预见可能性理论的反思与重构》,载《中外法学》2018 年第 2 期。

③ 参见陈璇:《论过失犯中注意义务的规范保护目的》,载《清华法学》2014 年第 1 期。

度，监护人应在儿童出生后1个月内为其办理预防接种证（《条例》第26条）；在儿童入托、入学时，托幼机构、学校应当查验预防接种证，发现未依照国家免疫规划受种的儿童，应督促监护人及时补种（《条例》第27条）。据此，疫苗是否实际接种、在多大范围内接种、接种后是否产生不良影响、又引发了何种程度的社会负面影响等，会因接种的年龄段、场合、接种人数等因素而有所差异，故结果发生的因果历程与最初的预见极可能发生偏离。为此，"基本部分"的判断也变得模糊，在多环节事故中机械将对"基本部分"的预见作为注意义务的内容，无异于为监管者提供了开脱罪责的"救命稻草"。也正如山口厚教授所言，所谓对因果历程"基本部分"的预见不过是用以缓和过失犯成立要件的权宜之计，难言是一个妥当的方案。①

综上所述，对结果的"具体的预见可能性说"因预见可能性的多义性与因果流程的难以支配性，并无助于疫苗事故中监管过失的认定。在我国，如果适用玩忽职守罪来追究疫苗监管者的过失责任，需要在注意义务上另寻突破。

四、对当前困境的突破

（一）区分第一类疫苗与第二类疫苗，分别认定"重大损失"

在假劣疫苗实际造成了死伤结果且达到一定数量的场合，当然构成"重大损失"。但在假劣疫苗已流入市场，而实际死伤结果尚未判明的场合，能否适用玩忽职守罪追究国家机关工作人员的过失责任，则需再次明晰"重大损失"的内容所指。因为，对于玩忽职守罪中"重大损失"的含义，学界存在是仅限物质性利益，还是同时包含非物质性利益之争。在主张应包含非物质性利益的学者中，对是否包括潜在危险又表现为不同的立场：有的学者认为，"重大损失"应不仅限于人身伤亡、

① 参见［日］山口厚：《刑法総論》（第3版），有斐閣2016年版，第255页。

财产损失,还包括其他利益的损害,但不包括潜在的危险;[①]有的学者则认为,非物质性利益应当包括潜在的危险。[②] 关于"重大损失"是否应当包括非物质性利益,笔者认为,既然前文已经明晰,疫苗事故中玩忽职守罪的保护法益为公共安全,那么,当享受某种安全保护被国家规定为公民的一项法定权益时,在此种权益受到侵害的场合,危害结果的"重大损失"不应当局限于物质性的、有形的损失。对此,黎宏教授也在论及玩忽职守罪的成立要件时提出,"玩忽职守罪尽管是以一定结果为成立要件的结果犯,但这种结果往往又是行为人在一定期限之内连续或者继续不履行或者不认真履行职责所导致的后果,换言之,玩忽职守罪的'危害结果'应当是应当被制止的违法状态因为得不到制止而长期持续"。[③] 既然危害结果为"应当被制止的违法状态"的持续,那么应当认为在尚未出现物质性损害的阶段即可成立。对于这一问题,张明楷教授亦曾指出,渎职罪的"结果"是否为有形的结果,需要对其进行客观、全面的判断与评价。[④] 在此笔者认为,疫苗事故中国家机关工作人员的渎职行为所导致的结果,特别是假劣疫苗已经大范围流入社会,但死伤结果尚未被判明的场合,是否能成立玩忽职守罪的构成要件的结果,还应当结合我国对疫苗的分类予以分别认定。

在我国,《条例》第 2 条将疫苗划分为两类,其中,"第一类疫苗"系指政府免费向公民提供,公民应当依照政府的规定受种的疫苗,包括国家免疫规划确定的疫苗,省、自治区、直辖市人民政府在执行国家免疫规划时增加的疫苗,以及县级以上人民政府或者其卫生主管部门组织的应急接种或者群体性预防接种所使用的疫苗。2017 年,长生生物所生产的效价不合格的百白破疫苗即在其列。由于我国对儿童实行预防接种证制度(《条例》第 26 ~ 27 条),在入托、入学时,儿童监护人均应

---

① 参见刘志伟:《认定玩忽职守罪中"重大损失"的两点思考》,载《河南社会科学》2010 年第 3 期。

② 参见董迎涛:《玩忽职守罪客观构成要件探析》,载《河南社会科学》2000 年第 6 期。

③ 黎宏:《刑法学各论》(第 2 版),法律出版社 2016 年版,第 551 页。

④ 参见张明楷:《刑法学》(第 5 版),法律出版社 2016 年版,第 1240 页。

按规定接受预防接种证的检查。对未受种第一类疫苗的儿童，托幼机构、学校有权督促监护人对儿童及时补种。从《条例》的这一规定可以看出，我国对第一类疫苗采取了“间接强制接种”①的态度，免费接种该类疫苗既是公民的义务，亦是权利——其义务性在于，公民不应基于个人意愿而拒绝接种第一类疫苗，同时，公民又平等地享有免费受该种类疫苗保护的权利。与此相对，“第二类疫苗”，指由公民自费并且自愿受种的其他疫苗。2018 年长生生物的造假冻干人用狂犬病疫苗即属此类。此处需要强调的是，“第一类疫苗”与“第二类疫苗”并非医学划分，而是行政划分。随着财力的增强，政府也会逐步将财政可负担的第二类疫苗上升为第一类疫苗，纳入国家免疫规划。② 也正是缘于该划分的行政属性，使得第一类疫苗带有了明显的义务色彩与权利色彩。面对来自国家的接种免疫要求，当假劣疫苗已经大量流入医疗机构，处于信息弱势的不知者并无法选择拒绝接种；同时，作为国家免疫规划的一项社会福利，公民在丧失正常效价的疫苗保护的场合，无异于应得利益的丧失。

考虑第一类疫苗与第二类疫苗不同的行政属性，笔者认为，在第一类疫苗的事故中，“损失”的内涵应被理解为公民应当享受的安全利益的丧失。该“损失”自受种者已实际接种假劣疫苗的时点成立，也即“应当被制止的违法状态”开始持续时“损失”宣告成立，无须等待物质

---

① 关于疫苗的接种，各国与地区做法不一。美国于 1809 年制定了《天花疫苗强制接种法》，违反者科以罚款，其后因公民提出该法违宪，现今美国各州法律均要求儿童接种疫苗作为就读公、私立学习的必要条件，以入学限制的方式间接强制接种，但允许基于医疗、宗教或哲学理由而申请豁免。英国 1840 年的《疫苗接种法》从 1953 年开始对新生儿实施强制接种，后因反疫苗人士的抗争，英国于 1898 年修改了该法，允许不信任疫苗安全者豁免强制接种。日本 1948 年制定的《预防接种法》起初规定，全民皆有接受预防接种的义务。其后，经过 1993 年日本公众卫生审议会的反复探讨，日本政府于 1994 年将“强制接种”修改为“劝导接种”。各国是否实施强制接种，涉及国情与医疗制度的差异。

② 参见《国务院办公厅关于进一步加强疫苗流通和预防接种管理工作的意见》(国办发〔2017〕5 号)，载中华人民共和国中央人民政府网，http://www.gov.cn/zhengce/content/2017-02/07/content_5166135.htm，2020 年 10 月 11 日访问。

性损害结果的出现。而损失是否"重大",应结合疫苗的接种范围、人群以及是否处于疫情蔓延的特殊时期等因素进行综合判断。如果在疫苗流入社会后、尚未接种前便认定成立"损失",则会导致刑法介入过于提前,有扩大处罚面之虞。同时,由于我国刑法尚无明确的关于过失危险犯的规定,对现行法能否容纳过失危险犯尚存在争议。① 在假劣疫苗尚未接种前便对监管者以玩忽职守罪定罪,无异于将假劣疫苗的存在定性为潜在风险,进而将玩忽职守罪作为了过失危险犯来定性。如此,既在理论上有违背罪刑法定原则之嫌,亦令实务难以把握。而以实际接种的时间为判断时点,既可以避免"损失"内涵的抽象化,亦便于在实务上根据接种记录来确定接种的年龄、数量与范围,以准确认定"重大"的程度。对于第二类疫苗事故,由于该种疫苗不具有明显的权利与义务色彩,故不应当归入"应得利益"的范畴。此时,事故的"损失"不宜自接种的时点成立,而应以物质性损害出现的时刻成立。至于损失是否构成"重大",亦应当以实际的死伤数目作为标准进行考量。

(二)对预见可能性含义的重塑

基于预见可能性的多义性以及因果历程的难以支配性,笔者认为,疫苗事故中的监管者是否违反了注意义务,应结合监管人所处的监管环节与职务内容,从规范与实质两个层面予以认定。在规范层面上,载有疫苗监管职责的法律、法规中所科予的注意义务是首先应当考虑的内容。例如,《药品管理法》明确规定了疫苗的储存、运输、供应、销售、分发与使用环节均需接受质量检查。各环节又有相应的规范要求,如国家卫生计生委制定的《预防接种工作规范》(2016 年版)与国家卫生计生委、食品药品监管总局制定的《疫苗储存和运输管理规范》(2017 年版)等。这些规范性文件细化了疫苗监管工作在各个环节中的注意

① 参见刘仁文:《过失危险犯研究》,中国政法大学出版社 1998 年版,第 22 页;陈兴良:《过失犯的危险犯:以中德立法比较为视角》,载《政治与法律》2014 年第 5 期。

义务,作为专业领域的监管人,不仅在业务上应熟知各环节的监管内容,更应理解在某环节的失职所带来的后果。在实质层面上,违反了规范上注意义务的行为是否具有了刑法关联性,则应结合玩忽职守行为所关联的法益,判断该行为是否含有导致重大结果发生的风险。原因在于,“玩忽职守罪在我国刑法中是结果犯,如果没有发生特定的重大损害结果,则不可能成立犯罪,而该结果又必须是行为人的玩忽职守行为造成的,因为玩忽职守行为本身必须是包含着导致重大结果发生的危险性的行为”。① 如果相关法律、法规的注意规范有避免重大法益侵害的作用,那么玩忽职守行为则具有了侵害法益的重大危险。以存储、运输过程中对疫苗温度条件的配备为例(《疫苗储存和运输管理规范》第6条),由于温度对疫苗的效价会产生明显的影响,因玩忽职守而导致疫苗存储不符合温度条件时,则属于对法益侵害具有重大风险的行为,从而在实质上构成了对监管注意义务的违反。与此相对,未履行“对疫苗储存、运输设施设备运行状况进行记录”(《疫苗储存和运输管理规范》第8条)的义务不会导致疫苗效价的改变,故不具有侵害法益的重大风险,为此仅违反规范上“记录”要求的行为并不会在实质上构成对监管注意义务的违反。

当然,由于因果历程难以支配,预见可能性的含义仅限监管人对其不负责任的行为可能导致的法益侵害有所预见即可。至于侵害结果是否实际发生、在多大范围内发生、以何种形式表现出来,可以并无具体的预见。

在对预见可能性的重塑过程中,存在适用信赖原则的场合。因为随着医药领域技术的专业化所带来的分工细化,可能出现因信赖他人而对危害结果没有预见可能性,进而不成立过失犯的情形。② 关于在监管过失中是否可运用信赖原则作为限定过失犯成立的事由,日本学

① 陈兴良主编:《刑法各论精释》,人民法院出版社2016年版,第1232页。

② 参见[日]堀内捷三:《刑法総論》(第2版),有斐閣2004年版,第130页;[日]曽根威彦:《刑法総論》(第4版),弘文堂2016年版,第176页;[日]斉藤信治:《刑法総論》(第6版),有斐閣2008年版,第148页。

界虽然存在“监督管理与信赖是矛盾的”之立场,[①]但多数说与判例普遍认为,在监管过失中仍有适用信赖原则的余地。[②] 在疫苗监管问题上,笔者认为:首先,在同一个监管环节中,当存在分工体制且多个监管者间存在上下级监督关系的场合,可借鉴日本判例的经验——由于监督下级是上级的工作内容之一,故上级不得以信赖下级会谨慎行事为由而不履行注意义务,也即,此时并无适用信赖原则的空间;在同一个监管环节中不存在上下级监督关系时,如果存在规范上的专业分工,且一方需以另一方的监管结果为前提进行下一步监管的场合,考虑到因专业不同而致的认知能力上的界限,则应当允许信赖原则的适用。其次,在不同的监管环节,由于《药品管理法》的规定,药品的储存、运输、供应、销售、分发与使用环节均需接受质量检查,故各环节间的监管内容应当彼此独立,下一环节的监管人不得以前一环节已显示“检查合格”为由懈怠监管义务。此时,笔者认为应当排除对信赖原则的适用。以《条例》第17条所规定的“疫苗生产企业在销售疫苗时,应当提供由药品检验机构依法签发的生物制品每批检验合格或者审核批准证明复印件,并加盖企业印章”为例,即便质量不合格的疫苗在销售阶段被错误地签发“合格”,却在分发阶段未能检出而流入下一环节,此时,分发环节的监管人不得以信赖前一环节的检验结果为由主张自己不具有预见可能性。

---

① 参见[日]松宫孝明:《刑法総論》(第5版),成文堂2017年版,第228页。

② 日本学者将监督责任分为直接型与间接型,前者是监督者必须对被监督者采取一定措施的责任,后者是监督直接行为者本身不得犯有过失的责任,二者区别在于有无信赖原则的适用。在直接型的场合,并不以被监督者存在过失为前提,故不适用信赖原则。在间接型的场合,因直接行为者在监督者的监督之下是独立的责任主体,在限定的范围内,可以适用信赖原则[参见[日]大越義久:《刑法総論》(第5版),有斐閣2012年版,第143页]。有关团队医疗的“北大电动手术案”(札幌高判昭和51.3.18高刑集29卷1号第78页)中,判例承认主刀医生对经验丰富的护士的信赖;在关于防火措施的“白石中央病院案”(札幌高判昭和56.1.22刑月13卷1=2号第12页)中,判例承认医院院长对夜班警察的信赖,此二案件中均存在分工体制。但是,在行为人负有监督他人注意义务的分工体制里,则不允许监督者信赖被监督者。

五、结 语

通过对传统"秩序说"的批判,本文认为,疫苗监管过失所侵害的法益应同时包括公共安全。进而,针对"第一类疫苗"与"第二类疫苗"的不同属性,本文提出应区分不同的疫苗事故,以分别认定何为"重大损失",并通过重塑预见可能性的内涵,突破了条文适用上的困境,得出可以适用玩忽职守罪来规制国家机关工作人员渎职行为的结论。由于疫苗监管过失同时侵害了公共安全法益,故可能与过失以危险方法危害公共安全罪间发生想象竞合。在发生竞合的场合,应当根据想象竞合犯的处理原则,择一重罪处断。

Predicament and Breakthrough of the Application of the Crime of Dereliction of Duty in Vaccine Regulatory Negligence

ZHAO Shanshan

[**内容摘要**]我国刑法尚无针对疫苗监管渎职行为的专门法条,在以玩忽职守罪追究国家机关工作人员的监管过失时,本罪所保护法益不应仅止于秩序,还应当包括公共安全,故"重大损失"应理解为被秩序所保护的、与安全相关的利益的重大损失。鉴于"第一类疫苗"与"第二类疫苗"的不同属性,在前者的场合,"重大损失"可以不仅限于物质性利益的损失,而在后者的场合,应当以物质性利益的损失作为入罪标准。同时,因"预见可能性"内涵的多义性及因果历程难以被实际支配,监管者是否违反了注意义务,应突破"具体的预见可能性说",结合疫苗监管者所处的监管环节与职务内容,从规范与实质两个层面予以认定。

[**关键词**]监督管理过失;玩忽职守罪;疫苗事故;预见可能性

Abstract: There is no special law on the regulatory of dereliction of duty in vaccines in China's criminal law. When the regulatory negligence of the staffs of state organs is investigated for their negligence, the legal protection of this crime should not only be ordered, but should also include public safety. "Significant loss" should be understood as a major loss which is protected by order and is of security-related benefits. In view of the different attributes of "type Ⅰ vaccine" and "type Ⅱ vaccine", in the former case, "significant loss" can't be limited only to the loss of material benefits, while in the latter case, the loss of material benefits should be regarded as a standard of conviction. Meanwhile, since the ambiguity and causal course of the connotation of "foreseeing possibility" are difficult to be actually controlled by practice, whether the regulator violates the duty of care should be determined from two levels of standard and substance by breaking through the "specific foreseeable possibility theory" and combining the supervision link and job content of the vaccine regulator.

Keywords: Regulatory Negligence; Crime of Dereliction of Duty; Vaccine Accident; Foreseeable Possibility

〔中国刑法〕

法人共同犯罪中相关责任人的罪与罚

曾粤兴* 陈艳飞**

目 次

引 言

我国《刑法》第30条规定,"公司、企业、事业单位、机关、团体实施的危害社会的行为,法律规定为单位犯罪的,应当负刑事责任"。第31条规定,"单位犯罪的,对单位判处罚金,并对其直接负责的主管人员和其他直接责任人员判处刑罚……"这两条是我国刑法关于法人(单

* 北京理工大学法学院教授、博士生导师,法学博士。
** 北京理工大学法学院博士生。

位)犯罪及其刑事责任的基础性规定。由于该两条规定得比较简单,导致法人犯罪,尤其是法人共同犯罪的诸多问题一直未有定论。正如有学者所言,“法人犯罪的刑事责任的复杂性与共同犯罪的刑事责任的复杂性叠加出法人共同犯罪的刑事责任的双重复杂性”。[①] 在法人共同犯罪的讨论中,关于法人与其内部直接负责的主管人员和其他直接责任人员[②]的关系定位问题在学界一直争论不休,而关于相关责任人与外部法人及外部法人中的相关责任人之间的关系定位问题,则少有探讨,而关于这些主体之间的罪与罚问题,更是鲜有论及。由于理论研究的不深入,加之司法实践中缺少据以研究的案例,导致法人共同犯罪中相关责任人的关系定位、定罪量刑标准、罪数认定、角色认定及刑事责任分担等问题仍然存在诸多模糊地带。正是基于此,本文拟对这些问题进行探讨。

一、法人共同犯罪中相关责任人的关系定位

法人共同犯罪中相关责任人的罪与罚问题,牵涉四对关系,即法人与作为其成员的相关责任人之间的关系,同一法人内部相关责任人之间的关系,此法人中的相关责任人与彼法人的关系,不同法人中相关责任人之间的关系。其中,前两对关系可称为法人共同犯罪中相关责任人的内部关系,后两对关系可称为法人共同犯罪中相关责任人的外部关系。

(一)法人共同犯罪中相关责任人的内部关系定位

法人共同犯罪中相关责任人的内部关系定位,涉及法人与作为其

① 马荣春、周建达:《论单位共同犯罪的责任追究:定罪与责任分担》,载《政治与法律》2010年第2期。

② 为便于行文,下文将直接负责的主管人员和其他直接责任人员统称相关责任人。

内部成员的相关责任人之间、法人内部相关责任人之间的刑事责任分配问题。不同的关系定位之下,导出的刑事责任分配会有所差异。

1. 法人与其内部相关责任人之间的关系定位

关于法人与其内部相关责任人之间的关系定位问题,学界一直存在较大争议。比较有代表性的观点有替代责任说、嵌套责任说和复合关系说三种。

(1)替代责任说。该说主张法人责任本质上是一种"替代责任",替代责任既不是指法人代法人成员受责,也不是指法人分担了法人成员的刑事责任,而是指在法人成员对其个人的犯罪行为承担了刑事责任的情况下,法人仍然要对法人成员的犯罪行为另行承担刑事责任。之所以如此,是因为此时的法人成员的犯罪行为在规范评价上具有双重性:一方面,犯罪行为是法人成员实施的个人行为,因而其应当对此承担刑事责任;另一方面,犯罪行为又同时是法人的行为,因而法人亦应当对此承担刑事责任。[①] 法人犯罪和法人成员犯罪之间关系密切,在绝大多数情况下,后者是前者成立的基础,但是,二者之间并非是一种共同犯罪,而是独立的两类犯罪行为。法人犯罪在性质上是一种拟制犯罪,法人责任在本质上是一种替代责任。因而法人与法人成员之间不可能形成自然人犯罪主体之间所具有的那种互相沟通、相互协力的共犯关系,不可能形成共同犯罪。[②]

(2)嵌套责任说。该说认为,由于刑法中的法人是一个由财物和职位组成的相对独立于自然人的行动系统,法人成员与法人间是一种"嵌"与"套"的关系,在法人成员履行法人职责的行为构成我国刑法规定的法人犯罪时,便相应地呈现一种嵌套式的共同犯罪形态,即法人与法人成员既紧密联系,又相对独立的犯罪形态。法人犯罪不是单纯的以法人为主体的单一犯罪,而是由法人与法人的相关责任人为主体共

① 参见叶良芳:《论单位犯罪的形态结构——兼论单位与单位成员责任分离论》,载《中国法学》2008 年第 6 期。

② 参见叶良芳:《论单位犯罪的形态结构——兼论单位与单位成员责任分离论》,载《中国法学》2008 年第 6 期。

同构成的、法人实施的犯罪,是与自然人犯罪并列的嵌套式共同犯罪。该说还进一步指出,从内容上看,法人和法人成员通常具有相同的犯罪故意,并在该故意的支配下共同实施了相同的犯罪行为。从形式上看,法人的犯罪行为只能具体表现为其成员的履职行为,法人成员在履行职务时实施的犯罪行为在实质上又是代表法人的行为。这两种行为嵌套在一起而互为表里,具有高度的重合性。除此之外,法人与法人成员的犯罪行为还针对同一个犯罪对象,侵害同一个法益,并造成同一个危害结果。由此可见,法人犯罪是一种共同犯罪,即同时作为刑事责任义务主体的法人和法人相关责任人所共同实施的犯罪。①

(3)复合关系说。该说认为,在法人犯罪中,犯罪行为是由相关责任人员实施的,法人本身并不能实施任何行为,因此,法人和相关责任人员虽然都是法人犯罪的犯罪主体,但二者并非是相互配合的共同犯罪关系,而是一种复合关系。法人和相关责任人员的复合关系是以相关责任人员在实施犯罪行为时身份的复合性为前提,即相关责任人员一方面作为自然人在实施犯罪行为,另一方面代表法人在实施犯罪行为,而正是由于犯罪行为是个人行为和法人行为的复合,相应的法人犯罪的主体也是法人与相关责任人员的复合主体。因此,法人与相关责任人员作为法人犯罪的主体既不是两个犯罪主体,也不是共同犯罪主体,而是复合主体。②

上述三种学说实质上是对相关责任人与法人之间的关系的三种不同的认识。替代责任说实质上是共同犯罪否定论,嵌套责任说实质上是共同犯罪肯定论,复合关系说实质上是既不赞同二者属于共同犯罪,也不赞成二者属于非共同犯罪,而是认为二者是一种新型复合关系。在这三种学说中,复合关系说的主张对定罪量刑不具有实质意义,并不可取。因为在我国的犯罪类型体系当中,无非是单独犯罪和共同犯罪两类,并不存在单独犯罪和共同犯罪之外的第三种犯罪类型。区分单独犯罪和共同犯罪的意义无非是更好地对犯罪行为人进行合理定罪量

① 参见陈忠林、席若:《单位犯罪的"嵌套责任论"》,载《现代法学》2017年第2期。

② 参见王联合:《论单位犯罪的复合主体》,载《中国刑事法杂志》2012年第6期。

刑,从而实现罚当其罪。因此,在相关责任人与其任职的法人的关系认定上,仍须作出是否为共同犯罪的判断。

替代责任的核心论点是,法人要对法人成员的行为另行承担刑事责任。这意味着法人构成犯罪须以法人成员构成犯罪为前提,而这与法人犯罪的追责逻辑是相矛盾的。根据我国《刑法》第31条的规定,在法人犯罪中,要追究法人成员中相关责任人的刑事责任,须以法人构成犯罪为前提。换言之,如果法人不构成犯罪,并不会越过法人去直接追究相关责任人的刑事责任。这从部分法人犯罪的立案追诉标准明显高于普通自然人犯罪可以得到印证。事实上,替代责任说源于民事案件中的雇主须对雇员的行为承担民事责任的规定。但刑事责任和民事责任有着本质区别,民事责任可以替代,而刑事责任则强调自己责任,具有不可替代性。因此,以替代责任来否定相关责任人与法人不构成共同犯罪的理由并不充分。

相比较而言,嵌套责任说准确地指出了相关责任人和法人之间的关系定位问题:法人犯罪本质上就是法人和法人成员共同实施的犯罪。在我国,法人的本质是人、财、物的结合体,具有集体意识和独立地位,法人中的自然人是法人的组成部分,与法人之间是整体与部分、全人与手足、系统与元素的关系。当然,由于法人意图由相关责任人具体贯彻实施,相关责任人的行为很大程度上体现为法人行为,因此,法人犯罪中的相关责任人之于法人,恰如手足之于自然人,但作为法人"手足"的相关责任人不同于自然人之手足,既称为"人",具有主观意志和客观行为的相对独立性,是独立性与依附性的辩证统一。[①] 也就是说,作为具有相对独立性的相关责任人,其对法人的犯罪决议有一定的选择性,其既可以选择执行,也可以选择拒绝。如果其选择执行法人的犯罪决议,则和法人具有共同的犯意和行为,完全符合共同犯罪的核心特征,但因二者存在一定的隶属关系,与普通自然人共同犯罪人在犯意上存在程度上的区分。在明确二者是共同犯罪的基础上,如何确定二者

---

① 参见熊选国、牛克乾:《试论单位犯罪的主体结构——"新复合主体论"之提倡》,载《法学研究》2003年第4期。

的刑事责任又是一个值得研究的问题,下文将对此进行探讨。

2. 法人内部相关责任人之间的关系定位

关于法人内部相关责任人之间是否构成共同犯罪的问题,亦有共同犯罪说、共同犯罪否定说和多种形态说三种不同的学说。

(1)共同犯罪说。该说认为,从共同犯罪的成立条件来看,在法人内部复数的相关责任人员实施犯罪的情况下,存在两个或两个以上达到刑事责任年龄、具备刑事责任能力的自然人;复数自然人之间存在共同的犯罪故意,都认识到不是一个人单独实施犯罪,而是二人及二人以上共同实施犯罪,且都在预见到共同犯罪行为的性质及行为可能造成的危害结果的基础上,对危害结果采取希望或者放任的态度。因而法人内部的相关责任人之间构成共同犯罪,与普通自然人之间的共同犯罪并无区别。

(2)共同犯罪否定说。该说认为,仅仅因为法人内部的自然人犯罪具有和共同犯罪相同的外观和表现形式就认为法人内部存在共同犯罪,显然是只看到了事物的表象,且犯了不同语境下概念不能混用的错误。因此,法人内部直接参与实施犯罪的相关责任人之间不是共同犯罪关系,而是作为法人有机整体内部的诸要素相互联系、相互作用的关系。①

(3)多种形态说。该说认为,就法人内部成员犯罪而言,既可能是单独犯罪形态,也可能是共同犯罪形态。如果实施犯罪的法人成员只有一人,则其为单独犯罪;如果实施犯罪的法人成员为复数,且彼此之间存在犯意的沟通和联络,在行为的实施上互相加工和助力,则应属于共同犯罪;如果实施犯罪的法人成员为复数,但彼此之间不存在犯意的沟通和联络,则应属于单独犯罪。②

上述三种学说中,共同犯罪否定说一方面承认相关责任人之间具

① 参见谢望原:《台、港、澳刑法与大陆刑法比较研究》,中国人民公安大学出版社1998年版,第236页。

② 参见叶良芳:《论单位犯罪的形态结构——兼论单位与单位成员责任分离论》,载《中国法学》2008年第6期。

有共同犯罪的表象，另一方面还指出相关责任人之间实质上是一种相互联系、相互作用的关系，相当于是既承认相关责任人之间符合共同犯罪的表征，也符合共同犯罪相互联系、相互作用的内核，但却否定是共同犯罪，显然难以自圆其说，无法实现逻辑自洽。共同犯罪说虽然准确地指出了法人内部相关责任人之间可以成立共同犯罪，但也有以偏概全的嫌疑。这是因为，现代法人的类型较为复杂多样，既有一人法人（一人公司），也有组织分工较为严密的现代大型集团法人，还有诸多关联法人，与之相应，法人犯罪中相关责任人之间的关系较为复杂。确实既可存在一人决策一人实施犯罪行为的法人犯罪，也可存在一人决策复数法人成员实施、复数法人成员决策复数法人成员实施犯罪行为的法人犯罪。决策、实施犯罪行为的法人成员之间，既可能有共同的意思联络和行为，也可能存在没有共同的意思联络和行为。所以，相关责任人之间既可能是单独犯罪，也可能是共同犯罪。尽管从实际情况来看，共同犯罪应属常态。所以，多种形态说更符合客观实际。

（二）法人共同犯罪中相关责任人的外部关系定位

法人共同犯罪中相关责任人的外部关系定位，涉及此法人相关责任人与彼法人、此法人的相关责任人与彼法人的相关责任人之间的刑罚分配问题。同样，不同的关系定位，各相关责任人所承担的刑事责任会存在差异。关于这个问题，学界尚无深入的研究，值得探讨。

1. 不同法人相关责任人之间的关系定位

在法人构成共同犯罪的情况下，此法人中的相关责任人与彼法人中的相关责任人是否也构成共同犯罪？应该说，从理论和逻辑上讲，这两类人构成共同犯罪应当不存在问题。共同犯罪尽管是复数自然人或者法人共同实施同一特定犯罪，但最终受罚的仍只是单个参与者，其本质因此应当从数人为实现各自犯罪的行为共同说的角度加以理解。①

---

① 参见黎宏：《刑法学》，法律出版社2012年版，第261页以下。

法人毕竟是拟制的犯罪主体,其在客观上并非具有独立意识和独立行为的人,以其名义所实施的任何行为,均是由其内部的相关责任人来具体商议并实施的。或者说,法人的任何意思表示、任何行为,事实上都是由具体的自然人来完成的,只不过,人类根据法律和共同的规则将其意志和行为归责于法人罢了。其实,从源头上讲,法人是人类为了分散其自身风险而发明出来的产物。法人中,最典型的就是有限责任公司。所谓有限责任,就是设置法人的自然人只须以其出资对外承担责任,不涉及该自然人的其他财产。从这个意义上讲,法人不过是人类获取利益和规避风险的工具罢了。因此,在法人构成共同犯罪的情况下,至少代表法人作出犯罪决议的人之间是有共同的犯意的。在法人犯罪内部相关责任人员之间,应当承认本质上是一种共同犯罪关系,否则会导致理论与实务、立法和司法的紧张与对立。①

当然,对于具体实施犯罪行为的相关责任人之间,则可能存在不同的情形。如果他们之间存在共同的意思联络,并采取了分工负责、相互配合等方式实施了共同的行为,则同样也可以构成共同犯罪。但是,法人犯罪通常比较复杂:法人的犯罪决策者与具体实施者之间、具体实施者相互之间并不一定具有共同的意思联络或者共同的行为。比如,在行为人并不知晓公司的犯罪决策,仅是受上级的指派去实施犯罪的某个环节,特别是犯罪行为是一系列看似不相关的行为,但从整体上却能评价为犯罪的情况下,行为人的行为本就不宜认为是犯罪,此种情况自然不构成共同犯罪。归纳而言,在法人构成共同犯罪的情形下,对于代表法人作出犯罪决议或者明知是犯罪决议而去实施的不同法人内部成员之间,可以构成共同犯罪,而对于其他人员,则不宜按照共同犯罪处理。

2. 相关责任人与其他法人的关系定位

在探讨了法人共同犯罪中不同法人内部的相关责任人之间是否构成共同犯罪的问题之后,再探讨此法人中的相关责任人与彼法人是否

① 参见王永强:《单位犯罪与共同犯罪关系辨析——以一起单位集资诈骗案为例》,载《政治与法律》2012年第10期。

构成共同犯罪,结论就要明朗得多。从形式上讲,法人共同犯罪是法人与法人之间的共同故意犯罪,与作为法人内部成员的相关责任人之间似乎并无关系。但从实质上看,法人之间要形成共同犯罪,都是以法人中的相关责任人为媒介实现的。毕竟,脱离了相关责任人,法人本身之间不可能形成共同的犯意和共同的行为。可以说,在法人构成共同犯罪的情形,代表法人达成共同犯意的相关责任人之间必然存在共同的意思联络,他们之间形成共同犯意构成共同犯罪不存在疑义。相应地,代表法人意志和行为的相关责任人实际上存在身份聚合,其行为既是自己的也是法人的。因此,此类相关责任人与其他法人当然可以构成共同犯罪。此外,作为法人决策人以外的相关责任人,如果其明知自己是和其他法人共同实施犯罪行为,也应认定为共同犯罪,而对于其他情形,相关责任人与法人之间则不宜认定为共同犯罪。

二、法人共同犯罪中相关责任人的定罪量刑标准

如前所述,法人共同犯罪中相关责任人的内部关系和外部关系均可以构成共同犯罪,在追究各主体的刑事责任时,势必要考虑法人、作为相关责任人的自然人和普通自然人的定罪量刑标准是否同一的问题。因为定罪量刑标准对于法人共同犯罪的罪与非罪、此罪与彼罪、罪轻还是罪重有着重要影响。

(一)法人共同犯罪中相关责任人定罪量刑标准学说

关于法人共同犯罪中相关责任人的刑事责任追究标准抑或是定罪量刑标准问题,无论是实务界还是理论界都存在争议。这种争议主要表现在以下三个层面:第一个层面是普通自然人和法人的定罪量刑标准是否同一的问题;第二个层面是相关责任人与普通自然人之间的定罪量刑标准是否同一的问题;第三个层面是法人与其内部的相关责任人之间的定罪量刑标准是否同一的问题。关于这个问题,主要有平等适用说、法人宽宥说和相关责任人宽宥说三种。

1. 平等适用说。该说认为,基于刑法面前人人平等的基本原则,不仅自然人犯罪和法人犯罪应当平等适用刑法,自然人犯罪和法人相关责任人犯罪也应平等适用刑法。自然人犯罪与法人犯罪的司法平等问题,从责任一体化和罪刑平等的观念出发,自然人犯罪和法人犯罪在立案标准上应当统一,在犯罪构成定量因素上应当统一,在刑罚处罚裁量档次上不应有大的差别。[①] 既然法人成员犯罪本质上是一种自然人犯罪,则在定罪量刑的标准上就应当与自然人犯罪一视同仁。[②]

2. 法人宽宥说。该说的支持者在对我国立法及司法实践进行观察后得出法人的定罪量刑标准应高于自然人犯罪,进而认定法人和自然人犯罪在定罪量刑标准上应当有所差异。其主要理由为:"法人如同未成年人、老年人等特殊犯罪主体一样,在不同犯罪案件中都或多或少地存在着某些值得宽宥处罚的因素,不能有意无意地与同种个人犯罪予以同等处罚。根据现行立法与司法实践经验,因同种单位与个人犯罪大多发生在经济犯罪的领域,其追诉处罚标准一般以拉开 3 至 5 倍的距离为适宜。"[③]

3. 相关责任人宽宥说。该说认为,相关责任人无论是在思想上还是在行动上都受制于法人,相较于普通自然人犯罪的刑罚适用而言,应体现轻缓。其代表性观点为,在法人犯罪的情况下,法律通过处罚法人已经可以惩罚和预防法人犯罪,就没有理由在对主观上只具有较小罪过的自然人进行处罚,因为即使法人中的自然人在实施法人犯罪时具有自由意志,但其毕竟处于法人组织中,其意志受到法人的多方面的制约,如他不履行法人的决定,就有可能受到法人的处罚,因此其意志的自由程度要比自然人小得多。在这种情况下,由于追究法人犯罪中的

---

① 参见刘仁文主编:《刑法学的新发展》,中国社会科学出版社 2014 年版,第 284 页。

② 参见叶良芳:《论单位犯罪的形态结构——兼论单位与单位成员责任分离论》,载《中国法学》2008 年第 6 期。

③ 黄祥青:《论单位犯罪的处罚标准》,载《法律适用》2013 年第 7 期。

自然人刑事责任是功利目的多于伦理谴责,因此不能将法人犯罪中自然人的刑事责任与单纯的自然人犯罪的刑事责任相提并论,而应当在一定程度上有所减轻。①

上述三种学说站在不同角度所进行的分析和论证,都有其合理之处。从我国的立法、司法操作来看,则并未采取同一标准。对于普通自然人、法人以及法人中的相关责任人这三类主体采取以平等适用为原则,以法人宽宥、自然人宽宥为例外。比如,从立法规定来看,我国《刑法》第180条所规定的"内幕交易、泄露内幕信息罪"中,就采取了相关责任人宽宥标准,对普通自然人犯罪和法人相关责任人犯罪的量刑标准作出了不同的规定。普通自然人触犯该罪的,法定刑分为两档,即情节严重的,处5年以下有期徒刑或拘役,并处或者单处违法所得1倍以上5倍以下罚金;情节特别严重的,处5年以上10年以下有期徒刑,并处违法所得1倍以上5倍以下罚金。法人犯该罪的,对相关责任人的处罚仅规定了一个刑档,即处5年以下有期徒刑或者拘役。该罪名的规定不仅在自由刑上存在差异,在罚金刑上也存在差异,对相关责任人并未规定罚金刑。从司法解释等规范性性文件来看,有多个罪名采取了法人宽宥标准。例如,最高人民检察院、公安部联合发布的《关于公安机关管辖的刑事案件立案追诉标准的规定(二)》(以下简称《立案追诉标准二》)所涉及的86种经济犯罪中,有62种可以由自然人和法人两种犯罪主体构成,其中规定合同诈骗罪等56种犯罪原则上不再区分个人和法人犯罪的立案追诉标准,仅对剩余的集资诈骗、票据诈骗等6种犯罪作出法人追诉标准高于自然人犯罪标准。② 为实现追诉标准的统一,最高人民法院实际上也认可了《立案追诉标准二》所作规定,对

---

① 参见魏东、章谷雅:《论法人犯罪的犯罪构成与刑罚配置之完善》,载《中国刑事法杂志》2004年第2期。

② 参见陈国庆等:《〈关于公安机关管辖的刑事案件立案追诉标准的规定(二)〉的理解与适用》,载《公检法办案指南》2010年第6辑。《立案追诉标准二》第49条规定,以非法占有为目的,使用诈骗方法非法集资,涉嫌下列情形之一的,应予立案追诉:(1)个人集资诈骗,数额在10万元以上的;(2)单位集资诈骗,数额在50万元以上的。

集资诈骗等罪名采取了法人宽宥说。[①] 事实上,在采取了法人宽宥说的同时,也是间接地采取了相关责任人宽宥说。因为按照前述追诉标准,在法人不构成犯罪的情况下,公安司法机关显然不会直接去追诉法人中的相关责任人。

(二)法人共同犯罪中相关主体的定罪量刑标准厘定

对于普通自然人、法人、相关责任人之间的定罪量刑标准是否同一的问题,单纯的平等适用说、法人宽宥说、相关责任人宽宥说都是片面的,而应当实事求是,从客观实际出发,在坚持刑法面前人人平等的前提下,体现区别对待。具体而言,对于定罪标准上应当采用平等适用说,不管是普通自然人、法人,还是法人中的相关责任人,都应当采取同一标准。这主要有以下几点理由:其一,"犯罪的本质是侵害或者威胁法益,其具体表现为对法益造成侵害结果(包括危险)",[②]定罪与否应当以犯罪行为造成的危害后果为基础来对犯罪行为人进行评价,而不应因其是法人或者自然人,或者是法人中的相关责任人而有不同。其二,从共同犯罪"部分实行,全部责任"的基本理论出发,只要共同犯罪主体之一的行为构成犯罪,则其他主体也构成犯罪。如果对普通自然人、法人和相关责任人的定罪量刑标准采取不同的标准,则可能导致此种不同标准本身失去意义。其三,在法人共同犯罪中不同主体采取不同定罪量刑标准,会导致入罪时以最低标准的主体为基准,量刑时以最重责任主体为基准,这也会导致共同犯罪案件中的定罪量刑标准和单独犯罪出现差异,导致共同犯罪主体遭受较重的处罚。仍以集资诈骗罪为例,根据现有标准,自然人的入罪标准是10万元,法人的入罪标准

① 《最高人民法院关于审理非法集资刑事案件具体应用法律若干问题的解释》第5条规定,个人进行集资诈骗,数额在10万元以上的,应当认定为"数额较大";单位进行集资诈骗,数额在50万元以上的,应当认定为"数额较大"。该解释实际上也是沿用了《立案追诉标准二》的标准。

② 张明楷:《共同犯罪的认定方法》,载《法学研究》2014年第3期。

是50万元。在自然人和法人构成共同犯罪的情况下,入罪标准变成10万元,则不仅法人构成犯罪,法人中的相关责任人亦构成犯罪。在这种情况下,相关责任人实际上是由不构成犯罪转换为构成犯罪,而且还要面临较重的处罚,这显然是不妥当的。其四,从刑罚的负担来看,法人仅是承担罚金刑,和自然人确立同一定罪标准对其也没有显著影响。如采取法人宽宥说,将法人犯罪的入罪门槛提高,实际上也附带地提高了相关责任人的入罪门槛,是变相鼓励行为人通过注册法人来从事违法犯罪活动。其实,近年来我国集资诈骗类犯罪急剧增多和采取法人宽宥标准有着莫大关系。

当然,在量刑环节,也就是在刑罚的裁量上,对此三种主体则可体现差异。比如,对于相关责任人中直接负责的主管人员,尤其是单位犯罪的决策层,从本质上说,法人不过是其实施犯罪的工具而已,其类似于犯罪集团中的首要分子,其借助法人进行犯罪所造成的社会危害性通常要大于纯自然人犯罪。对于此种犯罪主体,不仅应对法人的整体犯罪金额承担刑事责任,而且与其他犯罪主体相比,可考虑在法定刑幅度范围内从重量刑。而对于相关责任人中的直接责任人,其不可避免地会受制于公司的决定和公司领导的要求,确实有值得宽宥之处。因此,对其从轻处罚也符合客观实际,且这种从轻处罚,完全可以通过对其在共同犯罪中的地位和作用的认定来实现,即通过主犯、从犯、胁从犯等角色的认定来实现罚当其罪。这也说明,既然通过刑罚的裁量上能体现出平等、从重或者从宽,就无须在立法上再对普通自然人、法人和相关责任人的定罪量刑标准作出不同的规定,否则,不仅会增加立法的复杂性,而且可能会导致司法适用的混乱。

三、法人共同犯罪中相关责任人的罪数认定

在明确了法人共同犯罪中相关责任人的内部及外部关系定位及定罪量刑标准之后,需要进一步探讨其罪数的认定问题。

(一)法人共同犯罪中相关责任人的罪数争议

法人共同犯罪中相关责任人的罪数问题,看似和自然人犯罪并无差异,无非也是同种数罪和异种数罪如何处理的问题,但细究起来,还是有诸多差异的。法人犯罪是将法人成员的犯罪行为拟制为法人的犯罪,将法人成员的犯罪意志拟制为法人的犯罪意志,因而在法人犯罪中,通常有两个犯罪、两个犯罪主体和刑事责任主体。① 在研究法人共同犯罪时,即使是最简单的两个法人共同犯罪,也涉及四个犯罪主体,而在数个法人构成共同犯罪的情况下,情况将更为复杂,尤其是当同一自然人在不同法人中任职时,其作为相关责任人承担刑事责任时,不可避免地会涉及同种数罪和异种数罪的问题。而对于触犯数罪的相关责任人,和普通自然人犯数罪是否有所区别?抑或说有没有必要进行区别对待?

从我国刑法的规定来看,对法人犯罪的处罚实行的是以双罚为原则,以单罚为例外。也就是说,在法人构成犯罪时,原则上既要追究法人的刑事责任,也要追究相关责任人的刑事责任,例外情况只追究相关责任人的责任。这实际上也意味着在多数情况下,法人犯罪中相关责任人的刑事责任和法人的刑事责任是同步的。那么,是否也意味着法人犯罪中相关责任人的罪名和罪数也依附于法人?应该说,在法人单独犯罪的情形,相关责任人和法人的罪名和罪数应当是一致的。这是由刑法规定的双罚制所决定的。但对于法人共同犯罪的情形,则要复杂得多。从实际情况来看,法人中的相关责任人的罪名和罪数与法人并不当然一致。这是因为现代社会中,一个自然人可能在数个法人中任职,这意味着其可能成为数个法人中的相关责任人,也同时意味着相关责任人可能构成数罪。这种数罪可能是因同一个法人犯数罪而构成,也可能是因不同法人犯罪而构成。如前所述,对于同一法人犯数罪

① 参见游伟、尚爱国:《关于法人犯罪刑事责任基础的思考》,载《法学》2003年第8期。

而导致的相关自然人犯数罪的情形,实际上和自然人犯数罪并没区别,按照同种数罪不并罚,异种数罪进行并罚即可实现罚当其罪。问题是同一自然人作为不同法人的相关责任人,当其任职的数个法人犯同种罪或者是异种罪时,是否也能根据普通自然人犯罪的并罚方法采取异种数罪并罚而同种数罪不并罚的思路进行?这看似是一个简单的问题,实则值得深入研究,而学界尚无有针对性的研究,因此注定会存在争议。我们不妨先观察一下司法实践的做法。

(二)法人犯罪中相关责任人罪数认定的司法案例观察

在缺乏司法案例支持的情况下,研究相关责任人的罪数问题总有些空对空的感觉。尽管涉及相关责任人罪数的司法案例较少,但也不乏代表了司法实务部门的不同观点的典型案例。

1. 案例一:相关责任人的同种数罪应当并罚?

2014 年,北京市朝阳区法院对杨某宇(网名“立二拆四”)非法经营案作出宣判,判决书主文表述为:“被告人杨某宇作为 ×1 公司直接负责的主管人员犯非法经营罪,判处有期徒刑三年,罚金人民币十万元;作为 ×2 公司直接负责的主管人员犯非法经营罪,判处有期徒刑二年,罚金人民币五万元,决定执行有期徒刑四年,罚金人民币十五万元。”①该案是“网络推手”造谣逐利被判刑的典型案例,宣判时曾引起媒体的广泛关注。但与媒体对该案的广泛关注不同,学界对法院作出的同种数罪并罚思路却未给予应有的关注。法院对同种数罪进行并罚,确实较为少见。从判决书来看,之所以作出如此新颖的判罚,是因为杨某宇作为两个公司的实际经营人,而该两个公司都“多次通过信息网络有偿提供删除信息服务和发布虚假信息服务”的方式来获利。这种判罚是否合理,或者说有没有足够的法律依据和法理支持,值得深入研究,但该判决书中并没有对为何作出此种判罚进行说理。从法院的判罚来看,主要是基于这样的逻辑:其一,杨某宇之所以构成犯罪,是

① 北京市朝阳区人民法院(2014)朝刑初字第 1300 号刑事判决书。

因为其所经营的公司构成了犯罪;其二,对杨某宇之所以进行同种数罪的并罚,是因为其是作为不同公司直接负责的主管人员,类似于两个人;其三,虽然实践中同种数罪一般不并罚,但不意味着不可以并罚。事实上,学界对同种数罪并罚也不乏支持者。刘仁文教授主编的《刑法学的新发展》一书中即明确指出:"对于判决宣告前同种数罪应否并罚,在当前刑法典并未禁止性规定的情况下,从数罪并罚制度的根基出发,应当允许实行并罚。"①应该说,在简单案件中,相关责任人因在不同法人中任职而承担同种数罪并罚似乎还看不出弊端,但在复杂案件中,则会暴露出诸多问题。在当今社会,同一自然人在多个法人中任职,担任多个法人直接负责的主管人员并不少见。按着这种裁判思路,是否意味着如果其任职的N个法人都触犯了同一罪名,其就要以同一个罪名被判N次。无论从哪个角度看,这种做法都不可取。

2. 案例二:相关责任人同种/异种数罪可以不并罚?

在近期北京市房山区法院判决的被告人焦某河等人犯销售伪劣产品罪、销售不符合标准的医用器材罪案中,②则不仅对同种数罪不并罚,而对异种数罪亦未并罚。该案中,焦某河作为永正堂公司的法定代表人,在新冠肺炎疫情防控期间,从他人处购得300箱明知是冒充他人注册商标且质量不合格、不符合保障人体健康的行业标准的一次性医用口罩,之后又转至其担任法定代表人的益康民健公司等公司进行销售。其中,永正堂公司销售金额共计人民币79万余元,益康民健公司销售共计人民币2.4万余元。该案中,永正堂公司销售前述口罩金额达79万余元,其行为同时构成销售伪劣产品罪、销售不符合标准的医用器材罪、销售假冒注册商标的商品罪,但应择一重罪论处,即以销售伪劣产品罪追究其刑事责任,而作为永正堂公司法定代表人的焦某河同样应以该罪定罪处罚。益康民健公司销售金额达2.4万余元,因金额不足5万元,尚不构成销售伪劣产品罪、销售假冒注册商标的商品罪,只能以销售不符合标准的医用器材罪追究其刑事责任。同理,作为

① 刘仁文主编:《刑法学的新发展》,中国社会科学出版社2014年版,第394页。

② 参见北京市房山区人民法(2020)京0111刑初145号、147号刑事判决书。

该公司法定代表人的焦某河同样应以销售不符合标准的医用器材罪定罪处罚。但法院的最终判决中,对于焦某河并未以销售伪劣产品罪和销售不符合标准的医用器材罪两罪对其并罚,而仅仅是以销售伪劣产品罪对其定罪处罚。据了解,如此判罚并非法官的疏忽,实际上是法官经过慎重考虑后作出的判罚。之所以如此判罚,主要是基于四点考虑:第一,从犯罪事实来看,焦某河虽以永正堂公司的名义购得300箱问题口罩,但其将部分口罩送至其担任法定代表人的益康民健公司销售时,并未按照两个独立的法人之间的采购程序进行,且直到案发,益康民健公司和永正堂公司也未对口罩款进行结算,益康民健公司相当于是永正堂公司的分销机构。第二,从犯罪金额的认定来看,基于前述第一点原因,公诉机关在指控永正堂公司的犯罪金额时,系将益康民健公司的销售金额计算到了永正堂公司的金额当中,也就是说,公诉机关指控的永正堂公司的79万余元犯罪数额当中,包含着益康民健公司销售的2.4万余元,在此种情况下,如果对焦某河按照销售伪劣产品罪和销售不符合标准的医用器材罪进行并罚,则在数额上系对其进行了重复计算,有重复评价的嫌疑,这与刑法禁止重复评价的原则是相悖的。第三,焦某河作为永正堂公司、益康民健公司的法定代表人,决定让该两公司销售问题口罩,销售金额归公司所有,应认定为法人犯罪,且系法人共同犯罪,但在销售的金额上,永正堂公司应对益康民健公司的销售金额负责,而益康民健公司未参与其他数额的决策和销售,无须对永正堂公司的其他销售金额负责,仅应以销售不符合标准的医用器材罪追究其刑事责任即可。相应地,作为永正堂公司直接负责的主管人员的焦某河对该公司的总金额负责即可。第四,从吸收犯的角度讲,也没有必要对焦某河进行并罚。吸收关系是因为密切联系相关的数个犯罪行为一般属于某种犯罪的同一过程,即前行为是后行为发展的所经阶段,后行为可能是前行为犯罪的当然结果。[①] 吸收犯采取重行为吸收轻行为等处断方式,仅成立吸收的犯罪行为一个罪名的犯罪形态。本案当

① 参见高铭暄、马克昌主编:《刑法学》(第5版),北京大学出版社、高等教育出版社2011年版,第195页。

中,焦某河是永正堂公司、益康民健公司的实际控制人,其将问题口罩通过永正堂公司、益康民健公司销售都是其追逐利润的布局方式,是其实施犯罪的有机组成部分,整体评价为一罪更为妥当。

这两个案例可以说是法人犯罪的典型,而真正值得关注的是,这两个案件的判罚思路正好与普通自然人犯同种数罪和异种数罪的并罚思路完全相反。究竟孰是孰非？这确实值得深入研究。

(三)法人共同犯罪中相关责任人罪数认定的规则

在法人犯罪中相关责任人的罪数认定问题上,理论界尚未有深入研究,而司法实务部门则作出不同,甚至是完全相反的判罚,在这种情况下,构建相关责任人的罪数认定规则正当其时。前述案例一和案例二的相同之处在于行为人均是两个法人的实际控制人,且两个法人均实施了性质相同的行为。而不同之处还在于,案例二对相关责任人进行了共同犯罪的认定,而案例一则没有。这或许也是该二案例作出并罚与否认定的关键原因。这种从不同法人中相关责任人是否构成共同犯罪的角度所进行的分析,或许会得出不同的思路和结论。但这种结论是否放之四海而皆准呢？我们不妨再对这两个案例进行深入分析。

案例二中,焦某河购买并销售问题口罩实际上主要是由其决定和实施,之所以认定其所实际经营的两个法人构成犯罪,主要是因为其所购问题口罩的钱款来自法人,销售问题口罩亦是以法人名义进行,销售所得也是归法人所有。而之所以认定相关责任人构成共同犯罪,是因其作为两个法人的法定代表人,销售问题口罩都由其决策,由于身份的重合性,两个法人之间当然有共同的意思联络和共同的行为。此外,两个法人的其他相关责任人之间都知道彼此都在销售问题口罩,还根据销售情况在不同的法人之间调配问题口罩,完全符合共同犯罪的特征。当然,对于此种关联法人间共同犯罪的金额认定上,应当由上游法人对下游法人的犯罪金额负责,而最下游的法人仅需对自己的犯罪金额负责,才能实现罚当其罪。而对于关联法人共同犯罪中的相关责任人,尤其是以法定代表人为代表的法人决策层而言,如果透过现象看本质,法人实际上不过是其借以实现营利甚至是犯罪目的躯壳罢了,不同的法人就相当于受其指挥的左右手,都应当视为其一人的行为。在此种情况下,根本无须先对其左手进行判罚,再对其右手进行判罚,最后再进行并罚,直接对其犯罪数额累计计算进行一次判罚未尝不是一种可行的思路。而且,该案中,法院对焦某河任职的两个法人按照不同罪名处理,而对其本人则按照一个罪名处理,是因为焦某河在其任职的上游法人犯罪中已经对下游法人犯罪的数额承担了刑事责任,法院从有利于被告人的角度出发,未再令其对下游法人的犯罪数额及罪名承担刑事责任。且此案出现不同罪名,是根据想象竞合犯的处罚规则来定罪导致的,本质上仍然是同种数罪,而并非异种数罪。概言之,对于同一自然人在不同法人任职且实施相同的犯罪行为的情况下,即便不同法人触犯不同的罪名,对相关责任人也应对其犯罪数额进行累计计算,以一重罪论处为宜,无须并罚。

而对于案例一,从判决书的认定来看,杨某宇所供职的两个法人分别实施了性质相同的犯罪行为,但法人之间、相关责任人之间均不构成共同犯罪,对其是否应当并罚呢?事实上,对此种同种数罪进行并罚也不具有必要性。细究起来,相关责任人在数个法人中实施了数个同种罪行,与普通自然人在不同地方实施了数个同种罪行没有实质区别,完全没有并罚的必要。而且,并罚还可能导致刑罚适用上的不公平。其实,绝大部分法人犯罪都属于财产犯罪,对其中的相关责任人通常也要并处罚金。罚金的并罚规则并非像自由刑并罚那样在数罪中的最高刑以上总和刑期以上判处,而是要进行累计计算的。因此,在并罚的情况下,对行为人实际上是不利的。正如陈兴良教授所言,“确定一罪与数罪,不能孤立地强调主观或者客观的某一个方面,而要把主观要件和客观要件结合起来考虑”。[①] 在法人共同犯罪案件中,同一相关责任人在不同法人中实施罪质相同的犯罪行为,不能因其系在复数法人中任职并代表复数法人实施犯罪行为就一律按照数罪进行并罚。因为在此种

---

① 陈兴良:《刑法哲学》(第3版),中国政法大学出版社2004年版,第632页。

情况下,行为人往往是基于相同的故意并实施相同的行为,完全可以按照一罪论处。且如此处断,不仅可以免去因为并罚而可能导致的量刑畸轻畸重的问题,还可以化繁为简,减轻司法工作人员的负担,节约司法资源和成本,这不失为一种理想的判罚思路。

综合前述分析,可以得出结论:法人共同犯罪中相关责任人的罪数认定,依然应当坚持异种数罪并罚,同种数罪不并罚的规则处理。同种数罪和异种数罪的认定,并非指罪名相同,而应当指的是犯罪行为和性质相同。

四、法人共同犯罪中相关责任人的角色认定

既然法人共同犯罪中,相关责任人与其任职的法人、外部法人及外部法人的相关责任人之间可以构成共同犯罪,则需要进一步考虑各相关主体在共同犯罪中的地位和作用问题。

(一)法人共同犯罪中相关责任人主从犯认定的争议

和普通共同犯罪一样,相关责任人在法人共同犯罪中的地位及作用通常也会存在差异。要对其准确定罪量刑,实现罚当其罪,仍须对其在法人共同犯罪中的角色作出认定。

在法人共同犯罪中,由于涉及的犯罪主体较多,因此,分清各个主体在共同犯罪中的地位和作用,对于分配其刑事责任具有重要意义。应该说,在法人共同犯罪中,就法人之间的主从犯认定问题,和普通自然人共同犯罪的角色认定一样,并不存在争议。但对于相关责任人之间、相关责任人与法人之间的主从犯关系,则存在较大争议,认定起来也较为复杂。关于这个问题,司法实务部门认为没有必要对直接责任人进行主从犯的区分。最高人民法院在《关于审理单位犯罪案件对其直接负责的主管人员和其他直接责任人是否区分主犯、从犯问题的批复》中明确规定,“在审理单位故意犯罪案件时,对其直接负责的主管

人员和其他直接责任人,可不区分主犯、从犯,按照其在单位犯罪中所起的作用判处刑罚"。同时,最高人民法院于2001年1月下发的《全国法院审理金融犯罪案件工作座谈会纪要》中,就法人犯罪中相关责任人之间的角色如何认定,也提出如下处理意见:对于单位犯罪中直接责任的主管人员和其他直接责任人员,应根据其在单位犯罪中的地位、作用和犯罪情节,分别处以相应的刑罚;主管人员与直接责任人员,在个案中,不是当然的主、从犯关系,有的案件,主管人员与直接责任人员在实施犯罪行为时的主从关系不明显的,可以不分主、从犯。从该两份规范性文件中可以得出两点判断:一是最高人民法院是在有限度的范围内承认了单位犯罪中主管人员与直接责任人员之间在本质上是一种共同犯罪关系;二是最高人民法院关注的重点仍然是如何划分主管人员与直接责任人员之间刑事责任的问题,而基本未涉及定性问题。[①] 而理论界对此探讨不多,即便有所提及,也并未进行深入的研究和分析。由于最高人民法院对此作出了相应的倾向性意见,有学者也据此认为,在认定相关责任人的刑事责任时,一般不区分主从犯。[②]

事实上,区不区分主从犯与应不应当区分主从犯是两个不同层次的问题。司法实务部门之所以不区分主从犯,很大程度上是为了把复杂的法律问题予以简化,从而方便法官定罪量刑。其实,最高人民法院在批复中规定,按照相关责任人在共同犯罪中所起作用判处刑罚,言下之意是相关责任人在法人犯罪中作用有大小,或者说有主有次。承认这个前提,就意味着相关责任人完全符合我国刑法有关主从犯的划分标准:在共同犯罪中起主要作用的系主犯,起次要或者辅助作用的是从犯。因此,为准确区分相关责任人的刑事责任,真正做到罚当其罪,还是有必要对相关责任人进行主从犯的区分。因为

① 参见王永强:《单位犯罪与共同犯罪关系辨析——以一起单位集资诈骗案为例》,载《政治与法律》2012年第10期。

② 参见林亚刚:《刑法学教义:总论》(第2版),北京大学出版社2017年版,第135页。

在区分主从犯的情况下,对于在共同犯罪中作用较轻的行为人可以减轻处罚,而在不区分主从犯的情况下,则无法实现减轻处罚,可能会出现罪刑不相适应的情况。前述焦某河销售伪劣产品案中,如果不对其中的相关责任人进行主从犯的认定,则会导致罪责刑不相适应,而且也是违反人伦道德的。刑罚体现社会伦理是促成当代刑罚向真正的人道主义转变的必然要求。刑罚体现伦理不仅要求在刑罚立法时要考虑打击犯罪的需要,考虑社会伦理对刑罚的要求和期待,而且要求刑罚在实践过程中,不是将行为人当作纯粹的物来对待,而是要将行为人在犯罪前、犯罪中和犯罪后的所有交往关系考虑进来,使进入刑罚视野的人由抽象的人还原为真实的人,需要被认真对待的有尊严的人,在立法、执法和司法上都为"人情""人道"进入刑罚提供充足的空间,促进刑罚向人道主义刑罚转变。[①] 试想,在焦某河等人销售伪劣产品一案中,如果不对焦某河及其妻子作出主从犯的认定,一方面与二人在共同犯罪中的地位和作用不相符,另一方面在对夫妻双方都判处7年以上长期自由刑的情况下,也会导致年幼的孩子缺乏双亲的照顾和教育,对于未成年人的健康成长也是不利的。相反,在区分主从犯的情况下,则可以对在共同犯罪中作用较小的人员认定为从犯并减轻处罚,从而在展现出刑罚的精度和力度的同时,也能体出现刑罚的温度。

(二)法人共同犯罪中相关责任人的角色认定

要对法人中相关责任人在共同犯罪中的角色作出准确认定,首先要对其是否构成共同犯罪作出认定。故此,有必要对法人共同犯罪的认定方法及相关责任人在共同犯罪中的角色认定标准进行探讨。

1. 法人共同犯罪的认定方法

因为犯罪的本质在于对法益的侵害,所以,要妥当认定各个犯罪主体的地位和作用,归根结底还得从各个主体对法益造成的损害后果来

---

① 参见曾粤兴:《刑罚伦理》,北京大学出版社2015年版,第228页。

进行判断。在各个犯罪主体当中,能支配对法益损害后果的人是正犯/实行犯。基于此,张明楷教授专门撰文探讨共同犯罪的认定方法,指出了处理共同犯罪案件的步骤,即先确认正犯,在正犯的行为符合构成要件且违法的前提下,再判断是否存在教唆犯、帮助犯。① 他还进一步总结了共同犯罪的认定方法:其一,共同犯罪的特殊性仅在于不法层面,应当以不法为重心认定共同犯罪。其二,正犯是构成要件实现过程中的核心人物,应当以正犯为中心认定共犯;当正犯造成了法益侵害结果(包括危险)时,只要参与人的行为对该结果做出了贡献,就属于不法层面的共犯。其三,只有当参与人的行为与正犯结果之间具有因果性时,才承担既遂犯的刑事责任,故共同犯罪的认定应当以因果性为核心。② 他还总结指出,只要以不法为重心、以正犯为中心、以因果性为核心判断数人参与犯罪的案件,就首先要在不法层面认定正犯(包括共同正犯),确定了正犯之后,就必须将结果或者危险客观地归属于正犯行为;其次,判断哪些参与人的行为与正犯结果之间具有因果性,只要具有因果性,就可以肯定其为不法层面的共犯(在参与人的行为仅与正犯行为之间具有因果性时,则在未遂犯的不法层面成立共犯);再次,分别判断各参与人的责任(如责任年龄、故意的内容等),进而确定参与人触犯的罪名;最后,按照我国刑法关于主犯、从犯、胁从犯、教唆犯的处罚原则,分别给各参与人量刑。③ 应该说,这种方法和思路是认定共同犯罪尤其是法人共同犯罪最为清晰和实用的方法,值得参考适用。

2. 相关责任人在共同犯罪中的角色认定标准

在认定相关责任人构成共同犯罪的前提下,再进一步区分各相关责任人在共同犯罪中的角色——是主犯还是从犯的问题,就会相对容易一些。但由于法人共同犯罪涉及的主体较多,且各个主体之间的关系较为复杂,与普通自然人的主从犯认定相比,也有相当的难度。在进

---

① 参见张明楷:《共同犯罪的认定方法》,载《法学研究》2014 年第 3 期。

② 参见张明楷:《共同犯罪的认定方法》,载《法学研究》2014 年第 3 期。

③ 参见张明楷:《共同犯罪的认定方法》,载《法学研究》2014 年第 3 期。

行主从犯认定的时候,并不能完全根据前述共同犯罪的认定方法,以是否为正犯等分工为基础进行判断。因为共同犯罪中的分工只能从一个方面反映行为的危害程度,并不能说明共同犯罪人行为的危害程度,即便是正犯,其实行行为的危害程度也存在差异。因此,在进行主从犯认定时,应当以行为人在共同犯罪中的作用为基础进行判断。这是因为按照作用进行主从犯的区分,既符合我国的历史传统和司法实际,也符合我国惩办与宽大相结合的宽严相济的刑事政策。① 当然,在主从犯的认定上,结合我国刑法的相关规定,主犯主要有两种:一种是犯罪集团中的首要分子;另一种是在犯罪集团或者一般共同犯罪中起主要作用的人。所谓首要分子,是指领导和组织犯罪集团进行犯罪活动的人。起主要作用的人,主要是两类人:一类是积极参加犯罪集团并积极地进行犯罪活动的骨干成员;另一类是在一般共同犯罪起到犯意发起、犯罪纠集和犯罪指挥等关键作用的人。

从犯则是在共同犯罪中起到次要或者是辅助作用的人。起次要作用的从犯,可以从以下几方面来进行考察:(1)在共同犯罪中的地位如何。比如,是否听命于首要分子或者其他主犯。(2)实际参与犯罪的程度如何。比如,是否只是参与了其中一部分犯罪的实施过程。(3)对法益危害的大小。比如,是否只是赞同、附和、服从、站脚助威。(4)对损害后果原因力的大小。起辅助作用的从犯,则要考察其提供的帮助是否属于实行行为,如属于实行行为,即使作用较小,也应认定为起次要作用的从犯,而不能认定为起辅助作用的从犯。申言之,只有实施非实行行为的人才能认定为是起辅助作用的从犯。比如,提供犯罪工具,窥探被害人行踪,指点对象、地点和线路,传递犯罪消息,事先应允帮助窝藏犯罪行为人或者掩饰、隐瞒犯罪所得等,均属于起辅助作用的从犯。②

---

① 参见张明楷:《刑法学》(第2版),法律出版社2003年版,第337页。

② 参见林亚刚:《刑法学教义:总论》(第2版),北京大学出版社2017年版,第510~511页。

五、法人共同犯罪中相关责任人的刑事责任分配

在明晰法人共同犯罪中相关责任人之间的关系、定罪量刑标准、罪数认定问题及角色认定后，还需讨论相关责任人之间的刑事责任分配问题。

（一）法人共同犯罪中相关责任人与法人的刑罚分配

法人犯罪大多数是财产犯罪，正因如此，我国刑法对此类法人犯罪实行的是双罚制，多数情况下，既须对法人处予罚金，也须对相关责任人处予自由刑和罚金刑。尽管刑法未明确规定法人和相关责任人之间的刑罚如何分配，但在司法过程中也须对这个问题予以明确。此外，财产犯罪大都存在被害人，还须明确二者之间的退赔责任分配问题。

1. 相关责任人与法人的刑罚分配

关于法人犯罪的刑事责任的判断标准问题，多数学者认为应以法人的意志作为判断标准，而法人意志的确定应从法人自身所具有的议事程序、组织结构、目标及行为机制等特征中体现的法人意志出发，关注法人集体决定和法人负责人的决定，考虑法人的目标、业务范围、规章制度、防范措施等法人自身制度方面的情况，寻找追究法人责任的根据。[①] 从法人犯罪的实际情况来看，法人犯罪在客观上确实是由法人的集体意志、相关责任人的具体行为等多种要素结合后，并按照一定的分工配合等方式来实现的。因此，在处理法人犯罪时，确可考虑法人犯罪的刑罚总量应由法人和相关责任人员来进行分担。就刑罚总量中的主刑而言，应由相关责任人来承担。因为法人是法律拟制的犯罪主体，无法适用针对自然人的主刑，只能适用财产刑。当然，对法人规定的罚

① 参见刘仁文主编：《刑法学的新发展》，中国社会科学出版社 2014 年版，第 394 页。

金刑不应该影响相关责任人员的主刑。[①] 对法人犯罪所配置和判处的刑罚总量是由法人和相关责任人员来分担,并不意味着如有学者所言,"在对单位规定罚金刑的情况下,就不应该再对相关责任人员规定罚金刑;即使规定罚金刑,也应该对相关责任人员规定和判处较自然人犯罪要轻的罚金刑,否则对单位犯罪所判处的罚金就有重复处罚之嫌"。[②] 因为法人犯罪在根本上还是法人背后的自然人犯罪,绝大多数法人犯罪都是自然人追逐利益的结果。如果仅由法人承担罚金刑,而不对直接责任人判处罚金刑,则在一定程度上会鼓励法人犯罪,造成法人犯罪扎堆现象。而且,从司法实践来看,多数法人一旦因犯罪而被立案追诉,法人的运行基本上处于停滞状态,根本无法再实现盈利,只能以被追诉时扣押的财产作为财产刑追缴的对象,通常并不能实现生效裁判所确定的财产刑。此外,从实际情况来看,法人犯罪所得多被法人中的相关责任人所占有和挥霍,法人名下的财产并不多。无论对法人判处多重的财产刑,最终也可能因为无法执行到位而成为法律白条。因此,那种只对法人适用财产刑,而不对相关责任人适用财产刑的观点是值得商榷的。

就刑罚总量中的财产刑而言,则可考虑采取阶梯式的分配原则。首先,由法人根据其犯罪总金额在刑法规定的罚金刑范围内承担相应的刑事责任。其次,由相关责任人根据其获利情况,在刑法规定的幅度内承担相应的罚金刑。最后,在相关责任人中,直接负责的主管人员和直接责任人之间,又要体现出相应的梯度。因为法人犯罪名为法人全体犯罪,实际上多为其中的部分人甚至是少数人决定或参与犯罪。在参与犯罪者之间一般存在领导与被领导的行政隶属关系,其中不乏基于法人成员关系而被动或被迫从命参与犯罪者。[③] 因此,在财产刑的适用上,应当根据其在共同犯罪中的地位、作用、获利数额等情节,进行差异化的判罚。因为量刑的平等不是绝对平等,实现个别化的有差异

① 参见王联合:《论单位犯罪的复合主体》,载《中国刑事法杂志》2012年第6期。
② 王联合:《论单位犯罪的复合主体》,载《中国刑事法杂志》2012年第6期。
③ 参见黄祥青:《论单位犯罪的处罚标准》,载《法律适用》2013年第7期。

的平等才是真正的平等。

2. 相关责任人与法人的退缴责任分配

事实上，在共同犯罪中，除了承担主刑和附加刑的责任以外，还要承担相应的退赔被害人损失和追缴犯罪所得的责任，这也属于广义的刑事责任。就共同犯罪的退赔责任而言，各犯罪主体原则上应当就其共同参与的部分承担连带退赔责任。但就相关责任人和法人之间的退赔义务而言，应当设置这样的规则：首先由法人承担整体的退赔责任，其次由相关责任人在其参与的犯罪数额范围内与法人承担相应的连带退赔责任。至于违法所得的退缴问题，则应以其实际获利金额为限，且不宜和其他共同犯罪人承担连带责任。如此，才能体现罪责刑相适应原则所要求的罚当其罪。

（二）法人共同犯罪中相关责任人之间的刑罚分担

法人共同犯罪毕竟是法人及其相关责任人之间通过相互分工、配合，从而实现犯罪并造成法益侵害。因此，如相关责任人与法人的刑罚分担一样，相关责任人之间也存在刑罚的分担和退赔责任的分担问题。

1. 相关责任人之间的刑罚分担

关于同一法人内部相关责任人及不同法人的相关责任人之间的刑事责任分担问题，就定罪标准而言，应当体现平等，就量刑标准而言，还是应当根据其在共同犯罪的地位和作用来进行判定。无论是在主刑还是附加刑的适用上，均应遵循该标准。在具体路径上，可采取有学者提出的“两次分担法”。具体而言，首先，依据各共同犯罪人在法人共同犯罪中的作用大小或地位高低区分主、从犯，此可谓“第一次分担”；然后，对法人共同犯罪中法人主体内部的相关责任人员的责任大小在本单位内部再进行比较区分，此可谓“第二次分担”。其中，“第一次分担”属于法人共同犯罪中的刑事责任的第一次分配,而"第二次分担"则属于法人共同犯罪的刑事责任的再分配。[①] 这种由外而内的刑罚分担思路,既体现了相关责任人在法人共同犯罪层面的作用大小,也体现了其在法人内部作用的大小,体现了罪责刑相适应,较为可取。

2. 相关责任人之间的退缴责任分担

如法人与相关责任人之间的退缴责任分担一样,相关责任人之间同样也存在退赔被害人损失和追缴犯罪所得的分担问题,且分担的标准也应当一致。具体而言,相关责任人应对其参与的犯罪数额和其他共同犯罪人(包括法人、其他相关责任人)承担连带退赔责任。至于其所承担的犯罪所得的退缴问题,则仍应以其犯罪所得的实际金额为限,亦不宜和其他共同犯罪人承担连带责任。

结　语

正如高铭暄教授在给陈兴良教授《共同犯罪论》一书作序时的感叹:"对于那些勇于探索、敢于创新的刑法理论工作者来说,共同犯罪这一研究领域永远是一片充满诱惑的土地。"[②]共同犯罪本身就存在诸多实践和理论难点问题,法人共同犯罪则把这些难点问题进一步深化,法人共同犯罪中的相关责任人的罪与罚问题,则更为复杂。要想清晰地分出法人共同犯罪中相关责任人的罪与罚问题,首先要厘清以下四对关系:法人与作为其成员的相关责任人之间的关系;同一法人内部相关责任人之间的关系;此法人中的相关责任人与彼法人的关系;不同法人的相关责任人之间的关系。其次要明确普通自然人、法人和相关责任人的定罪量刑标准问题。再次要探讨法人共同犯罪中相关责任人的罪数问题。相关责任人的罪数认定仍然应遵循普通自然人犯罪的并罚

① 参见马荣春、周建达:《论单位共同犯罪的责任追究:定罪与责任分担》,载《政治与法律》2010年第2期。

② 陈兴良:《共同犯罪论》(第2版),中国人民大学出版社2006年版,高铭暄所作"序",第Ⅶ页。

规则,即异种数罪并罚,而同种数罪不并罚。最后还要进一步明确相关责任人在共同犯罪中的角色,合理确定其地位、作用及退缴责任负担等问题,从而准确认定法人共同犯罪中相关责任人的罪与罚问题,最终做到罪责刑相适应,实现罚当其罪。

可以说,在共同犯罪的基础理论都还存在诸多争议的情况下,要对上述问题作出统一或者权威的分析,并非本文所能承载。本文仅是就上述问题进行了一些初步探索,算是抛砖引玉。期待司法实务界能针对法人共同犯罪案件,作出一些具有说服力的裁判,也期待着学界在这个问题上有更深入、更成体系的研究,从而为法人共同犯罪中相关责任人的罪与罚问题提供更为精当的处理规则和方法。

The Crime and Punishment of the Person Responsible in the Corporate Joint Crime

ZENG Yuexing & CHEN Yanfei

[**内容摘要**]法人共同犯罪中相关责任人的罪与罚问题,牵涉四对关系,即法人与作为其成员的相关责任人之间的关系,同一法人内部相关责任人之间的关系,此法人中的相关责任人与彼法人的关系,不同法人中相关责任人之间的关系。这四对关系均可构成共同犯罪关系。在刑罚的适用上,法人、相关责任人与普通自然人犯罪在定罪标准上应坚持平等原则,在刑罚的裁量上则可体现区别对待。相关责任人的罪数认定,应和普通自然人犯罪适用相同的并罚规则,即按照异种数罪并罚而同种数罪不并罚的规则处理。为实现罚当其罪,应根据相关责任人在法人共同犯罪的地位和作用区分主从犯。相关责任人的刑事责任分配,应采取由外而内的“两次分担法”,“第一次分担”系依据各共同犯罪人在法人共同犯罪中的作用大小或地位高低区分主、从犯,“第二次分担”则对法人共同犯罪中法人主体内部的相关责任人员的责任大小在本单位内部再进行比较区分。退赔被害人的责任应以其实际参与的犯罪数额为基础和其他共同犯罪人承担连带责任,犯罪所得退缴责任则应以其实际犯罪所得为限。

[**关键词**]法人共同犯罪;相关责任人;定罪量刑标准;并罚规则;责任分配

Abstract: On the crime and punishment of the relevant responsible person in the corporate joint crime, involving four pairs of relations, namely the legal person and as a member of the relationship between the relevant responsible persons, the same corporate internal relationship between those responsible, the legal person of relevant independent legal person, the relationship between different legal person in the relationship between the relevant responsible persons. These four pairs of relationships can constitute a joint criminal relationship. In the application of punishment, the legal person, the responsible person and the ordinary natural person should adhere to the principle of equality in the standard of conviction, and can reflect different treatment in the discretion of punishment. In the determination of the number of crimes committed by the relevant responsible person, the same rules of combined punishment should be applied to the crimes committed by an ordinary natural person, that is, the rules of combined punishment for different types of crimes and non-combined punishment for the same types of crimes should be applied. In order to realize the adaptation of culpability, the principal and subordinate criminals should be distinguished according to the status and role of the responsible person in the joint crime. The distribution of criminal responsibilities of the relevant responsible persons shall adopt the "two sharing method" from the outside to the inside. The "first sharing" is to distinguish between the principal and the subordinate according to the role or status of each joint offender in the joint crime of the legal person. The "Second sharing" will make a comparative distinction between the responsibility of the relevant responsible persons within the legal person's main body in the joint crime of the legal person within the unit. The responsibility of returning and compensating the victim should be based on the actual amount of the crime he participates in and other joint criminals bear joint liability, while the responsibility of returning the crime should be limited to the actual income of the crime.

Keywords: Corporate Joint Crime; The Person in Charge; Criteria for Conviction and Sentencing; Rules of Combined Punishment; Responsibility Distribution

狭义军事刑罚的提倡
与我国军事刑罚体系的完善*

万志鹏**

目　　次

一、问题的提出

按照我国刑法学界的通说，我国的刑罚体系具有要素齐备、结构合理、层次分明的优点，不仅各刑种之间衔接紧凑，而且整体上宽严相济。① 然而，这一论断仅就普通刑法而言尚可成立，但对于军事刑法而言则应另当别论。毫无疑问，军事刑法属于特别刑法。虽然我国刑法

---

* 本文系教育部人文社会科学规划基金项目“军事犯罪中死刑罪名削减研究”(16YJA820014)的阶段性成果。

** 湘潭大学法学院、湘潭大学军事法研究中心副教授，法学博士。

① 参见高铭暄、马克昌主编：《刑法学》，北京大学出版社、高等教育出版社2017年版，第230～231页。

条文中并未出现“军事犯罪”“军事刑罚”“军事刑法”的概念,但实质上军事刑法是存在的。我国军事法学者周健教授认为,军事法的体系由国防法、核心军事法和战争法组成,军事刑法属于与军事行政法、军事司法并列的“核心军事法”之一。[①] 但问题是,由于我国现行刑法并没有明确军事刑法的范围,理论上存在军事犯罪究竟是专指军人违反职责罪(狭义说)还是包括军人违反职责罪、危害国防利益罪在内的一切军人或者非军人实施的危害国防军事利益的犯罪(广义说)的基本对立。这种立场上的不同直接影响军事刑法的规制范围,同时也决定了对军事刑罚的理解。如果说,军事刑罚是一类特殊的“军事性质”的刑罚,那么我国究竟有无军事刑罚?

近年来,随着我国军事领域体制改革的深入进行,军事法治的问题日益凸显出重要性。《中共中央关于全面推进依法治国若干重大问题的决定》明确提出要构建完善的“具有中国特色军事法治体系”。习近平总书记在不同场合多次提出深入推进依法治军、从严治军的重要意义,并且指出,“一个现代化国家必然是法治国家,一支现代化军队必然是法治军队”。[②] 然而,自1997年修订刑法时立法机关将《惩治军人违反职责罪暂行条例》(以下简称《暂行条例》)并入统一刑法典以来,军事刑法基本上没有获得修订和完善。[③] 无论是刑法总则还是承继于《暂行条例》的军人违反职责罪都没有设置任何“军事”特色的刑罚措施,如何贯彻从严治军的要求?究竟应该如何界定军事刑罚?又如何构建具有中国特色的军事刑罚体系?可以说,这些问题的解决与新时代军事法治体系的建设息息相关。

---

① 参见周健:《军事法论纲》,海潮出版社2000年版,第98~103页。

② 中共中央宣传部编:《习近平总书记系列重要讲话读本——2016年版》,学习出版社、人民出版社2016年版,第258页。

③ 自1997年新刑法颁布至今,除了2015年《刑法修正案(九)》将阻碍执行军事职务罪、战时造谣惑众罪的死刑予以废止,以及2009年《全国人民代表大会常务委员会关于修改部分法律的决定》将《刑法》第381条中的“战时拒绝军事征用”修改为“战时拒绝军事征收、征用”以外,立法机关没有其他涉及军事刑法的修法活动。

二、概念之争:狭义军事刑罚说的提倡

(一)关于军事刑罚的概念之争

在展开论述之前,有必要对军事刑罚的概念予以澄清,因为“任何理论首先必须澄清杂乱的、可以说是混淆不清的概念和观念。只有对名称和概念有了共同的理解,才可能清楚而顺利地研究问题,才能同读者常常站在同一个立足点上”。① 我国刑法虽然没有明确军事刑罚的概念,但理论界普遍使用这一术语,但是军事刑罚的含义究竟为何,理论界却有不同理解。实际上,对军事刑罚的含义产生分歧,是由不同的军事犯罪观念和军事刑法观念造成的。

第一种观点认为,对军事犯罪应做广义理解,凡是危害国防和军队利益的犯罪都是军事犯罪,由此而产生的刑罚都是军事刑罚。由国防大学出版社出版的《军事刑法学》一书对军事刑罚是如此定义的:“军事刑罚是指国家刑法规定的,由国家审判机关依法对危害国家军事利益的犯罪人所适用的限制或剥夺其一定权益的最严厉的强制性法律制裁方法。”②在作者看来,“在我国,危害国防利益的犯罪属于军事犯罪,非军职人员包括公民与单位,实施军事犯罪时,显然要适用军事刑罚”。③ 也正因如此,“军事刑罚既适用于军职人员的军事犯罪又适用于非军职人员的军事犯罪”。④ 如果根据这一观点,军事刑罚不仅包括军人违反职责罪中的刑罚,也包括危害国防利益罪中的刑罚,甚至还包括刑法分则其他章节中涉及国防军事利益犯罪中的刑罚。也就是说,只要触犯国防或者军事利益,无论犯罪人是军人还是平民,对其施加的

---

① [德]克劳塞维茨:《战争论》,中国人民解放军军事科学院译,解放军出版社1964年版,第86页。

② 钱寿根、王继主编:《军事刑法学》,国防大学出版社2007年版,第181页。

③ 钱寿根、王继主编:《军事刑法学》,国防大学出版社2007年版,第184页。

④ 钱寿根、王继主编:《军事刑法学》,国防大学出版社2007年版,第183页。

刑罚都属于军事刑罚。这种广义说在我国军事法学界获得一定的支持。

第二种观点认为,军事犯罪在各国刑法中有不同的含义,但在我国宜做狭义理解,刑法分则规定的军人违反职责罪才是军事犯罪,其中规定的刑罚是军事刑罚。我国老一辈军事法学专家、全军第一位法学教授陈学会同志在他的著作中提出:"军事刑罚,是指国家刑法和军事刑法规定的、由国家军事审判机关对违反职责的犯罪军人和其他犯罪军人适用的强制处罚的一种方法。"①在1997年新刑法吸收了《暂行条例》并且新增设危害国防利益罪一章之后,依然有学者认为军事刑罚的范围应限制在军人违反职责罪一章。例如,夏勇教授等认为,我国刑法分则第十章虽然没有专门指明军事刑罚种类,也未出现特别的刑罚种类,但该章基于军事犯罪的性质,其刑罚具有军事刑罚特性。② 同时,这一意见还指出,我国军事刑罚不仅限于军人违反职责罪一章规定的刑罚,《中国人民解放军军官军衔条例》中规定的剥夺军衔也属于军事刑罚。③ 按照这种观点,军事刑罚主要是指军人违反军事职责、危害军事利益从而构成军职犯罪所应承担的刑罚,但军事行政法也可以规定军事刑罚。当然,无论如何,军事刑罚是针对犯罪军人所采取的刑罚措施,而不能针对普通犯罪人适用。这一立场在我国军事法学界也有一定支持者。

第三种观点认为,军事刑罚是对实施了特定犯罪的军人适用的特别刑罚,且其只是军事刑法规定的刑罚种类的一部分。原苏联学者就采用过这种观点。例如,军事法学家 Проф. В. М. Чхиквадзе 在其著作《苏联军事刑法》中指出:"军人犯罪行为的刑罚,可以分为两种:一种是特别的,即军事刑罚,只适用于犯罪的军事人员(例如,送至纪律管训营,剥夺军人身份等等);另一种是一般的,适用于犯罪的公民和军

---

① 陈学会:《中国军事法学教程》,陕西人民出版社1994年版,第341页。

② 参见夏勇、徐高:《中外军事刑法比较》,法律出版社1998年版,第79页。

③ 参见夏勇、徐高:《中外军事刑法比较》,法律出版社1998年版,第79~80页。

事人员(例如,剥夺自由,没收财产等等)。"①根据这种观点,军人实施一般的刑事犯罪行为,只要不侵害军人纪律和军事制度,就与普通犯罪无异,不纳入军事刑法的调整范围。但是,"苏维埃军事刑事法规非但规定了特别的军事刑罚,而且还规定了能适用于构成军人犯罪行为的军事人员的一般刑罚"。② 也就是说,军事刑法中的军事刑罚仅仅是针对侵害了军人纪律和兵役制度的犯罪军人而适用的,除此之外,对犯罪军人施加的刑罚不可称为军事刑罚,对平民施加的刑罚就更不能称为军事刑罚。这种观点,可谓是最狭义的军事刑罚说,我国几乎没有人持这种立场。

以上三种观点都认为军事刑罚是与军事犯罪相关的特殊刑罚,所不同的是,三种观点对军事刑罚的内涵和外延有争议。如上所说,三种观点争议的根源乃在于对军事刑法和军事犯罪的看法不同。第一种观点是广义军事刑法的观点,将军事犯罪理解为包括危害军事和国防利益的一切犯罪;第二种观点基本属于狭义军事刑法的立场,认为军事犯罪基本等同于军职人员犯罪,从而军事刑罚只能对军职人员适用;第三种观点是从个别国家的立法状况出发,认为只有规制军职人员破坏军事纪律和军事秩序罪行的刑法才是军事刑法,但是军事刑法所规定的刑罚除了军事刑罚之外还有普通刑罚。

(二)狭义军事刑罚说之提倡

本文认为,从我军的传统与我国的立法现实来看,应当采用狭义的军事刑罚概念。第一种观点至少存在三个问题:其一,刑法中哪些犯罪是危害国防和军队利益的,其范围并不明确。譬如分则第一章中的间谍罪、资敌罪,分则第二章中的抢劫枪支、弹药、爆炸物罪,分则第三章

---

① [苏]齐克瓦泽:《苏联军事刑法》,陆庚译,中国人民解放军军事法院1955年版,第21页。

② [苏]齐克瓦泽:《苏联军事刑法》,陆庚译,中国人民解放军军事法院1955年版,第21页。

中的走私武器、弹药罪、走私核材料罪,以及分则第四章中的破坏军婚罪,都可能涉及国防和军队利益,如果把涉及这些罪名的刑罚都称为军事刑罚,显然不妥。或者说,将一切有可能危及国防和军队利益的犯罪都称为军事犯罪,这是不妥当的,必然会造成这一概念的外延无法稳定。其二,如果对普通公民施加的刑罚也可以称为军事刑罚,则军事刑罚的特色无法彰显,同时也徒增平民对"军法"的恐惧。实际上,在我国古代军事法中,最早的军事刑罚就是由作战、军事演习、军事训练等军事活动中违背相应命令的官兵所承受,如夏商中的"誓",西周、春秋时期的"戮"等。① 从军事法的原理上说,军事刑事责任之所以严于普通刑事法律责任,乃是因为军人担负着保卫国家的神圣职责,其违反职责的行为危害了国家安全。正因如此,现代各国的军事刑法(无论有无独立形式)通常都规定了一些只能由军人承担的刑罚,如军营管束、降低军职、剥夺军衔、开除军籍等,以此体现军事刑罚的特色。其三,将军事刑罚的适用对象扩展至普通公民,有损我国法律体系的协调性。在我国军事法律体系中,军事行政法与军事刑法是保障军事秩序、维护军队纪律的主体性法律,二者之间有密切联系。军人的违纪行为适用《中国人民解放军纪律条令》等军事行政法,犯罪行为则适用《刑法》。在目前的军事法中,军事纪律罚的对象仅限于军人,若军事刑罚的对象扩展至非军人,则无疑有损军事行政法与军事刑法之间的协调性。而且,从法的原理上说,普通刑罚与军事刑罚的关系应当是一般与特殊的关系。作为一般犯罪主体的普通公民却适用特殊的军事刑罚,这有违基本的法理原则。综上所述,军事刑罚只应当由犯罪的军人承担,如果采取广义军事刑罚的概念,不仅其范围变得模糊不清,而且在理论上难以自圆其说。

第三种观点将军事刑罚视为只适用于军人的特种刑罚,这是值得肯定的,但也存在两个问题:其一,军事刑法、军事犯罪、军事刑罚的概念在逻辑上无法形成对应关系。按照该说,"军事刑事法规的特性,是

---

① 参见陈恩林:《试论先秦的军事刑罚》,载《史学集刊》1987 年第 4 期。

消减特种的犯罪行为——军人犯罪行为”。[1] 由此,军事刑法规制的对象不是军事犯罪而是军人犯罪,而这两者的范围显然是不同的。军人犯罪是以单一标准进行的类别划分,即犯罪人的身份是否属于军人;军事犯罪则是以双重标准确立其范围的,既要考虑犯罪主体是否为军人,又要考虑犯罪侵犯的法益是否为特殊的军事利益。唯有如此的双重特殊,才有制定军事刑罚的必要。因此,军事刑法应当是为了惩治特殊的犯罪——军事犯罪,从而专门设置特殊的刑罚——军事刑罚的特别刑法。上述第三种观点将军事犯罪混同于军人犯罪,这是不科学的,而且按照该说,苏维埃军事刑法所规定的刑罚不一定是军事刑罚,还包括对普通公民适用的一般刑罚,这又与该说主张的军事刑法的特性自相矛盾。其二,过分限制军事刑罚的范围。该说将军事刑罚限制解释为极为有限的几种军队内部的制裁措施,也许在当时苏维埃军事法律制裁体系中有一定合理性,但在世界范围内却不具有代表性。采用这种极端狭义的军事刑罚说并不符合我国构建完备的军事法治体系的需要。

本文基本赞成第二种观点,但认为军事行政法中规定的处罚措施不能作为军事刑罚看待。本文认为,对军事刑罚的定义,既要立足于对军事犯罪这一概念的正确理解,也不能脱离对刑罚基本属性的认识,同时还要考虑我军的传统与现实的国情。

军事刑罚首先要与军事犯罪的概念形成对应关系,而“军事犯罪”既不同于“军人犯罪”,也不同于“国防犯罪”。本文认为,军事犯罪应该特指军人实施的破坏军队纪律、违反军事职责并且同时危害军事利益的犯罪。这是因为,军事犯罪之“军事”,既要立足于“军事”概念的普遍含义,也要考虑我国刑法的立法背景和解释原理。“军事”,指“一切直接有关武装力量建设和战争活动事项的统称。主要包括国防建设和军队建设,战争的准备和实施,军事科学研究等”。[2] 关于“国防”的含义,《国防法》则有更为宽泛的解释。《国防法》第2条规定:“国家为

① [苏]齐克瓦泽:《苏联军事刑法》,陆庚译,中国人民解放军军事法院1955年版,第21页。

② 李英等编著:《简明军事辞典》,上海辞书出版社2007年版,第1页。

防备和抵抗侵略,制止武装颠覆,保卫国家的主权统一、领土完整和安全所进行的军事活动,以及与军事有关的政治、经济、外交、科技、教育等方面的活动,适用本法。”由此可见,在我国,军事主要是指军队的事项,特别是指军队围绕战争而进行的准备和实施活动。国防事项的范围则大得多,它不仅仅是指军队为了应对反侵略战争进行的事项,同时还包括一切与之有关的国家和社会各方面的活动。军队建设只是整体国防建设的一部分,侵害军队的利益,必然侵害国防利益。反之,侵害国防利益,则未必损害到军队的利益。进一步考察,可发现我国刑法专门就“军事犯罪”与“国防犯罪”加以区分是有特定意义的。军事犯罪体现在分则第十章,而国防犯罪体现在分则第七章。这两章规定的犯罪最大的区别就在于:军人违反职责罪是军人通过违反军事职责的方式侵害国家军事利益,从而造成的必然后果是妨害军队事务,损害人民军队的声望和形象;危害国防利益罪则是非特定的主体(当然也可以包括军人)通过与特定职责没有必然联系的方式损害整体上的国防利益,但不必然妨害军队的事务,也不必然损害军队的声誉和军人的形象。“军法从严”的军事法基本原理在此体现得非常明显——比较一下这两章的入罪标准和法定刑,即可发现军人违反职责罪比危害国防利益罪严厉得多,是真正的“军法从严”。从立法沿革上看,军人违反职责罪是新刑法对原来的独立军事刑法——《暂行条例》的继承和吸收,而危害国防利益罪则没有这样的法源传承关系。从军事刑法设立的目的来看,向来就有维护军队纪律之说与保护军队战力之说的二元争论,①但无论如何法益保护的重心都是指向军队本身,而非一般的国防利益。由此可见,狭义军事刑法的概念才是可取的,即“军事刑法是指规定军职人员危害国家军事利益的犯罪及其刑事处罚的法律规范的总和”。②

同时,对军事刑罚的理解也不能脱离刑罚的本质属性。刑罚是由法院依法对犯罪人适用的限制或者剥夺其某种权益的制裁措施。在现

---

① 参见李志钟:《陆海空军刑法概述》,远东图书公司 1955 年版,第 6 页。

② 薛刚凌、肖凤城主编:《军事法学》(第 2 版),法律出版社 2016 年版,第 195 页。

代各国,刑罚都是法律制裁体系中最严厉的一类,是实现刑事责任的主要途径。刑罚体系,是由轻重不同的各种刑罚种类按照一定标准进行排列而组成的刑罚序列。众所周知,我国刑法规定了管制、拘役、有期徒刑、无期徒刑、死刑五种主刑,以及罚金、剥夺政治权利和没收财产三种附加刑。① 在罪刑法定原则的制约下,刑罚只能作为犯罪的法律后果,并且只能由刑法予以明文规定。在我国采取统一刑法典的模式下,其他法律不可能单独创设刑罚。那种认为剥夺军衔属于刑罚的观点,只看到其对犯罪军人制裁的一面,没有考虑罪刑法定的要求和我国刑事立法的特点。实际上,违反军纪是构成军事犯罪的前提,对犯罪的军人在施加刑罚的同时施加军事纪律上的制裁,并不违反一事不二罚的法理。这就如同对交通肇事后逃逸的,既应当根据《刑法》关于交通肇事罪的规定处以刑罚,又应当根据《道路交通安全法》的相关规定吊销其驾照并且终身禁驾,难道说吊销驾照和终身禁驾这些制裁措施都是刑罚?显然不会有人这样认为。虽然某些措施的性质可以商榷(如禁止驾驶、禁止令等),但只要尊重罪刑法定原则就不能将其作为刑罚。对于军事法中规定的剥夺军衔而言,同样如此。

此外,对军事刑罚的认识还要从与我军军纪的关系中辩证地看待。在中国人民解放军成长和壮大的过程中,军纪发挥了重要的作用。早期的违反军纪的行为和军事犯罪行为并没有严格的区分,著名的"三大纪律八项注意"既是军事行政法,也可以说是军事刑法。我军早期

① 我国刑法学界的主流观点认为,驱逐出境也是我国刑法规定的附加刑之一。2012年公安部发布的《公安机关办理刑事案件程序规定》第371条规定:"对判处独立适用驱逐出境刑罚的外国人……"这表明,实务界也将驱逐出境视为刑罚。但这种看法存在问题。我国《刑法》第32条明确将刑罚分为主刑和附加刑,在第34条"附加刑的种类"中,并没有驱逐出境。因此,将驱逐出境当作我国刑法的刑罚种类看待是违反罪刑法定原则的。驱逐出境虽然被规定在总则"刑罚"一章,但该章规定的措施未必一定是刑罚,比如《刑法》第36条规定的赔偿经济损失、《刑法》第37条规定的非刑罚处罚措施以及《刑法》第37条之一规定的职业禁止。另外,分则中没有任何罪名的法定刑中包含驱逐出境,这与《刑法》第33条规定的主刑和第34条规定的附加刑全然不同。由此可见,驱逐出境在我国刑法中并不是刑罚。至于驱逐出境应否作为刑罚之一,则是立法论上可以研究的问题。

制定的《红军惩罚条例》《八路军军法条例》《新四军奖惩暂行条例》等军法中纪律罚和刑罚是很难区分的。1937 年发生在延安的抗日军政大学干部黄克功杀人案件，毛泽东就指出："黄克功过去斗争历史是光荣的……但他犯了不容赦免的大罪……因此中央与军委便不得不根据他的罪恶行为，根据党和红军的纪律，处他以极刑。"[①]在革命战争年代，军纪处罚与军事刑罚是没有严格区分的，但是进入军队正规化、现代化的时代，尤其是迈入军事法治化的新时代后，军事行政法与军事刑法的区分就显得十分必要。[②] 如今，军事行政法与军事刑法已经成为我国"核心军事法"的重要组成部分，军人违反军纪和违反刑法的后果是截然不同的。一方面，我国军事刑法仅将一小部分严重违反军纪的行为规定为军事犯罪，虽然规制范围尚可商榷，但总体符合刑法的谦抑精神。另一方面，严重违反军纪的行为只有同时侵犯国家军事利益而非一般的公务利益才有可能进入军事刑法的领域。最为典型的是现役军官实施的贪污、受贿、买官卖官等行为，只能作为军人实施的普通职务犯罪看待，应当交给地方法院按照普通刑法来处理。[③] 从这一角度可以再次看出，军事犯罪与军人犯罪具有重要区别。

通过以上论述可以看出，采用何种军事刑法、何种军事犯罪的观念，决定了何种军事刑罚的概念。笔者认为，军事刑法何以特殊，乃在于适用于特殊的人群——军人，重视特殊的价值——军事秩序，维护特殊的法益——军事利益。军人违反军事纪律、违背军事职责从而侵害

---

① 《毛泽东选集》(第 2 卷)，人民出版社 1991 年版，第 39 页。

② 新中国成立后，有关部门即着手研究制定单独的军事刑法。在 20 世纪 50 年代中期，有关部门在陆续制定"三大条令"之外，还出台了《军事刑法(草案)》《中国人民解放军军事刑罚暂行条例(草案)》等刑法草案，反映了军事法需要进一步精细化的趋势。

③ 在我国现实中，现役军官实施的普通职务犯罪几乎一概由军事法院审判，这是存在问题的。军人实施的贪污、贿赂等犯罪与公务员实施的贪污、贿赂等犯罪并没有本质的区别，所触犯的罪名完全相同。以涉及军事秘密为由使军事法院垄断对军人的刑事审判权并不是一个充分的理由，因为公务员实施职务犯罪也可能涉及国家秘密。此外，由于军事审判的相对封闭性，被告人的诉讼权利可能面临着比普通刑事诉讼中更为不利的状况。

军事利益,才是军事刑法规制之本质所在,故狭义的军事刑法概念才是可取的。据此,军事犯罪在我国现行法律体系下仅指刑法分则中的军人违反职责罪。以此之见,军事刑罚是指立法机关在军事刑法中规定的、只能由军事法院裁量的、专门适用于触犯军人违反职责罪的犯罪军人的惩罚措施。

三、失色的“军事”刑罚:我国现有军事刑罚体系的缺陷

目前,我国军事刑罚体系是由刑法总则和军人违反职责罪一章共同确立的,刑法总则规定了包括军事刑法在内的全部刑罚种类,军人违反职责罪规定了军事犯罪所对应的几种刑罚种类。这种立法模式存在较大的问题,除不能形成系统化的军事刑罚体系以外,还存在忽视“军事”制裁措施的特殊性、难以有效衔接军事纪律罚等问题。

(一)现有军事刑罚缺乏应有的“军事”特色

我国军事刑罚的种类和内容完全由刑法总则规定,而刑法总则中并没有关于军事刑罚的任何特殊规定,这就使我国军事刑罚基本丧失其应有的特色,不仅使军事刑法的面貌模糊不清,也使“依法治军”“从严治军”缺乏严密的法律依据。有学者指出,军事是一种奠基在整体主义观念基础之上的人类活动,由此决定了军事刑法的秩序价值优于自由价值。① 正因为军事刑法以维护军事利益、保障军队秩序为首要目的,因而以军事刑罚为手段实现这种特殊法益保护目的应当具有特殊性。我国军事法学界通常都把“军法从严”与“战时从严”作为军事刑法的特殊原则。② 所谓“军法从严”,就是指军事刑法规定的刑事责

① 参见冉巨火:《军事刑法何以特殊》,载《中国刑事法杂志》2010 年第 9 期。

② 参见张本正主编:《中国军事百科全书 · 军事法总论》(学科分册Ⅱ)(第 2 版),中国大百科全书出版社 2008 年版,第 220 页。

任通常要较普通刑法更为严厉；所谓"战时从严"，则是指对于战争时期触犯军事刑法的犯罪军人要较平时承担更严重的刑事责任。然而，我国现行刑法关于军人违反职责罪的规定，只在罪名的设置、入罪的标准以及法定刑幅度方面部分体现了军事刑法的特殊原则，而在刑种的设计和配置上几乎没有体现军事刑法的应有特色。由于我国采取集中统一刑法典的模式，分则各章罪名配置的法定刑皆以刑法总则的规定为限。在军人违反职责罪中，除了单独规定了战时缓刑制度，对总则规定的各种刑罚制度并没有特殊的规定。也就是说，军事刑罚的种类仅限于刑法总则规定的五种主刑和三种附加刑，其内容也丝毫没有特别之处，这显然忽视了惩治军事犯罪、保护军事法益的特殊需要。如此缺乏军事特色的"军事刑罚"，在 1997 年新刑法通过后竟然维持了二十余年时间不变，足见我国关于军事刑法的立法理念滞后到何种程度，这是与新时代强军背景下深化国防和军队改革的要求格格不入的。

与我国相比，许多国家的军事刑罚措施都不同程度地体现了军队的实际情况和惩治军人犯罪的特殊需要。例如，《意大利军事刑法典》中作为军事主刑的军事有期徒刑是在特定场所执行的自由刑，作为军事附加刑的开除军籍、撤职、停职、停级等，也是专门针对军人而制定。[①]《瑞士联邦军事刑法》对犯罪军人规定了重惩役、监禁、拘役、罚金、从军队除名、降级、不得担任公职这些刑罚，还规定了保安没收、保安处分等非刑罚措施。其中从军队除名是重惩役或者监禁的附加刑，降级则是指降低犯罪军人的军衔并排除其履行勤务义务。[②]《波兰刑法典》专门在总则、分则之外规定"军事部分"，其规定的军事刑罚包括：军事拘留、降低军衔、降低军职、剥夺从事职业军事服务之公权、禁止从事军事服务。[③] 相比而言，我国的军事刑罚既未自成体系，也未规

① 参见《意大利军事刑法典》，黄风译，中国政法大学出版社 1998 年版，第 11～15 页。

② 参见《瑞士联邦刑法典》，徐久生、庄敬华译，中国方正出版社 2004 年版，第 146～152页。

③ 参见《波兰刑法典》，陈志军译，中国人民公安大学出版社 2009 年版，第 120～123 页。

定任何军事色彩的惩治措施,完全无视军事刑法的特殊属性。

(二)现有军事刑罚的种类过于单一

由于军事刑罚实际上仅限于军人违反职责罪一章之中,而军人违反职责罪除只规定了拘役、有期徒刑、无期徒刑、死刑这四种刑罚,不仅没有涵盖我国刑法总则的全部刑罚方式,而且也明显少于当今世界主要军事强国的军事刑罚种类。现代刑罚按照剥夺的内容大致可分为生命刑、自由刑、财产刑和资格刑。刑种的多元化不仅是遏制犯罪所需,也是罪刑相适应原则的要求。军事犯罪由于是军人利用职权或者身份实施的危害国家军事利益的犯罪,对其遏制更应当需要多元的、富有特色的处罚措施。然而,综观我国刑法军人违反职责罪一章,可发现没有任何罪名设置了管制、罚金与没收财产这三种刑罚,也未设置单处剥夺政治权利这种法定刑模式,这无疑使本已缺乏特色的军事刑罚在种类上更加贫乏。由于死刑不具备普遍适用和经常适用的条件,实践中军事法院可以选择的军事刑罚主要是拘役、有期徒刑和无期徒刑。也就是说,开放型的自由刑、财产刑以及与军职相联系的资格刑在目前我国军事刑法中都不存在。实际上,曾经的单行军事刑法——1981 年《暂行条例》第 24 条明文规定:"对于危害重大的犯罪军人,可以附加剥夺勋章、奖章和荣誉称号。"当时的军方向立法机关解释了为什么要设置这些附加刑:"军人的勋章、奖章和荣誉称号,是国家授予的政治荣誉,那些犯有严重罪行的犯罪军人,已不配继续享有这种荣誉。为了维护国家的尊严和人民军队的声誉,在本条例中规定这一附加刑是必要的。"①除了剥夺勋章、奖章和荣誉称号,在旧刑法时代,剥夺军衔还一度被认为是针对军官犯罪的特殊附加刑,其法律依据是《中国人民解放军军官军衔条例》(1988 年通过、1994 年修订)第 28 条第 1 款和第 2 款,其规定:"军官犯罪,被依法判处剥夺政治权利或者三年以上有期

---

① 高铭暄、赵秉志编:《新中国刑法立法文献资料总览》(上),中国人民公安大学出版社 1998 年版,第 566 页。

徒刑的，由法院判决剥夺其军衔。”“退役军官犯罪的，依照前款规定剥夺其军衔。”虽然该《条例》并没有明确剥夺军衔是一种附加刑，但从其适用对象、适用前提、适用内容和法律后果来看，在当时的确属于一种特殊的附加刑。[①] 可惜的是，在1997年全面修订刑法时，立法机关既没有保留单行军事刑法规定的剥夺勋章、奖章和荣誉称号这种军事资格刑，也没有吸收附属刑法创设的剥夺军衔，这就使原本已经初步构建起来的专门军事刑罚无立锥之处。加之在当时的情况下，管制、罚金和没收财产对于犯罪军人均有不便适用的原因，于是形成了至今仍未改变的“残缺”军事刑罚体系。

与我国刑法不同，作为世界军事强国，美、俄的军事刑法规定的刑罚措施种类丰富，方法多样。美国的军事刑罚随着军事审判的形式而有所不同。形成于20世纪50年代的《美国统一军事司法典》对军事犯罪规定了简易审判、特别审判和普通审判三种诉讼程序。在简易程序中，法庭可判处一个月以内的禁闭、降级和没收三分之二的月薪；在特别程序中，法庭可判处除死刑以外的任何刑罚；在普通程序中，法庭可判处包括死刑在内的任何刑罚。[②] 总结起来，美国的军事刑罚包含了死刑、苦役、终身监禁、定期监禁、短期禁闭、撤职、不名誉或者品行不良退役、降级、罚薪、扣薪、降薪、没收等多种措施。[③]《俄罗斯联邦刑法典》在分则中也设置了“军职罪”一章，其中规定的自由刑有：(1)拘役；(2)军纪营管束；(3)一定期限的剥夺自由；(4)限制军职；财产刑有：罚金。[④] 根据

---

① 值得说明的是，这一结论并不与前文否定剥夺军衔是一种刑罚产生矛盾。关键的问题在于，旧刑法时代没有确立罪刑法定原则，而且单行军事刑法是独立于普通刑法典而存在的，军事司法系统依据特别刑法和军事法将剥夺军衔作为附加刑是有理有据的。但是新刑法时代由于明确了罪刑法定原则，同时也取消了单行军事刑法，凡是刑法典没有明确赋予刑罚属性的制裁措施都没有资格作为刑罚。

② 参见 Clifton D. Bryant, *Khaki-Collar Crime: Deviant Behavior in the Military Context*, New York: The Free Press, 1990, p. 26 – 30.

③ See U. S. C, Title 10, § 856, Note 121 – 130.

④ 参见《俄罗斯联邦刑法典》，黄道秀等译，中国法制出版社1996年版，第167～174页。

俄罗斯刑法总则的规定,犯罪军人如果涉及侵犯生命等特别严重的犯罪,还可以适用死刑或者终身剥夺自由的刑罚。另外,对犯罪军人也可适用如下资格刑:(1)剥夺担任一定职务或从事某种活动的权利;(2)剥夺专门称号、军衔或荣誉称号、职衔和国家奖励。值得注意的是,俄罗斯刑法还规定了"劳动改造"和"限制自由"两种自由刑,但明确规定现役军人不适用这两种刑罚。现役军人适用的"限制军职"本质就是自由刑。俄罗斯刑法原本规定了"没收财产"这种刑罚,但于 2003 年全面废止了该刑。[①] 与美、俄相比,我国的军事刑罚种类显然过于贫乏。

(三)现行军事刑罚在体系结构上不合理

我国军事刑罚体系缺乏限制自由刑、有效的资格刑以及财产刑,而且刑法没有将军事法已经肯定的剥夺军衔吸收进来,形成了结构性缺陷。如上所述,我国军事刑罚并没有成为真正的"军事"刑罚。在死刑的严格限制乃至废止成为大势所趋之下,[②]军事刑罚体系主要由无期徒刑、有期徒刑和拘役这三种普通自由刑构成。剥夺政治权利仅在犯罪军人被判处死刑、无期徒刑之时才有适用余地,并不存在对军事犯罪独立适用剥夺政治权利的可能,而且剥夺政治权利这种刑罚象征意义大于实质意义,早已有重新改造的必要。缺乏财产刑和资格刑的刑罚体系结构显然存在缺陷。事实上,这种缺陷早就引起了有关部门的注意。在 20 世纪 90 年代修订刑法的过程中,军事单位向国家立法机关提出的几个修改意见稿都提到了增设剥夺军衔(警衔)、剥夺勋章、奖章、荣誉称号等特殊资格刑,并建议:"刑法中规定的刑种,除管制外,

① 参见[俄]Л. В. 伊诺加莫娃—海格:《俄罗斯联邦刑法典(总论)》(第 2 版),黄芳等译,中国人民大学出版社 2010 年版,第 187 ~ 202 页。

② 2015 年通过《刑法修正案(九)》之后,军人违反职责罪一章的死罪数量由 12 个下降至 10 个。未来的军事刑法朝着继续废止死刑的方向推进可以说是必然的。

都适用犯罪的军职人员”。[①] 但这种建议最终未被立法机关所采纳。从世界范围内看,无论是大陆法系国家还是英美法系国家的军事刑罚,大多注意到了各类刑种的搭配和由轻到重的衔接。例如,法国军事刑法规定了摘除官阶、撤职、开除军籍等资格刑,英国军事刑法规定了开除军籍、解除军籍、剥夺资历待遇、剥夺军衔、降衔等资格刑,加拿大军事刑法中的资格刑包括了可耻除名、除名、降衔、剥夺资历。[②] 至于财产刑,在过去军人收入少、待遇低的情况下,不以剥夺军人财产作为处罚手段是可以理解的。但在兵役制度发生改变、特别是近些年来我国军人待遇有较大幅度提高之后,对犯罪军人适用财产刑是现实可行的。事实上,罚金刑具有简单、灵活、经济、开放等优点。除罚金外,与之类似的扣薪也是很多国家军事刑法中常见的财产刑。

刑法与军事法的衔接不畅,既是“大一统”刑法典模式的副产品,也是我国军事刑罚体系产生结构性问题的另一原因。如果说,在1997年刑法修订之前出台的《中国人民解放军军官军衔条例》规定了剥夺军衔,而1997年刑法没有作出相应规定是一种“扬弃”,那么在新刑法制定后新的军事法再次肯定剥夺军衔而刑法屡次修订均无所回应,这就难以理解了。比如,中央军委于2000年11月28日发布了《关于剥夺犯罪军人军衔的规定》,其第2条规定:“军人犯罪被依法判处3年以上有期徒刑、无期徒刑、死刑或者剥夺政治权利的,由第一审军事法院判决剥夺其军衔。”“军人犯罪被依法判处不满3年有期徒刑、拘役、管制、罚金、没收财产的,不剥夺其军衔。”第10条规定:“中国人民武装警察部队军事法院判决剥夺犯罪分子警衔的,依照本规定执行。”以上规定明文将剥夺军衔的权力赋予军事法院,并且适用对象是被判处3年以上有期徒刑、无期徒刑、死刑或者剥夺政治权利的犯罪军人(且并不局限于军官),很明显具有特别刑罚的性质。2010年修订的《预备役军官法》第32条也规定:“预备役军官犯罪,被依法判处剥夺政治权利

① 高铭暄、赵秉志编:《新中国刑法立法文献资料总览》(下),中国人民公安大学出版社1998年版,第2729页。

② 参见夏勇、徐高:《中外军事刑法比较》,法律出版社1998年版,第93~94页。

或者三年以上有期徒刑的,应当剥夺其预备役军官军衔。批准剥夺预备役军官军衔的权限,与批准授予该级预备役军官军衔的权限相同。”《预备役军官法》是由全国人大常委会制定的法律,层级比中央军委制定的军事法规更高。这两部法律的具体规定虽然有所不同,但都延续了《中国人民解放军军官军衔条例》将剥夺军衔作为独立附加刑的规定。以至于我国军事法学界至今也有意见认为剥夺军衔是一种特殊附加刑。①

四、方案初探:中国特色军事刑罚体系的完善

在推进依法治国和依法治军的进程中,我国军事刑罚体系存在的缺陷应当引起立法机关的高度重视。军法从严是军事刑法的基本原则。军事刑法的“严”主要体现在军事犯罪的刑罚后果比普通犯罪更为严重。如果军事刑罚不成章法、毫无特色,根本无从贯彻依法治军、从严治军的目标。在新时代的强军背景下,有必要根据我国实际情况,借鉴外国的先进经验,完善具有中国特色的军事刑罚体系。本文认为,最好的路径是将军事刑法从普通刑法中分离出来,制定独立的军事刑法典,从而系统地制定专门军事刑罚措施。但是基于种种原因,这一立法设想难以在短期内实现,较为现实的方案是在未来通过刑法修正案的方式对军事刑法进行重大修订。

(一)在刑法总则中增设军事犯罪及其刑事责任规定

解决军事刑罚的合理化问题,首先要在刑法总则中专门规定军事犯罪的概念,从而明确军事刑法的调整范围。我国刑法目前没有使用“军事犯罪”的概念,而是使用“军人违反职责罪”的概念。《刑法》第420条规定:“军人违反职责,危害国家军事利益,依照法律应当受刑罚处罚的行为,是军人违反职责罪。”综观《刑法》全文,没有任何其他章

① 参见钱寿根、王继主编:《军事刑法学》,国防大学出版社2007年版,第196页。

节采用定义的形式规定本章节犯罪的概念。这也再次表明,严格意义上的军事犯罪在我国就是指军人违反职责罪。此外,为了将军事刑法的从严原则限制在合理的范围内,也为了与军事行政法的相关内容形成衔接,我国刑法中的军事犯罪也应当仅限于军人违反职责罪。但是在概念上,宜采用“军事犯罪”替代“军人违反职责罪”。实际上,我国《引渡法》明确使用了“军事犯罪”的概念。该法第8条规定了拒绝外国提出的引渡请求的几种情况,其中规定:“……(五)根据中华人民共和国或者请求国法律,引渡请求所指的犯罪纯属军事犯罪的……”此即军事犯罪不引渡的原则。但何为“军事犯罪”?《引渡法》本身没有解释。为了保持法律概念的统一性,同时也为了解决理论中的争议,修订后的刑法应当在总则第二章第四节“单位犯罪”后增加一节,即“军事犯罪”一节,专门规定军事犯罪的概念和特殊处罚原则。设计方案如下:

第五节　军事犯罪

第三十一条之一　军人违反职责,危害国家军事利益,依照法律应当受刑罚处罚的行为,是军事犯罪。

第三十一条之二　在平时实施军事犯罪,可以从重处罚;在战时实施军事犯罪,应当从重处罚。

第三十一条之三　对于实施军事犯罪情节轻微的,可以免于刑事处罚,但是可以由主管军事机关予以纪律处分。

第三十一条之四　对军事犯罪的审判,由军事法院依法管辖。

上述修改既明确了军事刑法的规制范围,同时也体现了“军法从严”“战时从严”的特殊责任原则,为构建特殊的军事刑罚措施和完善的军事刑罚体系奠定良好的基础。因此,现有《刑法》第420条应当删除,分则第十章的标题也应相应改为“军事犯罪”。除此之外,现有《刑法》第450条(军人的定义)以及《刑法》第451条(战时的定义)都应当移置到总则之中。按照目前的刑法体系,这些术语界定都应置于总则第五章“其他规定”之中。[①] 通过这样的修改,可以使我国刑法典初步

① 《刑法》第449条规定的战时缓刑制度也属于总则性规定,在未来修订刑法时也应当移置于总则之中。

体现普通刑法与军事刑法二元并立的格局,方能使军事刑罚体系的构建具备基本前提。

(二)在刑法总则中增加特色军事刑罚种类

在形成二元并立格局的情况下,刑法总则中应增设具有军事特色的特殊刑罚种类,并完善刑罚结构,重组刑罚体系。建立具有中国特色军事刑罚体系的核心问题是军事刑罚种类的增加和结构优化。在军事犯罪、军事刑事责任等基本问题在刑法总则中得以解决之后,理应进一步完善军事刑罚制度。针对目前突出存在的问题,未来在刑法修订时应在完善军事自由刑的同时,重点增设军事资格刑和财产刑。由于军人在服役中多少接触到一些军事秘密,而且军人荣誉感的存在使得对犯罪军人的教育、改造需要一些特殊的方式,军事自由刑的执行场所应有别于普通自由刑。目前我国实际的做法,是对没有开除军籍的犯罪军人在军事监狱中执行自由刑,但这需要上升到法律层面予以明确规定。例如,现行《意大利军事刑法典》规定,军事有期徒刑是将犯罪军人在特定场所执行的自由刑,不同于普通有期徒刑。①

另外,普通刑罚中的某些内容,可能不适用犯罪军人。例如,以社区矫正为中心的管制,就难以适用于需要继续在军队服役的军人。但是,一概将管制排除出军事刑罚,则可能因噎废食。近二十年来,恢复性司法理念在中外刑事立法和司法中都得到重视,军事刑法领域同样值得提倡,包括军事刑罚在内的所有刑罚措施都应当充分考虑犯罪人回归正常社会的需要。对于触犯军事刑法的犯罪军人而言,恢复性司法理念要求适用一种特殊的军营矫正,这正是我国军事刑法目前所缺乏的。本文认为,应当充分借鉴我国历史上管制刑发挥的评价功能和规制功能,同时参考俄罗斯刑法关于军纪营管束的做法,单独设置军事管制刑,不进行由司法行政机关负责的社区矫正,而进行由军队政治部

---

①　参见《意大利军事刑法典》,黄风译,中国政法大学出版社 1998 年版,第 11 ~ 15 页。

门和保卫部门联合负责的军营矫正,将军事管制打造成一种新型的、富有中国军事特色的开放型自由刑。

在资格刑方面,应采纳20世纪90年代修订刑法典过程中军事法院向国家立法机关提出的建议,即增设剥夺军衔、①剥夺勋章、奖章、荣誉称号等军事附加刑。特别是剥夺军衔,由于与现行军事法的规定不相适应,刑法应尽快增设。另外,可以参考《刑法修正案(九)》新增的职业禁止,增加军内职务禁止这一资格刑,即对某些利用特定军事职务实施犯罪的军人在刑罚执行完毕或者假释后一定期限内禁止其担任相关军事职务,以此附加于主刑适用。至于降职、降衔、撤职、除名和开除军籍这些措施,《中国人民解放军纪律条令》均有规定,性质为军事行政处分。根据我国军事立法的特点,上述措施没有必要上升为刑罚种类。

在军事财产刑方面,修订后刑法应当根据时代的变化,破除陈旧观念,大胆运用罚金,同时可考虑对于犯罪较轻的军人采取扣薪这种新型的财产刑。对此,可以借鉴《美国统一军事司法典》对轻微的军事犯罪判处扣除三分之二的月薪的做法。我国在未来也可以考虑建立由罚金和扣薪组成的军事财产刑,罚金相对较重、扣薪相对较轻。② 法院对同一罪名适用扣薪时不得同时适用罚金,并且扣薪最多不能超过十二个月,每月扣薪数额不得超过军人月薪的二分之一。

为了体现上述设想,未来刑法修正案可以在刑法总则第三章"刑罚"中进行如下修改,即将《刑法》第33条、第34条修改为:

第三十三条　主刑的种类如下:(一)管制;(二)军事管制;(三)拘役;(四)军事拘役;(五)有期徒刑;(六)军事有期徒刑;(七)无期徒刑;(八)死刑。

---

① 根据我国军事法的规定,人民武装警察部队是我国的国防力量组成部分,现已完全归属于中央军委统一指挥。因此,武警实际上是军人,而非警察。武警官兵的衔级制度应当直接采用军衔制度,而非采用警衔制度。

② 值得说明的是,笔者一贯主张废止没收财产刑,因为没收财产刑不仅存在哲理困境,在现实中也难以执行。参见万志鹏:《没收财产刑研究》,法律出版社2013年版,第166页以下。因此,在后文的附加刑设计中,没有没收财产刑的存在。

军事管制、军事拘役和军事有期徒刑只适用于军事犯罪,由军队内部设置专门执行场所。

第三十四条 附加刑的种类如下:(一)扣薪;(二)罚金;(三)剥夺军衔;(四)剥夺军功章、荣誉称号;(五)剥夺政治权利;(六)禁止担任军事职务。

扣薪、剥夺军衔、剥夺军功章、荣誉称号和禁止担任军事职务只适用于军事犯罪,由军队内部有关机构负责执行。

附加刑也可以独立适用。

(三)在刑法分则中调整具体军事犯罪的刑罚配置

刑法分则应对具体军事犯罪的法定刑配置做出调整,使总则建立的军事刑罚体系在分则罪名中得以贯彻。目前,军人违反职责罪一章的刑罚是残缺的,法定刑的设置也不尽合理。在未来修订刑法时,除了将"军人违反职责罪"修改为"军事犯罪"以外,还应在如下方面调整具体军事犯罪的刑罚配置:

首先,应在《刑法修正案(九)》的基础上,进一步削减死刑。未来修正案应当继续缩减死刑的适用范围,对于平时危害军事利益的罪行(军人叛逃罪;为境外窃取、刺探、收买、非法提供军事秘密罪;盗窃、抢夺武器装备、军用物资罪;非法出卖、转让武器装备罪)废除死刑,从而使剩余的六个死刑罪名全部集中在战时。这样的修改,既符合我国严格控制死刑、不断削减死刑的刑事政策,也满足了军事刑法战时从严的特殊要求。

其次,应当将总则新增设的军事管制刑配置到军事犯罪之中。考虑到军事管制是轻刑,可以将本章中危害程度较轻的犯罪都配置军事管制,具体而言包括:擅离、玩忽职守罪;阻碍执行军事职务罪;指示部属违反职责罪;军人叛逃罪;故意泄露军事秘密罪;过失泄露军事秘密罪;逃离部队罪;武器装备肇事罪;擅自改变武器装备编配用途罪;盗窃、抢夺武器装备、军用物资罪;遗弃武器装备罪;遗失武器装备罪;擅自出卖、转让军队房地产罪;虐待部属罪;战时拒不救助伤病军人罪。

上述这些犯罪的最低法定刑是拘役，因而增加作为主刑的军事管制可以做到无缝衔接。

最后，应将总则新增设的剥夺军衔与剥夺军功章、荣誉称号这两种资格刑，以及罚金和扣薪这两种财产刑落实到分则罪名之中。增设的资格刑应考虑与现行军事法的衔接。由于《刑法》第 449 条、第 450 条以及第 451 条都已经调整到总则之中，可以在本章最后用专条规定：

第四百四十九条　犯本章规定之罪，被判处三年以上有期徒刑或者剥夺政治权利的，应当附加剥夺其军衔。

第四百五十条　犯本章规定之罪，严重损害军队声誉的，可以附加剥夺其军功章、荣誉称号。

由于罚金主要适用于贪利犯罪、过失犯罪和社会危害较轻的犯罪，对于前述配置军事管制的所有犯罪，原则上都可以配置罚金，其方式以得并制为宜。但是，对于非法出卖、转让武器装备罪和擅自出卖、转让军队房地产罪，考虑犯罪人一般具有牟利动机，应采取必并制为妥。至于扣薪，一般应当设计为与罚金选科适用，凡是配置罚金的军事犯罪都采用选科的模式配置扣薪，法院只能选择其一。对于犯罪情节轻微的，也可单处罚金或者扣薪。

五、结　　语

为了实现"两个一百年"的奋斗目标和中华民族的伟大复兴，在强军的道路上，构建和完善具有中国特色的军事刑罚体系是推进人民军队现代化、正规化建设的必经之路，是实现依法治军、从严治军的必要前提。目前我国的军事刑罚体系存在特色不鲜明、种类不丰富、结构不合理等弊端，军事刑法本身的规制范围也存在争议。这些问题的存在，不仅影响军事法治体系的完善，也不利于强军目标的实现。在未来，我国立法机关应高度重视现有军事刑罚体系存在的问题，尽快以刑法修正案予以修正和完善。在刑法总则上，应单独设立"军事犯罪"一节，并且明确军事犯罪的定义及刑事责任原则，为解决军事刑法和军事刑罚的规制范围奠定基础。同时，刑法总则中应将专门的军事刑罚增加到主刑和附加刑之中。在刑法分则上,应当秉持军法从严、战时从严的原则,在继续削减死刑的同时将新增设的专门军事刑罚以及罚金合理分配到各军事罪名之中。从长远来看,制定具有中国特色的独立军事刑法典是最值得采取的改革路径,这将为我国军事刑罚现代化提供最好的立法框架。

The Promotion of Narrowconcept of Military Penalty and the Perfection of China's Military Penalty System

WAN Zhipeng

[**内容摘要**]我国刑法没有明确军事刑罚的概念。由于对军事刑法和军事犯罪的理解不同,理论上对军事刑罚有不同认识。根据我国刑法的立法特点和惩治特别犯罪的需要,宜对军事刑法采取狭义理解,将军事犯罪限定为军人违背军事职责从而侵犯军事利益的犯罪。如此,军事刑罚仅指军事法院对构成军人违反职责罪的犯罪军人适用的刑罚措施。目前,我国军事刑罚体系存在特色不突出、种类不丰富、结构不合理的弊端,不仅无法适应新形势下军事斗争的需要,也不能适应依法治军的要求。构建具有中国特色的军事刑罚体系,应当在刑法总则中规定军事犯罪以及军事刑事责任的特殊原则,并增设军事管制、剥夺军衔、扣薪等特殊刑罚种类,完善刑罚结构。同时,刑法分则应对具体军事犯罪的法定刑配置做出调整,使总则建立的军事刑罚体系在分则中得以贯彻。

[**关键词**]军事刑法;军事犯罪;军事刑罚;军人违反职责罪

Abstract: There is no clear concept of military penalties in China's criminal law. Scholarshave different understandings of military penalties because of different understandings of military criminal law and military crimes. According to the legislative characteristics of China's criminal law and the need to punish special crimes, we should take a narrow concept of military criminal law that means military crimes are the crimes in which soldiers violate military duties and thus violate military interests. Thus, military penalties refer only to the penalties imposed by military courts on criminal soldiers who offense against military duty. There are many defects in China's military penalty system now such as lack of characteristics, poor varieties and unreasonable structure. It is not only inconsistent with military struggles in new situation, but also inconsistent with the requirements of governing the army by law. We should stipulate the concept of military crime and its special responsibility in the general provisions of criminal code to construct a military penalty system with Chinese characteristics. We should add special penalties such as military control, deprivation of military rank and deduction to improve the penalty structure. At the same time, we should adjust the punishments to specific military crimes in the special provisions of criminal code so that the military penalty system established by the general provisions can be implemented in the specific provisions.

Keywords: Military Criminal Law; Military Crimes; Military Penalties; Crimes Against Military Duty

故意杀人罪死刑适用的影响因素研究

——以296份死刑复核裁定书为观察对象[*]

单奕铭[**]　单碧霄[***]

目　次

受“同态报复”“杀人偿命”刑罚理念影响，对犯故意杀人罪的被告人适用死刑之刑罚观念根深蒂固。在当前的刑事司法实践中，故意杀人罪仍是适用死刑较多的罪名之一。我国死刑制度的特点在于，在具体适用上，存在“死刑立即执行”与“死刑缓期执行”两种不同类型的死刑。同时，为了尽量统一死刑适用标准、慎重适用死刑，我国确立了死刑案件复核制度。死刑复核作为死刑案件的最后环节，成为死刑案件定罪量刑是否准确的最终意见，决定着被告人是否实际执行死刑。从

* 本文系河南工业大学高层次人才基金项目“终身监禁制度研究”（2020SBS04）的阶段性成果。

** 河南工业大学法学院教师，法学博士。

*** 中国政法大学刑法学硕士研究生。

法律依据来看,1997年系统修订的《刑法》第48条规定了"死刑只适用于罪行极其严重的犯罪分子。对于应当判处死刑的犯罪分子,如果不是必须立即执行的,可以判处死刑同时宣告缓期二年执行。死刑除依法由最高人民法院判决的以外,都应当报请最高人民法院核准。死刑缓期执行的,可以由高级人民法院判决或者核准。"根据该条规定,死刑适用的基本标准是"罪行极其严重"。问题在于,刑法在设置"立即"与"缓期"两种关乎罪犯生死的死刑制度的同时,并未明确两者之间的界限,而是含糊其词。[①] 就法条规定而言,死刑缓期执行与死刑立即执行的区分在于"不是必须立即执行",而至于何种情形属于"不是必须立即执行"、何种情形属于"必须立即执行",并没有确立统一的判定标准,在司法实践中只能根据案件具体情况结合司法机关发布的相关指导意见予以判定。由此,在被告人符合死刑适用标准的案件中,对被告人适用死刑立即执行抑或死刑缓期执行,直接影响死刑适用是否准确、公平。在本文中,笔者收集了最高人民法院公开的核准故意杀人罪死刑立即执行的复核裁定书,以及全国范围内各省、市、自治区高级人民法院近年来公开的核准故意杀人罪死刑缓期执行的复核裁定书,通过观察这些死刑复核裁定书,分析故意杀人案件中死刑的适用现状以及规律,比较死刑立即执行与死刑缓期执行适用的影响因素,以期为死刑的规范适用提供参考。

一、本文的样本来源与说明

文本的研究对象是死刑立即执行与死刑缓期执行复核裁定书,数据源于中国裁判文书网公布的案例。本文采集的样本主要包括两部分:(1)最高人民法院关于故意杀人罪的死刑复核裁定书。样本采集步骤为:在"中国裁判文书网"主页,根据"按××条件筛选"的程序提

① 参见夏勇:《死刑立即执行与死刑缓期执行之界限》,载《法治研究》2015年第1期。

示,依次选择以下词组进行检索:案件类型:刑事案件→刑事案由:故意杀人→法院层级:最高人民法院→文书类型:裁定书→审判程序:复核。由此,共收集到最高人民法院的死刑复核裁定书196份(包括190份核准死刑立即执行的裁定书和6份不核准死刑立即执行而发回重新审理的裁定书)。(2)全国各省、自治区、直辖市高级人民法院关于故意杀人罪的死刑复核裁定书。样本采集步骤为:在"中国裁判文书网"主页,根据"按××条件筛选"的程序提示,依次选择以下词组进行检索:案件类型:刑事案件→刑事案由:故意杀人→法院层级:高级法院→审判程序:复核→文书类型:裁定书。通过检索,得到各省、市、自治区高级人民法院的死刑复核裁定书共有1600余份,从中选取近五年的100份死刑缓期执行的复核裁定书作为样本。在所有的样本中,包括两种基本类型的案件:一种是行为人因构成故意杀人罪一罪而被判处死刑的案件;另一种是行为人构成数罪但是因故意杀人罪而被判处死刑的案件。从收集到的样本情况看,死刑立即执行的案件较为全面,从地域上基本包括了全国各省、自治区、直辖市的案件,包括了一些近几年社会舆论关注度较高的案件。死刑缓期执行的案件从地域上以河南、四川、广东、江西、辽宁、吉林、黑龙江等省市居多,这与各地区裁判文书公开工作的实际状况有很大关系。

在过去的十余年间,以实证研究方法对故意杀人罪的死刑适用影响因素进行研究早已引起法学理论界重视,形成了一些有价值的成果。通过文献梳理,发现有的研究者侧重于对故意杀人罪适用死刑缓期执行的关注,通过对故意杀人案件的死缓适用状况进行实证分析,探究司法实践中故意杀人案件适用死缓的实然标准。在研究路径上,研究者或将案件的量刑情节分为反映行为社会危害程度的情节和反映被告人人身危险性程度的情节,具体分析各个情节对死缓适用的影响,从而对如何规范死缓适用提出意见;①或者通过对故意杀人罪死缓适用影响

① 参见欧阳玉静:《死刑缓期执行和死刑立即执行的量刑依据——以故意杀人罪为例的实证分析》,载《刑事法评论》2007年(第21卷)第2期。

情节的描述性统计分析，总结出故意杀人案件死缓适用过程中法官普遍遵循的规律性做法，从而对法官裁判过程中应遵守的义务等方面提出建议。[①] 有的研究者关注的重点在于故意杀人罪死刑立即执行的适用，着眼于对故意杀人罪的死刑裁量机制进行研究，并通过建立Logistic回归模型对具体案件中被告人是否应当被判处死刑、是否应当被判处死刑立即执行进行分析，由此引发对故意杀人罪死刑裁量机制的质疑，从而对故意杀人罪死刑司法控制的进路提出具体意见。[②] 两种研究思路的侧重点不同，但都为本文的研究提供了一定的借鉴。相比之下，本文的创新之处在于，同时关注故意杀人案件中死刑立即执行和死刑缓期执行的适用，研究重点在于故意杀人罪死刑立即执行与死刑缓期执行适用的规范化、合理性问题。在具体路径上，选择死刑适用的最后环节——死刑复核裁定书作为对象，观察司法机关的最终裁判意见是受到哪些情节因素影响而作出的。在具体方法上，通过总结故意杀人罪适用死刑立即执行和死刑缓期执行的状况和规律，对死刑立即执行与死刑缓期执行适用上的影响因素进行比较，进而为司法机关规范把握死刑适用标准提供意见和帮助。

在对死刑复核裁定书进行实证分析之前，有必要作出以下前提和假设：(1)本文所使用的判例中没有出现冤假错案，本文对所采用的复核裁定书确认的事实予以承认。(2)在所有死刑复核裁定书中，定罪量刑的证据本身及其来源都是合法准确的，所有案件均符合死刑案件的法定证据标准。(3)所有复核决定均是人民法院依据复核裁定书中罗列的情节综合判断作出的，未受到可能影响裁定结果公正的枉法裁判因素的干扰。

---

① 参见刘雪斌、钱伟强：《死缓适用影响情节的实证研究——以614份故意杀人罪一审死刑判决书为分析样本》，载《法制与社会发展》2018年第2期。

② 参见王越：《故意杀人罪死刑裁量机制的实证研究》，载《法学研究》2017年第5期。

二、故意杀人罪适用死刑的影响因素及分析

(一)死刑立即执行适用的影响因素

1. 核准死刑立即执行的情节因素分析

根据刑法规定,对犯故意杀人罪的被告人适用死刑的法定标准是"罪行极其严重"。在本文收集的190份核准死刑立即执行的裁定书中,"罪行极其严重"在每个裁定书都有所表述,这是死刑适用规范化的基本表现。而对于核准死刑立即执行所考虑的情节,根据案件情况有所不同。在所有复核裁定书中,核准被告人死刑立即执行的情节因素包括:(1)犯罪性质恶劣;(2)犯罪手段残忍;(3)犯罪情节恶劣;(4)后果严重或后果特别严重;(5)主观恶性深;(6)人身危险性大;(7)社会危害性大;(8)犯罪动机卑劣(见表1)。在复核裁定书中,被告人一般符合八种情节中的多个情节。但是,各种情节出现的次数和组合方式不同。如有的被告人"情节特别恶劣,后果特别严重",有的被告人"犯罪性质恶劣,手段残忍,后果和罪行极其严重",有的被告人"犯罪情节特别恶劣,手段特别残忍,主观恶性极深,人身危险性和社会危害性极大,后果和罪行极其严重"等。

表1　190份死刑立即执行裁定书中认定的情节统计

犯罪客观方面					犯罪主观方面		
犯罪性质恶劣	犯罪手段残忍	犯罪情节恶劣	后果(特别)严重	社会危害性大	主观恶性深	人身危险性大	犯罪动机卑劣
35	149	167	141	41	30	26	9

通过复核裁定书,可以发现:

(1)就死刑立即执行核准的总体规律而言,如表1所示,反映犯罪客观方面的情节(犯罪性质恶劣、犯罪手段残忍、犯罪情节恶劣、后果严重、社会危害性大)使用次数明显高于反映行为人犯罪主观方面的

情节(主观恶性深、人身危险性大、犯罪动机卑劣)。其中,“犯罪情节恶劣”出现次数最多,有167例,这意味着将近90%的死刑立即执行考察的是犯罪情节是否恶劣。此外,有149例“犯罪手段残忍”的表述,141例“后果(特别)严重”的表述,以及35例“犯罪性质恶劣”的表述。这些反映犯罪客观方面的情节远高于反映犯罪主观方面的情节[“主观恶性深”(30例)、“人身危险性大”(26例)、“犯罪动机卑劣”(9例)]。这充分说明,对于死刑立即执行的核准是以客观情节为主、主观情节为辅。申言之,犯罪客观方面的情节是案件发生时的具体犯罪行为以及与案件有关的客观情况的反映,更容易直观地呈现于后期的司法裁判当中;犯罪主观方面的情节涉及对犯罪人本身主观认识、人格特征的考察,在量刑时需要结合与案件无关的情况、掺杂司法工作人员的主观认识予以判断,因此在使用时显得更为慎重。易言之,在具体案件中,反映犯罪客观方面的情节,对核定死刑立即执行具有基础作用,而反映犯罪主观方面的情节,一般根据犯罪人实施犯罪时的具体表现予以认定,对核准死刑立即执行具有辅助作用。

(2)在犯罪客观方面,各种情节因素的具体表现为:①犯罪性质恶劣。这种情节适用的主要情形包括:因欠债不还或其他非法目的而预谋杀人;杀人后唯恐罪行败露而毁尸灭迹;出于对现状不满,为了泄愤报复无缘无故对他人实施杀害行为;使用枪支实施杀人行为。②犯罪手段残忍。这种情节适用的场合包括:一是由被告人的杀人方式判断,比如采取放火、泼硫酸等方法把人烧死的故意杀人行为;二是由被告人的犯罪对象或者犯罪涉及的场所进行判断,如针对妇女、儿童等特殊群体进行的杀害,杀人后毁尸灭迹或者抛尸户外的行为。犯罪手段残忍的案件,通常具有较大的社会危害性。③犯罪情节恶劣。这种情节与犯罪手段残忍的认定存在一定程度的竞合。犯罪情节恶劣的案件,一般犯罪手段也较为残忍。包括如下情形:针对妇女、儿童等弱势群体实施犯罪行为;或者在杀害过程中持利器连续捅刺多刀以及使用相同手段连续杀害多人;或者潜入被害人家中行凶,杀害行为致使被害人及其无辜亲属死亡;或者在实施杀人后,将被害人肢解、分尸的案件。④犯罪后果严重。在所有的复核裁定书中,对于犯罪后果又有具体区分:犯罪致1人死亡,或1人死亡1人以上伤害的,属于“后果严重”,而犯罪致2人或2人以上死亡的,一般为“后果特别严重”。在大部分案件(约74.2%)中,复核裁定书中有“后果严重”“后果特别严重”或者“后果和罪行极其严重”的表述;其余案件中没有单独论及犯罪后果。⑤社会危害性大。这种情节与前几种客观情节有不同程度的竞合,主要涉及的场合包括:一是在公众场合杀人行凶或在杀人后又实施其他危害公共安全的行为;二是连续杀害多人;三是有犯罪前科;四是杀人在逃期间又杀人;五是与被侵害对象存在特定社会关系或形成特定社会联系的情形,如杀害商业合伙人、出租车司机。

(3)在犯罪主观方面,各种情节因素的具体表现为以下方面:①主观恶性深。主观恶性是被告人对自己行为及行为的社会危害性所抱的心理态度。这种情节主要包括以下情形:一是经过精心策划的犯罪,在犯罪前利用一定时间对杀人地点、作案时间进行谋划的杀人案件;二是被告人在犯罪对象选择方面表现出的明显恶意,包括因报复泄愤而杀害无辜、侵害对象是未成年人、因欠债不还谋害他人、为劫财杀害出租车司机等情形。②人身危险性大。人身危险性一般从被告人的平时表现、有无犯罪前科以及犯罪后的认罪悔罪态度方面判断。这种情节主要包括以下情形:一是被告人因犯罪前的表现或者先前的犯罪行为而表现出的人身危险。前者一般用于行为人横行霸道、故意寻衅滋事引发的杀人案件,后者包括被告人属于累犯、有暴力犯罪前科或是缓期考验期间又犯罪的情形。二是被告人在实施故意杀人行为之后的危险表现,包括杀人后潜逃期间又实施其他犯罪、杀人之后实施其他妨害社会秩序的行为(如杀人后持刀劫持出租车逃跑)。③犯罪动机卑劣。在这种情节出现的场合,裁判者侧重于对被告人犯罪诱因的考察,较为典型的情形包括:因不正当两性关系破坏他人家庭、谋害别人配偶;赖账不还或者借钱后无力偿还,因恼于被害人索要债务而杀人的;因赊购物品遭拒绝而杀人的;因蓄意报复他人而杀害无辜的人;或者为了铲除“对手”而雇凶杀人。

结合表1的统计而言,在复核裁定书中,有的被告人只符合表1中的两种情节,有的被告人符合表1中的五、六种情节,但复核结论是一样的，即死刑立即执行。同时，复核裁定书中对各种犯罪情节的表述基本可以对应相对固定的犯罪场景，但是也有竞合的情况。比如被告人有犯罪前科、杀人在逃期间又杀人或实施其他犯罪的情形，有的复核裁定书认定为犯罪的社会危害性大，有的复核裁定书则认定为犯罪人的主观恶性深、人身危险性大，有的裁定书则从两方面均予以认定。两种认定结果均具有合理性，结论不同的原因在于评价行为的出发点不同：从犯罪行为造成的后果出发考虑，此种情形可能引发更严重的社会恐慌；从犯罪人的人身出发，犯罪人的行为表现出更深的主观恶性或具有更大的人身危险性。主观恶性本身就包括社会危害性方面的因素，也在一定程度上反映了被告人的改造可能性。对此，杀人后又实施其他犯罪的情形不仅造成了更大的社会危害，而且体现出犯罪人更深的主观恶性，可以从“社会危害性大”或者“主观恶性深”“人身危险性大”两方面予以评价；犯罪前科明显侧重于对犯罪人人身的评价，与犯罪所造成的社会危害并无直接关联，应当属于评价犯罪人主观恶性或人身危险性的因素，不宜在“社会危害性大”方面予以重复评价。

2. 未核准死刑立即执行案件的影响因素

在196份死刑立即执行的复核裁定书中，有6份不予核准死刑立即执行的裁定，约占全部样本的3%（见表2）。

表2　6例不核准死刑立即执行案件的原因分析

案件编号	未核准原因
(2010)鲁刑四终字第2号	案件因婚恋纠纷引发，系临时起意、激情杀人。被告人归案后积极赔偿被害人经济损失、真诚悔罪。平时表现较好，所在单位员工联名请求对其从轻处罚，判处死刑可不立即执行
(2012)冀刑一终字第202号	案件系家庭矛盾引发，具有突发性。被告人归案后认罪态度好，有悔罪表现，且发生在亲兄弟之间，考虑家庭的实际情况，判处死刑可不立即执行

续表

案件编号	未核准原因
(2013)黑刑一终字第44号	案件系感情纠纷引发,被告人归案后认罪态度较好,有悔罪表现。复核期间双方亲属达成书面调解协议,被害人亲属表示谅解,判处死刑可不立即执行
(2013)冀刑三终字第126号	案件因婚姻家庭纠纷引发。被告人有投案自首情节,归案后认罪、悔罪。其亲属积极代为赔偿,取得被害人亲属谅解,判处死刑可不立即执行
(2013)宁刑终字第60号	案件因婚姻家庭矛盾引发,案发后被告人主动投案自首,归案后认罪、悔罪,判处死刑可不立即执行
(2014)冀刑三终字第36号	因琐事报复行凶。被告人归案后认罪、悔罪,并取得被害人亲属谅解,对其可依法从轻处罚

通过表2的分析,未核准死刑立即执行的案件呈现如下特征:

其一,最高司法机关对复核死刑立即执行的态度非常谨慎。在6个案件中,其中5个案件的被告人致1人死亡,不属于危害后果特别严重。这表明最高人民法院是从犯罪行为的客观危害后果出发进行裁量的。其中,孙某生案中致2人死亡,按照危害后果判断,该案很大程度上属于后果特别严重,符合适用死刑立即执行的情形。但是,该案的案件定性(婚姻家庭纠纷)+法定减轻情节(自首)+被害人亲属谅解等一系列从轻情节因素的存在,很显然影响了死刑立即执行的未核准。

其二,案件定性对死刑立即执行的复核存在显著影响。在6个案件中,5个案件的定性均为“婚恋/感情/家庭纠纷”,属于情理纠缠、事出有因的犯罪类型。这同时表明在此类案件中,犯罪人与被害人及其亲属的感情因素是司法机关核准时考察的重要方面。其中,田某军案的案发原因系报复行凶,但是该案的案发时间是在1997年,判决、核准是在2015年,这说明被告人是在经过长时间潜逃后被抓的。由于案发时间久远,在被告人取得被害人家属谅解的情况下,执行死刑确实已无必要。

其三,在不核准死刑立即执行的情况下,6 个案件的处理结果均为:"撤销高级法院核准死刑立即执行的刑事裁定,发回××省高级人民法院重新审判。"理论上,最高人民法院在具体案件中不核准死刑立即执行、撤销死刑立即执行裁定,表明了对此案件不能适用死刑立即执行的态度。然而,最高人民法院没有明确指示对被告人具体判处死刑缓期执行抑或无期徒刑,而仅仅是发回重审。那么,实践中极可能发生这样的情况:高级人民法院审理后仍然判处死刑立即执行,再次报请核准。虽然在本文观察的复核裁定书中没有明确是否有这样的案情,但是如果有的话,必然导致司法资源的浪费。对此,笔者建议在不核准死刑的情况下,最高人民法院应当尽量明确对被告人判处何种刑罚,以避免司法效率的拖沓。

(二)死刑缓期执行适用的影响因素

1. 100 例适用死刑缓期执行案件的影响因素分析

从法条规定分析,在死刑案件中,对被告人适用死刑缓期执行的条件为:(1)论罪应当被判处死刑;(2)不是必须立即执行死刑。对于如何界定"不是必须立即执行",刑法立法及司法解释并无细化的具体规定。综合本文收集到的死刑复核裁定书来看,各种情节因素对适用死刑缓期执行的影响比适用了死刑立即执行的案件显得更为复杂(见表 3)。

表 3　100 例死刑缓期执行裁定书中的影响因素

法定从轻情节				酌定从轻情节		
自首	坦白	如实供述	主体资格	被害人有过错	民间矛盾/纠纷	积极赔偿、谅解
36	18	19	4	11	27	19

通过统计发现,在故意杀人罪中适用死刑缓期执行,裁判者主要考虑可以表明犯罪行为的客观危害较轻、犯罪人主观恶性不大、人身危险

性较低的法定、酌定从轻情节。在法定情节方面,考虑的情节因素包括自首、坦白、如实供述以及被告人主体资格问题(包括行为人是限制刑事责任能力或是刚满 18 周岁两种情形)。在酌定情节方面,考虑的情节因素包括被害人具有过错,案件系民间纠纷/矛盾,被告人积极赔偿、获取被害人家属谅解等。造成这种局面的原因在于,与其他罪名的死刑规定比较而言,《刑法》第 232 条没有采用其他死刑罪名中"处 10 年以上有期徒刑、无期徒刑或死刑"的表述,而是规定了"故意杀人的,处死刑、无期徒刑或者十年以上有期徒刑"。也就是将死刑放在无期徒刑、10 年以上有期徒刑之前。从逻辑上讲,这意味着在故意杀人案件中,应当首先适用死刑,再根据犯罪人的罪刑严重程度,考虑适用无期徒刑、10 年以上有期徒刑的可能。对于具体案件中死刑立即执行与死刑缓期执行的适用而言,这种把重刑放在前的逻辑表述方式则可能产生"先考虑适用死刑立即执行,再根据案件情节适用死刑缓期执行"的影响。由此,如果案件中没有从轻情节,那么被告人更容易被适用死刑立即执行。

具体到司法实践而言,结合表 3 的统计,在 100 例死刑缓期执行的复核裁定书中,在法定情节方面,36 例案件的被告人存在自首情节,18 例案件的被告人存在坦白情节,19 例案件的被告人属于"如实供述"。在此,"如实供述"不包括因如实供述而被认定为自首、坦白的情况,而是作为一个单独情节罗列的。被告人被认定为"如实供述",在一定程度上能够表明其认罪态度。但是,在如实供述基础上,被告人仍享有对自己行为的性质、动机、具体情节等问题辩解的权利。因此,"如实供述"与"认罪态度好"作为两个酌定情节,在裁定书中有些情况下会同时出现。从复核裁定书看,"如实供述"对死刑案件的影响还是比较大的,个别案件中,被告人仅因具有如实供述一个从轻情节而被适用死刑缓期执行。[1] 在主体资格方面,有 3 个案例因被告人患有精神疾病、系限制刑事责任能力人而适用死刑缓期执行,另有 1 个案例因被告人"犯

---

① 参见广东省高级人民法院(2017)粤刑核 17835230 号死刑复核裁定书。

罪时刚满18周岁”并获取被害人家属谅解而适用死刑缓期执行。[①] 此外还有2个案件中虽然被告人具有精神障碍、偏执人格,但法院认定案发时被告人具有完全行为能力,因被告人具有其他情节(民间纠纷、坦白)而被适用死刑缓期执行。在酌定情节方面,被害人有过错的案件有11个,一般表现为:“被害人对激化矛盾并引发本案有一定过错”“被害人对引发本案有一定责任/过错”或“被害人有过错”,这类案件大部分发生于熟人之间,也有的发生于陌生人之间。被定性为民间纠纷、民间矛盾的案件有27个,一般发生于婚姻恋爱关系,或者亲属、邻里、朋友之间。积极赔偿被害人家属损失、获取谅解的案件有19个,其中,“赔偿被害人亲属经济损失”与“获得被害人亲属谅解”之间并不是完全对应的关系。有的案件中,表现为“被告人通过家属赔偿被害人部分经济损失并取得谅解”,有的案件中,则仅表现为“亲属代其赔偿被害人家属部分经济损失”“委托亲属赔偿被害人亲属一定的经济损失”,而没有提及被害人是否予以谅解。这意味着只要被害人家属接受了被告人的赔偿,无论其是否对被告人予以谅解,均可对死刑缓期执行的适用产生影响。

2. 100例死缓案件中适用限制减刑的影响因素

为了贯彻宽严相济刑事政策,2011年全国人大常委会第十九次会议通过的《刑法修正案(八)》对《刑法》第50条的内容进行了修正,修正后的《刑法》第50条第2款规定:“对被判处死刑缓期执行的累犯以及因故意杀人、强奸、抢劫、绑架、放火、爆炸、投放危险物质或者有组织的暴力性犯罪被判处死刑缓期执行的犯罪分子,人民法院根据犯罪情节等情况可以同时决定对其限制减刑。”由此,对故意杀人这种性质严重的犯罪作出了限制减刑规定。在本文观察的100例死刑缓期执行复核裁定书中,有22例案件对被告人适用了死缓同时限制减刑。通过对死缓同时限制减刑因素的考察,也可以反映死刑适用的影响因素(见表4)。

① 参见海南省高级人民法院(2016)琼刑核55846402号死刑复核裁定书。

表 4　22 例适用限制减刑的死刑缓期执行裁定因素

消极因素			积极因素				
情节恶劣	犯罪前科	累犯	自首	坦白	如实供述	赔偿经济损失	认罪、悔罪
22	2	3	8	4	3	5	3

在适用死缓同时限制减刑的案件中,犯罪人一般具有较适用普通死缓案件更为恶劣的情节因素,但同时也具有从轻减轻的情节因素。从本文观察的复核裁定书来看,根据案件具体情节是否对被告人的量刑有利,可以分为消极因素和积极因素。在这 22 例案件中,犯罪人均具有犯罪情节恶劣的消极因素,部分案件中具有体现犯罪人人身危险性大的前科、累犯等消极因素,而同时犯罪人又具有自首、坦白、如实供述、赔偿经济损失以及认罪悔罪等表现人身危险性降低的因素。就复核裁定书整体情况而言,一方面,限制减刑规定的出现,对于故意杀人案件中限制死刑立即执行的适用具有积极作用。在限制减刑的规定出现之后,故意杀人罪的死刑实际上面临三种选择:一是死刑立即执行,二是普通的死刑缓期执行,三是限制减刑的死刑缓期执行,由此形成了此类犯罪死刑内部适用上轻重不同的阶梯层次。那么,对于原本判处普通死缓不能达到罪责刑相适应的案件而言,原本被告人有很大可能会被适用死刑立即执行。而在死缓限制减刑的规定出现之后,如果司法机关认为适用限制减刑的死缓可以达到罪责刑相适应的要求,那么就会对此类案件中的被告人适用限制减刑的死缓,从而不再适用死刑立即执行。由于上述积极、消极因素与被告人的人身危险性有联系,由此可知犯罪人的人身危险性对死刑案件中不同类型的死刑适用具有现实的影响。但是,在个别案件中,如果被告人同时具有从重处罚情节和从轻处罚情节,仍会以“不足以从轻”为由被处以死刑立即执行。在这种情形下,限制减刑的死缓对死刑立即执行的限制作用有限。另一方面,限制减刑的死缓与普通死缓的界限似乎并不明显。理论上而言,限制减刑的死缓对故意杀人这种暴力犯罪都是可以考虑适用的,但从表 4 的统计可以看出,在 100 例死缓复核裁定书中适用了限制减刑的只

有22例,比例并不高。从具体案件情况来看,适用限制减刑的死缓的显著特点在于被告人同时具有从重处罚与从轻处罚两方面的情节因素,然而,在部分案件中,被告人被认定具有恶劣情节,或者有犯罪前科,但是因具有从轻情节仍被处以普通死缓。这种情况的存在,使得普通死缓与限制减刑的死缓的界限显得很不明确。

在限制减刑的死缓裁定书中,表述规范性方面的问题值得关注。在22例复核裁定书中,对于适用死缓限制减刑的表述不一,比较常见的方式包括以下几种:(1)"根据×××的具体犯罪事实、性质、情节及对社会的危害程度,应对其限制减刑"。(2)"考虑××有犯罪前科,主观恶性深,以及本案的具体情节,应依法对其限制减刑"。(3)"×××犯罪情节严重,又系累犯,人身危险性大,对其可限制减刑"。(4)"根据××的主观恶性和人身危险性,应依法对其限制减刑"。(5)"根据本案犯罪情节,应对其限制减刑"。其中明显的问题在于,大部分裁定书中用的则是"应当限制减刑",也有小部分复核裁定书中用的是"可以限制减刑"。那么,"可以"和"应当"哪个表述更为妥当呢?从基本的逻辑来讲,无论是"应对其限制减刑"还是"对其可限制减刑"的表述,最终的判决结果是对被告人限制减刑。如果说是"可以限制减刑",那么意味着"也可以不限制减刑",而限制减刑的后果是对被告人不利的,因而必须是确定的。由此,在所有限制减刑的裁定书中,无论是从案件特征还是关于限制减刑的表述上,如果采用"被告人罪行极其严重,对其判处死刑缓期执行不能体现罪刑相适应原则,依法应对其限制减刑"的表述,显得较为严谨。限制减刑的适用标准如何更加统一的问题。在22例限制减刑的死缓裁定书中,不同案件适用限制减刑考量的情节因素差异很大,有的侧重于客观方面的情节,有的侧重于主观方面的情节,司法机关具有相当大的裁量权。而且,有的案例中对于有犯罪前科的被告人适用了限制减刑,但有的案件对于某些有前科乃至有累犯情节的被告人没有适用限制减刑。在适用限制减刑的裁定书中,通常将被告人具有的加重情节用作适用限制减刑的理由,而在没有适用限制减刑的普通死缓的裁定书中,则没有相关的意见表述,对于具有加重情节的被告人为何不限制减刑缺乏基本的说理。这在一定程度上表明,是否对被告人适用限制减刑缺乏固定标准,由此导致法官的自由裁量权显得较为随意。

三、故意杀人罪适用两种类型死刑影响因素的比较

(一)首要的影响因素:犯罪导致的死亡人数

通过本文的研究,犯罪导致的死亡人数对死刑立即执行与死刑缓期执行这两种类型的死刑适用具有显著影响。如表5所示,在犯罪导致1人死亡或1人死亡、1人轻伤以上后果的情形下,判处死刑立即执行的有113例,判处死刑缓期执行的有93例;在致2人死亡或2人死亡、1人轻伤以上后果的情形下,判处死刑立即执行的有77例,判处死刑缓期执行的有7例。换言之,在100例死刑缓期执行的裁定书中,致1人死亡或1人死亡、1人轻伤及以上后果的有93例;致2人死亡或2人死亡、1人轻伤及以上后果的有7例。在190例核准死刑立即执行的裁定书中,致1人死亡或1人死亡、1人轻伤及以上后果的有113例;致2人死亡或2人死亡、1人轻伤及以上后果的有77例(案件较多,不罗列裁定书文号)。数据表明,在犯罪导致1人死亡或1人死亡、1人轻伤以上后果情形下,死刑立即执行与死刑缓期执行适用差别不大,这种情况下死刑立即执行与死刑缓期执行适用的标准也较为模糊。就死刑复核裁定书的总体情况来讲,在致1人死亡的案件中,适用了死刑立即执行的案件一般具有犯罪性质恶劣、犯罪手段残忍、犯罪情节恶劣或社会危害性大的情节因素;如果没有特别恶劣的情节,一般会留有余地地对犯罪分子处以死刑缓期执行。但是,在犯罪致2人死亡或2人死亡、1人轻伤以上后果情形下,死刑立即执行与死刑缓期执行存在明显的差别,绝大部分案件适用了死刑立即执行。在部分案件中,即使被告人具有自首、坦白、主动投案、如实供述等从轻情节,仍然被适用了死刑立即执行。由此也可以看出,在致2人以上死亡的案件中,是以适用死刑立即执行为原则、以死刑缓期执行为例外。结合表5两种类型的死刑比较而言,

在致1人死亡的情况下适用死刑立即执行的案件比致2人死刑的案件总数多,这一定程度上是因为本文选取的样本中死刑立即执行的复核裁定书比例更大(死刑立即执行裁定书196份、死刑缓期执行裁定书100份)。但是也表现出对故意杀人罪更倾向于适用死刑立即执行的明显趋向:多数被告人不是因为杀害多人被适用死刑立即执行的,而是因为杀害1人即被适用死刑立即执行,也就是现实中的"一命抵一命"现象。问题在于,对于被告人而言,以犯罪导致他人的死亡为基础适用死刑的消极效果之一是可能恶化犯罪,也就是会导致犯罪人产生"杀一人是死罪,再杀人也是死罪"的悲观情绪,从而升级犯罪。因此,这种"一命抵一命"的死刑适用现象可能无法起到好的社会引导效果。申言之,在犯罪致1人死亡的情况下,如果犯罪人有很大可能性被判处死刑缓期执行,那么被告人可能会怀着获得宽大处理的心理投案自首、积极认罪悔罪。反之,如果犯罪致1人死亡的情形下,被告人仍有很大可能被适用死刑立即执行,那么被告人可能滋生绝望情绪而继续犯罪。而如果犯罪直接导致2人及以上死亡的后果,被告人可能会基于对自己生命的绝望,怀着泄愤的心理而孤注一掷地更多杀人,由此导致连杀多人的恶性案件发生。当前两种不同类型的死刑适用结果也表明,在犯罪导致1人死亡的情形下,理性的犯罪人应当立刻停止犯罪,并积极自首、立功,争取具备从宽情节,那么仍将有更高的可能性被判处死刑缓期执行,为自己保留"生路";反之,如果在犯罪导致1人死亡的情形下犯罪人没有及时回头,而是选择继续实施犯罪,那么其"生路"也会随着犯罪结果的扩大而彻底消失。

表5 犯罪的客观危害后果(致死、致伤人数)与死刑适用关系

1人死亡或1人死亡、1人轻伤及以上后果		2人死亡或2人死亡、1人轻伤及以上后果	
缓期执行	立即执行	立即执行	缓期执行
93	113	77	7

(二)综合性的影响因素:法定、酌定从轻情节

案件具有法定的从轻处罚情节,会对裁判和复核结果产生影响。在法定的从轻、减轻情节之外,酌定量刑情节在死刑案件中的作用同样不容忽视。酌定量刑情节在裁判过程中可以发挥限制死刑的作用,因此,应当成为死刑案件中法官量刑时必须考虑的因素。① 这些从轻情节在死刑适用过程中往往被综合考量。在本文观察的复核裁定书中,在犯罪导致 2 人以上死亡的案例中,即使被告人具有自首、坦白等法定、酌定从轻情节,也有很大可能被核准死刑立即执行。这不仅表明犯罪致死人数是影响不同类型死刑适用的首要因素,也反映出法定、酌定情节对案件的影响比较复杂。在犯罪致 1 人死亡的情形下,影响死刑立即执行与死刑缓期执行适用的酌定情节因素主要包括:(1)犯罪的罪质。在本文观察的复核裁定书中,如果被告人出于蓄意报复、泄愤等动机,具有明确杀人故意、事先准备并携带凶器寻找被害人,或者事先进入被害人家中实施杀人行为的案件,会更多地适用死刑立即执行;如果出于临时爆发的矛盾激情杀人,或者事出有因、被害人具有一定过错的,则更多地适用死刑缓期执行。(2)实施杀害行为的手段、场合。在本文观察的复核裁定书中,如果被告人是在超市、广场等公众场合杀人,或者使用锤、斧等钝器,导致伤害手段显得特别残忍,或者伤害的部位特殊,如刻意捅刺、打击被害人头部、咽喉部位,杀意坚决的,则更多地适用死刑立即执行;如果是在家庭内部场合发生的,或者没有事前准备或者借助其他工具,或者一时情急一刀捅在被害人身上导致死亡的,则会更多地适用死刑缓期执行。(3)被告人的人身危险性。在本文观察的复核裁定书中,被告人是否属于再次犯罪(缓期考验期间或累犯)或者有犯罪前科,会成为说明犯罪人“人身危险性极大”的理由,具有提升刑罚的作用,更易于被适用死刑立即执行。同时,在致 1 人死亡结

① 参见莫洪宪、张昱:《酌定量刑情节在死刑案件中的适用及其完善》,载《刑法论丛》2014 年第 2 期。

果而免于适用死刑立即执行的情形下,会更多地适用限制减刑的死缓。如果被告人属于初犯,或者犯罪后具有自首、坦白、认罪悔罪等情节的,会因为人身危险性的降低而更多地被适用死刑缓期执行。(4)被告人在共同犯罪中的地位。在共同犯罪的案件中,造成恶劣后果的情形下,处于犯罪主导地位或者被认定为主犯的犯罪人更易被处以死刑立即执行。根据最高人民法院的相关解读,在共同犯罪中,多名被告人共同致死一名被害人的,原则上只判处一人死刑。根据案件的事实和证据能分清主从犯的,都应当认定主从犯;有多名主犯的,应当在主犯中进一步区分出罪行最为严重者和较为严重者,不能以分不清主次为由,简单地一律判处死刑。① 本文的研究基本印证了司法机关的观点。在共同故意杀人致2人以下死亡的案件中,一般仅有一人被判处死刑立即执行,同案犯如果同样被认定为主犯,一般被判处死刑缓期执行或是无期徒刑,如果被认定为从犯,则会判处无期徒刑以下的刑罚。只有在个别犯罪性质特别恶劣、情节较为特殊而导致社会影响特别大的案件中,出现了致1人死亡结果而同案的两名以上主犯全部被判处死刑立即执行的情况。

总体而言,在适用死刑立即执行的故意杀人案件中,被告人具有的法定、酌定从轻情节不会对复核结果产生影响。相对而言,在适用死刑缓期执行的故意杀人案件中,复核结果受法定、酌定从轻情节的综合影响更为复杂。结合表3的统计,由于有的案件存在几种从轻情节竞合的情形,在100例死刑缓期执行复核裁定书中,具有自首、坦白、如实供述、主体资格等法定情节的案件有77例,具有被害人有过错、系民间矛盾/纠纷、积极赔偿、获取谅解等酌定情节的案件有57例,基本上所有适用死刑缓期执行的案件都具有法定或酌定的从轻情节。不同犯罪情节对裁判结论产生的影响力不同,在案件审理过程中需要仔细甄别。通过比较分析,法定、酌定情节在适用上的主要问题在于,在犯罪致1人死亡的情形下,同一种情节对死刑缓期执行与死刑立即执行的影响

① 参见最高人民法院刑三庭:《在审理故意杀人、伤害及黑社会性质组织犯罪案件中切实贯彻宽严相济刑事政策》,载《人民法院报》2010年4月14日,第6版。

有时并不合理。2010年最高人民法院印发《关于处理自首和立功若干具体问题的意见》中,对"自动投案""如实供述自己的罪行"的具体认定进行过明确,同时也作出了"具有自首或者立功情节的,一般应依法从轻、减轻处罚"与"虽然具有自首或者立功情节,但犯罪情节特别恶劣、犯罪后果特别严重、被告人主观恶性深、人身危险性大,或者在犯罪前为规避法律、逃避处罚而自首、立功的,可以不从宽处罚"这样笼统而略显矛盾的规定。结合表3、表4的统计,自首情节作为故意杀人罪适用死刑缓期执行的理由所占比例最大,同时,在案件从重情节与从轻情节竞合的情形下可以成为对被告人适用限制减刑的死缓的理由。但是,在死刑立即执行的案件中,自首何种情形下可以作为从宽的理由、何种情形下不能作为从宽的理由界限并不十分清晰。在有的案件中,即使被告人具有自首情节,仍以"不足以从轻"为由不从轻、减轻处罚,适用死刑立即执行。至于为什么"不足以从轻",复核裁定书中缺乏充分说明。而有的案件中,被告人没有自首的法定从轻情节,但是法院以被告人具有"如实供述""认罪态度好"情节或者仅以"结合本案具体情况"为理由,对被告人适用死刑缓期执行。与具有自首的法定情节而适用了死刑立即执行的案件相比,因具有坦白、如实供述等酌定情节而适用死刑缓期执行的案件明显缺乏说服力,这使得两类死刑的适用在某种程度上显得任意和不均衡。

(三)非普遍的影响因素:对被害人家属的经济赔偿

刑罚总是以某种方式波及或连累罪案的另一类受害人:被害人的家属。[①] 对于故意杀人这种剥夺他人生命的犯罪而言,被害人家属的意见在一定程度上会对裁判结果产生影响。理论上,在犯罪后是否积极赔偿被害人亲属,只能表明犯罪人犯罪后的态度。如果得到了被害人家属谅解,也只能表明被犯罪破坏的社会关系得到一定程度的修复。

---

① 参见朱苏力:《从药家鑫案看刑罚的殃及效果和罪责自负——纪念〈法学〉复刊30周年·名家论坛(一)》,载《法学》2011年第6期。

犯罪人的主观恶性是在犯罪时已经明确表现出来的,无法通过赔偿产生改变。但是,人毕竟是一种社会性的物种,当事人往往处于千丝万缕的社会联系中,仅靠执行死刑无法解决所有的社会问题。被害人要求赔偿损失,在一定意义上表明双方的关系有可以缓和的余地。积极赔偿的意义在于,客观上减轻了被害方的损失,降低了犯罪的危害后果,同时可以表明被告人主观上具有认罪、悔罪的表现。① 虽然被害方的态度并不是刑法条文明文规定的死刑裁量情节,但在一些案件中,被害人及其亲属对被告人的犯罪行为是否予以谅解,确实会对两种不同类型死刑的适用产生关键影响。结合表 3 的统计,在 100 份死刑缓期执行的复核裁定书中,有 19 份裁定书具有积极赔偿、获取谅解这一因素,占比将近 20%。其具体影响体现在死刑复核裁定书中,主要表现为裁判者对"附带民事赔偿部分是否达成调解协议或被告人是否积极赔偿被害人经济损失"的回答。如果答案是肯定的,对被告人"从宽"的可能性就大;如果是否定的,对被告人"从宽"的可能性就小。如果被告人不具有赔偿能力的前提下,一般由其亲属代为赔偿。在其余 81 份死刑缓期执行的复核裁定书中,没有提及是否赔偿被害人及其家属的问题,但这不代表这些案件没有赔偿,只是这种因素没有作为核准死缓的理由。值得注意的是,在个别性质、情节高度相似的案件中,是否得到被害人家属谅解似乎成为区分死刑立即执行与死刑缓期执行两种不同死刑的关键因素。在有的案件中,即便被告人具有累犯、前科这样的法定从重处罚情节,但只要获得了被害人家属的谅解,或者达成和解协议,也可以从轻处罚,适用死刑缓期执行。而个别案件中,被害人明确提出不要赔偿、只希望判处被告人死刑立即执行,从整体案情看会成为对被告人适用死刑立即执行的关键因素。申言之,民事赔偿之所以会影响不同类型死刑之适用,客观上在于积极赔偿可以显示出犯罪人的人身危险性大小。在法学理论上,虽然判断《刑法》第 48 条要求的"罪行极其严重"的基本点在于犯罪的客观危害和犯罪人的主观恶性,但

① 参见陈劲阳:《仇恨型故意杀人案件死刑裁量反思——贾敬龙案量刑妥当性多维分析》,载《吉林大学社会科学学报》2017 年第 3 期。

是，是否适用死刑立即执行，必须考虑犯罪人的人身危险性。对被害人家属的积极赔偿，可以起到抚慰被害人家庭、修复被损害的社会关系的作用。与不能履行赔偿义务的被告人相比，能够履行赔偿义务的被告人及其亲属用实际行动表明被告人处于正常的社会关系之中，没有被正常的社会关系所抛弃，由此被告人是可以通过服刑进行矫正改造的，具有复归社会的有利条件。而且，积极赔偿受害人损失对死刑结果的影响，也不完全取决于赔偿数额的多少，而是应当考虑被害人家属的要求与被告人的承受能力。在本文观察的复核裁定书中，认定被告人具有"积极赔偿被告人经济损失"情节从而核准死刑缓期执行的案件，最低的赔偿额是 4 万元人民币。也就是说，如果被告人真诚悔罪，或者在其悔罪基础上其亲属自愿代其履行赔偿义务，那么即使没有达到被害人的要求，也应当视为是犯罪人人身危险性降低的表现。笔者认为，在此类案件中，实际上应当避免以是否对被害人家属予以经济赔偿或补偿数额的高低为标准，区分死刑立即执行或是死刑缓期执行。如果将被告人及其家属对被害人家属的赔偿作为一种普遍因素，那么可能导致违背法律面前人人平等基本原则。

(四)政策性的影响因素：案件性质与被害人过错

根据最高司法机关的意见，在故意杀人案件中，定性系民间矛盾或者被害人有过错，在适用死刑时应当予以区别对待。在最高人民法院印发的《全国法院维护农村稳定刑事审判工作座谈会纪要》(以下简称《纪要》)中，关于死刑适用提出两条意见：一是因婚姻家庭、邻里纠纷等民间矛盾激化引发的故意杀人犯罪，在死刑适用上要与发生在社会上的严重危害社会治安的其他故意杀人犯罪案件有所区别。二是对于被害人一方有明显过错或对矛盾激化负有直接责任的案件，一般不应对被告人判处死刑立即执行。《最高人民法院关于贯彻宽严相济刑事政策的若干意见》(以下简称《意见》)也指出，对于因恋爱、婚姻、家庭、邻里纠纷等民间矛盾激化引发的犯罪，犯罪动机不属恶劣的犯罪，因被害方过错引发的犯罪，应酌情从宽处罚。最高司法机关在《纪要》和

《意见》中明确的案件性质与被害人过错这两种因素,对于故意杀人罪死刑的适用产生了具体指导作用,可以视为影响死刑适用的政策性因素。结合表3的统计,在本文研究的100份死刑复核裁定书中,有27份被定性为民间纠纷/矛盾,11份被认定为受害人有过错。这两种因素的案件占比将近40%,意味着案件性质被认定为"系民间矛盾引发"以及"被害人对案件的发生具有一定过错"对于死刑适用会产生明显影响。从字面理解,"民间纠纷、民间矛盾"限定于婚姻家庭、邻里纠纷之间。但从死刑复核裁定书描述的案情看,司法实践中将"民间纠纷"的范围扩展至同事、工友、朋友等熟人之间。案件定性为民间矛盾,一定情况下会成为案件判处死刑缓期执行的依据,进而也会成为死刑复核裁定书中的理由。在此基础上,被害人是否具有过错,也在量刑过程中影响死刑适用。从本文的死刑缓期执行裁定书来看,如果被害人存在过错,一般会作为对被告人酌定从宽处罚的情节。在本文的案例中,如果被害人有明确过错、犯罪导致的死亡人数没有超过2人,一般会对被告人适用死刑缓期执行。在被告人因矛盾激化、一时激动激情犯罪的场合,被害人过错对被告人的死刑适用影响较大,一般更倾向于适用死刑缓期执行。而在预谋犯罪的场合,被害人过错对适用死刑缓期执行的影响会有所减弱。同时,即使被害人并不存在刑法意义上的过错,案件仅系普通纠纷引发的情况下,亦有部分判决认定案件"事出有因",从而予以从宽处罚。问题在于,对于案件中认定的被告人与被害人感情纠纷、婚姻家庭矛盾因素,在核准死刑缓期执行的时候,理所当然成为从轻的理由;但是,在核准死刑立即执行的案件中,却存在被认为"不足以从轻"的情况。从实际案例来看,民间纠纷一般发生于熟人之间,但在判处死刑立即执行的情况下,一些看案情似乎因民间纠纷尤其是婚姻家庭纠纷引发的案件甚至并未对案件是否属于"民间矛盾"进行明确。那么,到底何种民间纠纷可以定性为民间矛盾,进而成为死刑立即执行与死刑缓期执行适用的界限,成为司法实践中有待厘清的问题。

(五)潜在性的影响因素:社会舆论、死刑民意

故意杀人案件属于典型的暴力犯罪,受关注较多,公众和专业人士对故意杀人罪呈现出相似的高死刑支持率。[①] 公民们把死刑看作对谋杀行为的公正的、应得的报应,和保护公众的必要手段,因为死刑具有独一无二的威慑功能并且具有最终的、生杀予夺的大权。[②] 受传统文化影响,我国民众对犯了故意杀人罪的被告人判处死刑的心理期望比较高。随着民众对死刑认识度的普遍提高,在具体案件中,民意对死刑立即执行与死刑缓期执行的适用已具有相当大的潜在影响。在一些故意杀人案件中,各种自媒体、公众号对案件中犯罪人的犯罪动机、犯罪手段大肆渲染,引导社会公众对犯罪人的憎恨和对被害人家属的同情,从而导致对被告人处以死刑特别是处以死刑立即执行的舆情发酵、民意汹涌。在本文观察的190份死刑立即执行复核裁定书中,虽然没有看到关于社会舆论、死刑民意的明确表述,但是其中41份认定为"社会危害性大"的案件必然考虑到了社会影响层面的因素。事实上,在故意杀人案件中,司法机关在侦查、诉讼和裁判过程中面临比一般案件更多的舆论压力。例如,在最高人民法院核准的张某、张某冬故意杀人、利用邪教组织破坏法律实施案中,[③]因该案发生于公众场合(某餐厅),案件发生后,犯罪人施暴的视频录像被上传至网络,后被多家媒体播放,其中犯罪过程中击打、踩踏被害人头部的残忍画面很难令人接受,因而在很大范围内激起民众的愤慨之情。在此情形下,在该起犯罪致吴某某1人死亡的情形下,两名主犯张某、张某冬均被判处并核准死刑立即执行。[④] 联系近年来诉讼过程中被媒体在网上公开的故意杀人案

---

① 参见贺志军:《论我国死刑改革的罪刑选择和民意引导——基于死刑民意实证调查数据的分析》,载《中国刑事法杂志》2009年第1期。

② 参见罗吉尔·胡德、卡罗琳·霍伊尔:《死刑的全球考察》(第4版),曾彦、李坤、李占州、郭玉川译,中国人民公安大学出版社2009年版,第510页。

③ 参见最高人民法院核准的(2014)鲁刑二终字第117号刑事裁定书。

④ 参见最高人民法院核准的(2014)鲁刑二终字第117号刑事裁定。

件来看,社会舆论、民意影响死刑裁判的情况仍在继续,甚至伴随信息传播速度更快、受众范围更广而愈演愈烈。这种因素的存在,让裁判者容易忽略一个基本的事实:在所有的故意杀人案件中,犯罪人采用的犯罪手段、犯罪方法、导致的后果等内容必然是大众不能忍受的,而对犯罪人主观意图、犯罪动机的大肆渲染和猜测,又会在一定程度上夸大案件本身的社会影响。相较于未被公开的案件,这些被公开的案件的被告人更容易被判处死刑立即执行,这实际上是一种潜在的不公平。诚然,对于非刑法规范因素介入死刑案件裁判过程的情况,完全的制度规制显然是不可能的,但在可能的情况下,进行一定的制度规制是必要的。[①] 当然,进行规制并不是要在此类案件中采取措施堵住悠悠众口,而是要引导民众客观理性地看待犯罪及其法律后果,并对裁判者在应对死刑舆论和民意方面给予切实的指导和支持。进言之,在社会民众认同层面上,民意对死刑的支持是建立在死刑适用完全正确的假设之上的,民众对于死刑的认识不足,会导致对死刑结论的盲目认同和推动。民意是可以引导的,为了适应刑法发展的国际化、科学化,应当引导我国民众的死刑态度朝着更理性化的方向发展。尤其是在引起社会关注的热点案件中,应当充分认识到舆论、民意对死刑适用的影响,正确引导,这不仅有助于解决死刑适用的公平问题,而且有利于死刑立法的科学化发展。

四、余　论

如前文所分析,我国《刑法》关于故意杀人罪的法定刑设置导致该类犯罪量刑上的选择空间非常大。从我国刑法立法的整体趋向来看,《刑法修正案(八)》针对故意杀人等暴力犯罪增加了限制减刑的死缓,在客观上对此类案件中死刑立即执行的适用起到了一定的限制作用,但也同时产生普遍死缓与限制减刑的死缓适用标准的区分问题。从本

① 参见张心向:《死刑案件裁判中非刑法规范因素考量》,载《中外法学》2012 年第 5 期。

文的研究结果来看,具体案件中普通死缓与限制减刑的死缓之间适用上的区分是比较模糊的,仍待从规范层面予以完善。2015 年第十二届全国人大常委会十六次会议通过的《刑法修正案(九)》针对贪污、受贿犯罪增设了死缓同时决定终身监禁的规定,从而最大限度限制了贪污受贿犯罪死刑立即执行的适用。对此,设想如果在未来的刑法立法中将终身监禁的规定扩大适用于故意杀人罪,那么一方面会进一步限制死刑立即执行的适用,另一方面在具体案件中适用死刑立即执行或死刑缓期执行的标准也将会变得更为复杂化和难以把握。当前关键的问题在于,立法规范层面对死刑裁量权的运用缺乏细化的限制及指引。对此,充分认识死刑裁量首要的影响因素、综合性的影响因素、非普遍的影响因素、政策性的影响因素以及潜在性的影响因素,通过立法将各种量刑情节及其竞合适用的情况标准化,规范死刑立即执行与死刑缓期执行的区分标准,是刑法立法科学化发展所要解决的基本问题。

在立法保留死刑的前提下,加强死刑的司法控制是合理运用死刑的有效途径。在刑事司法层面,公正观念是支撑死刑存在的价值根由所在。[①] 死刑案件公平公正的关键在于各种量刑情节的科学把握,而在具体案件中,每个案件的情节因素不同,裁判结论也不同。由此,刑罚的平等只能是表面上的,实际上因人而异。[②] 当前,全国范围内死刑立即执行的案件由最高人民法院进行复核,死刑缓期执行的案件一般由各省/自治区/直辖市高级人民法院进行复核。由于各个省、市、自治区的情况有很大差异,导致死刑缓期执行的判处和核准标准存在差距。相对而言,死刑立即执行的标准比死刑缓期执行的标准更为统一。如何最大限度实现刑罚的公正、公平,并非一个简单的数据分析问题。正如研究死刑的专家所指出的那样,死刑量刑的统一化和个别化是一对

① 参见邱兴隆:《就独生子女免死对苏力教授说不——纪念〈法学〉复刊 30 周年 · 名家论坛(五)》,载《法学》2011 年第 10 期。

② 参见[意]切萨雷 · 贝卡里亚:《论犯罪与刑罚》,黄风译,北京大学出版社 2008 年版,第 51 页。

矛盾。[①] 当司法机关追求统一性的时候,试图在量刑上能够达到一致。也就是同等情况同等处理。但是,在量刑个别化的特殊要求之下,对于犯罪人判处的刑罚又会根据犯罪人的具体情况确定,这显然会偏离量刑的统一性。对于当前故意杀人案件的死刑适用而言,应当注意防止两种倾向:既不能固守“杀人偿命”的报复主义理念,无视案件的多种情节因素,过多判处死刑立即执行,也不能一味追求少杀、不杀,一律处以死刑缓期执行。总体而言,对于故意杀人罪的死刑适用,理应在正确认识死刑立法、合理把握死刑刑事政策的前提下,全面考虑具体案件中犯罪主、客观方面多种情节因素,确保死刑只适用于罪行最为严重的犯罪分子,从而在死刑立即执行与死刑缓期执行之间做出合理的选择。

Study on the Influencing Factors of the Application of Death Penalty for Intentional Homicide

—Take 296 Death Penalty Review Rulings as the Observation Object

SHAN Yiming & SHAN Bixiao

[内容摘要] 通过对296份故意杀人罪名的死刑复核裁定书的分析表明,在具体的死刑适用上,犯罪性质、犯罪情节、犯罪手段、犯罪后果等犯罪客观方面的因素比犯罪动机、犯罪人的主观恶性、人身危险性等犯罪主观方面的因素影响更大。通过死刑立即执行与死刑缓期执行的比较,犯罪导致的死亡人数对死刑结果有显著影响,而法定、酌定的从轻情节通常被综合考虑。部分案件中,对被害人家属的经济赔偿对死刑结果有影响。在政策层面,案件性质与被害人过错对死刑结果有影响。社会舆论、死刑民意是影响死刑结果的潜在因素。死刑立即执行与死刑缓期执行的界限问题,须从立法、司法两方面予以规范。

[关键词] 故意杀人罪;死刑复核;死刑立即执行;死刑缓期执行

---

① 参见王秀梅等:《美国死刑制度与经典案例解析》,北京大学出版社2018年版,第20页。

Abstract: Through the analysis of 296 death penalty recheck ruling books of intentional homicide, it shows that in the specific application of death penalty, the factors of criminal objective aspects, such as criminal nature, circumstances, means and consequences, have greater influence than those of criminal motivation, subjective viciousness of criminals and personal dangerousness. By comparison, the number of deaths caused by crime has a significant impact on the application of different types of death penalty, while the statutory and discretionary mitigating circumstances will be considered comprehensively in the application of death penalty. In a small number of cases, the economic compensation to the family members of the victim has an impact on the outcome of the death penalty. At the policy level, the nature of the case and the fault of the victim have an impact on the results of death penalty. Public opinion and public opinion on death penalty are the potential factors that affect the result of death penalty. The demarcation between immediate execution of death penalty and reprieve of death penalty needs to be standardized from both legislative and judicial aspects.

Keywords: Crime of Intentional Homicide; Death Penalty Review; Immediate Execution of the Death Penalty; Suspension of Execution of the Death Penalty

诈骗罪量刑的地域性差异实证研究

宋久华*

目　次

一、问题的提出

量刑是否存在地域性差异,是近年来学者们研究的热点问题,也是评价量刑规范化改革成效所必须面对的现实问题。在改革推进的过程中,最高人民法院历次颁布的量刑指导文件,逐步规范了量刑方法和步骤,明确了量刑标准和尺度,从理论上讲,这有助于缩小量刑的地域性差异,实现全国范围内的量刑均衡和统一。然而,实践效果如何,还需用事实说话,用数据检验。近几年来,学术界关于量刑方面的实证研究如同雨后春笋,但令人遗憾的是,由于选取样本、研究角度、分析方法的差异,学者们得出的结论不尽相同,甚至相去甚远。总体来看,绝大多数学者得出了"个罪量刑仍然存在地区差异"的结论。如赵学军博士

* 中央司法警官学院讲师,刑法学博士。

选取北京市 2000～2017 年的 4354 份刑事判决书作样本，通过单因素方差分析、两两比较的方法，发现北京市中心区和远郊区之间的量刑结果存在显著性差异。① 林思婷、武敏以浙江省宁波市 2014 年的 539 份盗窃罪判决书为样本，发现不同区县在主刑类别的选择、主刑时长、是否适用缓刑、罚金数额等方面存在显著差异，特别是其中的镇海区法院所判刑罚相对于其他区县法院略重。② 张清芳、王瑞剑选取 1400 份贪污罪判决书作样本，通过 KW 检验法和回归模型，发现地区因素对量刑结果的分布具有显著影响③；白建军教授以 2000～2016 年的 14 万余份交通肇事罪判决书为样本，分别计算了全国各地区法定量刑情节对量刑结果的解释率，即量刑模型的 R^2，从 0.78～0.354 不等，其中江西、黑龙江、上海、北京、浙江等明显低于全国平均水平 0.511，这说明全国各地的量刑确实存在一定的差异。④ 当然，也有一些学者得出了截然相反的结论，其中有代表性的如熊谋林博士。其收集了德阳市五个基层法院的 1039 份判决书为样本，借助方差分析和回归分析，没有发现有力证据说明法院间存在显著性的量刑差距。个别法院之间在个别类型的犯罪处理中虽然存在差异，但是差异的原因可归结于不同法院犯罪数额分布、量刑情节等因素。⑤ 随后，其又收集了 2010～2017 年共 8 个地区的 946 份强奸罪判决书作样本，得出的结论亦是如此。⑥ 综上，量刑规范化改革开展以来各地区之间是否存在量刑差异，最高司法机

① 参见赵学军：《量刑偏差的司法表现与量刑规范的实现路径——基于抢劫罪刑事判决书的实证考察》，载《天津法学》2019 年第 3 期。

② 参见林思婷、武敏：《盗窃罪量刑实证研究——以浙江省宁波市 2014 年 539 例判决为例》，载《浙江万里学院学报》2014 年第 5 期。

③ 参见张清芳、王瑞剑：《贪污罪自由刑量刑的地区差异实证研究——以全国 1400 份判决书为样本的分析》，载《时代法学》2019 年第 1 期。

④ 参见白建军：《基于法官集体经验的量刑预测研究》，载《法学研究》2016 年第 6 期。

⑤ 参见熊谋林、赵勇、程乙峰：《重考量刑公正与量刑差异——德阳市五个基层法院的定量研究证据》，载《犯罪研究》2014 年第 6 期。

⑥ 参见熊谋林、李稚宁、胡景宣：《量刑均衡的中国经验：基于强奸罪的实证研究》，载《法治现代化研究》2021 年第 2 期。

关并未进行权威的调研和评估,学者们多是以某一类犯罪为切入点,收集一定数量的裁判文书进行数据分析。而这种小规模的样本具有一定的局限性,未必能够反映全国范围内此类犯罪量刑的真实情况,再加上采用的统计分析方法各不相同,从而导致了不同的结论。即便如此,笔者认为,学者们关于量刑地域性差异的探索仍然是有意义的,因为其研究思路可供最高司法机关所批判或借鉴,其研究结论可供法官群体总结和反思,进而推动量刑规范的完善和实践水平的提升。鉴于此,本文以诈骗罪这样一个常见多发的财产型犯罪为例,求证其在量刑方面是否存在地域性差异,并根据司法实践对当前进行的量刑规范化改革进行深入的思考。

二、关于诈骗罪量刑地域性差异的实证检验

根据犯罪手段和方式的不同,可将诈骗罪分为传统诈骗和电信网络诈骗,后者是指通过发送短信、拨打电话或者利用互联网、广播电视、报纸杂志等发布虚假信息,对不特定多数人所实施的诈骗。① 由于传统诈骗的数额标准以幅度形式加以规定,电信网络诈骗的数额标准于2016年得到了统一②,为了研究便利,本文仅选取电信网络诈骗案件作为研究对象。

其后,笔者进一步明确了研究时段和地域:研究时段为2017~2021年上半年。除了基于上述数额标准因素之外,更重要的是2017年以来,全国法院的量刑规范化改革进入深入推进阶段,在此背景下求证诈骗罪量刑是否存在地域性差异,有助于检验和评判改革成效、深化量刑改革。

---

① 参见2011年最高人民法院、最高人民检察院《关于办理诈骗刑事案件具体应用法律若干问题的解释》。

② 根据2011年最高人民法院、最高人民检察院《关于办理诈骗刑事案件具体应用法律若干问题的解释》,各地区可在本解释规定的数额幅度内研究确定本地区执行的具体数额标准,而2016年最高人民法院、最高人民检察院、公安部《关于办理电信网络诈骗等刑事案件适用法律若干问题的意见》将“数额较大”“数额巨大”“数额特别巨大”的标准统一确定为3000元以上、3万元以上、50万元以上。

研究地域方面,基于发案率、地理位置以及经济发展水平等因素的考虑,最终确定了北京、广东、河南、四川四个地区作为样本来源。

按照上述范围,笔者从中国裁判文书网共下载了228份裁判文书(其中北京78份,广东、河南、四川各50份),共涉及被告人1140人(其中北京416人、广东250人、河南297人、四川177人)。由于一旦证实存在地域性差异,还要对差异原因进行探讨,特别是需要分析量刑差异是否由诈骗数额本身的差异所致,故剔除了样本中以"有其他严重情节""有其他特别严重情节"作为法定刑升格条件的情形,仅对1059例纯数额犯展开研究。

(一)有期徒刑刑期是否存在地域性差异?

1. 基本情况

样本中被判处有期徒刑(实刑)的共931例,其中北京、广东、河南、四川的刑罚量均值分别为67个月、48个月、56个月、58个月,经单因素方差分析,$p=0.000$,说明四地区的刑罚量均值确实存在差异,且这种差异具有统计学意义上的显著性。在此基础上,笔者进一步进行了多重比较,以精准确定差异存在于哪些地区之间。结果显示,北京和广东、北京和河南在有期徒刑刑罚量均值上存在显著差异。

2. 差异产生的原因

(1)对犯罪事实的考察

影响诈骗罪量刑的犯罪事实主要包括诈骗数额和各种量刑情节。计算北京、广东、河南、四川相关样本所对应的诈骗数额均值,分别为348万元、195万元、221万元、220万元,与前述刑罚量均值的排列顺序大体一致,这说明刑罚量长短的差异在一定程度上可用诈骗数额的差异来解释。除数额之外,各种量刑情节也是分析地区之间差异所必须考察的内容。笔者对这些情节(如是否从犯、是否取得被害人谅解、是否挽回全部经济损失、是否冒充司法机关等国家机关工作人员诈骗、是否累犯、是否认罪认罚等)在各地区样本中所占比例进行了统计。

与广东、河南相比，北京地区刑罚量最长，这与样本所对应的诈骗数额均值最大有关。除此之外，诈骗残疾人、老年人或者丧失劳动能力的人的财物，冒充司法机关等国家机关工作人员，在境外实施电信网络诈骗这三个从重处罚因素出现的频次较高，在本地区样本中所占比重明显高于其他地区；而从犯、自首、认罪认罚三个从宽处罚因素出现的频次较低，在本地区样本中所占比重明显低于其他地区。这些情况在一定程度上有助于解释北京地区有期徒刑刑罚量最长的原因。而广东省的诈骗数额均值远远低于北京市，相当于北京市诈骗数额均值的56%，且在境外实施电信网络诈骗这一从重处罚因素在各地区中所占比重最低，说明其在基本犯罪事实方面与北京市存在较大的差别；河南省的诈骗数额均值相当于北京市诈骗数额均值的63.5%，且从犯、挽回全部损失这两个从宽处罚因素在各地区中所占比重最高，说明其犯罪总体较轻，与北京市存在较大差别。

综上，北京地区在有期徒刑量刑中较之于广东、河南所体现出的差异性，很大程度上可以用犯罪事实的不同来解释。

(2)对量刑实施细则的考察

各地区根据关于常见犯罪的量刑指导意见所制定的量刑实施细则中，对于量刑起点和基准刑的标准各不相同。根据表1，北京与河南相比，量刑起点更高，但是基准刑计算方面，达到量刑起点后，每增加相同的数额，北京地区所增加的刑罚量略小于河南；北京与广东相比，量刑起点幅度较小，达到量刑起点后，每增加相同的数额，北京地区所增加的刑罚量远小于广东。这种差异性规定一方面与各地区经济发展水平密切相关，另一方面也充分体现了各地犯罪形势的差别。如基准刑的确定方面，北京地区明显轻于河南和广东，这是因为北京地区的电信网络诈骗犯罪形势远远不如河南、广东严重。特别是广东，一直以来是电信网络诈骗犯罪的重灾区，因此，其在实施细则中专门对普通诈骗和电信网络诈骗的基准刑进行了区别，对后者规定了更加严厉的刑罚。①

---

① 参见广东省高级人民法院《〈关于常见犯罪的量刑指导意见〉实施细则》关于诈骗罪的规定。

表 1 各地区关于诈骗罪量刑起点和基准刑规定

地区	数额较大		数额巨大		数额特别巨大	
	量刑起点	基准刑	量刑起点	基准刑	量刑起点	基准刑
北京	三个月拘役至九个月有期徒刑	每增加三千五百元，增加一个月刑期	三年六个月至四年有期徒刑	每增加六千元，增加一个月刑期	十年六个月至十二年有期徒刑	每增加六万元，增加一个月刑期
广东	一年以下有期徒刑、拘役	每增加五千元，增加三个月至六个月的刑期	三年至四年有期徒刑	每增加五万元，增加六个月至一年的刑期	十年至十二年有期徒刑。依法应当判处无期徒刑的除外	超过数额不足五十万元，可以增加一年以下刑期；超过数额已满五十万元不足二百五十万元，可以增加一年至三年刑期；超过数额二百五十万元以上，可以增加三年以上刑期，但依法应当判处无期徒刑的除外
河南	三个月拘役至六个月有期徒刑	每增加八百元，增加一个月刑期	三年至四年有期徒刑	每增加五千元，增加一个月刑期	十年至十二年有期徒刑	每增加五万元，增加一个月刑期

续表

地区	数额较大		数额巨大		数额特别巨大	
	量刑起点	基准刑	量刑起点	基准刑	量刑起点	基准刑
四川	三个月拘役至六个月有期徒刑	每增加一千五百元，增加一个月至二个月刑期	三年至四年有期徒刑	每增加六千元，增加一个月至二个月刑期	十年至十二年有期徒刑	每增加五万元，增加一个月至三个月刑期

参见北京市高级人民法院《〈关于常见犯罪的量刑指导意见〉实施细则》、广东省高级人民法院《〈关于常见犯罪的量刑指导意见〉实施细则》、河南省高级人民法院《〈关于常见犯罪的量刑指导意见〉实施细则》、四川省高级人民法院《〈关于常见犯罪的量刑指导意见〉实施细则》。

除此之外，在量刑情节方面，各地区规定的常见量刑情节的调节比例大致相同，但是北京对于冒充司法机关等国家机关工作人员诈骗、在境外实施电信网络诈骗的调节比例未作明确规定，而广东、河南均规定这两个情节可分别增加基准刑的30%以下。

司法实践中，实施细则对量刑工作具有直接的指导作用，因此，实施细则关于量刑起点、基准刑和量刑情节的差别性规定在一定程度上也会引起北京与广东、北京与河南的量刑差异。

(3)对量刑活动重点关注因素的考察

量刑是选用因素的艺术，是用各种因素塑造一个案件的作业。同时面对多个因素，法官实际上需要作出判断，选择哪些因素作为量刑根据，这说明量刑实际上是一个对各种因素进行选用、裁剪的过程。① 那么，不同地区的法官群体选用、裁剪量刑因素的模式是否存在差异呢？为了回答这个问题，需要对各地区中量刑因素对刑期的影响情况分别进行检验。

① 参见白建军：《刑法规律与量刑实践——刑法现象的大样本考察》，北京大学出版社2011年版，第112页。

首先,诈骗数额为连续型变量,需要采取相关性检验的方法进行考察。其中北京市诈骗数额与主刑时长的相关性检验结果显示 r = 0.483,p = 0.000,广东省检验结果显示 r = 0.058,p = 0.431,河南省检验结果显示 r = 0.347,p = 0.000,四川省检验结果显示 r = 0.319,p = 0.000。由此可见,诈骗数额在北京、河南、四川三个地区有期徒刑量刑中均是显著影响因素,而在广东省的有期徒刑量刑中则未表现出显著性,这是与其他地区的重大差别。

其次,其他量刑影响因素均为类别变量,因此可通过单因素方差分析的方法检验其对有期徒刑刑期的影响情况。统计结果见表2:

表2　不同地区样本中各因素所占比重及影响有期徒刑刑期的方差分析

量刑影响因素	北京		广东		河南		四川	
	占比/%	p值	占比/%	p值	占比/%	p值	占比/%	p值
从犯	50.10	0	59.80	0	65.40	0	61.50	0
诈骗残疾人、老年人或者丧失劳动能力的人的财物	26.70	0	22.80	0.004	11.70	0.397	19.60	0.688
冒充司法机关等国家机关工作人员	39.10	0	20.60	0	1.50	0.532	31.80	0.036
在境外实施电信网络诈骗	38.80	0	22.80	0	26.30	0.731	31.80	0.036
取得被害人谅解	6.90	0	2.60	0.103	11.70	0.12	6.10	0.079
挽回全部损失	9.50	0	3.70	0.025	12.20	0.001	8.10	0.001
累犯	1.30	0.365	3.20	0.344	3.90	0.672	14.20	0.995
自首	2.80	0.042	7.40	0.607	5.90	0.292	6.80	0.058
坦白	82.30	0.368	77.20	0.001	53.20	0	79.10	0.411
认罪	49.10	0.001	22.20	0.539	26.80	0.995	13.50	0.57
认罪认罚	12.90	0.013	28	0.325	30.20	0.054	16.20	0.003

通过表2可以发现,从犯、全部挽回被害人经济损失这两个因素在四个地区的显著性p值均小于0.05,因而对四地区有期徒刑刑期均具有显著性影响;累犯在四个地区的显著性p值均大于0.05,因而对四地区有期徒刑刑期均未表现出显著性影响。北京地区所涉因素数量最多,包括从犯,诈骗残疾人、老年人或者丧失劳动能力的人的财物,冒充司法机关等国家机关工作人员,在境外实施电信网络诈骗,取得被害人谅解,全部挽回经济损失,自首,认罪,认罪认罚共九个因素;广东省涉及从犯、诈骗残疾人、老年人或者丧失劳动能力的人的财物,冒充司法机关等国家机关工作人员,在境外实施电信网络诈骗,全部挽回被害人损失,坦白六个因素;而河南省仅涉及从犯、全部挽回经济损失、坦白三个因素。说明不同地区在量刑活动中考察和关注的视野存在明显的差异。[①]

综上,北京与广东、北京与河南在有期徒刑刑罚量裁量方面的差异,可以从三个方面寻找原因:一是诈骗数额与量刑情节等基本犯罪事实方面的差别;二是各地区量刑实施细则中规定的量刑起点、基准刑和量刑情节调节比例的差别;三是各地区裁量刑罚时所重点关注的量刑影响因素的差别。其中犯罪事实轻重不同所引起的量刑差异属于正常现象,量刑实施细则的差别性规定与各地经济发展水平和犯罪形势密切相关,由此引起的量刑差异也是量刑规范化所允许的[②];而各地区裁量刑罚时所重点关注的量刑影响因素的不同,则是需要高度重视的。同一起案件,特别是同一起具有多个情节的案件放到不同地区去审理,由于各地区法官斟酌的焦点不同,得出的量刑结果也极有可能不同。如此一来,意味着相同的法律问题不能得到相同处理,在一定程度上影响了量刑均衡和公正。

---

① 参见赵学军:《抢劫罪量刑经验研究》,法律出版社2019年版,第383页。

② 参见最高人民法院、最高人民检察院《关于常见犯罪的量刑指导意见(试行)》规定:量刑要客观、全面把握不同时期不同地区的经济社会发展和治安形势的变化,确保刑法任务的实现。

(二)罚金数额是否存在地域性差异?

1.基本情况

样本中被判处罚金的共1052例,其中北京、广东、河南、四川的罚金均值分别为4.8万元、3.8万元、4.6万元、11万元,经单因素方差分析,$p=0.001$,说明四地区的罚金均值确实存在差异,且这种差异具有统计学意义上的显著性。在此基础上,笔者进一步进行了多重比较,以精准确定差异存在于哪些地区之间。结果显示,四川和北京、四川和河南、四川和广东在罚金数额均值上存在显著差异,这说明四川省在罚金刑适用中表现出了异常。

2.差异产生的原因

(1)对犯罪事实的考察

笔者从诈骗数额及其他量刑影响因素角度进行分析,经计算,发现四川的犯罪数额均值低于北京而高于广东及河南(北京、广东、河南、四川相应样本所对应的诈骗数额分别是332万元、190万元、165万元、206万元),各量刑情节在本地区相应样本中所占比重在四地区居中(参见表3),未发现具备从重情节的样本比重较高或者具备从轻情节的样本比重较低的情形。所以,犯罪事实本身无法解释四川省罚金数额的异常。

(2)对量刑实施细则的考察

笔者查阅了四地区量刑实施细则。北京、河南、广东三地区的实施细则未提及罚金刑的适用,而四川省高级人民法院颁布的《〈关于常见犯罪量刑指导意见〉实施细则(二)》(川高法〔2017〕60号)详细规定了罚金刑适用的基本原则,以及一些罪名的罚金刑适用规则,走在了其他地区的前列。该规定提到,“判处罚金应当根据犯罪情节,如违法所得数额、造成损失的大小等,并综合考虑被告人缴纳罚金的能力,依法判处罚金”。除此之外,在适用罚金刑方面更多的是体现从宽的一面:并处或者单处罚金的犯罪,对罪行较轻且具有缴纳能力的,可以考虑单处罚金;除特殊情况外,对从犯判处的罚金数额一般不宜高于主犯的罚金数额;被告人具有减轻处罚情节并在下一档量刑的,应当在下一个量刑幅度内依法适用罚金刑;减轻处罚后适用的量刑幅度未规定罚金刑的，不得判处罚金；被告人具有从轻处罚情节的，主刑选择从轻的，综合考虑犯罪分子缴纳罚金的能力等因素，可以对被告人从轻或者减轻适用罚金刑。① 这些体现了从宽处罚精神的规定均无法解释四川省的罚金刑为何重于其他三个地区。而在具体罪名方面，该细则未涉及诈骗罪的罚金刑适用，但是基于其关于合同诈骗罪罚金刑适用规则的规定，可以大致了解该地区实践中对罚金数额的把握情况。然而，遗憾的是，由于其他地区并不存在相关规范，所以无法通过比较来确定四川省高级人民法院颁布的《〈关于常见犯罪量刑指导意见〉实施细则（二）》能否作为解释其罚金偏重的原因。

（3）对量刑活动重点关注因素的考察

首先，诈骗数额为连续型变量，需要采取相关性检验的方法进行考察。其中北京市诈骗数额与罚金数额的相关性检验结果显示 $r=0.252$，$p=0.000$，广东省检验结果显示 $r=0.190$，$p=0.007$，河南省检验结果显示 $r=0.417$，$p=0.000$，四川省检验结果显示 $r=0.449$，$p=0.000$。由此可见，这四个地区中，诈骗数额均与罚金数额具有统计学意义上的显著性，但是相关程度有所不同，北京、广东呈现弱相关，四川、河南呈现中度相关。

其次，其他量刑影响因素均为类别变量，因此可通过单因素方差分析的方法检验其对罚金数额的影响情况。统计结果见表3：

表3　不同地区样本中各因素所占比重及影响罚金数额的方差分析

量刑影响因素	北京		广东		河南		四川	
	占比/%	p值	占比/%	p值	占比/%	p值	占比/%	p值
从犯	50.10	0.06	59.90	0.005	70.30	0	61.80	0.054
诈骗残疾人、老年人或者丧失劳动能力的人的财物	26.40	0.144	21.80	0.01	8.70	0	17.10	0

① 参见四川省高级人民法院颁布的《〈关于常见犯罪量刑指导意见〉实施细则（二）》（川高法〔2017〕60号）。

续表

量刑影响因素	北京		广东		河南		四川	
	占比/%	p值	占比/%	p值	占比/%	p值	占比/%	p值
冒充司法机关等国家机关工作人员	37.40	0.054	19.80	0	1.10	0.842	27.60	0
在境外实施电信网络诈骗	36.90	0.053	23.90	0.412	19.60	0.734	27.60	0
取得被害人谅解	8.60	0.577	2.50	0.369	11.60	0.143	9.40	0.066
挽回全部损失	11.50	0.443	6.10	0.285	20.30	0.011	10.60	0.015
累犯	1.20	0.83	3	0.413	2.90	0.622	12.40	0.991
自首	3.70	0.615	7.10	0.495	10.10	0.377	8.20	0.687
坦白	82.20	0.779	78.20	0	56.50	0.013	78.20	0.086
认罪	48.20	0.021	22.80	0.775	25	0.229	12.90	0.061
认罪认罚	14.20	0.001	29.40	0.84	33.30	0.025	20	0

通过表3可以发现,累犯、自首、取得被害人谅解三个因素在四个地区的显著性p值均大于0.05,因而对四地区罚金刑均未表现出显著性影响。除此之外,其他因素在四个地区的罚金刑适用中呈现不同的影响:北京地区对罚金刑具有显著影响力的因素仅有认罪和认罪认罚;广东省对罚金刑具有显著影响力的因素包括从犯,诈骗残疾人、老年人或者丧失劳动能力的人的财物,冒充司法机关等国家机关工作人员,坦白;河南省对罚金刑具有显著影响力的因素包括从犯,诈骗残疾人、老年人或者丧失劳动能力的人的财物,挽回全部损失,坦白,认罪认罚;四川省对罚金刑具有显著影响力的因素包括诈骗残疾人、老年人或者丧失劳动能力的人的财物,冒充司法机关等国家机关工作人员,在境外实施电信网络诈骗,挽回全部损失,认罪认罚。这说明不同地区法官群体在裁量罚金刑时所斟酌的因素的数量和内容各不相同。

(4)对罚金数额与主刑刑期关系的考察

通常情况下,在诈骗罪量刑时,罚金刑附加于主刑而适用。那么,四川省与其他地区的罚金数额之差异,能否归因于有期徒刑刑期的差异呢?经统计,发现北京、广东、河南、四川相关样本所对应的有期徒刑刑罚量均值分别为65个月、47个月、45个月、54个月,与四地区的罚金数额均值并不存在一一对应关系。为了更加直观地显示二者的关系,笔者分别对四地区的罚金数额与主刑刑期建立了一元线性回归模型,结果显示,四川省罚金数额与主刑刑期的关系最为密切,主刑刑期对于罚金数额的解释率能够达到49%,而广东、河南两省中主刑刑期对罚金数额的解释率是43%,北京地区主刑刑期对罚金数额的解释率仅为15%。该结果同样说明四地区中罚金刑与主刑的关系存在一定的差异。

综上,虽然从量刑结果上看,仅是四川省的罚金刑适用表现出了异常,与其他三个地区存在显著性差异,但是,经过分析,发现四个地区在裁量罚金刑时具有显著性影响的因素各不相同,对于同一起案件,由于四个地区法官群体所关注的量刑影响因素的数量和内容各不相同,因此,最终确定的罚金结果也很难统一。从这个意义上讲,罚金刑的适用存在较为严重的地域性偏差。此外,如果用诈骗数额作为罚金数额的参照标准,可以发现四地区中诈骗数额与罚金数额的相关程度存在一定的差距;如果用主刑刑期作为罚金刑的参照标准,则各地区所建立的一元线性回归模型同样存在较大差异,特别是北京地区的模型中,主刑刑期对罚金数额的解释力比较弱。而上述罚金刑适用的混乱局面其实是与我国罚金刑规范化程度较低的现状相对应的。量刑规范化改革自推进以来便围绕有期徒刑而展开,所以罚金刑在适用上普遍存在较大的随意性。只有逐步提升罚金刑的规范化水平,才能真正减少罚金刑适用的地域性偏差,实现量刑均衡。

(三)剥夺政治权利是否存在地域性差异?

1. 基本情况

1059例电信网络诈骗样本中,共105例被附加适用剥夺政治权利。除了 3 例是附加于无期徒刑之外,其余 102 例附加于有期徒刑而适用。其中北京地区共 97 例,所对应的主刑为 7 年以上有期徒刑;河南省共 5 例,所对应的主刑为 10 年以上有期徒刑。广东和四川两省被判有期徒刑的,均未附加适用剥夺政治权利。

因此,诈骗罪剥夺政治权利适用存在严重的地域性差异,北京地区对 7 年以上有期徒刑附加适用剥夺政治权利,而其他三个地区则很少适用甚至不用。

2. 差异产生的原因

对于被判有期徒刑的诈骗罪被告人,能否附加适用剥夺政治权利、如何附加适用剥夺政治权利,《刑法》第 266 条并未给出明确答案。但是,该法第 56 条规定:对于故意杀人、强奸、放火、爆炸、投毒、抢劫等严重破坏社会秩序的犯罪分子,可以附加剥夺政治权利。根据该规定,“可以附加剥夺政治权利”的适用范围究竟如何界定?诈骗罪是否属于上述“严重破坏社会秩序的犯罪”?不同地区对此有着不同的理解,所以在量刑实践中呈现明显的分歧。

三、关于诈骗罪量刑地域性差异的实践反思

诈骗罪量刑存在一定的地域性差异,是司法实践中的正常现象。我国幅员辽阔、省份众多,因此,对于诈骗罪、盗窃罪等涉及财产的犯罪,通常以“数额较大”“数额巨大”“数额特别巨大”为标准,允许各省结合本地区经济社会发展状况确定具体数额。即便电信网络诈骗犯罪的定罪量刑标准在全国范围内实现了统一,但是由于同样的犯罪数额在不同地区所表征的社会危害程度有所差别,所以在量刑轻重上存在适当差异也是可以理解和接受的,谈不上量刑偏差。然而,如果相同的法律问题受到了不同的处理,如不同地区在裁量有期徒刑、罚金刑时斟酌和考量的因素各不相同,对被判有期徒刑的被告人是否附加剥夺政治权利产生较大分歧,则意味着量刑偏差的存在,需要加以重视并对当前的量刑实践予以反思。

(一)量刑规范对量刑工作的指导作用较为有限

无论是最高人民法院出台的历次关于常见犯罪的量刑指导意见，还是各地区的实施细则，都是以有期徒刑为基础，对量刑步骤、方法、量刑情节调节比例加以规定。司法实践中，法官们通常依据上述量刑文件的要求，依次确定量刑起点、基准刑，但是，对于量刑情节调节基准刑这一步骤，法官们则很少严格按照文件确定的规则进行计算。特别是在案件存在多个量刑情节的情况下，根据量刑规范的要求，应当将量刑情节分为一般量刑情节和优先适用量刑情节：对于仅具有一般量刑情节的，各量刑情节之间采用“同向相加、逆向相减”的方法调节基准刑；对于具有多个优先适用量刑情节的，各优先适用量刑情节采用连乘的方法调节基准刑；对于单个优先适用量刑情节与单个一般量刑情节并存时，先用优先适用量刑情节对基准刑进行调节，在此基础上，再用一般量刑情节进行调节，两者之间是连乘关系；对于具有多个优先适用量刑情节和多个一般量刑情节的，优先适用量刑情节先按照连乘的方法对基准刑进行调节，在此基础上，一般量刑情节采用“同向相加、逆向相减”的方法再进行调节。[①] 该规定看似逻辑严密、环环相扣，但其实每一个环节都离不开法官的自由裁量权，因为每个情节的调节比例都是以幅度的形式加以规定的，需要法官综合案件具体情况从中确定一个点代入公式加以计算，特别是当多个情节具有交叉和包含关系时，如同时具备冒充司法机关等国家机关工作人员诈骗、在境外实施电信网络诈骗等情节时，更是需要法官对最终选择哪些情节、每个情节的调节比例为多少进行慎重地权衡与裁量。此外，在运算过程中法官还要“瞻前顾后”，防止多个一般从宽情节相加以致减少基准刑的比例超过100%的情况发生。更麻烦的是，经过一番加减乘除的计算，最终所得的数字很可能与法官预想的量刑结果相差甚远，还需要运用自由裁量

① 参见南英主编、最高人民法院刑事审判第三庭编著：《量刑规范指导案例》，法律出版社 2016 年版，第 26～29 页。

权对结果进行调整。对此,笔者访谈过一些基层法院的法官,法官们表示,与其这样复杂烦琐地算来调去,还不如在确定基准刑之后,直接依据经验运用自由裁量权进行调整,一步到位、方便快捷。因此,经验而非规范在相当大的程度上影响着法官的量刑活动。此外,实践中,法院对新入职人员的培养通常采用“师傅带徒弟”的模式,让其以助理的身份经过一定时间的学习、锻炼之后才能拥有独立办案资格,因此,法官群体的经验传承比法学院的理论教育和立法司法机关的各种规定对新法官的影响更为深刻与直接,这在一定程度上也会形成并延续地域之间的量刑差异。

综上,基于经验的传承与交流,一个地区的法官在处理某类案件时通常会作出类似的取舍与决定,久而久之便形成了该地区的量刑经验与模式。这种经验与模式在个案中表现不明显,但是如果用统计软件对大数据进行分析,便可以清晰地呈现。在前文的实证分析中,每个地区在裁量有期徒刑刑期、罚金数额时关注的情节各不相同,或者同一情节在不同地区量刑中所起的作用各不相同,就是经验影响量刑的生动体现。

(二)各地区对量刑工作的内部要求影响较大

我国统一的法政体系有助于保障各地区量刑均衡。无论是何地的法院或者法官,使用的法律规范是共同的,所受的法学教育和职业培训是相同的,因而保障了绝大多数案件本身的量刑稳定性。与中国统一的法政体系形成鲜明对比的是,美国在立法体系方面,联邦与各州之间相互独立,各州刑法所设定的犯罪结构和刑罚设置差异较大,因而各州之间出现不同程度的量刑偏差。[①] 然而,统一的法政体系一定意味着量刑均衡吗?在我国,虽然刑事立法是统一的,但是法定刑幅度过大,法定量刑情节具有多个功能,为法官留下了较大的自由裁量空间。同

---

① 参见熊谋林、李稚宁、胡景宣:《量刑均衡的中国经验:基于强奸罪的实证研究》,载《法治现代化研究》2021年第2期。

一地区不同审级的法院对同一案件都有可能作出悬殊巨大的量刑结果,更不要说不同地域之间的量刑差异。

事实上,各地区为了更好地指导和规范量刑工作,不仅制定了量刑方面的实施细则,而且有时也会以成文或者不成文的形式在法律规定的自由裁量空间内确立、推广一些通行做法,以实现本地域范围内的量刑均衡。以北京地区为例,在剥夺政治权利方面,法院系统内部要求,对于被判处 7 年以上有期徒刑的诈骗罪被告人,可以按照《刑法》第 56 条的规定并处剥夺政治权利。因此,北京地区的法官在对诈骗罪裁量刑罚时,只要有期徒刑达到 7 年以上,便可以考虑附加剥夺政治权利。特别是对于被判 10 年以上有期徒刑的诈骗罪被告人,附加剥夺政治权利的比率接近 80%(样本中北京地区被判 10 年以上有期徒刑的共 90 例,其中 70 例被剥夺政治权利)。在罚金方面,法院系统在业务培训时提倡“判几年、罚几万”的自由刑与罚金刑搭配模式,所以在判处整数刑期的情况下,很多法官按照这一内部要求裁量罚金数额。而对于有期徒刑刑期非整数的,通常搭配与其相近似的整数罚金金额,如判处有期徒刑 14 个月的,通常搭配罚金 1 万元;判处有期徒刑 20 个月的,通常搭配罚金 2 万元或者 1 万元。通过调研,很多法官反映,本地区内部的实施细则及指导性要求在一定程度上弥补了刑事立法以及最高人民法院量刑规范较为粗疏和抽象的缺憾,具有明确性、可操作性,成为司法实践中从事量刑工作的最重要、最常用的依据。而这种做法,在实现某一地区范围内量刑统一的同时,却不可避免地与其他地区产生了不合理的地域性差异。

(三)罚金和剥夺政治权利的适用尚未真正得以规范

目前任何一份量刑指导性文件均未涉及剥夺政治权利的内容,剥夺政治权利在相当长的时期内也不会提上量刑规范化的日程。

罚金刑适用的规范化已经在一些法院开始试点,但是尚未形成比较成熟的经验和做法,诈骗罪罚金刑的适用现状便清楚地展现了这一点。各地区中,对罚金数额具有显著性影响的因素各不相同,罚金数额与诈骗数额、主刑刑期均未呈现较为一致的数量关系,说明罚金刑的裁量依据较为混乱。虽然四川省高级人民法院颁布的《〈关于常见犯罪量刑指导意见〉实施细则(二)》(川高法〔2017〕60号)专门规定了罚金刑适用的基本原则以及一些罪名的罚金刑适用规则,此外,河北省高级人民法院《〈关于常见犯罪的量刑指导意见〉实施细则》、江苏省高级人民法院《江苏省各中级人民法院刑事案件判刑量刑标准指导意见》、湖北省高级人民法院《关于扩大量刑规范化罪名和刑种的量刑指导意见(试行)》等地方性细则也涉及罚金刑的规范化,但是这些规定是否具有科学性、能否推而广之尚需论证和实践检验。总体而言,如何规范罚金刑,是比有期徒刑的规范化更为复杂的问题。因为目前罚金刑本身就存在很多争议,比如其理论根据是报应还是预防、其在刑罚体系中处于何种地位,而立法普遍采用的无限额罚金制、必并罚金制更是受到了强烈地批判。所以,在规范罚金刑适用时,并不是单纯效仿有期徒刑的步骤和方法,更重要的是厘清以下问题:一是在法官办案时间紧、压力大的情况下,如何做到便捷、准确掌握被告人的财产状况?二是如何通过调研掌握主刑与罚金刑的对应关系?二者应当如何搭配才能更好地实现刑罚目的?只有这些问题得到充分的论证和解决,研究如何规范罚金刑才有实际意义。

四、关于缩小量刑地域性差异的建议

量刑存在不合理的地域性差异,意味着相同的法律问题在不同地区受到不同的处理,相似的行为在不同地区面临不同的惩罚,这无疑是司法的不公。因此,如何最大限度地缩小地域性偏差,是量刑规范化工作必须直面的问题。基于前述原因,笔者提出以下建议:

(一)发挥指导性案例对量刑规范的辅助作用

在我国,最高司法机关发布的指导性案例在司法实践中起到参照作用,即对于正在审理的案件,在基本案情和法律适用方面与指导性案例相类似的,应当参照其裁判要点作出判决,引述其作为裁判理由进行释法说理,但不能代替法律或司法解释作为裁判依据。通过公布指导性案例,客观上为办理某类案件提供了一个权威的参照物,不仅司法人员可以参照办理有关案件,广大群众也可以之作为评判司法人员对具体案件的处理是否公正、合法的标尺①,因此,案例指导制度有助于约束法官的自由裁量权,对于量刑规范化具有重要作用。

然而,截至目前最高人民法院、最高人民检察院所发布的指导性案例中,只有极少量与刑事案件的量刑有关,如最高人民检察院第 5 批指导性案例中的张某、沈某某等 7 人抢劫案以及郭某某参加黑社会性质组织、故意杀人、故意伤害案涉及对量刑畸轻畸重的情况提出抗诉,最高人民法院第 3 批指导案例中的李某故意杀人案、第 1 批指导案例中的王某某故意杀人案涉及死缓限制减刑的正确适用。最高人民法院刑事审判第三庭于 2016 年编写并出版了一部《量刑规范指导案例》,收录了涉及量刑基本方法的适用、常见量刑情节的适用、常见犯罪的量刑以及量刑程序的 95 个案例,作为对关于常见犯罪的量刑指导意见的重要补充和完善,通过案例深入解读量刑规范化文件,解决量刑规范化工作中遇到的疑难、争议问题。但是这 95 个案例尚未上升到指导性案例的层面,其在权威性、示范性、影响力方面均无法和指导性案例相等同。因此,笔者认为,在量刑规范化改革过程中,应当发挥指导性案例对量刑活动的引领作用,对量刑规范的辅助作用,调研法官运用量刑规范中面临的棘手问题,遴选典型案例,示范量刑说理,为法官正确适用最高人民法院关于常见犯罪的量刑指导意见提供权威参考。只有帮助法官克服不愿、不会规范量刑的难题,学习掌握规范量刑的方法并逐渐成为一种自觉和习惯,才能真正扭转当前以经验代替规范量刑的局面,相应地,不同地域法官之间的量刑差异才能随之缩小。

---

① 参见孙谦:《建立刑事司法案例指导制度的探讨》,载《中国法学》2010 年第 5 期。

(二)强化对不同地域量刑工作的评估和管理

为了保障量刑指导意见落到实处,应当对量刑指导意见在法院中的适用情况进行科学评估,从而确定量刑指导意见是否得到了有效的遵循,进而在评估基础上对量刑工作进行监督管理。[①] 然而,到目前为止,最高人民法院尚未建立科学完善的量刑评估与管理机制,量刑规范化推行10余年来效果如何,各地区量刑规范化水平是否存在差距,缺少官方层面的调研与回应,这不得不说是我国量刑规范化改革的一大遗憾。事实上,随着中国裁判文书网的日益完善以及学术界对量化分析方法的日益娴熟,确定几个考核评价指标,对全国范围内的量刑工作进行监督和管理不再是难事。白建军教授在对全国范围内的交通肇事罪量刑情况进行研究时,发现各地区平均刑期、最高刑期、离散水平、缓刑适用率、法定量刑情节对量刑结果的解释率,并不是靠各级法院统计部门人工填报获取,而是直接从判决书中提取信息并科学汇总而成。更有价值的是,像解释率、标准差等信息,已经是对各地区法院量刑质量进行深度分析的结果,这种分析结果是以各地区案件为样本,运行同一量刑模型得出的结果,各地区量刑质量由此获得了客观的可比性,从而可以成为法律监督和评估管理的新型事实。[②] 因此,笔者建议最高人民法院充分吸收学者的研究成果,建立量刑工作的监督管理机制,对量刑规范化工作的成果进行检验、比较和评价。一方面,对全国的裁判文书进行整体分析,及时发现量刑规范化工作中存在的问题,通过调研找出制约量刑规范性文件发挥作用的症结,在此基础上规范、调整和完善,防止量刑规范化工作陷入"只管低头拉车、不管抬头看路"的局面;另一方面,通过对各地区量刑规范化工作进行对比分析,促使各地区对

---

① 参见王烁:《英国量刑指南制度及其对我国的启示》,载《刑法论丛》2017年第2卷,第492页。

② 参见白建军:《基于法官集体经验的量刑预测研究》,载《法学研究》2016年第6期。

各自的量刑规范化工作进行自我反思，寻找各自与最高人民法院要求的差距，发现各自与其他地域法院的差异，特别是对于与其他地区存在较大差异的内部做法，应当全面请示、论证，尽可能地缩小本地区与全国范围内平均做法的距离。

（三）提升量刑的规范化程度和范围

针对不同地区对量刑结果具有显著影响的因素各不相同的问题，一个有效的解决办法就是由最高人民法院组织对全国的某类案件裁判文书进行回归分析，计算出量刑结果与法定情节的统计模型，并定期根据新数据进行更新优化。这样法官们在对某类案件裁量刑罚时，便可依据该模型进行计算，从而最大限度地避免量刑差异。而这种做法的基本原理是对法官群体实践理性的尊重。基于实践理性构建量刑模型，指导量刑实践，意味着司法人员的彼此认同与信赖，因而也意味着司法实践的整体延展。[①] 在该模式下，每一位法官都为量刑模型的确定贡献了力量，反过来，每一位法官的量刑行为又应当受到自己贡献了力量的量刑模型的约束，从而使得量刑朝着更加符合实践理性、更加均衡的方向发展。

除此之外，其他量刑方面的问题，比如缓刑、罚金的适用，则是需要尽早纳入量刑规范化进程，因为这些量刑结果看似不如有期徒刑重要，但是同样会对每一个具体犯罪人的人身自由、财产权益产生重大影响，如果出现不合理的地域性差异，同样会引发公众对于量刑公正、司法公平的质疑。当然，剥夺政治权利方面，当务之急是解决对于被判有期徒刑的诈骗罪被告人能否附加剥夺政治权利、诈骗罪被告人被判多重的有期徒刑才可以考虑对其附加剥夺政治权利等问题，这主要是通过司法解释对实践中的分歧加以明确，暂时无需提上量刑规范化的日程。

---

① 参见白建军：《基于法官集体经验的量刑预测研究》，载《法学研究》2016 年第 6 期。

An Empirical Study on Regional Differences in Sentencing of Fraud

Song Jiuhua

[内容摘要]以 2017 年至 2021 年北京、广东、河南、四川的电信网络诈骗案件裁判文书为样本展开实证研究,发现有期徒刑刑期、罚金数额以及是否附加剥夺政治权利的裁量方面均存在一定的地域性差异。这些差异说明了量刑规范对于量刑工作所起的指导作用非常有限,而各地区一些成文或者不成文的做法或内部要求却往往在事实上深刻影响着量刑。为此,应当通过发布指导性案例加强对量刑工作的示范和指导,通过全国范围内的量刑评估和管理发现量刑中存在的问题并促使各个地区进行自我反思与检视。与此同时,应推进罚金刑适用的规范化程度以缩小地域性差异,而对于资格刑的适用差异,则通过司法解释对实践中的分歧加以明确即可。

[关键词]诈骗罪;量刑规范化;地域性差异

Abstract: By carrying out the empirical study about the judgment documents of telecommunication network fraud cases in Beijing, Guangdong, Henan and Sichuan from 2017 to 2021, it is found that there are certain regional differences in the length of fixed-term imprisonment, the amount of fine and whether to attach deprivation of political rights. These differences show that the sentencing guidelines play a very limited role in sentencing, while some written or unwritten practices or internal requirements in different areas have important impacts on sentencing in fact. Therefore, we should strengthen the demonstration and guidance of the application of sentencing guidelines by issuing guiding cases, identify problems and promote each area to reflect and examine itself by sentencing evaluation and management. Besides, we should promote the standardization of fine punishment to narrow regional differences, while for the difference of qualification punishment, we should clarify the differences in practice through judicial interpretation.

Keywords: Fraud; Standardization of Sentencing; Regional Differences

强奸罪中“致人死亡”的司法认定

尚柏延[*]　冯卫国[**]

目　　次

一、问题的提出

结果加重犯是刑法中的重要问题,而在该问题上,理论与实务出现了较大的裂痕。理论界对该问题的研究虽有侧重,如关于其内部结构、共犯及未遂等问题较为深入,而从因果关系等角度展开探讨的相对较少。刑法总则中对结果加重犯并无相关规定,而散见于分则罪名中的规定方式也不尽相同。例如,抢劫罪中规定的“抢劫致人重伤、死亡的”和强奸罪中“致使被害人重伤、死亡或者造成其他严重后果的”,不仅表述方式不同,其限定的结果范围也有所不同。由于缺乏统一的规

* 西北政法大学博士研究生,西安市中级人民法院法官。
** 西北政法大学教授、博士生导师,法学博士。

定和认定标准，司法实践在具体案件的认定上存在尺度上的差异，也存在一些疑难问题。典型的如强奸罪的结果加重犯，在因果关系、罪过形式和结果范围等问题上都存在争议。例如以下案例：

凌晨2时许，被告人甲在其所住小区寻找作案目标，发现某栋4层住户灯亮且有一女性乙在家，遂沿防盗网、空调架攀爬至该户并翻窗进入卧室，趁乙不备，将其压在床上进行言语威胁，要求发生性关系，同时将卧室灯关闭。乙受到威胁后即表示愿意与甲发生性关系，但要使用安全套，并告知甲安全套在床头柜，甲放开乙下床去取，乙随即打开窗户跨坐于窗台并警告甲，如果甲过来就跳下去，但甲仍起身向乙走去，乙坠楼，后经抢救无效死亡。经鉴定，乙系高坠死亡。从证据看，从乙跨坐于窗台到坠楼的这段时间，所发生的情况仅有被告人的供述，不能完全还原真实情况，故该过程可能出现多种情形。主观上，甲继续上前的目的可能有三种：控制乙继续实施强奸、拉住乙防止其坠落或甲主观上尚未明确目的。乙的跌落原因可能有：为反抗而跳下、误解甲的意图而跳下、失足滑落、受第三人干扰或自然因素惊吓而跌落等。

其引发的问题是：甲的行为是否属于强奸罪的结果加重犯，并能以此对甲加重处罚？此处需要厘清的问题有四个：一是如何理解刑法条文中的“致使”，是指强奸行为本身引发了加重结果，还是包括使用“暴力、胁迫和其他手段”所引发的加重结果；二是如何判断基本行为与加重结果之间的因果关系，以及在因果关系理论框架下，如何框定“其他手段”和“其他严重后果”的范围；三是行为人对加重结果应具有何种形式的罪过；四是行为人是否属于强奸未遂，也即结果加重犯是否存在未遂，以及在基本犯未遂但加重结果出现的情况下是否认定为强奸罪的既遂。该四个问题本身亦有逻辑上的关联，从犯罪意思的发动到基本行为的实施，继而出现加重结果，具有时间上的顺序性，而连接罪过、行为与结果的桥梁则是因果关系。从刑法教义学的角度出发进行研究，有必要首先对刑法规定进行语义解释。

二、“致使”的刑法学含义

从法条词句看,连接基本行为与加重结果的是“致使”一词。在涉及结果加重犯的规定中,“致使”与“致”出现的频率较高,如绑架罪、抢劫罪、故意伤害罪等;从刑法的整体规则体系和各罪的比较来看,其含义和用法基本相同,均属于致使语态。致使语态是语言学研究的一个重要范畴,早在《马氏文通》中就涉及了动词的使动用法。1942年,吕叔湘在《中国文法要略》中首先提出了“致使句”的概念。所谓致使,是指致使主体(原因),作用于致使客体(对象),并促使其发生新的变化结果。主体、动作、客体是致使的三个要素。

对于致使主体,有的学者认为是有生命的人或物且多指人,有的学者则认为包括一切能导致结果发生的、产生原因力的事物。前者将致使的主体限定为生命体,而后者则包括一切物。对于致使的动作,也即“力”,结合刑法宜理解为实行行为,是一种搭建在原因与结果之间的桥梁,通过这种“力”,主体使客体产生了结果。从现行法律规范看,我国法律将致使的主体限定为人,但在致使“动作”的规定上要宽泛得多,包括了动物行为和事件。如侵权责任法上,动物致伤可能引起侵权责任,保险法上,自然灾害可能引起保险责任。致使的客体,是动作作用的对象。法律上的客体,指社会关系,在刑法的具体条文中则指受刑法保护的特定的社会关系(法益),在致使句中,是指侵害对象。据此,强奸罪中的致使,其主体当然限定为人,客体(对象)为受强奸实行行为侵害的人,而致使的动作,是指强奸罪的实行行为,包括暴力、威胁和其他手段,以及性行为本身。

在语义系统的分类问题上,有学者将致使分为直接致使和间接致使。直接致使是致使者(causer)对被使者(causee)的直接操作,间接致使通常是通过口头指令或者手势使被使者发出行动。英语上的表达则更为直观,如致死的表达,直接致使表达为 kill,间接致使表达为 cause to die。这虽是语言学上的分类,但与刑法理论上的责任形式相呼应,大体上,可以将直接致使与故意相对应,间接致使与过失和意外事件对应。

所以,从语义分析,"致使"一词存在较大的选择空间。强奸致使被害人死亡,是指行为人实施暴力威胁等行为强迫性交,产生了被害人死亡的结果,而此处的责任形式通过语义解释无法限定。

从刑法条文规定来看,"致使"是连接基本行为与加重结果之间的桥梁。那么,何种形式的"原因"导致何种形式的"结果",才属于"致使"的结果?法条规定强奸罪基本行为有两款,一是第236条第1款的"暴力、胁迫或者其他手段",二是第3款的"强奸妇女、奸淫幼女"。关于结果加重犯的规定,仅属于第3款第5项的规定,其直接对应的行为是"强奸妇女、奸淫幼女",直观看,本罪结果加重犯的基本行为仅指强奸行为本身。亦有学者提出,只有当具有造成加重结果高度危险的基本行为直接造成了加重结果时,才能将加重结果归属于基本行为。司法解释也有过类似内容,1984年《最高人民法院、最高人民检察院、公安部关于当前办理强奸案件中具体应用法律的若干问题的解答》中规定,"强奸'致人重伤、死亡',是指因强奸妇女、奸淫幼女导致被害人性器官严重损伤,或者造成其他严重伤害,甚至当场死亡或者经治疗无效死亡的"。但该司法解释已于2013年被废止(法释〔2013〕1号)。而随着社会的发展,新情况也层出不穷,为实施强奸而压制被害人反抗的手段行为,能否成为加重结果的原因,理论和实务界存在不同认识。笔者认为,解决该问题,首先要弄清楚二者之间的因果关系。

三、基本行为与加重结果之间的因果关系

(一)因果关系的理论与实践

我国因果关系的理论与实践之间,出现了明显的断层。理论的研究深入而广泛,但新的理论在实务中鲜有应用,没有起到指导实践的作用。实践中对因果关系的判断与描述是较为模糊的,对基本行为与加重结果之间因果关系的判断更是难点。从判决书论证说理的情况看,多是直接判定是否存在因果关系,较少系统性论证;从检察机关的审查

报告、法院的审理报告等内部文书来看,对因果关系的判定理论繁杂而不成体系,亦有直接进行经验判断的情况;各地区甚至各个法官、检察官也有自己的判定方式与标准。这种状态存在诸多的问题:一是对因果关系的判定存在较大的随意性。我国实务界对犯罪成立的判定主要以犯罪构成理论为基础,因果关系作为犯罪客观方面的基本要素之一,直接影响犯罪的成立与否,而实务中同一法院审理不同的案件时,有可能采用不同的理论,或者按照主观经验判断因果关系,给定罪带来一定的随意性。二是降低了刑法的可预测性。良好的法律作为人们的行为规范,应当是可预测的,人们根据现有的法律规范,可以判定行为的合法性并以此作为社会活动的依据。但因果关系认定的不确定性直接影响罪与非罪的问题,在司法机关不能统一认识的情况下,刑法本身的可预测性会大大降低。三是容易出现裁判尺度的偏差,同案不同判。由于认定因果关系方法的不同,在因果关系的有无、介入因素的大小、行为导致结果的危险性程度等问题上,均存在不同的认识,法官依据各自理论作出的判决,其裁判尺度也会不同,影响了案件的实质公平。如在介入被害人特殊体质的故意伤害致死案件中,既有按照故意伤害致人死亡进行判处的情况,也有判处过失致人死亡的情况,还有认定无罪的情况,造成了一定程度上的混乱。

我国理论界在结果加重犯因果关系问题上,有两个基本观点趋于一致:一是肯定基本犯与加重结果之间存在因果关系;二是在认定上应适用因果关系的一般理论。传统刑法理论将因果关系认定为哲学层面的引起与被引起的关系,认为因果关系是事物发展的自然进程,由此产生了必然、偶然因果关系说。该理论至今在实务界还有重要影响,特别是在结果加重犯等存在介入因素的场合中,偶然因果关系说往往成为判定因果关系存在与否的重要理论依据。但该理论的缺陷也较明显:必然因果关系的应用范围狭窄,在存在介入因素的情况下难以运用。例如,上述案例中,与被害人乙死亡具有直接因果关系的是乙跳下或滑落的行为,甲的行为不能必然引起加重结果。偶然因果关系的判断则可能不当扩大处罚的范围,如甲仅仅翻窗进入乙的房间,乙就因受到惊吓引发脑溢血死亡,仍然可以认为二者具有偶然因果关系,但以此对甲按照强奸致人死亡进行处罚，明显罪刑失衡。

近年来，随着大陆法系因果关系理论的引入，我国学者在吸收、借鉴大陆法系特别是德、日理论的基础上，对其进行了本土化的改造。实践中，德、日理论亦偶见于判决之中。但整体看，在结果加重犯因果关系的判断上，理论界或支持国外理论的直接运用，或进行改造运用，争议较大，尚未形成通说：

一是直接支持条件说，但仅限于基本行为与加重结果之间的判断。在这个意义上，与偶然因果关系说具有一定的相似性。条件说以哲学上事物普遍联系的观点为基础，侧重于因果关系的复杂性。其公式为：“构成刑法意义上的原因的，是结果的任何一个如果略过它，则具体形态的结果便不能够成立的条件”。条件说在所有的实行行为中划定了最大界限。以本案为例，致被害人死亡的基本行为有：甲的暴力威胁行为、强奸行为、向乙迫近的行为。按照条件说，可以确认甲实施的基本行为与乙的死亡结果具有因果关系。但条件说仍然可能不当扩大处罚范围，特别是行为人对介入因素没有预见可能性的情况下，条件说只能从因果关系的自然性角度去判断，无法以法律的因果判断限缩适用范围。

二是近因说或称直接原因说，国内亦有学者提倡。近因说是原因说的理论分支之一，其判断方法是：基本行为会具有引发加重结果的高度危险，同时这种危险直接实现为加重结果。其重点在于危险性的判断，而对危险性本身的判断是一种主观认定。近因说的提倡有利于限缩结果加重犯的范围，但是在中国特定的司法环境之下，直接适用恐怕水土不服。例如，行为人实施故意伤害行为，导致被害人慌不择路跑进高速公路而被车撞死，我国实务界和理论界通常认为伤害行为与死亡结果具有因果关系，而德国联邦普通法院 1970 年 9 月 30 日判决的“阳台跌落案”其基本情形类似，但否定了结果加重犯的成立。这样的认定，与我国的国情与法律文化不契合，人民群众难以接受，并不适于直接移植。

三是相当因果关系说。有学者指出我国司法实践可直接借鉴该理论。相当因果关系说是日本刑法理论的通说，它首先以条件说进行事实因果关系的判断,当认为行为与结果存在因果关系时,再以相同状况下一般人的认识和行为人的特别认识为基础再行判断(折中说)该因果关系是否具有一般性(相当性),并排除明显异常,得出是否属于刑法上因果关系的结论。本案中,条件(因)是甲的威胁行为和迫近行为。推广到强奸罪中,则是"暴力、胁迫或其他手段",即犯罪的实行行为。该实行行为或是一行为,或表现为多个具有时间间隔的独立行为。第二步是相当性判断,也即主观判断,以现有的科学知识和经验为标准,前述的条件(因)在社会一般认知下和加重结果具有因果关系,则认为其具有刑法上的因果关系。关于相当性的判断,在行为人的认知与社会一般认知相同时,并无区别,关键在于行为人的认知有别于一般社会认知的情况下如何判断?笔者认为,折中说是合理的,即行为人的认知高于一般社会认知则取行为人认知,反之亦然。本案中,一般人均能够认识到暴力、威胁行为已使乙的安全处于紧迫状态,也应认识到乙坐在窗台具有坠落的危险,此时继续接近被害人,就增强了乙的紧张心理状态,进一步增加被害人跳下或滑落的危险,二者具有相当性。即使甲处于其他心理状态的支配下或出现特殊情况,如甲欲上前拉住乙防止其坠落或乙因自身原因、自然因素等滑落,一般社会认知也能够认识到入室强奸行为给被害人带来的心理紧张状态以及由此可能产生的危险。因此,以折中说看,强奸行为本身或为强奸而实施的暴力、威胁或其他能够使被害人产生紧张心理状态的行为与被害人死亡均具有刑法上的因果关系。从判断方法和判断基础上来看,该理论相对易于操作。

四是客观归责理论。该理论主要是从构成要件上进行责任限定:结果是否是由某个由行为人所支配的、不容许的、具有风险性的因果流程所促成?其任务是将无关的因果流程从刑法上的结果答责的范围中剔除。客观归责理论已不单是因果关系问题的研究,其直接推进到归责的问题。判断方法上:第一,条件关系判断。第二,考察某个行为是否制造了法律所不容许的风险。从本案看,使用暴力、威胁手段入室强奸,已经使乙的性自主权处于高度危险状态,属于法律所不容许的危险,乙在反抗过程中以跳窗警告,甲又继续迫近,进一步使其生命健康安全处于更高的危险之中,这种危险仍源于甲的行为。第三,风险的实现。前述危险状态结果有二,一是乙遭受性侵害,二是加重结果——乙重伤或死亡。本案的加重结果已经实现,且无论乙是否有过失或介入自然力、第三人的因素,该结果始终都是甲行为所引发风险的实现。第四,结果没有超出构成要件的保护范围。强奸罪基本犯侵犯的是妇女的性自主权,其加重结果增加了生命健康权的内容,从结果来看并未超出这一范围。因此,以客观归责的理论判断,行为人的行为具有可归责性。

五是基于上述理论的本土化改造。学界有代表性的观点有三种:一是陈兴良教授提倡的事实因果关系和法律因果关系的双重判断,主张先以条件说确立事实因果关系,继而以相当因果关系说或客观归责理论确立法律因果关系。二是张明楷教授提出的条件说+结果归属的双重判断。三是以条件说为基础的近因说。实际上,张明楷教授在其第三版《刑法学》中也认可“直接性”在判断结果加重犯因果关系中的重要作用。比较来看,目前我国学界所提倡的理论,是以条件说等德、日理论为基础而构建的,综合了客观判断与主观判断,是自然的因果关系与法律的因果关系之结合,是为适应我国法律环境与司法实践进行的改造。

笔者的观点是:观察因果关系理论的发展历程,经历了从哲学的事实因果关系到法律的因果关系、从客观的因果关系到价值判断的因果关系的过程。条件说、原因说以及必然、偶然因果关系理论以唯物论为基础,坚持因果关系的客观性、自然性,批评相对因果关系说是唯心主义的形而上学理论。从唯物主义哲学的角度出发,因果关系的确是客观的,但哲学是宏观科学,是对世界的认知和解读,而刑法本身带有否定的价值评价,其范围小于哲学讨论的领域,在刑法视野下解读因果关系,目的是解决行为人是否承担刑事责任的问题,所以需要从刑法的视角来解读和限缩自然的因果关系。如果在刑法的视阈下仍然照搬哲学的因果关系,容易造成打击面的扩大。所以在理念上,笔者主张从事实因果关系过渡到法律因果关系。

在理论的选择上,笔者认为,首先要解决理论与实践的脱节问题。目前,理论界关于因果关系的讨论,已远远超越了司法实务所处的阶段,极少在判决中体现。而实务界采用的必然、偶然因果关系说,对层出不穷的新问题也疲于应对,急需理论的更新,而新理论要在我国的司法环境下具有可操作用和易用性,能够与我国的法律制度、法律规定和司法习惯相融。前述几种理论不仅判断的路径不同、思维方式不同,得出的结果也可能不同。笔者认为,可以考虑折中的相当因果关系说,原因有五:一是与我国目前的因果关系理论易于衔接。在结果加重犯的判断上,介入因素是需要考虑的前提,实践中多采用偶然因果说,这种判断思维与条件说具有一定的相似性,第一步只需选出可作为条件的基本行为。二是采折中说进行相当性判断较符合我国的法治文化与司法习惯。我国是马克思主义指导下的社会主义法治文化,同时在情感上又受到中国传统文化和观点的影响,形成了中国特色的社会群体认知,但是在具体案件的分析中,也需要考虑被告人自身的认知水平与能力,折中说恰好能够较好地兼顾与调和两种判断标准。三是客观归责理论倾向于将各构成要件进行通盘考虑、整体判断。这种判断方式难度较大,不宜把握,且在目前的司法实务中,对构成要件分别判断,具有坚持罪刑法定、限制入罪的意义,故对构成要件的判断仍有必要保留。四是司法工作者已在不自觉地使用该理论。虽然在实践中多采必然、偶然因果关系说,但在遇到复杂因果关系的认定时,法官仍会从案件社会效果的角度出发,考虑普通群众能否认识到这样的因果关系,或者被告人在具有特殊知识的情况下,能否超过一般群众的认知?这实际上采用了相当因果关系的折中说。五是要考虑理论更新换代时司法的稳定性。虽然目前理论界已广泛接受三阶层理论,但四要件理论仍在实务界占主导地位;客观归责又是一种归责理论,其与三阶层的关系尚未理清,贸然引入容易造成混乱。我国实务界的理论更新必然伴随漫长的人员换代和更替,相当因果关系理论与四要件体系具有相融性,它虽引入了价值判断,但仍是因果关系论,解决归因问题,能够进行较为稳定的理论更替,减少对司法实务的冲击。

（二）“原因”与“结果”之范围限定

在强调因果关系的基础上，对于“原因”与“结果”的范围也有必要予以限定。因为强奸罪在构成上，与其他结果加重犯有所区别，其基本行为除了“暴力”“胁迫”外还存在“其他手段”，在加重结果上，又包含“其他严重后果”，那么，对这两个概念如何界定？1984 年，《最高人民法院、最高人民检察院、公安部关于当前办理强奸案件中具体应用法律的若干问题的解答》中仅对“其他手段”作出列举性规定：“‘其他手段’，是指犯罪分子用暴力、胁迫以外的手段，使被害妇女无法抗拒。例如：利用妇女患重病、熟睡之机，进行奸淫；以醉酒、药物麻醉，以及利用或者假冒治病等等方法对妇女进行奸淫。”该解释于 2013 年被废止，现行有效的解释是 2013 年《最高人民法院、最高人民检察院、公安部、司法部关于依法惩治性侵害未成年人犯罪的意见》。该意见认定的“其他手段”仅限于“麻醉”，对“其他严重后果”也未作规定，因此，笔者从学理上对两个“其他”进行探讨。

本罪规定的“其他手段”，是与“暴力、胁迫”并列的实行行为。从实行行为的构造来看，有学者将其分为单一的和复合的实行行为两类，也有学者将其分为单一、复合与集合的实行行为三类。无论哪种分类方式，强奸罪显然属于复合的实行行为，包括“暴力、胁迫或其他手段”与奸淫行为，二行为在时间上存在先后关系，逻辑上具有手段与目的的牵连。从形式上看，应与暴力、胁迫具有相当性，并且成为奸淫目的之手段。“其他手段”是刑法的兜底性规定，防止实践中出现新情况，不具有确定性，故仅从形式上要求构成要件符合性是不够的，还需要从实质层面进行把握。在实质层面的理解，有必要从实行行为的相关理论入手。

李斯特对实行行为的定义是符合构成要件的行为，该概念在日本得到较大发展。目前日本学界的通说是从形式和实质两个侧面来把握实行行为。我国实行行为的规定见于《刑法》第 23 条，即“已经着手实行犯罪”。在四要件理论的维度下，称为“危害行为”。危害行为的概念,一方面强调了行为本身,具有构成要件符合性,另一方面又强调社会危害性,对这种行为作出负面评价。从新的研究成果来看,有学者认为实行行为在形式上是刑法分则中具体犯罪构成客观方面的行为,实质层面上指类型性的具有侵害法益紧迫危险的行为。其中危险性的判断标准也存在较大分歧。笔者认为抽象危险说值得借鉴。该说以行为人行为时认识到的客观事实为基础,以一般人的社会认识为标准判断危险性的有无。从目前我国刑法理论的通说和司法实践的角度看,对手段不能犯和对象不能犯未遂均可处罚,如使用假毒药杀人、不知是假毒品而贩卖的情况,其定性仍然是故意杀人罪和贩卖毒品罪。由此,我们判断行为危险性是以行为时行为人的主观认识为基础的,判断标准是一般社会认识,即抽象危险说。笔者认为,判断我国刑法的问题应当从我国的立法原意和司法立场出发,确定行为可罚性的依据不仅是符合构成要件和具有侵害法益的紧迫危险,还要从我国对犯罪的实质定义出发,考察行为是否具有社会危害性。抽象危险说恰能够将社会危害性的内容纳入其评判体系中,更符合我国的实际。

回到本节的问题,无论行为人具体实施了什么样的行为,以其行为时所认识到的客观条件、环境为基础,基于一般的社会认识判断该行为是否会产生使妇女不敢反抗、不能反抗或不知反抗的状态,从而进一步威胁到妇女的性自主权或造成加重结果的危险。现行司法解释将麻醉认定为其他手段,以抽象的危险说来看,行为人实施麻醉行为时,能够认识到自己在施行麻醉,基于一般的社会认识,也能认识到麻醉的后果,被害人会完全失去对性自主权的控制。进一步说,麻醉行为本身就有造成人身伤害的可能,其危险性能够被大众认知,该行为会造成法益侵害的紧迫危险,故麻醉可以被认定为“其他手段”。但实践中,有时将灌醉也认定为“其他手段”。基于上述理论,灌醉虽然同样会使人丧失或者降低认知和反抗能力,在强奸罪基本犯的范围内确实有法益侵害的紧迫危险,但灌醉会使人重伤或死亡这一判断却超出了一般人的社会认知和预见可能性,故笔者认为灌醉不属于“其他手段”。

对于“其他严重后果”,笔者认为可以从形式的和实质的两个侧面来判断。在形式侧面,“其他严重后果”是与“重伤”“死亡”相并列的加重结果,二者严重程度相当。例如,虽造成被害人轻伤的后果,但因看病造成其重大财产损失,该财产损失已在刑法罪名中可以比照重伤定罪的(如交通肇事罪),在形式上也应属此列。此外,二者侵犯的法益在形式上也应具有同质性。强奸罪侵犯的是公民的人身权利,"重伤""死亡"的加重结果侵犯的是生命、健康权。那么"其他严重后果"应至少不低于生命、健康权的内容。在程度上,重伤与死亡显然不属同一层次,因此,"其他严重后果"在程度的辨别和划分上,也应分别与之对应,以保持罪刑均衡。在实质层面的判断上,还要符合刑法的基本原则。

第一,罪刑法定原则。罪刑法定的目的在于对国家刑罚权的限制和对公民权利的保障,基本要求是清晰明确的成文法。但"其他严重后果"这一表述不具有明确性,在司法过程中可能会不当扩大。但该罪状属于现行有效的法律,实践中也确有可能出现应当科处刑罚的其他情况,但应最大限度地在罪刑法定原则的框架内进行解释,以遏制扩大化倾向。罪刑法定要求排斥判例法和习惯法,禁止类推解释。实践中,最高人民法院常发布指导案例以作为类案的裁判依据。笔者认为,该形式仍属于司法解释的范畴,指导案例意在总结归纳或指出特别情况,而判例虽具有参考的价值,但不能以依照先例作为处理原则。例如,在强奸致人死亡的认定上,多比照"王双照"一案,但个案的具体情况是不同的,法官没有条件对判例阅卷,但其中细微的差异很可能导致判断上的区别。在习惯法问题上,强奸罪相较于其他犯罪,有更强的文化与道德根源,在不同的文化、民族或宗教中,对强奸行为的认识也有不同。但基于罪刑法定与国家法律统一适用的原则,对"其他严重后果"的认定应排除风俗习惯等内容的干预。对于类推,在法律规定本身较为模糊的情况下,需要采用刑法解释的方法。刑法允许合目的的扩大解释,扩大解释时,可以通过形式上相当性的判断控制解释范围,但不能以某种行为具有类似性而直接类推为加重结果。例如,强奸急救医生而导致病人耽误病情,导致重伤结果的,虽然与本罪的加重结果具有类似性,但由于时间、对象的间隔性,不能认定属于"其他严重后果"。

第二,要考虑罪责刑相适应的原则,即将某种行为认定为加重结果是否必要,是否“加重罚”当其罪。该原则至少包含了罪行、责任主义与刑罚处罚三个方面的内容。罪行方面,行为人至少实施了强奸罪的基本行为,且该行为具有导致加重结果的高度危险;责任主义方面,行为人应当对自己的行为承担相应的责任,即“其他严重后果”应与行为人具有直接关联;处罚方面,“其他严重后果”的危害性已经超出的基本犯的内容,具有加重的可罚性。

第三,在司法层面,可以考虑适当引入比例原则作为补充。比例原则原是行政法领域的一项基本原则,但因对权利保障的注重,其影响已扩展到多个法律部门。从报应刑(报应主义)的观点来考虑,其基本目标是以罪刑均衡的方式公正地惩罚值得惩罚的犯罪人,罚当其罪。从该观点看,如果强奸致被害人自杀,不仅将其认定为“其他严重后果”是适当的,即使据此对行为人判处死刑也是公平正义的。而从一般社会预防(功利主义)的角度看,其目标是预防犯罪,行为人的行为是否属于“其他严重后果”,需要根据行为人的再犯可能性判断,其主观罪过会成为影响的重要因素,甚至在同等条件下,也可能因法官的个人好恶而出现定性或量刑上的差异。因此,目前的通说是报应主义和功利主义折中的合并主义,该理论认为以报应刑为基准来实现基本正义,做到罚当其罪,同时考虑到功利主义的要求,加入刑法谦抑的思想,适当降低惩罚标准,使罪、责、刑合乎现代法治的比例要求。笔者认同该理论,致使被害人自杀的情况,在后果的严重程度上具有相当性,达到了加重处罚的程度,但在量刑上,考虑到被害人自由意志的介入,可酌情从轻。

因果关系本属于客观层面的问题,行为与结果之间是否具有事实上的因果联系,是不以人的意志为转移的。但在刑法因果关系判断上,随着理论的更新,加入了法律因果的判断,这属于主观方面的内容。在该问题上,行为人对于加重结果的罪过形式,是认定结果加重犯能否成立的重要因素之一。

四、行为人对加重结果的罪过形式

对于结果加重犯的罪过形式,理论上存在争议。大体可以简单分成两类:一是双重罪过说,认为行为人对基本犯和加重犯均具有罪过;二是独立罪过说,认为行为人对基本犯是故意,对加重结果无罪过。其主要依据是犯罪构成理论,认为要认定犯罪,必须达到主客观相统一,结果加重犯是实质的一罪,因此其罪过形式也是单一的。通常认为,行为人对加重结果至少有过失。笔者支持通说的观点。

我国刑法将罪过形式分为故意和过失两种。理论上,故意犯罪由认识因素和意志因素两方面构成。《刑法》第 14 条从意志因素方面,根据行为人对危害结果的态度是积极追求还是放任发生,将故意分为直接故意和间接故意。《刑法》第 15 条根据行为人违反注意义务的种类,将过失分为疏忽大意的过失和过于自信的过失。疏忽大意的过失表现为“应当预见而没有遇见”,是对预见义务的违反;过于自信的过失表现为“已经预见而轻信能够避免”,是对结果回避义务的违反。下文的讨论基于这种法定分类。

直接故意在认识因素方面,要求行为人能够认识到犯罪的构成要件内容,即对行为、对象、结果和因果关系等内容均有认识。在某些犯罪中,直接故意还要对特定的构成要件内容有认识,如持有伪造的发票罪,要求对“伪造”有认识。但一些特殊的内容被置于认识的内容之外,如结果加重犯的加重结果。在意志因素方面,表现为希望、积极追求的态度,且态度迫切。从这两方面考察强奸罪结果加重犯的罪过形式,笔者认为应排除直接故意。诚然,强奸罪是故意犯罪,但该故意的内容限于基本犯之内,即行为人能够认识其行为是为了强行与妇女发生性关系,并积极追求性关系的发生。但是,对超出此行为之外所可能造成的加重结果,很难认为是直接故意。直接故意的要素,一是认识到危害结果的发生,二是迫切追求这种结果,那么,如果存在直接故意,就需要行为人认识到自己的行为必然或可能造成被害人重伤、死亡等严重后果,并继续实施自己的行为,积极追求这种结果发生。此时,行为人具有两个层次的认识,一是对强奸的认识,二是对致人重伤、死亡的认识。如果行为人仍然实施该行为,其主观上既追求强奸结果的发生,又追求被害人死亡结果的发生,其犯意已经发生转化,定性应属故意杀人或故意伤害。例如,被告人曾某到某按摩馆,技师周某为曾某按摩。过程中,曾某提出与周某发生性关系,遭拒绝,曾某企图强行脱去周某的衣服,亦遭反抗。曾某即殴打周某,并将周某部分衣物脱掉,欲强行与周某发生性关系,周某以上厕所为由欲逃离现场,被曾某觉察,曾某随即对周某拳打脚踢,致其轻伤。检察机关以强奸罪起诉,法院经审理后以故意伤害罪作出判决。笔者认为,被告人曾某在实施强奸行为的过程中,因被害人多次拒绝、逃跑而恼怒,其犯意已经从发生性关系转化为殴打被害人,定性应属故意伤害,对其强奸行为,应评价为强奸罪的中止。但是该结论仅适用于强奸罪的结果加重犯,不能推而广之。我国刑法中规定的其他类型的结果加重犯,其主观罪过有可能是直接故意。例如,故意伤害罪,行为人可以直接追求被害人重伤结果的发生。又如,抢劫罪,刑法解释规定,行为人以杀害被害人的方式压制反抗并劫取财物的,按照抢劫罪定罪处罚,其对加重结果的心态也是直接故意。

间接故意能够成为强奸罪结果加重犯的罪过形式。间接故意在认识内容上与直接故意没有区别,只是在认识程度上,间接故意较直接故意浅,只能达到认识结果可能发生的程度。在意志因素方面,间接故意对结果是否发生表现为漠不关心、无所谓的态度,结果发生并不违背行为人的意志。以本罪论,行为人已经认识到自己的强奸行为可能导致更严重的后果,但是为了强奸无所顾忌,只要能完成强奸行为,即使造成更严重的后果也无所谓。比如,被害人已告知行为人自己患有严重的心脏病,医嘱性行为极有可能诱发心脏病,但行为人仍旧继续实施强奸的,难以认定行为人主观上以这种方式追求被害人死亡,主要目的还是强奸被害人,如果加重结果发生,属于间接故意,宜认定为强奸罪的结果加重犯。例如,被告人巴某将被害人史某某骗至家中,手掐被害人颈部、用被子捂被害人头部后,对其实施奸淫,致被害人机械性窒息死亡,后将被害人抛尸。该案经最高人民法院复核后,以强奸罪(致人死亡)核准被告人巴某死刑。在该案中,被告人的主观目的是为实施强奸行为,其暴力行为是为压制被害人反抗,主观上对被害人死亡的态度属于放任,即只要能够完成强奸,即使暴力行为致死被害人也无所谓。

过失在司法实践中更为常见。开篇的案例就体现为过失。违反预见义务的前提是行为人具有这种义务,其来源可能是法律规定、职业要求或前行为引发。其次,要有预见可能性。这既包含了对行为人的要求,也包含了对客观环境的要求,要综合判断,如果超出了行为人预见的可能性,则行为人没有过失。以一般的社会经验和常识来判断,行为人对使用暴力致伤被害人的可能性、激发被害人反抗的可能性、被害人过激反应的可能性、给被害人造成心理创伤的可能性、使用麻醉手段造成被害人身体伤害的可能性等均可推定为具有预见可能性,因为这类反应不仅是普通人的正常反应,也常见诸媒体报端或已成为医学常识,行为人很难以缺乏此类常识抗辩。结果回避义务,指避免危害结果的发生,其前提是行为人已经履行了预见义务,对行为可能发生危害后果有了认识,包括对危害结果的认识和结果发生可能性的认识,但这种认识是一种概括的、模糊的、可能性认识。其心理状态是轻信能够回避结果,缺乏明确的事实依据和清晰的因果关系认识。要判断是否违反结果回避义务,要以有无结果回避可能性的判断为前提。假定行为人实施了符合结果回避义务的行为,并以此来代替行为人实施的构成要件行为,如果结果仍然会发生,则推定没有结果回避可能性。本罪中,行为人实施的暴力、威胁行为或强奸行为导致了被害人生命健康处于危险的状态,行为人引起的这种危险状态又成为其预见义务的来源,作为一般社会认知,对危险后果的产生至少具有模糊的认识。行为人心理上不希望发生加重结果,但在义务已经产生、行为人对加重结果具有模糊认识的情况下,一旦危险现实化,其对加重结果具有过失。

对于无罪过案件,笔者认为不成立结果加重犯。行为人虽实施了基本行为,客观上造成了加重结果,且二者之间存在条件关系,但是行为人主观上并无故意或者过失,对加重结果没有预见可能性,因此加重结果的发生不能归责于行为人。例如,行为人使用灌醉的手段欲强奸被害人,但是由于被害人的特殊体质产生过敏反应,或酒精与被害人之前服用的抗生素产生毒理作用,致使被害人伤亡的。在被害人未告知或被害人本身就不了解的情况下,难以推断行为人对加重结果具有预见可能性。实际上,通过相当因果关系说进行判断,在因果关系的层面上也否定了相当性。因此,在无罪过事件中,不应让行为人承担加重结果的责任。有时,这样的结论可能另大众情感上无法接受,但是,笔者认为,在司法实践中要坚持"行为人对加重结果至少有过失"的原则,以保持法律运行过程中的稳定性,严控结果加重犯的入罪标准。

伴随对罪过形式的讨论而出现的问题是,行为人追求强奸结果的实现,但过失致被害人重伤或死亡,使强奸行为未完成,那么,折中情况是否属于强奸罪的未遂,进而推论,结果加重犯是否存在未遂?下面着重予以讨论。

五、结果加重犯是否存在未遂?

该问题理论界存在较大争议。对于具体案件的判断,笔者认为需要从两个方面来考虑。第一,基本犯与结果加重犯属于不同的层次,那么作为第二层次的结果加重犯本身是否存在未遂?第二,强奸罪是复合行为,在基本犯未遂而加重结果出现的情况下,是否认定为全案的未遂?

第一个问题,存在否定说与肯定说两种截然不同的观点。否定说认为,结果加重犯是由基本行为引发了加重结果,加重结果依附于基本犯,故不存在结果加重犯的未遂形态。具体的理由也有两种:一是认为成立结果加重犯以加重结果的出现为条件,没有加重结果,也就不存在结果加重犯。二是从结果加重犯的罪过形式出发,认为行为人对加重结果的心态只能是过失或放任,而故意犯罪的未遂形态只能在直接故意的驱使下存在,故否认未遂形态。肯定说则对前述的两种理由进行了逐一反驳:一是提出加重结果的出现是结果加重犯达到既遂形态的认定标准,而非成立条件;二是认为其罪过形式包含了直接故意,在直接追求加重结果出现的情况下,加重结果因行为人意志以外的原因未得逞的,成立未遂犯。

笔者认为,综合我国结果加重犯的罪名及相关司法解释,从全局来看,肯定说具有一定合理性,理由是:第一,加重结果的出现是一种处罚依据,而不是犯罪的成立条件。行为人实施基本行为,引发加重结果,由于加重结果具有更大的法益侵害性,故对行为人加重处罚,它是对法定刑升格原因的阐释。第二,结果加重犯是结果犯,以结果的出现为既遂标志,而既遂是犯罪形态发展的最终阶段,未达到既遂状态的,就有可能存在未遂。我国处罚未遂犯,因此在结果犯中,结果未出现,只能认为犯罪没有既遂,而不能认为犯罪不成立。比如故意杀人罪,死亡结果未出现的,是故意杀人的未遂,而不能认为不成立犯罪。第三,某些犯罪中,行为人对加重结果有可能存在直接故意。如抢劫罪,行为人以重伤被害人的方式劫取财物,那么其对加重结果便持直接故意。第四,如果否认结果加重犯的未遂,可能会出现罪行不相适的情况。如故意伤害罪中,行为人使用特别残忍的手段,意欲重伤他人以留下严重残疾,但由于意志以外的原因仅造成被害人轻伤的,如果按照故意伤害罪的基本犯处理,其刑期为 3 年以下,而按照结果加重犯的未遂处理,其刑期至少在 3 ~ 10 年区间。结合行为人的手段、人身危险性等因素,笔者倾向于较重的刑期。

那么,如何认定未遂犯?根据刑法规定,判断未遂的因素有三个:一是实行着手;二是意志以外的原因;三是未得逞。对于“意志以外的原因”和“未得逞”的判断,没有太大的争议,但如何认定实行的着手是实践中的难点,理论上也经历了一个从主观说到客观说的过程。早期的主观说以行为人犯罪意思的发动为标准,但这会使着手在某些情况下过于提前,未免有“原心定罪”之嫌,目前已不适用。客观说分为形式的客观说和实质的客观说:形式的客观说认为在开始实施构成要件该当行为的阶段成立未遂犯;实质的客观说主张不再划分未遂成立的时间点,而是以客观危险是否存在为判断标准。那么在危险性判断有无的标准上,有行为说和结果说两种理论。行为说是日本学界通说,认为行为人开始实施具有实质危险性的行为就是着手;结果说也有较多的支持者,认为行为发生了侵害法益的紧迫危险时是着手。行为说与结果说在大多数案件的处理上结果是一致的,其不同在于隔离犯、间接正犯与不作为犯等问题的处理上。

在结果加重犯问题上,笔者主张实质客观说中的结果说。理由是:第一,该学说在实行行为的实质判断上与其理论保持了一致,其基础均为危险理论。实行行为强调的是具有侵害法益紧迫危险的行为,对于着手,则判断紧迫性是否出现,二者具有逻辑上的承接关系。第二,结果加重犯具有层次性,实施基本行为通常意味着危险的出现。刑法之所以将加重结果与基本犯规定为一罪,是因为这类加重结果在实践中出现概率较高。也就是说,基本行为开始实施,就对加重结果具有了实质危险,但还不能进一步推定这种实质危险"高度盖然"地引发加重结果,只有当这种实质危险是紧迫的、大概率可能引发加重结果时,才能认为是着手。第三,从实施基本行为到出现加重结果,可能会出现时间和空间上的间隔,如果采行为说,则可能导致着手的提前。例如,行为人通过灌醉被害人的方式实施强奸,导致被害人酒精中毒死亡的,以行为说判断,行为人灌醉被害人,被害人便已经丧失反抗能力,那么实质的危险已经出现,但以结果说论,这种实质危险尚未达到造成被害人死亡的紧迫程度。通过比较两种理论,结果说与目前的司法理念与实务较为契合。由此,只有当实质危险对加重结果具有紧迫性时,才能认为是对结果加重犯的着手。

需要指出,这里的讨论是基于前述肯定说进行的,将我国刑法中的结果加重犯作为整体进行讨论,但并非肯定说就适用于全部罪名,仍然要根据具体罪名、具体案件进行分析。对于强奸罪,笔者认为不独立存在结果加重犯的未遂。原因是,在强奸罪中,行为人对加重结果的罪过不包含直接故意。虽然本罪与抢劫罪的结果加重犯具有一定相似性,包括复合的基本行为、基本犯与加重犯的双层次结果等,但是,抢劫罪中对加重结果的直接故意源于司法解释的规定,将杀害被害人这种手段行为并入抢劫罪一并处理,强奸罪并无类似规定,在处理具体案件时,也不可能参照抢劫罪的司法解释。因此,行为人如果对加重结果是直接故意,仍应按照犯意转化进行处理。

第二个问题,也是开篇案例所涉及的问题,在基本犯未遂而加重结果出现的情况下,是否全案既遂?有学者认为,结果加重犯从属于基本犯,其犯罪形态也由基本犯决定,因此,在基本犯未遂的情况下,结果加重犯也属未遂。该理论是德国刑法学界的通说,在日本和我国也均有支持者。按照这种观点,本案例则应评价为未遂,但问题是,未遂犯一般会比照既遂犯从轻或者减轻处罚,在行为人的人身危险性、行为的社会危害性和后果的严重性上来看,并不亚于一般的故意杀人罪的既遂,如果比照未遂犯从轻处罚,是否有悖于司法的实质公正?民众的感情能否接受?另外的理论从危险性角度出发,认为加重结果的出现是其中蕴含危险的现实化,实质的犯罪结果已经出现,给社会秩序造成的破坏业已确定,因此,即使基本犯未遂,结果加重犯也应评价为既遂。这种观点是我国学界的通说,也得到了司法解释的认可。2005 年 6 月最高人民法院发布的《关于审理抢劫、抢夺刑事案件适用法律若干问题的意见》第 10 条规定,"具备劫取财物或者造成他人轻伤以上后果两者之一的,均属抢劫既遂"。根据该解释,加重结果一旦出现,全案就属既遂。

笔者认同后一种观点。结果加重犯具有双层次的危险。以本案为例,行为人实施暴力、威胁等行为时,已使被害人的性自主权陷入危险状态,基本犯既遂是这种危险状态的现实化。进一步,基本行为或强奸行为亦可能使被害人的生命健康受到威胁,当这种威胁现实化时,结果加重犯既遂。问题是在这种双层次危险的情况下,能否单独将一种危险的现实化进行评价。笔者认为并无障碍。结果加重犯超过了基本犯的法益侵害内容,造成更大的社会危害性、承载更多的负面社会评价,这也是对行为人加重处罚的重要理由,而且这种加重的危害性并不依附于基本犯的危害性而存在,其侵犯的法益、主观罪过以及代表行为人的人身危险性程度均可能与基本犯不同,因此,对于结果加重犯完全可以独立评价。本案中,虽然基本犯未遂,但基本行为所造成的加重结果的危险已经现实化,应可以评价为全案的既遂。

六、结　论

对于强奸罪结果加重犯的判断,需注意四个问题:一是基本行为与加重结果之间因果关系的判断。笔者主张采用相当因果关系理论。在强奸罪基本行为与加重结果之间具有条件关系的基础上,如果基于一般人的认知或行为人的特殊认识,能够认识到二者具有因果关系,则判定因果关系成立。本案中,无论是一般社会认知还是行为人的认知,均能够认识到入室强奸可能引发被害人反抗以及反抗所可能造成的后果,故可以判定二者具有因果关系。二是对"其他手段""其他严重后果"的理解。对于"其他手段",可以从形式和实质的两个侧面进行理解。在实质层面上,笔者主张以抽象危险说对行为的危险性进行判断。对于"其他严重后果",除了要求形式上的相当性,还要求符合罪刑法定、罪责刑相适以及比例原则。在此基础上,笔者认为,实践中可能出现的情形还包括被害人自杀的、被害人的社会评价显著降低且传播达到一定数量的、造成被害人重大财产损失等情况。三是对罪过形式的判断。从全局看,行为人对加重结果要有罪过,其罪过形式包括直接故意、间接故意和过失,但在强奸罪中,罪过形式不包括直接故意,否则属于犯意转化。本案中,被害人跨坐窗台后,行为人对被害人坠楼的态度是放任或希望避免,如果是追求被害人死亡的心态,那么已经转化为故意杀人。四是结果加重犯是否存在未遂的问题。从全局看,由于结果加重犯的罪过形式可以包括直接故意,因此可能存在未遂形态,但是强奸罪结果加重犯的罪过限于间接故意和过失,因此本案不存在未遂犯。另外,对于基本犯未遂而加重结果出现的情况,仍属全案既遂,不适用未遂犯的处罚规则。

Judicial Determination of "Causing Death" in the Crime of Rape

SHANG Boyan & FENG Weiguo

［**内容摘要**］对强奸罪结果加重犯的认定,可以从因果关系、罪过形式和"其他严重后果"等方面进行考虑。在因果关系方面,理论上有多种学说,但考虑到我国司法实务的情况,可以选择相当因果关系作为判定标准。罪过形式上,行为人至少存在过失,间接故意也可构成,在间接故意的情况下,仍按照强奸罪一罪处罚;如果行为人出于直接故意,则属于犯意转化,可能构成数罪。对于"其他手段"的理解,在结果

加重犯的问题上可以选择抽象危险说进行判断;对于“其他严重后果”的认定,在形式上要与“重伤”“死亡”后果具有相当性,并有一定层级上的区分;在实质层面,要结合刑法的基本原则并参考比例原则进行具体问题的判断。犯罪形态上,区分情况认可结果加重犯的未遂。在基本犯未遂、加重结果出现的情况下,认定为全案既遂。

[**关键词**]结果加重犯;因果关系;罪过;其他手段;犯罪未遂

Abstract: The recognition of the consequential aggregated of rape can be considered from the aspects of causality, criminal mentality and "other serious consequences". In terms of causality, there are kinds of theories in theory. Considering the situation of China's judicial practice, we can choose the equivalent causality as the criterion. In criminal mentality, the doer is at least negligent, and the indirect intention can also be constituted. In the case of indirect intention, the crime of rape is still punished as one crime. If the doer is directly intentional, it is intention transformation and may constitute several crimes. For the understanding of "other means", we can choose the abstract danger theory to judge the problem. The identification of "other serious consequences" should be equivalent to the consequences of "serious injury" and "death" in form, and should be differentiated at a certain level. At the substantive level, it is necessary to combine the basic principles of criminal law with the principle of proportion for the judgment of specific issues. On crime stages, we recognize that there is attempted crime exists in consequential aggregated according to different situations, but the Basic Crime, aggravated consequence consummated.

Keywords: Consequential Aggravated Offense; Causality; Criminal Mentality; Other Means; Criminal Attempt

未成年人保护视域下的虐待被监护、看护人罪适用疑难问题研究

庄　伟[*]　车明珠[**]

目　　次

随着社会的发展，虐待行为由家庭蔓延到了家庭之外的其他社会关系中，尤其是虐待未成年人等社会弱势群体的行为已严重破坏了社会的和谐稳定。从2013年的"温岭虐童案"到"四平红黄蓝幼儿园虐童案"再到"上海携程亲子园案"，每个案件的曝光，都引发社会高度关注，进而在短时间内形成强大的以刑事措施严惩此类行为的民意基础。也正是在此社会共识和要求之下，2015年《刑法修正案(九)》增设虐待被监护、看护人罪，将非家庭成员之间的虐待行为纳入刑法规制的范围，以作回应。该项立法因其在加强人权保障特别是对未成年人等弱

* 北京市人民检察院第一分院党组成员、副检察长。
** 北京市人民检察院第一分院第七检察部副主任。

势群体的权利保障方面的特殊意义,而成为《刑法修正案(九)》的一大亮点。《刑法修正案(九)》增设虐待被监护、看护人罪的初衷,是为了弥补虐待罪对惩治家庭之外的虐待行为的局限性,加强对弱势群体的保护。《刑法修正案(九)》第19条规定,在《刑法》第260条后增加一条,作为第260条之一:"对未成年人、老年人、患病的人、残疾人等负有监护、看护职责的人虐待被监护、看护的人,情节恶劣的,处三年以下有期徒刑或者拘役。单位犯前款罪的,对单位判处罚金,并对直接负责的主管人员和其他直接责任人员,依照前款的规定处罚。有第一款行为,同时构成其他犯罪的,依照处罚较重的规定定罪处罚。"该法条对犯罪对象采取了列举式规定,并将未成年人居于首位,足见立法者对这一群体法益保护的重视。因此,本文中笔者将以虐待未成年人为限,[①]对本罪的司法适用情况进行梳理,以期能够发现问题总结规律。

如前文所述,虐待被监护、看护人罪是为了回应频频出现的非家庭成员之间严重的虐待行为,在社会的普遍共识和要求下设立的。按常理推断,2015年增设该罪后,在可预期的一段时间内会被司法机关频繁适用,以消耗之前巨大的犯罪存量。然而从公开的裁判案例来看,该罪名的实际适用情况与预期相差甚远,适用率不高。在元典网上,[②]用"虐待被监护、看护人罪"这个罪名进行搜索,查询仅得到81件法律文书;在科威先行网上进行搜索,[③]查询到42件法律文书。为了保证搜索结果的全面性,笔者又在北大法宝网上进行搜索,[④]查询到50件法律文书,除去一些无关及事实重复案例之后,共得到涉及未成年人的有效裁判案件46件。根据这些裁判文书所提供的信息可以看出,目前本罪在司法适用中存在以下几个问题:第一,因对本罪的监护、看护主体界定不清导致罪名适用混乱。主要表现在以下几个方面:一是因对犯

① 这里的"未成年人",根据《未成年人保护法》(2012年修正)的规定,是指不满18周岁的公民。

② www. chineselaw. com,搜索时间2020年7月1日。

③ www. law. wkinfo. com. cn,搜索时间2020年7月1日。

④ www. pkulaw. cn,搜索时间2020年7月1日。

罪主体是否包括共同生活的家庭成员存在错误认识,导致适用法律错误。例如,在崔某九虐待一案中,[①]崔某九对其亲生子女实施虐待,法院认定其构成虐待被监护人罪,法律适用错误。二是监护、看护职责未能有效界定,导致同类情况罪名认定不一致。以幼儿园教师虐待幼儿为例,适用虐待被监护人罪、虐待被看护人罪及虐待被监护、看护人罪的情况均有判例。例如,幼师赖某甲因虐童被认定构成虐待被监护人罪,[②]而幼师王某某则因虐童被认定构成虐待被监护、看护人罪,[③]罪名适用标准并不统一。第二,本罪的单位犯罪司法适用率低,目前搜索到的案例全部为自然人犯罪,且主要集中在教师及幼师当中,尚无一例单位犯罪。第三,本罪与虐待罪中的"虐待行为"内涵和外延是否一致存在争议,单纯的精神虐待行为认定本罪的判例极少。第四,如何认定"情节恶劣"尚无相对统一的判断标准,裁判文书中对"情节恶劣"少有论述,入罪标准具有模糊性。因虐待被监护、看护人罪尚无相配套的司法解释,解决司法实践中的争议问题,需要结合个案的实际情况,依据相关法理加以具体分析,以求得合理的司法结论。本文针对上述争议问题进行如下探讨。

---

① 参见河南省永城市人民法院(2017)豫1481刑初1149号判决。

② 2017年9月至12月,被告人赖某甲受雇于贺州市八步区××幼儿园任保育员,主要负责大班每周一和周四的午休管理工作。其间,赖某甲因幼儿园大班林某(5岁)、李某(5岁)、陈某某(5岁)、林某某(5岁)等小朋友在午休时吵闹不愿午睡,便以用被子捂头并用身体按压、背书包罚站、不让睡觉等方式多次对被害人林某、李某、陈某某、林某某等人实施虐待。2017年12月25日中午,赖某甲再次对林某等人以被子捂头、按压的方式阻止林某等人吵闹。其中,赖某甲在林某脸部朝向枕头时用被子捂住林某的头部、用身体按压林某的身体长达两分多钟,致使林某因缺氧而感觉窒息。参见广西壮族自治区贺州市八步区人民法院(2018)桂1102刑初103号判决。

③ 2016年10月王某某因其所看护的"芽芽"班的孩子们吵闹、蹦跳、不睡午觉等多种原因,便用幼儿园内的别针多次扎赵某某、宣某某等六名幼儿的脚部,造成六名幼儿脚部不同程度受伤。经鉴定,宣某某右足心、足背部损伤程度为轻微伤,赵某某右足心部损伤程度为轻微伤,霍某右足心部损伤程度为轻微伤,王某左足心部损伤程度为轻微伤。参见辽宁省建平县人民法院(2017)辽1322刑初101号判决。

一、负有监护、看护职责的主体的界定

本罪的犯罪主体为特殊主体,即只有对未成年人负有监护、看护职责的自然人和单位才能成为本罪主体。对于"有监护、看护职责的人"应当如何界定,实务中存在分歧意见,所以有必要厘清该罪主体范围,以准确适用罪名,保证司法的统一性、严肃性。

(一)本罪的犯罪主体不包括共同生活的家庭成员

"家庭成员"一词的内涵与外延具有明确的限制。所谓家庭成员指基于血缘关系、婚姻关系和收养关系而共同生活的祖父母、外祖父母、父母子女、兄弟姐妹等。[①] 有部分学者认为,虐待被监护、看护人罪的主体可以包括家庭成员,此时与虐待罪成立竞合关系,从一重罪处理。[②] 司法实践中,也出现了对同一事实两级法院认定意见不一致的情况。例如,张某某虐待一案中,张某某对儿子实施虐待行为,一审法院认定张某某构成虐待被监护人罪。[③] 张某某上诉后,二审法院认为张某某虐待的是其亲生儿子,属于家庭成员之间的虐待,应当适用虐待罪而非虐待被监护人罪,改判为虐待罪。[④] 笔者认为,虐待被监护、看护人罪中具有监护职责的自然人不包括共同生活的家庭成员。二罪虽然都是对虐待行为的规制,但系互补关系,二罪所规制的犯罪主体是按照其与被害人的关系是居于家庭内部还是外部来区分的。虽然1997年刑法将虐待罪从"妨碍婚姻家庭罪"划入"侵犯公民人身权利和民主权利罪"中,但是其家庭属性的烙印并不能完全消失。受传统家庭观

---

① 参见高铭暄、马克昌主编:《刑法学》(第9版),北京大学出版社、高等教育出版社2019年版,第487页。

② 参见刘子刚:《论虐待被监护、看护人罪的司法适用》,载《克拉玛依学刊》2016年第6期。

③ 参见江苏省徐州市沛县人民法院(2017)苏0322刑初329号判决书。

④ 参见江苏省徐州市人民法院(2017)苏03刑终247号判决书。

念的影响,个人对于家庭存在深厚的依附观念,即使发生了虐待行为,被害人可能依然有共同生活下去的意愿。也正因如此,出于对家庭关系的恢复性考量,“虐待罪”归属自诉案件,并且除被害人重伤、死亡的,虐待罪的法定最高刑期为 2 年有期徒刑,即使被害人重伤死亡的,最高法定刑只有 7 年。而“虐待被监护、看护人罪”被划归公诉案件,在不构成其他犯罪的情况下,最高法定刑为 3 年有期徒刑,同时构成其他犯罪的,依照处罚较重的规定定罪处罚。这种诉权和刑期的设置,正是两罪法益保护和政策考量的差异在立法上的反映。因此笔者认为,本罪的犯罪主体与虐待罪的犯罪主体是按照其与被害人的关系是居于家庭内部还是外部来区分的,不存在交叉或包含关系,“共同生活的家庭成员”不属于本罪犯罪主体。

需要进一步讨论的问题是,没有构成事实婚姻的同居关系是否属于家庭关系。《关于依法办理家庭暴力犯罪案件的意见》规定,发生在家庭成员之间,以及具有监护、扶养、寄养、同居等关系的共同生活人员之间的家庭暴力犯罪属于家庭暴力犯罪,显然将同居关系视为家庭关系。这里的“同居”仅指狭义的情侣同居,具有感情和经济上的依赖性,而不包括共同居住在同一场所的合租和室友关系。所以笔者认为,家庭成员应该包括夫妻、父母、子女、祖父母、外祖父母、兄弟姐妹等具有血亲或拟制血亲关系以及具有婚姻关系的成员,也包括具有事实婚姻关系的成员,同时也包括与事实婚姻具有相同或相似性质的、关系特别亲密的同居关系的成员,这些人都应当排除出本罪的主体之外。

(二)负有监护职责人员的范围

监护、看护职责的认定是判断行为人身份和罪名适用的依据。本罪将监护职责与看护职责并列,意味着两种职责的义务来源应存在区别。从广义上讲,监护职责包含看护职责。监护义务的内容更加广泛,监护义务还包含代理实施民事行为与保护被监护人财产等其他合法权益的义务。由于监护义务内容的特殊性,监护义务来源的认定相比于看护义务更加严格。根据《民法典》第 27 ~ 32 条的规定,对于未成年人来说，其监护方式主要包括法定监护、协议监护、遗嘱监护、公设监护、临时监护等几种。如前所述，笔者认为虐待被监护、看护人罪中的监护人指的是法定监护中除家庭成员之外的“其他愿意担任监护人的个人或者组织”、被监护人父母通过遗嘱指定的监护人、出现监护权争议时的临时监护人，及在以上监护人缺失的情况下，承担监护义务的民政部门或者被监护人住所地的居民委员会、村民委员会。

（三）负有看护职责的人员范围

由于在本罪将“监护人”与“看护人”并列表述，“看护人”应当是指“监护人”以外的具有看管、照料、保护、教育等责任的自然人或单位。关于“看护职责”，我国刑法及其他部门法均无相关规定，学界主要有以下几种观点：一是认为看护具有“看守、保护”的意思；[①]二是认为看护意味着对被看护人正常生活及人身安全的保证；[②]三是认为看护指“护理、照料”的意思。[③] 笔者认为，上述观点多是关于看护人对被看护人照顾、保护责任的强调，而忽视了对被看护人管理与教育等方面的职责。本罪将监护与看护并列规定，一方面可以使两种职责的来源方式得以区分，另一方面又说明两种职责在内容上存有一致性。因此，此处的看护可以参考前述监护职责的应有内容，不仅包括监护职责中应有的照料与保护之意，还应包括对被看护人进行管理与教育等方面的职责。综上，关于本罪中的“看护职责”，笔者认为应界定为对未成年人日常生活、人身安全及其他方面进行有效合理照料与保护、管理与教育的一种职责。看护义务的来源可以有以下几种：一是法律直接规定的看护义务；二是基于社会责任而产生的看护义务，如民间自发组织

---

① 参见王作富：《刑法》，中国人民大学出版社 2016 年版，第 403 页。

② 参见魏康：《“虐待被监护、看护人罪”司法认定的规范化研究》，载《四川理工学院学报（社会科学版）》2016 年第 6 期。

③ 参见高晨、朱玉玲：《论虐待被监护、看护人罪》，载《鄂州大学学报》2017 年第 2 期。

的救助站、孤儿收容所等爱心机构的看护义务;三是基于合同、契约而产生的看护义务,如基于雇佣合同对被看护人进行看护的义务;四是基于工作职责或者职务的要求而形成的看护义务;五是基于事实行为而形成的看护义务,如邻居对在外玩耍的小孩主动看护、将路边的婴儿捡回家照料等。① 笔者认为,下列人员应属于“看护人”的范畴,他们对于自己服务或工作的对象负有看护责任:一是家庭成员聘请的护工或保姆;②二是医院及其医护人员;③三是中小学、幼儿园及其教师、幼师等;四是接受委托而具有看护责任或义务的自然人或单位,等等。

(四)学校教师是否属于对学生具有监护、看护职责的人

对于教师是否能够成为学生的监护人或者看护人,不管是理论界还是实务界,一直存在争议。本罪的确立更是将这一争议推向高潮,成为罪与非罪的分界点。司法实践中,对教师虐待学生的案件,法院判决认定差异较大。黄某欢、罗某、向某森虐待被监护、看护人案件中,④被告人作为职业技术学校的教官,对违反校规校纪的学生进行德育打造和准军事化管理,对学生采用关“小黑屋”、殴打等方式实施虐待行为,法院认定被告人构成虐待被监护、看护人罪。显然,该判决中,法院认可学校教官对学生具有监护、看护职责。张某自诉宋某虐待被监护人案件中,被害人认为,教师具有监护、看护职责,教师宋某殴打被害人致其腰椎间盘突出、多部位损伤、并致焦虑症等症状,属于情节恶劣,向法院提起自诉,请求法院以虐待被监护人罪追究刑事责任,但一审裁定认

① 参见程兰天:《虐待被监护、被看护人罪研究》,郑州大学2019年硕士学位论文,第18页。

② 参见广东省中山市人民法院(2019)粤20刑终572号裁定书,家庭保姆因虐待婴儿被认定为构成虐待被看护人罪。

③ 参见广西壮族自治区平果县人民法院(2020)桂1023刑初56号判决书,妇幼保健院康复师儿童康复中心康复师虐待自闭症儿童,被认定构成虐待被看护人罪。

④ 参见四川省宜宾市叙州区人民法院(2020)川1521刑初74号判决书。

为,“宋某作为小学教师不属于本罪的适格主体”。张某上诉后,二审法院裁定驳回上诉,维持原裁定,裁判理由为,“学校教师不属于本罪的适格主体,即小学教师对于学生不具有监护或者看护人的身份”。[①] 张某申请再审后,内蒙古自治区高级人民法院认为其申诉不能成立,理由为“学校教师对学生负有教育教学职责,不属于虐待被监护、看护人罪的适格主体”。[②] 对此有学者认为,对于大多数教师而言,对学生的职责主要在于传授知识,与学生的联系也大多存在于课堂中,因为缺乏生活上的照看所以也就不具备看护职责。[③] 更有学者认为教师既不是未成年学生的监护人也不是看护人。[④]

笔者认为,教师属于对在校学生负有监护或看护职责的人员。教师对未成年学生的职责,需结合相关的法律规定加以判断。教育部《学生伤害事故处理办法》第 7 条第 2 款规定:“学校对未成年学生不承担监护职责,但法律有规定的或者学校依法接受委托承担相应监护职责的情形除外。”由此可见,在有法律特别规定或学校接受委托的情况下,学校可以成为学生的监护人。在无指定监护或者家长委托的情况下,学校虽然不承担监护职责,但学校也要承担《未成年人保护法》《义务教育法》等相关法律规定的教育、管理、保护义务。另外,根据《民法典》第 1200 条的规定,“限制民事行为能力人在学校或者其他教育机构学习、生活期间受到人身损害,学校或者其他教育机构未尽到教育、管理职责的,应当承担侵权责任”。这里所涉及的“教育、管理职责”应当理解为本罪中的“看护职责”,这是一种法定义务,这一义务通过教师与学校之间的隶属关系传递给教师。教师不同于一般职业,他们直接面对学生的灵魂,不仅传授知识,更在于品质的培养、人格的塑

① 参见内蒙古自治区赤峰市中级人民法院(2016)内 04 刑终 212 号裁定书。

② 参见内蒙古自治区高级人民法院(2020)内刑申 20 号再审审查与审判监督刑事通知书。

③ 参见王国敏:《虐待被监护、看护人罪相关问题研究》,内蒙古大学 2018 年硕士学位论文,第 12 ~ 13 页。

④ 参见尹力:《教师不是未成年学生的监护人和看护人》,载《中国教师》2018 年第 10 期。

造和精神的交融,教师的不当行为往往影响孩子的一生,教师具有对学生的教育、管理、保护义务无可厚非。因此,笔者认为,学校的教师对校内未成年学生具有监护或看护职责,属于本罪的适格主体,其实施虐待行为的,应当以虐待被监护、看护人罪论处。

二、单位犯罪的适用

虐待被监护、看护人罪可以成立单位犯罪是《刑法修正案(九)》的亮点之一,其对于预防和惩处与未成年人密切接触的机构实施犯罪具有重要意义。笔者认为,能够成为本罪适格主体的"单位"主要包括两类:一是负有监护职责的单位。根据《民法典》第 28、31、32 条的规定,对无民事行为能力或限制民事行为能力人具有监护职责的单位或者组织包括居民委员会、村民委员会、民政部门以及经上述组织同意的其他单位机构等。二是负有看护职责的单位,即对未成年人负有保护、教育、照顾等义务的单位。单位承担看护义务的又分为两种情况,第一种是以看护义务作为主要营业目的的单位或者组织,如医院、幼儿园等;第二种是民间自发形成的看护组织,一般不以营利为目的,由于事实上承担着看护职责,因此也应当作为本罪的单位看护主体,如收留孤儿的"爱心家园"及儿童救助保护组织等。对于本罪的单位犯罪,笔者认为有两方面内容需要厘清。

(一)单位是否必须依法成立

学界对单位犯罪主体是否要具有合法性的问题存在争议。肯定说认为,合法性是"单位"作为适格主体的必要因素,即"单位"必须是依法成立的公司、企业、事业单位、机关团体,因为有时自然人会选择用单位犯罪来掩饰自己的罪行,盲目扩大单位犯的范围将导致刑罚失衡。①

---

① 参见陈忠林、席若:《单位犯罪的"嵌套责任论"》,载《现代法学》2017 年第 2 期;肖中华:《侵犯公民人身权利罪》,中国人民公安大学出版社 2003 年版,第 323 ~ 324 页。

否定说则认为,“单位”的认定应当坚持实质性判断,即没有营业执照的托儿所、养老院等都能成为虐待被监护、看护人罪的主体。[①] 笔者认为,本罪中的“单位”并不要求依法成立,对于那些已经具备一定的组织规模,相关手续还未完全落实,对外以“单位”的形式经营和管理的组织,应当认定可以构成单位犯罪。虽然上述观点在未成年人保护领域没有查到相关法律规定予以佐证支持,但虐待被监护、看护人罪所列举的其他弱势群体的保护性规定也具有参考价值。我国《老年人权益保障法》第 84 条规定,“本法实施前设立的养老机构不符合本法规定条件的,应当限期整改。具体办法由国务院民政部门制定”。民政部《养老机构设立许可办法》第 27 条规定,“未经许可设立养老机构的,由许可机关责令改正,造成人身、财产损害的,依法承担民事责任;违反治安管理规定的,由公安机关依照《中华人民共和国治安管理处罚法》的有关规定予以处罚,构成犯罪的,依法追究刑事责任”。虽然该办法已于 2019 年 5 月废止尚未出台新的办法,但从上述规定可见,法律对于实际生活中未经法定许可程序设立的养老机构并非采取“一刀切”的否定态度。从社会现实来看,随着“二胎”政策的放开,在托幼服务供需极不平衡的情况下,出现了大量野蛮生长的“黑幼儿园”。虐待被监护、看护人罪的罚则中,对自然人犯罪仅规定了有期徒刑和拘役,对单位犯罪除了追究直接负责的主管人员和其他直接责任人员的刑事责任,还规定了对单位判处罚金。如果这些“黑幼儿园”不能认定为本罪的单位犯罪主体,不仅会导致直接负责的主管人员逃避法律的追责,也难以对这部分幼儿园进行经济上的处罚。上海携程亲子园案件中,[②] 法院将亲子园实际负责人郑某与其他涉事老师认定为共同犯罪,并且郑某所判处刑罚为八人中最重,但郑某并未实际实施虐待行为,只存在纵容和放任行为,法院将实际负责人郑某以共犯论处,而没有认定该亲子园构成单位犯罪,其判决依据何在,至今存在争议。诚然,本案亲子

① 参见吴国平:《监护人主体资格法律制度的检讨与完善》,载《广西大学学报》2008 年第 3 期。

② 参见上海市长宁区人民法院(2018)沪 0105 刑初 239 号判决书。

园由携程公司联手上海妇联创办,实际归属较为复杂,牵扯国家机构、科技公司以及杂志社等多家单位,还未在教育局办理相关手续,但是该亲子园已经于2016年正式营业,尽管费用要低于其他幼儿园,实际上仍然是以看护职责作为营业目的,并且有相应的管理人员,具备一定的组织规模,笔者认为,其应当属于本罪"单位犯罪"的主体。

(二)如何论证单位犯罪意志归属和单位行为方式

本罪成立单位犯罪,对于预防和惩处涉事机构犯罪具有重要意义,有利于督促单位直接负责的主管人员和其他直接责任人员切实履行其监督管理职责。然而本罪的单位犯罪在司法实践中却鲜有出现。究其原因在于在现有理论框架中存在适用难点。根据刑法理论,成立单位犯罪一般需要具备单位意志、单位行为、单位获利三个要件。单位虐待被监护、看护人的行为虽不能说是为了单位谋取或他人谋取利益,但是确实为了排除单位的经营障碍,去除本单位的负担和责任,也是为了本单位利益。所以,如何论证单位行为方式、犯罪意志归属是司法实践中认定单位犯罪的难点。客观上说,虐待被监护、看护未成年人案件中的单位不大可能以单位名义做出许可性决策,其主要表现多为对违法犯罪行为的漠视与接受。笔者认为,从保护弱势群体的刑事政策和刑法预防犯罪的机能出发,虐待被监护、看护人罪的单位犯罪可以以不作为方式实施。以虐待幼儿为例,在幼师虐待幼儿时,无论从法律义务、职务要求或者是基于对法益的危险发生的领域的支配产生的阻止义务,都要求幼儿园对该行为予以阻止。若幼儿园对此视若无睹,不采取阻止措施,那么其行为与积极从事虐待行为并无本质区别,因此确有认定构成犯罪的必要。

在单位犯罪的形成过程中,个人意志通过各种渠道反馈到单位意志,而单位意志将选择对其否定或者接受。单位意志否定的,构成意志阻却,个人意志不能成立单位意志;单位意志接受的,构成意志确认,个人意志归属于单位意志。笔者认为,在虐待被监护、看护人案件中,对于个人基于职务关系实施虐待行为的,可以通过考察单位对该行为的基本态度来认定是否构成单位犯罪。单位采取行动禁止的,可以认为属于个人犯罪;单位默示许可的,可以认为同时成立单位犯罪。

三、虐待行为的认定

关于何为虐待被监护、看护人罪中的“虐待”,大多数人会与虐待罪中的“虐待”相联系。一般来讲,虐待罪中的虐待行为,是指经常以打骂、冻饿、禁闭、强迫过度劳动、有病不治等方法,对共同生活的家庭成员在肉体上、精神上肆意摧残、折磨,且摧残、折磨行为须具有经常性、一贯性的特点。[①]《刑法修正案(九)》增设虐待被监护、看护人罪是作为虐待罪的补充,部分观点认为,刑法体系内部语词语义应具有统一性,所以,对虐待被监护、看护人罪中虐待行为的理解,理所当然承接于虐待罪。

笔者认为,本罪的虐待行为应当作出与虐待罪不同的解释:第一,基于不同的法益保护目的,对虐待罪与虐待被监护、看护人罪两罪名中的“虐待”行为做出不同的解释、划定不同的语义范围,并不具有理论和实务上的障碍。同一个刑法词汇,在不相同的条文中会蕴含不同的意思。相同条文的不相同的款、项中有时也需做不同解释。这便是刑法用语的相对性。刑法同一词语,根据使用的不同语境会得出截然不同的诠释。有时是实现刑法的价值追求的需要;有时是为了行为纳入刑法监管范畴,进行刑罚处罚;有时则是使不应当被刑罚的行为抛到刑法射程之外。之所以对同一用语在不同场合做出不同解释,是为了实现刑法的正义理念,使值得科处刑罚的行为置于刑法规制之内,使不值得科处刑罚的行为置于刑法规制之外;使“相同”的行为得到相同处理,不同的行为受到不同处理。[②] 也就是说,同一法律词语有可能因为所要保护的具体法益不同,而被诠释为不同意思,这种情况是出于保证

---

① 参加马克昌主编:《百罪通论》(上卷),北京大学出版社 2014 年版,第 667 页。

② 参见张明楷:《刑法分则的解释原理》,中国人民大学出版社 2011 年版,第 778 页。

刑法系统性的考虑,也是体系解释在刑法解释中的具体运用。虐待被监护、看护人罪的设立,体现了刑法对特殊群体的关照,“虐待”作为虐待被监护、看护人罪中的法律术语时,应结合法益保护对象来认定。相较于虐待罪中的虐待行为,虐待被看护人罪的被侵害对象更为柔弱,尤其是在行为对象为婴幼儿、残障未成年人等在生活上对该罪行为主体依赖程度较高的人时,其虐待行为达到的入罪限度应当放低。如在周某娜虐待被监护人一案中,①法院认定幼师周某娜对幼儿实施掌掴脸部、不让小便等行为,属于虐待行为。第二,虐待被监护、看护人罪中的被虐对象与施虐主体之间大多数情况下不存在血缘关系,身份是可选择、可替代的,公众对于监护、看护这种社会关系的认同度普遍低于家庭成员间的亲情关系。立法者对两罪定罪、量刑、诉权的不同设计,一定程度上也反映出了社会公众对两类犯罪行为的不同态度。

最高人民法院、最高人民检察院、公安部、司法部 2015 年 3 月 2 日颁布的《关于依法办理家庭暴力犯罪案件的意见》第 17 条规定,采取殴打、挨饿、强迫过度劳动、限制人身自由、恐吓、侮辱、谩骂等手段,对家庭内部人员的身体、精神进行摧残,是实务中频发的虐待行为。笔者认为,虐待被监护、看护人罪中的虐待行为在外延上要比虐待罪中的虐待行为要大,除了上述意见中所提到的行为方式之外,其他可能对被监护、看护人的身心造成损害的行为方式,即使残酷程度、伤害程度不及前述手段,但只要达到“情节恶劣”的,也应当以本罪论处。对于本罪的虐待行为,有三个问题值得关注,以下详述之。

(一)单纯的精神虐待是否能列入本罪虐待行为

精神虐待,是指行为人以非暴力,冷暴力或语言攻击等方式对被害人进行虐待,情节恶劣的行为。精神虐待在司法实践中既包括侮辱、讽刺、威胁、恐吓、贬损、刁难、过度惩罚等主动型精神虐待,也包括消极交流、忽视疏远和不满足被害人情感需求等“冷暴力”的方式。精神虐待

① 参见江苏省徐州市铜山区人民法院(2018)苏 0312 刑初 600 号判决书。

是一种更加残忍、隐秘、更具有杀伤力的方式,在伤害程度上,并不逊色于暴力对人造成的伤害。

值得关注的是,因未成年人特别是幼龄未成年人语言表达能力所限,附着于身体表面的伤痕可能被家长发觉,但隐藏于内心深处的伤害却难免被忽略。监护、看护人对未成年人单纯实施言语暴力、冷暴力等,容易造成未成年人心理创伤,但在目前的司法实践中却难以单独启动刑事诉讼,实务中,精神虐待行为基本上是仅作为量刑情节考虑。

单纯精神虐待行为司法认定困难主要有以下几个方面原因:一是精神虐待这类“无形虐待”隐蔽性强、不易被察觉,而且除了明显的造成被害人发疯、变痴等情形外,判定是否造成精神损害很难把握和界定。二是多数情况下,精神虐待与其他虐待行为存在包含与被包含的关系,不易区分,精神损伤与精神虐待之间的因果关系难以论证。三是精神伤害是一种内在情感伤害,属于消极的情绪表现,其暴力程度无法与其他虐待方式类比。对于身体伤害的标准,有《人体轻伤鉴定标准》《人体重伤鉴定标准》作为鉴定依据,但是精神伤害没有严格的鉴定标准,不能准确的划分伤害的程度,所以在司法实践中很难单独作为“情节恶劣”的判断标准,在实务中,一般都是与有形的身体虐待相结合综合认定虐待行为的后果。四是目前社会公众对虐待行为的认知还主要停留在暴力伤害这一层次,对“精神虐待”缺乏充分认知,并未认识到其对未成年人等弱势群体法益侵害的严重性,且本罪中的行为人和被害人之间通常缺乏亲情联系,所以普遍认为不宜对行为人有过高的要求。

理论界关于单纯的精神虐待不属于本罪虐待行为的主要观点是:第一,单纯的精神虐待往往是因当事人之间缺少情感沟通或有心理问题、观念冲突所致,很难将其纳入刑法规制,即使将施虐者定罪,也无实质性作用,因为情感的问题很难通过刑法的强制手段来解决。例如,老师对其厌恶的学生长期冷漠、忽视或贬损,使学生内心极度自卑叛逆、想法极端,严重影响学生身心健康,在此种情形下,只能依靠道德教育和心理疏导。第二,单纯的精神虐待如侮辱、嘲讽等情节严重的,可以依照侮辱罪、诽谤罪等相关罪名定罪处罚,没有必要将其列入虐待犯罪的处罚范围。①

笔者认为上述观点值得商榷。一方面,单纯的精神伤害不认定为虐待行为不利于未成年人法益保护。对于侮辱、诽谤等精神损害行为适用相应的罪名定罪处罚,似乎为精神伤害行为找到了刑法规制的路径,但在实务层面上适用范围极为有限。侮辱罪的侮辱行为必须是公然进行,诽谤罪的客观行为则表现为故意捏造并散布虚构的事实。对被监护、看护人进行精神虐待的行为通常发生在相对封闭、私密领域,很难以上述两罪定罪。即便是在极少数情况下能以侮辱罪、诽谤罪定罪,其他大量的法益侵害客观存在并且社会危害性相当的单纯精神虐待行为该如何处理呢?另一方面,精神伤害行为属于虐待行为的观点得到了相关法律规定的佐证及部分司法判例的支持。《关于依法办理家庭暴力犯罪案件的意见》第17条确认了精神摧残属于虐待性质的家庭暴力。《反家庭暴力法》第2条也明确了家庭暴力包括对精神侵害的行为。司法实践中,也有判决中肯定了“虐待被监护、看护人罪中的虐待行为既包括肉体上的殴打、冻饿、限制自由,也包括精神上的讽刺、辱骂等行为”。②

因此,从未成年人保护的角度出发,笔者认为精神虐待应属于虐待行为的一种。随着注重未成年人心理保护的观念深入人心,单纯的精神伤害型虐待应当引起重视,我们不能因为客观上存在取证难、定性难的问题,就忽视单纯的精神伤害型虐待是一种犯罪方式的事实,而仅仅将其作为一个量刑情节来考虑。未成年人由于心理发育尚不成熟,内心敏感脆弱,缺乏自我防卫能力,且属于价值观、人生观和世界观形成的时期,精神虐待会对其产生严重的身心伤害,这种伤害甚至比肉体伤害对未成年人的影响更大。除了可能引发精神发育迟滞、抑郁、精神分裂等精神疾病,在逆反心理的驱使下,未成年人极易价值观扭曲,甚至对社会产生仇视心理。为了最大限度保护未成年人,不论精神虐待的

① 参见刘慧霞:《虐待罪若干争议问题研究》,吉林大学2015年硕士学位论文,第16页。

② 参见四川省成都市成华区人民法院(2019)川0108刑初695号判决书。

认定如何困难，仍不能将其排除在虐待方式之外。对此问题，在实务界已经有了可贵的实践。在孙某1、王某、金某等虐待被监护、看护人案件中，[①]二审法院认定，幼儿园老师将多名幼儿带至封闭的空间后脱掉幼儿裤子，以持针管打针的方式恐吓，造成多名幼儿心灵极度恐惧，未受惩罚的幼儿亦表示“害怕孙老师打针”，孙某1明知其行为会给幼儿造成心理伤害，仍在相对集中的时间段对多名幼儿反复实施该行为，给被惩罚幼儿和其他幼儿造成不同程度的心灵恐惧，具有虐待的故意，构成虐待被监护人罪。虽然该判决认定罪名有待探讨，但是其将“精神恐吓”认定为虐待行为，具有重要的指引意义。笔者认为，随着未成年人权益保护观念的逐步强化，将单纯对未成年人实施心理伤害纳入本罪虐待行为的评价范围，使其在特殊群体的保护方面发挥作用，是一种责任，更是一项使命。

从实务的角度出发，笔者对精神伤害在虐待被监护、看护人案件中的认定提出以下建议：一是当虐待被监护、看护人的肉体伤害行为未达到情节恶劣的程度，但对未成年人实施的精神伤害足以认定为情节恶劣的，可以构成虐待被监护、看护人罪；二是当虐待被监护、看护人的肉体伤害行为已经达到情节恶劣的标准，已构成虐待被监护、看护人罪，从起诉便宜的角度，精神虐待行为可作为从重量刑情节考量。

（二）喂食药品或有害物质型虐待行为的认定

司法实践中，除了常见的殴打型虐待之外，还存在两种特殊的虐待行为。一是喂食药品型的虐待行为。这是指行为人出于虐待或其他目的，长期向被害人提供药品来实施虐待行为。例如，家庭保姆或幼儿园老师为了制止婴幼儿哭闹，给婴幼儿喂食安眠药或者其他有可能损伤幼儿身体的药物。二是喂食有害食物型的虐待行为。这里的有害食物具有特指性，只要是足以给未成年人身体带来损害的食物即为有害食物，如给被未成年人喂食过期食物、给婴幼儿喂食芥末或者其他辛辣物

---

① 参见甘肃省兰州市中级人民法院（2019）甘01刑终217号刑事裁定书。

品等。“携程亲子园案件”中,幼师多次强制幼儿食用芥末,导致幼童频繁拉肚子即是实例。①

实践中,该类犯罪主要发生在幼儿园或者婴幼儿托管机构中。幼龄儿童比学龄儿童更难管教,加之集中托管又增添了管理难度,因此实践中会出现擅自给婴幼儿提供“安眠药”或者以让幼儿增强抵抗力为借口给幼儿提供非医嘱药品或非处方药的情况。

曾经备受关注的西安幼儿园“喂药门”事件,揭开了全国多地育儿场所“关门喂药”的盖子。自2008年11月至2013年10月,西安市枫韵幼儿园、鸿基幼儿园,为提高幼儿出勤率,减少给家长退费,增加幼儿园收入,以吃药能预防幼儿传染病为由,在未告知家长的情况下,冒用其他医疗机构名义,擅自从4家医药批发零售企业先后分10次购进“病毒灵”5.46万片,安排工作人员给在册的1455名幼儿提供,有的幼童服用药物甚至已经长达3年。后经检验发现,成人若长期服用该药会引起出汗、食欲不振以及低血糖等不良反应,但该药没有对儿童的临床试验报告。当时就有学者撰文指出,涉事幼儿园在长达3年甚至更长的时间里,强迫孩子持续服药的行为,首先,符合了虐待行为经常性、一贯性的要求;其次,强迫孩子服药的行为虽然无法像殴打、冻饿一样直接、明显地导致身体上的伤害,但也在日积月累中导致很多孩子的身体出现了不良反应,遭受了肉体上的摧残。因此,“喂药”行为符合虐待罪的行为要件。② 但当时本罪尚未出台,且囿于犯罪主体身份非家庭成员,无法认定为虐待罪,西安公安部门曾以“非法行医”刑事拘留了幼儿园相关责任人员,后因“不够追诉条件”撤销案件退回卫生部门作行政处罚。由于没有合适罪名、鉴定难、调查小组解散等原因,对于涉案单位和自然人的刑事处罚仍处于“悬空”状态。

笔者认为,本案中枫韵幼儿园为了获得更高的招生率、出勤率,从而谋取经济利益,经过单位集体决策,让幼儿长期违规服用有诸多副作

① 参见上海市长宁区人民法院(2018)沪0105刑初239号判决书。

② 参见徐立、周远秋:《“幼儿园喂药”问题的刑法规制》,载《刑法论丛》2015年第1期。

用且无儿童临床试验报告的处方药,涉及的幼儿人数多,持续时间长,犯罪情节恶劣,符合本罪单位犯罪的构成要件。虽然鉴于其行为发生在《刑法修正案(九)》出台之前,无法以虐待被监护、看护人罪追究其刑事责任,但该罪增设之后的类似行为均可定罪处罚。

(三)本罪虐待行为是否要求必须具有持续性、经常性特征

受到最高人民法院《关于适用〈中华人民共和国婚姻法〉若干问题的解释(一)》第1条"持续性、经常性的家庭暴力构成虐待"之规定的影响,有观点认为,本罪的虐待行为需具备持续性、经常性特征。笔者对此持否定意见。首先,本罪属于情节犯,如果一次虐待行为就达到情节恶劣的程度,就可以认定为本罪。实践中,并非所有偶尔的、短时间的虐待行为都不构成"情节恶劣"。例如,在北方冬季将幼儿扒光衣服,推到室外使其受冻,给未成年人的身心造成了巨大伤害,若因为不是经常发生就认为不构成犯罪,那行为人会变本加厉,肆无忌惮。因此,"持续性、经常性"只是构成虐待被监护、看护人罪诸多虐待行为的一种类型,并非唯一标准。上述观点也得到了司法判例的支持。例如,在郭某蝶虐待被看护人一案中,①法院认定2018年11月29日8时许,郭某蝶对幼儿园不听话的十余名学生以扇耳光、脚踢、推搡方式进行不当教育,其行为达到情节恶劣标准,构成虐待被看护人罪。在李某、纪某龙虐待被看护人一案中,②法院认定2017年9月20日上午,被告人李某、纪某龙作为幼儿园教师先后以殴打、撕咬等方式虐待幼儿园学生张某2,致其轻微伤,构成虐待被看护人罪。上述两件案例中,虐待行为均不具有经常性、持续性特征,但均认定构成本罪。其次,以未成年人为犯罪对象的虐待被监护、看护人犯罪,一般都是发生在幼儿园、学

① 参见云南省昭通市昭阳区人民法院(2019)云0602刑初95号判决书。

② 参见山东省淄博高新技术产业开发区人民法院(2019)鲁0391刑初6号判决书。

校、医院、福利院等场所中。这种基于合同或其他法律关系而形成的社会公共环境开放且不稳定,随时可能发生变化或终止,"持续性、经常性"这种量化的要求,会加大取证困难,增加放纵犯罪的几率。综上所述,无论是从法律规定还是从现实保护的角度,"持续性、经常性"都不能成为认定本罪"虐待行为"的必要条件,只有在某些情形下,如行为人的一次虐待行为对受虐者造成的伤害比较轻微,但是多次实施同样的行为便会对受虐者造成较大的伤害时,可以将"持续性、经常性"作为认定条件。

四、情节恶劣的判断

虐待被监护、看护人罪属于情节犯。情节犯中的"情节"是对犯罪行为社会危害性的量的方面的要求,是区分罪与非罪的关键。"情节恶劣"属于一种开放性的构成要件要素,一方面,化解了法律用语局限性滞后性与司法实践复杂性多变性之间的冲突;另一方面,为司法人员的自由心证留下了较大空间。

目前,关于本罪的司法解释尚未出台,对于"情节恶劣"的认定,只有2015年《关于依法办理家庭暴力犯罪案件的意见》第17条关于虐待罪"情节恶劣"的认定标准可供参考,包括:行为持续的时间长、次数多;手段残忍;导致被害人患比较严重的疾病或使其受轻微伤;对未成年人、残疾人等特殊对象实施比较严重的虐待行为等情形。笔者认为,在司法实务中,虐待被监护、看护人的行为是否属于"情节恶劣",并不是单纯的主观或者客观因素,而是包含在主观与客观之间,要从虐待持续的时间、次数、手段、虐待对象、被害人数、造成的后果等情节予以综合判断,需要重点考察以下因素:

第一,虐待行为持续的时间、虐待次数、被害人人数。虐待行为持续的时间长短,虐待次数、被害人人数多少与社会危害性大小是正相关关系。虐待摧残持续时间越长,次数越频繁,被害人人数越多,社会危害性越大。在刘某虐待被看护人一案中,①刘某作为幼儿园老师,多次使用针状物扎、刺该班7名幼儿的身体,构成虐待被看护人罪。在该案中,刘某在一个月的时间内,多次对7名幼儿实施虐待,其行为可以认定为情节恶劣。

第二,虐待动机。犯罪动机是行为人犯罪的内心起因,很大程度上反映了一个人犯罪的主观恶性程度。卑劣的动机往往会驱使其实施更为残酷的虐待行为,所以,动机卑劣可以作为情节是否恶劣的重要考量因素。就本罪而言,对未成年人施虐者,往往都有一些消极情绪、心理问题、人格障碍或性格缺陷,②在家庭不和谐、经济状况差、社会地位低下、自身抱负无法实现等因素的刺激下,以对未成年人施虐的方式满足其变态的欲望或发泄不正常的情绪。例如,薛某萍虐待被看护人一案中,③法院认定,被告人因"心情郁闷"多次对五个月大的婴儿实施抻、拉、抡及往床上摔、扔等危险行为,婴儿诊断为夜惊、受惊吓后夜间睡眠不实、中枢性协调障碍,薛某萍的行为构成虐待被看护人罪。该判决对于被告人的虐待动机进行了认定。

第三,虐待对象。本罪的行为对象是没有自我保护能力或自我保护能力较弱的未成年人等弱势群体,由于他们身心脆弱,对他们实施虐待行为会比对一般人实施这些行为具有更严重的社会危害性。在未成年人群体中,对婴幼儿和残障未成年人的保护尤其值得关注,因为他们的自我保护能力最弱,对监护、看护人的人身依赖性最强。如果对他们实施虐待行为,无论使用的手段在一般人的价值判断中是否残忍暴虐,是否出现危害后果,只要存在足以影响其身心健康的风险,就可以认定为情节恶劣。例如,在李某虐待被监护、看护人一案中,④法院认定李某作为看护婴儿的保姆,多次以倒提双脚摇晃、拍打、谩骂和强行灌食

① 参见安徽省马鞍山市花山区人民法院(2019)皖0503刑初306号判决书。

② 参见湖南省长沙市芙蓉区人民法院(2018)湘0102刑初608号判决书,邓辉虐待被看护人一案案中,邓辉曾诊断患有精神分裂症及情感性精神病。

③ 参见黑龙江省大庆市萨尔图区人民法院(2019)黑0602刑初146号判决书。

④ 参见广东省中山市中级人民法院(2019)粤20刑终572号裁定书。

等方式对七个月大的婴儿实施虐待,虽然医院疾病诊断证明被害人没有因外力因素导致内外部伤口或造成心理、性格损伤,仍认定李某构成虐待被看护人罪。再如,刘某墨虐待被看护人一案中,[①]法院认定刘某墨于2019年8月2日、5日、6日,在孤独症康复中心内,以拍头、掐肚子等方式对与其进行一对一课程的孤独症儿童多次进行虐待,构成轻微伤。法院认为,刘某墨作为特殊机构的老师,其教育对象为患有孤独症的特殊幼儿,故对其职业规范和行为准则要求更高,认定其行为构成虐待被看护人罪。

另外,在认定本罪的"情节恶劣"时,还要注意对虐待行为所造成的社会影响作出正确的处理。笔者认为,造成的恶劣社会影响不能作为"情节恶劣"的情形之一。一方面,司法的依据是法律规范,除此之外的任何因素均不应对其适用法律的过程产生影响。更何况,虐待被监护人、被看护人的行为之所以会入刑,本就是立法回应民意之举,既然如此,实践中对该条法律的运用便不应当对此再做考量。另一方面,虐待被监护人、被看护人的行为之所以会产生恶劣的社会影响,归根结底还是因为虐待行为自身在施虐手段或施虐对象等方面的特殊性引发了众怒,其还是可以从虐待行为的持续时间、虐待的次数、虐待的人数、手段是否残忍、危害后果是否严重等方面来寻求依据,没必要将其作为单独的情节考量因素。[②] 例如,在赖某甲虐待被监护人一案中,[③]法院认定赖某甲作为幼儿园保育员,多次以用被子捂头并用身体按压的方式对多名幼儿实施虐待,导致幼儿出现了做噩梦、不愿上幼儿园等情形,造成精神上受到极大影响的严重后果,属于情节恶劣。而在起诉书中,公诉机关指控赖某甲虐待行为属于"情节恶劣"的理由还包括,"赖某甲实施虐待的视频被微信、新浪、法制网、网易、中国新闻网、梨视频、

---

① 参见北京市昌平区人民法院(2019)京0114刑初1053号判决书。

② 参见王思维:《论虐待被监护、看护人罪的适用》,载《上海法学研究》(集刊)2019年第3卷。

③ 参见广西壮族自治区贺州市八步区人民法院(2018)桂1102刑初103号判决书。

腾讯视频、爱奇艺视频等全国多家主流媒体转载,点击率达近600万次,造成了极其恶劣的社会影响",上述指控并未得到判决的认可,说明法院也认为虐待行为所造成的恶劣社会影响不能作为"情节恶劣"的情形。

五、结　　语

尊老恤幼,不恃强凌弱,一直是中华民族所践行和倡导的传统美德,对弱势群体给予一定的特殊关照已然成为社会的一种共识。在此情况下,每每发生的针对未成年人的违法或犯罪行为,往往会刺激到社会公众的道德痛点,在社会责任与道德义务的交织之中,在同情与推己及人的感触之下,虐待被监护、被看护未成年人的行为被人们深恶痛绝,对其忍耐度十分有限。因此,在某些以未成年人为犯罪对象的案件中,容易出现法律适用上的犯罪化倾向。

笔者认为,不能因为本罪是为了保护弱势群体的利益,就可以无限降低其入罪门槛。这样会导致刑法过度介入日常生活,模糊了刑法处罚与行政法处罚的边界,甚至取代了道德以及其他规范手段。强调对某类犯罪行为严惩的同时,亦不能忽视对犯罪嫌疑人自身基本权利的保障,关注社会公众对弱势群体天然的同情心理的同时,也不能忘记司法人员客观公正义务。即使面对"汹涌"的舆论压力,司法机关也不能"随波逐流",仍然应该坚守罪刑法定基本原则,"以事实为依据,以法律为准绳"作出理性的、独立的判断。笔者认为,对于偏差教育观念下的行为失范行为应坚持刑法的谦抑性。比如在未成年人遭受虐待的案件中,如果负有监护、看护职责的人受传统的"不打不成才""严师出高徒"等观念影响,认为只有通过打骂乃至更为偏激的方式才能管教好学生,从而实施了一些有损学生身心健康的粗暴行为,则应认定考虑认定为过度教育行为,而不宜认定为虐待行为。对于一些由于信息不对称造成的误解、情节轻微的虐待行为,可以通过非诉讼纠纷解决机制解决。

Research on the Application of the Crime of Maltreating Wards and Care Recipients

ZHUANG Wei & CHE Mingzhu

[**内容摘要**]虐待被监护、看护人罪目前尚无相关司法解释,使得该罪在司法认定上有诸多问题需要明确。本文以虐待未成年人为限,对本罪在司法适用中的存在的问题进行了梳理,对本罪在理论和司法实践中存在的争议进行了探讨。本罪的犯罪主体不包括"共同生活的家庭成员",与虐待罪不是竞合关系,监护人、看护人的区分界定主要依据其职责来源。本罪的单位犯罪不以合法成立为前提,并且主要以不作为方式实施。本罪虐待行为在外延上要大于虐待罪中的虐待行为,不需要具有连续性和经常性特征。对于情节恶劣应以主客观相一致的标准进行综合判断。对于偏差教育观念下的行为失范行为应坚持刑法的谦抑性。

[**关键词**]未成年人保护;虐待被监护、看护人罪;司法实务

Abstract: Lacking of relevant judicial interpretation, there are numerous questions to be clarified in the judicial identification of the crime of maltreating wards and care recipients. Within the topic of juvenile maltreatment, this article discusses the judicial application problems and controversies in judicial theory and practice of this crime. The subject of the crime doesn't include "family members living together", and the crime doesn't constitute concurrence with the crime of maltreatment. The distinction between guardians and caregivers is mainly based on the source of their responsibilities. Legal person's liability under the crime doesn't take its legally establishment as premise. The crime is mainly committed by nonfeasance. The maltreatment behaviors under this crime are more extensive in scale than behaviors under the crime of maltreatment, and don't have to be continuous and constant. For the evaluation of behaviors' severity, it requires comprehensive judgment under the standard of consistency of subjectivity and objectivity. We should adhere to the modesty of criminal law for the behavior anomie under deviant educational concept.

Keywords: Juvenile Protection; The Crime of Maltreating Wards and Care Recipients; Judicial Practice

随意殴打型寻衅滋事罪司法疑难问题探讨

彭新林[*]　刘甜伊[**]

目　次

根据《刑法》第293条的规定,寻衅滋事罪包括四种行为方式。其中,在司法实践中最为常见多发的是随意殴打型寻衅滋事行为,其也是备受争议的寻衅滋事犯罪行为方式。归根结底,主要原因在于"随意""情节恶劣"等需要进行价值判断的构成要件要素、客观方面构成要件与他罪的交叉重叠、罪名设置的补充性及在实际适用中的兜底性,使得准确把握随意殴打型寻衅滋事的罪与非罪、此罪与彼罪具有理论困惑和实践难度,特别是随着近年来"方玄昌、方舟子被袭案""温岭虐童案"等寻衅滋事热点案件的发生,随意殴打型寻衅滋事行为入罪"小口袋"化的评价从未停息。因而有效破解随意殴打型寻衅滋事罪司法适用的疑难问题,统一、规范此类寻衅滋事犯罪司法适用标准,就成了亟待解决的重要问题,也是在严格落实罪刑法定原则、加强人权司法保障与平息舆论压力、追求社会效果之间寻求平衡的重要良方。随意殴打

* 北京师范大学刑事法律科学研究院教授、院长助理、博士生导师。
** 上海市市场监督管理局干部,法律硕士。

型寻衅滋事犯罪的疑难问题，主要是随意殴打之“随意”的认定、随意殴打型寻衅滋事犯罪与故意伤害罪（轻伤及以下）的区分、随意殴打致人重伤、死亡的认定等三个问题，下面分别论述。

一、随意殴打之“随意”的认定

（一）对“随意”的理解

对于“随意”理解，大多数学者持“主观要素说”。这种观点认为，“随意”是对“殴打他人”起限定作用，它表达出行为人在殴打他人时的一种主观心理态度。但是，随着实践中案件类型的多样化和相关研究的深入，有学者对单纯主观要素的理解提出了质疑，认为不结合客观要件，仅仅从主观上来界定具有主观特点的“随意”，是难以界定清楚的，于是出现了“主客观因素相结合”的观点。下面分别述之。

1. 主观要素说

持主观要素说观点的学者在界定随意殴打型寻衅滋事罪之“随意”的过程中，主要涉及的是行为动机和伦理评价，强调随意殴打他人的“随意”的主观性特点。如有学者认为，“所谓‘随意殴打’是指在耍威风、取乐发泄、填补精神空虚、寻求精神刺激的流氓动机的支配下，无故、无理殴打他人”。[①] 同时，从主观要素上理解“随意”时，不应局限在“无事生非”。因正常社会生活中的矛盾“小题大做”的，同样应认定为寻衅滋事罪。

此种观点在很大程度上是将对于流氓罪的理解延续到了寻衅滋事罪上，故而认为寻衅滋事行为是出于流氓动机、违反公序良俗的。这种观点对于“随意”的解读，符合日常生活中对于流氓行为或者是随意殴打型寻衅滋事行为的理解，很容易为人们所接受，曾在较长时期内成为学界主流观点。

① 王作富主编：《刑法分则实务研究（中）》（第4版），中国方正出版社2009年版，第1244页。

2. 主客观因素相结合说

随着司法实践成果的丰富和学术研究的深入,“主观要素说”逐渐受到质疑,这主要是因为其对行为动机的强调在司法认定中存在极大的困难。这种困境的直接后果就是,在很多情况下,要么是本着存疑时有利于被告的原则,放纵罪犯;要么是本着“不放过一个坏人”的观念,牺牲刑法的人权保障价值,使寻衅滋事罪的司法适用呈现泛化的倾向。因此,仅仅不结合客观要件,仅从主观上来界定“随意”,是不科学的,其后果也是很危险的。

于是,有学者提出,“随意”是行为人在实施殴打行为时的心理倾向,这种心理倾向属于一种主观因素,但是在司法实践中对“随意”的认定,必须坚持主客观相统一的原则。① 关键理由在于:对于行为人内在的主观因素,必须结合行为人外在的客观行为表现来加以判断。因为根据唯物主义的观点,人的外在行为表现是主观见之于客观的。② 另有学者表示,“寻衅滋事罪中的‘随意’应当放在法律环境中来理解,它的属性特征既包括主观要素上的随意性、流氓性,也应当包括它的客观反社会性。从意识支配行为的角度出发,把‘随意’理解成主观要素是很容易被人们接受的,但作为一种独立的法条罪名,出于稳定性和可操作性的考量,立法者更为关注的显然是对犯罪的客观要素的说明,即在什么主观要素的支配下,行为人在客观方面做出的行为所反映的何种类型和表现方式,如此一来,将寻衅滋事的反社会性归结为客观要素也就不难理解了”。③ 据此,按照这种观点,要准确界定“随意殴打他人”的“随意”,有必要从主观性和客观性两方面来理解,才能比较完整、全面地把握其含义。

可以说,这种观点主要是从主观支配客观或者说是动机支配行为

---

① 参见王富国、孙启香:《随意殴打他人寻衅滋事罪之“随意”的认定》,载《无锡职业技术学院学报》2003年第4期。

② 参见王蓉:《浅析寻衅滋事罪中的“随意殴打他人”——从肖传国案说起》,载《西昌学院学报(社会科学版)》2011年第4期。

③ 吴秀荣:《寻衅滋事罪构成要件初探》,载《人民法院报》2008年11月17日。

的角度,将客观因素引入"随意"的界定之中。但根本上还是将"随意"归属于主观因素之中,只是认为在司法认定的过程中,应从主观和客观两方面来加以考量,或者说是为了便于司法实践,而将对客观因素的认定引入到对主观因素的理解之中。

(二)对"随意"的判断

关于如何判断"随意",即应遵循什么样的判断标准或者根据什么进行判断,学界也存在不同的看法。之所以产生这种分歧,主要原因还是源于对"随意"的不同理解。基于"主观要素说"的理解,一种观点认为,应以行为人的主观犯罪动机为标准来判断"随意",但是在具体的判断依据上却见仁见智,无法统一;另一种观点则认为,应参考"一般人理性"标准来对"随意"加以判断。而基于"主客观因素相结合"的理解,则认为对于"随意"的判断也应当从主客观相统一的角度进行考察。

1. 主观动机说

主观动机说认为,对"随意"的判断应以行为人的主观犯罪动机为标准,即要准确界定"随意"关键是看行为人实施殴打行为的主观动机。① 持此种观点的学者,大致是从以下几个方面来判断"随意"的:第一,看行为人殴打他人的动机,即看行为人是否出于争强斗狠、取乐发泄、寻求心理刺激等心理因素,"临时起意"实施殴打他人的行为。因为一般情况下,行为人殴打他人的随意性表现为其殴打行为的实施只是出于"想不想打"的考虑。第二,看殴打行为的起因,即看行为人实施殴打行为的原因是否能为常情常理或社会公序良俗所包容。若殴打行为的产生并非情势的发展所致,而更多的是由行为人的"心情"和"脾气"而引发,所谓的"事出有因"只是一种毫无道理的"借口",则应认为殴打行为是"随意"的。第三,看行为人是否经常实施殴打行为。

---

① 参见赵秉志、彭新林编著:《寻衅滋事罪专题整理》,中国法制出版社2016年版,第35页。

若行为人动辄就殴打他人,一般表现为多次殴打他人或者殴打多人等,则可以认定其殴打行为具有随意性。

由上可知,此种观点中判断"随意"的要素,基本上是围绕考察行为人的主观犯罪动机来设定的。在很大程度上,这些标准都是基于一般情况的经验性要素。持此种观点的学者大多将殴打行为的经常性、一惯性作为"随意"的判断标准。这不仅会将用于认定犯罪的行为范围无端地扩大,更会将定罪情节和量刑情节混淆起来,导致重复评价,而且这种观点本身就是在将"随意"视为一种主观要素的基础上提出的判断标准。以主观要素为标准来判断主观要素的方式,本身就存在解释学循环的问题。

2. 一般人理性说

一般人理性说认为,对于殴打行为的"随意"与否,应按照"一般人理性"标准,通过对行为进行双重置换来判断,其判断的方法是:"一方面,把行为人置换成为另一个社会正常人,看其是否会实施殴打行为,如果不会殴打则可以判断行为人主观上是出于要威风等不正当动机,并且可以进一步判断出来自于外部的刺激强度是显著地不足以引起行为人殴打的行为。如果置换为其他人后该其他人仍会予以殴打,则说明刺激的强度是足以引起殴打行为的,行为人的殴打行为就是一种正常的反应,而不是一种随意性的行为。另一方面,把被害人置换为另一个社会正常人,在同样的环境里该人实施同样的行为。如果行为人仍会殴打则是随意,如果不会则不是。"①这种观点其实是对犯罪主观动机的性质进行判断,通过将犯罪人、犯罪对象与一般人进行置换,站在社会大多数人的角度来看犯罪人实施殴打行为的动机或原因是否符合人之常情、事之常理,是否能被一般人所包容或谅解。究其实质,这种观点也是将"随意"认定为一种主观要素,但相比"主观动机说",确实提供了一种较有实用性的判断方法。

3. 主客观相统一说

主客观相统一说认为,应从主客观相统一的角度考察"随意"。如

---

① 何庆仁:《寻衅滋事罪研究》,载《中国刑事法杂志》2003年第4期。

有论者指出，"'随意'是需要价值判断的表述，不同的人站在不同的角度做出的判断可能是不同的"。[①] 所以应结合殴打他人的动机、殴打他人的场所、殴打他人因果关系对称性、殴打的对象四个方面进行综合分析。

这种主客观相统一的判断标准是基于前述的"主客观因素相结合"之理解产生的，其根本上还是将"随意"视为一种主观要素，只是认为在司法认定的过程中应坚持主客观相统一的原则对"随意"进行认定，但在认定的过程中是以主观要素为主、客观要素为辅的。在此种观点看来，犯罪动机决定了行为人的主观恶性程度和社会危害程度，是认定"随意"的最为核心的要素。申言之，这种观点只是从理论上对前述的"主观动机说"进行了进一步说明而已。

(三)本文的见解

1. 对"随意"的理解

要对"随意"进行正确判断，首先就要对"随意"的概念有明确的界定。从法定刑的设置来看，寻衅滋事罪的法定刑是5年以下有期徒刑、拘役或者管制，其原因主要在于同样是殴打或者说是故意伤害他人的情况，"随意殴打"体现出了较故意伤害致人轻伤更高的人身危险性，即随意殴打型寻衅滋事罪不仅表现为行为人的随意殴打他人行为的社会危害性，还体现了行为人的人身危险性或其自身的反社会性。因此，对于"随意"的理解，应当从主观和客观两个方面进行考量。与前述的"主客观因素相结合说"最大不同，就在于本文对"随意"的解读是基于对"随意"自身的理解，认为随意具有主观要素和客观要素的双重属性，而上述观点中所认为的"随意"属主观范畴，而对于客观因素的考量是基于客观行为对主观因素的从属性。

一方面，随意是一种主观要素。这一点在《关于办理寻衅滋事刑

① 吴新华：《何为寻衅滋事罪中"随意殴打他人"》，载《检察日报》2009年12月14日，第3版。

事案件适用法律若干问题的解释》(以下简称《解释》)中有着明显的体现和证实。《解释》第 1 条规定:“行为人为寻求刺激、发泄情绪、逞强耍横等,无事生非,实施刑法第二百九十三条规定的行为的,应当认定为‘寻衅滋事’。行为人因日常生活中的偶发矛盾纠纷,借故生非,实施刑法第二百九十三条规定的行为的,应当认定为‘寻衅滋事’,但矛盾系由被害人故意引发或者被害人对矛盾激化负有主要责任的除外。行为人因婚恋、家庭、邻里、债务等纠纷,实施殴打、辱骂、恐吓他人或者损毁、占用他人财物等行为的,一般不认定为‘寻衅滋事’,但经有关部门批评制止或者处理处罚后,继续实施前列行为,破坏社会秩序的除外。”①上述《解释》规定主要对行为人的目的和行为的起因进行了规定。这种对主观要素的强调,为“主观要素说”提供了强有力的支持。但是,《解释》对于何种情形应当认定为寻衅滋事的说明,即对可能成立寻衅滋事罪的情形进行列举,并不是一种对寻衅滋事罪的周延的定义,更不是在对寻衅滋事罪的成立条件进行限制。首先,这一规定并没有将出于其他动机或者目的殴打他人的行为排斥在寻衅滋事罪之外。其次,该规定也没有将“随意”或“寻衅滋事”行为限定在主观方面的范畴之中。换言之,该规定只是方便司法适用的提示性规定,并不是周延的寻衅滋事行为或者随意的概念。而基于《解释》的规定,寻衅滋事罪不仅限于无事生非型,还包括借故生非型的寻衅滋事罪。② 虽然《解释》的内容主要是对行为的起因加以规定,但这只是一种提示性的规定,只是司法适用时的参照,而且其主要反映的是行为人主观上的人身危险性或者说是一种反社会的内心倾向。就寻衅滋事罪的认定而言,行为人主观上具有的寻求精神刺激、发泄不良情绪等流氓动机,是不可或缺的。而把主观随意定义为反社会的内心倾向或者流氓动机,对

① 参见最高人民法院、最高人民检察院 2013 年颁布的《关于办理寻衅滋事刑事案件适用法律若干问题的解释》第 1 条。

② 《解释》第 1 条中的“寻求刺激、发泄情绪、逞强耍横等,无事生非”就是指无事生非型的寻衅滋事罪,而“行为人因日常生活中的偶发矛盾纠纷,借故生非”就是对借故生非型寻衅滋事罪的规定。

“随意”的准确判断以及在司法实践中的适用都有着积极的作用。同时,“随意”的含义并不停留在此,它还包含着主观罪过上的间接故意的特点。例如,行为人在随意殴打的过程中,对打的伤重伤轻在所不问,其结果可能会出现没有具体伤害与有具体伤害的轻微伤、轻伤、重伤与死亡等几种情形。换言之,行为人出于反社会的内心倾向或者是所谓的流氓动机,而实施随意殴打他人的行为,在殴打他人时缺乏自我控制,对致人伤害的后果,一般持放任的态度,无论发生多重多轻的伤害结果,都不违背行为人的主观意愿,这明显带有间接故意的特点。

另一方面,随意是一种客观要素。《解释》第2条规定:“随意殴打他人,破坏社会秩序,具有下列情形之一的,应当认定为刑法第二百九十三条第一款第一项规定的‘情节恶劣’:(一)致一人以上轻伤或者二人以上轻微伤的;(二)引起他人精神失常、自杀等严重后果的;(三)多次随意殴打他人的;(四)持凶器随意殴打他人的;(五)随意殴打精神病人、残疾人、流浪乞讨人员、老年人、孕妇、未成年人,造成恶劣社会影响的;(六)在公共场所随意殴打他人,造成公共场所秩序严重混乱的;(七)其他情节恶劣的情形。”[①]其中“多次随意”“随意殴打”等表述都将“随意”的概念界定在“情节恶劣”之中,这就体现出“随意”的客观要素的属性。这种客观随意主要从以下三点体现:一是殴打他人的因果关系的对称性。“‘随意’意味着即使按照犯罪人的理性,殴打行为也不具有可以被一般人理解或接受的原因。犯罪人的理性不同于一般人的理性,但一般人也可能站在犯罪人的立场、从犯罪人的角度思考问题。”[②]二是行为对象。“随意”表现为对行为对象的选取多是具有偶然性的随机选择;同时,行为对象与行为人之间属于社会一般交往关系而不具有利害关系。三是殴打他人的行为方式。“随意”体现为行为人在实施殴打行为时对自身的行为方式不加控制,较一般殴打或伤害行

---

① 参见最高人民法院、最高人民检察院2013年颁布的《关于办理寻衅滋事刑事案件适用法律若干问题的解释》第2条。

② 张明楷:《寻衅滋事罪探究》(上篇、下篇),载《政治与法律》2008年第1期、第2期。

为而言,客观上殴打的次数更多,遭受殴打的人数更多。对于殴打行为的时间与地点的无选择性、事后态度等在此不加赘述。

2. 对"随意"的判断

在正确理解"随意"的基础上,对于"随意"的判断,本文主张,在坚持主客观因素相统一原则的基础上,结合司法适用的实际,应以客观方面的标准为主。在司法实践中,对于犯罪人主观方面的认定,主要也是基于客观行为表现,通过证据串联起的犯罪行为的全过程来逆推犯罪人的主观心理。虽然存在通过被告人供述来把握其主观心理的情况,但是暂且不说口头供述与心理实际的偏差,只凭借被告人供述来把握主观心理的这种方式,起码对于寻衅滋事罪的犯罪人而言是欠妥的。第一,是由于前文所述的"随意"带有的间接故意特点。第二,根据本文对相关司法认定数据的整理,[①]大多数认定为随意殴打型寻衅滋事罪案件发生在酒后。在这种情形之下,被告人自身的主观目的或者是主观态度并不明确,其事后的供述并不能准确反映行为时的主观心态。而且根据"仅凭口供不能定案"的证据规则,口供是需要其他证据来进行印证或补强的。因此,以客观方面的标准为主来判断"随意"更为科学。但同时需要强调的是,这种说法不是忽略主观因素,而是贴近司法适用之实际,以客观因素来印证主观因素。

基于以上分析,本文认为,判断随意殴打型寻衅滋事罪之"随意",应主要基于以下两个要素作出综合判断:一是殴打他人的因果关系的对称性。可以参照"双重置换"规则,结合"一般人理性"进行价值性的判断,认定殴打行为的原因是否可为一般人理性所认可。如果答案是否定的,则应当认定为"随意"。需要强调的是,这里的因果关系对称性的判断,不只是对于行为起因与行为发生之间因果关系对称性的判断,同时也是对殴打行为的客观事实状态的判断。二是行为对象的随机性。"随意殴打"对于行为对象的选取一般是随机的,但这种情况,

---

① 通过中国裁判文书网裁判文书统计显示,2016年北京市已决刑事案件中以寻衅滋事罪判决的案件共217起,而认定为随意殴打型寻衅滋事的案件共148起,其中在行为人酒后发生的案件共124起,占随意殴打型寻衅滋事案件的83.78%。

并不排除双方在之前的社会生活中有过交集的情形。"随意"是与寻衅滋事罪保护的法益密切相关的。因此,对于行为对象而言,"随意"主要是基于一般社会交往中、没有利害关系的个人。

以上两个判断要素的提出,并不是否定诸如行为场所和时间、事后态度等要素。但是,值得强调的是,这两个要素是最主要的,也是必要的判定要素。前文提到的持主客观相统一说观点的学者所提出的标准,内容过于庞杂,而且在某些情况下同一学者提出的若干项标准之间会存在矛盾,不能做到准确定性,而判断标准应具有必要的明确性和确定性,且应是"放之四海而皆准",适用于所有情形,才能称为标准。所以,本文主张"随意"的判断标准只集中在以上两项,且在判定时需要两项同时符合。这样不仅有利于"随意"之判断标准的明晰,保证界定的明确性,而且可以减少分歧,更加简便地应用于司法实践。

二、随意殴打型寻衅滋事罪与故意伤害罪(轻伤以下)的区分

虽然学界普遍认为,寻衅滋事罪中的"随意殴打他人,情节恶劣"在客观方面应包括致人轻伤的结果,并以此为限,但是,就随意殴打型寻衅滋事罪与故意伤害罪的区别而言,在两罪的界限划分和司法认定方面仍存在较大的分歧,常常发生混淆。

(一)随意殴打致人轻微伤与故意伤害罪(未遂)的区分

虽然从犯罪未遂的基本原理看,故意伤害罪作为一种故意犯罪,应该存在未遂状态,但在司法实践中,一直以来都是以造成的伤害结果来反推行为的故意伤害性质,因此并不对故意伤害罪存在未遂情况予以承认。对于故意伤害致人轻微伤的情况,则一般不按照犯罪处理。但同时在某些主观恶性较大、社会公共秩序破坏严重,尤其是社会影响较大的案件中,就会以寻衅滋事罪定罪量刑。大体来说,正是由于这种现

象的存在,使得寻衅滋事罪的司法价值大打折扣,沦为“口袋罪”。而在梳理寻衅滋事罪与故意伤害罪的关系时,因为两者在客观方面的相似度极大,因此,一方面要对两罪的客体进行明确的界定和区分,另一方面要对故意伤害罪是否存在未遂状态进行论证。

1. 随意殴打型寻衅滋事罪的客体

刑法典将寻衅滋事罪规定在第六章妨害社会管理秩序罪的第一节扰乱公共秩序罪之中,其规定为:“有下列寻衅滋事行为之一,破坏社会秩序的,处……”由上不难得出,立法中规定寻衅滋事罪,主要是为了保护社会秩序法益,这一点应是毋庸置疑的。但是对于社会秩序法益内涵的界定以及随意殴打型寻衅滋事罪之客体的类型两个问题上,仍存在诸多争议。

持复杂客体说的学者之间虽观点各有不同,但大体上都认为,寻衅滋事罪必须同时侵犯社会法益和个人法益。其中一部分学者认为,复杂客体之间存在主从关系,其中社会法益是主客体,而个人法益是从客体。① 另一部分学者认为,寻衅滋事罪所侵犯的社会法益与个人法益之间是相对独立的,并不是简单地由对个人法益的侵害直接传导到侵犯社会法益上去,而是行为在侵犯个人法益的同时,额外地造成社会管理秩序的破坏,使其他个体受到威胁和恐惧,影响人们生活的安定预期。② 本文认为,将寻衅滋事罪的客体界定为复杂客体的观点是不恰当的,因为“复杂客体是指一种犯罪行为同时侵犯了两种或两种以上的具体社会关系”。③ 一方面,无论是公共秩序与公民人身财产权利之间还是社会法益与个人法益之间都不是相互独立的;另一方面,在肯定寻衅滋事行为必然侵犯社会秩序的基础上,无法对这种行为必然侵犯公民的人身和财产权利给出肯定的答案。因此,宜将寻衅滋事罪的客体界定为单一客体比较合适。

① 参见刘晓博:《浅析寻衅滋事罪的构成》,载《延边党校学报》2011年第2期。

② 参见徐卫东:《认定寻衅滋事罪需注意三个要点》,载《检察日报》2011年5月10日,第3版。

③ 马克昌主编:《犯罪通论》,武汉大学出版社2013年版,第119页。

如前文所述,寻衅滋事罪的客体应是社会秩序,那么如何对社会秩序进行明确,则成为认定寻衅滋事罪客体的关键。

在单一客体说中有四种代表性的主张,分别为社会公共秩序说、社会管理秩序说、社会秩序说和社会公共秩序中的社会风尚说。其中,社会公共秩序说、社会管理秩序说和社会秩序说其实都是从整个刑法体系对于寻衅滋事罪的规定来进行论证的,其范围都过于宽泛,并未体现出寻衅滋事罪自身保护法益的独特性,不具备实际适用价值。因此,有论者认为以社会公共秩序中的社会风尚作为寻衅滋事罪的客体内容,则更具有实质性价值。"寻衅滋事行为的行为人主观上公然藐视国家法纪和社会公德,犯罪动机是寻求下流无耻的精神刺激,以填补精神空虚,其犯罪行为一般侵犯的并不是特定的人身、人格或公司财产,而是向整个社会挑战,藐视社会主义道德和法制,直接违犯的是公共生活规则中的交往规则,是对社会良好风尚的挑衅。"①但是本文认为将社会风尚作为寻衅滋事罪的客体的观点还有待商榷。因为根据我国刑法学界通行的观点:"犯罪客体是指刑法所保护而为犯罪行为所侵害的社会主义社会关系。"②社会风尚作为一种抽象的社会大环境,并不会为寻衅滋事行为所损害;若社会风尚被侵害而致使其转变,那么在新的社会风尚下,这种寻衅滋事的行为就可能不再被认定为一种侵害行为。换言之,以社会风尚作为犯罪客体的这种观点本身就存在矛盾。

因此,对于寻衅滋事罪客体的界定仍应该回归社会秩序本身。但是,社会秩序是一种十分抽象的概念,而这种抽象性直接导致的就是一种不明确性;之所以要对寻衅滋事罪之犯罪客体的概念进行限定,就是为了通过一种实质性的限定使得对该构成要件的解释趋于明确,从而实现构成要件应有的确定刑事责任的机能。同时,应认识到我国刑法对于寻衅滋事罪的规定具有其自身的独特性。寻衅滋事罪由四种具体行为类型构成,应当根据具体的行为类型确定其保护的法益,即不同类

① 李希慧主编:《妨害社会管理秩序罪新论》,武汉大学出版社 2001 年版,第 160 页。

② 高铭暄主编:《刑法学》,法律出版社 1983 年版,第 106 页。

型的寻衅滋事罪的犯罪客体。“具体而言,随意殴打型寻衅滋事罪的犯罪客体,应是社会一般交往中的个人的身体安全,或者说是与公共秩序相关联的个人的身体安全。”①“寻衅滋事罪必须危及公众的安全感,才可能构成对公共秩序的侵犯,这种安全感通过公众对犯罪行为性质的判定并认为自己同样会被殴打而得以丧失。”②随意殴打型寻衅滋事罪可能造成他人身体健康的损害的殴打行为,只是为破坏社会秩序而采取的手段。具体而言,随意殴打型寻衅滋事罪表现为对社会一般交往中个人身体安全的侵害,其在侵害被害人人身安全的同时,也对被害人以外的其他社会人的人身安全产生威胁或危害可能,使其产生不安全感。

2. 故意伤害罪的未遂犯

从犯罪未遂的含义及故意伤害罪的特点看,寻衅滋事罪应是存在未遂状态的。但在司法实践中,以故意伤害罪(未遂)定性的案件很罕见。主要原因不外乎以下两点:一是在这种情形下,不能有力地证明行为人确有伤害的故意。以伤害的故意实施的故意伤害行为和一般殴打行为或生活中的厮打行为在客观表现形式上极具相似性,尤其是在刚刚着手实行伤害行为时即停止的情况下,对于行为人是否具备伤害的故意,很多情况下都难以得到充分证明。二是即使不能否定行为人具有一般伤害的故意,但由于并未造成伤害结果,会认为是情节显著轻微危害不大,按照《刑法》第 13 条“但书”的规定,不认为是犯罪。

故意伤害罪未遂的情况有很多,在此仅对行为人以对轻伤或重伤持放任心态的间接故意,实施伤害行为,最终造成轻微伤或以下结果的情形,是否能够成立未遂进行探讨。有学者认为,对于这种情形应按照存疑时有利于被告的原则进行处理,在尚无证据能够对行为人具有重伤害的故意加以证明的情况下,对轻伤害的故意进行认定。而且,“一方面要考虑到故意伤害罪是以造成一定伤害程度作为定罪量刑的标准,另一方面考虑到减轻公诉机关举证责任、便于审判机关审理,以及

① 张明楷:《刑法学》(第 4 版),法律出版社 2011 年版,第 935 页。

② 何庆仁:《寻衅滋事罪研究》,载《中国刑事法杂志》2003 年第 4 期。

给行为人一次机会，基于刑法谦抑和诉讼效率之精神内涵不宜以故意伤害罪未遂论处。但对于结果轻微伤以下且情节恶劣的，在不宜定故意伤害罪的情形下，一般也可以适用寻衅滋事罪兜底"。[①] 这种观点考虑到了刑法的谦抑性和诉讼效率之精神内涵，贴近司法实际，具有一定程度上的合理性，但同时还存在缺陷。首先，它否定了寻衅滋事罪作为单独个罪的独特性和独立性，而是把寻衅滋事罪作为一个口袋，对不宜定故意伤害罪的行为进行兜底。其次，它对随意殴打型寻衅滋事罪的犯罪构成之独特性的理解存在偏差。正如前文所述，对随意殴打型寻衅滋事罪之"随意"的准确理解与判断是对寻衅滋事罪进行认定的关键，特别是对寻衅滋事罪和故意伤害罪进行区分的情况下，对行为"随意"与否的准确认定是必不可少的。这种观点忽略了对"随意"的认定而只对殴打他人进行考量，就不能对罪与非罪、此罪与彼罪作出正确的区分。最后，如果说是为了保证诉讼效率而不宜将该情形认定为故意伤害罪，那么又有何理由能够以寻衅滋事罪兜底呢？这种论证是自相矛盾的。

综上所述，在以伤害的故意造成他人轻微伤以下结果且情节严重，但是不符合随意殴打型寻衅滋事罪之犯罪构成时，应当认定为故意伤害罪未遂。一方面，应在司法实践中冲破经验的壁垒，大胆地对应该认定为故意伤害罪未遂的情形给予正确的认定，使得刑法的理论真正地在实践中起到指导作用。另一方面，应当正确理解寻衅滋事罪之独立性，对寻衅滋事罪的犯罪构成进行准确地认定，破除寻衅滋事罪可能成为新口袋罪的历史牢笼。

（二）随意殴打致人轻伤与故意伤害罪（轻伤）的区分

寻衅滋事罪和故意伤害罪都是司法实践中常见的罪名。由于两罪在表现形式上有一些相似之处，特别是在随意殴打致人轻伤的情况下，

---

① 潘庸鲁：《寻衅滋事罪与故意伤害罪比较研究——以方玄昌、方舟子被袭案为切入点》，载《法律适用》2011 年第 2 期。

两罪之间界限的划分有时并不容易,因此在涉及随意殴打致人轻伤的案件中,对被告人如何定性,往往发生分歧。

1. 学界观点评析

(1)犯罪动机说("随意"说)

正如前文所述,随意殴打型寻衅滋事罪中的"随意"在该罪的构成要件中占有举足轻重的地位,对"随意"的准确理解与判断也是认定寻衅滋事罪的关键。因此,很多学者基于此种认识,提出应以"随意"来对寻衅滋事罪与故意伤害罪进行明确区分。当然,这些学者对于"随意"的理解主要是基于主观要素的考量,主要是以犯罪动机来进行区分。因此,本文也把这种观点称作犯罪动机说或"随意"说。

有学者指出,"'随意'是随意殴打性寻衅滋事罪与故意伤害罪相区别的根本标志……从本质上看,故意伤害罪与寻衅滋事罪的最大区别应该说是犯罪主观方面的部分内容不同。在殴打他人致人轻伤结果的情况下,两罪事实上存在包容关系,即故意伤害罪完全可以包容寻衅滋事罪。故意伤害罪的主观方面的内容只是寻衅滋事罪主观方面的部分内容。如果犯罪的主观方面符合寻衅滋事罪的构成要件,那么肯定也符合故意伤害罪的构成要件"。[①] 这种观点虽以包容犯来定义寻衅滋事罪与故意伤害罪之间的关系,但其实质是在出现轻伤结果时,以"随意"来对二罪进行区分。也有学者提出,应将犯罪客体、主观上具有随意性的动机和目的以及客观行为的随意性作为区分随意殴打型寻衅滋事罪和故意伤害罪的关键。[②] 但是如前所述,随意殴打型寻衅滋事罪的犯罪客体和殴打的随意性其实是一脉相承的,在寻衅滋事罪的认定及其与故意伤害罪的区分方面是一致的,具有异曲同工的效果。"随意殴打"之"随意"是具有主客观两方面性质的要素。"随意殴打"即行为人以一种主观上的随意,无事生非或借故生非,客观上实施了不

---

① 高铭暄、梁健:《寻衅滋事罪若干疑难问题探讨》,载《人民司法》2008年第17期。

② 参见王作富主编:《刑法分则实务研究》(第4版),中国方正出版社2010年版,第1248页。

顾场合、不计后果、不分对象的随意殴打行为。这种“随意”在侵犯人身权利的同时,还对社会公共秩序构成威胁,危及社会公众的安全感,即侵犯了作为寻衅滋事罪客体的社会一般交往中个人的身体安全。基于前文对“随意”的界定和“随意”与寻衅滋事罪客体的联系,这种标准可以归于“随意”的标准之中,因此,本文也将其视为“随意”说的观点。

(2)多要素(或全面)分析说

持多要素(或全面)分析说的学者认为,应坚持主客观相统一的原则,对犯罪行为或犯罪构成的各个方面全面加以考虑,进行综合分析。

有学者认为,要从行为人主观故意的内容、行为人的客观表现、侵犯的对象、侵犯的客体和随人体伤害限度的要求的不同五个方面来对二罪进行区分。① 有学者从理论上对寻衅滋事罪和故意伤害罪加以界定,认为二者的区别主要体现在动机或目的不同、犯罪对象不同、发生场域不同和既遂标准不同几个方面。② 也有学者通过对相关的争议案件进行分析,发现在司法实践中对两罪的区分主要围绕以下几个要素展开:一是犯罪动机。在办案过程中,将报复动机和流氓动机区别开来,对出于逞强斗狠、寻求刺激等流氓动机殴打他人的按照寻衅滋事进行处理,而对出于报复动机实施殴打行为的,则认定为具有故意伤害的性质。二是案发原因。以“事出有因”与“事出无因”为依据对两罪进行界定。当然,在“有因”与“无因”的解释上,则有不同的观点。三是犯罪对象。主要是根据殴打对象是否“特定”来对二罪进行区分。但是在何为“特定”的判断标准上,有以之前认识与否为标准的,也有以之前是否发生过纠纷为标准的。四是事发地点。寻衅滋事行为往往发生在公共场所,其场域具有公开性和非特定性,而且通常认为在公共场所殴打他人的,必然会对社会秩序造成侵害,而故意伤害罪的行为人通常会选择相对封闭或隐秘的场所实施犯罪,因此,实践中通常会将在非

① 参见代水平、王丽娟:《试论寻衅滋事罪与故意伤害罪的区分》,载《经营管理者》2013 年第 13 期。

② 参见潘庸鲁:《寻衅滋事罪与故意伤害罪比较研究——以方玄昌、方舟子被袭案为切入点》,载《法律适用》2011 年第 2 期。

公共场合殴打他人的,认定为故意伤害。①

(3)想象竞合说

想象竞合说认为,随意殴打致人轻伤的情形,属于一行为触犯数罪名,应以想象竞合犯从一重罪论处,即认为应充分认识到随意殴打型寻衅滋事罪与故意伤害罪的相似性,运用法律思维进行法律推演。"建议运用想象竞合犯原理确定随意殴打行为的属性。随意殴打他人致人轻伤的行为,客观上具有殴打行为,若主观上明知自己的殴打行为可能造成他人身体伤害而希望或者放任这种危害结果的发生,侵犯了刑法所保护的他人身体安全的法益,则该行为符合故意伤害罪的构成要件。该行为同时侵犯了刑法所保护的公共秩序或者社会秩序,也符合寻衅滋事罪的构成要件,一行为触犯数个罪名,按照我国《刑法》总则关于想象竞合犯的理论进行判定和论处。"②

2.本文的见解

对于随意殴打致人轻伤的情形,应按想象竞合处理。这主要基于两个前提:第一,应肯定随意殴打型寻衅滋事罪作为单独个罪的独立价值。寻衅滋事罪作为独立的刑法罪名,具有独特的犯罪构成要件,虽然该构成要件与他罪的构成要件之间存在交叉重合的关系,但也不应因此就否认寻衅滋事罪的独立性。就随意殴打型寻衅滋事罪与故意伤害罪(轻伤)的关系来看,一方面,随意殴打型寻衅滋事罪保护的法益有其独特性,该罪的犯罪客体并不能被故意伤害罪的犯罪客体所包容;另一方面,较故意伤害罪(轻伤)而言,寻衅滋事罪的法定刑更重,就这个层面而言,以寻衅滋事罪定罪处罚的犯罪行为之社会危害性应较故意伤害罪(轻伤)的犯罪行为之社会危害性更大,在同样致人轻伤的情况下,若以寻衅滋事罪兜底,则会造成定性模糊、量刑畸重。第二,随意殴打型寻衅滋事罪在客观方面可以包容轻伤及以下的危害结果。一方

---

① 参见关振海:《规范与政策:寻衅滋事与故意伤害的二重区分——以20个公检法争议案件为切入》,载《国家检察官学院学报》2012年第1期。

② 戴慈:《区分随意殴打型寻衅滋事罪与故意伤害罪之司法困境与出路》,载《安徽警官职业学院学报》2012年第2期。

面，伤害与殴打之间并不存在性质上的实质性差异，造成伤害结果的伤害行为，在刑法的范畴内，也与寻衅滋事罪中的殴打行为相符合；另一方面，从法定刑的比较上来看，寻衅滋事罪更重，从规范的角度上来看，寻衅滋事罪无疑可以包容致人轻伤的后果。

而根据“想象竞合犯是指一个犯罪行为而触犯数个罪名的犯罪。具体的说，是指基于一个犯意的发动，实施一个犯罪行为，侵犯数个客体，成立数个罪刑的情况”，[①]随意殴打他人且造成他人轻伤后果的情形，是行为人基于一个犯罪意图，实施了一个殴打他人的行为，同时触犯了寻衅滋事罪和故意伤害罪两种罪名，符合想象竞合犯的构成要件。不只在刑法理论上，《解释》对此种情形作出了相同的规定。《解释》第7条规定：“实施寻衅滋事行为，同时符合寻衅滋事罪和故意杀人罪、故意伤害罪、故意毁坏财物罪、敲诈勒索罪、抢夺罪、抢劫罪等罪的构成要件的，依照处罚较重的犯罪定罪处罚。”[②]综上，对于随意殴打致人轻伤的情形，应按想象竞合犯原理，从一重罪处罚。

三、随意殴打致人重伤、死亡的认定

随意殴打致人重伤、死亡行为的认定，是随意殴打型寻衅滋事罪司法适用中的难点。刑法理论界与司法实务界对此也见仁见智。

（一）学界观点评析

1. 寻衅滋事罪说

寻衅滋事罪说认为，出于流氓动机的不健康的心理需求，实施殴打他人的行为，且行为侵害的对象不特定时，不能认定其具有伤害或剥夺他人生命的故意，因为故意伤害罪或故意杀人罪的故意要求行为人对

---

① 马克昌主编：《犯罪通论》，武汉大学出版社2013年版，第671页。

② 参见最高人民法院、最高人民检察院2013年颁布的《关于办理寻衅滋事刑事案件适用法律若干问题的解释》第7条。

行为对象是特定的、明确的,而只能认定其构成寻衅滋事罪。如有学者认为,“有关寻衅滋事罪的法条对致人重伤或者死亡的结果并非明确予以排除,从严格遵循主客观相一致和罪刑法定原则的角度出发,只应定寻衅滋事罪”。①

2.故意伤害罪、故意杀人罪说

故意伤害罪、故意杀人罪说认为,随意殴打致他人重伤、死亡,应认定为故意伤害罪或故意杀人罪。如有论者指出,“就造成同样的危害后果而言,有明确的加害目标的故意伤害和故意杀人类案件的危害程度显然低于无事生非、横行霸道、殴打伤害不特定无辜群众的寻衅滋事类案件。从罪刑相适应的角度看,法定刑低于故意伤害和故意杀人的寻衅滋事罪的客观方面不能容忍重伤和死亡的危害结果。因此,寻衅滋事致人重伤和死亡的行为不能按寻衅滋事罪处罚,只能按故意的内容及其他情节,以故意伤害罪或故意杀人罪处罚”。②

在持此种观点的学者中,对于为何应认定为故意伤害罪、故意杀人罪的原因却有不同的看法。这种分歧主要是对于随意殴打致人重伤或死亡的情形下,两罪之间的关系的认定不同。具体来说,第一,此情形构成“转化犯”,即寻衅滋事犯罪行为与故意伤害、故意杀人犯罪行为之间是一种递进关系,应属于转化犯。《刑法》第292条规定对聚众斗殴罪进行了法律拟制,规定“聚众斗殴,致人重伤、死亡的,依照本法第二百三十四条、第二百三十二条的规定定罪处罚”,③即以故意伤害或故意杀人罪定罪处罚。这与同属于从流氓罪中分解而来的寻衅滋事罪并无本质区别。所以,尽管法律尚未有明确规定,但是随意殴打致人重伤、死亡的,也应转化成故意伤害或故意杀人罪定罪处罚。④ 第二,此

① 马江领:《随意殴打型寻衅滋事罪认定的疑难问题研究》,载《浙江检察》2015年第5期。

② 蒋景妤、李志芬、陈新政:《寻衅滋事造成不同伤亡后果的定性》,载《人民司法》2010年第6期。

③ 参见《刑法》第292条第2款。

④ 参见王孝江:《寻衅滋事罪之反思与重构》,华东政法学院2002年硕士学位论文,第1~2页。

情形构成牵连犯,即行为人以破坏公共秩序为目的,实施随意殴打他人的行为,导致他人重伤或死亡结果的发生,在这种情况下,随意殴打是目的行为,而致人重伤或死亡是结果行为,两个行为之间存在牵连关系。因此,应按照牵连犯的原理,按照法定刑较重的故意伤害罪、故意杀人罪进行认定。[①] 第三,此情形构成想象竞合犯。有学者指出,殴打行为具有多重属性,既符合随意殴打他人的行为模式,又是非法损害他人身体健康或非法剥夺他人生命的外在表现形式。[②] 行为人实施了"随意殴打他人"一个行为,同时触犯两个罪名,属于典型的想象竞合的情况,应根据想象竞合原理,以故意伤害罪或故意杀人罪论处。[③]

3. 数罪并罚说

数罪并罚说认为,对于随意殴打致人重伤或者死亡的,应实行数罪并罚。因为寻衅滋事罪较轻的法定刑配置就表明,对于重伤、死亡这类严重的危害结果,不能为寻衅滋事罪所包容。从罪责刑相适应的角度看,对此种情形,应实行数罪并罚。这种观点是有渊源的,最高人民法院、最高人民检察院曾在1984年颁布的司法解释中规定"流氓罪兼犯杀人、重伤、抢劫、强奸和引诱、容留、强迫妇女卖淫,制作、贩卖淫书、淫画等罪行的,应按数罪并罚惩处"。[④] 虽然1997年修订刑法将寻衅滋事罪从流氓罪中分解了出来,但江苏省高级人民法院也于2000年作出了明确规定,"寻衅滋事,直接致人重伤、死亡,构成犯罪的,分别按寻衅滋事罪和故意伤害罪或故意杀人罪定罪,实行数罪并罚"。[⑤]

---

① 高铭暄、梁健:《寻衅滋事罪若干疑难问题探讨》,载《人民司法》2008年第17期。

② 参见高洪江:《寻衅滋事致人重伤、死亡行为定性的法理分析》,载《人民法院报》2003年5月27日。

③ 参见郭立新、杨迎泽主编:《刑法分则适用疑难问题解》,中国检察出版社2000年版,第261页。

④ 参见最高人民法院、最高人民检察院1984年颁布的《关于办理当前流氓案件中具体应用法律的若干问题的解答》。

⑤ 参见江苏省高级人民法院2000年颁布的《关于审理刑事案件中具体应用法律的若干问题的意见(试行)》。

4. 区别对待说

区别对待说认为,在现实生活中,寻衅滋事致人重伤或死亡的情形多种多样,至于该如何定罪,应根据案件实际情况而定。如有论者认为,"如果行为人在实施寻衅滋事行为的过程中,对其随意殴打行为所导致的重伤或死亡结果不存在故意或过失的主观心态,则仍以寻衅滋事罪定罪处罚,但在量刑时对被害人重伤或死亡的结果要予以充分考虑。如果行为人对其导致的被害人重伤或死亡的结果存在故意,则无论行为人的殴打行为是导致被害人重伤或死亡的直接原因还是间接原因(或诱因),都应以故意伤害罪或故意杀人罪论处。如果行为人对其行为致人死亡的结果不存在故意但有过失的,以过失致人死亡罪定罪处罚"。① 另有论者表示,"如果随意殴打他人的行为本身已经具备了情节恶劣的条件,有造成了他人死亡的结果,则符合想象竞合犯的特征;如果随意殴打他人的行为本身不具备情节恶劣的条件,则不构成本罪,但是给他人造成重伤、死亡的结果构成了故意伤害罪、故意杀人罪,这种情况就不符合想象竞合犯的特征。同样道理,在殴打他人过程中,根据行为人的手段、打击部位及力度,还可能具有过失致人死亡罪、过失重伤罪之情形,这种情况是否属于想象竞合犯与上述情形的结论是一致的。值得注意的是,有些情况下随意殴打他人致重伤、死亡还可以构成数罪"。②

(二)本文的见解

当前,寻衅滋事罪的"随意殴打他人,情节恶劣"不包括致人重伤、死亡的情况的观点,已被大多数刑法学者所认同。一方面,寻衅滋事罪与聚众斗殴罪均是从流氓罪中分解出来的,在一定程度上可以进行比照研究。在聚众斗殴致人重伤、死亡的情形下,刑法规定应以故意伤害

---

① 殷成兵:《浅议寻衅滋事致人重伤或死亡的定性与量刑》,载《才智》2008年第13期。

② 张影:《寻衅滋事罪几个问题探究》,载《杭州商学院学报》2002年第5期。

罪、故意杀人罪论处,这就说明了致人重伤或死亡的结果不能被聚众斗殴罪所包容。而对于寻衅滋事罪而言,同样脱胎于流氓罪,而且法定刑较聚众斗殴罪更低,当然不能包涵重伤或死亡的结果。另一方面,就寻衅滋事罪的法定刑来看,也能得出同样的结论。《刑法》第293条规定寻衅滋事罪的法定最高刑为5年有期徒刑,而第234条、第232条中规定致人重伤、死亡的情形,最高刑均为死刑,远较寻衅滋事罪更高。显然,根据法定刑配置的法理,寻衅滋事罪不能包容致人重伤、死亡的危害结果。因此,无论是从规范的意义上还是罪刑相一致的原则来讲,随意殴打致人重伤、死亡的情形,以寻衅滋事罪处罚的观点明显不足取。

"数罪并罚说"也受到学界的普遍反对和斥责。第一,"根据罪数理论,行为人只实施了一个行为,只具备一个犯罪构成,就当然应以一罪论处。根据罪数的犯罪构成个数标准说,因寻衅滋事随意殴打他人致人重伤、死亡的,与故意伤害致人重伤、死亡的,在伤害的性质和结果上并无区别,无构成数罪的基础"。[①] 第二,根据刑法原理中对犯罪行为进行评价的原则,对同一行为或同一情节只能进行一次评价,而将寻衅滋事致人重伤、死亡的情况认定为数罪,则是将随意殴打行为在寻衅滋事罪中评价一次,又在故意伤害罪或故意杀人罪中又评价了一次。第三,根据前文所述,凡致人重伤、死亡的,均不能认定构成寻衅滋事罪。既然不能成立寻衅滋事罪,那么实行数罪并罚就无从谈起了。[②]

对于"区别对待说",其实只具有一定的提示和参考价值,只能是作为一种一般化案例的类型化罗列,而不能真正地在司法实践中起到指导作用,在此不加赘述。

当前,在刑法理论上是倾向于将上述情形认定为故意伤害罪或故意杀人罪的,在得出该处理结果的论证中存在的不同观点,也是学界争议较大的问题。第一,对于"转化犯说",本文持否定态度。这是因为

---

① 于前军、孙孝明:《杨安等故意伤害案——寻衅滋事随意殴打他人致人重伤、死亡的应如何定罪》,载《刑事审判参考》总第30期。

② 参见陈克、王琍琍:《寻衅滋事中致人重伤、死亡的不应数罪并罚》,载《江苏法制报》2006年2月21日,第6版。

转化犯的成立需要法律进行明确规定,而刑法对于寻衅滋事罪并没有相关规定,就不能将寻衅滋事致人重伤、死亡视为转化犯,这是罪刑法定原则的基本要求。第二,对于"牵连犯说",本文也不予认同。首先,一般认为,"牵连犯是指犯罪的手段行为或结果行为,与目的行为或原因行为分别触犯不同罪名的情况"。[①] 因此,牵连犯绝非是一个行为,而至少是两个行为或者两个以上行为。"随意殴打他人"无疑属于犯罪构成要件中的一个行为,其行为构成特点不符合牵连犯的情形。其次,如果将此种情形视为牵连犯,这将会在定性和处罚上带来困惑。因为牵连犯在我国刑法学界的学理上争议颇大,体现在处罚原则上主要有"从一重处断说"与"数罪并罚说"两种分歧观点。最后,对于"想象竞合犯说",本文亦持否定态度。这主要是由于持想象竞合犯说的学者在认为此种情形触犯了寻衅滋事罪的同时,还对重伤或死亡结果不应包含在寻衅滋事随意殴打他人的后果之内也持肯定态度。这显然是自相矛盾的。

因此要对随意殴打致人重伤、死亡的情形进行正确的认定,还是要回归对于犯罪构成要件的分析上,应将此种情形认定为故意伤害致人重伤或死亡,以故意伤害罪定罪量刑。因为行为符合犯罪构成是认定犯罪的唯一标准,也是区分此罪与彼罪的根本标准。"不同的犯罪存在各自不同的犯罪构成,符合不同的犯罪构成便成立不同的犯罪(犯罪个别化机能)。"[②]详言之,既要严格按照罪刑法定原则对犯罪构成加以正确的解读,又要按照证据标准对案件的事实进行准确的认定,最终使得犯罪构成与案件事实之间形成一种紧密的对应关系。就随意殴打致人重伤、死亡的案件事实来看,其可能对应的罪名有寻衅滋事罪和故意伤害罪两种。[③] 同时,在肯定寻衅滋事罪的"随意殴打他人,情节恶

---

① 张明楷:《刑法学》(第4版),法律出版社2011年版,第439页。

② [德]H.科殷:《法哲学》,林荣远译,华夏出版社2003年版,第196页。

③ 本文只对一般情况下的随意殴打致人重伤、死亡的情形进行探讨,即行为人是以殴打(伤害)的故意实施殴打(伤害)的行为,而其行为具有主观上和客观上的随意性。至于在随意殴打他人的过程中产生杀人的故意或者行为人本身就具有杀人的故意而以随意殴打(伤害)行为表现出来的情形,应直接认定为故意杀人罪,在此不作论述。

劣”不包括致人重伤、死亡的情况的观点的前提下，就应认定寻衅滋事罪的犯罪构成并不能对随意殴打致人重伤、死亡的案件事实进行全面的评价。故意伤害罪（包括故意伤害致人重伤、死亡）则能够对随意殴打致人重伤、死亡的犯罪事实进行全面的评价，主要理由如下：第一，对于随意殴打致人重伤、死亡的情形，应认为此时行为人的殴打行为，超过了一般对于殴打程度的界限，而评价为伤害行为。因此，对此情形完全可以评价为故意伤害行为。第二，根据犯罪情节可分为定罪情节和量刑情节的分类，可将“殴打致人重伤、死亡”评价为定罪情节，而将“随意”评价为量刑情节，这样不仅案件事实能够充足全部的构成要件，而且可以对案件事实进行全面的评价。根据我国刑法的量刑模式：“在正确定罪的前提下，以案件确有的量刑情节为依据，首先应用一定的方法正确评价犯罪人的刑事责任程度，然后根据其责任大小，采取一定的方法在法定刑范围内（或基础上）求解量刑的最佳适度，对犯罪分子宣告判处某种刑罚或非刑罚处理方法”。[①] 第三，根据三段论的推理规则，在将犯罪事实与犯罪构成要件进行匹配时，应该匹配度最高的罪名，即犯罪事实能够与犯罪构成要件相对应，而犯罪构成要件能够对犯罪事实进行全面的评价。对于随意殴打致人重伤、死亡的情形，寻衅滋事罪因无法包容致人重伤、死亡的结果，并不能对案件事实作出全面的评价，而故意伤害罪可以。因此，随意殴打致人重伤、死亡的情形，应按照故意伤害致人重伤或死亡论处。

On Judicial Difficulties in the Crime of Picking Quarrels and Provoking Troubles

PENG Xinlin & LIU Tianyi

[内容摘要]随意殴打型寻衅滋事是备受争议的寻衅滋事犯罪行为方式。“随意”具有主观要素和客观要素的双重属性。应从殴打他人因果关系的对称性、行为对象的随机性等两个方面，来判断随意殴打

① 马克昌主编：《刑罚通论》，武汉大学出版社2013年版，第296页。

型寻衅滋事罪之“随意”。在以伤害的故意造成他人轻微伤以下结果且情节严重,但是不符合随意殴打型寻衅滋事罪之犯罪构成时,应当认定为故意伤害罪未遂。对于随意殴打致人轻伤的情形,应按想象竞合原则处理,即从一重罪处罚。对于随意殴打致人重伤、死亡的情形,寻衅滋事罪犯罪构成无法包容致人重伤、死亡的结果,也难以对案件事实作出全面的评价,这种情况下应按照故意伤害致人重伤或死亡论处。

[**关键词**]寻衅滋事罪;随意殴打;故意伤害罪

Abstract: Assault-type crime of picking quarrels and provoking trouble is a controversial method of provocation. “Random” has the dual attributes of subjective and objective elements. We should judge the “randomness” of the crime of picking quarrels and provoking trouble by beating others from the symmetry of causation and the randomness of the object of action. If the result is serious and the intent to cause minor injury to another person, it shall be regarded as attempted intentional injury, not the crime of picking quarrels and provoking trouble. In the case of casual assault that causes minor injury to a person, the case shall be dealt with according to the principle of imaginative joinder of offences, , namely from the penalty of one felony. The crime of picking a quarrel and provoking trouble can not tolerate the result of causing serious injury or death, and it is difficult to make a comprehensive evaluation of the facts of the case. In this case, it should be treated as intentional injury causing serious injury or death.

Keywords: Crime of Picking Quarrels and Provoking Troubles; Random Beating; Crime of Intentional Injury

同种罪名数罪的类型化处断及合理化证成*

——兼论盗窃尸体罪的数罪处罚

童德华**　马嘉阳***

目　　次

同种罪名数罪，即同种数罪，是指行为人多次实施触犯同一罪名的数个犯罪行为而构成的一种罪数种类。如何对同种数罪予以处断，不仅应体现我国刑法罪责刑相适应的基本原则，亦需彰显我国的基本刑事政策和优秀的司法经验。就犯罪人而言，对同种数罪适用不同的处断原则将导致在定罪量刑层面的法律效果差异较大；就国家和社会而言，因不同处断原则造成的量刑差异不仅能够反映不同刑事政策目的

---

* 本文系2018年国家社科基金重点项目“中国刑法立法现代化的理论基础与路径选择研究”（项目批准号：18AFX013）的阶段性成果之一。本文由中南财经政法大学中央高校基本科研业务费专项资金资助（编号：202010727）。

** 中南财经政法大学刑事司法学院副院长、东盟刑事法研究中心主任、教授、博士生导师。

*** 中南财经政法大学刑事司法学院刑法学硕士研究生。

的导向,同时对惩罚和预防犯罪也必然会产生积极或者消极的社会效用。同种罪名数罪的处断问题是刑法理论在罪数领域中极具争议的问题之一。在理论上,有些同种罪名数罪被当作集合犯、连续犯按照法定一罪或者处断一罪处理,但是有些同种罪名数罪明显不符合集合犯或连续犯的形态,对这类犯罪是否也应按照一罪论处呢?对此,刑法学界存在一罪处罚说、数罪处罚说以及情势定罚说三种观点之分。这三种不同的观点立足于不同的理论基础,体现出不同的价值取向,因而在对具体案件中的同种数罪予以处断时就可能会产生不同的裁判结果。因此,本文将在具体分析一罪处罚说、数罪处罚说以及情势定罚说各自利弊的基础上,试图根据类型化思路构建进一步的处断规则,并对盗窃尸体罪数罪处断的实践问题予以评判。

一、一罪处罚说的利弊

根据一罪处罚说,当行为人的数次行为触犯了相同的罪名时,仅需以一罪论处,其多次行为可以作为从重或者加重构成情节。[①] 例如,根据我国《刑法》第292条的规定,“多次聚众斗殴的”是本罪的法定刑升格条件。因此,行为人多次实施聚众斗殴的行为,就无须以数罪论处,而是可以直接作为法定刑升格条件以一罪论处。又如,虽然《刑法》第246条规定没有对行为人多次实施诽谤的行为作出明确的规定,但是却可以在法定刑幅度的范围内以一罪从重处罚。

一罪处罚说体现了“一人一刑”的刑法思想。“一人一刑”思想具有主观主义刑法理论的色彩。根据该理论,刑法的评价对象是行为人而不是行为,即强调犯罪的主体性特征。[②] 由于现代刑法理论以“行为”而非“行为人”为中心构建刑法体系,因此一罪处罚说虽然具有偏向于目的刑的旨趣,但是其是以触犯同种罪名为前提的,而并非对所有的数罪都以一罪论处。根据一罪处罚说的观点,当行为人的多次行为

---

① 参见韩光军:《同种数罪应否并罚新探》,载《武汉大学学报(哲学社会科学版)》2009年第1期。

② 参见马克昌:《犯罪通论》,武汉大学出版社2016年版,第608页。

反复触犯同一罪名时,就抽象层面而言,其展现出的犯罪构成中的主观方面和客观方面具有相同性的特点。同种数罪往往反映出行为人主观恶性和人身危险性的增加。因此,基于每个单次行为触犯罪名的同一性,应当对同种数罪以一罪论处;基于同种数罪中行为的"多次性",在结合行为人主观恶性以及人身危险性的基础上,应当将多次行为作为从重或者法定刑升格的条件。

(一)一罪处罚说的优势

一罪处罚说不仅在理论界获得了部分学者的支持,同时由于其具有操作简便等特点,使其在司法实践中也颇受青睐。一罪处罚说在理论和实践方面的优势,主要体现在以下方面:

第一,一罪处罚说具有立法的依据。我国刑法中许多条文的具体规定为一罪处罚说提供了法律的依据和适用的可能。① 一方面,我国刑法分则中的部分规定体现了一罪处罚说的思想。例如,前述的多次聚众斗殴;再如,我国刑法将"强奸妇女、奸淫幼女多人"作为强奸罪的法定刑升格条件,②从而无须通过数罪处罚的方式对行为人实施的数次强奸行为予以处断。另一方面,同一罪名下不同量刑幅度的设定为适用一罪处罚说实现公正处罚提供了操作的可能。例如,在生产、销售伪劣产品罪中,我国刑法根据销售金额的多少设置了不同的量刑幅度。③ 这样的做法,能够对不同数额背后不同的社会危害性和人身危

① 参见张小虎:《同种数罪不应实行数罪并罚》,载《上海市政法管理干部学院学报》1999年第2期。

② 本文认为,本条款中包含多次强奸妇女、多次奸淫幼女的情形。

③ 《刑法》第140条生产、销售伪劣产品罪规定:"生产者、销售者在产品中掺杂、掺假,以假充真,以次充好或者以不合格产品冒充合格产品,销售金额五万元以上不满二十万元的,处二年以下有期徒刑或者拘役,并处或者单处销售金额百分之五十以上二倍以下罚金;销售金额二十万元以上不满五十万元的,处二年以上七年以下有期徒刑,并处销售金额百分之五十以上二倍以下罚金;销售金额五十万元以上不满二百万元的,处七年以上有期徒刑,并处销售金额百分之五十以上二倍以下罚金;销售金额二百万元以上的,处十五年有期徒刑或者无期徒刑,并处销售金额百分之五十以上二倍以下罚金或者没收财产。"

险性予以不同的程度的处罚。

第二,一罪处罚说契合司法实践的传统做法。“从建国以来的刑事立法和司法审判实践来看,对于同种数罪,一般都是作为该罪的从重情节进行处罚,而不是适用数罪并罚的原则进行处理。”①例如,在当前的司法实践中,对于盗窃尸体罪同种数罪的处理,法院往往采取的是一罪处罚说的观点。② 因此,立足于刑事司法的角度,我国在同种数罪具体审判的过程中,以一罪的从重处罚为传统的操作方法。因此,司法实践中对于一罪处罚说的广泛应用反向印证了一罪处罚说具有的现实合理性。

第三,一罪处罚说具有逻辑自洽性。一罪处罚说更加贴合刑法体系的逻辑性和连贯性。一般而言,对于惯犯、集合犯、连续犯等具有特殊性的同种数罪都以一罪论处,因此如果不采取一罪处罚说,则会出现在同种数罪的内部处断方法难以协调的问题,从而无法实现刑法体系的自洽,造成在逻辑上自相矛盾的错误。③

第四,一罪处罚说有利于公正量刑。一罪处罚说具有弥补数罪处罚说在某些情况下可能因量刑的畸轻而导致的罪责刑不相适应,④从而造成对个别罪犯放纵的问题。当行为人反复实施触犯同一罪名的行为时,如果采取数罪并罚的方式,其最终确定的法定刑幅度是无法突破刑种间的界限的。例如,有期徒刑之间的并罚最高不能突破25年,从而无法升格为更重的刑种或量刑幅度。然而,行为次数的增加可能导致人身危险性以及社会危害性的增加,数罪并罚下刑种之间的难以突

---

① 赵炳寿、田宏杰:《论我国数罪并罚制度的完善》,载《现代法学》1995年第6期。

② 笔者在“北大法宝法律数据库”的“司法案例”栏目中搜索盗窃尸体罪的相关案件。1999~2019年,除去相同案件、有关刑罚变更等法律文书外,一共有79件涉及盗窃尸体罪的刑事案件,其中有20件涉及同种数罪的问题。对于这20件案件,法院无一例外地将行为人的数个盗窃尸体的行为以一罪论处。

③ 参见赵炳寿、田宏杰:《论我国数罪并罚制度的完善》,载《现代法学》1995年第6期。

④ 参见张小虎:《同种数罪不应实行数罪并罚》,载《上海市政法管理干部学院学报》1999年第2期。

破就可能会产生罪责刑不相适应的问题。然而,若作为一罪的从重或者法定刑升格条件,则能够满足社会危害性增加时对刑种予以突破的要求。以受贿罪为例,假定行为人每次受贿不超过 20 万元,但是受贿总额达到了 1000 万元,如果按照数罪并罚,自然不会突破 25 年的最高刑期,但是如果按照一罪处罚,并将受贿数额总和计算,从而实现法定刑幅度的换挡,则可适用无期徒刑或者死刑。

第五,一罪处罚说操作上简便易行。一罪处罚说在司法实践中的简便易行主要体现在量刑思路和具体操作两个方面。就量刑思路而言,一罪处罚说立足于"行为人"的视角,将其数次触犯同一罪名的多个行为作为一个整体进行社会危害性的评价。因此,在量刑的过程中,司法人员仅需要根据整体的社会危害性确定应当执行的刑罚,而无须对每个行为先分别作出评价量刑,再在个别量刑的基础上进行整体的判断。就具体操作而言,一罪处罚说能够通过合并行为次数、行为对象或者行为结果的方式增强具体量刑时的可操作性。当存在数个行为或者结果时,这种做法不仅能大幅度降低分别予以量刑的复杂性,也能避免因反复适用同一法律条文所带来的司法文书的烦冗性。①

(二)一罪处罚说的弊端

一罪处罚说固然具有上述的优势,但是在司法实践中该说可能面临如下几个方面的问题:

第一,一罪处罚说违背了客观主义的刑法理念。一罪处罚说体现的是主观主义的刑法观念,其与近现代居于主流地位的客观主义刑法思想存在冲突。首先,以行为人为核心的"一人一刑"的做法,与以"行为"为核心的客观主义刑法体系具有一定的冲突。其次,一罪处罚说主要体现的是性格责任论或者人格责任论的思想。然而,这两种学说对于责任本质的认识,是基于对行为人危险性格的非难以及对人格的

① 参见王飞跃:《论一罪累计数量处罚制度的合理性》,载《法律科学(西北政法大学学报)》2009 年第 4 期。

非难,因此在理论方面尚存在难以调和的缺陷。① 最后,一罪处罚说与我国罪数确定标准的通说观点即“犯罪构成标准说”存在分歧。虽然同种数罪的犯罪构成在主观方面和客观方面的性质上具有一致性,但是就构成要件的个数而言,其仍然具有数罪的特点。因此,将同种数罪人为归为一罪予以处断的做法在理论上是否合理还有待论证。

第二,一罪处罚说不符合刑罚个别化的处罚要求。一罪处罚说在操作的过程中可能沿袭过于抽象化的弊端。一罪处罚说认为数个犯罪行为具有相同的属性,是行为人基于同一的犯罪罪过心理的支配而实施的行为。② 然而,此种观点仅是从抽象的层面把握罪与罪之间的相同属性,而没有从具体的层面考察罪与罪之间的差异。在同种数罪中,虽然行为人的数个行为都符合刑法分则对某一犯罪构成要件的抽象性规定,但是一罪处罚说却忽视了对行为和行为人予以评价时的差异性要求。例如,行为人实施了两次故意杀人的犯罪行为,假定其中第一次属于激情杀人,第二次属于蓄意谋杀,或者第一次采用了投放毒药的手段,第二次采用碎尸、肢解等极端残酷的手段。在此类情况下,虽然最终能够基于吸收原则对行为人判处最高刑罚,但是在无法实现最高法定刑的时候,依旧需要评价每一行为背后的主观罪过和每一行为本身的客观化表现。具有相同的行为和相同的罪过并不等同于仅有一个行为或是仅有一个罪过,因此一罪处罚说混淆了“相同”和“同一”两个概念,在处罚上不可避免地存在片面化的问题。

第三,一罪处罚说亦存在不符合罪责刑相适应的情形。首先,一罪处罚说可能产生量刑畸轻的问题。当法律没有针对同种数罪设置法定刑升格条件时,就仅能在法律规定的法定刑幅度范围内对同种数罪从重处罚。这样做的问题在于:当法定刑幅度偏轻时可能产生量刑畸轻的问题。例如,在侮辱罪中,根据一罪处罚说,对于行为人多次实施以暴力或者其他方法公然侮辱多名受害者的行为,仅能在3年以下有期

① 参见张明楷:《外国刑法纲要》,清华大学出版社2007年版,第193～194页。

② 参见韩光军:《同种数罪应否并罚新探》,载《武汉大学学报(哲学社会科学版)》2009年第1期。

徒刑、拘役、管制或者剥夺政治权利的法定刑幅度范围内予以量刑，从而可能产生罪责刑不相适应的问题。正是基于这种原因，立法对某些同种罪名的数罪规定按照一罪论处，并且直接将法定刑升档。例如，行为人多次强奸妇女、奸淫幼女的，如果根据一罪处罚说，在普通强奸罪的法定刑幅度范围内从重处罚，则仅能在3年以上10年以下有期徒刑的范围内予以量刑，这显然有轻纵犯罪之嫌。因此，立法将“强奸妇女、奸淫幼女多人的”作为法定刑升格条件，从而可以判处10年以上有期徒刑、无期徒刑或者死刑。其次，一罪处罚说会造成数罪问题处断原则适用的混乱，从而可能产生罪责刑不相适应的问题。一方面，在异种数罪之间没有适用一罪处罚说的空间。由于异种数罪仅能以数罪论处，因此一罪处罚说可能会导致在社会危害性程度方面相近的不同犯罪行为在量刑幅度方面存在较大的差异。换言之，一罪处罚说既可能会使同种数罪的最高法定刑小于异种数罪的最高法定刑，也可能使同种数罪的最高法定刑大于异种数罪的最高法定刑。另一方面，一罪处罚说会因判决时间的不同而导致量刑的混乱。根据我国刑法的规定，在判决宣告后，刑罚执行完毕之前的新罪和漏罪应当数罪并罚，这其中必然包括同种数罪的情形。然而，如果就判决前的同种数罪采取一罪处罚说，则会造成因犯罪实施时间或者被发现时间的不同而在量刑方面产生差异的问题。

第四，一罪处罚说对同种数罪不具有适用的普遍性。首先，就同种数罪存在的多种类型而言，一罪处罚说没有考虑各类型之间的区别，笼统地以一罪论处，从而忽视了各类型背后在法理基础上的差异，具有便宜主义的色彩。① 例如，连续犯在主观方面表现为同一或者概括的故意，因而不同于普通同种数罪中的多个故意，因此对连续犯的处断必然不能和普通同种数罪采取相同的原则。其次，就刑法分则的具体规定而言，并非所有的罪名都存在从重或者法定刑的升格条件。例如，根据《刑法》第302条的规定，盗窃、侮辱、故意毁坏尸体、尸骨、骨灰罪仅有

① 参见林亚刚、张莉琼：《反复实施危害行为的成罪及处罚模式探讨》，载《法学评论》2009年第3期。

“三年以下有期徒刑、拘役、管制”一个法定刑幅度。因此,当行为人的数次行为触犯的是没有从重或者法定刑升格条件的罪名时,那么如何对其行为予以处断就存在问题。有学者指出,刑法分则罪状所具有的类型性特点就是表明在处理同种数罪时,应当将行为人的数次行为作为整体置于所涉罪名相应的刑罚幅度内予以量刑。[①] 然而,虽然刑法分则对于罪名的规定是针对某一类犯罪行为而非单个犯罪行为,但是就由此得出“合罪定刑”是刑法对同种数罪处断的应有之意却并不恰当。因为,刑法分则表现的类型化特点,是制定刑法时明确性与抽象性相互调和下的必然结果,而针对犯罪行为予以定罪量刑则是对于类型化的分则条款进行的具体适用。因此,如果想要增加一罪处罚说适用的普遍性,势必需要对现有的刑法条文进行修改,而大规模的修法又是不现实的。最后,就以一罪论处的结合条件而言,能够将行为人的多次行为合并为一罪论处的往往是具备结合条件的犯罪,如数额犯。例如,贪污罪中贪污的累计数额就是贪污罪的法定刑升格条件。然而,并非所有的犯罪都具备结合的条件。当法律并无明文规定将该类犯罪予以合并时,如何以一罪论处就存在问题。

第五,一罪处罚说在司法实践中也存在操作适用上的难题。一罪处罚说具有司法便利主义的色彩,因此在事实的认定以及具体的量刑方面无法做到完全准确,这就增加了裁判说理的模糊性和不确定性。首先,一罪处罚说可能导致罪名适用的混乱。一罪处罚说的前提是罪名明确,但是实践中罪名是根据行为、对象、结果和主观心理结合而成的。因此,在司法实践中可能存在对行为人犯罪事实的认定由一个罪名转变为另外一个罪名的情况。例如,高空坠物造成他人死亡的,受制于行为与结果等原因,该情形既可能定为过失致人死亡罪,也可能定为过失以危险方法危害公共安全罪。其次,一罪处罚说可能难以实现量刑的精确性。一罪处罚说对同种数罪的处断采取的是“合罪定刑”的

---

① 参见庄劲:《论连续犯概念之废除——兼论同种数罪的并罚模式》,载《求索》2007年第1期。

方式,[1]即根据各个犯罪行为综合而成的整体的社会危害性,在其相应的刑罚幅度范围内予以量刑。然而,在上述的量刑思路中,其综合考虑多个行为的社会危害性的量刑方式实质上是一种“估推”的方法,无法实现精确量刑。例如,行为人第一次实施盗窃行为是为了归还赌债,而第二次实施盗窃行为则是为了筹钱治病。以“合罪定刑”的方式企图对这两次的盗窃行为予以精确量刑,事实上是难以实现的。这种“合罪定刑”的方式虽然在具体的量刑操作、法律条文的适用以及司法文书的撰写等方面具有便捷的优势,但是同时也降低了判决的准确性和科学性,从而加大了对已决案件具体定罪量刑予以审查的难度。除此之外,一罪处罚说还会造成在犯罪形态判断、自首认定、时效计算等方面的难题。[2]

二、数罪处罚说的利弊

根据数罪处罚说,当行为人的多次行为触犯了相同的罪名时,对于其所实施的符合多个相同构成要件的行为,应当以数罪论处。例如,当行为人针对不同的对象实施了多个故意伤害的行为时,应当针对每一个故意伤害的行为予以定罪量刑,然后再根据数罪并罚的原则就每一个犯罪行为所对应的刑罚予以合并定刑。

数罪处罚说体现了“一罪一刑”的客观主义刑法思想。“一罪一刑”是在以“行为”为核心的刑法体系下所体现的罪刑关系,反映了“行为责任论”的思想。“行为责任论”认为,应当受到惩罚的是行为而非行为人。因此,对于行为人反复实施同一犯罪行为而形成的数罪理应根据行为的数量以数罪论处。数罪处罚说建立在“犯罪构成标准说”的基础上。根据“犯罪构成标准说”,行为人实施的犯罪事实能够符合

---

① 参见庄劲:《论连续犯概念之废除——兼论同种数罪的并罚模式》,载《求索》2007 年第 1 期。

② 参见贾莲君:《论同种数罪应当并罚》,载《法律科学(西北政法学院学报)》1995 年第 2 期。

多少个犯罪构成,就应当成立多少个犯罪。因此,当行为人基于数个独立的犯意,实施数个多次触犯同一罪名的犯罪行为时,采取数罪处罚说就成为我国罪数确定标准的应有之义。

(一)数罪处罚说的优势

支持数罪处罚说的学者主要基于该观点具有的如下优势:

第一,数罪处罚说于法有据。首先,根据我国刑法关于数罪并罚的规定,在具体的并罚操作中,我国采取的是限制加重的综合刑主义,即先根据各个罪名所对应的刑罚分别予以量刑,再在总和刑期所确定的量刑幅度内选择应当判处的刑罚。因此,就限制加重综合刑主义而言,我国对数罪的处断,不仅明显贯彻了"一罪一刑"的报应刑思想,[①]而且也体现了预防刑的理念。因此,对同种数罪的处断也应当遵循我国刑法条文在数罪处罚原则方面所体现的精神。其次,我国对于数罪的法律规定并没有明确将同种数罪排除在外,而仅将其限缩为异种数罪。因此,同种数罪理当属于数罪的范畴,从而应以数罪论处。

第二,数罪处罚说评价全面精准。首先,数罪处罚说能够最大限度地实现量刑的精确化和合理化的目标。在具体的案件中,同种罪名的数个行为可能分别对应不同的量刑情节。例如,行为人实施了两次以上的故意杀人行为,其中可能仅有一次符合自首的要求,那么对于此次的杀人行为就应当认定为自首,而对于其他的杀人行为则不存在自首的问题。数罪处罚说的优势就在于不遗漏任何一个对行为人有利或不利的情节,从而针对每一个犯罪行为实现量刑精确和合理的要求。其次,数罪并罚说有利于刑事诉讼程序的推进。从被告人的角度出发,根据数罪处罚说,被告人能够清晰地了解每一次犯罪行为被给予的刑法评价,从而决定是否推进刑诉程序以维护自身的利益;从司法机关的角度出发,由于数罪处罚说针对每一个犯罪行为都分别进行了刑法评价,因此有利于检察院和法院对已决案件在定性和定量方面是否正确作出

① 参见张明楷:《论同种数罪的并罚》,载《法学》2011年第1期。

合理的判断。[1]

第三,数罪处罚说社会效果良好。数罪处罚说能够更好地打击犯罪,实现公平正义。[2] 就同一罪名而言,当某一罪名在法律上并未设置从重或者加重的构成要件时,数罪处罚说能够通过合并处罚的方式满足罪责刑相适应的刑法基本原则的要求。在此基础上,由于我国采取的是混合原则,即针对不同的刑种适用不同的并罚原则,因而刑罚间的合并又不会超过合理的范围。例如,根据限制加重原则,有期徒刑之间刑期的叠加是具有最高刑期限制的。就不同罪名间的刑罚对比而言,对同种数罪采取数罪处罚说能够与异种数罪的处断原则相互协调,从而避免造成同种数罪与异种数罪处罚严厉程度失衡的问题。例如,当行为人两次实施故意伤害他人身体的行为时,根据数罪处罚说,其承担的刑事责任最高可达 6 年有期徒刑,而根据一罪处罚说,其承担的刑事责任最高仅为 3 年有期徒刑;但是当行为人分别触犯故意伤害罪和侮辱罪时,却只能根据数罪处罚说将最高刑期定为 3 年有期徒刑。[3] 因此,如果不对同种数罪采取数罪处罚说,则可能会造成在同种数罪和异种数罪之间社会危害性与刑罚严厉程度不相匹配的情形。

(二)数罪处罚说的弊端

数罪处罚说因同种数罪属于数罪的范畴而在理论方面具有先天的优势,但是该说在司法实践中也存在如下的不足:

第一,数罪处罚说存在重复评价的嫌疑。就犯罪构成而言,同种数罪中存在行为人基于同一或概括的主观罪过多次实施相同犯罪行为而构成连续犯的特殊情形。对于此类特殊的同种数罪如果采取数罪处罚

① 参见张明楷:《论同种数罪的并罚》,载《法学》2011 年第 1 期。

② 参见熊立荣:《同种数罪处罚原则新说》,载《广西政法管理干部学院学报》2003 年期 4 期。

③ 此处的故意伤害行为,仅指《刑法》第 234 条中"故意伤害他人身体的"的情形。

说,则会造成对行为人的同一犯意进行多次重复评价的问题。[①] 对异种数罪予以并罚的根据在于不同的犯罪在主观方面具有不同的主观恶性,在客观方面表现为不同的犯罪行为。罪名与罪名之间不仅存在程度上的差异,更重要的是存在质的差异。然而,当多次触犯同一罪名的行为被置于同一或概括的犯意之下时,行为人在主观方面和客观方面所呈现的差异仅仅是量的区别而非质的区别。例如,行为人出于报复的目的,蓄意杀害甲的全家,其在甲回家的路上杀害了甲,在甲的家里杀害了甲的妻子和儿子。对于此类案件,行为人在主观方面仅具有性质相同的同一或概括的犯意,在客观方面仅表现为危害结果的量的差异。因此,数罪处罚说的适用无疑会产生对犯罪构成重复评价的问题。因此,实践中一般倾向于将连续犯作为一罪处罚。就社会危害性而言,数罪处罚说在具体的量刑评判中亦存在重复评价的问题。[②] 在以数罪处罚说作为处断原则时,其首先要对每个犯罪行为的社会危害性作出评价并决定每个犯罪行为相应的刑罚,其次再根据并罚的原则决定量刑的幅度,最后根据整体的社会危害性决定应当执行的刑罚。在这一过程中,对犯罪行为社会危害性的评价虽然是从部分和整体两个角度出发的,但是其实质上却对每一个犯罪行为都进行了两次重复的社会危害性评价。

第二,数罪处罚说在操作中存在浪费司法资源、降低司法效率的问题。数罪处罚说的适用势必要对每一个犯罪行为分别进行评价,因此在证据收集、定罪事实认定等方面,法官需要对同一法律条文进行反复的适用,从而造成司法判决烦冗的现实问题。在量刑方面,法官需要先确定每一个犯罪行为对应的刑罚,再根据数罪并罚的原则确定最终执行的刑罚,因此必然会加大案件在具体量刑时的难度。例如,在受贿罪中,行为人存在多次的受贿行为是十分常见的情形,而根据数罪处罚说

① 参见韩光军:《同种数罪应否并罚新探》,载《武汉大学学报(哲学社会科学版)》2009年第1期。

② 参见王飞跃:《论一罪累计数量处罚制度的合理性》,载《法律科学(西北政法大学学报)》2009年第4期。

则需要对每一次的受贿行为进行分别的确证和评价。换言之,法官在定罪量刑的过程中,就需要针对每一次的受贿行为反复适用刑法分则中关于受贿罪的法律规定;针对每一笔受贿的款项分别确定应当执行的刑罚。这样的做法不仅延长了案件处理的时间,降低了司法效率,同时还增加了案件处理的难度。针对此种存在具体结果的犯罪,完全可以由法律通过明文规定以结果合并的方式提升法定刑幅度,从而避免不必要的司法浪费。

第三,数罪处罚说也可能造成不良的司法效果。由于我国的数罪并罚原则采取的是混合原则,因此数罪处罚说在实践中也很可能产生量刑畸轻的问题。一方面,根据我国《刑法》第 69 条的规定,当犯罪行为对应的法定刑幅度均为有期徒刑、均为管制或者均为拘役时,其合并后的刑期总和将受到限制加重原则的限制。① 另一方面,根据数罪处罚说,行为人反复实施的犯罪行为所对应的法定刑幅度无法突破刑种之间的界限。例如,假设行为人强奸妇女多人,如果按照数罪处罚的方式,仅能将多个在 3 年以上 10 年以下有期徒刑范围内确定的刑罚予以合并,这不仅无法突破 25 年有期徒刑的最高刑期,也无法适用有期徒刑之外更重的刑种。然而,当行为人实施的触犯同一罪名的多次犯罪行为在整体上能够与更重的刑种相适应,但却无法适用此类刑罚时,显然存在量刑畸轻的问题。

三、情势定罚说的提倡及合理化再构

情势定罚说,也被称为折中说,该说试图避免一罪处罚说和数罪处

① 《刑法》第 69 条规定:“判决宣告以前一人犯数罪的,除判处死刑和无期徒刑的以外,应当在总和刑期以下、数刑中最高刑期以上,酌情决定执行的刑期,但是管制最高不能超过三年,拘役最高不能超过一年,有期徒刑总和刑期不满三十五年的,最高不能超过二十年,总和刑期在三十五年以上的,最高不能超过二十五年。数罪中有判处有期徒刑和拘役的,执行有期徒刑。数罪中有判处有期徒刑和管制,或者拘役和管制的,有期徒刑、拘役执行完毕后,管制仍须执行。数罪中有判处附加刑的,附加刑仍须执行,其中附加刑种类相同的,合并执行,种类不同的,分别执行。”

罚说的弊端,主张究竟采取一罪处罚还是数罪处罚不能一以概之,而应当立足于罪责刑相适应的刑法基本原则,根据犯罪的具体情况作出不同的判断。

(一)对情势定罚说的批判

情势定罚说立足于罪责刑相适应的刑法基本原则,提倡就采取一罪还是数罪的问题应当根据具体的情况作出不同的判断,而不能一以概之。在该说的内部,就选择的根据而言亦存在不同的观点。一种观点认为,在能够满足罪责刑相适应要求的前提下,应当以一罪论处,否则,应当实行并罚。① 亦有观点认为,对于同种数罪原则上应当实行并罚,但是当法律明确规定一罪处罚或者规定了相应的数额犯、数量犯或者以一罪从重更能体现罪刑相适应原则时,则需以一罪论处。② 也有观点认为,应当以并罚为原则,一罚为例外,并针对在何种情况下采取并罚,在何种情况下采取一罚提出了具体的操作方法。③ 还有观点认为,在区分同种数罪不同类型的基础上,对于一般的同种数罪应当数罪并罚,对于连续犯应当一罪从重。④

情势定罚说的处断思路虽然符合类型化的思维,但是仍然遭到了部分学者的批判,其批判的理由主要存在以下几个方面:第一,情势定罚说缺乏统一的理论基础。⑤ 同种数罪之所以能够作为数罪项下的一种类型,正是因为其具有相同的特征和性质。对于同类型的事物采取

---

① 参见高铭暄主编:《刑法专论》(上编),高等教育出版社 2002 年版,第 630 页。

② 参见胡同春:《同种数罪处罚方法新解》,载《人民检察》2012 年第 11 期。

③ 参见张明楷:《论同种数罪的并罚》,载《法学》2011 年第 1 期。

④ 参见殷凯桦:《同种数罪处罚新论》,载《甘肃政法成人教育学院学报》2006 年第 1 期。

⑤ 参见贾莲君:《论同种数罪应当并罚》,载《法律科学(西北政法学院学报)》1995 年第 2 期。

不同的处理方式不符合逻辑学原理。[①] 因而,传统的情势定罚说具有实用主义的特征。第二,情势定罚说在判断一罪和数罪时存在标准不明的问题。罪责刑相适应作为刑法的基本原则,在论证罪刑关系是否正当合理时是不存在疑问的。但是,究竟满足怎样的判断标准就能称之为"相适应",事实上并不明确。因此,标准不明的问题也就成为情势定罚说被予以诟病的最主要的原因。

(二)情势定罚说的合理性论证

情势定罚说虽然存在上述的缺陷,但是在解决同种罪名数罪的处断问题时,其所遵循的基本思路是值得肯定的。情势定罚说立足于类型化的思维,在对同种数罪予以处断时具有相当的合理性。

首先,情势定罚说能够满足同种数罪内部差异性的要求。这种差异性主要体现在两个方面:第一,不同类型的同种数罪存在一定的差异。同种数罪虽然是区别于异种数罪的一个分类,但是其内部仍然存在根据不同特征进而再类型化的必要。例如,集合犯、连续犯的结构不同;行为犯、结果犯的要求有异,实践中很难统一其评价标准或者尺度。如果对不同类型的同种数罪适用相同的处断原则,反而难以兼顾不同的同种数罪类型的要求。例如,《刑法》第303条规定的赌博罪,就是由法律预先将行为人的复数行为设定为某一罪名的构成要件,而形成的一种特殊的同种数罪类型,即所谓的集合犯。对于集合犯,应依据法律规定以一罪论处。第二,不同罪名形成的同种数罪具有一定的差异。以单一罪名为单位集合而成的同种数罪必然因罪名的不同而具有一定的差异。结果犯和行为犯分别形成的同种数罪是否能够适用相同的处断原则是需要予以探讨的,而法律在对不同的罪名设置相应的法定刑时往往存在刑种、刑期以及适用条件等方面的差异。因此,仅采取一种处断方式的一罪处罚说和数罪处罚说在具体的适用过程中必然无法兼

① 参见韩光军:《同种数罪应否并罚新探》,载《武汉大学学报(哲学社会科学版)》2009年第1期。

顾不同罪名下同种数罪之间的差异。例如,《刑法》第266条针对诈骗罪分别设置了“数额较大”“数额巨大”“数额特别巨大”三档法定刑幅度,而《刑法》第303条针对赌博罪仅规定了一档法定刑幅度,如果对这两个罪名形成的同种数罪采取相同的处断原则,显然是不具有合理性的。然而,以罪责刑相适应为出发点的情势定罚说却能够同时兼顾不同的同种数罪类型以及不同的罪名对处断方式的不同要求。

其次,情势定罚说能够契合我国的立法现状。我国刑法对数罪处断原则的规定并没有采取统一的标准。我国刑法总则对于数罪的处断原则上采取的是数罪并罚的方式,但是刑法分则在对部分罪名进行规定时,却采用了一罪处罚的方式。例如,对于能够通过数额多少、行为次数的累计明显反映犯罪的社会危害性的罪名,刑法分则往往设计了从重或是法定刑升格的条件,使该类罪名的同种数罪能够通过合并处理的方式以一罪论处。例如,《刑法》第172条针对持有、使用假币罪设置了“数额较大”“数额巨大”“数额特别巨大”的三种情形,从而为该罪名同种数罪的合理处理提供了法律的依据。但是作为从重或者法定刑升格条件的做法,对于同种数罪问题并没有适用的普遍性,因为诸如故意伤害、盗窃尸体等罪名,刑法分则并未进行这样的规定。正是基于这样的立法现状,单一的处断标准在具体适用的过程中会存在难以解决的困境。然而,情势定罚说并不拘泥于对一罪还是数罪处断方式的选择,其能够根据我国法律的具体规定和犯罪的具体情况作出不同的选择。在我国刑法立法中,要根据犯罪构成要件的不同决定是按照一罪处罚还是数罪并罚:其一,对于结果犯,因为立法一般重视结果的无价值属性,因此当结果是诸如数额等能够实现合并的要素时,其往往依据该要素划分不同等级的量刑幅度,借助要素合并后量刑幅度的跳档以实现加重处罚的意图,从而无须作为数罪并罚,采取一罪处罚即可。其二,对于行为犯,因为立法重视的是行为的无价值属性,所以立法对结果并无要求,而且处罚往往较为宽缓。此时,当多个构成行为不具备结合的可能性,且按照一罪处罚无法充分体现行为人的罪责时,就有必要通过数罪并罚的方式,实现刑罚的跳档,据此在一罪的量刑幅度以上数罪合并的刑罚以下,选择较为合理的刑罚处罚。

最后,情势定罚说能够实现罪责刑相适应的刑法基本原则。基于我国的立法现状,一罪处罚说和数罪处罚说对某些同种数罪予以处断时,不可避免地会出现量刑畸轻或者畸重的问题。如果对所有罪名的同种数罪都采取数罪处罚的原则,则其仅能在单个犯罪行为对应的法定刑幅度范围内确定刑罚,而最终合并的刑罚往往无法突破刑种间的界限,这样反而极易造成重罪轻判的问题。例如,《刑法》第 240 条将“拐卖妇女、儿童三人以上的”作为了拐卖妇女、儿童罪的法定刑升格条件之一,即可以判处 10 年以上有期徒刑或者无期徒刑。如果法律不做这样的规定,而将拐卖妇女、儿童多人的行为按照数罪处罚,则其不可能被判处无期徒刑,从而难以满足罪责刑相适应的要求。如果对所有罪名的同种数罪都以一罪论处,一方面会带来判决宣告前的同种数罪以一罪论处而判决宣告后刑罚执行完毕前的新罪或漏罪则数罪并罚的前后不一的问题,另一方面还会造成当某一罪名的刑罚不存在多个量刑幅度时,对于触犯同一罪名的数次犯罪行为只能在现有的法定刑幅度范围内予以量刑,从而带来量刑畸轻的问题。例如,对于《刑法》第 257 条规定的暴力干涉婚姻自由罪,如果按照一罪处罚说,对于行为人针对不同对象多次实施暴力干涉婚姻自由行为,但尚未致使被害人死亡的,仅能在 2 年以下有期徒刑或者拘役的范围内判处刑罚。因此,基于上述的弊端,单纯的采取一罪处罚说或是数罪处罚说是无法实现罪责刑相适应的,因而必须通过情势定罚说针对不同的情况构建不同的判断标准。

(三)情势定罚说的合理化再构

不可否认,上述对于情势定罚说的批判具有一定的道理,但是情势定罚说的缺陷并非难以消解。关于情势定罚说缺乏统一的理论基础的质疑事实上是不成立的。统一的理论基础应当以事物所具有的同质性为前提。然而,在同种数罪的内部还存在不同的同种数罪类型,如连续犯和集合犯。因此,情势定罚说并不违反对同种性质事物采取统一策略的逻辑学原理。关于情势定罚说标准不明的批判确实是该说在适用时面临的最大问题,但是标准不明的问题可以通过对具体规则的构建予以解决。在构建情势定罚说的规则时,需要注意以下两个方面的问题:一是实践规则的架构要充分尊重立法规定、刑法法理并且最大限度地吸纳传统司法经验。二是类型化处理的基础要明确。究竟以一罪还是数罪论处除了要以罪责刑相适应原则为基础之外,还要有更明确的实践规则。情势定罚说具有的实用主义特征在解决同种数罪处断问题时的作用是毋庸置疑的,其关键在于哪些情形对于一罪处罚或者数罪处罚的选择具有决定性影响。只有将这些要素加以类型化处理,才能积极发挥该说的机能,在坚持原则的基础上灵活解决在司法实践中存在的具体问题。

事实上,当前关于这个问题的处理方法的最大问题在于,它没有遵循立法规定的限制,较多沿袭和模仿了日本罪数论的原理。这种思路导致了理论上的分歧很难找到消解的途径,也变相引起了司法上的困境。刑法教义学必须尊重立法,因此,对情势定罚说的运用,应当在立法的限制规定、司法传统的经验总结以及刑事政策指导的基础上,对以一罪还是数罪论处的选择构建具体的规则。

首先,关于立法的限制规定。依据罪刑法定原则,立法的限制规定是对同种数罪按一罪还是数罪处罚的法定根据。对于立法明确将同种罪名的数个犯罪行为规定为一罪的,如法定一罪中的集合犯或者结合犯,必须以一罪论处。例如,《刑法》第336条规定的非法行医罪,就是典型的营业犯,其将作为业务反复实施的犯罪行为规定为一罪,因此对于非法行医的行为仅能以一罪论处。对于立法明确将某些构成要件要素的结合累计作为一罪处罚的依据的,如对于"数额较大""数额巨大""数额特别巨大"的法定刑升格条件的规定,也应当以一罪论处。

其次,关于司法传统的经验总结。在司法实践中,刑事司法始终面临着公正与效率、刚性规定与柔性处理的矛盾和冲突。在刑事司法再合理化的创制中,如刑法中关于处断一罪的做法就存在这样的问题。当然,处断一罪的司法实践要参考各国的法律文化传统。如果脱离本国国情,简单模仿国外的立法和理论,其合理性与合法性就值得怀疑。更重要的是,立法规定的滞后性,使其无法具有绝对的合理性,其需要在司法实践中通过司法理性的方法予以纠正、予以再合理化。在某种意义上,司法解释承担了刑法规范再合理化的任务。例如,就伪造、变造金融票证罪而言,虽然刑法并未明确将数额或者数量等要素的累计作为以一罪论处的根据,但是司法解释在结合司法实践经验的基础上将具体的伪造数量作为了"情节严重""情节特别严重"的具体内容。① 因此,情势定罚说具体规则的构建应当结合我国的司法经验,重视司法理性对刑法规范所具有的再合理化的功能。

最后,关于刑事政策的指导。刑事政策是指导刑法实践的"灵魂",刑事政策本身就是国家依据与犯罪做斗争的现实需要而制定的。我国奉行宽严相济的刑事政策,但该政策在实践中会因特定空间和时间范围内某种犯罪的发展势头而影响其基调。何种情势下从严,何种情势下从宽,也应当在法定根据不明确时对同种数罪以一罪还是数罪论处具有指导意义。例如,随着近年来高空抛物、坠物事件的频繁发生,2019 年最高人民法院发布了《关于依法妥善审理高空抛物、坠物案件的意见》。该意见指出,为依法从重惩治高空抛物犯罪,行为人多次实施高空抛物行为的,应当从重处罚,一般不得适用缓刑。② 因此,当

---

① 《最高人民法院、最高人民检察院关于办理妨害信用卡管理刑事案件具体应用法律若干问题的解释》第 1 条第 1 ~ 4 款规定:"复制他人信用卡、将他人信用卡信息资料写入磁条介质、芯片或者以其他方法伪造信用卡一张以上的,应当认定为刑法第一百七十七条第一款第四项规定的'伪造信用卡',以伪造金融票证罪定罪处罚。伪造空白信用卡十张以上的,应当认定为刑法第一百七十七条第一款第四项规定的'伪造信用卡',以伪造金融票证罪定罪处罚。伪造信用卡,有下列情形之一的,应当认定为刑法第一百七十七条规定的'情节严重':(一)伪造信用卡五张以上不满二十五张的;(二)伪造的信用卡内存款余额、透支额度单独或者合计数额在二十万元以上不满一百万元的;(三)伪造空白信用卡五十张以上不满二百五十张的;(四)其他情节严重的情形。伪造信用卡,有下列情形之一的,应当认定为刑法第一百七十七条规定的'情节特别严重':(一)伪造信用卡二十五张以上的;(二)伪造的信用卡内存款余额、透支额度单独或者合计数额在一百万元以上的;(三)伪造空白信用卡二百五十张以上的;(四)其他情节特别严重的情形。"

② 2019 年最高人民法院《关于依法妥善审理高空抛物、坠物案件的意见》:6. 依法从重惩治高空抛物犯罪。具有下列情形之一的,应当从重处罚,一般不得适用缓刑:(1)多次实施的;(2)经劝阻仍继续实施的;(3)受过刑事处罚或者行政处罚后又实施的;(4)在人员密集场所实施的;(5)其他情节严重的情形。

法律并未对某一罪名的同种数罪以一罪还是数罪论处作出明文规定时,基于其在特定时空范围内的猛烈发展势头,能否根据宽严相济的刑事政策的指导,对该类犯罪同种数罪的处断方式作出选择,就是一种值得思考的处断思路。

观念的指导需要通过特定的技术方式予以实现,因此在对上述三个方面予以把握的基础上,对情势定罚说具体规则的构建需要立足于具体的罪数形态,在对具备结合条件的构成要件要素的类型化的基础上,构建出具有相对确定性的采取一罪还是数罪论处的标准。根据同种数罪罪数形态的差异,同种数罪具体可以分为连续犯、集合犯和实质的同种数罪三种类型。首先,对于连续犯而言,其具有构成要件的同一性、主观犯意的连续性、法益的同一性以及行为的连续性的特点。[①] 虽然连续犯的数个行为都可以独立成罪,但是相比于实质的同种数罪而言,行为人在主观方面仅具有同一或概括的故意,且各行为的法律评价意义相同,因此其有责性相对较低。[②] 如果以数罪论处,就会存在重复评价的问题。因此,作为处断一罪的连续犯,应以一罪论处。其次,对于集合犯而言,虽然行为人主观上具有反复实施同种犯罪行为的目的,并且在客观上实施了数个同种的犯罪行为,但是由于法律已经将此种情形预设为某一罪的构成要件,并且设置了独立的法定刑。因此,作为法定一罪的集合犯,应以一罪论处。

实质的同种数罪是典型的数罪形态,即行为人的多次犯罪行为虽然都触犯了同一罪名,但是其各个犯罪行为之间在主观或者客观方面并不具备关联性,而是具有独立性的特点,属于实质的数罪范畴。对于实质的同种数罪而言,应当以一罪还是数罪论处需要对具备结合条件的构成要件要素进行类型化的分析。如果存在具备结合条件的构成要件要素,作为一罪处罚显然比较合适;如果不存在具备结合条件的构成要件要素,就应当尽可能采取数罪处罚的方式。事实上,在我国的立法

---

① 参见童德华:《外国刑法导论》,中国法制出版社2010年版,第319页。

② 参见林亚刚、张莉琼:《反复实施危害行为的成罪及处罚模式探讨》,载《法学评论》2009年第3期。

中,不乏通过构成要件要素的结合按照一罪处罚的实例,其主要包括以下几种类型:

第一,犯罪结果的结合。犯罪结果是犯罪行为对法益造成的实际损害和现实危险。犯罪结果的结合是指通过对数个触犯相同罪名的犯罪行为所产生的犯罪结果的结合而实现一罪处罚的一种结合方式。犯罪结果结合的根据在于能够通过对侵害事实的数量化以显示犯罪行为的社会危害性。例如,在盗窃罪中,刑法根据盗窃公私财物数额较大、数额巨大和数额特别巨大分别设置了三档法定刑幅度,从而对于盗窃罪的同种数罪以一罪论处,无须数罪并罚。又如,在贪污罪中,刑法根据贪污数额较大、数额巨大和数额特别巨大分别设置了三档法定刑幅度,并强调,对于多次贪污未经处理的,按照累计贪污数额处罚。

第二,犯罪对象的结合。犯罪对象是犯罪行为所作用的人或物。犯罪对象的结合是指通过对数个触犯相同罪名的犯罪行为所作用的犯罪对象的结合而实现一罪处罚的一种结合方式。由于犯罪对象往往能够予以数量化,因此刑法常常通过对人数或者物的数量的结合以实现一罪论处。例如,在强奸罪中,刑法将强奸妇女、奸淫幼女多人作为法定刑升格条件,从而以一罪论处,无须数罪并罚。又如,在非法持有毒品罪,刑法将不同种类的毒品的数量作为该罪的法定刑升格条件。需要注意的是,犯罪对象的结合可能存在与犯罪结果的结合一致的情形。[①] 例如,在滥伐林木罪中,对林木砍伐数量的规定既可以作为犯罪对象的结合,也可以作为犯罪结果的结合。无论采取上述哪种方式,对于此类犯罪行为都应当根据结合条件,以一罪论处。

第三,行为次数的结合。同种数罪在客观方面最典型的表现就是犯罪行为具有复数的特点。行为次数的结合是指对于部分犯罪而言,其可以通过对犯罪行为次数的累计以达到一罪处罚的效果。例如,在抢劫罪中,刑法将行为人多次抢劫的情形作为本罪的法定刑升格条件

① 参见王飞跃:《论一罪累计数量处罚制度的合理性》,载《法律科学(西北政法大学学报)》2009 年第 4 期。

之一。行为次数与犯罪对象之间存在一定的关联,因此在对结合条件进行具体分析时,需要注意:首先,单一的行为可能同时针对多个犯罪对象。例如,行为人实施了一次走私淫秽物品的行为,且一共走私淫秽录像带、影碟 200 张。对于此种情形,由于行为人仅实施了一次犯罪行为,因此仅需按照刑法规定以一罪论处,而无须考虑数罪的问题。其次,复数的犯罪行为可能仅针对一个犯罪对象。例如,行为人针对同一被害人实施了多次的抢劫行为。对于此种情形,以一罪还是数罪论处,需要在罪责刑相适应原则的基础上,考虑是否具备结合的条件。就上述示例而言,由于法律明确将多次抢劫作为法定刑升格条件,因此应当以一罪论处。最后,复数的犯罪行为可能针对多个犯罪对象。例如,行为人针对不同的对象实施了多次的强奸行为。对于此种情形,也应当根据刑法是否针对行为次数或者犯罪对象设置了可以结合的条件,从而决定以一罪还是数罪论处。

第四,选择性罪名存在结合的可能。选择性罪名是指一个罪名的犯罪构成内容复杂、包含多种行为类型,其既可以分解适用,又可以合并适用的罪名。基于选择性罪名的特殊性,因而有必要单独对其予以讨论。刑法中选择性罪名的设置往往是因为行为手段间的联系性或者行为对象间的相似性。对于行为手段之间具有密切联系、行为对象之间具有高度相似的选择性罪名,往往可以通过刑法规定的排列顺序并列确定罪名,从而以一罪论处。通常认为,选择性罪名可以分为对象选择、行为选择和对象、行为同时选择三种类型。① 在不同类型的选择性罪名内部,我国刑法同样对于部分罪名设置了可以结合以一罪论处的条件,其主要包括:其一,犯罪对象的结合。例如,在拐卖妇女、儿童罪中,刑法将拐卖妇女和儿童的数量予以结合作为法定刑升格条件。其二,行为次数的结合。例如,在盗掘古文化遗址、古墓葬罪中,刑法将多次盗掘古文化遗址、古墓葬的情形作为了法定刑升格条件。其三,行为方式的结合。例如,2001 年《全国法院审理金融犯罪案件工作座谈会

① 参见陈洪兵:《选择性罪名若干问题探究》,载《法商研究》2015 年第 6 期。

纪要》①中指出，对于同一宗假币实施了法律规定为选择性罪名的行为，不实行数罪并罚。其四，行为方式和行为对象的结合。例如，2008年《全国部分法院审理毒品犯罪案件工作座谈会纪要》②指出，在走私、贩卖、运输、制造毒品罪中，对不同宗毒品分别实施了不同犯罪行为，累计毒品数量，但不实行数罪并罚。

虽然我国刑法分则的规定为多数罪名的同种数罪提供了结合的可能，但是仍然存在部分罪名缺乏立法结合的依据。然而，不可否认的是，对于某些同种数罪的犯罪情形，在现有的法定刑幅度范围内以一罪从重处罚有实现罪责刑相适应的可能。例如，行为人实施了两次盗窃尸体的行为，且共盗窃尸体2具。对于此种情形，如果在3年以下有期徒刑、拘役或者管制的范围内以一罪从重处罚，往往能够满足罪责刑相适应的要求。但是，对于此类不具备结合条件的罪名的同种数罪以一罪从重处罚的问题就在于：当行为人多次实施触犯该罪名的犯罪行为，且行为整体的社会危害性超出法定刑幅度的范围时，如果仍旧以一罪从重处罚，显然难以满足罪责刑相适应的要求。基于上述的考虑，对于

① 2001年《全国法院审理金融犯罪案件工作座谈会纪要》中的“(二)关于破坏金融管理秩序罪”规定，2. 关于假币犯罪：假币犯罪罪名的确定。假币犯罪案件中犯罪分子实施数个相关行为的，在确定罪名时应把握以下原则：(1)对同一宗假币实施了法律规定为选择性罪名的行为，应根据行为人所实施的数个行为，按相关罪名刑法规定的排列顺序并列确定罪名，数额不累计计算，不实行数罪并罚。(2)对不同宗假币实施法律规定为选择性罪名的行为，并列确定罪名，数额按全部假币面额累计计算，不实行数罪并罚。(3)对同一宗假币实施了刑法没有规定为选择性罪名的数个犯罪行为，择一重罪从重处罚。如伪造货币或者购买假币后使用的，以伪造货币罪或购买假币罪定罪，从重处罚。(4)对不同宗假币实施了刑法没有规定为选择性罪名的数个犯罪行为，分别定罪，数罪并罚。

② 2008年《全国部分法院审理毒品犯罪案件工作座谈会纪要》中的“一、毒品案件的罪名确定和数量认定问题”规定，《刑法》第347条规定的走私、贩卖、运输、制造毒品罪是选择性罪名，对同一宗毒品实施了两种以上犯罪行为并有相应确凿证据的，应当按照所实施的犯罪行为的性质并列确定罪名，毒品数量不重复计算，不实行数罪并罚。……对不同宗毒品分别实施了不同种犯罪行为的，应对不同行为并列确定罪名，累计毒品数量，不实行数罪并罚。对被告人一人走私、贩卖、运输、制造两种以上毒品的，不实行数罪并罚，量刑时可综合考虑毒品的种类、数量及危害，依法处理。

不具备结合条件的罪名的同种数罪,原则上应当以数罪论处,其主要包括以下几种类型:

第一,仅有单一法定刑幅度的罪名。刑法中的部分罪名仅具有单一的法定刑幅度,如妨害公务罪、故意延误投递邮件罪、赌博罪等。对于这类罪名的同种数罪如果以一罪论处,则有可能难以满足罪责刑相适应的要求。例如,行为人实施了三次以上情节较重的妨害公务的行为。对于此种情形,如果仍在3年以下有期徒刑、拘役或者管制的范围内以一罪从重处罚,是否能够满足罪责刑相适应的要求就可能存在疑问。因此,对于仅有单一法定刑幅度的罪名的同种数罪,应当通过数罪并罚的方式,将单一的法定刑幅度予以合并,提高可以判处的刑罚幅度的上限,从而为实现罪责刑相适应留下刑罚裁量的空间。

第二,具有多档法定刑幅度、但不具备结合条件的罪名。虽然某些罪名具有多档法定刑幅度,但是其却不具备能够结合以一罪论处的条件。例如,在故意伤害罪中,刑法虽然设置了三档法定刑幅度,但是其所针对的分别是故意伤害他人身体的、致人重伤的以及致人死亡或者以特别残忍手段致人重伤造成严重残疾的情形。因此,对于行为人多次针对不同的对象实施故意伤害,但是尚未造成重伤等严重情形时,如果仍旧以一罪从重处罚,则有可能难以满足罪责刑相适应的要求。因此,对于具有多档法定刑幅度,但不具备结合条件的罪名,应当以数罪论处。

第三,选择性罪名中应当数罪并罚的情形。对于前述的仅有单一法定刑幅度,以及具有多档法定刑幅度、但不具备结合条件的两种类型,同样适用于选择性罪名。例如,在伪造公司、企业、事业单位、人民团体印章罪中,刑法只规定了3年以下有期徒刑、拘役、管制或者剥夺政治权利,并处罚金。对于这类罪名的同种数罪,如果仅以一罪论处,则可能无法满足罪责刑相适应的要求。基于选择性罪名的特殊性,对于部分选择性罪名是否能以一罪论处事实上是存在疑问的。例如,在国有公司、企业、事业单位人员滥用职权罪中,该罪名虽然具有选择性罪名的形式特征,但是其以主体作为选择性要素,在司法实践中不具有选择的可能。又如,选择性罪名以一罪论处往往是基于行为之间的关联性或者行为对象之间的相似性。对于行为之间不具有关联性或者行为对象之间不存在相似性的选择性罪名,如盗窃、抢夺枪支、弹药、爆炸物、危险物质罪等,以一罪论处是否具有合理性是需要予以探讨的。①

四、情势定罚说合理性的实证验证

根据我国司法实践的传统经验,对同种数罪采取一罪从重的处断方式无论从量刑操作是否简捷、量刑结果是否满足罪刑均衡的标准来看似乎都不存在什么问题。然而,社会生活的复杂性和多变性必然会使具有相对稳定性的法律条文在调节社会关系的过程中产生需要予以调和的矛盾和冲突。同时,刑法作为一种地方性的知识,其是否能够与之所在地域的伦理道德、风俗习惯相互适应与其能否实现人权保障与社会保护的目的密切相关。就同种数罪的处断原则而言,情势定罚说的理论价值和实践意义就在于其能够依情势而变,以罪责刑相适应为出发点,充分考虑影响法律效果与社会效果的一系列因素,从而在保持法律稳定性、明确性的前提下,最大限度地调和动态的社会生活与相对静态的法律文本之间的矛盾。

盗窃尸体罪是我国刑法分则中与社会风俗习惯密切相关的一个罪名。尸体作为死者遗留在人世间的客观存在物,在我国民间具有特殊的意义。其不仅反映了对已逝之人的尊重,同时也是死者家属情感的寄托。正是基于我国的文化传统,刑法将对死亡伦理进行破坏的行为纳入了规制的范畴,对盗窃、侮辱以及故意毁坏尸体的行为予以犯罪化。当行为人多次实施盗窃尸体的犯罪行为时,其不仅是对法律权威的蔑视,亦是对我国伦理道德的挑战,同时也具有严重的社会危害性。因此,如何对盗窃尸体罪的数罪进行处断就成为十分重要的问题。

① 关于选择性罪名选择要素、具体适用等问题,本文暂不涉及。

(一)我国司法实践中对盗窃尸体罪数罪的处断

一罪处罚说作为我国司法实践中处理数罪处断问题的传统理论学说,对具体案件的裁量具有重大的影响,同样对盗窃尸体罪数罪的处断亦不例外。例如,在范某某盗窃尸体案中,①范某某曾于 2010 年冬季以及 2014 年 5 月分别盗窃了宋某二和宋某三的尸骨。然而,法院在定罪量刑时,仅以一个盗窃尸体罪判处范某某有期徒刑 1 年。又如,在王某 1 盗窃侮辱尸体案中,②王某 1 在 2003 年冬 ~ 2004 年 5 月,伙同他人先后盗窃尸骨 8 具。然而,法院在定罪量刑时仍旧以一罪判处其有期徒刑 1 年 6 个月。因此,将行为人数次盗窃尸体的行为作为一罪论处,并在《刑法》第 302 条规定的法定刑幅度范围内进行裁量是我国司法实践中对盗窃尸体罪的数罪予以处断的通常方式。

(二)一罪处罚说在盗窃尸体数罪中的适用困境

在司法实践中,我国对于多次盗窃尸体的行为以一罪从重论处,即遵循的是一罪处罚说的处断原则。虽然这种处断方式不仅具有操作便捷的优势,同时也符合我国的司法传统,但是,由于我国对盗窃尸体罪仅规定了一种量刑幅度,因而在对具体案件进行裁量时就会因量刑的畸轻出现如下的困境:

第一,难以满足罪责刑相适应的刑法基本原则。当行为人的犯罪行为仅构成一次盗窃尸体罪时,现行刑法所规定的量刑幅度是能够满足罪刑均衡的要求的。然而,如若对多次实施盗窃尸体犯罪行为的行为人采取传统的以一罪论处的方式,就仅能在现有的 3 年以下有期徒刑、拘役或者管制的法定刑幅度范围内予以量刑。例如,在张仲文等盗窃尸体案中,被告人张培龙在 2012 年 8 ~ 10 月,一共盗窃 16 具尸骨,

---

① 参见山西省沁水县人民法院(2015)沁刑初字第 131 号刑事判决书。

② 参见山西省孝义市人民法院(2019)晋 1181 刑初 414 号刑事判决书。

最终法院就其盗窃尸体的部分仅判处有期徒刑 1 年 8 个月。[①] 在行为人多次实施盗窃尸体的情况下，仍旧以一罪论处是否还能符合罪责刑相适应的要求是存在疑问的。首先，从盗窃尸体的行为产生的社会危害性看，对于死者的亲属而言，盗窃尸体的行为不仅严重损害了亲属的情感，同时也是对其具有特定意义之物的损害，是对我国死亡伦理的亵渎；对于产生的社会影响而言，数次盗窃尸体的行为会对受害家庭数量的增加，犯罪辐射地域范围的扩大产生直接的影响，其甚至有可能形成对我国市场经济秩序的潜在冲击。尤其是在民间仍旧保留为尚未结婚就离世的男子配对未婚女尸的"冥婚"习俗以及在"入土为安"传统思想的支配下，寻找他人尸体顶替火化现象的存在，使对尸体的大量需求催生了异化的尸体买卖市场。这种具有规模性的非法尸体交易无疑是对我国市场经济秩序的破坏。其次，从行为人的主观方面看，一方面，行为人盗窃尸体的目的往往是通过尸体买卖而谋取利益；另一方面，其犯罪的主观恶性以及对法律的漠视程度明显会随着犯罪行为以及犯罪对象的增加而增加。最后，从盗窃尸体罪与其他罪名的比较看，如果仅就行为人买卖尸体获得的利益作为尸体价值的参考，那么行为人盗窃尸体的行为在一定程度上就与盗窃他人财物的行为具有了相似性。我国刑法关于盗窃罪则规定了三档法定刑幅度。与盗窃罪相比，盗窃尸体罪明显存在法定刑偏轻的问题。事实上，对于家属而言，尸体的价值往往是难以衡量的。因此，在当前的法定刑幅度范围内，由盗窃尸体罪集合而成的同种数罪是无法通过一罪处罚来满足罪责刑相适应的要求的。

第二，难以满足特殊预防和一般预防的刑罚目的。根据我国《刑法》的规定，盗窃尸体罪的最高刑期仅为 3 年有期徒刑。然而，该刑罚幅度对于盗窃尸体的同种数罪而言，其具有的严厉程度难以达到刑罚预防的目的。就特殊预防而言，当前较轻的刑期是无法阻止尸体买卖带来的利益对行为人继续犯罪所提供的驱动力的。例如，在常某甲与

① 参见山西省阳泉市城区人民法院(2017)晋 0302 刑初 7 号刑事判决书。

其同伙常某乙构成的盗窃尸体的共同犯罪案件中,①其三次共同犯罪行为分别获利 23,000 元、28,000 元以及 30,000 元,其中常某甲共分得 36,000 余元。然而,根据法院最终的判决,常某甲仅被判处 1 年 8 个月有期徒刑。因此,当犯罪行为人意识到自己最高仅能被判 3 年有期徒刑时,在暴利的诱惑以及逃避法律的侥幸心理的支配下,必然无法有效阻止其继续实施犯罪。就一般预防而言,当行为人意欲通过盗窃尸体的方式为尸体买卖提供标的物时,较轻刑罚与较大利益之间的冲突和对立,很难扼杀行为人铤而走险的犯罪意图。

然而,从社会效果的角度出发,预防盗窃尸体的犯罪行为具有重要的意义。其一,实施多次盗窃尸体犯罪行为的案件往往是两人或两人以上的共同犯罪。在团伙作案的内部常常还具有明确的分工。例如,在郝某等盗窃尸体案中,②其团伙内部对于盗窃尸体、联系中转、销售等都有明确的分工。这种专门通过盗窃尸体、买卖尸体牟利的犯罪团伙具有严重的社会危害性,极易引发涉案地区人民的激愤和恐慌。其二,实施多次盗窃尸体犯罪行为的案件往往涉案地域范围较广。例如,在郭保定等盗窃尸体案中,③其涉案地点涉及陕西洛南县、山西运城等地,存在跨省流窜的现象。又如,在施文胜等盗窃尸体案中,④该盗窃尸体的犯罪团伙在湖南省永州市东安县盗窃尸体,而运送到广东省汕头市予以出卖,其一系列的犯罪行为亦存在跨省的特点。其三,尸体作为盗窃尸体罪的犯罪对象,在我国应当属于绝对禁止买卖物。⑤ 因此,具有规模性的尸体买卖本身就是一种理应予以禁止的扭曲交易现象。其四,就盗窃尸体引发的连锁效应而言,一方面其会造成死者家属的心理恐慌,另一方面其还会提高对墓穴维护的经济成本。

---

① 参见山西省太原市中级人民法院(2014)并刑终字第 499 号刑事裁定书。

② 参见陕西省宜君县人民法院(2012)君刑初字第 00013 号刑事判决书。

③ 参见陕西省洛南县人民法院(2015)洛南刑初字第 00043 号刑事判决书。

④ 参见湖南省东安县人民法院(2009)东刑再初字第 2 号刑事判决书。

⑤ 参见金悦、韩召敬:《买卖尸体犯罪行为刑法规制的困境及建议》,载《理论观察》2019 年第 9 期。

(三)情势定罚说在盗窃尸体数罪中的适用

为满足罪责刑相适应的要求,达到刑罚预防的目的,对同种数罪的处断既无法完全按照司法实践的传统采取一罪处罚说的理论,亦无法根据数罪处罚说而将其全部予以并罚处理。因此,根据情势定罚说的思想理应采取不同的判断标准。

根据我国《刑法》第302条的规定,盗窃、侮辱、故意毁坏尸体、尸骨、骨灰的,处3年以下有期徒刑、拘役或者管制。因此,盗窃尸体罪的最高刑期为3年有期徒刑。就盗窃尸体罪而言,在运用情势定罚说时,首先,应当立足于罪刑法定原则,以立法的限制性规定作为法定根据。我国《刑法》并未明确规定对于盗窃尸体罪的同种数罪必须以一罪论处,从而提供了采取其他处断方式的可能。其次,从司法传统的经验来看,虽然一罪处罚说得到了实践的广泛适用,但是其难以满足罪责刑相适应的要求、难以达到刑罚预防目的。因此,一罪处罚说显然无法有效平衡司法公正与司法效率之间的关系。再次,从刑事政策的角度看,盗窃尸体罪在作案方式上呈现出团伙作案的趋势,在涉案地域上呈现扩散的倾向,在受害对象上亦呈现扩大化的特点。在此基础上,盗窃尸体犯罪还具有暴利驱动的特征。因此,当前较轻的法定刑难以达到惩治、预防犯罪的效果,而根据宽严相济的刑事政策的指导,对于盗窃尸体罪同种数罪的处断必然不能采取存在量刑畸轻问题的一罪处罚说。最后,从技术的实现途径看,我国刑法不仅没有对盗窃尸体罪设置能够通过累加实现加重处罚效果的条件,同时亦未设置多个法定刑幅度。因此,本罪无法通过一罪处罚的方式解决同种数罪的问题。

基于对上述因素的考量,盗窃尸体罪的同种数罪应当根据行为的次数以数罪论处。这样不仅能够解决因本罪的法定刑偏轻而可能造成的罪责刑不相适应的问题,同时数罪并罚产生的加重效果还能对意图实施或者正在实施盗窃尸体犯罪行为的行为人形成威慑,从而达到预防犯罪的刑罚目的。当然,根据我国数罪并罚所采取的混合原则,对于加重的刑罚幅度亦是有一定限制的。因此以数罪并罚的方式对盗窃尸体罪的同种数罪予以论处亦不会产生量刑畸重的问题。

五、结　　语

对同种罪名数罪的处断一直是刑法罪数理论中存在较大争议的问题。关于同种数罪的处断原则存在一罪处罚说、数罪处罚说以及情势定罚说的观点分歧。其中,将同种数罪作为一罪论处的处断方式是我国司法实践中的传统做法。然而,在对具体案件进行裁量时,无论是采用单纯的一罪处罚说或者是单纯的数罪处罚说都会遇到在某些情况下罪刑难以相互均衡的问题。因此,为满足罪责刑相适应的刑法基本原则的要求,实现刑罚预防的目的,应当根据情势定罚说为同种数罪构建具体的处断规则。在运用情势定罚说时,应当在立法的限制规定、司法传统的经验总结以及刑事政策指导的基础上,根据罪数的具体形态,对具备结合条件的构成要件要素进行类型化的分析,即通过对是否具备犯罪结果、犯罪对象以及行为次数等结合因素的判断,对以一罪还是数罪论处作出选择。因此,根据上述的处断规则,对于法定刑偏轻的盗窃尸体罪的同种数罪,应当根据盗窃行为的次数以数罪论处。

The Typed Punishment and Reasonable Justification of the Same Kinds of Plural Crimes-On the Punishment of Plural Crimes of the Crime of Stealing Corpse

TONG Dehua & MA Jiayang

[**内容摘要**]就同种罪名数罪的问题如何予以处断,在我国刑法理论中存在一罪处罚说、数罪处罚说以及情势定罚说的分歧。由于一罪处罚说和数罪处罚说仅遵循单一的处断原则,因而在适用的过程中难以避免量刑畸轻或者畸重的问题。情势定罚说,基于对不同形态同种数罪处断时的法定刑配置方式的选择,避免了标准不统一的问题。在对情势定罚说具体运用时,为满足罪责刑相适应的要求,应当立足于罪数的不同形态,根据是否具备犯罪结果、犯罪对象、行为次数等结合因

素决定以一罪还是数罪论处。就盗窃尸体罪的同种数罪而言,由于其法定刑较为单一,因此以数罪并罚较为妥当。

[**关键词**]同种数罪;一罪处罚说;数罪处罚说;情势定罚说;盗窃尸体罪

Abstract: Regarding the problem of how to punish the same kinds of plural crimes, there are differences in the point of punishing with a single crime, punishing with plural crimes and punishing with circumstances in our criminal law theory. Since the punishing with a single crime and the punishing with plural crimes only follow a single punishment principle, it is difficult to avoid the problem of extremely light or severe sentencing in the process of application. The punishing with circumstances, based on the choice of the statutory penalty allocation method for different forms of the same kinds of plural crimes, avoids the problem of inconsistent standards. In the specific application of the punishing with circumstances, in order to meet the requirements of the principle of suiting crime, responsibility and punishment, it should be based on the different forms of crime numbers, and the combination of factors such as the result of the crime, the object of the crime, and the number of behaviors should be used to determine whether to be punished by a single crime or plural crimes. As for the same kinds of plural crimes of the crime of stealing corpse, since the statutory penalty is relatively single, it is more appropriate to take combined punishment for several crimes.

Keywords: The Same Kinds of Plural Crimes; Punishing With a Single Crime; Punishing With Plural Crimes; Punishing With Circumstances; Crime of Stealing Corpse

〔外国刑法〕

打击跨国犯罪中的刑事司法协助问题研究*

[荷]约翰·梵瓦勒** 著 赵晨光*** 侯撼岳**** 译

目 次

一、概念和术语

刑事司法协助(MLA),是指当犯罪证据处于调查、起诉或审判地

---

* 本文原文信息:John A. E. Vervaele (2015), Mutual legal assistance in criminal matters to control (transnational) criminality, in Neil Boister and Robert J. Currie (Eds), *Routledge Handbook of Transnational Criminal Law*, Routledge.

** 荷兰乌特勒支大学法学院教授、博士生导师,国际刑法学协会主席。

*** 北京师范大学刑事法律科学研究院讲师,G20反腐败追逃追赃研究中心研究员,法学博士。

**** 北京师范大学刑事法律科学研究院博士研究生。

之外的其他国家,一国请求另一国协助在域外搜集相关犯罪证据[①]的法律机制。这些法律机制不仅涉及诉讼程序和时效,而且还涉及主管部门和管辖范围。在大陆法系国家中,刑事司法协助经常被定义为刑事领域的司法合作。从这个定义可以看出,刑事司法协助是指具有刑事调查、起诉和审判职能的司法机关之间的合作。原则上并不包含行政主管部门之间的协助,尽管这些主管部门也处理行政执行的相关事务。主管司法机关接收和向其他国家提出刑事司法协助的请求,是作为国内法上的一项规则来规定的,并且与国内司法体制一致。例如,在英国主管机关可以是警察机关,而在大多数的大陆法系国家这是被法律排除在外的。主管机关包括适格的刑事调查和起诉机关。法院也可以作为适格的机关来授权采取强制性措施,并且在一些国家,法院还可以签发附加的调查措施令,甚至在审判期间也不例外。

刑事司法协助存在的必要性在于司法机关不能够在其领土外采取调查措施,除非是国际条约有规定或者有临时的特别协议。在大陆法国家,调查机关需要有明确的法律依据以便适格地行使其调查职能。在普通法国家中,即使在国外,司法机关也有权限采取行动,但是行动要限制在公民个人范围内。他们可以采访一般民众,但是他们不能够采取侵犯个人隐私权或其他具有强制性或侵犯性的调查措施,如秘密监视措施。刑事司法协助不仅在跨国犯罪中有使用的必要,而且在具有跨境性质的国内案件中也需要使用。后一种情形主要包括当证人或犯罪嫌疑人在国外,当证据不在法院所在地或犯罪资产被转移到国外等。

在国外搜集犯罪证据的方法包括很多不同的种类,既包括非强制性的措施,如交换司法信息或自愿询问专家和证人等,也包括具有侵犯性的措施,如搜查和扣押、窃听、控制下交付以及秘密监视犯罪组织等。

---

① The service of process in criminal matters is mostly done through administrative or police cooperation.

本文将概述刑事司法协助的发展,并着重论述其所面临的挑战和问题。

二、刑事司法协助:国家主权和国际义务

根据国际习惯法,外国的司法机关不能在其他国家的领土上开展调查行为,否则将构成对他国主权的侵犯。[①] 这就意味着国家间不得不同意要在跨境搜集犯罪证据时提供相互协助。这种协助可以通过司法协助函(letters rogatory)的形式进行,当然这种方式的执行要建立在双方礼让的基础上,或者是通过包含合作义务条款的刑事司法协助条约(MLATs)来进行。然而,并不存在签订刑事司法协助条约的一般国际法义务。决定建立正式的或非正式的刑事司法协助都取决于主权国家,尽管还存在法律或者政治的例外。G7、G20及其相关的金融行动特别工作组(FATF),通过没有约束力的建议[②]的形式,已经为国家设置了签署刑事司法协助条约并履行的政治义务。联合国安理会通过根据《联合国宪章》第七章作出的安理会决议的形式,要求成员国遵守全部联合国层面与反恐相关的公约,无论成员国是否签署或批准这些公约。刑事司法协助的义务也可能来源于国际人权法的积极义务,比较确定的是当一国调查、起诉、审判和处罚国际核心犯罪的时候。

自19世纪末开始,国家间开始缔结引渡双边协定。同期却不存在类似的双边刑事司法协助协定,但是一些古老的双边引渡条约中包含了刑事司法协助的条文,尽管这些条文仅限于扣押与被羁押人员相关的财物和物品。第二次世界大战以后,各国国内、各区域以及全球对于跨国搜集证据兴趣渐长。在国内层面,各国逐渐意识到刑事司法协助越来越重要。例如,1986年英国的一个跨部门的工作小组建议内政大

---

① *SS Lotus Case* (*France v Turkey*), 1927 PCIJ, Series A, No. 10.

② For the most recent set of Recommendations, see FATF, http://www.fatf-gafi.org/topics/fatfrecommendations/documents/internationalstandardsoncombatingmoneylaunderingandthefinancingofterrorismproliferation-thefatfrecommendations.html (accessed 5 February 2014).

臣参与立法改革，目的是英国能够更加便利地获得国外的证据。正是因为这个建议，英国于 1990 年通过了《刑事司法国际合作法案》(1990 Criminal Justice International Co-operation Act)。[①] 区域性的组织，如欧洲理事会、美洲国家组织、欧盟、南美南方共同市场(MERCOSUR)以及西非国家经济共同体(ECOWAS)，都精心设计了特定的刑事司法协助条约。这些条约的确是具有多边的性质并且在本区域内建立了特别加强的刑事司法协助体系。除了这些区域内的制度，本区域内的国家还通过与第三国合意签署双边刑事司法协助条约而产生新的刑事司法协助制度。

在国际层面，联合国日益参与国际社会犯罪预防和刑事司法，特别是在贩卖毒品、贩卖人口、有组织犯罪、恐怖主义及其相关的洗钱犯罪或资助恐怖主义犯罪等领域，由此而通过的专门性公约都包含刑事司法协助义务的条款。2000 年通过的《联合国打击跨国有组织犯罪公约》(UNTOC)[②]就是一个典型的代表。尽管在联合国层面还没有具有约束力的刑事司法协助相关的公约，但是联合国、其他国际组织和区域性组织已经着手制定司法协助示范条约，例如，《联合国刑事司法协助示范条约》[③]，或立法计划，例如英联邦内刑事事项互助计划(又称“哈拉雷计划”，Harare Scheme)[④]。而且，联合国有时还与国际货币基金组织(IMF)合作，在考虑到普通法系和大陆法系差异的基础上，就特定领域的犯罪制定特定的示范条款。[⑤] 最后，联合国、国际货币基金组织和

---

① See http://www.legislation.gov.uk/ukpga/1990/5/contents (accessed 5 February 2014).

② 15 November 2000, 2225 UNTS 209, in force 29 September 2003.

③ Adopted by General Assembly Resolution 45/117, subsequently amended by General Assembly Resolution 53/112, 1990 and amended in 1998, A/RES/53/112.

④ 1 August 1986, 12 Commonwealth Law Bulletin (1986) 1118 (as amended in 1990, 2002 and 2005).

⑤ 2009 *Model Provisions on Money Laundering, Terrorist Financing, Preventive Measures and Proceeds of Crime for Common Law Legal Systems*, available at http://www.imolin.org/pdf/imolin/Model_Provisions_Final.pdf (accessed 5 April 2014).

二十国集团在制定与特定调查措施(如冻结和扣押海外犯罪资产方面)相关的国际标准方面表现得非常积极活跃。

三、刑事司法协助的全球路径

(一)刑事司法协助与打击非法毒品交易:维也纳公约

《联合国禁止非法贩运麻醉药品和精神药物公约》(以下简称维也纳公约或1988年公约)①是专题公约涉及刑事司法协助内容的先驱,这部公约规制非法麻醉药品贩运的各个方面。它除了包含实体法的义务(犯罪和处罚)以外,还包含管辖权的义务,引渡、诉讼移管和刑事司法协助等。刑事司法协助条款的目的并不是想要影响现有的其他条约下刑事司法协助的义务,而是制定了与贩卖毒品犯罪相关的最低的义务要求。该公约第7条第1款有关刑事司法协助的条文为缔约国设置了相互给予最广泛的合作的义务。这些刑事司法协助的义务包括获取证据或个人声明、搜查及扣押、签发指令及资产识别等。但是并不包括特殊侦查手段(SITS),如电信监听、秘密监视或卧底侦查等。然而,维也纳公约对于被请求国国内法允许的其他形式的司法协助方式持开放的态度。

根据维也纳公约,刑事司法协助是建立在国与国之间具有执行权力的中央机关之间的合作。司法机关并不起特殊的作用,而且所涉主体(相关当事人)在整个公约框架下不享有任何权利。根据该公约第7条第12款的规定,请求应根据被请求国(lex locus)的国内法予以执行。但是,在不违反被请求国国内法的情况下,请求国(lex forum)的法律也可被考虑。请求国还要遵循特定性原则,即请求国如事先未经被请求国同意,不得将被请求国提供的情报或证据转交或用于请求书所述以外的调查、起诉或诉讼。该公约还规定了拒绝刑事司法协助的事由,既可以因形式问题拒绝,也可因实质内容拒绝。如果执行请求可

① Vienna, 20 December 1988, 1582 UNTS 95; in force 11 November 1990.

能损害被请求国主权、安全、公共秩序或其他基本利益时，可能被拒绝。执行请求也可能因被请求国国内法没有就相关犯罪被请求要求采取的调查措施，或违反被请求国国内法而被拒绝。但是相关协助的请求不能因银行保密或双重犯罪原则而被拒绝。所有拒绝的理由都是可选择的，只要根据被请求国国内法，拒绝的理由没有成为强制拒绝理由时，被请求国都可以给予司法协助。

维也纳公约第 9 条在“其他形式的合作”下面列举了一系列需要履行的义务。在适当的案件中且不违背其国内法的前提下，各国有义务设立联合调查组。这些调查组只能在获得有关国家的授权(authority of the state)并充分尊重其主权的情况下，才能进行活动。但是，维也纳公约没有规定联合调查组所适用的法律依据。该公约第 9 条还推动人员和其他专家的交流以及联络官员的派驻。最后，公约第 11 条涉及控制下交付(controlled delivery)的内容。但是，第 9 条所规定的这些义务是附条件的：即以相互达成的协定或安排为基础，并且在其国内法律制度基本原则允许的情况下进行。

(二)刑事司法协助与打击非法毒品交易：示范法(model laws)和示范条约(model treaties)

通过制定联合国示范法，协助各国政府将其根据国际条约所承担的义务转化为国内立法条款。就刑事司法协助来说，联合国毒品和犯罪问题办公室(UNODC)和联合国禁毒署(UNDCP)对其进行了详尽阐述，即在毒品和犯罪政策框架内进行了阐述。1990 年，联合国安理会通过了《联合国刑事司法协助示范条约》(the UN Model Treaty on Mutual Legal Assistance in Criminal Matters)。[①]该条约涵盖一个相当简单的框架，该框架源自国际经验，并且成为各国协商双边和多边刑事司法协助条约的指南，尤其是当各国需要解决迥异的法律体系与法律传

① Annexed to GA Res 45/117 (1990), 14 December 1990, as amended by GA Res 53/112 (1999), 9 December 1998.

统之时。该框架以国家间的中央机关(central authorities)之间的合作为基础,同时鼓励开展可能的且最广泛的刑事司法协助合作。所要求的调查行为仅限于传统手段(向个人取证、搜查和扣押、签发指令等),并且不包括特殊侦查手段,如针对犯罪组织进行电信监听、秘密监视以及卧底侦查等。附加协定书则专门规定犯罪所得问题。① 该议定书规定了各国资产定位和追踪以及为了追回资产和实现预见没收而采取特别金融调查措施的义务。但是,这些义务规定在非常概括性的条款中,且只能在国内法允许的情况下才具有约束力。联合国禁毒署屡次更新刑事司法协助示范法案。② 尽管 2000 年版示范法案③的评注明确指出,其目的之一在于协调和适应法律制度之间的差异,但是显然,示范法案是为普通法系准备的。而适合大陆法系法律传统的示范法案却并没有被制定。

2000 年版示范法案对刑事司法协助程序以及冻结和没收犯罪所得进行了非常详细的规定。有趣的是,证据收集令和搜查令都必须以法院裁判为依据,并在比例原则的基础上证明其具有正当性。④ 法院指令还能对取证方式进行规定,以使外国请求具有适当效力。但是,如果违反被请求国的法律,则后者优先且不能被外国请求的条款所推翻。⑤ 同样令人感兴趣的是,法案规定,证据收集令上的个人,如果基于被请求国现行有效的法律及其被法律所承认的特权,或者证据的出示将导致在被请求国司法管辖区内产生违法行为,则该个人可拒绝回

---

① Optional Protocol to the Model Treaty on Mutual Assistance in Criminal Matters concerning the proceeds of crime (it is attached to the Model Treaty).

② See, for example, the UNDCP Model Mutual Assistance in Criminal Matters Bill, 1998.

③ UNDCP Model Mutual Assistance in Criminal Matters Bill, 2000, available at http://www.unodc.org/pdf/lap_mutual-assistance_2000.pdf; commentary available at http://www.unodc.org/pdf/lap_mutual-assistance_commentary.pdf (accessed 7 February 2014).

④ See Clause 8(2) and (3).

⑤ See Clause 8(4).

答问题,或拒绝出示文件或物品。[①]可以要求他国出示书面声明以确认其司法管辖区内的法律问题,这种声明在取证程序中是可以被采纳的。示范法案还包含有关外国文书特权(限制披露)的详细条款,以保护文件的机密性和保密性[②],同时,也为了适用特定性原则[③]。令人惊讶的是,示范法案没有包含拒绝请求的事由。

2000年联合国禁毒署《刑事司法协助示范法案》与另一个联合国示范法案,即2000年《联合国禁毒署外国证据示范法案》(the 2000 UNDCP Model Foreign Evidence Bill),相一致。[④]后者旨在规定在请求国境内,通过司法协助获得的证据的可采性问题。其主要涉及可在法院地国的法庭上作为证据提出的证言的要求以及外国物证的类型,还包括在有损辩护权和司法公正之时的证据排除规则。

(三)从毒品到跨国犯罪:《联合国打击跨国有组织犯罪公约》(UNTOC)

《联合国打击跨国有组织犯罪公约》巩固了过去几十年刑事司法协助方面的发展成果。它并不取代现有的或未来的双边或多边条约,而是对他们的补充。该公约就跨国犯罪的调查和起诉及有关的冻结、扣押和没收犯罪所得事项,规定了最广泛的刑事司法协助义务。这体现在该公约第18条第30项中:刑事司法协助仍然以传统的国家间方式为基础,并且在执行层面通过中央机关具体处理。请求根据被请求国的国内法予以执行,但是,在不违反被请求国国内法的情况下,也可适用请求国的特定规则。另外,如果请求所涉及的法人仅在请求国负有刑事责任,则也必须提供刑事司法协助。第18(3)条在合作义务之

---

① See Clause 8(5).

② See Clause 17.

③ See Clause18.

④ Available at UNODC, http://www.unodc.org/pdf/lap_foreign-evidence_2000.pdf; for commentary see http://www.unrol.org/fi les/lap_foreign-evidence_commentary.pdf (both accessed 5 February 2014).

下列举了可以请求刑事司法协助的调查行为和目的。这是一个典型清单,从提供司法文件、向个人获取证据或陈述,到出于取证目的而查明和跟踪物品和资产,皆涵盖其中。传统的强制措施,如搜查、扣押以及特殊侦查手段,则未提及。但是,在第18(3)(i)条提到:“不违反被请求缔约国本国法律的任何其他形式的协助。”如果被请求国在国内法中贯彻执行了该公约第20条的精神,则应将特殊侦查手段纳入其国内刑事诉讼程序。UNTOC还在第18(4)条中就自发信息交换进行了规定。而且还特别指定,刑事司法协助必须遵循特定性原则,尊重特定信息的保密性。某些传统的拒绝事由被排除在外,如银行保密或财务事项。但是,UNTOC确实涵盖了那些已经确立的拒绝事由,如主权、安全、公共秩序或其他基本利益,双重犯罪,或者如果调查行为在请求国的相似案件中可被排除,或者可能违反国内法。这仍然是非常宽泛并且严重依赖于被请求国国内法律制度的架构。不过,以上皆是可选择性的事由。在UNTOC第19条中规定了联合调查,但是,条文中仅将其限制为一项“应考虑”(shall consider)事项,因此并不包含正式的义务。

联合国毒品与犯罪问题办公室于2001年编写了一份广泛而详尽的关于刑事司法协助的案例和最佳实践的报告。① 这份报告包含了非常详尽的建议,涉及提高刑事司法协助的效率,中央机关的相关事宜、程序、延期、数字化等事项。尽管如此,令人吃惊的是,该报告未涉及特殊侦查手段。而且,来自执行机关和执法部门的专家参与编写了该文件。这也许是为什么在刑事司法协助制度框架下,该文件完全规避数据保护、特定性原则、辩护权以及嫌疑人和受害人地位等方面的原因。

---

① UNODC, Report, Informal Expert Working Group on Mutual Legal Assistance Casework and Best Practice, Vienna, 2001, available at http://www. unodc. org/pdf/lap_mlaeg_report_fi nal. pdf (accessed 5 February 2014).

(四)从毒品到跨国犯罪:2007 年《刑事司法协助示范法》(the 2007 Model Law on MLA)

该示范法由联合国毒品与犯罪问题办公室条约事务司条约与法律事务处制定,并参考了 UNTOC 以及以往的《联合国刑事司法协助示范条约》。刑事司法协助的模式仍然以国家间合作为基础,因此主要是中央机关之间的合作。尽管如此,示范法明确规定了自发信息交换的可能性。[①] 虽然适用的法律是执行国的法律,但示范法包含了一项非常广泛的请求国法原则(lex forum principle),即请求国的请求中详列的所有程序都将得以适用,除非此执行行为将违反该国法律的基本原则。关于拒绝的事由,示范法中规定了两种形式:第一种是没有必要列举拒绝的事由,这些事由的适用都是可选择性的,因此就给了执行国很大的自由裁量权。第二种与控制犯罪的国际条约相一致,列举出典型的拒绝事由,包括主权、安全、公共秩序等。然而,银行保密被排除在外。示范法涉及保密请求和法院命令,以限制披露刑事司法协助请求或相关内容或决定。如果有保密请求,则对非法泄露保密请求、请求内容或者相关决定的人员,可以给予处罚。该示范法广泛地涉及了与犯罪资产相关的冻结、扣押和没收的事项。同时,该法案还规定了一个有关刑事司法协助的特别章节(第 4 部分),该章节与计算机、计算机系统和计算机数据相关,涉及计算机数据的快速保存、制作、检索和控制。但是,该章节不涉及特殊侦查手段(SITs)或者联合调查组(JITs)等内容。

---

① See Clause 6.

四、欧洲区域的刑事司法协助方式：从刑事司法协助到相互承认

(一)从欧洲理事会(CoE)刑事司法协助到欧盟(EU)刑事司法协助

直到1999年《欧盟阿姆斯特丹条约》以及“自由、安全、正义的区域”(AFSJ)的建立,欧洲地区的刑事司法协助制度才在欧洲理事会的多边公约中得以确立。由此,欧盟成员国通过适用区域国际公法公约,在欧盟地区收集犯罪证据。毫无疑问,得到所有欧盟成员国正式批准的1959年《欧洲刑事司法协助公约》[①]及其相关的1978年附加议定书(几乎得到所有欧盟成员国的正式批准)[②]、2001年第二附加议定书(欧盟成员国的正式批准率较低)[③]是历史性的起点。1959年《欧洲刑事司法协助公约》是母公约,因为其从多边层面引入了刑事司法协助中的合作义务,并且为这种合作确立了一个模式。在世界范围内,1959年《欧洲刑事司法协助公约》是一个个别存在,而且在那个时期并没有显著的发展,因为刑事执法的全部传统都以主权和双边条约为基础。合作义务是一项国家间义务,因此,该公约可以被认为是一部具有行政执行性质,却处理司法事务的国际公约。必须要补充的是,主要的合作义务并不总是绝对的。这主要有两个原因:第一,许多缔约国作出了保留和声明,导致了一种复杂的拼凑的义务状况。第二,1959年《欧洲刑事司法协助公约》本身就涵盖了广泛的拒绝事由,这些事由不仅与政治、军事和税务犯罪有关,也与主权和公共秩序相关。最后,由于该公约是基于国家间合作,所以在请求国与被请求国都存在双轨程序。也就是说,司法机关作出的请求在到达被请求国的司法人员的办公桌上

---

① Strasbourg,20 April1959,ETS No. 30; in force 12 June 1962.

② 17 March 1978,ETS 99; in force 12 April 1982.

③ 8 November 2001,ETS182; in force 1 February 2004.

之前，必须先通过请求国和被请求国司法部和外交部的中央机关（外交途经）提出。换言之，这些中央机关发挥着关键作用，而司法机关仅发起和执行请求。

随着欧洲一体化的深入，很明显，欧盟越来越需要一个合适的刑事司法协助制度。由于整个欧盟缺乏政治协议，比利时、卢森堡、荷兰、德国和法国签署了 1985 年《申根协定》，随后于 1990 年签署了《申根执行公约》，其中载有刑事司法协助条款（除移民法、签证政策和警务合作外），并意在补充 1959 年《欧洲刑事司法协助公约》。①《申根公约》事实上更新了刑事司法协助的方式。司法机关之间的直接合作取代了外交途经，而这些司法机关确实是作出决定、发送、执行和重新发送的适格机构。逐渐地，其他欧盟成员国和非欧盟成员国逐渐加入这些协定，并且在 1999 年，这些协定被整合到《欧盟阿姆斯特丹条约》中。

1993 年，将刑事司法协助纳入《欧盟马斯特里赫特条约》成为可能。然而，它在具有很强的政府间性质的欧盟"第三支柱"终结。（根据 1992 年的《欧洲联盟条约》，欧盟由三大支柱组成。第一支柱为"欧洲各大共同体"，涉及经济、社会、环境等政策。第二支柱为"共同外交与安全政策"，涉及外交、军事等政策。第三支柱为"刑事领域警务与司法合作"，涉及共同合作打击刑事犯罪。——译者注）在这一框架下，《欧洲刑事司法协助公约》逐渐被欧盟的公约所取代：1997 年《海关当局公约司法协助和合作》（也称为那不勒斯第二公约）②和 2000 年《欧盟国家刑事司法协助公约》（以下简称 2000 年《刑事司法协助公约》）③。2000 年《刑事司法协助公约》的重要性不容忽视。该公约受到申根公约的启发，在概念上，以司法机关之间的直接合作为基础。欧盟范围内司法机关之间的直接合作，并不意味着请求机关的请求在被

① Schengen Agreement on the Gradual Abolition of Checks at Their Common Borders, 14 June 1985, (1991) 30 ILM 68; Convention Implementing the Schengen Agreement of 14 June 1985, signed 19 June 1990, [2000] OJ L 239/19; in force 1 September 1993.

② 23 January 1998, OJ C 24/2.

③ 12 July 2000, OJ C 197/3.

请求机关所在领土上自动具有法律意义。作为一项规则,在被请求国,这些令状必须通过许可程序,转化为被请求国的一项国内决定,而只有这样的国内决定才适用相应的法律救济。

就调查工具本身而言,2000年《刑事司法协助公约》也是非常具有创新性的。可以发出使用特殊侦查手段搜集证据的请求。2000年《刑事司法协助公约》第13条规定了联合调查组建立的法律依据,即调查组的组成包括成员国的司法人员、警察和(或)海关官员,甚至包括欧洲刑警组织(Europol)的人员。随后,联合调查组在一个特定的框架决议中得到发展。① 最后,请求机关可以要求相关机关适用其国内法的条款,以便获得在请求国法院可接受的证据。在不违反其法律秩序的基本规则的情况下,被请求机关可适用请求国规则,而不是被请求国规则。这对于处理程序保障和辩护权(律师协助、司法授权等)的差异是非常有帮助的,从而解决在欧盟范围内跨国使用证据的问题。只要法律制度的基本规则允许,这就是在现有法律框架内,简化证据的收集和使用的一种方式。

2000年《刑事司法协助公约》通过2001年的附加议定书②得到进一步充实。而这个附加议定书旨在进一步增进金融部门刑事司法协助。它撤销了银行保密的规定,并引入了便利银行账户和银行业务信息传递的义务。

(二)实践中对刑事司法协助的强化

欧盟不仅将重点放在起草新的欧盟公约上,还致力于切实改进:设立联络官,并创制欧洲司法网络(european judicial network)。然而,只有少数的欧盟成员国设立了联络官。这些联络官没有行动权,也不能

---

① See Council FD of 13th of June 2002, OJ L 162/1.

② Protocol established by the Council in accordance with Article 34 of the *Treaty on European Union to the Convention on Mutual Assistance in Criminal Matters between the Member States of the European Union*, OJ 2001, L326/2.

进行调查,只是促进者而已。由于他们对于制度和联络方式的了解,所以他们知道在准备和执行刑事司法协助请求时,什么是在法律和实践层面必须要做的。另外,欧洲司法网络在刑事司法协助①方面非常成功,这主要在于在欧盟成员国中负责刑事司法协助的司法机关之间建立了横向网络。

(三)欧盟从刑事司法协助到互相承认:《欧盟阿姆斯特丹条约》和坦佩雷欧洲特别理事会

1999年,欧洲理事会在坦佩雷组织了一次关于"自由、安全、正义的区域"(AFSJ)的特别会议。在坦佩雷会议的结论中,"相互承认"成为司法合作的基石,其目的在于,以合适的欧盟相互承认法律文件,取代所有刑事司法协助公约。②"相互承认"的概念已经被共同体立法者适用于许多内部市场的实质性领域,旨在避免细节上的协调不一致。然而,将其推断为司法判决的可能性并不是那么不言而喻的,因为,刑事诉讼程序及其适用保障措施领域的协调一致,通常是最小限度的或根本不存在。2000年,欧盟委员会发布了《关于相互承认刑事最终判决的通讯》(Communication on Mutual Recognition of Final Decisions in

① There are several similar regional networks: the Judicial Regional Platforms of Sahel and Indian Ocean Commission Countries, the Commonwealth Network of Contact Persons, the Hemispheric Information Exchange Network for Mutual Legal Assistance in Criminal Matters and Extradition ofthe Organization of American States, and the Ibero-American Legal Assistance Network (IberRed).

② See Presidency Conclusion No. 33 of the Tampere special European Council. For in-depth analysis, see J. Ouwerkerk, *Quid Pro Quo? A Comparative Law Perspective on the Mutual Recognition of Judicial Decisions in Criminal Matters*, Cambridge: Intersentia, 2011; A. Suominen, *The Principle of Mutual Recognition in Cooperation in Criminal Matters: A Study of the Principle in Four Framework Decisions and in the Implementation Legislation in the Nordic Member States*, Cambridge: Intersentia, 2011.

Criminal Matters)。[①]“相互承认”将适用于法院判决和预审判决、收集证据或逮捕和移交嫌疑人的法令或令状。

“相互承认”与“刑事司法协助”相比,不同之处在哪里?最基本的一点在于,尽管成员国在程序制度方面存在差异,但他们都是《欧洲人权公约》的缔约国,因此,彼此之间可以相互信任。相互信任是适用“相互承认”的前提和充分的理由,即使在这个领域很少或未协调一致。这意味着,来自成员国签发的相互承认命令或令状在“自由、安全、正义的区域”具有法律价值,因此也得以不通过执行许可令(*exequatur*)程序而自动执行。对法令或令状的法律疑问,例如,有关证明法令或令状正当性的证据合法性的疑问,只能在发出命令或许可的成员国提出。

2002 年,理事会部长会议通过了第一份关于“相互承认”的正式法律文件:欧洲逮捕令(EAW)[②],从而替代引渡公约。在“9·11”事件后,欧洲逮捕令在快速申请程序下得到通过,并且不包括调查行为或者程序保障事项的协调一致。一项欧洲逮捕令,无论是为了审判嫌犯还是执行判决,都以相互信任为基础,因此,必须予以承认和执行,除非符合不承认该逮捕令的强制性或任意性事由。但是,与刑事司法协助引渡条约的拒绝事由相比,这些事由被严格限制,且不包含直接基于人权条款的事由。

(四)相互承认和证据收集:证据的自由流动

在引入欧洲逮捕令后,是时候在证据领域讨论如何解决“相互承认”替代“刑事司法协助”的问题。2003 年欧盟委员会提交了一份关于

---

① COM(2000) 495 final, available at http://eur-lex. europa. eu/LexUriServ/LexUriServ. do? uri = COM:2000:0495:FIN:EN:PDF (accessed 1 April 2014).

② Council Framework Decision 2002/584/JHA on the *European arrest warrant and surrender procedure between Member States of* 13 *June* 2002, OJ 2002 L. 190, p. 1. The decision has been amended by Council Framework Decision 2009/299/JHA of 26 February 2009, OJ 2009 L 81, p. 24.

欧洲证据令(EEW)①的提案,经过艰辛的谈判,该提案最终于 2008 年通过②。欧洲证据令仅限于现有证据,因此,审讯、电信监听和搜身都被排除在其适用范围之外。欧洲证据令适用于司法机关签发的法令,同时,也在一定程度上适用于行政执法机关签发的法令。当签发一项欧洲证据令,签发机关必须遵守比例原则(最小限度地使用侵犯性的手段)和互惠原则。后者意味着,如果这些物品、文件或数据在签发国领土上是可以获得的,即使可能采取不同的程序性措施,那么在同等的情况下,根据签发国法律,这些物品、文件或数据都可被获取。欧洲证据令中还包含了关于双重犯罪的复杂条款。德国通过谈判,达成了一个独立的立场,在涉及恐怖主义、计算机相关犯罪、种族主义以及仇外情绪、蓄意破坏、敲诈勒索和诈骗等罪行的案件中,在核查双重犯罪后,则允许执行。而针对以上犯罪行为,欧洲逮捕令中并无双重犯罪的要求。此外,其中一些罪行已经得到欧盟法律的协调。同时,当下达命令采取搜查和扣押等强制措施时,成员国可以强制推行超出欧洲逮捕令规定范围的双重犯罪要求。

在不影响国内法规定的基本保障下,应尽可能广泛地按照签发国明确规定的手续和程序,使得欧洲证据令得以执行。这意味着扩大了法院地法(*lex fori*)概念的适用。尽管如此,成员国对其之间的刑事诉讼程序的差异持谨慎态度,并努力防范其刑事诉讼制度和法律保障体系之间的不一致。此外,该提案第 13 条中,不承认或不执行的事由列表很长,且所有事由都是可以选择性的。虽然 2008 年欧洲证据令就被通过,但成员国要不就是没有在国内法上执行这项规定,要么就是很少使用。缺乏使用热情的最常见的原因是实务人员和成员国都不太确信

① See J. A. E. Vervaele (ed.), *European Evidence Warrant: Transnational Judicial Inquiries in the EU*, Intersentia, Antwerp-Oxford, 2005.

② Council Framework Decision 2008/978/JHA of 18 December 2008 on the *European Evidence Warrant for the Purpose of Obtaining Objects, Documents and Data for Use in Proceedings in Criminal Matters*, 2008, OJ L 350/72, available at http://eur-lex.europa.eu/LexUriServ/LexUriServ.do?uri=CELEX:32008F0978:EN:NOT > (accessed 1 April 2014).

其效用。欧洲证据令并不处理所有证据问题,导致在实践中出现了非常复杂的程序。欧洲证据令可以用以冻结现有证据,但是如果采取进一步的行动,则需要再次提出刑事司法协助请求。同时,从业人员还抱怨,监管框架过于分散和复杂。

在2009年斯德哥尔摩方案中,欧洲理事会决定,应进一步推动建立以"相互承认"为基础,针对跨国案件的综合取证制度。欧洲理事会表示,该领域内的现有的法律文件构成了一个不完整的制度,需要一种新的方法,这种方法不仅要基于"相互承认",还要考虑传统刑事司法协助制度的灵活性。其呼吁建立一个全面体系,以取代包括欧洲证据令在内的所有现有文件,从而尽可能涵盖所有类型的证据,规定执行的最后期限,尽可能限制拒绝事由。

(五)欧洲调查令草案

由于对欧洲证据令感到失望,七个成员国于2010年提交了一项关于欧洲调查令(EIO)的提案。①理事会达成一项政治协议②,并且在2013年12月,欧洲议会司法和内政事务委员会(the LIBE-Commission of the European Parliament)通过了一个修订文本③。欧洲调查令具有横向适用范围,适用于所有旨在收集证据的调查措施。欧洲调查令还指出,某些类型的调查措施的附加规则使得该单一取证制度变得完整,如临时转移被羁押人员、通过视频或电话会议进行听证、获取与银行账户或银行交易有关的信息、控制下交付或秘密调查等。对于欧洲调查令的相互承认制度,肯定不是坦佩雷会议中所设想的自动制度。实际上,类似于"双重程序"或"双重锁定"的制度已经被引入其中。相互承

① Proposal of April 29th 2010 (COPEN 15), initiative of Belgium, Bulgaria, Estonia, Spain, Austria, Slovenia and Sweden.

② General approach, 21 December 2012, 18918/11, COPEN 369.

③ European Parliament Committee on Civil Liberties, Justice and Home Affairs (LIBE). The text is awaiting approval by the General Assembly of the EP.

认制度不会引起自动执行，正如第2(b)条所规定的，执行不仅必须符合欧洲证据令，还需要遵循适用于国内类似案件的程序。签发机关可以协助欧洲调查令的执行(与刑事司法协助制度相同)，但是，协助行为也是有条件的，需要尊重执行国法律的基本原则和基本的国家安全利益。除非违背执行国法的基本原则，否则应适用法院地法(*lex fori*)原则。[①]

对于不承认和不执行的事由，欧洲调查令有一个相当复杂的体系。如果所要求的措施在其本国法下不存在，或在类似的国内案件中不存在(参考国内法中的同等措施)，执行机关应当尽可能使用另一种类型的措施，并应始终采用干扰性最小的措施(比例原则)。因此，签发机关应查明：所寻求的证据对诉讼程序而言是否必要和是否适当，所选择的措施对于证据收集而言是否必要和是否适当，以及在证据收集时，是否通过签发欧洲调查令的方式，另一个成员国是否必须要参与到证据收集中来。令人感兴趣的是，欧洲议会司法和内政事务委员会在实质性条款中列入了人权条款。[②]

第2(a)条强调遵守《欧盟条约》(TEU) 第6条[③]的义务，并坚持认为，其涵盖了刑事诉讼中人员的辩护权。第10条规定了不承认和不执行的事由。在具体案件中，如果有充分的理由相信，执行欧洲调查令中的调查措施将会违背该执行成员国在《欧盟条约》第6条和《欧盟基本权利宪章》(EUCFR)中的义务，又或者，执行行为将违反一事不再理原则(*ne bis in idem*)，则可以拒绝承认或执行该调查令。然而，不承认这些不执行的事由，与其他所有的事由一样，是选择性的，并且取决于相关具体执行的立法。成员国可以将其转化为强制性事由，但也可以交由司法机关自由裁量。

---

① See Draft Article 8(2).

② Earlier MR instruments referred to human rights only in the preamble.

③ Article 6 TEU imposes the EUCFR as a binding instrument and lays down the legal basis for the application of derived human standards from the European Convention on Human Rights of the Council of Europe and of derived constitutional standards of the common constitutional traditions of the Member States as general principles of EU law.

有趣的是,在适用的辩护权框架内,且符合国内刑事诉讼程序之时,嫌疑人和被告人也可能会请求欧洲调查令。因此,这一选择①非常依赖国内法,并且可能导致不同成员国之间的情况大不相同。针对欧洲调查令,可适用的法律救济,至少应该与国内案件中针对有关调查措施可适用的措施相当,包括相同的时间限制。但是,只有在签发国才能对签发欧洲调查令的实质性事由提出质疑。如果有关法律救济的决定未决,则证据的移交也可能被暂停。

(六)欧盟与第三方国家之间的双边刑事司法协助协定(MLATs)

欧盟已经与第三方国家进行了一系列关于双边刑事司法协助协定的谈判。在2010年,与日本签署司法协助协定②,更早之前还与美国签署协定③。这些刑事司法协助协定仅仅是对美国和欧盟成员国之间现有刑事司法协助协定的补充。就与日本的签署情况来看,双边刑事司法协助协定较少,所以附加价值较高。但即使是与美国签署的协定,其附加值也很高,因为这些刑事司法协助协定涉及证据收集中的现代手段,包括视频会议、联合调查组和金融证据的收集(银行账户的识别、财务监控等)。此外,其范围还包括与行政执法机关的刑事司法协助。在未来,将进一步与其他第三方国家缔结刑事司法协助协定。

---

① Draft Article 2(a).

② Agreement between the European Union and Japan on Mutual Legal Assistance in Criminal Matters, OJ L 39/20, 12 February 2010, available at http://ec. europa. eu/world/agreements/prepareCreateTreatiesWorkspace/treatiesGeneralData. do? step = 0&redirect = true&treatyId = 8341 (accessed 12 June 2014). The agreement entered into force, after ratification by all EU Member States, in 2010.

③ Agreement on Mutual Legal Assistance between the European Union and the United States of America, OJ L 181/34, 19 July 2003, available at http://ec. europa. eu/world/agreements/prepareCreateTreatiesWorkspace/treatiesGeneralData. do? redirect = true&treatyId = 5441 (accessed 12 June 2014). The agreement entered into force, after ratification by all EU Member States, in 2010.

（七）纵向刑事司法协助框架的建立：欧洲刑事司法组织（eurojust）与欧洲公共检察官办公室（EPPO）

在坦佩雷理事会（the Tampere Council）时，还决定成立欧洲刑事司法组织（eurojust），来自各个成员国的检察官（国家成员）组成一个学会（college）。在2002年，通过了授权并赋予其使命的法律框架，反映出一种强有力的政府间合作方式。①欧洲刑事司法组织的目标包括促进和改善适格的国内机关之间的刑事司法协助，并且提供一般性支持，以提升其调查行为的效力。②欧洲刑事司法组织通过其国家成员或学会开展行动。即使是每个国家成员的权力仅限于其司法管辖区，他们也不能被视为一个请求机关（requesting authority）或者一个有执行力的司法机关。他们主要还是被视作联络官。有关该学会的权力使用了更加有力的术语，但即使如此，在法律上，仍然不确定其是否能向成员国中适格的机关提出有法律效力的刑事司法协助请求。欧洲刑事司法组织主要参与调查和诉讼活动相关的协调工作，并组织和维持联合调查组。《欧洲刑事司法组织决定》（the Eurojust Decision）于2009年被修订③，为国家成员在其国内法律秩序下谋取更大的同等权力。

总的来说，2009年的改革力度非常小，大部分也仅限于执法数据的获取，同时，即使是在其本国法律秩序下的刑事司法协助或相互承认方面，也并没有赋予国家成员一系列共同的权力。此外，几乎没有成员国通过立法，将国家成员的权力纳入其国内法律秩序。许多成员国反对下放权限给本国成员，即使其仅能在其本国司法管辖区内行事。他们害怕出现具有超国家权限的主体，并且提出了宪法保留。

---

① Decision of the Council, dated 28 February 2002, whereby Eurojust is created to strengthen the fight against serious crime, DOCE 2002 L 63/1.

② See Article 3(1).

③ Council Decision 2009/426/JHA of 16 December 2008 on the strengthening of Eurojust and amending Decision 2002/187/JHA setting up Eurojust with a view to reinforcing the fight against serious crime.

《里斯本条约》(The Lisbon Treaty)在《欧盟运行条约》(TFEU)第 85 条中规定了一个新的法律依据,以使得欧洲刑事司法组织(eurojust)在“自由、安全、正义的区域”成为一个欧盟机构,并且承担新的使命。它将仍然保留在严重跨国犯罪方面的权力,但同时也会处理需要共同起诉的严重犯罪。欧洲刑事司法组织也可以发起调查,但是,从文本中明确表明,欧洲刑事司法组织不能成为一个超国家或联邦的调查起诉办公室,因为程序性的行为只能由适格的国内机关来实施。在 2013 年,欧盟委员会提交了一份关于欧洲刑事司法组织(the European Union Agency for Criminal Justice, Eurojust)章程的提案。①除了改革欧洲刑事司法组织的组织结构外,该提案还涉及“权力运行”的新定义。尽管如此,它并没有提出欧洲刑事司法组织学会拥有运行或执行的权力,也不能被视为可以作出有法律约束力的请求或命令的机构。然而有趣的是,该提案提议应当赋予国家成员在其本国管辖范围内提出和执行刑事司法协助请求或者相互承认命令的权力。其次,在紧急状况下,国家成员还可以下令采取各种调查措施,包括强制措施。这些国家成员权力的扩张事项是否将在谈判中保留,仍有待观察。这项提案建议,欧洲刑事司法组织成为一个欧盟机构,但是委员会并没有充分利用《里斯本条约》中的法律依据的潜力,因为在“自由、安全、正义的区域”内,其展开调查、发出刑事司法协助请求和相互承认命令的自主权未得到详细规定。正如其展现的那样,欧洲刑事司法组织将仍然是一个协调成员国跨境执法机构活动的组织。因此,唯一真正的纵向维度的刑事司法协助是建立欧洲公共检察官办公室(EPPO)。经过长时间的讨论,回溯《法律大全》项目(*Corpus Juris*)②和《欧盟绿皮书》

---

① COM(2013) 535 final, http://eur-lex.europa.eu/LexUriServ/LexUriServ.do?uri=COM:2013:0535:FIN:EN:PDF (accessed 15 January 2014).

② See M. Delmas-Marty and J. A. E. Vervaele (eds), *Implementation of the Corpus Juris in the Member States*, Vols I – IV, Antwerp/Groningen/Oxford: Intersentia, 2000 – 2001.

(the EU Green paper)[①],《里斯本条约》在《欧盟运行条约》第 86 条中,规定了一项建立欧洲公共检察官办公室的法律依据。它将成为一个独立的欧盟机构,有权调查和起诉影响欧盟经济利益的犯罪(欧盟补贴欺诈、欧盟腐败、欧盟关税欺诈等)。这种实质性权限可以扩大到其他严重跨国犯罪。然而,对这些刑事案件的裁判确属成员国的专属权限。换言之,欧洲公共检察官办公室将在成员国国内法院就这些案件提起诉讼。

在 2013 年夏季,欧盟委员会提交了一份关于欧洲公共检察官办公室的章程草案。[②]委员会资助了一项学术研究,旨在制订关于欧洲公共检察官组织刑事诉讼程序的示范规则。[③] 这些示范规则,力求在欧洲范围内欧洲检察官组织的权力和嫌疑人的权利之间,建立一个公正的平衡点。在欧盟委员会提出的章程草案中,欧洲检察官办公室是欧盟的一个机构,其结构是分散性的,由来自成员国的检察官代表组成。其任务在于指导和监督调查行为,并开展诉讼活动。通常来说,在各成员国内的欧洲检察官办公室的调查应当由成员国的"欧洲授权检察官"(european delegated prosecutor)提起。在涉及多个成员国或尤其是涉及复杂的案件时,有效的调查和起诉可能要求欧洲公共检察官通过直接指导国内执法机构的方式行使其权力。尽管该草案的说明部分中是指在整个欧盟内的统一调查权,并且,提案声明:"为了欧洲公共检察官办公室的调查和起诉,欧盟成员国的领土应当被认为是一个单一法

---

① COM (2001) 715 final, available at http://eur-lex. europa. eu/legal-content/EN/TXT/PDF/? uri = CELEX:52001DC0715&rid = 1 (accessed 12 June 2014).

② COM (2013) 534 final, available at http://eur-lex. europa. eu/LexUriServ/LexUriServ. do? uri = COM:2013:0534:FIN:EN:PDF (accessed 15 January 2014).

③ See University of Luxembourg, Model Rules for the Procedure of the EPPO, http://www. eppoproject. eu/index. php/EU-model-rules (accessed 3 April 2014); K. Ligeti (ed.), *Toward a Prosecutor for the European Union: A Comparative Analysis*, Vol. 1, Oxford: Hart, 2012; K. Ligeti (ed.), *Toward a Prosecutor for the European Union. Draft Rules of Procedure*, Vol. 2, Oxford: Hart, 2014, forthcoming.

律区域,且欧洲公共检察官办公室可以在其领土上行使职权"①,通过整体阅读该文本,显而易见,这些权力完全依赖于国内法律和领土②。而且草案文本强调,欧洲公共检察官办公室可以下令或要求采取的,作为调查措施的所有强制措施,必须要得到执行这些措施的成员国的司法机关的授权。③ 当我们审视欧洲公共检察官办公室提案时,值得怀疑的是这些内容是否符合《欧盟运行条约》第 86 条规定的目的,因为似乎看起来这个目的可以通过更新《欧盟运行条约》第 85 条规定的欧盟刑事司法组织就可以实现。自主(*proprio motu*)调查和起诉权力则未在提案中提及,而这些权力是检察官无需依赖刑事司法协助和相互承认的。此外,整个欧洲领土(European territoriality)的概念作为调查和起诉的共同管辖区,在提案中已经被淡化为一个各自为政的对国内司法管辖区的全副武装。

谈判才刚刚开始,至于这项提案是否会继续以及该文本还会进行哪些修订,都有待观察。

五、总　　结

感谢国际社会为控制跨国犯罪而进行的持续努力,刑事司法协助已经成为全球治理中的关键事项,同时也是跨国刑事司法的一部分。从维也纳公约到《联合国打击跨国有组织犯罪公约》(UNTOC)的演变中也明确反映了这一点。示范法和示范法案对于促使协助国内刑事司法立法设计和实践的标准化作出贡献。尽管如此,仍然存在可以查明的漏洞和缺点。大多数努力都与贩卖毒品、有组织犯罪和恐怖主义的范式相关,并不包含所有可能需要刑事司法协助的严重犯罪。尽管联合国的公约是全球性的,但很确定的是,其影响范围和有效执行并未达到其本可以达到的那样全球化。在公约和示范法、示范法案的基本内

---

① See Draft Article 25(1).

② See, for instance, Draft Article 18(6).

③ See Draft Article 26(4).

容方面,存在一些显著性特点。刑事司法协助保留主权国家间合作的模式,以中央机关的执行模式为基础。在一些国家,这些中央当局已经被授予自治权力,但是在很多其他国家却并非如此。刑事司法协助协定被执行机构及检察官的利益高度主导。大部分拒绝的事由都被广泛定义,并反映了相同的利益诉求。这就是为什么在大多数情况下,这些拒绝的事项都是任意的,并因此取决于执行机关的自由裁量权。辩护权或公平审判权,以及公然拒绝司法的人权事项,这些似乎不属于司法协助中涉及的词汇,同时,在任何情况下都不能包含在拒绝的强制性事由之内。在司法协助的工具方面,警务合作、行政协助和刑事司法协助之间并没有明确的实质性分工。刑事司法协助还涉及信息交换,有时还涉及行政执法机构的协助。在涉及强制措施和特殊侦查手段的时候,刑事司法协助协定都非常谨慎,并且以严格的执行国国内法规则和程序为条件。请求国法(*lex forum*)条款的适用有时在符合国内法的条件下提出,有时仅基于基本原则提出。最后,新的数字调查技术,如数字监控和远程计算机搜索,在刑事司法协助正式法律文件中都是缺失的,2007 年示范法除外。联合国对刑事司法协助的执行方式,同样意味着,有关人员(尤其是嫌疑人和受害者)仍然是刑事司法协助的对象,且不能从刑事司法协助制度中获得收集证据的权利。他们的任何权利都来源于所适用的国内法律。对于有关人员,尚不清楚在刑事司法协助领域内,他们是否能够以及在多大程度上能够从联合国人权文件中获取权利。换言之,在联合国层面有很多事情需要完成,以制定一个现代刑事司法协助制度,更新运行工具并且涵盖人权保护事项。

在欧盟,有一个从刑事司法协助到相互承认的非常实质性的范式转变。重点在于司法机关之间的直接合作,同时,拒绝事由被减少。然而,由于成员国之间同等程序性调查行为和有关的程序性保障措施的缺失,导致了不信任的产生。《里斯本条约》努力通过翻译权和口译权①、刑事

① Directive of the European Parliament and of the Council on the right to interpretation and translation in criminal proceedings, 2010, OJ L 280/1.

诉讼程序中的知情权以及会见律师权①的指令协调基本的公正审判权利,通过指示这些只是第一步。他们无法解决所有执行"相互承认"证据令时可能出现的程序公正事项,例如,递交/披露,或对调查行为的执行或所获证据的移交进行的补救。② 欧洲委员会关于程序保障的最新的一揽子第二个立法草案也完全没有涉及这些方面。

从欧洲证据令(EEW)和欧洲调查令(EIO)草案的谈判中可以得出结论,欧盟成员国并不打算在"自由、安全、正义的区域"内实行一个通行做法。他们尽可能限制其领土上适用本国法律的跨国证据收集活动,并尽可能建立要求,从其国内法秩序到区域的安排中。"自由、安全、正义的区域"在很大程度上仍然是主权管辖权的拼凑,所以,在一个一体化的领土之内,在认可新的犯罪证据收集工具方面存在困难。当谈到"自由、安全、正义的区域"内的超国家执法结构时(欧洲刑事司法组织和欧洲公共检察官办公室),非常明确的是,现有的执法机构和将来的欧洲公共检察官办公室,都既不被设计为有执行力的司法机关,也不被设计为适格的刑事司法协助或相互承认机关。他们主要是国家当局之间的调停者,同时,在其所获得的调查权的限度内,被纳入国内司法管辖区内可适用的法律之中。

最后,为了控制跨国犯罪,提供有效的执法活动,遵循法治原则及所适用的人权标准,有必要在联合国和欧洲区域层面采取具有创新性的方法。在全球层面,必须更新法律文件,并且不得不考虑到我们社会的数字化规模。应当减少与主权相关的可选择的拒绝理由,引入与人权标准相关的强制性理由。刑事司法协助制度还应当考虑到,被告人作为一个法律主体,在程序中拥有权利和救济的途径。

---

① Directive on the right of access to a lawyer in criminal proceedings and on the right to communicate upon arrest, 2013, OJ L 294/1.

② Proposal for a Directive of the European Parliament and of the Council on the strengthening of certain aspects of the presumption of innocence and of the right to be present at trial in criminal proceedings, COM 2013 0821, available at http://eur-lex.europa.eu/LexUriServ/LexUriServ.do?uri=CELEX:52013PC0821:en:NOT (accessed 15 January 2014).

在欧盟区域层面,有在成员国内进一步协调调查工具和程序性保障措施的需要,如此一来,"相互承认"能够在"自由、安全、正义的区域"的共同领域内发挥作用。在区域层面,应当深化刑事司法协助合作,将其与人权保护相结合,并且减少对于国家主权的依赖。

Mutual Legal Assistance in Criminal Matters to Control (Transnational) Criminality

Written byJohn A. E. Vervaele, Translated
by Zhao Chenguang & Hou Hanyue

[**内容摘要**]刑事司法协助存在的基础在于他国不能恣意在其司法管辖区外进行刑事司法活动,因此刑事司法协助在处理跨境犯罪案件以及具有跨境性质的国内案件中具有重要意义。国际上通过缔结包含刑事司法协助义务条款的专门性公约,以及建立国家间、区域性刑事司法协助机制来促进与深化刑事司法协助的发展,前者包括维也纳公约、《联合国打击跨国有组织犯罪公约》、2007 年《刑事司法协助示范法》等公约的缔结,后者的典型实践则是欧盟从刑事司法协助向相互承认的转变。尽管在全球和欧洲区域层面的刑事司法协助机制稳步发展,但是仍然需要采取创新性的方法减少与主权相关的可选择的拒绝理由,与人权保护相结合,减少对于国家主权的依赖。

[**关键词**]刑事司法协助;相互承认;跨国犯罪

Abstract: The foundation of the existence of mutual legal assistance (MLA) lies in that judicial authorities cannot arbitrarily execute investigative measures outside their judicial jurisdiction, thus mutual legal assistance can be of vital importance to deal with both cases of transnational crime and domestic cases with a cross-border dimension. At the global level, in order to promote and deepen development of mutual legal assistance, topical conventions that include MLA obligations have been subscribed and inter state and regional mechanisms of criminal judicial assistance have been established; the former includes *the Vienna Convention*, *UNTOC*, *the* 2007 *Model Law on MLA* and so on, and the typical practice of the latter is the shift from MLA to mutual recognition (MR). Despite steady development of MLA mechanisms at the global and European regional levels, there is a need for an innovative approach to reduce the optional grounds for refusal linked to sovereignty, combine with human rights protection and reduce the dependence on national sovereignty.

Keywords: Mutual Legal Assistance; Mutual Recognition; Transnational Crime

霍布斯《利维坦》中的近现代自然权利与惩罚

［加］Arthur Shuster * 著　邱帅萍** 译

目　次

在近现代政治思想中，惩罚成为一个特别重要的话题。这是因为，国家惩罚权限度的设定应当致力于为生而自由的个体划定合法政治权力与恣意暴力之间的界限。这便需要一种规范性的惩罚理论，以确保能探明这些限度并为之奠定理论基础。霍布斯，被公认为近现代传统中一位奠基性的政治思想家；他也是首位尝试提出与近现代自然权利这一近现代政治基本原则相符合的系统规范性惩罚理论的人。

为了认识近现代背景下规范性惩罚理论的必要性，我们可以思考

---

* 得克萨斯大学奥斯汀分校（University of Texas at Austin）博士。本文的翻译及发表已获授权，特此说明。

** 湖南科技大学法学与公共管理学院副教授、硕士生导师。

马基雅维利(Machiavelli)对君主以及共和国所提出的关于"对残忍习以为常"的建议。根据马基雅维利,任何政治秩序若要保持稳定,都需要不时地展示统治者的强制力具有压倒性优势,并尽可能地以报复性正义作为掩饰。为了使他们能够有效地压制或者平息骚乱的民众,这些"惩罚"必须过度和血腥。[①] 霍布斯后来也得出结论,认为统治者的主要角色是利用他的压倒性权力——一个无法抵抗的"利维坦"国家——向他的臣民灌输恐惧。根据霍布斯的分析,这是对人性中易产生的在政治上不稳定的非理性情感进行压制的唯一方式。因而,从一开始,近现代政治的目标就定位于和平与安全,其手段就是(制造)恐惧。然而,如霍布斯自己承认,这种政治原则的问题在于它可能产生最极端的影响,即平时宵禁、拘留营、非法法庭、大屠杀等。这些影响虽然在实践中不大可能频繁地发生,但会使绝大多数守法公民感到极度恐慌。其结果便是,这种原则可能会被(正确地或者错误地)普遍认为过于具有威胁或者过于贬低人的尊严,以致无法被接受。霍布斯发现了这一点,他认为,新的政治原则如果要获得认可,那么它确有必要遵循如下理论要求:绝对君主权力的行使,应受到最小的规范性限制。

由此,霍布斯获得了近现代绝对主权理论家的名声,他也是近现代传统中规范性惩罚理论的首倡者。[②] 这种惩罚理论在《利维坦》中得到阐述,但它存在一系列的前后不一致或者矛盾之处。而且,我们将看到的,它最终失败了。这种失败具有积极的指导意义,它将极大地帮助我们在近现代语境下认识经久不衰的关于惩罚的问题以及认识惩罚理论后来的历史发展。我们将看到,霍布斯会使用两种不同的策略,以克服在不得不寻找绝对主权的边界的过程中存在的困境。但是,他的每种策略都存在各自的障碍。他的第一种策略是指出,尽

---

① 参见马基雅维利:《君主论》(*The Prince*),第七章;《论李维》(*Discourses on Livy*),第Ⅲ部分,第1页。

② 霍布斯对近现代惩罚理论所起到的至关重要的作用,得到了卡塔内奥和诺里的认可。参见卡塔内奥的《霍布斯的惩罚理论》和诺里的《托马斯·霍布斯与惩罚哲学》。

管主权者可能不受任何其他权力的限制，但他依然受到“自然法”的约束，亦即受到理性命令的如下约束：除非在规定的条件下，否则禁止主权者惩罚他的臣民。第二种策略则依托霍布斯的授权理论并试图主张：受到主权者惩罚的罪犯，实际上已授权（并因而同意）了对自己的惩罚，因为作为臣民的他，已授权他的主权者采取所有行动。本文的分析将指出，这些策略连同霍布斯的惩罚理论在哪些方面是失败的，以及为何它们无法成功。虽然这些策略最终失败了，但是，霍布斯的惩罚理论包含了对传统刑事司法观念的彻底批判——这正是本文所致力的论题。

霍布斯的惩罚学说中，最明显并可能是最重要的创新是，它明确排斥报应。传统政治思想家提出要探究报应的正义性问题，然而，他们在对这些问题的探讨上太过于保守，并且一般都在他们的大多数政治学著作中试图接纳报应。相比于柏拉图和亚里士多德谨慎地对待并接纳报应，霍布斯尽可能明确地阐述了一名彻底的理性主义者对刑事司法的最深层次态度。这种态度必然包含着对报应刑以及对许多传统刑事司法观念的摒弃。

一、惩罚以及反对复仇的自然法

为了明确霍布斯政治思想中更具一般性的假设是如何为其刑事司法理论奠定基础的，我们的思考或许要从他否认存在关于善或者至善（《利维坦》第11.1部分）的普遍标准开始。[①] 如果缺乏关于善的客观标准——霍布斯以他的主观主义心理学为基础否认其存在——我们对其他人的评判（如对其美德或者邪恶）便只不过是片面的或者主观的。因为我们认为，当我们评判他人值得称赞或者应受谴责以及有功绩或者在道德上有罪的时候，我们是在拿他们的行为以及行为所反映出的性格，与某些自然的、普遍的关于人类善的标准进行比较。与之相应，

① 所有关于《利维坦》的引用（含章节和段落）都来自Edwin Curley的版本及其标注。

霍布斯指出,在自然状态中,对优点(或者缺点)进行归因并不会产生任何道德上的后果;相反,它只有在通过契约的方式获得认同,并且契约能够得到被构建起来的最高权力的强制实施的时候,才能产生道德上的后果(参见第 6.7、6.59、10.54 部分)。在自然状态中,既没有正义,也没有不正义,因而没有类似于惩罚这样的事情,更不用提规范性准则。

然而,一旦市民社会通过认可君主权力的形式组建起来,那么,为了规制臣民彼此之间的相互关系,促进他们和平、繁荣共处,君主既有权利也有义务界定善与恶、低俗与高尚。当这些关于善良与邪恶的人为标准被构建起来之后,君主在执行这些标准时,是不是必须要采取传统的刑法与惩罚方式呢? 霍布斯指出,不必如此。虽然,通过强制的方式让人类善的标准近似于古典的或者基督教的模式——包含了一个完美之人的所有美德——在君主的权力范围内,但没有必要这样做。反过来,与占统治地位的传统相反,霍布斯否认人类可以通过政治共同体而变得完美,并认为政治只需着眼于维护和平。[①] 进言之,霍布斯关于人类的看法使他认为,为道德上严苛的德性学说立法,不但不会促进和平,实际上反而会起到相反的效果。根据霍布斯,关于人类善的任何观念所唤起的包含有巨大的自我牺牲的激情,即便受到身体侵害的威胁,也很难被控制,进而对政体的统一与和平来说是危险的。对刑法来说,这是很重要的暗示。如果要在共和国里执行严苛的道德伦理标准,就得对大量的行动进行制裁,使其无论如何也不能危及任何人的人身或者财产安全。此外,当传统刑法采用理想中的人类标准时,它会激起公众对那些可能没有达到这种标准的人的愤怒。这使传统的惩罚具有报应性,并且其严厉性超出了单纯威慑犯罪所需要的限度,因为当罪犯被认为不仅危险而且卑劣、邪恶和不虔诚时,公众的态度就会倾向于更严厉的惩罚。另外,如果政治眼光降低至

① 参见《论公民》(*De Cive*)第 1.2 部分的第 1 个注释。

霍布斯所认为的标准,那么,所有严厉的传统惩罚将变得不必要。相应地,霍布斯的第七自然法是:

在报复中,也就是在以恶报恶的过程中,人们所应当看到的不是过去的恶大,而是将来的益处多。这一自然法规定除了为使触犯者改过自新和对其他人昭示警诫之外,禁止以其他任何目的施加惩罚。这一自然法是上一自然法(第六自然法)——要求人们在保证将来的条件下进行宽恕——的必然结论。此外,不考虑警诫和未来的利益而进行的报复便是对于无目的地伤害他人感到得意或光荣。因为目的总是未来的事情,而无目的的光荣便是违反理性的自负。无故地伤害会造成战争,这违犯自然法,一般都被称为残忍(第 15. 19 部分)。

根据这段话,一些"报应"或者"报复"的行为会被自然法认为是合适的,因此,霍布斯在这里似乎是在确认真正的报应具有正当性——亦即,真正的报应致力于矫正或改造罪犯,或者剥夺再犯能力,或者进行一般威慑(惩罚罪犯以警诫他人),或者赔偿(补偿受害者),或者这些(或许还有其他)有益效果的任何形式的结合。但显然,霍布斯在文中对报应所赋予的含义,完全不同于传统报应的含义。因为,如一般经验所充分表明并如更为细致的分析所确认,报应原则上是回顾性的,它仅仅偶然地具有前瞻性。易言之,霍布斯在这里轻易地忽略回顾式惩罚的所有问题。传统的刑罚思想涉及两种不同的目的,即罪犯应得的惩罚与刑罚的功利性,而霍布斯的学说却决然地压缩刑罚正义性的空间,使其变得仅包括后者。

霍布斯主要从功利的基本原则出发,论证为何自然法反对回顾式报应。但是,他也提及了自然法的其他特征——表述为它的人道性或者人道主义精神或许较为合适——以反对报应,并表明回顾式报应不仅是轻率的或者无用的,而且是"残忍的"和"无意义的"。

霍布斯的政治学说,究竟是具有道德基础还是仅仅源于他的唯物主义心理学,学界对此尚存一些争议。① 该问题与霍布斯的刑罚理论这个主题之间存在一定的关联。以"最大多数人的最大幸福"为原则的功利主义惩罚理论,遭致的普遍异议是:②它试图把为了多数人的利益而损害少数人的利益(如惩罚罪犯)的行为正当化,但是这种尝试无法成功。这种异议的关键在于,当两种利益相互对立时,多数人的利益不能仅仅基于它涉及的人数较多而比少数人的利益更具有道德上的优先性。为了使惩罚得到真正的正当化(如为了使其被认为是道德的),它必须要表明罪犯的应受惩罚性,或者表明惩罚符合(罪犯的和社会的)共同利益,或者表明君主权力有其他的不可简化为基于局部利益的理由强制施加刑罚。《利维坦》的第一部分("论人类")所展现出的仅仅以唯物主义心理学为基础的刑罚理论,只能是一种功利主义的刑法理论,因而仍然会受到刚刚所提出的那些异议的批判。③

---

① 受到泰勒(Taylor)和沃伦德(Warrender)支持的一种观点认为,霍布斯的政治学说完全独立于他的哲学唯物主义,而且前者实际上根基于一种以康德哲学为原型的义务观念;参见泰勒的《霍布斯的伦理主义》(*The Ethical Doctrine of Hobbes*),以及沃伦德的《霍布斯的政治哲学》(*The Political Philosophy of Hobbes*)。施特劳斯在《霍布斯的政治哲学》(*The Political Philosophy of Hobbes*)中第二章和第七章中指出,传递霍布斯的政治学说的道德态度在他转向近现代自然科学之前得到发展,并且它(道德基础)存在于霍布斯关于理性的恐惧情感与非理性自负情感之间对立的论述之中。汉普顿(Hampton)在《霍布斯与社会契约传统》(*Hobbes and the Social Contract Tradition*),戈捷(Gauthier)在《利维坦的逻辑》(*The Logic of Leviathan*)的第二章,以及麦克弗森(Macpherson)在《占有性个人主义的政治理论》(*The Political Theory of Possessive Individualism*)的第 70 ~ 75 页,均通过不同方式指出,霍布斯试图把他的政治学说建立在道德的基础之上,但归于失败。戈德史密斯(Goldsmith)在《霍布斯的政治科学》(*Hobbes's Science of Politics*)的第 93 ~ 109 页,以及沃特金斯(Watkins)在《霍布斯的理论体系》(*Hobbes's System of Ideas*)的第五章,都指出,霍布斯是一位直接的唯物主义者,其政治科学是对人类心理状态的后果描述。我的观点与施特劳斯的较为接近,并在论述过程中简要地指明了其文本依据。

② 功利主义惩罚理论并非源于霍布斯,而是源自贝卡里亚的《论犯罪与惩罚》,该著作在《利维坦》出版约 100 年之后才问世。

③ 因而,海德(Heyd)这位认为霍布斯的政治学说是以唯物主义为基础的学者,在《霍布斯论死刑》(*Hobbes on Capital Punishment*)中指出,他的关于抵制惩罚的主体权利的论证有赖于自然主义预设——我将表明,并非如此。或者说,无论怎样,霍布斯并没有打算让它仅仅依靠自然主义预设。

事实上,霍布斯从未打算让他的政治学说仅仅以他关于人类行为的机械论解释为依托——根据该解释,人类行为在根本上是自私的[①]——他通过多种方式明确了这一点。在《论公民》(*De Cive*)的序言中,霍布斯写到,根据科学的方法(分解综合法),政治科学要依据哲学和物理学,并要从那些更为基础的科学分支学科中推导出自己的基本原则。但霍布斯在那里也谈到,他能够在写完更为抽象的哲学著作之前独立完成他的政治学著作,因为他"发现它并不需要前面的那部分,理由是它是以藉由理性获知的关于它自身的基本原则为基础的"。[②] 这一点在《利维坦》的序言中得到证实。他在序言中谈到,政治科学的基本原则并不源于抽象理性,而是源于对他人日常经验以及我们自身情感的深刻反思——"因为这种理论不需要通过其他方式来验证"。[③] 然而,这些观点依然存在这样的可能性,即对我们人类经验的深刻反思或许仍会使我们认为,人总是表现得自私自利——实际上霍布斯认为确实如此。当然,如施特劳斯所表明,霍布斯不可能仅止步于此,因为把人类理解为纯粹的利己主义者的这种做法,仍旧无法解决自负的问题。[④] 自负(或者骄傲)的情感引发了一个特别的问题,因为尽管自负使社会中的人变为侵犯者,并使他们受到可能退回至自然暴力状态的威胁,但是,单凭这一事实,不足以让霍布斯把对光荣和统治的追求视为非理性的而予以拒绝。这是因为,根据他所持有的关于善的主观主义观念,他必定会认为,注视自己的权力("光荣")所产生的愉

① 就此而言,这有助于将霍布斯的自然权利理论与他同时代的斯宾诺莎(Spinoza)的理论进行对比。尽管这两种方式看起来相似,但只有后者明确发展出了一种彻底的自然主义权利理论。参见斯宾诺莎的《神学政治论》(*Theologico-Political Treatise*)第十六章的开头部分。

② 《论公民》序言部分,第18~19页。

③ 同时参见《论物体》(*De Corpore*)第I部分的第6.7章节:"公民哲学与道德哲学并不是相互紧密地依附着,它们是可以分开的。""因为心灵运动的原因不只为推理所认识,而且也为每一个肯费力观察自己内部的这些运动的人的经验所认识。"参见莫尔斯沃思(Molesworth)的《托马斯·霍布斯英文著作集》(*The English Works of Thomas Hobbes*)(第一卷)。

④ 参见施特劳斯:《霍布斯的政治哲学》,申彤译,译林出版社2001年版。

悦,就我们的欲求目标而言不会比其他任何快乐更缺少理性,进而也不会更缺少善——即便我们为之欣喜的权力是想象的而非真实的,也依然如此(第11.6部分)。就政治学而言,为了对以下两方面进行评判,道德基础看来是必要的:一方面是自负带来的破坏性的自私情感,另一方面是基于对暴力死亡的恐惧而产生的具有政治教化意义但仍是自私的情感。为了解决这个问题,霍布斯指出,自我保全的自然权利具有普遍性,而不仅以自我保全的主观欲望为基础。当人的生命处于危险状态时,即便他使用暴力和欺骗来进行自我防卫,他的行为也会被"普遍允许",亦即会被理性承认在道德上具有可行性,而不会被仅仅视为是人类行为所导致的残酷事实(第13.4部分)。[①] 这种道德见解——该见解的道德性在于其普遍性或者"权利"理性——成为霍布斯政治学说的根基,并深入到他的惩罚理论中。

诚然,这依然是一种很奇怪的道德根基。因为,根据霍布斯的解释,自我保全的自然权利是非常自私的,它既不赋予权利主体要求他人积极协助的权利,也不向他人强加提供这种帮助的义务。然而,这种彻底的原创性道德见解——尽管它的目标定位较低——促使霍布斯提出一种惩罚理论。我们把这种理论称为人性化的规范性惩罚理论,可能比较合适,因为它兼顾对罪犯的"人道性"处遇,而不仅是针对如何最有效地维护安全这个问题为君主权力提出建议。

霍布斯政治学说所具有的人性化特征,可以在他的如下主张中发现,即人们应当承认他们生而平等(第15.21部分)。无疑,霍布斯之所以提出这种生而平等的权利,是因为他发现,自然状态中没有人能够强大得足以保证自己不致被最弱小的人杀死。尽管最初是出于自私的理由承认他人和我们一样生而平等,但霍布斯却为这种关于生而平等的学说采取一种道德教化、人性化的表达方式。自负的快乐不仅使人成为侵犯者,而且会使他们忽视自己作为个体所存在的根本弱点以及忽视人与人之间的平等——实际上,自负的情感必定意味着忽视人的

---

① 同时参见《论公民》第1.7部分:"我们既然处在如此之多的危险中,这些源于人类天性的贪恋的危险每天都在威胁着所有人,那我们就不该因为自我防备而受责。"

脆弱性。在《论公民》中,霍布斯指出,尽管自然状态中的"所有人都有伤害的倾向",但"基于同样的原因或者相等的责任",他们不愿意或者不想故意这么做。他解释,这是因为,在自我防卫的行为中只是承认生而平等的人,是"一个谦逊的人",而"自认为自己比他人高等"并且"希望可以为所欲为"的人,是应受谴责的。① 根据霍布斯,自负的一种非常普遍的表现是惩罚性愤怒。让我们回顾一下,报应和惩罚性愤慨的激起,并不是基于保护物质利益,而仅仅是基于保护被看作是属于分配正义的东西,即为了使财产、自由以及其他善的分配恢复到特定的平衡状态。如此一来,不正义就不会比正义享受到更多的利益。愤怒的受害者以及受害者的权利主张都关系到,通过剥夺罪犯的不再"应得"的等量尊严(如通过羞辱他们)的方式恢复受害者的尊严,受害者对此也承认。然而,从霍布斯主义的观点来看,考虑到我们作为个体具有脆弱性这一基本事实,这只不过是在追求无意义(虽然快乐)的"胜利"(参见第15.19部分)。鉴于我们对报应的要求最终无法得到仅有的得到所有人认可的道德基础的支撑,实际上这种"道德"需求只不过是寻求一种特别强烈的(由此也是虚伪的)快感。

根据霍布斯的阐述,由于罪犯对和平造成了威胁,他们确实具有法律上的可责性,但这仅仅使得他们有可能受到惩罚以"警示未然(保障未来安全)"(第15.18部分)。罪犯过去所犯下的任何罪行都不能改变如下事实,即他在道德上与每一个守法公民都是平等的。在霍布斯看来,报应主义者想要战胜罪犯,这是徒劳的,由此也是残忍的(因为这样做无意义),而不仅仅是轻率的。换句话说,其残忍性在于,它暗含了一种近乎故意的无知,即我们人类在死亡和苦难面前的同等脆弱性造就了我们的人性。由此,自然法基于反对报应所展现出来的,不仅是一种谨慎的建议,还有一种对文明人性的表达。一名好的霍布斯主义者,尽管只不过是受到了文明的私利的驱使,但仍会被暗藏于报应主义惩罚中的愚蛮所排斥。

值得强调的是,上述分析并不是说霍布斯的自然法会基于对报应

① 参见《论公民》第1.4部分。

的反对,而把任何绝对的责任赋予君主权力,以防止惩罚的残忍。这种推断并非基于霍布斯所提出的如下观点:自然法本身就不是真正的法律,实际上只是"方便易行的和平条件",它会自然而然地提示出任何开明的理由(参见第 13 章末)。然而,我们不能忽视霍布斯的乐观主义态度,即如果自私能够得到正确的理解,天生自私的人类就能够自行完成道德转变。① 霍布斯关于自然法反对报应的简洁而又引人注目的论述,印证了这种乐观态度,并证明了他对近现代道德观的本质具有先见之明——"人性"将成为孟德斯鸠(Montesquieu)之后自由主义政治思想的鲜明主题。

在"论罪行、宥恕与减罪"这一章中,霍布斯继续阐述他对刑事司法的开明且人性化的理解。这一章的引导性问题是关于犯罪的本质,如果我们先回顾古典共和主义的法观念,那么,霍布斯在这个问题上的创新就能得到最充分的评价。依据柏拉图笔下的雅典来客,国家法律必须涵盖人们生活的方方面面,而且更重要的是,它们必须要致力于至善——人类的美德和幸福。由这种法律观可得知,刑法必须适应这个总目标,即改善(或者至少不伤害)包括罪犯在内的公民的灵魂。鉴于改善公民灵魂的主要任务落在了教育性法律上,刑法的角色就主要是通过道德强制和矫正罪犯来充当帮助者,以弥补教育性法律的不足。在古典共和国里,刑法的另一项功能是威慑那些占相对少数的不愿意遵守法律的公民。相比之下,在霍布斯看来,这种威慑是刑法和惩罚(实际上是全部法律)的主要且独有的目标。通过刑法实施道德强制

---

① 霍布斯论著中的自然法地位问题,得到了其他论者的详尽讨论。关于霍布斯在这个论题上偶然出现的矛盾论述,我按照约翰斯顿(Johnston)在《〈利维坦〉的修辞》(*The Rhetoric of "Leviathan"*)中的理解,认为这对于促进霍布斯所希望发生的道德转变具有修辞意义上的作用。例如,思考一下,《利维坦》中第十三章和第十五章之间在论调上的显著差异。在前者中,自然法被称为"方便易行的和平条件";在后者中,自然法又关涉美德和良知(尤其是在该著作的 15.36 ~ 15.40 部分)。同样地,在第十七章中,霍布斯甚至把个人之间订立的根本契约与主权的构成联系起来:"不仅是同意或协调,而是全体真正统一于唯一人格之中。"(第 17.13 部分)尽管不能过于重视这种论述——像泰勒和沃伦德那样——但重要的是,不能仅仅把它们忽略为一种失败的论证。

的做法已不再被认可,因为,包括追求幸福在内的所有个人目的都不属于刑法规制的范畴,个人主体仍然可以按照他们自己的理解去自由地追求幸福(参见第 21 章)。由此可知,"没有法律的地方,便没有罪恶"(第 27.3 部分)。[①] 由于在霍布斯主义共和国里的法律并不专断,刑法典的适用范围便应当受到非常大的限制。霍布斯在本章对《登山宝训》的注解,阐释了这种定位的重大变化。根据耶稣,我们生而有罪(并应受惩罚),不仅我们实际触犯法律时是如此,我们仅仅打算触犯法律时亦是如此。相反地,霍布斯甚至指出,"有些人主张,灵魂最初的活动就是罪恶,只是由于畏惧上帝才受到了遏制;一想到这里,就让我认为,这样的人对自己和对别人都未免太过分了"(第 27.1 部分)。

霍布斯刑法观念的人性化内涵,可以在随后关于如下三个方面的讨论中得到进一步揭示,即无知、激情的力量,以及刑法自身有可能促使犯罪蔓延。在这些探讨中,霍布斯比苏格拉底学派哲学家走得更远,他甚至敢公开地阐述一种彻底的理性主义刑事司法的内涵。

霍布斯认为,"一切罪行都是来源于理解上的某些缺陷、推理上的某些错误或是某种感情的爆发"(第 27.4 部分)。他的这种明确的观点,与柏拉图笔下哲人雅典来客的个人观点非常一致——尽管雅典来客后来作为立法者和立法者导师在其公开论述中被迫限制了自己的观点。[②] 柏拉图和其他苏格拉底学派学者都谨慎地认为,我们的道德知识(借此我们有能力为自己的行为负责)的范围以及我们在强大激情面前的自我控制能力,实际上比大多数人所认为的要有限得多。[③] 然而,柏拉图笔下的雅典来客,鼓励立法者和治安官采取措施抑制罪犯的激情、增强他们的自我控制能力以及给他们灌输对正义的热爱,以努力矫正罪犯。相比之下,霍布斯明确地坚称,人类的天性在很大程度上是

---

① 对照亚里士多德在《尼各马可伦理学》第 1138a6 部分的论述:"凡是法律没有明确允许的就是它禁止的。"

② 雅典来客的论点(所有的不正义都是非自愿的)与他为马格尼西亚共和国制定的传统主义刑法之间存在某种程度上的紧张关系。

③ 例如,思考一下《法律篇》第 853c－d 部分。

无法改变的或者是根深蒂固的。"至于仇恨、淫欲、野心和贪婪等等激情易于导致哪些犯罪,这对于每一个人的经验和理解说来都是十分明显的,所以除了指出下述一点以外就无需多加讨论:它们是人类和其他一切动物的天性中根深蒂固的弱点,如果不特别运用理智、或经常施以严厉的惩罚,其后果是很难防止的。"(第27.18部分;参见第27章第1段)因而,根据霍布斯,法律一定不能去转变人性,而必须接受它,并通过构建那些能够与激情共存而不是与之相对抗的制度,将人性存留在可接受的范围内。因此,对于国家而言,试图在人们天生的自私动机中消灭犯罪原因,是徒劳的。这样做并非明智之举:仅仅依靠人的理性来教导人,让其明白拥护法律才是他们的真正利益所在。国家必须采取依靠另一种强有力的情感——恐惧——来约束人的方式,努力防止激情所产生的负面影响。

如此描绘的人性图景,显然没有古人所告诉我们的那般美好,因为它向我们暗示,几乎没有人可以强大到在没有惩罚威胁的压制下克制自己不去犯罪,"一旦出现免于惩罚的希望时,它们就会发生影响"(第27.18部分)。这种关于人性的观点,也有可能降低我们制定刑事司法制度的要求,从而提高我们实现其余的(更具现实性的)安全要求的可能性。考虑到利己主义的情感是天生且不可消除的(并因而不应当被谴责为"卑劣的"),而且惩罚不再需要关注罪犯的道德矫正,那么,以威慑为价值取向的刑法典,制定起来就会更加简单且系统化,无须像柏拉图笔下雅典来客在他的刑法立法中所尝试的那样把相互矛盾的元素糅合在一起。根据古典主义的观点,灵魂的不正义与犯罪所造成的损害之间没有什么关联。由于在不同个体中,灵魂中的不正义表现出不同的特点,而且对其实施矫正所需要的刑罚种类也不尽相同,因此,很难预判何种惩罚会适合何种犯罪,进而很难将之法典化。但是,即使这种针对犯罪的个性化方式可能适合于矫正罪犯(至少,柏拉图和亚里士多德假定如此),但它不适合于实现威慑的目的。这是因为,威慑完全取决于惩罚的可预测性和确定性(霍布斯在后文中对此点进行了展开论述)——这也意味着它告诉众人,它的严厉性无法基于诉诸于法官或者议会的自由裁量权或者偏好而被免除或者减轻。因而,对犯罪采取矫正措施所暗含的法官的广泛自由裁量权的行使，跟威慑目的的实现背道而驰。另外，霍布斯式刑法的范围紧缩，考虑了对法官自由裁量权的限制以及立法上犯罪分类的优化。[①] 如此，刑法的形式变得更为复杂，但这对它的有效性和公正性都有好处，因为威慑目的的实现需要刑法具有可预测性，事先在法律中对犯罪作出规定则有助于降低司法判决的恣意性。[②] 对个人的思想和感受来说，霍布斯式刑法的这种优点，与之前所讨论的通过强制来提供更大自由所具有的优点来比，二者并不相同但可以相容。

最后，我们要谈及霍布斯的新刑法观的另一种优点，这种优点可以从他所做的分析中得知。当古典共和主义理论公然反对对肉欲、利益和个人安全的赤裸裸的利己主义的渴望——因为这些欲望被认为会破坏公民的公共精神以及国家的团结——的时候，他们就会更加青睐愤怒情感。柏拉图笔下的马格尼西亚法律有意地对愤怒持模糊态度，有时甚至还公开赞扬它，因为雅典来客认为这种情感能够反对自私欲并有助于公共利益。霍布斯转变了这种关系，通过重新评价愤怒的公共作用并认定它更加有害而不是有用，他消解了关于安逸的自我保全的自私欲的所有责难。因而，霍布斯并不需要柏拉图和亚里士多德所运用的关于复仇情感的复杂而不明确的修辞方式。基于公共团结利益的考量而接纳愤怒，实际上意味着共和主义传统允许国家保护一种引起犯罪的有力因素——因为“很少有犯罪不是由愤怒产生的”（第 27.17 部分）。霍布斯的安全策略，将政治理论与实践从这种令人棘手的矛盾之中解放出来。

本着这种理性主义犯罪观，霍布斯在讨论宥恕与减罪的过程中，表明了主权者应当如何把它的刑法典变得轻缓——这既对自身权力有好处，也体现出了它的人道性（第 27.21 部分以下）。“当一个人被俘虏

---

① 这实际上是现代刑法发展的历史趋势。

② 例如，哈贝马斯（Habermas）在《公共领域的结构转型》（*The Structural Transformation of the Public Sphere*）的第二十五章就指出，公开是民主治理不可或缺的重要方式。

或处在敌人的控制之下时(当他的人身或谋生手段处在敌人的控制之中时,便是如此),如果这又不是由他自己的过失所造成的,那么,他对法律的义务就终止了。因为他必须服从敌人,否则就会丧生,于是这种服从便不能成为犯罪。"对人性的弱点和天生的利己主义的开明理解,把我们从对如下要求的愤慨中解放出来,即要求人们,即便他们或者他们的利益处于敌人的控制之中,仍然要忠于他们的国家。我们可以发现,这种宽容的政策甚至适用于因关心自己的财产(谋生手段)而触犯法律的罪犯。这也适用于在如下情形触犯法律的任何人:他"缺乏食物或其他生活必需品……就像是在大饥荒中通过暴力或窃取的方式(很可能是针对和他同样饥饿的人)获取食物",因为他在那种情况下可以获得"完全的宥恕"。

这种对人性弱点的包容,也使霍布斯在基于主权者自身的失误而导致犯罪可能被鼓励实施的情况下,对这样的犯罪予以宥恕或者减轻处罚:

同一种行为,如果之前其他人在实施后经常被惩罚,就比原先有许多免罪的先例时罪恶重。因这些先例就是主权者自己给予的许多免罪的希望,而使人具有这种可以得到宽恕的希望和设想,以致他这个鼓励犯法的人本身也就参与了这种犯法行为。按理说,他就不能使违犯者负完全责任(第27.32部分)。①

同样地,"某些行为虽有法律明令禁止,但立法者又通过其他方式明显表示有意默许时,实施这些行为所导致的罪责比实施被法律和立法者都禁止的同类行为所导致的罪责要轻"。在此,霍布斯用决斗作为例子,决斗在整个欧洲都被法律视为犯罪,但受到风尚习俗的支持,被后者认为是一种捍卫个人名誉的体面方式。在这些以及其他一些方面,霍布斯阐述了已被近现代犯罪学认为是自明之理的观点:在传统社会中,刑法条文与刑法实践之间的不一致,是导致犯罪的一个重要因素。在一种有意思的先后次序的倒置中,我们看到,应该做的不是如共

① 在这方面,据说霍布斯或许预见了后来的将犯罪归因于社会环境的体制结构的犯罪学理论。

和主义理论所要求的改造罪犯,而是完善刑事司法体系本身。

另外,霍布斯所处时代的犯罪学认为,应为犯罪负责任的不是个体而是他们的社会环境(贫穷、破碎的家庭,不平等的教育机会,等等)。与之形成鲜明对比的是,关于个体在政治权威实施的有效威胁面前所具有的理性反应能力,霍布斯要乐观得多。尽管他提出的观点涉及激情的力量和人类理性的弱点,霍布斯仍从始至终都假定威慑能够起到作用(这种看法遭到了当今一些犯罪学家和心理学家的质疑),因为"任何感情冲动都不能使人完全获得恕宥。因为从最初知道法律起到犯下罪行止整个这一段时间都可以被认为是考虑时间,他应当通过对法律进行沉思来纠正自己不轨的感情"(第27.33部分)。然而,这种对自我控制的期待,不应当与古典思想所称赞的那种克己的美德相混淆,因为霍布斯并没有依赖理性去控制激情,而只是依靠特定的自私情感(也就是对惩罚的恐惧)在理性的帮助下去阻止他人(犯罪)。①

在关于惩罚的最后论述中,霍布斯思考了一部刑法典所应包含的内在的——或者我们可称为人文的——内容。霍布斯政治学说的基本原理暗示,国家只应当将侵犯财产、个人安全或者公共安全的行为犯罪化,因为侵犯财产会影响人们的生活,安全问题则涉及人们的生命。然而,实际上,大多数政治共同体都将各种各样的与安全问题没有多少关联的行为犯罪化。在有些国家,公然猥亵(如公然地裸露身体或者进行侮辱)、通奸和重婚都属于犯罪行为,然而,关于这样的行为会如何危及生命或者财产,并不明确。在其他一些国家,无神论的言行被视为犯罪,但是,另外一些国家却将某些公开表达宗教信仰的行为视为违法(如法国法律反对遮脸)。虽然,霍布斯的犯罪分析基本原理,似乎支持国家对所有这样的行为做非犯罪化处理,但他明白,连文明社会都很

① 或许有人会提出疑问,霍布斯是否低估了有犯罪倾向并且由此无法自我控制地追求瞬间感受的人(如瘾君子和精神病患者)的犯罪冲动,即便他们害怕严厉但遥远的惩罚。或许,霍布斯并没有预见到,在西方世界的某些犯罪非常猖獗的城市中导致社会功能失调的真正因素。

可能要保持跟传统体系(如家庭)和传统美德之间的联系,由此,它们的刑法或许不得不反映这种关联。① 相应地,霍布斯把针对国家的犯罪(也就是针对国家的和平、秩序和主权的犯罪)与针对私人的犯罪区分开来。显然,有些针对个人的犯罪,尤其是暴力犯罪和财产犯罪,同时也暗含了对公众的危险(参见第27.54部分),但有些行为并非如此,如前述提及的行为。问题在于,当自然法对那些不会影响到安稳的自我保全的所有事情都保持沉默时,文明社会应当如何对待那些仅仅被认为只是针对其部分成员的侵犯行为。

对这个问题,霍布斯的回答很简单。他认为,主权者应该考虑臣民的情绪和意见,并且,应该通过制定出能够反映这些情绪和意见的刑法(或者对既存的这样的刑法予以认可)的方式,尽可能地在自然法的范围内包容它们。因而,在比较犯罪的严重性时,更严重的犯罪"是根据人们的一般看法所最能被感知到的伤害行为"(第27.41部分;参见第27.49部分)。因而,"残害肢体"(严重伤害)能被视为是比"侵犯他人的财产"(盗窃)更为严重的犯罪,因为,在大多数人看来,前者是比后者更严重的侵犯行为(实际上,就人的未来幸福而言,某些特定的盗窃行为很有可能比非致命的身体伤害行为更具破坏性)。类似地,霍布斯指出,(人们)或许会普遍认为杀死自己的父母是比杀死其他人更严重的犯罪;"在指定为敬神的时间或地点"犯罪比在其他时间或者地点犯罪更严重;强奸已婚妇女是比奸淫未婚女性更严重的犯罪(第27.48、27.51、27.52部分)。然而,我们可以发现,对于最后一种情形,当代大多数西方社会和国家的发展已经超出了霍布斯的预料,因为,我们的刑法如今都认为强奸已婚妇女和奸淫未婚女性具有同样的恶性,而霍布斯无疑会赞同这种文明的进步和平等主义的发展。②

此刻,我们迎来了西方理性主义传统中刑事司法理念从最初的古

① 对照霍布斯自己关于家庭的个人主义观念(《利维坦》第二十章和《论公民》第九章)以及汉普顿在《霍布斯与社会契约传统》(第9~11页)中的评论。

② 他甚至建议,抢劫穷人比抢劫富人所犯的罪要更严重,因为"穷人对这种伤害更为敏感"。这或许是霍布斯对他的平等主义进行严谨思考的一个标志。

典构想开始发展以来的第二个关键时刻。前述在古典共和主义理论语境下探讨惩罚的过程中,我们发现了柏拉图笔下雅典来客所表达出来的温和、自满的(甚至可以说是超然的)犯罪观。该犯罪观倾向于怜悯那些由于灵魂的迷失和混乱而犯罪的罪犯——他们无法成为共和国公民榜样,因为共和国的公民必须经常保持警醒并坚持无私的德行观。通过对在一个井然有序的社会上生活意味着什么这个问题进行根本性反思,并且通过将古典共和主义理想抛弃,霍布斯使理性的刑罚改革有可能避免古典共和主义生活方式的局限性。霍布斯所设想的社会,将鼓励私利,并且较少地依赖于带有严酷性质的关于无私品德的教化。这种设想,使得霍布斯迈出了构建彻底的近现代惩罚理论的第一步。

二、惩罚的目标与限度

通过对惩罚进行界定,《利维坦》在"论赏罚"中开始了对刑事司法的探讨,这是该书与刑事司法有关的两个章节中的第二次探讨。惩罚,"就是公共当局认为某人做或不做某事属于违法行为,并为了使人们的意志因此更好地服从起见而施加的痛苦"(第28.1部分)。① 对惩罚作此界定,源于霍布斯之前的观点,即自然法反对报应并明确地将惩罚的目的限定为威慑。尽管我们已经探讨过霍布斯刑法理论具有一些与开明人性紧密相关的特征,但是,秩序井然的共和国中的司法权力无疑会是压制性的。某种程度上,为了使惩罚更有效果,必须要通过恐惧来

① 因而,如果我们像霍布斯那样将政权的正当目的明确为维护安定,那么,我们便无法接受通常由莫里斯那样的报应主义者或者罗尔斯那样的准报应主义者提出的如下主张:虽然政治社会出现或许是为了共同的利益和防卫,但是基于此目的而制定的法律和制度能够具有它们自身的独立的正当化根据,如公平。参见罗尔斯:《两种规则观》,第4~8页;莫里斯:《人与惩罚》,第477~479页。如果自我保全的权利是所有其他权利和义务的基础和来源,那么,对任何公平责任的理解便不得不在这些术语的语境中进行。霍布斯非常明确地指出,在根据以追求共同防卫和利益为目的的契约所建立的社会中,报应主义惩罚是不正当的。如果要将报应构建在契约论的基础之上,那么,这种努力就会偏向康德这边。

控制每个人心中的强烈激情,这便要求惩罚足够严厉:惩罚的目标是"恐惧"*(第28.10部分)。这或许会让我们担忧,这样的惩罚体系将会是残忍的、专制的或者"马基雅维利式的"。霍布斯料想到了这种忧虑,他试图表明,理性的刑罚体系会被限制在一定的可靠范围内。

通过阐明惩罚权利的起源,霍布斯开始了他关于惩罚权力的正当界限的详尽阐述:

在我没有根据这个定义作出任何推论以前,有一个很重要的问题必须回答,这就是在任一案件中惩罚的权利或权力究竟是从哪里来的。因为根据前面所说的看来,任何人都不能认为受到了信约的束缚而不得抵抗暴力。因此,不能认为他赋与了别人以使用暴力伤害自己的权利。在组建国家时,每一个人都放弃了防卫他人的权利,但却没有放弃防卫自己的权利。同时人们也有义务帮助具有主权的人惩罚别人,但却没有这种义务惩罚自己……因此,我们就可以显然看出,国家(代表国家的一人或多人)所具有的施行惩罚的权利不是基于臣民的任何让与或赠与而来的。

但我原先也曾说明,在建立国家以前,每一个人对每一事物都具有权利,并有权做他认为对保全自己有必要的任何事情;为了这一点,他可以征服、伤害或杀死任何人。这就是每一个国家所实行的惩罚权的根据。臣民并没有将这一权利赋与主权者;只是由于他们放弃了自己的这种权利之后,就加强了他的力量,根据他认为适合于保全全体臣民的方式来运用自己的这一权利。所以这一权利并不是赋与他,而是留下给他了,并且只留下给他一个人。同时,除了自然法对他所设下的限制以外,留给他的这一权利就像在单纯的自然状况下和人人相互为战的状况下一样完整(第28.2部分)。

鉴于这种保护自己生命和身体的自然权利优先于所有义务并且是它们的基础,那么,无法想象会有人基于任何理由将这种伤害自己身体的权利授予他人。因此,主权者惩罚臣民的权力,并不是基于臣民的同意,而是基于自然状态中的绝对自由。主权者所保有的这种权力甚至在市民社会

* 英文原文为"terror";相关中译本对应的译文为"畏之以威"。参见[英]霍布斯:《利维坦》,黎思复、黎廷弼译,商务印书馆2017年版,第243页。——译者注

中都不会被缩减,就好像他不是社会契约的缔约方一样(第28.13部分)。①

尽管从不受约束的自然权利中直接推论出惩罚的权利,但霍布斯看起来无疑希望能够避免从中得出如下结论,即主权者的惩罚权利同样是不受限制的。一切都取决于霍布斯所说的这句话的含义,即主权者的惩罚权利是绝对的,"除了受到自然法的限制"。霍布斯重申,自然法禁止所有这样的惩罚:"不是为了使罪犯服从法律或是使其他人通过罪犯的事例服从法律的目的,或者没有这种可能性"。根据霍布斯,任何惩罚如不按照上述要求实施,便根本不是惩罚,而是"一种敌视行为"(第28.7部分)。但是,把这种对施加特定惩罚的限制,视为是对主权者的真正限制,难道非常合适吗?假定霍布斯正确地指出,能够依靠对暴力致死的恐惧以及对美好的自我保全的向往来维护政治秩序,并且假定精明的主权者只是希望享有安稳的统治,那么,霍布斯对主权者的警告——不要违背自然法关于过度惩罚的禁令——并不构成一种约束,而只是一种关于如何做才最符合主权者利益的建议,而且这种警告并没有提及任何关于制约主权者追求该利益的限制条件。

紧接着,霍布斯根据自己关于惩罚的定义以及关于惩罚源于权利的观念,提出了一系列的论断。其中之一是,刑罚的所造成的损害不应超过国家实定法所规定的力度。"因为惩罚的目的不是报复,而是恐惧。而且,不为人所知的重罚所造成的恐惧,被经公开宣告的轻罚所取代。于是,法外之罚便不属于惩罚。"(第28.10部分)* 如果刑罚不被提前宣告,那么这并不有利于主权者,理由很简单,因为他们无法被威慑。实际上,正是由于它们的不可预测性,法外之罚使惩罚看起来是任性的,这甚至可能损害法律的尊严——虽然潜在的罪犯可以寄希望于

① 因此,海德在《霍布斯论死刑》(第122页)中犯了一个明显的错误,他声称,霍布斯主义中的惩罚权是以社会契约论为基础的。

* 相应的中译本将此内容翻译为:"因为惩罚的目的不是报复,而是畏之以威。不为人所知的重罚,其威慑性由于已宣布出来的轻罚而被取消了,于是出人不意地加重便不能构成惩罚的一部分。"参见[英]霍布斯:《利维坦》,黎思复、黎廷弼译,商务印书馆2017年版,第243页。——译者注

通过诉求主权者的怜悯来免除最严厉的刑罚(第27.32部分)。[①] 霍布斯从他关于惩罚的定义中得出的第二个论断是,罪犯在被惩罚之前有权接受公开审判(第28.5部分;参见第23.9部分)。任何没有经过公开定罪就实施的惩罚,都无法起到威慑作用,因为没有人(除了主权者和他的大臣们)能够知晓为何要进行惩罚。基于相似的理由,自然法禁止实施溯及既往的惩罚(第28.11部分)。在法律不禁止某种行为的情况下,就不应对该行为进行惩罚,而且这样的惩罚也不会具有威慑力。同样地,霍布斯否认审前关押是惩罚,因为在被判有罪之前强加的任何损害都不会起到任何威慑效果(第28.20部分)。

那些或许已经认同霍布斯并认为应该将威慑作为惩罚的唯一目的的当代读者,可能会低估霍布斯的观点所具有的争议性,而且这种低估是危险的。依我们目前所见,霍布斯的观点概括性地表明了什么样的政策能满足主权者巩固其统治的需要,并且,他让他的读者认为,这些政策与个人主体对公平、正义和受法律保护的关心相融合。然而,这种融合不能被认为是先天的。相反,显而易见的是,当霍布斯最后试图表明,自然法基于全部的实践目的将禁止惩罚无辜的时候,他是在回避这方面的某些非常重要的问题。

根据霍布斯,惩罚只能"为犯罪行为而设……因而不能适用于无辜者"(第28.22部分)。然而,惩罚权利的来源,并不排除这种逻辑上的可能性:国民的伤害行为,有时可能基于普遍安全的需要而成立——甚至在没有出现违法行为的情况下。霍布斯认同自然权利不受约束,这使得他无法提出能够限制主权者权力的任何先验的规范或者义务。[②] 并且,

① 因而,在犯罪学家看来,霍布斯也发现了另外一个不言而喻的道理,即惩罚效果对惩罚的确定性的依赖程度,至少不亚于对惩罚的严厉性的依赖程度。

② 参见托马斯·阿奎纳(Thomas Aquinas)的《神学大全》(*Summa Theologiae*)的"II-II,Q.64,A.6"部分。该文建议,当君主要求杀害无辜时,人们应当违背他的命令。同时参见《尼各马可伦理学》的第1110a26-28部分,亚里士多德在该文中指出(尽管他不是完全肯定),与其被强迫去做非常可耻的事情,还不如选择死去。柏拉图在《法律篇》第869b9-c7部分提到,雅典来客的立法规定,人们不可以杀死自己的父母,哪怕是在自我防卫的时候。

鉴于他原则上无法提出反对伤害无辜者的理由，他也就很难从政治功利的角度来反对伤害无辜者。根据霍布斯，自然法禁止伤害无辜者，因为“这样做对国家没有好处”。但是——再次强调——这仅仅是基于假定对无辜者的伤害无法成为政治上的权宜之计，而实际上，我们能够设想出相反的情形。当一群愤怒而躁动的乌合之众认为，一些实际上没有犯罪的无辜者应当为一种非常严重的犯罪负责任时，精明的主权者或许不得不以虚假的借口处决这位(些)不幸的人——如果这是能够安抚这些暴徒的唯一方式的话。霍布斯真的想象不出这种可能性吗？实际上，霍布斯在别处公开承认，主权者如果对无辜的国民施暴，这么做并非不正义。例如，圣经中的大卫(David)对乌利亚(Uriah)以及耶弗他(Jephtha)对他女儿的所作所为(第21.7部分)。

当代一些功利主义惩罚理论家，在此或许会借助“定义上的断绝”(definitional stop)来为霍布斯辩解。根据这种观点，对无辜者的伤害或许有时能够基于政治上的权宜之计而被正当化，但无法被正当化为惩罚，因为，如霍布斯所言，惩罚只能“为犯罪行为而设”。然而，这种观点是行不通的，因为它假定，前述的惩罚的目标——“矫正罪犯，或者警诫他人”——在逻辑上离不开真实的犯罪行为，但实际上没有理由非得以此为目标——这从我刚刚假设的例子中就可以看出来。一旦霍布斯否定了惩罚与关于该当的常识性观念之间的关联，他就不能再将这种观念视为一种构建对惩罚权力的有效限制的方式。再者，如我们所见，霍布斯无法避免放弃关于该当的常识性观念，因为这是他能完全反对回顾式报应的前提条件之一。更明确地说，霍布斯试图把惩罚从普通的政治观点(该观点认为惩罚的起源是非理性的)中解放出来，其方式是把惩罚的范围限定为安全这一理性目标。根据他的意见，安全是事物的客观状态，与我们关于内在的“价值”、“该当”、“罪责”或者“无辜”的纯理论观念无关。通过这种方式来合理地说明惩罚，其代价是必须同时接受其激进的道德含蕴。一般而言，当我们提出不应罚及无辜时，我们不是指“惩罚这样的人不会带来任何好处”，而是指如果我们惩罚他们，正义的天平会在一定程度上失衡，或者这会与我们的善有善报恶有恶报的观念相冲突。根据有些粗略的均衡性(原则)，我们很难精确地定义这种善恶相报的观念,但当它被违反时,我们可以感受得到。如果这些思想确实隐藏在对罚及无辜的普遍反对之中,那么,这种反对无法保持在霍布斯主义的体系范围内,因为报应原则已被从中删除了。①

或许是因为意识到了他的原则在道德上的极端含义,霍布斯尽可能地基于常识性的非功利主义的理由反对罚及无辜——尽管这样只不过会使得这些观点变得夸张。在同一章中,霍布斯指出,罚及无辜除了不明智之外,也被自然法所要求的感恩(善待好人)与平等(正义的平等分配)所禁止。惩罚无辜,既相当于对好人报之以恶(这是忘恩负义),也意味着违反了平等原则,因为这对部分无辜者而非全部(无辜者)强加了伤害(第28.22部分)。如果把这些观点与霍布斯的理论体系结合起来,我们可以发现它们是多么的具有误导性。霍布斯在《利维坦》的前半部分表明,应该对恩人进行感恩,这是因为,"要不是为了自己的好处就没有人施惠",而一旦意愿得不到满足,那么"恩惠或信任也就无从开始,从而互助和人与人之间的相互协调也就不会开始了。这样一来,人们便会仍旧处在战争状态当中,这跟第一和基本的自然法所主张的寻求和平是背道而驰的"(第15.16部分)。因而,要求感恩的自然法,作为自我保全这一基本权利的后果,自身就得到了正当化。基于类似的道理,"平等"也得到了维护,因为如果不能公正待人,"人们之间的争端就只能通过战争来解决"(第15.23部分)。

---

① 边沁表明他已意识到,功利主义惩罚与普通道德认识所追究的惩罚的均衡性或者"相称性"这二者之间存在紧张关系。边沁写道:"知名作家曾说过,诱惑之大是减轻惩罚的理由之一,因为它减轻了责任,因为诱惑越是强有力,就越没有理由认为罪犯是堕落的。因而,那些在这样的情形中屈服的人,自然会引起我们的同情心。这或许是非常正确的,但并不构成违反规则的理由。或许行之有效的是,惩罚所带来的恐惧一定要压制罪犯对利益的欲求。此外,无效用的惩罚是双重有害的,它既有害于公众,因为它容许实施犯罪;同时,它又有害于罪犯,因为施加在他身上的惩罚只是白白地造成了很多的痛苦。如果一位能够使其病人少受一点痛苦的外科医生竟然只把病人治好一半,对此我们能说什么呢?如果他给他的病情增加了无效用的手术上的痛苦,我们应如何看待他的人道?因而,可取的是,惩罚应当与诱惑的程度相对应"。参见边沁:《惩罚原理》(*The Rationale of Punishment*),第六章。

然而,前述内容并不意味着我们应当忽视霍布斯的如下观点,即以威慑为基础的刑事司法体系在整体上更具人道性(基于其相对更加温和而言),体现了霍布斯主义原则的刑事司法体系,有可能摒弃所有那些对安全毫无益处或者仅仅具有报应性质的惩罚,并有可能愿意采取最温和的惩罚方式——只要它们有效果(因为遭受痛苦不再是惩罚的目的)。公平地说,正是由于霍布斯把惩罚权从它的传统道德束缚中释放出来,近现代刑事司法体系所取得的令人印象深刻的成就才首次变得具有现实可能性。这导致犯罪学转变成了一种技术科学,而这种转变也反过来大大增加了近现代刑事司法政策分析的复杂性。但我们也不能高估霍布斯的新刑事司法观念对于刑事程序(侦查、审判和上诉等)中的许多近现代革新的重要性——所有这些革新,把基于人类偏好而导致的审判不公现象降至最低限度。说到这里,我们不应该急于把这些令人欣喜的发展归咎于对刑事司法的道德认识的相应提升。霍布斯的惩罚理论,究竟在多大程度上使我们确信他所提出的这种刑事司法体系具有正义性和高尚性。对于这个问题,我们只有在深入探究近现代刑事司法的理论和实践的历史发展轨迹之后,才能作出判断。

三、惩罚罪犯与授权理论

前述分析已表明,霍布斯的惩罚理论暗示,依照自然法,可以在特定情形下惩罚无辜者。这也反过来让我们发现,在霍布斯的体系中,“无辜”或者“有罪”这样的词语丧失了它们普通含义。无疑,基于霍布斯所述的理由,诸如惩罚无辜者这样的可能性实际上微乎其微。我们往往易于忽视这个令人棘手的道德问题并认为其仅仅是“学术”问题:如果它(惩罚无辜者——译者注)成为现实,我们应该如何为之进行辩解。然而,这正是霍布斯自己通过把这个问题掩盖在修辞上的混淆(rhetorical obfuscations)之中所做的。同样的问题会在另一个情境中再次出现,而且不容被忽视:更为常见的惩罚罪犯的情形。

证明惩罚罪犯的正当性这个要求,经常被忽视。对于惩罚无辜者,我们会立即持强烈的保留意见,然而,我们不会如此反对惩罚罪犯。相反,当罪犯受到惩罚,我们会说这是他咎由自取,但不会去想为何我们会相信确实如此。当我们遇到政治上的突发状况而面对惩罚无辜者这一难题时,我们会要求给出惩罚的正当理由,但是,我们似乎并不是同样地坚持寻求惩罚已决罪犯的正当理由。与惩罚罪犯相关的争议中,比较常见的是关于罪犯应受的惩罚的力度和种类。然而,从霍布斯的思想脉络来看,对惩罚罪犯的正当性进行论证是必不可少的,因为,在那里,我们发现他一再努力地缓和由其政治理性主义的内在矛盾所带来的冲击。①

霍布斯声称,主权者有权利惩罚已决罪犯,而罪犯同样有权利去抵抗,二者并不矛盾。的确,根据霍布斯所理解的罪犯,罪犯在严格意义上是完全没有罪责的(他并不比别人更具道德上的可责性,因为我们所有人都受到超出我们控制能力之外的相同欲望的驱使),但这仍无法使罪犯免于惩罚。此外,罪犯抵抗对他的惩罚,这完全是正当的,因为自我防卫权是他首要的权利(参见第14.8、14.29部分)。一旦臣民的生命和生存方式受到威胁,他便不再对他的主权者负有义务,他被判处刑罚时亦是如此(第21.12部分)。② 关于惩罚罪犯,如下说法并不

① 参见皮特金(Pitkin):《霍布斯的代表理论》(*Hobbes's Concept of Representation*),第I和II部分;奥温(Orwin):《论主权的授予》(*On the Sovereign Authorization*);Tuck:《自然法理论》(*Natural Rights Theories*),第六章;汉普顿:《霍布斯与社会契约传统》,第五章和第八章;马蒂尼奇(Martinich):《霍布斯》(*Hobbes*),第四章。

② 霍布斯把自然权利理解为保全自己的生命,这种理解非常宽泛。我们对抵抗伤害或者监禁的权利的放弃,不能超出自我防卫的必要限度,"因为当一个人看见人们以暴力对待他时,不能预先估定他们是不是要置自己于死地",而且是由于"像这样放弃权利、转让权利的动机与目的,无非是保障一个人使他的生命得到安全;并且保障他拥有既能保全生命,而又不对生命感觉厌倦的手段"(第14.8部分)。这等于说,被判处严重的肉刑、监禁刑或者在某些场合还被判处罚金刑的罪犯,能够重新获得他的初始的对一切事物的自然权利,并回到相对于他之前的统治者和公民同伴而言的自然状态。在早期作品《法律要义》(*Elements of Law*)的第I.19.10部分和第II.20.7部分,霍布斯认为,每一位臣民都放弃了抵抗他的统治者的权利;这使得霍布斯可以避免自然权利与惩罚权之间的矛盾。但是,另外,该策略甚至更有悖于霍布斯的总体目标,因为它损害了自我保全的特殊道德地位。因而,霍布斯不得不在后期的作品《论公民》与《利维坦》中修正他的观点。关于对自我保全权利进行这种宽泛的界定,霍布斯要先于洛克。

存在任何理论上的困难：当罪犯不再对他的主权者负有义务，他便回到自然状态中，自然状态中不存在正义或者不正义的问题（因为“是非对错的观念不复存在”——第13.13部分），由此，如同罪犯有权利保护自己的生命和身体，国家有权利像在自然状态中对待敌人一样压制或者杀死危险的罪犯。因而，对于罪犯与公民社会之间的争斗，双方都不存在不正义的问题，由此便出现了权利的冲突。这是因为，对于霍布斯而言，权利在本质上就是一种自由——不多不少（第14.3部分）——它本身并没有向主权者强加尊重臣民的反抗权的义务（如同没有人在自然状态中有义务尊重其他任何人的自卫权利）。①

根据霍布斯的观点，任何对社会构成了威胁的人，社会都有权利对其实施强制。尽管这种观点具有无可指责的逻辑连贯性，但是，根据一般的道德观念来看，该理论仍然是极端的。霍布斯通过如下方式表明他意识到了这个问题：②他坚持认为主权者对罪犯实施的强制就是“惩罚”，并将之与“敌视行为”明确地区别开来。他试图通过发表如下意见来证实该区别，即尽管罪犯有权利反抗（对）他的惩罚，但惩罚无论

---

① 因而，我认为，施罗克在《惩罚的权利》以及诺里在《托马斯·霍布斯与惩罚哲学》中得出的结论过于极端。根据他们的结论，这种权利冲突破坏了霍布斯的整个理论体系。用诺里的话说，它“导致了社会状态和惩罚制度的内在崩溃，以及对其形成的可能性的潜在否定”（第307页）。在我看来，戈捷和马蒂尼奇更为正确地指出，惩罚所隐含的权利冲突（也就是罪犯的权利和市民社会的权利之间的冲突）并没有在霍布斯的政治理论中造成一种矛盾，尽管它揭示了社会契约的界限。参见戈捷：《利维坦的逻辑》，第146~149页；马蒂尼奇：《霍布斯》，第115~118页。汉普顿在《霍布斯与社会契约传统》（第197~207页）中指出，尽管这没有导致霍布斯的理论在论理上失败，但它使该理论不具有可行性或者成为乌托邦式的：“霍布斯的主张之所以失败，不是因为他无法为树立绝对主权而奠定合理性基础，而是因为，鉴于他的心理学，他无法做到这一步，即人们能够按照要求推选或者产生出一位符合他关于绝对主权的定义的统治者。”（第197页）

② 约翰斯顿在《〈利维坦〉的修辞》第80~82页中指出，霍布斯式的君主权力具有“奇怪的消极意义”，因为它只有在臣民放弃他们自己的自然权利的条件下才能建立。“这难以令人信服”，约翰斯顿继续指出，这“毋宁是说，空洞的权力概念实际上适合于完成霍布斯的理论所要求完成的工作”。于是“对于作为主权权力要素之一的公众意见所具有的重要性，霍布斯越来越敏感，这使得他比以往更为关心主权权利的合法性，即主权权利应当获得广泛的公众认同。授权的观念有助于满足这种关心的内容”。

如何都不是一种敌视行为,因为当罪犯授权同意主权者的所有行为之际,他本人就已经通过授权的方式同意了(对)自己的惩罚(第 28.3、28.6 部分;参见第 18.3 部分)。相应地,自然法关于惩罚的第一推论和第四推论指出,除主权者之外,任何人所强加的恶害都是一种敌视行为,“因为篡权者的行为并没有得到受罚者的授权”——如果它们要被视为严格意义上的惩罚,(暗含的便是)它们就应该得到授权。

这种关于惩罚的契约论性质的授权理论面临一种困境,因为霍布斯(此前)已表明,主权者的惩罚权并非基于让与,进而也不会依赖于受罚者的同意,而是基于自然权利。可能存在争议的观点认为,霍布斯是被迫得出结论认为罪犯授权同意了(对)他自己的惩罚。因为,根据其更为基础的观点(之前在《利维坦》中得到阐释),基于原始社会契约的本质,每个臣民无例外地都对主权者的所有行为都进行了授权(第 17.13、18.6、21.10、21.14 部分)。但是,这只会使我们提出疑问:为何臣民一开始就必须对主权者的所有行为进行授权?如果主权国家的目的是保证每个人的安全(因为这是每个人对主权者负有义务的前提条件),难道不能据此认为,臣民只有在主权者确实服务于这一目的的情况下才应当对主权者的行为进行授权?[①] 然而,霍布斯承认,惩罚——至少肉刑和监禁刑——对罪犯的幸福造成了严重威胁,因而不能被合理地解释为是依据罪犯的意志而保留下来的。进言之,认为罪犯既授权同意了(对)他自己的惩罚又有理由反抗这样的惩罚,就相当于认为他能够同时既愿意又不愿意接受对他的惩罚——那么,我们如何才能理解这种奇怪的结论呢?

对于后一种困境,为了能够自圆其说,霍布斯以最直接的方式进行了如下尝试。

此外,臣民对于主权者的承认包含在这样一句话中:我授权于他的一切行为或对之负责。这里面对他自己原先具有的天赋自由并没有任

① 因而,汉普顿在《霍布斯与社会契约传统》(第 206 页)中得出结论认为,“霍布斯哲学中,人们通过对统治者的惩罚命令表示服从的方式对统治者进行授权,并且,无论他们何时做出这样的服从决定,他们这么做都有利于他们的利益最大化”。

何限制。因为允许他杀我,并不等于说在他命令我的时候我就有义务要杀死自己。“你可以任意杀我或我的朋友”这句话所指的是一回事,“我将杀死自己或我的朋友”所指的又是另一回事(第21.14部分)。

这种观点依托于在我看来是一种特殊的假设,即臣民能够在不对死亡方式进行授权的情况下授权他自己的死亡。其特殊之处在于,很难想象我们能在没有认同实现目的的手段(如向当局自首而不是外逃)的情况下对目的(惩罚)表示真正的认可。在我看来,人必须要么同时欲求目的与手段,要么都不欲求。也就是说,此处霍布斯的解决方案是毫无意义的,或者仅仅是形式上的。[①] 因此,我倾向于赞同那些将霍布斯的授权理论视为一种修辞策略的学者,因为他的理论框架实际上不是以这种理论为基础的。[②]

通过坚称罪犯授权同意了(对)他自己的惩罚,霍布斯使惩罚看起来是发生在社会秩序的范围内,而不是成为自然状态中敌对双方之间的争斗。这便更符合常识观点,即罪犯所犯下的罪行尽管触犯了法律,但他依然是公民社会中的成员,仍然有权利像社会其他成员那样受到尊重。在现实实践中,即便我们谴责罪犯是不正义的和有

① 参见施罗克的《惩罚的权利》,第853~868页。卡塔内奥和诺里都认为,根据霍布斯的原则,臣民必须无条件地对其统治者的行为进行授权。但是,我并不认为他们的理由很充分。他们的论断过于依赖霍布斯的断言,但没有考虑那些断言是否反映了霍布斯的真实意思。参见卡塔内奥:《霍布斯的惩罚理论》,第293页;诺里:《托马斯·霍布斯与惩罚哲学》,第304~306页。塔克在一定程度上对这种无条件授权的必要性进行了更有力的辩护。根据塔克(Tuck),统治者的自然权利仅仅允许他为了自身的防卫而行动,并且,在塔克看来,这并没有赋予其为了保护市民社会整体而惩罚的权利。因而,对于惩罚的正当化而言,无条件授权是必要的。塔克:《自然法理论》,第129~130页。但是,塔克所关注的问题并没有他所认为的那么重要,因为,统治者个人的安全与市民社会的安全相互依赖,因而,惩罚罪犯也是统治者的一种自我保全行为。

② 奥温和约翰斯顿为如下观点提供了最好的例证,即霍布斯的授权理论在本质上运用了一种修辞手法,而这种手法仅仅出现在《利维坦》这部在霍布斯的三部主要政治学著作中最具修辞性的作品中,并没有出现在早期的《法的要义》和《论公民》中,但是,后两部著作已包含了霍布斯的政治思想的成熟形态。参见奥温:《论主权的授予》,第28~32页;约翰斯顿:《〈利维坦〉的修辞》,第80~82页。

过错的,我们仍然把他看作是我们的成员,而对于成员,我们不仅要关心,还要相信我们对他负有某些义务。如果一旦公民犯下了应受惩罚的罪行,他便要马上被驱逐出共同体,那么,这看起来会无法让人接受。此外,由于霍布斯对犯罪的新阐释表明罪犯的动机在根本上不具有可责性,那么,关于轻蔑地对待罪犯,在近现代社会受霍布斯影响而这么做的理由,要弱于在传统社会依据报应观而这么做的理由。认为罪犯授权同意了(对)他自己的惩罚——这种修辞性的论断,对于霍布斯能够有力地提出他的新惩罚观(既注重效果又具有人道性)而言,具有重要意义。

四、结　　论

霍布斯的惩罚理论,是第一种完全建构于近现代理念之上的关于惩罚的道德理论。它试图表明,以威慑为目标的刑罚体系不仅是高效的,也是人道的。这是该理论的亮点,也使得它为后来的所有近现代刑事司法思想奠定了基调。① 因此,将霍布斯界定为纯粹功利主义的犯罪与惩罚观的鼓吹者,是不妥的。

霍布斯通过鼓励对犯罪进行科学研究,以及通过描绘出更具理性的以威慑为目标的刑法概貌,使惩罚的威慑效果得以增强,进而也推动了近现代惩罚的发展。值得注意的是,他对威慑的定义("人们的意志因而会更倾向于遵守法律")具有足够的包容性,能够包含矫正——只要它有利于实现预防犯罪这个最终目标。我们将会发现,这为后来西方国家的矫正运动(通过监狱劳动、药物康复项目和社区融合项目改造罪犯)开辟了道路。然而,霍布斯自己却满足于让人保

① 霍布斯的惩罚理论所具有的人道主义特征,继续影响着当代刑罚思想与实践。作为例证之一,人们可以想想,近现代如心理学家卡尔·门宁格(Karl Menninger)和原美国司法部长拉姆齐·克拉克(Ramsey Clark)那样的刑罚改革者们对当代民主社会的公正和人性的强烈呼吁。他们的道德说教口才以及他们对当代社会的安全和保障的呼吁,都十分突出。参见克拉克:《美国的犯罪情况》(*Crime in America*);门宁格:《惩罚之罪》(*The Crime of Punishment*)。

持他原来的样子(自私情感很大程度上都不会改变),因而,他也并不认为一定要强调国家在如下方面的潜在作用,即对基于精神疾病、药物成瘾或者不正常的家庭环境(它们容易导致犯罪)的原因而曾犯过罪的人,实施非惩罚性的保安处分。但是,霍布斯主义把功利和人道性紧密结合在一起,这种成功的可能性有多大呢?当他向我们保证,对罪犯的人道主义处遇措施决不会与社会功利相冲突时,他(的话)究竟有多大的说服力呢?这个问题在根本上影响了后来近现代刑罚理论的发展。

如我们所见,霍布斯毫无疑虑地用尽可能明确的表述指出,他的自然权利观念所带来的特别后果是,报应不再被认为具有正当性。根据霍布斯的原则,传统的对报应性惩罚的要求只能被认为是以残酷和自负为根基。然而,虽然他的道德心理学对善的内容进行了相对化处理,但这种相对主义并没有涉及正义的内容。根据霍布斯的分析,正义的含义并非主观性的,而是具有普遍性。根据该分析,订立契约并通过理性化的惩罚对他们实施强迫,是人们能够保障自己生命和生活的唯一方式,并且,在人们的欲求具有多样性和稳定性的情况下依然如此。因此,霍布斯的犯罪与惩罚观非常有前景,我们甚至还可以说它非常具有道德上的教化意义,但是,它也有许多待完善之处。他的反对报应的主张,与其基本政治原理相一致,但从普通道德情感的角度来看,这只不过是运用简单的结果主义的方式回避了问题的实质。这不禁使我们思考:在当代刑事司法实践中,是否有可能为报应元素留下一些空间,即便为此会牺牲掉它的一些逻辑连贯性?霍布斯针对他所反对的道德观点而提出的驳斥意见,经常强调自然状态是不可容忍的恶,强调公民社会的脆弱性——它总是受到个人的反社会情感威胁。鉴于在公民社会中,国家相对于脆弱的个人而言具有压倒性的力量,如下做法看起来应该不会太危险,即努力接纳与罪犯所应得的(惩罚)相关的常识性观念。这样思考是否值得:我们能否在报应性惩罚中找到办法以解决令人不安的霍布斯式问题,即社会的惩罚权利与罪犯进行自我防卫的自然权利之间存在的令人尴尬的冲突?难道没有这种可能性,即肉刑、监禁刑甚至可能还有死刑,能够作为罪犯(严格地说,作为一个生而自由并拥有权利的人)应得的惩罚而被正当化？该论证最终在康德(以及后来的黑格尔)那里得到了延续,他(们)继续反对霍布斯主义惩罚,以完成霍布斯为他自己所设定的任务:以近现代理念为根基阐明一种关于惩罚的道德理论。

Modern Natural Right and Punishment in Hobbes's *Leviathan*

Written by Arthur Shuster, Tran. by QIU Shuaiping

[**内容摘要**]霍布斯是首位将惩罚理论建构于近现代理念之上的学者,也是近现代传统中规范性惩罚理论的首倡者,其思想主要体现在其《利维坦》之中。霍布斯的惩罚理论包含了对传统刑事司法观念的彻底批判。他试图表明,以威慑为目标的刑罚体系不仅仅是高效的,也是人道的。这是该理论的亮点,也使它为后来的所有近现代刑事司法思想奠定了基调。他关于威慑的定义,为后来西方国家的矫正运动开辟了道路。他的关于反对报应的主张,与其基本政治原理相一致,但从普通道德情感的角度来看,这只不过是运用简单的结果主义的方式回避了问题的实质。

[**关键词**]霍布斯;惩罚理论;威慑刑;报应刑

Abstract: Hobbes is generally recognized as a foundational political thinker in the modern tradition; he was also the first to attempt a systematic normative theory of punishment consistent with modern natural right-the basic principle of modern politics. Hobbes's theory of punishment contains a radical critique of traditional criminal justice concepts. What makes it remarkable, and what enables it to set the tone for all subsequent modern thought on criminal justice, is its attempt to show that a penal system aiming at deterrence could be not only highly effective but also humane. His definition of deterrence cleared the way for later rehabilitation movements in Western Countries. His argument against retribution is consistent with his fundamental political principles, but from the point of view of ordinary moral sensibilities it merely begs the question by means of a simple consequentialism.

Keywords: Hobbes; Theory of Punishment; Deterrence; Retribution

论“期待可能性”的平易化

石经海[*]　*苏桑妮*[**]

目　　次

通常所说的“期待可能性”，是指阶层犯罪构成理论中，在不能期待行为人实施合法行为的情形下，即便其对犯罪事实具有认识，也不承担罪责的学说。① 综观我国刑法学界对“期待可能性”的研究，众多学者均对“期待可能性”在我国司法实践的运用寄予厚望。② 然而，定罪

---

* 西南政法大学教授、博士生导师，西南政法大学刑法学科带头人（负责人），量刑研究中心主任。

** 西南政法大学刑法学博士生。

① 参见［日］大谷实：《刑法讲义总论》（新版第2版），黎宏译，中国人民大学出版社2008年版，第321页。

② 参见游伟、肖晚祥：《“期待可能性”与我国刑法理论的借鉴》，载《政治与法律》1999年第5期；陈东：《期待可能性理论初探》，载《当代法学》2005年第5期；陈兴良：《期待可能性的体系性地位——以罪责构造的变动为线索的考察》，载《中国法学》2008年第5期；钱叶六：《期待可能性理论的引入及限定性适用》，载《法学研究》2015年第6期；高勇：《德日刑法中的期待可能性理论及其借鉴》，载《学习与探索》2018年第4期。

量刑适用的是法律规范而非学说理论的客观现实,决定了在学界引起热议的"期待可能性",并未为实务工作者所关心和吸纳,因而在司法实践中遭受冷遇,成为我国刑法研究与司法实践互动错位的一个缩影。其实,如此局面的出现,并不是"期待可能性"本身的机理有问题,而是理论上赋予其阶层犯罪构成理论的"理论性要件要素"身份所制造。申言之,"期待可能性"之所以能够成为罪责免除或减轻的根据,实质上是因为它体现了罪责评价所依据的社会危害性和人身危险性的有无或大小。本文试据此对"期待可能性"进行去虚求实的平易化释读与规范化对接,以期破解它在司法实践中的运用困局,为促进刑法研究与司法实践的良性互动,提供一条可行路径。

一、互动错位:刑法研究上的热议与司法实践中的冷遇

期待可能性,是指在行为时的具体情况下,期待行为人不实施违法行为而实施其他合法行为的可能性。[①] 其起源于1897年德意志帝国法院作出的"癖马案"判决,经梅耶(Mayer)、弗兰克(Frank)、格尔德施密特(Goldschmidt)等人发展完善,成就了如今的"期待可能性"理论,并导致了心理责任论向规范责任论的转变。[②] 自"期待可能性"被我国学者认识以来,对其争论不断,可谓百花齐放、百家争鸣,然而,与刑法理论上的热议不同,"期待可能性"在实务中却遭受冷遇,成为刑法研究与司法实践互动错位的一个缩影。

(一)刑法学界对"期待可能性"的百家争鸣

自20世纪80年代以来,"期待可能性"以国外刑法知识的面貌,被

① 参见[日]前田雅英:《刑法总论讲义》,曾文科译,北京大学出版社2017年版,第262页。

② 参见车浩:《责任理论的中国蜕变——一个学术史视角的考察》,载《政法论坛》2018年第3期。

介绍进入我国刑法学界后,我国学者对其的讨论未曾停止。早在1984年,甘雨沛教授便在其编写出版的《外国刑法学》中概括了"期待可能性"。[①] 此番对"期待可能性"的先期研究并非仅对其理论知识的浅尝辄止,而是留下了中国刑法借鉴"期待可能性"的可行空间。于是20世纪90年代中后期,刑法学界出现了大量对"期待可能性"引入与否的争论。[②] 彼时争议的场域主要在我国四要件犯罪论体系内,争议的焦点主要在于,能否将"期待可能性"放在刑事责任论中加以研究、"期待可能性"是否属于与故意过失并列的罪过要素、能否运用"期待可能性"解释其他刑法理论等。21世纪以来,随着三阶层犯罪论体系与四要件犯罪论体系之争愈演愈烈,我国学者对"期待可能性"的探讨,早就不满足受限于四要件体系之内,而是更多地站在阶层性犯罪论体系的立场上,对"期待可能性"进行纵向深入研究,并对四要件犯罪论体系进行批驳,或是直接用三阶层犯罪论体系取而代之,[③]或是建立新的犯罪论体系以兼容"期待可能性"。[④]

尽管同样存在反对引入"期待可能性"的学者,认为"四要件犯罪论体系所具备的迥异于阶层化犯罪论体系的独特结构,导致了对期待可能性理论的排斥,且我国既有的刑法理论中已然存在类似于属于期

---

① 参见甘雨沛、何鹏:《外国刑法学》(上册),北京大学出版社1984年版,第340页。

② 参见姜伟:《期待可能性理论评说》,载《法律科学(西北政法学院学报)》1994年第1期;丁银舟、郑鹤瑜:《期待可能性理论与我国犯罪构成理论的完善》,载《法商研究(中南政法学院学报)》1997年第4期;游伟、肖晚祥:《"期待可能性"与我国刑法理论的借鉴》,载《政治与法律》1999年第5期。

③ 参见钱叶六:《期待可能性理论的引入及限定性适用》,载《法学研究》2015年第6期;赵星、王修轩:《论犯罪阻却事由及其立法完善》,载《求索》2013年第7期;柳忠卫:《论被迫行为的刑法规制及其体系性地位的重构》,载《中国法学》2010年第2期。

④ 参见陈兴良:《期待可能性的体系性地位——以罪责构造的变动为线索的考察》,载《中国法学》2008年第5期;周光权:《违法性认识不是故意的要素》,载《中国法学》2006年第1期;车浩:《责任理论的中国蜕变——一个学术史视角的考察》,载《政法论坛》2018年第3期。

待可能性理论范畴之理论”,[①]但是,总体来说,支持引入“期待可能性”的观点占据多数,且可谓“大放异彩”。具体说来,对“期待可能性”的借鉴引入存在三种路径:其一,在我国四要件犯罪论体系下,直接引入“期待可能性”。如有学者认为,我国刑法理论研究的深入,为借鉴“期待可能性”奠定了理论基础,且我国刑法中本就包含体现“期待可能性”的法律规范,因此对“期待可能性”的借鉴具有现实可行性。[②] 其二,改造我国四要件犯罪论体系,使其与“期待可能性”兼容。如有学者认为,有必要将“期待可能性”引入我国犯罪构成理论,引入后的犯罪主观方面包括罪过的基本要素和评价因素,前者是指故意和过失,后者同时也是前提因素和消极因素,指“期待可能性”。[③] 其三,彻底更换四要件犯罪论体系,在新体系中探讨“期待可能性”。如有学者认为,“四要件犯罪构成体系的结构性缺陷导致其无法接纳期待可能性理论”,“有必要采取区分违法阶层和责任阶层的犯罪构成体系,为期待可能性理论的引入奠定体系基础”;[④]“要真正引入这一价值蕴含丰富的理论(指‘期待可能性’——引者注),有赖于对我国的犯罪论体系加以阶层式改造”。[⑤] 在倡导构建新犯罪论体系的先驱中,陈兴良教授认为“从期待可能性的体系性地位出发,应该对我国犯罪构成体系中的责任要件进行重构”,将“期待可能性”视为故意和过失的规范评价要素,属于故意和过失的内容,并整体置于罪责要素中;[⑥]周光权教授将缺乏“期待可能性”视为一种责任排除事由,置于其构建的与犯罪客观

① 梁云宝:《四要件犯罪论体系下期待可能性理论之否定》,载《政法论坛》2013 年第 2 期。

② 参见高勇:《德日刑法中的期待可能性理论及其借鉴》,载《学习与探索》2018 年第 4 期。

③ 参见丁银舟、郑鹤瑜:《期待可能性理论与我国犯罪构成理论的完善》,载《法商研究(中南政法学院学报)》1997 年第 4 期。

④ 钱叶六:《期待可能性的引入及限定性适用》,载《法学研究》2015 年第 6 期。

⑤ 付立庆:《期待可能性的体系地位》,载《金陵法律评论》2008 年第 1 期。

⑥ 陈兴良:《期待可能性的体系性地位——以罪责构造的变动为线索的考察》,载《中国法学》2008 年第 5 期。

要件、犯罪主观要件并列的犯罪排除要件中。①

可见,基于"期待可能性"与阶层犯罪论体系的亲缘关系,"期待可能性"引入与否的争论势必要上升到犯罪论体系之争,同样,在犯罪论体系之争中通常也会论及"期待可能性"的引入与否。因此,随着近年来建立阶层性犯罪论体系的呼声越发热烈,"期待可能性"作为犯罪论体系之争的"交战前线",理论界对其的研究热情从未消退甚至越发高涨。

(二)司法实践对"期待可能性"的冷眼旁观

与我国刑法学界的百家争鸣不同,司法实践对"期待可能性"则未必那样爱不释手,刑法学界对"期待可能性"的相关研究成果,少为法官、检察官、律师等实务工作者所关心和吸纳。正如学者所言,在我国司法实务中,运用"期待可能性"的案例"是极为罕见的"。②

一方面,"期待可能性"的支持者通常所认为的,可以用"期待可能性"予以解释的具体法律规定,在司法实践中从来不曾用"期待可能性"予以说明。如被认为是体现"期待可能性"之代表的《刑法》第 16 条,关于不可抗力的规定,在司法实践中一般被认为是缺乏罪过,即在不可抗力情形下,行为人对行为所引起的损害结果既非出于故意也非出于过失,甚至还可以进一步归结为超出行为人控制能力等原因。③另外,个别支持引入"期待可能性"的学者所认为的,可以用"期待可能性"予以解释的其他刑法规定,如刑事责任年龄、正当防卫等规定,④在司法实践中通常也另辟蹊径,如认为因未达到刑事责任年龄而不构成犯罪,是因为缺乏刑事责任能力而缺少犯罪构成主体要件;又如因符合

① 参见周光权:《刑法总论》(第 2 版),中国人民大学出版社 2011 年版,第 67 页。

② 参见陈兴良:《刑法中的责任——以非难可能性为中心的考察》,载《比较法研究》2018 年第 3 期。

③ 参见李永升:《刑法总论》(第 2 版),法律出版社 2016 年版,第 182 页。

④ 参见戴绍泉、田禾:《析刑法中的期待可能性》,载《四川大学学报(哲学社会科学版)》1989 年第 2 期。

正当防卫而不成立犯罪,是因为没有侵犯法益而欠缺犯罪构成客体要件等。

另一方面,“期待可能性”的支持者所认为的,虽不具有法律明文规定,但必须运用“期待可能性”来免除行为人罪责的情形,如亲属之间的窝藏、包庇,长期受虐的妻子不得已杀夫自救等,①同样可以用其他理论来解释。正如反对引入“期待可能性”的学者所说,“期待可能性”针对的相关问题完全可以用犯罪动机来解决,②或认为“期待可能性”属于社会危害性理论的具体内容之一。③ 还有学者认为,类似于“期待可能性”范畴的内容在人身危险性理论、社会危害性理论、刑罚论等领域中已然存在。④ 我国司法实践中正是通过这些方式,将学者认为需要运用“期待可能性”的情形予以出罪,并不必劳“期待可能性”之手。

同时,必须注意到,“期待可能性”在其发源地德国的审判实践中,也呈现出日薄西山之态势。当前德国刑法理论与实务主流均主张,缺乏“期待可能性”不能被普遍视为“超法律的免除责任事由”;⑤日本学者也称“期待可能性概念在实务中不太作为问题来对待”。⑥ 可见在国外,尽管“期待可能性”尚未完全丧失其作为判断个别法定责任阻却事由成立的依据之性质,但欠缺“期待可能性”作为一种独立的超法规的责任阻却事由已经趋于式微,实务中更是难觅踪迹。在中国司法实务

① 参见钱叶六:《期待可能性理论的引入及限定性适用》,载《法学研究》2015 年第 6 期。

② 参见冯亚东、张丽:《期待可能性与犯罪动机》,载《北京大学学报(哲学社会科学版)》2008 年第 6 期。

③ 参见李永升、周其玉:《论期待可能性的体系定位及运作机理》,载《社科纵横》2016 年第 6 期。

④ 参见梁云宝:《四要件犯罪论体系下期待可能性理论之否定》,载《政法论坛》2013 年第 2 期。

⑤ 参见[德]约翰内斯·韦塞尔斯:《德国刑法总论》,李昌珂译,法律出版社 2008 年版,第 244 页。

⑥ [日]前田雅英:《刑法总论讲义》,曾文科译,北京大学出版社 2017 年版,第 263 页。

中,运用“期待可能性”的案例更是极为罕见。显然,“期待可能性”在我国所遭遇的理论热议与实务冷遇的尴尬境遇,充分体现了当下刑法研究与司法实践的互动错位。

二、追本溯源:“期待可能性”作为理论要件的适用不能

“期待可能性”在我国司法实践中的冷遇,并不代表其理论本身毫无价值,相反,理论上的热议恰恰表明“期待可能性”有其合理性所在。实际上,关于“期待可能性”的刑法研究与司法实践发生错位的症结在于,司法实践以法律规范为适用依据,即司法人员定罪量刑适用的是法律规范而非学说理论。作为阶层犯罪构成理论要件要素的“期待可能性”仅仅是一种思维模型,故不能被司法人员直接适用。

(一)司法实践应当以法律规范为适用依据

司法实践中,司法人员定罪量刑适用的是法律条文而非理论要件,这既是“以事实为依据,以法律为准绳”的刑事诉讼法原则的内容,也是罪刑法定原则的要求。

1.“以法律为准绳”的规定

程序法上,“以事实为根据,以法律为准绳”是我国刑事诉讼法的基本原则,规定了人民法院、人民检察院和公安机关进行刑事诉讼时,必须以法律规范为适用依据。①

就“以事实为根据,以法律为准绳”原则的含义而言,“以事实为依据”是“以法律为准绳”的事实前提,意味着必须以客观事实作为运用法律处理案件的科学依据,不能凭主观想象或缺乏事实的推测,想当然地运用法律。只有深入实际,实事求是,对犯罪发生的时间、地点、动

① 《刑事诉讼法》(2018年修正)第6条规定:“人民法院、人民检察院和公安机关进行刑事诉讼,必须依靠群众,必须以事实为根据,以法律为准绳。对于一切公民,在适用法律上一律平等,在法律面前,不允许有任何特权。”

机、目的、手段、后果及有关案件情节予以彻底掌握，收集到充分可靠的证据，才能正确地分析认定犯罪事实，使法律规范的适用、案件的审理建立在客观基础之上。

“以法律为准绳”，要求人民检察院、人民法院和公安机关，对刑事案件中程序问题和实体问题的决定和处理，必须以刑法和刑事诉讼法及其他相关法律的规定为标准，不能恣意擅断。同时，公安司法机关查明案件事实真相，必须在法定程序内有效地采用法律所规定的一切方法，即必须在刑事诉讼法规定的证据制度及相关程序规范运作中查明案件事实真相，在刑法对犯罪和刑罚的现有规定上适用法律条文，依法公正完成诉讼证明及案件处理。① 尽管一直以来，学界存在一些对“以事实为根据”提法的争议，②但“以法律为准绳”却是不可置疑的。

因此，在司法适用上，“以法律为准绳”意味着：首先，对刑事案件的处理不能恣意擅断，表明公安司法机关认定犯罪时，适用的只能是法律规范而非理论要件。其次，在法定程序内有效采用法律所规定的一切方法，表示认定犯罪不仅应当以法律规范为司法适用的根据，还需要做到法律规范的完整性、体系性适用，不能以偏概全，对单个法条进行“盲人摸象”式地片面解读。早在20世纪50年代，“以法律为准绳”就是我们审理案件的基本指导原则。1979年《刑事诉讼法》第一次以基本法律的形式将该原则固定下来。现行的《检察官法》③《法官法》④

① 参见李志平：《“以事实为根据，以法律为准绳”原则研究》，载《政治与法律》2003年第2期。

② 有观点认为“以事实为根据”是一种理想，对客观事实的认识是一个艰难而不可再现的过程，应当以“以证据为根据”取代“以事实为根据”。参见舒国滢、宋旭光：《以证据为根据还是以事实为根据？——与陈波教授商榷》，载《政法论丛》2018年第1期；陈波：《以审判程序为中心，以证据为依据，以法律为准绳——答舒国滢、宋旭光的商榷》，载《政法论丛》2018年第2期；袁红冰：《质疑不可质疑者——对“以事实为根据”原则的否定性讨论》，载《政法论坛》2004年第4期。

③ 《检察官法》(2019年修正)第5条第1款规定：“检察官履行职责，应当以事实为根据，以法律为准绳，秉持客观公正的立场。”

④ 《法官法》(2019年修正)第6条第2款规定：“法官审判案件，应当以事实为根据，以法律为准绳，秉持客观公正的立场。”

《律师法》[①]都明文规定了"以事实为根据,以法律为准绳"的刑事诉讼要求。另外,1985年第七届联合国预防犯罪和罪犯待遇大会,通过的《关于司法机关独立的基本原则》第2项规定"司法机关应不偏不倚、以事实为根据并依法律规定来裁决其所受理的案件……"[②]也表明认定犯罪必须以法律规范为适用依据。

可见,"以事实为根据,以法律为准绳"的刑事诉讼法基本原则,要求认定犯罪时司法人员适用的只能是法律规范,而不能是作为理论性要件要素的"期待可能性"。

2. 罪刑法定原则的要求

实体法上,我国《刑法》第3条关于罪刑法定原则的规定,要求司法人员必须"依照法律定罪处刑",明确了司法人员认定犯罪必须以法律规范为适用依据。

罪刑法定原则,即法无明文规定不为罪,法无明文规定不处罚,具有成文法主义、禁止事后法、禁止类推解释、禁止绝对不定期刑的形式侧面要求,和刑罚法规的明确性原则、刑罚法规内容的适正原则(包含禁止处罚不当罚的行为和禁止残虐的、不均衡的刑罚)的实质侧面要求。[③] 罪刑法定原则的四个形式侧面要求,实质上从不同角度明确了,对犯罪的认定必须以法律规范为适用依据。其一,成文法主义,直接明确了法律的明文规定才是定性处罚的适用依据,习惯法只能以间接说明的形式帮助理解成文法,不能成为认定犯罪的直接依据,而更不必说理论要件,当然不能在司法实践中被直接适用。其二,禁止事后法,实际上意味着行为人行为时根本不存在的"法律",不能被司法人员适用。换言之,司法人员定罪量刑适用的,只能是犯罪嫌疑人、被告人行为时已经被明文规定的法律规范。其三,禁止类推解释,要求不能超出

---

① 《律师法》(2017年修正)第3条规定:"律师执业必须遵守宪法和法律,恪守律师职业道德和职业纪律。律师执业必须以事实为根据,以法律为准绳。律师执业应当接受国家、社会和当事人的监督。律师依法执业受法律保护,任何组织和个人不得侵害律师的合法权益。"

② 参见黄豹:《以"法律"为准绳原则不容置疑》,载《比较法研究》2004年第6期。

③ 参见张明楷:《实质解释论的再提倡》,载《中国刑法》2010年第4期。

法条语义的可预测范围对法条进行解读，同样表明对个案的定性处理只能以法律条文的规定为限，而不能超出法律的明文规定。其四，禁止绝对不定期刑，直接表明了法官应当根据案件的具体情况，在明文规定的刑种和量刑幅度内适用具体的法律规范。尽管随着罪刑法定原则的发展，在刑法溯及力问题上，允许采取从旧兼从轻原则，但是无论是适用旧法还是新法，罪刑法定原则无疑都明确要求，司法人员定罪量刑只能以法律的明文规定为适用依据。

因此，罪刑法定原则的要求，一方面表示犯罪行为的界定、种类、构成条件和刑罚处罚的种类、幅度，均事先由法律加以规定，对于刑法没有明文规定为犯罪的行为，不得定罪处罚。另一方面表明司法人员在认定犯罪时，适用的只能是法律的明文规定。因此，"期待可能性"作为理论性要件要素并不能为司法人员认定犯罪时所适用，是罪刑法定原则的实质要求。

（二）定罪量刑不能以理论要件为适用根据

司法实践中对刑事案件的认定，适用的只能是明文规定的法律规范，而不能是作为理论性要件要素的"期待可能性"。因为，司法实践的客观情况显示，"期待可能性"作为一种阶层犯罪构成理论的要件要素，即使是在其发源地德国和发扬地日本，也不为实务部门在认定犯罪中所适用。另外，法理上，"期待可能性"仅是理解法律规范的思维模型，本就不能为司法实践直接适用。

1. 实践中"超法规"的"期待可能性"不被实务所采

"期待可能性"作为研究行为人可谴责性的理论学说，若在缺乏法律规定的情形下直接运用，则被定义为"超法规的责任阻却事由"，用来应对虽然能够认定故意或过失，但不能让行为人承担刑事责任的情形。①

① 参见［日］前田雅英：《刑法总论讲义》，曾文科译，北京大学出版社2017年版，第262页。

基于《德国刑法典》已将部分通常用“期待可能性”予以解释的事由法定化,当前德国刑法理论与实务主流均主张,规范性举止的不可期待性不能被普遍视为“超法规的责任阻却事由”,即缺乏法律规定的“期待可能性”不能被承认。[①] 这表示在德国司法实践中,认定犯罪同样以法律规范为适用依据,因此才将部分可以用“期待可能性”证成其法理的事由法定化,同时也表明“期待可能性”作为理论性要件要素不能直接为司法实践所适用。正如德国刑法学者金德霍伊泽尔教授所说,“第33、35条从法律上对免除罪责的事由进行了规范化的规定……按照刑法典的评价,要求当事人具备符合规范的动机就是一种期待不可能性。倘若人们还想在这些规定之外,就符合规范之行为的期待不可能性,再给出免除罪责的一般性规定,(恐怕)原则上是不可能了”。[②] 因为“这样一个阻却罪责的标准也许会过于模糊或者鉴于第35条已规范化的利益衡量而显出其之多余”。[③] 可见,纵使在其发源地德国,“期待可能性”在定罪量刑时的运用也必须以法律的明文规定为依托。

在日本,同样没有正面肯定“期待可能性”作为“超法规的责任阻却事由”的判例。尽管在“二战”后的混乱时期,以违反经济统制法规的案件、劳动争议案件为核心,日本曾出现了相当多以欠缺“期待可能性”为由认定阻却责任的无罪案例,但是最高裁判所昭和33年(1958年)7月10日在维持原审无罪结论的情况下,却没有使用“期待可能性”这一概念,而是认为“欠缺犯罪构成要件”。现今,虽然“期待可能性”作为一般理论属于超法规的免责事由为日本最高裁判所和日本学界广泛承认,但是“认定欠缺期待可能性的判例很少,而且可以说无罪

---

① 参见[德]约翰内斯·韦塞尔斯:《德国刑法总论》,李昌珂译,法律出版社2008年版,第244页。

② [德]乌尔斯·金德霍伊泽尔:《刑法总论教科书》,蔡桂生译,北京大学出版社2015年版,第212页。

③ [德]乌尔斯·金德霍伊泽尔:《刑法总论教科书》,蔡桂生译,北京大学出版社2015年版,第213页。

判例实质都集中在欠缺违法性的意识的可能性的案件中”。[①] 因此,日本学者也称“期待可能性概念在实务中不太作为问题来对待”。[②] 可以说“尚没有从正面肯定因缺乏期待可能性而判无罪的判例”。[③] 可见,在日本司法实务中,实际上也没有直接适用“期待可能性”的判例。

因此,司法实践的实际情况表明,即使是在“期待可能性”的发源地德国及发扬地日本,“期待可能性”也没有被司法实践直接适用。

2. 理论上“期待可能性”作为思维模型不能直接适用

不论是三阶层犯罪构成理论还是四要件犯罪构成理论,都是一种思维模型,为法律条文的理解提供一种思维路径。“期待可能性”作为阶层犯罪构成理论中,研究行为人可谴责性的理论性要件要素,同样也是理解法律规定的思维模型,不能被司法实践直接适用。

从三段论的司法推理过程来看,“期待可能性”作为理论性要件要素,不是定罪量刑的适用依据。经典的司法推理,就是在法律规范所确定的构成要件的大前提下,寻找具体的事实要件这个小前提,最后得出定性结论的过程。[④] 司法实务中,在运用三段论进行推理时,一般是先考虑案件的事实即小前提,再找寻相关的法律规范即大前提,再以整个法律秩序为准进行涵摄,最后得出法律结论。[⑤] 那么,在司法三段论的推理中,并没有理论性要件要素的直接表现,其既不是作为大前提的法律规范,又不是作为小前提的案件事实。因此,通过三段论的司法推理过程可以看出,“期待可能性”并不能为司法人员认定犯罪直接适用。

---

① [日]前田雅英:《刑法总论讲义》,曾文科译,北京大学出版社 2017 年版,第 263 页。

② [日]前田雅英:《刑法总论讲义》,曾文科译,北京大学出版社 2017 年版,第 263 页。

③ 李立众:《中日刑事法学术研讨会纪实》,载冯军编:《比较刑法研究》,中国人民大学出版社 2007 年版,第 485 页。

④ 参见焦宝乾:《三段论推理在法律论证中的作用探讨》,载《法制与社会发展》2007 年第 1 期。

⑤ 参见[德]伯恩·魏德士:《法理学》,丁小春、吴越译,法律出版社 2003 年版,第 296 页。

实际上,“期待可能性”作为阶层犯罪构成理论的要件要素,其在司法三段论中的容身之所,位处作为大前提的法律规范和作为小前提的案件事实之间。毋庸讳言,司法实务人员认定犯罪所进行的三段论逻辑演绎,并非一蹴而就的过程。事实上,无论是从复杂的现实案件中抽象出与认定犯罪相关的案件事实,还是将被证明的法律事实对接于法律规定的构成要件,都并非易事。案件事实与法律规范之间存在必须要跨越的鸿沟,“从推理的过程看,许多法律规范的大前提的确不能直接适用于具体的生活事实”。① 犯罪构成理论,正是案件事实与法律规范之间的沟通之桥,起到了帮助理解法律规范、实现将案件事实与法律条文相对接的作用。在定罪量刑时,一方面将具体的案件事实用犯罪构成理论予以抽象以此对接法律的具体规定,另一方面又通过犯罪构成理论的指导,对抽象的法律规范进行系统的理解予以适用,来完成提取案件事实和适用法律规范的往返,让目光在事实和法律之间来流转。正如德国著名法学家魏德士所言,“目光在事实和法律规范间‘来回穿梭’是法律适用的普遍特征”。② 因此,作为阶层犯罪构成理论中的理论性要件要素,“期待可能性”是一种思维模型,起到的是帮助理解法律条文规定的解释作用,不能被司法实践直接适用。

况且,刑法学理论体系庞大精细、书盈四壁,可以说每个深谙刑法之道的学者对同一法条都存在不同的理论解释。但刑法书目的卷帙浩繁及刑法理论的学说林立,并没有使实务法官对正义的理解相距甚远,他们总能够对同一案件得出相同的判决结果。刑法学者面对实务案件时,尽管所持理论学说不同,却也往往能够不约而同地达成对定罪量刑的一致意见。在此意义上,学说理论无疑具有可替换性,又因为定罪量刑以事实为依据以法律为准绳,所以在犯罪论体系上持不同立场的学者,面对同一案件事实、依据同一法律条文得出的结论自然是殊途同

① 焦宝乾:《三段论推理在法律论证中的作用探讨》,载《法制与社会发展》2007年第1期。

② [德]伯恩·魏德士:《法理学》,丁小春、吴越译,法律出版社2003年版,第296页。

归,而不会受到学说理论不同的过多影响。可见定罪量刑时,成文的法律规定和具体的案件事实是固定的,而用以解释法律的理论学说却可以多种多样。这同样表示,定罪量刑应当以事实为依据,以法律为准绳,而不能将理论要件作为认定犯罪的直接适用依据。

因此,“期待可能性”作为理论性要件要素,既不是三段论的前提,又会因司法人员掌握的知识结构相异和所处的社会背景不同而变化,表明其作为一种思维模型不能被司法人员在认定犯罪时直接适用。那么,将“期待可能性”直接适用于司法实践的意见,自然很难得到司法实务界的充分关注和吸纳。

三、去伪存真:“期待可能性”衰而不落的精华辨析

司法实践以法律规范为适用依据,“期待可能性”作为理论性要件要素不能为司法人员直接适用,由此造成了“期待可能性”的刑法研究和司法实践在我国的错位。其实,如此局面的出现,并不是“期待可能性”本身的机理存在问题。必须注意到,“期待可能性”在刑法学界引起热议,并非只是理论上的自娱自乐,而是存在“超法体系和超文化差异的共同的哲学、伦理学和法学根据”,[①]故为广大学者所青睐。正如在对“期待可能性”的先期研究中,学者便对“期待可能性”持有“去其糟粕,取其精华,为我所用”的实事求是的态度。[②] 因此,众多学者不遗余力地改造我国四要件犯罪论体系,以兼容“期待可能性”。然而,“期待可能性”之精华并非在于其作为阶层犯罪构成理论要件要素的形式表现,而在于“期待可能性”所反映的社会危害性和人身危险性有无与大小的实质内容,为免除罪责或减轻罪责提供了定罪量刑的根据。

---

① 章惠萍:《期待可能性理论与我国刑法的借鉴》,载《政治与法律》2006 年第 3 期。

② 参见姜伟:《期待可能性理论评说》,载《法律科学(西北政法学院学报)》1994 年第 1 期。

(一)“期待可能性”之精华并非其作为阶层理论要件要素的形式表现

支持引入“期待可能性”的学者认为,要借鉴“期待可能性”的合理性,必须改造我国四要件犯罪论体系,才能兼容作为阶层理论要件要素的“期待可能性”。如称,“从期待可能性的体系性地位出发,应该对我国犯罪构成体系中的责任要件进行重构”,①“有必要采取区分违法阶层和责任阶层的犯罪构成体系,为期待可能性理论的引入奠定体系基础”。② 这实际上是将“期待可能性”的合理性等同于“期待可能性”作为阶层理论的要件要素的合理性。然而,“期待可能性”作为阶层犯罪构成理论的要件要素具有其特定的存在环境,因而不具有普适性;同时,其仅具有形式的罪责意义而缺乏实质的罪责意义,并未揭示评价行为人可谴责性的基本原理,因而不具有原理性。据此,“期待可能性”之精华并非其作为阶层理论要件要素的形式表现。

1. 特定的存在环境表明其不具有普适性

能为他国所借鉴的理论精华,应当具有普适性,能够较为普遍地适用于不同司法环境中的同类情形。然而作为阶层理论要件要素的“期待可能性”却有其存在的特定环境,以此作为“期待可能性”之精华进行借鉴甚至移植,可能会带来“南橘北枳”的结果。

作为要件要素的“期待可能性”,是指位于阶层犯罪构成理论的罪责阶层中,与罪责能力、违法性意识相并列的罪责构成要件,是判断行为人心理事实是否具有可谴责性的评价要素。③ 其作用在于,在进行罪责判断时对行为人的心理因素做出进一步价值评价。这意味着行为

① 陈兴良:《期待可能性的体系性地位——以罪责构造的变动为线索的考察》,载《中国法学》2008 年第 5 期。

② 钱叶六:《期待可能性的引入及限定性适用》,载《法学研究》2015 年第 6 期。

③ 参见[德]乌尔斯·金德霍伊泽尔:《刑法总论教科书》,蔡桂生译,北京大学出版社 2015 年版,第 212 页。

人具有故意或者过失的心理因素仍不足以被归责,还要看是否存在“期待可能性”,即期待行为人在行为时能够不实施违法行为的可能性。当可以期待行为人不实施违法行为时,才使其承担罪责。因此,在三阶层犯罪论体系中,作为事实的故意心理或过失心理与作为价值的“期待可能性”,被一分为二,前者是被评价的事实,后者是对事实的评价。德国刑法理论中,这种将事实与价值、客观与主观割裂的现象无处不在,这与德国特定的历史条件、民众的思维方式及刑法体系自身的基调和格局密切相关。

从“期待可能性”的存在环境来看,德国刑法体系有其独特的传统文化基调,这又与体系诞生发展的历史环境和学者及民众的思维方式息息相关。具体表现为,康德的批判哲学对德国三阶层犯罪论体系的直接影响。康德的批判哲学将内和外、主观和客观绝对地对立起来,因此三阶层犯罪论体系总是将事实与价值、主观与客观相区分。① 这种事实与价值、主观与客观的决然二分在阶层犯罪构成理论中无处不在,不仅阶层论本身是事实与价值的分层,在每一层级内部也表现出事实与价值的割裂。将被评价的心理因素与对事实的评价要素相分离,并将对心理因素的评价抽象总结为“期待可能性”的做法便是如此。又因为德国人具有追求系统、完整、彻底的思维习惯和作风,总是追根究底、殚精竭虑,追求对问题的彻底解决,且确信问题终究是有限的并可以完全彻底解决,所以其学术传统是唯理主义,注重抽象的思辨和推理,并热衷于建立一个又一个庞大完整的事实与价值二分的理论体系。由此德国学者一边将形式的罪责要素与实质的罪责意义相区分,一边又追求在罪责实质意义上的极端理性演绎,用理性来说明价值。② 正是在这种事实与价值、主观与客观二分的阶层性哲学体系与唯理主义的学术传统下,诞生了作为要件要素的“期待可能性”。可见,“期待可能性”作为阶层犯罪构成理论的要件要素,有其存在的特

① 只是这种区分已逐渐从绝对走向相对。

② 参见刘立群:《德国思想与文化——反思与创新》,社会科学文献出版社 2011 年版,第 8 页。

定文化传统。

与这种事实与价值、主观与客观决然二分的思维模式截然不同的,是中国人阴阳和合的思维方式。中国人讲究道常无为的方法论,认为在这世间存在无法抗拒的自然法则,人需要依据大地生活劳作、繁衍生息,大地依据上天而寒暑交替、化育万物,上天依据道而运行变化,排列时序,道则依据自然之性,顺其自然而成其所以然。因此中国古代政治法律实践,自汉以后莫不尊崇天地人和合的思维定式,具有物极必反、贵和有度的思维方法,顺应自然、随遇而安的行为准则,抱朴守真、崇尚自然的价值取向。① 据此,在文化传统上,中国人不讲求极端的思辨,不追求构建精密复杂的体系,而是"与时迁移,应物变化",充分考虑当时当下的具体人和具体环境,讲究因地制宜。在思维方式上,信奉"万物负阴而抱阳,冲气以为和",即讲究道分阴阳的思维方式,注重事物的整体性和矛盾性,既要看到事物之间的不同,又要关注事物之间的联系,偏向于用系统的方法来对待问题、思考问题、解决问题。这种综合性的思维方式类似于辩证思维,传统术语即和合思维。② 在这种"和合"的辩证思维下,中国人一般不会将事实与价值决然分开,而是充分关注到它们对立又统一的关系。因此,我国能够继受苏联的四要件刑法理论不仅存在政治原因,更应当看到背后的思维契合性的作用。

尽管随着社会的发展,世界各种价值观相互交融影响,但是文化传统却随着血缘与地缘传承影响着民众的处世之道。尽管四要件犯罪构成理论同样受到了德国黑格尔哲学的强烈影响,③且德国刑法理论向着价值与事实的统一日趋靠拢,但无可否认阶层犯罪构成理论建基于事实与价值的二分,并处处体现着康德批判主义哲学的内涵,这显然与我国阴阳和合的思维习惯格格不入。作为阶层理论要件要素的"期待

① 参见龙大轩:《道与中国法律传统》,山东人民出版社 2004 年版,第 18 页。

② 参见龙大轩:《道与中国法律传统》,山东人民出版社 2004 年版,第 44 页。

③ 黑格尔哲学将主观和客观看作是对立的统一,外能表现内,内又能表现外,因此在黑格尔哲学的影响下,犯罪构成被理解为主客观方面的统一。

可能性”有其存在的特定环境，将这种建立在事实与价值分立基础之上的要件要素，全盘照搬至我国司法实践的结果极可能是水土不服、南橘北枳，以及民众法感情的异化。因此，可予借鉴的“期待可能性”之精华显然不在于其作为阶层理论要件要素的形式表现。

2.形式的罪责意义表明其不具有原理性

“期待可能性”用以研究行为人在特定情形下是否具有可谴责性，其理论精华应当揭示行为人主观态度变化的基本定律，和决定行为人可谴责性程度的科学道理，对定罪量刑具有重大指导作用，具有原理性。然而“期待可能性”作为阶层理论的要件要素，仅具有形式的罪责意义，并未揭示评价行为人可谴责性程度的基本原理，表明“期待可能性”作为阶层理论要件要素的形式表现并非其理论精华所在。

“期待可能性”作为阶层理论的要件要素，其作用在于，对已经具有故意或过失的心理因素的行为人，做进一步的可谴责性评价。用以判断能否期待行为人在行为时不实施违法行为，若不能期待则免除行为人的罪责。因此，一般认为作为阶层理论要件要素的“期待可能性”是一种消极的罪责要素，①在阶层性犯罪论体系中，符合构成要件该当性的行为被推定为违法且有责，则具有期待可能性，除非被证明不具有期待可能性，则阻却罪责。这表明，从逻辑上讲，作为罪责要素的“期待可能性”仅存在“有”与“无”的区别，而不存在可能性大小的差别。但实际情况是，众多学者均承认“期待可能性”大小对量刑的影响，如有学者认为，“同样是盗窃、抢劫、贪污、挪用、侵占等犯罪，出于奢侈享受而实施上述行为和为生活所迫而实施上述行为，在其他情节基本相同的情况下，后者的刑事责任之所以常常轻于前者，就是因为后者实施适法行为的期待可能性弱于前者的缘故”。② 另有学者称：“作为责任阻却事由，不存在大小问题，只要缺乏期待可能性，就不具有责任。反

① 参见［德］乌尔斯·金德霍伊泽尔：《刑法总论教科书》，蔡桂生译，北京大学出版社2015年版，第212页。

② 陈东：《期待可能性理论初探》，载《当代法学》2005年第5期。

之,在具有期待可能性的情况下,期待可能性的不大只是影响量刑。"①这种观点认为,不论是罪责的积极要素还是消极要素,不过是问题的一体两面:从不具有"期待可能性"则阻却责任的角度来看,其是消极的罪责要素;从具有"期待可能性"方可对行为人进行非难来看,其是积极的罪责要素。进而认为,若缺乏"期待可能性"则不能对行为人进行非难,但若行为人具备"期待可能性",则应当承担责任并根据"期待可能性"的大小裁量刑事责任的大小。

但是,就算承认"期待可能性"作为积极的罪责要素的性质,其作为阶层理论的要件要素,也依然不能解答如何运用"期待可能性"评价行为人可谴责性大小,甚至如何对"期待可能性"自身大小进行衡量的问题。因为"期待可能性"作为要件要素在阶层犯罪构成理论中的判断,仅仅表示对行为人罪责的认定止于判断故意或过失的心理因素是否存在还不够,还需要对行为人的心理因素做进一步评价。这意味着作为要件要素的"期待可能性",仅指出了需要对心理要素进行评价这一事实而已,却并未说明评价的具体标准和非难的实质根据究竟是什么。可见,一般而言,尽管作为阶层理论要件要素的"期待可能性"的具备,同时被赋予了程度大小的评价,然而,"期待可能性"的大小是如何得出的,或说如何通过"期待可能性"评价行为人可谴责性的大小这一判断过程,作为阶层理论要件要素,其并未予以说明,从"期待可能性"的存在与否到程度大小的确定似乎是一蹴而就的。在此意义上,作为要件要素的"期待可能性"仅仅具有形式上的罪责意义,并未揭示判断行为人可谴责性程度的基本原理。

正因如此,罗克辛教授称,规范责任论把"期待可能性"确定为责任要素,以此区别于故意和过失的心理因素。这种事实与价值的二元

---

① 张明楷:《期待可能性理论的梳理》,载《法学研究》2009 年第 1 期。另外,认为"期待可能性"存在程度区分的观点,如钱叶六认为,"对防卫过当、避险过当予以减免处罚的重要根据就是期待可能性低"。参见钱叶六:《期待可能性理论的引入及限定性适用》,载《法学研究》2015 年第 6 期。陈兴良认为,"故意犯中的期待可能性,存在程度上的区分,因此可以分为阻却责任的期待可能性和减轻责任的期待可能性"。参见陈兴良:《刑法中的责任——以非难可能性为中心的考察》,载《比较法研究》2018 年第 3 期。

分立,使责任的本质特征——非难可能性得以正确定位。然而,究竟如何界定非难可能性,仍然存在进一步发展空间。规范责任论中"期待可能性"这一概念仅仅具有形式上的性质,因此,规范责任论也无非是一种形式责任论。[①] 金德霍伊泽尔教授虽然认为规范责任论是一种实质意义上的罪责理论,但同样认为规范责任论"具有高度不确定性,而且显得内容空洞"。[②] 正是为了填补作为要件要素的"期待可能性"仅具有形式意义的内容空洞,德国刑法理论不断地探究罪责的实质意义,发展出了规范的罪责概念、法律罪责、机能的罪责概念、交谈的罪责概念等实质意义的罪责理论。[③] 实质责任论就是要追问:非难可能性的根据何在?[④] 即评价行为人是否具有可谴责性的基本原理何在?

可见,"期待可能性"作为阶层理论的要件要素,更多地在于其构建阶层体系框架的形式意义,并未揭示评价行为人可谴责性大小的基本原理,不具有原理性,并非其理论精华所在。

---

① 参见陈兴良:《期待可能性的体系性地位——以罪责构造的变动为线索的考察》,载《中国法学》2008 年第 5 期。

② 参见[德]乌尔斯·金德霍伊泽尔:《刑法总论教科书》,蔡桂生译,北京大学出版社 2015 年版,第 210 页。

③ 在规范的罪责概念的意义上,可谴责的根据在于,行为人违法地实现了构成要件的行为明确地表明了行为人对于法律规范的错误态度;法律罪责,认为非难的根据在于行为人表达了一个与法治需要求相违背的态度,或称法律罪责,责难对法律忠诚的缺乏;机能的罪责概念由雅科布斯教授提出,认为是否具有非难可能性取决于是否能够满足一般预防的需要,也即要根据行为人对法规范的忠诚和社会解决冲突的可能性来决定;交谈的罪责概念由罗克辛教授提出,认为以社会契约论为基础,行为人不仅是法律上受责难的(规范)的接收者,他还是缔造这种被他破坏的规范的主人。法律规范是民主社会中自治而有人格的个人对其利益应当得到的协调和处理的相应理解的法律形式表现。对于各种利益冲突之间合法协调存在行为人和其他人的理解,行为人违反规范即意味着行为人针对其他人在整个理解中所占份额的不诚实。缺乏这种诚实便是罪责的实质。参见[德]乌尔斯·金德霍伊泽尔:《刑法总论教科书》,蔡桂生译,北京大学出版社 2015 年版,第 209 页。

④ 参见陈兴良:《期待可能性的体系性地位——以罪责构造的变动为线索的考察》,载《中国法学》2008 年第 5 期。

(二)"期待可能性"之精华在于其反映行为和行为人属性的实质内容

作为阶层理论要件要素的"期待可能性"并未揭示评价行为人可谴责性程度的基本原理,因此,刑法学界对作为阶层理论要件要素的"期待可能性"的借鉴,可以说并未充分、准确地回应司法实践的需要。实际上,通常所称的"期待可能性"存在与否及程度大小的评价,在我国刑法话语体系下,是通过对"期待可能性"所指向的反映社会危害性和人身危险性有无与大小的事实,进行罪责的综合价值评价实现的。一方面,阶层犯罪构成理论上,运用"期待可能性"对行为人免除或减轻罪责的根据,实质在于具体情形下反映的社会危害性和人身危险性的有无与大小;另一方面,刑法典明文规定中,被法定化的"期待可能性"事由,仍落脚于定罪要件或量刑情节所体现的社会危害性和人身危险性的有无与大小,所反映出的行为人可谴责性的有无与大小。这表示,适用法律规范予以定罪量刑的实质根据仍在于社会危害性和人身危险性。因此,"期待可能性"所反映出的社会危害性和人身危险性有无及大小的实质内容,才是其精华所在。

1. 罪责评价的根据在于社会危害性和人身危险性

从"期待可能性"的诞生可以看出,"期待可能性"可谓是对行为人可谴责性之价值评价的规范性总结,而这种是否可以谴责以及罪责大小的评价,是通过对行为的社会危害性和行为人的人身危险性,进行综合价值评判来实现的。

"期待可能性"诞生于19世纪末发生于德国的癖马案。[①] 德国帝国法院判决认为,本案中马车夫已经实现了过失伤害罪的构成要件,且不存在违法阻却事由,通常应当成立犯罪。但是必须做出一种例外的

---

① 一马车夫驾驶一匹有以尾绕缰的癖性的马上路,结果导致癖马失控,伤及路人。马车夫曾提出更换马匹,但被雇主拒绝且以解雇相威胁。法院认为,难以期待马车夫不顾自己失业而拒绝使用癖马,因此不能让被告人承担过失伤害行为人的责任。

权衡，即能否期待被告人承担这样一种义务：宁愿不服从其雇主的命令和丧失其职位，也要拒绝驾驶癖马以杜绝伤害他人身体的可能性。①

对于这种“例外的权衡”，正如弗兰克在评论这一判决理由时指出的，“在这些阐述中，各种附随状况，即被告人在危急时刻处于其中的各种情况，被纳入责任概念之中”。② 本来，责任能力、罪责的故意或过失以及违法性意识，实质上是“期待可能性”的具体化，即具有责任能力的人对客观构成要件事实具有故意或过失，并具有违法性意识或违法性认识可能性时，就可以期待其不实施该行为。但上述责任要素的设定，实则以行为时附随情况的正常性为前提。在社会生活中，不排除在少数情况下，由于行为时的附随情况异常，导致有责任能力的人即使具有故意和过失，且具有违法性意识或违法性认识可能性，却依然不能被期待实施其他合法行为。所以，必须将特殊情形下的“期待可能性”作为责任要素。③ 这意味着，通常情形下，通过对责任能力、故意或过失、违法性意识的判断，便足以评价行为人可谴责性的有无与大小，因为无论是法律的规定还是理论的建构，都是以通常情况为背景来考虑的。需要注意，此时的附随情况并非不存在，而是处于所谓正常状态。但当特殊情形下，行为时的附随状况处于异常状态，对与通常情形下相同的责任能力、故意或过失、违法性意识的评价便发生了变化。在阶层犯罪构成理论中，由于事实上的责任能力、故意或过失、违法性意识并未没改变，只是评价所处的附随状况发生了变化，带来了整体评价的改变，因此便将这种特殊情形下的例外考虑总结为作为责任要素的“期待可能性”。在此意义上，“期待可能性”可谓是对行为人可谴责性之价值评价的规范性总结。

必须认识到，无论是通常情形还是特殊情形下，行为人的罪责评价，都必须通过具体情形所反映的社会危害性和人身危险性的有无与

---

① 参见陈兴良：《期待可能性的体系性地位——以罪责构造的变动为线索的考察》，载《中国法学》2008 年第 5 期。

② ［德］弗朗克：《论责任概念的构造》，冯军译，载冯军编：《比较刑法研究》，中国人民大学出版社 2007 年版，第 138 页。

③ 参见张明楷：《期待可能性理论的梳理》，载《法学研究》2009 年第 1 期。

大小来判断。癖马案中,被弗兰克称为"附随状况的不通常性"实际上是指社会环境的特殊性。当时的德国社会经济落后、民生艰难、失业率居高不下,在这种社会环境下,就业机会的稀缺导致失业的结果是生活失去保障,自己甚至依赖其扶养的家人的生存也受到威胁。马车夫所处的客观生活境况导致其面临的绝不是单纯的工作变动,而是极端的生存抉择。同样的行为在不同的社会环境中,其危害程度发生了变化。结合癖马案发生的社会环境的特殊性来看,尽管马车夫造成了伤害他人身体的危害结果,具有客观危害性,但马车夫放任此危害结果的发生的原因,是为维系自己以及家人的生存,而不是对现有法律规范的漠视,是当一个社会并未给行为人提供维持基本生存的条件或其他救济途径时,行为人为维护自身基本生存权利所作出的无奈选择。实施违法行为的无奈表明马车夫的主观恶性较小,因而社会危害性较小。另外,人身危险性也是评价行为人应受刑罚处罚性的根据之一。[①] 就马车夫的人身危险性而言,本案中,既然马匹具有以尾绕缠的癖性,那么乘坐在马车上的马车夫本人岂非更容易遭受重大伤害?正因如此,马车夫驾驶癖马的冒险行为并不是其基于人格缺陷刻意而为之的结果,表明其不具有再犯可能性。正是通过在具体环境中对社会危害性和人身危险性的综合评价得出了马车夫不具有可谴责性的判断,法院最终认为"不能期待他负有承担丧失自己工作的义务"。[②]

另外,"期待可能性"的程度之分,[③]若不通过具体情形所反映的社

① 参见陈伟:《反思人身危险性在定罪机制中的功能定位》,载《法商研究》2010 年第 4 期。

② [德]汉斯 · 海因里希 · 耶塞克、托马斯 · 魏根特:《德国刑法教科书》,徐久生译,中国法制出版社 2001 年版,第 604 页。

③ 如张明楷认为,"作为责任基础的期待可能性,当然有程度之分"。参见张明楷:《期待可能性理论的梳理》,载《法学研究》2009 年第 1 期;钱叶六认为,"对防卫过当、避险过当予以减免处罚的重要根据就是期待可能性低"。参见钱叶六:《期待可能性理论的引入及限定性适用》,载《法学研究》2015 年第 6 期;陈兴良认为,"故意犯中的期待可能性,存在程度上的区分,因此可以分为阻却责任的期待可能性和减轻责任的期待可能性"。参见陈兴良:《刑法中的责任——以非难可能性为中心的考察》,载《比较法研究》2018 年第 3 期。

会危害性和人身危险性的大小来评价，则无法实现。如有学者称，刑法之所以规定对自首的从宽处罚，是因为犯罪后逃逸是犯罪人的理性，期待犯罪人犯罪后留在原地或者向司法机关投案的可能性小。[①] 实际上，自首归根结底反映的是行为人人身危险性的减小，因而减轻了罪责。不从社会危害性和人身危险性的实质内容这个层面来谈“期待可能性”的有无与大小，而只看其作为阶层理论要件要素的形式表现，终究只是形式意义上的罪责，而未能揭示评价行为人可谴责性程度的基本原理。

因此，“期待可能性”所体现的社会危害性和人身危险性有无及大小的实质内容，才是判断行为人罪责有无以及评价行为人罪责大小的根据，是“期待可能性”的精华所在。

2. 定罪量刑的依据在于社会危害性和人身危险性

当前德国刑法理论与实务主流均主张，不具有“期待可能性”不能被视为“超法律的免除责任事由”，“期待可能性”的运用需要通过《德国刑法典》将其法定化。[②] 这些体现“期待可能性”的法条之所以规定在具体情形下免除罪责或免除、减轻刑罚，仍然是以社会危害性和人身危险性的有无及大小为实质依据。因此，适用法律规范予以定罪量刑的实质依据，仍然在于社会危害性和人身危险性。

《德国刑法典》第35条规定了“免除罪责的紧急避险”，是“期待可能性”法定化的体现，是指为避免自己、亲属或与自己关系最密切之人的生命、身体、自由遭遇现实的、无法以其他方法避免的危险者，所为之行为无罪责。[③] “沉船争板”是适用本条规定的经典案例：“事实上没有任何刑法会对下述的这样一个人处以死刑：当一条船沉没了，他正在为了他的生命而推倒另一个人，使后者从木板上掉入水中，而他自己在木板上免于死亡。因为法律惩罚的威吓不可能比此时此刻害怕丧失生命

① 参见张明楷：《期待可能性理论的梳理》，载《法学研究》2009年第1期。

② 参见[德]约翰内斯·韦塞尔斯：《德国刑法总论》，李昌珂译，法律出版社2008年版，第244页。

③ 参见李圣杰：《德国刑法典》，元照出版有限公司2017年版，第24页。

的危险具有更大的力量。这样一条刑法,在此时完全失去了它所意图达到的效力。”[①]一般认为,行为人的行为虽然满足构成要件该当性与违法性,但是考虑到其所处的特殊形势所逼,人们无法期待他遵守规范,因而具有责任阻却事由。形式意义上,因为缺乏作为消极罪责要素的“期待可能性”,所以不能让行为人承担罪责。实际上,对于上述行为适用《德国刑法典》第 35 条免除罪责的实质依据在于,一方面,行为人之所以推倒另一个人使其掉入水中,是为了挽救自己的生命,这种动机上的情有可原表明行为人主观恶性较小,因此社会危害性较小;另一方面,行为人在“沉船争般”的特殊情况下所做出的杀人行为具有极端特殊性,不能认为行为人今后会再次实施杀人行为,行为人没有再犯可能性,即不能通过本案的发生认为行为人具有人身危险性,据此免除行为人的罪责。正是通过对具体情形下社会危害性和人身危险性有无的综合价值评判,方能得出行为人是否具有可谴责性的价值评价,这是适用法律规范予以定罪量刑的实质依据所在。

适用《德国刑法典》第 33 条关于防卫过当的规定予以定罪量刑的情况,同样如此。该条规定,防卫人因为慌乱、恐惧或者惊吓而超越正当防卫的界限的,不受处罚;如果不法侵害人需要对防卫人反应的过度负责,则防卫过当不具有应罚性。[②] 在此情形下,防卫人超越限度的伤害行为是出于慌乱、恐惧或者惊吓,所以防卫人的主观恶性减轻,社会危害性较小;又因为防卫人对不法侵害人的伤害行为是不法侵害人所引起的,反映出防卫人的人身危险性较小。通过对社会危害性和人身危险性的综合评价,得出防卫人的可谴责性较小,可以免除刑罚。并且,当防卫人反应的过度,即超越限度的防卫行为,应当由不法侵害人来负责时,还可以免除罪责。尽管此时防卫人的防卫行为超出了必要限度,但“防卫人既没有蓄意引起防卫人的攻击,也没有有计划地激起

---

① [德]康德:《法的形而上学原理》,沈叔平译,商务印书馆 1991 年版,第 47 页。

② 参见[德]乌尔斯 · 金德霍伊泽尔:《刑法总论教科书》,蔡桂生译,北京大学出版社 2015 年版,第 235 页。

这种反应",[①]且防卫人的过度反应完全可以归咎于不法侵害人,则综合评价此情况下的社会危害性和人身危险性,防卫人的危害行为不具有应受刑罚处罚的社会危害性,应当免除罪责。因此,对于防卫过当的情况究竟适用免除刑罚的规定还是免除罪责的规定,仍必须以具体情况下社会危害性和人身危险性的有无及大小为实质依据。

另外,《德国刑法典》第139条规定了已诚挚尽力防止行为人实施犯罪或结果发生的亲属[②]免除其刑罚,[③]第157条规定了证人、鉴定人虚假陈述是为其亲属或自己的,减轻或免除刑罚,[④]第258条规定了包庇亲属免除刑罚;[⑤]甚至《日本刑法典》第257条规定了配偶、直系血亲、同居亲属或直系血亲及同居亲属的配偶收受、搬运、保管财产犯罪的赃物,免于刑事处罚。[⑥] 对这些体现"期待可能性"法定化的法律规范的准确适用,若不以社会危害性和人身危险性的大小为实质依据,综合判断行为人的可遣责性程度,则无法确定究竟应当适用减轻刑罚的规定还是免除刑罚的规定。

因此,适用法定化的"期待可能性"条文时,也必须以具体情形所反映的社会危害性和人身危险性的有无及大小为实质依据,方能实现法律规范的准确适用。可见,"期待可能性"所反映出的社会危害性和人身危险性有无及大小的实质内容,才是"期待可能性"的精华所在。

四、良性互动:我国法律体系下"期待可能性"的立法与司法

在我国刑事立法规定和司法规范中不乏"期待可能性"的体现。

---

① [德]乌尔斯·金德霍伊泽尔:《刑法总论教科书》,蔡桂生译,北京大学出版社2015年版,第237页。

② 德国刑法具有对个别罪在实施或结果仍可防止之时存在揭露义务的规定。

③ 参见李圣杰:《德国刑法典》,元照出版有限公司2017年版,第209页。

④ 参见李圣杰:《德国刑法典》,元照出版有限公司2017年版,第224页。

⑤ 参见李圣杰:《德国刑法典》,元照出版有限公司2017年版,第327页。

⑥ 参见《日本刑法典》,元照出版有限公司2017年版,第177页。

欲在我国司法实践中实现对“期待可能性”的运用,唯有把握“期待可能性”的精华所在,将“期待可能性”所指向的社会危害性和人身危险性有无或大小的事实,根据刑法关于定罪要件或量刑情节的立法规定或司法规范,予以罪责免除或减轻评价与定罪量刑运用,方能实现“期待可能性”在我国法律体系下的“司法适用”,以促进刑法研究与司法实践的良性互动。

(一)“期待可能性”在我国的立法体现

无论是“期待可能性”的支持者还是反对者均承认,我国刑事立法中存在“期待可能性”的体现。如支持引入“期待可能性”的学者认为,我国“刑法中的一些规定恰恰反映了期待可能性的思想”。[①] 反对引入“期待可能性”的学者同样认为,“我国的刑事司法实务中并非不存在系属期待可能性理论范畴的内容,而这也并非不能为我国刑法典所容纳”。[②] 可以发现,不管是刑法条文还是司法解释中均不乏“期待可能性”的体现。

1. 刑法条文中的体现

在我国刑法条文中,刑事责任年龄、精神病人刑事责任、聋哑人或盲人刑事责任的减轻、正当防卫、紧急避险、不可抗力、防卫过当、避险过当、胁从犯等规定,被认为体现了“期待可能性”。[③] 但由于“期待可能性”作为一种超法规的责任阻却事由已经趋于式微,纵使是在阶层

---

① 钱叶六:《期待可能性的引入及限定性适用》,载《法学研究》2015 年第 6 期。

② 梁云宝:《四要件犯罪论体系下期待可能性理论之否定》,载《政法论坛》2013 年第 2 期。

③ 戴绍泉、田禾认为,我国刑法总则中,刑事责任年龄、精神病人的刑事责任、聋哑人或盲人的刑事责任、正当防卫、紧急避险的规定体现了“期待可能性”。参见戴绍泉、田禾:《析刑法中的期待可能性》,载《四川大学学报(哲学社会科学版)》1989 年第 2 期。张明楷认为,防卫过当、避险过当以及自首从宽、减轻处罚的规定体现了“期待可能性”。参见张明楷:《期待可能性理论的梳理》,载《法学研究》2009 年第 1 期。钱叶六认为,不可抗力、防卫过当、避险过当以及胁从犯的规定体现了“期待可能性”。参见钱叶六:《期待可能性理论的引入及限定性适用》,载《法学研究》2015 年第 6 期。

犯罪构成理论中也被认为是免责“例外的解释”。[①] 因此,当可以用其他途径来帮助理解法律时,不宜用“期待可能性”来解释一切。如在不可抗力的情形下,行为人实则不具有罪过,因而不负刑事责任;关于刑事责任年龄、精神病人以及聋哑人或盲人刑事责任的规定,实际上是刑事责任能力的问题,涉及对行为人辨认能力和控制能力的考量;正当防卫则一般被认为没有侵犯法益因而缺乏犯罪客体要件。因此,对于这些规定没有必要一概用“期待可能性”进行解释。在我国法律体系下,可以认为至少在以下刑法规定中体现了“期待可能性”。

《刑法》第20条第2款关于防卫过当的规定,体现了“期待可能性”。防卫过当,即对于防卫行为明显超过必要限度造成重大损害的,应当负刑事责任,但是应当减轻或者免除处罚。在防卫过当的情形下,防卫人的行为因为超过了正当防卫要求的限度条件,因而不属于正当防卫,应当负刑事责任。但是在基于对个人权益的保护而对不法侵害人予以反击的情形下,人往往具有恐惧、紧张、愤怒的心理,期待这种状态下的防卫人冷静实施防卫行为,并将防卫行为的限度控制得恰到好处,既要达到防卫的目的又要不超过必要的限度,恐怕是强人所难。因此认为防卫过当情形下,期待行为人合理防卫的可能性较小,对防卫过当的行为人减轻或免除处罚,体现了“期待可能性”的思想。

《刑法》第21条关于紧急避险和避险过当的规定,也体现了“期待可能性”。《刑法》第21条规定,为了使国家、公共利益、本人或者他人的权益免受正在发生的危险,不得已采取的紧急避险行为造成损害的,不负刑事责任,若超过必要限度造成不应有的损害,则应当减轻或者免除处罚。在紧急避险情况下,考虑到趋利避害的人类本性,不能期待行为人仍由权益的损害,因此不负刑事责任;避险过当时,类似于防卫过当,危险突然来临时,行为人往往具有惊愕、恐惧、紧张的心理,并且手忙脚乱。在这种状态下,期待避险人恰到好处地实施避险行为的可能性较小,因而减轻或者免除刑罚,体现了“期待可能性”的思想。

---

① 参见[德]格吕恩特·雅科布斯:《行为责任刑法——机能性描述》,冯军译,中国政法大学出版社1997年版,第43页。

另外,《刑法》第28条关于胁从犯减轻处罚或免除处罚的规定,同样是"期待可能性"在我国的立法体现。在受到他人胁迫的情况下,期待行为人坚决抵抗、宁死也不实施违法行为的可能性减小,因此应当减轻或者免除刑罚。

2. 司法解释中的体现

《最高人民法院关于审理掩饰、隐瞒犯罪所得、犯罪所得收益刑事案件适用法律若干问题的解释》第2条规定,为近亲属掩饰、隐瞒犯罪所得及其产生的收益,且系初犯、偶犯的,认罪、悔罪并退赃、退赔,可以认定为犯罪情节轻微,免于刑事处罚。在此情形下,基于血浓于水的文化传统,为近亲属掩饰、隐瞒犯罪所得及其产生收益的行为情有可原,期待行为人在此情况下袖手旁观的可能性较小,因此可以免予刑事处罚。

2016年《最高人民法院关于审理毒品犯罪案件适用法律若干问题的解释》第6条第3款规定:"包庇走私、贩卖、运输、制造毒品的近亲属,或者为其窝藏、转移、隐瞒毒品或者毒品犯罪所得的财物,不具有本条前两款规定的'情节严重'情形,归案后认罪、悔罪、积极退赃,且系初犯、偶犯,犯罪情节轻微不需要判处刑罚的,可以免于刑事处罚。"对包庇毒品犯罪分子的近亲属,以及窝藏、转移、隐瞒毒品或毒品犯罪所得财物的近亲属免于刑事处罚,同样是基于重视亲情的伦理观念考量,期待近亲属出卖毒品犯罪分子的可能性较小,因此可谴责性较小。

另外,1999年最高人民法院公布的《全国法院维护农村稳定刑事审判工作座谈会纪要》(以下简称《纪要》)中不乏体现"期待可能性"的规定。如针对盗窃案件,确因生活困难而实施盗窃犯罪的,可以酌情从轻处罚。在生活较为困难的情况下,一般认为期待行为人不实施极端行为的可能性减轻,故可以酌情从轻处罚。《纪要》中还规定,对于那些迫于生活困难、受重男轻女思想影响而出卖亲生子女的,可不作为犯罪处理。[①] 其中含有特定社会环境下,对行为人"不能期待"的考虑。尽管,《纪要》出台时间较早,现在看来许多规定已经略显陈旧,但却是

① 参见邓少荣:《宽严相济视野下国法人情的冲突与解决——论期待可能性理论的合理适用》,载《广西师范大学学报(哲学社会科学版)》2014年第5期。

“期待可能性”在我国法律体系下最朴素的体现。

可见,在我国法律体系下不乏体现“期待可能性”的立法规定和司法规范。必须要强调,立法规定和司法规范之所以明确在这些“期待可能性”减轻的情形下,对行为人从轻、减轻或者免除处罚,实际上仍旧是基于社会危害性和人身危险性程度的综合考量,得出了罪责减轻或罪责免除的价值评价。因此,其所具有的反映社会危害性和人身危险性有无与大小的实质内容,才是“期待可能性”的精华所在。

(二)“期待可能性”在我国的“司法适用”

尽管我国不乏体现“期待可能性”的立法规定和司法规范,但是必须明确“期待可能性”作为理论要件而非法律规范,不能为我国司法实践所直接适用。对此,需要把握“期待可能性”的精华所在,根据案件情节综合衡量社会危害性和人身危险性的有无与大小,并以此为依据适用具体法律规范来定罪量刑,方能实现“期待可能性”在我国法律体系下的“司法适用”,促进刑法研究与司法实践的良性互动。

1. 根据案件情节衡量社会危害性和人身危险性的有无及大小

欲实现“期待可能性”在我国法律体系下的运用,首先需要对案件全部情节进行瞻前顾后的整体考量,综合评价行为的社会危害性和行为人的人身危险性。

社会危害性,是主观恶性和客观危害性的有机统一。违法行为的客观危害性由行为所造成的危害结果决定,运用“期待可能性”之情形所体现的社会危害性,则一般集中在行为的主观恶性上,通常取决于动机的伦理性质和强烈程度。德国学者在论证“期待可能性”时也提到,“期待可能性针对的是:能否有能力具有合乎规范的动机和实行操纵”,“出于可以理解的理由导致当事人失去了谨慎地行为的动机,则也不得进行罪责责难”,①“期待不可能性针对的是动机能力,因而属于

① [德]乌尔斯·金德霍伊泽尔:《刑法总论教科书》,蔡桂生译,北京大学出版社2015年版,第345页。

免除罪责事由”。[①] 李斯特更是以行为动机(包括促使行为的动机和抑制行为的动机)来统领期待可能性问题。[②] 动机是引起个体活动,维持已经引起的活动,并促使该活动朝向某一目标的内在进程。[③] 即使是瞬间的冲动,行为人内心也存在动机过程,[④]因此不管是故意犯罪还是过失犯罪,都存在犯罪动机。[⑤] 犯罪动机的伦理性质和强烈程度正是犯罪人主观恶性程度最集中的反映。[⑥] 无论是催生“期待可能性”的癖马案,还是亲属之间的窝藏、包庇,长期受虐的妻子不得已杀夫自救等学者认为应用“期待可能性”免除罪责或减轻罪责的情形,都存在动机上的情有可原,因此综合考虑认为行为不具有主观恶性或主观恶性较弱,进而不具有社会危害性或整体上的社会危害性相对较小。在我国司法实践中,可以通过对动机的伦理性质以及强烈程度的考察,衡量行为社会危害性的有无及大小。

人身危险性,指行为人的再犯可能性,其实质在于行为人对法规范所采取的对立态度,需要结合行为人犯罪前、犯罪中、犯罪后的主客观情况进行综合评价予以判断。针对运用“期待可能性”之情形,需要结合行为人的一贯行为表现,是否具有前科劣迹,行为人是否具有自首、坦白等情节,被害人是否有过错,以及行为人的基本特征、行为动机、目的、实施过程的相关情况等案件的全部主客观情节,综合衡量行为人的人身危险性。一般情况下,缺乏“期待可能性”的行为人所实施的违法

---

① [德]乌尔斯·金德霍伊泽尔:《刑法总论教科书》,蔡桂生译,北京大学出版社2015年版,第371页。

② 参见弗兰茨·冯·李斯特:《德国刑法教科书》,徐久生译,法律出版社2000年版,第313页。

③ 参见张春兴:《张氏心理学词典》,上海辞书出版社1992年版,第417页。

④ 参见李玫瑾:《高智商者犯罪心理探析——从复旦大学投毒案说起》,载《中国青年社会科学》2015年第4期。

⑤ 必须强调过失犯罪也存在犯罪动机。以重大责任事故罪为例,因好逸恶劳心存侥幸而擅离职守导致安全事故发生,和因幼子生病情急离开致使安全事故发生显然动机不同,对量刑的意义也不同。

⑥ 参见赵秉志、彭新林:《论犯罪动机与死刑的限制适用》,载《学术交流》2010年第7期。

行为都并非是其敌视、蔑视、漠视或轻视法律规范之人格态度的体现，而是特殊情形下的"不得已而为之"。如癖马案中的马车夫并非出于对法规范的蔑视或漠视才放任了癖马伤人的行为或轻信伤害行为不会发生，而是为维持自己及家人生存条件的无奈选择，因此不能认为马车夫的违法行为反映出其具有再次实施违法行为的可能性。另外，犯罪后的行为可以直接反映行为人人身危险性的变化，如犯罪后行为人自首、坦白或积极赔偿被害人等，反映出行为人人身危险性的减小。

社会危害性和人身危险性是案件情节的具体指向对象，是案件事实反映出的定罪量刑的实质根据所在。综合衡量社会危害性和人身危险性的有无及大小，是评价行为人是否具有罪责以及罪责大小的前提。

2. 以社会危害性和人身危险性的有无及大小为依据定罪量刑

通过对运用"期待可能性"之情形进行案件事实的提取，综合衡量社会危害性和人身危险性的有无及大小之后，便可以根据刑法关于定罪要件或量刑情节的立法规定或司法规范，予以罪责免除或减轻评价与定罪量刑运用。其中，对于危害行为因不具备"期待可能性"而根据刑法关于定罪的根据，不能评价为具有"应受刑罚处罚性的社会危害性"时，或可以评价为"情节显著轻微危害不大"时，就须在定罪时据此出罪；对于已经构成犯罪的危害行为，因"期待可能性"较小而根据刑法关于量刑情节的相关规定，可以评价为行为的社会危害性较小或行为人的人身危险性较小时，就须在量刑时据此从轻、减轻甚至免除处罚。

在定罪方面，通过综合衡量案件情节所反映的社会危害性与人身危险性的整体程度，根据《刑法》第13条"但书"的规定，当危害行为不能被评价为具有"应受刑罚处罚性的社会危害性"或可以被评价为"情节显著轻微危害不大"时，应当对该危害行为不予入罪。以通常被用来说明"期待可能性"必要性的窝藏、包庇近亲属的行为为例，具体而言，在母亲明知儿子涉嫌犯罪而为其提供隐藏处所、财物，帮助其逃匿或作假证明包庇的案件中，当被窝藏人或被包庇人所实施犯罪行为的法定最高刑为3年以下有期徒刑时，相应的窝藏、包庇行为的客观危害性不大；同时，行为人的窝藏、包庇行为是出于无法抗拒的母爱本能，基于行为人动机的情有可原,行为的主观恶性较小。另外,行为人的窝藏、包庇行为并非其敌视或蔑视国家法律规范的人格表现,而是舐犊之情的真切体现,且考虑到窝藏、包庇对象的特殊性,不能认为行为人对其他人也会实施相应窝藏、包庇行为,因此可以认为行为人不具有人身危险性或趋近于无。综合评价本案情节所反映的社会危害性与人身危险性,根据《刑法》第13条的规定,行为人的危害行为不能被评价具有"应受刑罚处罚性的社会危害性",而属于"情节显著轻微危害不大"的情况,应当适用《刑法》第13条"但书"的规定不予入罪。另外,根据司法实践经验,对于因自然灾害、生活难以维持,被迫外流,为谋生而与他人重婚的;婚后一贯受虐待,被迫逃往外地而重婚的;因反抗包办婚姻而外逃,在包办婚姻解除前,又与他人结婚的;以及因配偶长期外出,生死下落不明,家庭生活发生严重困难而重婚的,一般不按重婚罪处理。上述司法实践做法,实际上也是将"期待可能性"所指向的社会危害性和人身危险性有无的事实,根据《刑法》第13条"但书"的规定,予以罪责免除的评价。

在量刑方面,对于已经构成犯罪的危害行为,将"期待可能性"所指向的反映社会危害性和人身危险性大小的事实,根据刑法关于量刑情节的具体规定,可以评价行为的社会危害性较小或行为人的人身危险性较小时,当然可以在量刑时据此从轻、减轻甚至免除处罚。如防卫过当情形,防卫人出于自我保护或伸张正义的目的实施防卫行为,其主观恶性较弱,又因为恐惧、紧张、惊愕等情绪影响而超出了防卫的限度,对不法侵害人造成重大损害,防卫人的再犯可能性小。据此综合衡量其社会危害性和人身危险性的程度较小,应当根据《刑法》第20条第2款的规定减轻或者免除处罚。又如对于胁从犯而言,行为人被胁迫参加犯罪,其对犯罪的故意并非出于自觉而具有被动性,因此其人身危险性较小,应当根据《刑法》第28条减轻或免除处罚。对于这类已经被刑法具体规定的量刑情节,如防卫过当、避险过当、胁从犯等,当然可以直接根据刑法关于量刑情节的具体规定,予以罪责免除或减轻评价并据此从轻、减轻甚至免除处罚。但在适用刑法关于量刑情节的具体规定时,究竟从轻、减轻还是免除处罚,仍需根据案件情节所指向的社会危害性和人身危险性的大小,得出罪责减轻或罪责免除的具体评价,据此方能准确适用法律规范。

另外,对刑法没有具体规定的量刑情节,但因“期待可能性”可以评价为行为的社会危害性较小或行为人的人身危险性较小时,可以根据《刑法》第37条、第63条第2款的规定,免予刑事处罚或者减轻处罚。当综合衡量案件情节所指向的反映社会危害性和人身危险性的事实,危害行为因“期待可能性”可以被评价为社会危害性较小或人身危险性较小时,若认为犯罪情节轻微不需要判处刑罚,则可以适用《刑法》第37条的规定,对行为人免予刑事处罚;若认为犯罪情节轻微,危害行为虽然需要判处刑罚但罪名对应的最低法定刑仍较重,则可以根据《刑法》第63条第2款的规定予以罪责减轻的评价,在法定刑以下判处刑罚。可见,将“期待可能性”所指向的社会危害性和人身危险性有无或大小的事实,根据刑法关于定罪要件或量刑情节的规定,予以罪责免除或减轻的评价与定罪量刑运用,如此,对“期待可能性”做“去虚求实”的平易化释读与规范化对接,方能破解其在司法实践中的运用困局,促进“期待可能性”的刑法研究与司法实践的良性互动。

Simplification: Popularize the Anticipated Possibility

SHI Jinghai & SU Sangni

[**内容摘要**]学界讨论热烈的“期待可能性”在司法实践中却遭受冷遇。造成如此现象的症结在于,司法实践中的定罪量刑以法律规范为适用依据,而“期待可能性”只是阶层犯罪构成理论中的理论性要件要素。实际上,“期待可能性”之精华,不在于其作为阶层犯罪构成理论要件要素的形式表现,而在于其所具有的社会危害性和人身危险性有无与大小的实质内容。据此,若将“期待可能性”做“去虚求实”的平易化释读与规范化对接,则可以解决其在司法实践中受冷遇问题。具体是,将“期待可能性”所指向的社会危害性和人身危险性有无或大小的事实,根据刑法关于定罪要件或量刑情节的立法规定或司法规范,予以罪责免除或减轻评价与定罪量刑运用,如此路径方可促进刑法研究

与司法实践的良性互动。

[**关键词**]期待可能性;去虚求实;社会危害性;人身危险性

Abstract: the anticipated possibility is heatedly discussed in the criminal law theory, but cheerless in the judicial practice. Because conviction and sentencing are based on legal norms in judicial practice but not the anticipated possibility as the theoretical element in the class crime theory. Actually, the essence of the anticipated possibility is existence and extent of social harmfulness and personal danger which reflected by the anticipated possibility, but not the formal expression of elements in the class crime theory. Hence, popularizing the anticipated possibility and finding the legal basis for it, we can solve the problem. Specifically, evaluating, criminating and sentencing the facts about the existence or extent of social harmfulness and personal danger pointed to by the anticipated possibility, according to the criminal law's legislative provisions or judicial norms on convictions or sentencing circumstances.

Keywords: Anticipated Possibility; Simplification; Social Harmfulness; Personal Danger

〔比较刑法〕

中立帮助行为正犯化的法教义学审视*

熊亚文**

目　次

一、问题的提出

在我国刑法分则中,存在这样一类犯罪类型:将原本属于其他犯罪的中立的帮助行为直接提升为正犯行为予以独立处罚,从而形成"中立帮助行为正犯化"的立法现象。中立帮助行为正犯化与近年来我国刑法学界关注较多的帮助行为正犯化既有联系更有区别,中立帮助行为作为一种极为特殊的帮助行为类型,二者背后所关涉的具体刑法教

---

* 本文2020年度教育部人文社会科学研究青年基金项目"刑事一体化视阈下中国刑法私法化问题研究"(项目编号:20YJC820054)、2019年度湖南省哲学社会科学基金青年项目"网路犯罪预备行为制裁体系完善研究"(项目编号:19YBQ029)的阶段性研究成果。

** 湖南大学法学院副教授。

义学原理截然不同,前者主要涉及中立帮助行为的可罚性理论,而后者则主要涉及共犯的处罚根据与从属性原理等问题。因此,对于中立帮助行为正犯化立法,有必要结合中立帮助行为的可罚性教义加以独立审视,以指导相关罪名的合理解释与适用。

所谓中立帮助行为,大体是指那些表面上中立无害,客观上却对正犯者的正犯行为起到帮助作用的行为。① 与典型的犯罪帮助行为相比,中立帮助行为具备两个特征:第一,帮助行为在外表上的中立性、日常性或职业性;第二,帮助者的主观内容具有模糊性、不确定性且难以证明。② 由于中立帮助行为单从外形上来看属于完全符合社会规范的日常中立行为,如店主向计划实施入室盗窃的人出售螺丝刀、出租车司机将准备实施抢劫的乘客载至目的地、银行职员为意图偷税的客户办理开户业务、债务人将到期合法债务偿还给打算用以行贿的债权人等,因而尽管其在客观上对正犯者的正犯行为及其结果存在帮助、促进作用(存在共犯因果性),但是却并未制造法规范所不容许的危险(具备社会相当性),这使得中立帮助行为在客观归责上存在障碍。加之通常情况下,中立帮助行为人的主观故意并未达到"明知"的要求,而仅仅属于"怀疑且无所谓(放任)"的态度,故而帮助者在主观上是否具备帮助故意也存在疑问。③ 中立帮助行为的客观中立性与主观模糊性两大特征,使其是否具备或者在何种范围内具备刑事可罚性的问题,成为当前刑法理论的重要论争之一。

在德日刑法中,关于中立帮助行为的可罚性问题,判例和学说普遍认为,不能仅根据刑事政策上的需求得出全面可罚的结论,而应当从处罚的实质根据着手限制中立帮助行为的处罚范围。正是由于对中立帮

① 参见张明楷:《外国刑法纲要》(第2版),清华大学出版社2007年版,第329页。

② 参见刘艳红:《网络中立帮助行为可罚性的流变及批判——以德日的理论和实务为比较基准》,载《法学评论》2016年第5期。

③ 不仅如此,由于中立帮助行为在外观上具有日常性、职业性,难以像其他具备反规范性的犯罪帮助行为那样能够明确征表行为人的主观犯意,因而在实践中很难根据客观的中立帮助行为本身来认定行为人的主观内容。这种客观上的证明困难也在很大程度上给中立帮助行为的可罚性论证带来障碍。

助行为普遍采取限制处罚的态度,在日本和德国有关处罚中立帮助行为的案例并不多见。与此相对,我国晚近以来的刑法立法和司法解释呈现不断肯定中立帮助行为(尤其是网络中立帮助行为)的可罚性,并不断严密中立帮助行为刑事法网的趋向,这与德日刑法极力限缩中立帮助行为处罚范围的基本态度和主流趋势背道而驰。

毫无疑问,将中立帮助行为全面入罪,无论是在社会效果上还是在处罚根据上均存在重大问题。在社会效果上,可能会导致大量的日常行为面临刑事责任风险,这无异于给"普通人强加了一份甄别和防止犯罪的警察义务",[①]从而使正常的经营活动、职业行为难以开展,从长远来看这无疑会危害社会稳定、阻碍社会经济发展。在处罚根据上,绝大部分中立帮助行为在客观归责或者主观不法的认定上存在一定障碍,其往往不具备刑事可罚性根据。这也是德日刑法理论普遍主张限制中立帮助行为的处罚范围,实务上处罚中立帮助行为也仅限于极其例外的情形的根本缘由。

因此,对于我国刑法中的中立帮助行为正犯化立法及司法解释,有必要在充分探讨中立帮助行为的可罚性范围之基础上,对其司法适用范围予以相应的教义学限缩,以实现相关刑法规定的明确性以及处罚范围的合理性。否则,如果仅仅依据"有利于实现刑罚积极的一般预防目的"等刑事政策说辞,全面处罚中立帮助行为,那么必然会导致立法者"任性立法"以及刑法工具化的不利后果。事实上,无论是信息网络犯罪中的网络中立帮助行为,还是其他领域的中立帮助行为,在本质上都"根植于传统的中立帮助行为理论",[②]对其科处刑罚都应遵循中立帮助行为的基本教义。相应地,中立帮助行为的可罚性理论不仅可以限制传统中立帮助行为成立帮助犯的范围,而且可以且应当成为限制中立帮助行为正犯化立法及司法解释处罚范围的理论渊源。

---

① 黎宏:《论中立的诈骗帮助行为之定性》,载《法律科学(西北政法大学学报)》2012 年第 6 期。

② 刘艳红:《网络中立帮助行为可罚性的流变及批判——以德日的理论和实务为比较基准》,载《法学评论》2016 年第 5 期。

二、传统中立帮助行为的可罚性界限

对于中立帮助行为，除极少数学者根据传统帮助犯的成立要件全面肯定其可罚性外，①德日刑法理论通说和判例均采取限制处罚的基本立场。不过，尽管各国刑法理论一直以来均致力于为中立帮助行为的可罚性寻找一个可靠的限制标准，②但令人遗憾的是，在刑法教义学内部，对于中立帮助行为的可罚性范围问题，至今还没有形成一种普遍认可的解决方案。综观林林总总的中立帮助行为限制处罚理论，其整体发展大致呈现如下两条基本脉络：一是从主观限制路径过渡到客观限制路径；二是从单一的限制路径发展为综合的、类型化的限制路径。本文拟在梳理、分析主要观点之基础上，论证提出一种以客观归责论为基础的综合说，用以判断中立帮助行为的可罚性。

（一）主要限制方案及其评析

1. 客观说及其主要不足

客观主义阵营的观点均主张从行为的客观方面来判断中立帮助行为的可罚性。其中，社会相当性说认为，根据社会相当性理论，中立帮助行为通常不具有抵触前刑法的行为秩序的性质，应否定其客观不法性；只有当帮助行为与正常社会秩序相抵触时，才可能成立可罚的帮助。职业相当性说则是以社会相当性说为基础提出的更为具体化、精细化和特定化的理论，其认为，按照公开的职业准则进行活动的职业实践满足社会所承认的任务和要求，不具有帮助的不法意义，因而职业上相当的行为不应为刑法所禁止。利益衡量说以潜在帮助者的行为自由

---

① 参见[德]汉斯·海因里希·耶赛克、托马斯·魏根特：《德国刑法教科书》，徐久生译，中国法制出版社2001年版，第842～843页。

② 参见车浩：《谁应为互联网时代的中立行为买单？》，载《中国法律评论》2015年第1期。

与被害人的法益保护为权衡因素，认为只有当正犯行为侵害法益具有重要性或紧迫性时，对中立帮助行为加以限制和处罚才是合理、合法的。“接近构成行为”准则认为，只有在犯罪实施阶段至少是对接近构成要件行为的帮助，才具备刑事可罚性根据，而“在还算合法的预备阶段中”提供自己的贡献时，由于并没有与主行为及实行人形成“团结性”，因而不具有可罚性。① 危险增加理论主张通过中立帮助行为对于正犯行为的“帮助的重大性”或者说对于正犯行为实现的“机会的增加”的判断基准，来认定中立帮助行为的可罚性。② 以雅科布斯为代表的客观归责论者主张，只有当帮助者实施的“不被允许的”行为“适合”他人的实行行为，而且据此归属于他人的实行行为，也即二者具有规范的“共同性”时，才能将结果归属于帮助者；否则，如果帮助行为本身具有独立的社会意义，则应禁止将正犯行为及其结果回溯至在客观上起到促进作用的中立帮助行为（回溯禁止理论）。③

上述观点中，社会相当性说受到的主要批评在于判断标准的暧昧性、模糊性和不明确性。④ 企图对社会相当性说做出精确化努力的职业相当性说，却遭遇有违刑法平等原则的指控。利益衡量说被批判仅限于泛泛而论，没有提出具体明确的判断标准。⑤ “接近构成行为”准

---

① 德国学者普珀（Puppe）在该观点基础上通过对“自由买卖物”与“非自由买卖物”之区分，对中立帮助行为的可罚性进行了区别对待：在那些由于危险性而不能自由出售的物品（如枪支、麻醉药品或者毒药）中，在知道犯罪性使用目的而提供的，就应当总是导致帮助的刑事可罚性；与此相反，在提供通常能够得到的物品时，就应当取决于接近构成行为的程度，如果这个构成行为还没有直接临近，那么即使在知道实行人用于犯罪的意志时也不具有可罚性。参见［德］克劳斯·罗克辛：《德国刑法学总论》（第2卷），王世洲译，法律出版社2013年版，第160页。

② Vgl. Tomas Weigend, Grenzen strafbarer Beihilfe, in Festschrift für Haruo Nishihara, 1998, S. 208.

③ 参见［德］格吕恩特·雅科布斯：《行为责任刑法——机能性描述》，冯军译，中国政法大学出版社1997年版，第92～95页。

④ 参见陈家林：《外国刑法：基础理论与研究动向》，华中科技大学出版社2013年版，第286页。

⑤ 参见陈洪兵：《论中立帮助行为的处罚边界》，载《中国法学》2017年第1期。

则被罗克辛教授批判为“不具有正确的说服力”,[①]且其认定思路“有违帮助犯的根本性质”。[②] 至于危险增加理论,“帮助的重大性”与“机会的增加”的判断基准也很难明确。[③] 雅科布斯的客观归责论受到的主要质疑在于,其将中立帮助行为的处罚范围限制得过于狭窄,从而导致大量促进法益侵害行为及其结果且存在明显犯罪意义关联性的帮助行为也不受处罚,这样的结论不具有合理性。

应当说,尽管客观主义阵营的以上观点分别是从不同侧面来论证中立帮助行为的可罚性范围,所得结论也在一定程度上存在差异,但这些观点并“不处于相互排斥的关系”。[④] 总体上,客观说从行为的构成要件符合性角度论证中立的帮助行为是否应当犯罪化的基本立场是值得肯定的。我国有学者明确表示赞同客观说的基本立场,其指出:“要否定中立帮助行为的可罚性,只能从否定帮助犯的客观构成要件即违法性入手。”[⑤]中立行为帮助的可罚性问题可以归结为是否具有侵害法益危险性(帮助行为性)的判断问题,并且这种判断只能是一种客观的判断,而不能掺入主观归责的因素。[⑥]

笔者认为,从行为的客观方面来限制中立帮助行为可罚性范围的基本思路是必要且可行的,这其中包括帮助行为本身侵害法益的危险性,以及帮助行为对正犯行为及其危害结果的因果性等具体方面的判断。中立帮助行为的客观面在实质上初步划定了其可罚范围的边界,在此范围以外的帮助行为无论帮助者主观上具有何种动机、目的和认识,均不能纳入可罚范围。然而,这并不意味着,在客观上具备可罚性

---

① [德]克劳斯·罗克辛:《德国刑法学总论》(第2卷),王世洲译,法律出版社2013年版,第158页。

② 孙万怀、郑梦凌:《中立的帮助行为》,载《法学》2016年第1期。

③ 参见刘艳红:《网络中立帮助行为可罚性的流变及批判——以德日的理论和实务为比较基准》,载《法学评论》2016年第5期。

④ [日]松原芳博:《刑法总论重要问题》,王昭武译,中国政法大学出版社2014年版,第356页。

⑤ 陈洪兵:《论中立帮助行为的处罚边界》,载《中国法学》2017年第1期。

⑥ 参见陈洪兵:《中立的帮助行为论》,载《中外法学》2008年第6期。

条件的帮助行为就一定成立帮助犯。“刑法中的行为永远都归属于行为者,剥离行为人的主观方面探究中立帮助行为成立犯罪或排除犯罪的条件明显是欠妥当的。”①帮助者的主观要素虽不能成为成立犯罪的事由,但却应当成为排除犯罪的事由。因此,对中立帮助行为可罚范围的限定,无论如何都离不开对帮助者主观要素的探讨。

2. 主观说及其根本缺陷

主观说以德国学者罗克辛提出的“犯罪的意义关联说”为代表。罗克辛教授的限制方案建立在“故意二分法”的基础之上,其将“确定的故意”与“未必的故意”作为界定可罚的帮助与不可罚的中立行为的原则性标准。

在帮助者确切认识到正犯者的犯罪意图或者计划时(具有确定的故意),帮助行为原则上具备刑事可罚性。此时,罗克辛教授主张以帮助行为是否具备“犯罪的意义关联性”为判断基准,来认定中立帮助行为是否可罚。所谓“犯罪的意义关联性”,是指帮助行为是正犯者所计划犯罪的前提条件,而且帮助者有意识地支持这种具有犯罪性质的行为。即便帮助行为本身从客观上看完全合法,但帮助者实施帮助行为的唯一目的仅仅在于使犯罪行为变成可能或者使之变得容易时,也同样存在这种犯罪的意义关联性,应当肯定其可罚性。在帮助者并不确切知道正犯者的犯罪意图或者计划,而仅仅意识到自己的帮助行为被用于犯罪的可能性时(具有未必的故意),原则上应根据信赖原则否定其成立可罚的帮助。不过,此时如果正犯者在客观上具有“可以看出的构成行为倾向”(明显的犯罪倾向),即有确实的事实根据表明存在犯罪性使用目的的,那么帮助者就能够由于一种以有条件故意实施的帮助而对这个构成行为承担责任。在德国,罗克辛教授所提出的对“可靠地知道实行人的构成行为决定”与“单纯地估计到这样一种可能性”两种情况进行区分的观点,无论是在文献中还是在司法判决上均得到了广泛的支持。

罗克辛的限制方案受到的核心批判在于,其实际上脱离了以客观

① 张伟:《中立帮助行为探微》,载《中国刑事法杂志》2010年第5期。

归责论为基础的轨道,自始至终都是站在主观主义的立场来解决中立帮助行为的可罚性问题,这种思路存在根本性的缺陷。罗克辛指出,“并不存在不言而喻的日常行为,相反,一个行为的特征是由其所服务的目的来确定的”,“行为的目的决定了行为的性质”。[①] 以此为逻辑起点,其认为,离开行为的目的仅仅着眼于行为的客观面议论日常行为,对于区分具有刑事可罚性的帮助与允许性行为的界限而言没有意义,这便对试图从行为的客观面解决中立行为问题的客观说进行了根本性的批判。尤其是在确定的故意的场合,尽管罗克辛要求以帮助行为具有“犯罪的意义关联性”为处罚条件,但该判断基本依赖于帮助者对正犯者犯罪意图或者计划的主观认识,只要帮助者认识到了正犯者的犯罪目的而实施中立帮助行为,那么其帮助行为便具备犯罪的意义关联性,属于可罚的帮助。这实际上完全放弃了对中立帮助行为客观面的判断,而仅仅将其可罚性根据诉诸行为人的主观不法,这无疑是一种主观主义刑法。尽管如此,笔者认为,罗克辛教授所倡导的重视行为人的主观要素的限制思路也是值得借鉴的。正如其所断言,行为的目的决定了行为的性质,离开行为人的主观面不可能解决中立行为帮助的问题。

(二)以客观归责论为基础的综合限制路径之提倡

犯罪的实体是不法与责任。帮助犯作为一种特殊的犯罪形态,其犯罪构成亦要求“客观上必须有帮助行为,主观上必须有帮助故意”。[②] 因此,对于中立帮助行为可罚性问题的讨论,必须在兼顾主观与客观要素的前提下展开。根据犯罪成立的阶层体系,不法是责任的前提,责任是对不法的非难可能性,“认定犯罪必须从客观到主观、从不法到责任,而不能相反”。“所谓的‘主客观相统一’,并不是只要具有主观要

---

① [德]克劳斯·罗克辛:《德国刑法学总论》(第2卷),王世洲译,法律出版社2013年版,第158页。

② 黄荣坚:《基础刑法学》(下),中国人民大学出版社2009年版,第556页。

素和客观要素即可,而是要在行为符合构成要件且违法的前提下考察责任要素。所以,必须先讨论行为的客观不法,后考察行为人的有责性。”①据此,对于中立帮助行为可罚性范围之限制路径,理应先行考察中立帮助行为的客观方面,在得出其存在客观不法的基础之上,再行考察帮助者的主观方面,只有兼具客观不法与主观责任的中立帮助行为才具备刑事可罚性根据。

显然,这种“从客观到主观、从不法到责任”的犯罪认定路径,完全有别于罗克辛教授所主张的建立在“故意二分法”基础上的“犯罪的意义关联说”。后者虽然也声称采取主观与客观要素兼顾的限制方案,但其基本思路却完全相反:其是以“行为的目的决定行为的性质”为逻辑起点,从行为人的主观故意出发认定帮助行为的犯罪的意义关联性,进而肯定帮助行为的可罚性。这是一种“从主观到客观”的犯罪认定路径。在这一思路下,行为人的主观不法不可避免地会影响甚至替代帮助行为的客观不法的独立判断,从而容易导致处罚客观上没有任何不法内涵的日常中立行为的主观归罪后果。理论上对罗克辛教授的折中方案的批评,要点就在于此。

笔者将这种“从客观到主观、从不法到责任”的限制方案称为“以客观归责论为基础的综合说”。该说可以在最大程度上限制中立帮助行为的可罚性范围。以客观归责论为基础的综合说的核心要义在于:通过客观说阵营中的客观归责论来初步划定中立帮助行为的可罚性范围,在此基础上,再将帮助者的主观认知作为进一步的限定条件,最终通过阶梯递进式的筛选判断,确定具体情境下的中立帮助行为的可罚性范围。不难看出,以客观归责论为基础的综合说对中立帮助行为可罚性范围的限制路径,在本质上是德日刑法中的“三阶层”犯罪论体系在帮助犯领域的具体化运用。

首先,在客观上,中立帮助行为必须超出了社会规范允许的限度,制造了一个法所不允许的危险,并且这种危险在构成要件的结果中实现,如此方构成刑法上的客观不法。

---

① 张明楷:《刑法学》(第5版),法律出版社2016年版,第104页。

值得强调的是,在客观层面判断中立帮助行为的不法内涵,并不能仅仅孤立地考察帮助行为与正犯行为之间的因果关系,事实上二者之间的因果关系往往是显而易见的,根据客观归责论还必须综合考察帮助行为时存在的其他所有客观情况,如此方能准确、合理地判断中立帮助行为是否属于"制造了法所不允许的危险"的可归责行为。对此,正如德国学者金德霍伊泽尔所指出的,"如果采用客观标准来区分日常行为是可罚还是不可罚,则不得孤立地考察支持性行为,因为这种行为通常被描述成'日常'行为,这样看起来它就是有意义(且无害)的。例如,借斧子就可以理解成为是邻里之间的帮助。但是,如果还有附加信息,比如因和他人的肢体冲突需要用斧头,那么任何日常的行为都可以具备帮助的性质"。"所以,对于区分可罚还是不可罚,关键点在于,日常行为如何促进、保障犯罪或者使犯罪可能。"①

因此,在对中立帮助行为进行客观归责时,应当综合考察中立帮助行为本身的合规范性、正犯行为侵害法益的危险性、帮助行为对法益侵害所起的作用大小等客观因素,妥当地得出结论。具体而言,其一,孤立地看,中立帮助行为本身在外形上应当是符合社会规范的日常行为、职业行为,因此,如果帮助者实施的帮助行为超越了中立帮助行为本身的中立性和必要性限度,那么其便不再属于中立的帮助行为,而应属于一般的犯罪帮助行为,据此可以对其进行客观归责。比如,提供违禁品或其他专供犯罪使用的物品、信息,以及应顾客要求特制适合投毒杀人的面包("特制面包案")等情形,便属于此类已经偏离正常社会规范的非中立的犯罪帮助行为。其二,如果根据中立帮助行为时的客观情况,正犯行为具有法益侵害的紧迫危险性,那么一般也可以对中立帮助行为进行客观归责。对于犯罪实行行为以及接近实行行为的可罚的预备行为,由于其在客观上具有明显的反规范性以及对法益的侵害具有紧迫性,因而从整体上来看对其中立的帮助行为显然也制造了法所不允许的危险,属于可归责的帮助行为。比如,相比于将螺丝刀出售给一个

① [德]乌尔斯·金德霍伊泽尔:《刑法总论教科书》,蔡桂生译,北京大学出版社 2015 年版,第 455 页。

形迹可疑的顾客,将螺丝刀出售给附近正在斗殴的人或者马上要利用这些工具入室盗窃的人,无疑制造了法所不允许的危险。[①] 其三,如果中立的帮助行为对于正犯行为的法益侵害起到了重要的促进作用,为正犯者做出了实质性的贡献,那么一般也可以对其进行客观归责。换言之,如果中立帮助行为是正犯行为不可或缺的重要手段,而非仅仅提供了一种任意的影响,那么其便具有客观的可归责性。正如有学者指出的,"只要对犯罪行为的助长不是一目了然,被看作犯罪的前提的日常交易行为,其犯行惹起力就应被忽视"。[②] 由此便将日常生活中像提供饮食、住宿、运输之类的中立帮助行为排除在可罚范围之外。

其次,在客观判断得出肯定结论的基础上,还需对帮助者的主观认知要素进行第二阶层的判断。只有中立帮助行为在客观上制造并实现了法所不允许的危险,且帮助者在主观上认识到自己的行为会对正犯者的正犯行为及其可能造成的危害结果形成帮助时,才能最终认可中立帮助行为的可罚性。

在此需要指出的是,其一,关于帮助者的促进正犯行为的意志问题,理论和实践均采取了不要说,因为没有理由在帮助故意中增加额外的主观目的要素,这被认为是有违刑法规定的不当限缩。其二,关于帮助者的主观认识程度问题,由于"帮助犯皆是故意犯",[③]而成立故意犯罪并不要求必须是所谓的"确定的故意","未必的故意"也能成立故意犯罪,因而在中立帮助行为中,只要帮助者明确认识到自己的行为会对他人的犯罪行为形成帮助即可,而无须明确认识到对方详细的犯罪计划、准确的犯罪目的(但对于正犯的犯罪意图或者意图犯罪应当有明确认识)、犯罪对象等具体细节。"确定的故意与不确定的故意区分的价值在于界定主观恶性程度上,而不是作为判断是否构成犯罪的条件

① 参见林山田:《刑法通论》(下册)(第 10 版),北京大学出版社 2012 年版,第 78 ~79页。

② [日]松宫孝明:《刑法总论讲义》(第 4 版补正版),钱叶六译,中国人民大学出版社 2013 年版,第 220 页。

③ 林钰雄:《新刑法总则》,中国人民大学出版社 2009 年版,第 361 页。

之一。""对于具体量刑有一定的意义,而不能作为定罪的依据。"①尽管如此,作为一种纯粹主观面的判断,在司法实践中,帮助者的主观认知必然会面临证明难题。此时,应当结合帮助行为时的所有客观情状综合进行认定。在正犯者的正犯行为具有法益侵害的紧迫危险性的场合,在正犯行为发生在帮助者的视听范围之内的场合,以及在正犯者明确告知帮助者其犯罪意图的场合等,都有可能认定甚至直接推定帮助者在主观上对正犯行为存在认识。

三、我国刑法中立帮助行为正犯化的规范特征与整体限缩

以客观归责论为基础的综合说在一般理论层面上建构了中立帮助行为可罚性范围的限制路径和标准,其对于限制传统中立帮助行为成立帮助犯的范围具有直接的教义学意义。接下来需要探讨的问题是,如何利用中立帮助行为的可罚性理论对我国刑法中的中立帮助行为正犯化立法及司法解释进行相应的教义学限缩,从而使相关犯罪的处罚范围符合中立帮助行为的基本教义、具备实质的正当性根据。

(一)我国刑法中立帮助行为正犯化的规范特征

在我国刑法中,属于将中立帮助行为予以正犯化的立法主要有《刑法》第285条第3款规定的提供侵入、非法控制计算机信息系统的程序、工具罪(仅指"明知他人实施侵入、非法控制计算机信息系统的违法犯罪行为而为其提供程序、工具,情节严重的"情形)、第286条之一规定的拒不履行信息网络安全管理义务罪以及第287条之二规定的帮助信息网络犯罪活动罪。此外,在具有"准立法"性质的司法解释中,也存在将传播淫秽物品罪的网络中立帮助行为加以

① 孙万怀、郑梦凌:《中立的帮助行为》,载《法学》2016年第1期。

正犯化的规定。[①] 尽管这些立法和司法解释已经将原本属于中立的帮助行为提升为正犯行为、实行行为加以处罚，但是“在归责上也需将‘中立的帮助行为’理论贯彻至其构成要件的解释中”。[②]

值得注意的是，我国刑法关于中立帮助行为正犯化的立法和司法解释几乎全部集中在信息网络犯罪领域。换言之，立法者仅对某些网络中立帮助行为予以正犯化，对于其他形式的中立帮助行为一般仍以狭义的共犯（帮助犯）定罪处罚。这绝非偶然，而是由网络中立帮助行为所具有的独特的内在属性决定的。信息技术支持是网络犯罪实施必需的，也是最为重要的因素，网络空间中大量的帮助行为的社会危害性已经远远超过了实行行为的危害性，为犯罪行为提供网络技术帮助的行为越来越重要，已经逐渐占据了主导地位，开始突破帮助行为在犯罪中的从属地位，并主导犯罪和引领犯罪。因此，从本质上来看，网络中立帮助行为本身已经具备了独立的严重的社会危害性，对其予以正犯化符合刑法法益保护原则的根本要求。不仅如此，将网络中立帮助行为正犯化在很大程度上还出于立法的功利目的考量。在司法实践中，信息网络犯罪往往呈现出“一对多”“多对多”的侵害形式，犯罪分工、环节、链条比较复杂，被害人具有不特定性，帮助者与被帮助者之间往往没有明确的意思联络，实行犯罪的人往往因隐蔽性强、地域分散而难以被查获，这使司法机关难以对网络犯罪实行有效打击、控制和预防。为了扭转这种局面，立法者决定增设帮助信息网络犯罪活动罪等罪名，

---

① 2010年2月2日《最高人民法院、最高人民检察院关于办理利用互联网、移动通讯终端、声讯台制作、复制、出版、贩卖、传播淫秽电子信息刑事案件具体应用法律若干问题的解释（二）》第6条规定，电信业务经营者、互联网信息服务提供者明知是淫秽网站，为其提供互联网接入等服务并收取服务费的，对相关人员直接以传播淫秽物品牟利罪定罪处罚。据此，对于实施上述网络中立帮助行为的帮助者，不能再以传播淫秽物品牟利罪的狭义共犯（帮助犯）定罪处罚，而应直接将其作为正犯处罚。这意味着，该司法解释规定将本来应以帮助犯定罪处罚的中立帮助行为，直接提升为独立的正犯行为，可谓司法上的中立帮助行为正犯化。

② 阎二鹏：《法教义学视角下帮助行为正犯化的省思——以〈中华人民共和国刑法修正案（九）〉为视角》，载《社会科学辑刊》2016年第4期。

将相关网络中立帮助行为直接予以正犯化,以解决此类网络中立帮助行为的定性与刑事责任裁量问题。①

由于网络中立帮助行为既根植于传统的中立帮助行为理论,又具有一定的特殊性。因此,有必要在传统的中立帮助行为的可罚性理论的指导下,结合网络中立帮助行为的独特属性,对其可罚性范围进行整体上的限制,并在此基础上对我国刑法中的网络中立帮助行为正犯化立法进行相应的限制解释,如此方能从狭义共犯(帮助犯)的认定和具体罪名的适用两个层面将可罚的网络中立帮助行为限制在合理范围之内。

(二)网络中立帮助行为可罚性范围的整体限缩

一般而言,网络中立帮助行为可以分为两种类型:一是提供网络连接服务的帮助行为;二是提供网络平台服务的帮助行为。显然,网络连接服务和网络平台服务存在重大区别,前者属于更为基础性、早期化的网络中立帮助行为,而后者则是与利用信息网络实施的犯罪行为距离更近、关联更紧的网络中立帮助行为。因此,在对网络中立帮助行为进行客观归责时,应当对网络连接服务和网络平台服务予以区别对待,分别确定不同程度的限制标准。

根据以客观归责论为基础的综合说对中立帮助行为可罚性范围之限定,只有客观上制造并在构成要件的保护范围内实现了法所不允许的危险,且行为人主观上具有帮助故意(对正犯者的犯罪意图、实行行为及其可能造成的危害结果存在认识)的中立帮助行为,才具有刑事可罚性。若将此限制标准适用于网络技术中立的帮助行为,则可对其可罚性范围作如下限定:

1. 对于提供网络连接服务的中立帮助行为,原则上应当否认其可罚性。

理由如下:其一,网络连接服务是一切网络活动开展的基础和前

① 参见郎胜主编:《中华人民共和国刑法释义》,法律出版社2015年版,第505~506页。

提,其重要性、公益性、基础性不言而喻。由于网络连接服务“所要争取的相对利益越大,越容许冒险”,①因而其原则上应当属于“容许风险”的范畴,不能对其进行客观归责。其二,网络连接服务的基础性决定了,其即便在客观上对犯罪行为起到了帮助作用,但这种帮助充其量也只是一种预备阶段的帮助而已(接入网络的行为属于利用信息网络实施犯罪活动的预备行为,甚至只能算是“预备行为的预备行为”),网络连接服务与用户利用信息网络实施的犯罪行为之间距离十分遥远,不存在法益侵害的紧迫危险性,一般情况下也不具有犯罪意义的关联性,因而不能对其进行客观归责。其三,仅仅提供网络连接服务的服务商,并没有介入审查他人所传输信息内容的真实性、合法性的义务,而且事实上,面对海量信息,网络服务商也难以辨别真伪,要求其履行甄别义务会使得现代社会的网络运营瘫痪,②问题是即便如此网络连接服务商也没有这种全面甄别、审查的能力,因此,对于缺乏作为义务和作为可能性的网络连接服务商的中立帮助行为,不能进行客观归责。其四,从因果关系的角度来看,网络连线服务商先前提供连接服务的行为与结果之间不具有充分的因果关系,因此不具有事后消除不良信息的义务。其五,从比较法的角度来看,美国和欧洲的相关立法并没有规定网络连接服务商的信息监控义务,相关判例也均在原则上否定网络连接服务商提供的网络连接服务的刑事可罚性。

不过,如果网络连接服务行为本身不符合相关的国家规定、行业规范或者其他业务要求,也即其偏离了日常的社会规范、超越了网络中立行为本身的中立性和必要性限度,那么其便不再属于中立帮助行为(正常的业务行为)的范畴,而可归属于具有反规范性的一般的犯罪帮助行为,对于此类提供网络连接服务的帮助行为当然可以进行客观归责。比如,明知用户接入网络是为了从事网络赌博犯罪活动,而采用虚假的身份信息为其提供互联网接入服务的,显然成立开设赌场罪的帮助犯。再

① 黄荣坚:《基础刑法学》(上),中国人民大学出版社2009年版,第194页。

② 参见周光权:《网络服务商的刑事责任范围》,载《中国法律评论》2015年第2期。

如,网络连接服务商并不是从事正常的经营活动,而是采取逃避监管、虚构用户信息、收取高额利润等方式,专门或者主要为他人提供非法网络接入以谋取利益的,其非法提供网络连接服务的行为显然具有可罚性。

2. 对于提供网络平台服务的中立帮助行为,通常情况下也不具有可罚性,但是,如果其在整体上符合"全面性考察"标准,或者在具体情境下制造了法所不容许的危险,或者因处于保证人地位而符合不作为犯的成立条件,那么其便成立可罚的帮助。

(1)在整体上符合"全面性考察"标准成立可罚的帮助的情形。

网络中立帮助行为的特殊性集中表现在其"一对多"的帮助形式上,这决定了在对其进行客观归责时,不能再像传统的中立帮助行为那样,只需考察某个单独的"一对一"帮助的情形便可判断其是否制造并在构成要件的保护范围内实现了法所不允许的危险,而需要从整体上对"网络中立帮助行为的所有受助者如何使用该帮助行为进行全面性的评价",[①]进而判断其是否属于制造并在构成要件的保护范围内实现了法所不允许的危险的可罚的帮助。这便是所谓的"全面性考察"标准。"全面性考察"乃是基于网络中立帮助行为的特性而采取的一种具体化的客观归责基准,其目的仍然在于从"制造了法所不允许的危险"的角度来限制网络中立帮助行为的处罚范围。

根据"全面性考察"标准,只有符合如下两个条件的网络中立帮助行为才具有可罚性:第一,中立帮助行为的提供者必须对于该中立帮助被现实利用实施具体犯罪存在认识、默认,且实际上发生了该具体的犯罪。第二,对照该中立帮助的性质、客观利用状况、提供的方法等要素,获取该中立帮助的人当中,存在非例外范围的人利用该中立帮助实施犯罪活动具有高度的盖然性,而中立帮助行为人对此有认识和默认的前提下提供该中立帮助行为。[②] 据此,在对网络中立帮助行为进行客

① 参见刘艳红:《网络中立帮助行为可罚性的流变及批判——以德日的理论和实务为比较基准》,载《法学评论》2016年第5期。

② 参见[日]前田雅英:《インターネット犯罪の法益侵害性とその認識》,载《警察学論集》2012年第3号。

观归责判断时,"全面性考察"的关键在于:存在"非例外范围的人"利用该网络中立帮助实施犯罪活动具有高度的盖然性。"全面性考察"中所确立的"非例外范围的人",能够表明利用该网络中立帮助行为实施犯罪的盖然性较高的人群范围并不是属于例外情形,在这种情况下之所以要对其进行客观归责,是因为其已经成为网络犯罪法益侵害的"危险中心";反之,如果利用该网络中立帮助行为实施犯罪的盖然性较高的人群范围是属于例外的情形,那么由于其并没有成为法益侵害的"危险中心",因而不宜对其进行客观归责。①

(2)在具体情境下制造了法所不容许的危险成立可罚的帮助的情形。

虽然网络中立帮助行为具有"一对多"的特殊性,但实践中同时还存在大量的"一对一"帮助的情形也需要进行客观归责。根据以客观归责论为基础的综合说,在对提供网络平台服务的"一对一"帮助进行客观归责判断时,不能仅仅孤立地从外形上考察网络平台提供行为(孤立地看,其在外形上往往都是日常或业务中立的),而需要结合帮助行为时存在的所有客观情况进行综合判断。比如,正犯行为是否具有法益侵害的紧迫危险性,"对正犯起帮助作用的行为是否明显超出业务范围,所帮助的信息网络犯罪活动的性质与后果,帮助行为对正犯结果所起的作用大小,所帮助的信息网络犯罪活动的数量多少,如此等等"。② 只有通过综合判断得出提供网络平台服务的中立帮助行为制造了法所不允许的危险时,才能对其进行客观归责。

(3)处于保证人地位成立不作为的可罚的帮助的情形。

如果根据法律、行政法规的规定,网络平台提供者具有信息网络安全管理义务,那么当其有能力履行该项义务而未能履行并且因而导致一定的法益侵害后果时,其不作为便属于制造了法所不允许的危险的可归责行为。当然,在对不作为的中立帮助行为进行客观归责时,应当

① 参见刘艳红:《网络中立帮助行为可罚性的流变及批判——以德日的理论和实务为比较基准》,载《法学评论》2016 年第 5 期。

② 张明楷:《论帮助信息网络犯罪活动罪》,载《政治与法律》2016 年第 2 期。

重点考察网络平台服务提供者的作为义务以及作为可能性,即其是否负有对网络犯罪活动的监督、管控义务,并在客观上能够实施及时有效的管控行为,比如采取甄别、屏蔽、删除、切断、修复等技术措施。如果客观上没有这种技术可能性,则无论如何也不应成立不作为的可罚的帮助。

3. 无论是网络连接服务还是网络平台服务,都必须谨慎考察网络服务提供者的主观认知状况。

一般而言,网络服务提供者的主观认知应当达到"明知"的程度,即明确知道他人将会或者正在利用信息网络实施犯罪活动。不能仅仅因为行为人在个别情况下多少知道他人可能会利用其行为实施犯罪,就对其进行处罚,如此过分扩大帮助犯的范围,对于维护法的安定性以及法治秩序的形成可能得不偿失。[①] 至于是否具有这种主观认识的判断标准,则可以帮助者与被帮助者之间是否存在通谋,或者执法部门是否在先前给予过通知、警告甚至行政处罚,或者网络用户是否有过告知、反应或举报等维权行为,或者根据网络服务提供者自身定期的监控记录是否记载过有非法信息大量存在的情况等客观上可以证明的因素进行考察,必要时可依赖刑事推定制度来认定"明知"。[②] 例如,根据著名的"红旗标准"规则,如果有关他人实施侵权行为的事实和情况已经像一面鲜亮的红旗在网络服务商面前公然飘摇,以至于网络服务商不可能不发现他人侵权行为的存在,则可以认定网络服务商明知。[③]

四、典型中立帮助行为正犯化立法的教义学限缩

应当说,《刑法修正案(九)》的出台彻底改变了我国刑法以往限制

---

① 参见周光权:《网络服务商的刑事责任范围》,载《中国法律评论》2015 年第 2 期。

② 参见熊亚文、黄雅珠:《帮助信息网络犯罪活动罪的司法适用》,载《人民司法(应用版)》2016 年第 31 期。

③ 参见刘科:《帮助信息网络犯罪活动罪探析——以为网络知识产权犯罪活动提供帮助的犯罪行为为视角》,载《知识产权》2015 年第 12 期。

处罚中立帮助行为的克制姿态，从而转向肯定（网络）中立帮助行为的可罚性并积极严密刑事法网的积极态度。尤其是帮助信息网络犯罪活动罪和拒不履行信息网络安全管理义务罪的增设，被认为分别“在作为和不作为两个方向围堵了网络中立帮助行为的出罪空间”。[①] 因此，有必要在传统中立帮助行为可罚性教义的指导下，根据网络犯罪帮助行为的全新特性，对这两个极具代表性和争议性的网络中立帮助行为正犯化立法的处罚范围予以相应的教义学限缩。

（一）帮助信息网络犯罪活动罪之限制解释

帮助信息网络犯罪活动罪将网络连接服务商和网络平台服务商的日常业务行为作为构成要件行为，属于典型的网络中立帮助行为正犯化立法。显然，不可能认为本罪处罚所有的网络中立帮助行为。因此，必须根据中立帮助行为的可罚性教义，并结合网络中立帮助行为的特殊性，对帮助信息网络犯罪活动罪的构成要件进行相应的限制解释。基于以客观归责论为基础的综合说，对于本罪的限制解释，应首先从其客观不法层面展开，在此基础上再对帮助者的主观责任要素进行严格认定，最终实现限制网络中立帮助行为处罚范围的解释目的。

1. 在客观不法层面，本罪“情节严重”之立法规定，为理论上限制网络中立帮助行为处罚范围提供了规范依据和解释方向。

张明楷教授指出，基于危险分配、法益衡量以及期待可能性三个方面的理由，对于以业务行为表现出来的中立帮助行为一般不具有可罚性，因此，网络平台提供者与连接服务商实施的网络中立帮助行为，原则上不符合本罪“情节严重”的要求，原则上不承担刑事责任。[②] 对于这一基本立场和结论，笔者表示认同。至于如何具体判断帮助行为的客观方面是否达到“情节严重”的程度，笔者认为，根据以客观归责论

① 刘艳红：《网络中立帮助行为可罚性的流变及批判——以德日的理论和实务为比较基准》，载《法学评论》2016 年第 5 期。

② 参见张明楷：《论帮助信息网络犯罪活动罪》，载《政治与法律》2016 年第 2 期。

为基础的综合说,应当以帮助行为时存在的所有客观情况(附加信息)为考察对象进行综合认定。

具体而言,其一,如果孤立地考察网络技术帮助行为,发现其本身已经偏离了日常行为、业务行为的范围,超越了中立帮助行为本身的中立性和必要性限度,那么其实际上便不再属于中立的帮助行为,而已然成为其他一般反规范性的犯罪帮助行为,因此原则上可以对此类帮助行为进行客观归责。比如,网络服务提供者违反相关规范(法律法规、行业规范、公司规定等)提供帮助,或者收取明显高于正常业务行为的不当报酬等,通常只需单纯孤立地考察帮助行为本身即可得出其制造了法所不容许的危险的结论。

其二,如果孤立地看帮助行为本身在外形上属于中立帮助行为,但综合帮助行为时存在的所有客观情况(附加信息)来看,其实际上制造了法所不允许的危险,那么仍然可以对该中立帮助行为进行客观归责。比如,明知他人正在利用信息网络实施犯罪活动,或者在正犯行为具有法益侵害的紧迫危险性的场合(此外,还有正犯行为侵犯法益的重大性、帮助的重要性和不可或缺性等判断标准),为其提供网络技术帮助的,当然具有客观可归责性。反之,如果被帮助者尚处于离构成要件行为较远的、不具有可罚性的预备阶段,那么对这种不可罚的预备行为提供的中立帮助行为则更不应当处罚。

其三,对于"一对多"帮助的情形,则应采取"全面性考察"标准来判断其是否具有可罚性,只有存在"非例外范围的人"利用该网络中立帮助实施犯罪活动具有高度的盖然性,才能对该帮助行为进行客观归责。比如,在"快播"案中,根据检察机关指控,在该软件所属服务器中提取到淫秽视频 2 万余个,并且行为人利用中心调度服务器在站长与用户、用户与用户之间搭建了一个视频文件传输的平台,通过缓存服务器方便、加速了淫秽视频的下载与传播。从"全面性考察"标准来看,显然存在"非例外范围的人"利用该网络中立帮助实施犯罪活动具有高度的盖然性,该软件事实上已经成为淫秽视频发布、搜索、下载等传播的"危险中心",因而可以对其进行客观归责。

其四,网络中立帮助行为对信息网络犯罪活动的帮助次数、是否提供长期稳定帮助、违法所得、所涉犯罪数额、造成经济损失以及其他危害后果等因素，也都是判断其是否“情节严重”所要综合考虑的。

2. 在主观责任层面，对行为人进行主观归责的核心在于认定其“明知他人利用信息网络实施犯罪”。

首先，根据以客观归责论为基础的综合说所确立的主观归责条件，“明知”不以帮助者存在“犯罪促进意思”为要件，并且，对帮助者的主观认识无须进行程度上的划分，只要帮助者明确认识到自己的行为会对他人的犯罪行为（至少认识到对方的犯罪意图或者意图犯罪）形成帮助即可，而无须明确认识到对方详细的犯罪计划、准确的犯罪目的、犯罪对象等具体细节。比如，明确知道对方正在利用信息网络实施诈骗犯罪即符合本罪中的“明知”要件，而不需要明确知道具体的诈骗对象、诈骗数额、诈骗方式、诈骗是否既遂等细节。此外，有学者认为本罪的主观要件应限定为“直接故意”。[①] 对此，笔者持相反的观点，间接故意也是故意，其在认识因素上与直接故意没有任何区别，二者只不过在意志因素上存在程度上的细微区别。当分则规定以“明知”为要件时，并不排除间接故意的可能性。[②] 因此，帮助信息网络犯罪活动罪的主观要素既包括直接故意与间接故意，也包括确定故意与不确定故意。

其次，对于明知的对象“他人利用信息网络实施犯罪”之认定，核心问题在于：是否要求他人（正犯）最终成立相关犯罪，或者只要求他人着手实行了具有构成要件符合性和违法性的客观犯罪行为，或者不要求他人着手实行犯罪行为而仅仅要求其单纯表露出犯罪意图即可？这一方面涉及对于狭义共犯的成立应当采取极端从属性说还是限制从属性说的立场问题，另一方面涉及帮助信息网络犯罪活动罪究竟是属于帮助行为的正犯化还是仅仅属于帮助犯的量刑规则的问题。

笔者认为，帮助信息网络犯罪活动罪属于帮助行为的相对正犯化，

---

① 参见阎二鹏：《法教义学视角下帮助行为正犯化的省思——以〈中华人民共和国刑法修正案（九）〉为视角》，载《社会科学辑刊》2016 年第 4 期。

② 参见张明楷：《刑法分则的解释原理》（下）（第 2 版），中国人民大学出版社 2011 年版，第 628 页。

其并不仅只是帮助犯的量刑规则。因此,对于本罪的认定,不必完全遵循作为狭义共犯的帮助犯的共犯从属性理论。换言之,即便正犯没有着手实行被帮助的犯罪行为,帮助者的帮助行为也可能成立本罪。不过,由于本罪的构成要件行为属于典型的网络中立帮助行为,因而需要对其采取限制处罚的立场,这种限制一方面来自中立帮助行为自身的判断,另一方面则来自对被帮助者所实施行为的客观不法程度的要求。理论上有学者认为,"明知他人利用信息网络实施犯罪"应当限定为符合我国刑法规定犯罪构成的、应当被认定相应罪名的犯罪。[①] 这种观点实际上采取的是共犯的极端从属性说。该说因存在诸多弊端而基本不被学界采纳,笔者亦不认同这种观点。笔者认为,基于以客观归责论为基础的综合说,应当从客观归责理论的角度来确定"他人利用信息网络实施犯罪"的程度要求,即只有当他人的行为在客观上制造了法所不允许的危险时,对其提供的帮助行为才具有可罚性基础。据此,只有当他人实施的客观行为能够明确征表其主观上的犯罪决意、犯罪意图时,为其提供网络技术帮助的行为才具有可罚性("犯罪意图征表"标准)。[②]

(二)拒不履行信息网络安全管理义务罪之限制解释

拒不履行信息网络安全管理义务罪属于典型的真正(纯正)不作为犯,因此,认定本罪的核心在于网络服务提供者是否具有作为义务(是否处于保证人地位)以及作为可能性(是否有能力、有条件履行义务)。

1."信息网络安全管理义务"的内容

根据立法机关的解释和说明,拒不履行信息网络安全管理义务罪

---

① 参见刘宪权:《论信息网络技术滥用行为的刑事责任》,载《政法论坛》2015年第6期。

② 一般而言,预备行为越接近构成要件行为,就越能明确征表出行为人的主观犯意,从客观归责论的角度来看,其也就越有可能被评价为"制造了法所不允许的危险"的行为。此外,接近构成要件的行为不仅能明确征表出行为人的主观犯意,其在客观上也属于具有法益侵害紧迫危险性的行为,其与"实行行为"并无实质区别。

中网络服务提供者的安全管理义务包括“落实信息网络安全管理制度和安全保护技术措施”“及时发现、处置违法信息”“对网上信息和网络日志信息记录进行备份和留存”等三个方面内容。[①] 对此,有学者指出,“信息网络安全管理义务”范畴的明确性存在疑问,这将直接影响刑事立法的科学性和司法实务工作的开展,而且在严厉打击网络违法犯罪行为、维护信息网络安全的形势下,往往会将信息网络安全管理义务做扩大化的理解,容易导致实践中刑罚适用的扩大化。[②] 另有学者认为,拒不履行信息网络安全管理义务罪的设定具有广泛的涵盖性和解释性,致使网络中立帮助行为的出罪死角全部被封住。[③] 相关学者表达的担忧不无道理。尽管立法机关将“信息网络安全管理义务”细分为三个方面内容,但实际上仍具有相当的抽象性、概括性和模糊性。例如,“及时发现、处置违法信息”是否课予了网络服务提供者事先审查义务和实时监控义务,还是仅仅要求其履行事后的消除义务,其义务内容和界限并不明确,这无疑容易导致处罚范围的无限扩大化,从而使本罪沦为一个兜底性的“口袋罪”。因此,有必要明确网络服务提供者的“信息网络安全管理义务”的内容,从而合理地限制本罪的处罚范围。

根据全国人大常委会2016年11月7日颁布的《网络安全法》第47条、第48条第2款之规定,网络服务提供者具有“发现、处置违法信息并记录、报告的义务”。问题在于:“发现违法信息的义务”是否意味着网络服务提供者应当履行预先审查和实时监控义务?

对此,笔者认为,基于以下理由,不能认为《网络安全法》课予了网络服务提供者预先审查和实时监控的义务。第一,在世界主要国家和地区,对于网络服务提供者所承担的网络安全管理义务,相关立法不仅设置了极为严格的条件,而且还普遍接受并规定了源自美国1998年

① 参见全国人大常委会法制工作委员会刑法室编:《〈中华人民共和国刑法修正案(九)〉条文说明、立法理由及相关规定》,北京大学出版社2016年版,第215~216页。

② 参见刘仁文、张慧:《刑法修正案(九)草案有关网络犯罪规定的完善建议》,载《人民法院报》2015年8月12日,第6版。

③ 参见刘艳红:《网络中立帮助行为可罚性的流变及批判——以德日的理论和实务为比较基准》,载《法学评论》2016年第5期。

《数字千年著作权法案》(DMCA 法案)的“避风港”原则。其核心内容就是免除网络服务商的事先审查义务,即网络服务商无须对其传输或储存的信息负担主动监督或审查侵权事实的义务。[①] 据此,对于网络侵权行为,网络服务商只需要通过“通知 + 移除”规则予以排除即可。“避风港”原则作为旨在保护网络服务商利益的责任豁免条款,并不是仅仅只针对网络空间内的版权侵权问题,当它在世界范围内得到接受时,已经转变为网络服务提供者责任的一般性原则。[②] 比如,《欧盟信息社会著作权指令》直接将“避风港”原则规定称为网络服务商的责任限制或责任豁免条款。第二,在我国,国务院颁布的《信息网络传播权保护条例》(2013 年修订)第 14 条、第 15 条、第 22 条、第 23 条等规定在实质上确立了“避风港”原则。同时,《侵权责任法》第 36 条也明确确立了“避风港”原则,即网络服务提供者的安全管理义务仅限于“通知 + 取下”规则与“知道”规则之中,而不具有事先或者实时的主动审查义务。由此可见,我国立法在对网络服务提供者分配侵权责任时,基本确立了国际社会通行的“避风港”原则。网络服务提供者一般仅在接到被侵权人通知后才负有删除、屏蔽、断开链接等作为义务;在未接到被侵权人通知前,法律推定其对已经发生的侵权事实不知晓,不承担侵权责任;除非被侵权人能提供有力证据证明网络服务提供者“知道”用户的侵权行为而未采取必要措施的,其才应当承担赔偿责任。第三,由于拒不履行信息网络安全管理义务罪的作为义务来源仅限于“法

---

① 美国和欧盟法院均认为,网络服务提供者没有过滤、监控网络上非法内容的一般性义务。要求网络服务提供者履行预先审查和实时监控义务,不但会严重侵犯他们的经营自由,也会造成成本的昂贵和复杂[See Judgment of the Court (Third Chamber),24 November 2011]。在刑事领域,“注意到网络服务提供者的困境,这个法案唯一的意图就是减少网络服务提供者为第三方行为承担刑事责任的风险”。参见[美]Lawrence G. Walters:《美国网络服务提供者的刑事责任理论研究——基本网上色情信息的视角》,杨新绿、涂龙科译,载赵秉志主编:《刑法论丛》(第 44 卷),法律出版社 2015 年版,第 490 页。

② 参见刘文杰:《网络服务提供者的安全保障义务》,载《中外法学》2012 年第 2 期。

律、行政法规规定的信息网络安全管理义务”,[①]因此,《网络安全法》《侵权责任法》《信息网络传播权保护条例》等法律法规完全可以作为网络服务提供者的作为义务来源。相反,不能认为《刑法修正案(九)》以修正案的形式正式规定了网络服务提供者的作为义务来源,确立了其保证人的地位。[②] 倘若刑法处罚网络服务提供者因没有履行所谓的主动审查义务而导致法益侵害结果的不作为,那么其便与上述法律法规规定的网络服务商承担侵权责任中的“避风港”原则相悖,从而造成网络服务商不构成侵权责任但却要承担刑事责任的荒谬局面。综上所述,应当对本罪中的“信息网络安全管理义务”作限制解释,即其仅限于网络服务提供者被通知不法信息存在或者满足“红旗规则”(“知道”规则)时所具有的处置义务,而不包括预先主动审查和实时监控的义务。

另一个值得特别探讨的问题是,网络连接服务商在何种程度上能够成立拒不履行信息网络安全管理义务罪?对此,有学者认为,如果接到有关部门的正式通知,网络接入服务商仍然进行接入的,可以成立帮助犯。[③] 笔者认为,这种结论并不妥当。根据以客观归责论为基础的综合说,可罚的中立帮助行为首先在客观上必须制造了法所不容许的危险,否则不能对其进行客观归责。因此,只要网络连接服务商提供的网络连接服务符合相关规定、规范和要求,那么其便是不可罚的中立的业务行为,至于用户如何利用该网络则不在其监管、审查义务范围之内(这已经进入了网络平台提供者的义务范畴)。换言之,网络连接服务商在此种情形下并不处于保证人地位,其既不成立作为犯罪(狭义共犯或帮助信息网络犯罪活动罪),也不成立不作为犯罪(拒不履行信息网络安全管理义务罪)。对此,正如有学者所指出的,“如果网络接入服务商的行为从客观上本身就属于正常的业务行为,客观上具有不可

---

① 张明楷:《刑法学》(第5版),法律出版社2016年版,第1049页。

② 参见刘艳红:《网络中立帮助行为可罚性的流变及批判——以德日的理论和实务为比较基准》,载《法学评论》2016年第5期。

③ 参见陈洪兵:《中立行为的帮助》,法律出版社2010年版,第233页。

归责性,是不是有警方介入不影响无罪的结论”。[①] 事实上,《德国信息和通信服务规范法》就专门对网络服务商予以分类并确定相应的侵权责任:对于网络平台服务商,一般不对第三人发布的信息承担侵权责任,除非该服务商对这些信息进行了有意识的利用,或者,如果该服务商已经知晓侵权信息的存在而没有采取措施禁止该信息被其他用户接触,那么他应当与该信息的制作者承担共同侵权的责任;对于网络接入服务商,原则上不对第三方的侵权承担责任。二者的侵权责任之所以会有如此区别,是因为网络连接服务商的安全管理义务主要集中于网络接入过程中,对于网络用户后续实施的侵权或犯罪行为其原则上没有管理和处置义务。这种区分也同样符合我国的法律规定。根据我国《网络安全法》第 24 条以及第四章“网络信息安全”的相关规定,网络连接服务商的安全管理义务主要有两个方面:一是对网络接入用户的真实身份信息进行审核;二是对用户信息的保护。因此,只有当网络连接服务商不履行网络接入用户真实身份信息的审核与保护义务,经监管部门责令采取改正措施而拒不改正,因而造成一定严重后果的,才可能成立本罪规定的不作为犯罪。

2. 作为可能性的判断

在确定网络服务提供者存在法律、行政法规明文规定的信息网络安全管理义务的基础上,还要结合网络服务提供者的履行能力和客观条件来判断其是否具有作为可能性。对于作为可能性的判断,既要以附随情况正常性与否为资料,也要以保证人的个人能力为资料。[②] 具体到本罪中,网络服务提供者在客观上是否能够实施及时有效的管控行为,比如采取甄别、屏蔽、删除、切断、修复等技术措施,决定了其是否具有作为可能性。这种能力实际上是一种技术可能性,它也是网络技术语境下期待可能性理论的具体要求,即在网络技术构建的特定时空

① 周光权:《网络服务商的刑事责任范围》,载《中国法律评论》2015 年第 2 期。

② 参见张明楷:《刑法学》(第 5 版),法律出版社 2016 年版,第 160 页。

中,是否能期待行为人履行其改正义务。[①] 如果网络服务提供者在客观上没有这种技术可能性,则无论如何也不应成立本罪。

A Law Doctrine Review of Tacking Neutral Helping Behavior as Principal Offender

XIONG Yawen

[内容摘要]中立帮助行为可罚性理论不仅可以限制传统中立帮助行为成立帮助犯的范围,而且也理应成为限制中立帮助行为正犯化立法及司法解释处罚范围的教义学渊源。基于“从客观到主观、从不法到责任”的犯罪认定规律,应当倡导以客观归责理论为基础的综合限制方案,在最大程度上限缩中立帮助行为的可罚范围。当前我国刑法主要是将网络中立帮助行为予以正犯化,因而有必要在传统中立帮助行为处罚教义的指导下,根据网络犯罪帮助行为之特性对其可罚范围进行整体限缩。在此基础上再对典型的网络中立帮助行为正犯化立法进行相应的限制解释,如此方能从狭义共犯的认定和具体罪名的适用两个层面将可罚的网络中立帮助行为限制在合理范围之内。

[关键词]中立帮助行为正犯化;网络中立帮助行为;帮助信息网络犯罪活动罪;拒不履行信息网络安全管理义务罪

Abstract: The neutral helping behavior theory does not only help to limit the extent to establish accessory, but also effectively guide the doctrinal shrinkage of the legislation and judicial interpretations of tacking neutral helping behavior as principal offender. Based on the objective laws of crime identification of “ from lawlessness to responsibility, from objective to subjective ”, a comprehensive theory based on objective attribution theory should be advocated to limit the penalty scope of neutral

① 参见杨彩霞:《P2P 软件和服务提供商著作权侵害刑事责任探究——以 P2P 技术架构为切入点》,载《政治与法律》2016 年第 3 期。

helping behavior at the most extent. Because the current criminal law in our country mainly tack the network neutral helping behavior as principal offender, so it is necessary to limit its penalty scope according to the new characteristics of cybercrime helping behavior under the guidance of the penalty doctrine of traditional neutral helping behavior. On the basis of this, the typical legislation of tacking neutral helping behavior as principal offender should be explained restrictedly, so as to limit the penalty scope of network neutral helping behavior to a reasonable extent from the two aspects of the punishment of accessory and the application of specific charges.

Keywords: Neutral Helping Behavior; Network Neutral Helping Behavior; Helping Cybercrime Delinquency; The Crime of Refusing to Fulfill the Information Network Security Management Obligations

〔国际刑法〕

公司治理视野下治理跨国商业贿赂犯罪的合规反腐路径探析*

赵　卿** 　叶　萍***

目　次

近年来大量跨国贿赂犯罪案件曝光，“跨国商业贿赂”成为当下热

* 本文为2020年度最高人民检察院检察应用理论研究经费资助课题“企业刑事合规与检察职能问题研究”的阶段性成果。

** 江苏师范大学法学院兼职教授，江苏省徐州市人民检察院法律政策研究室副主任，法学博士，四级高级检察官。

*** 江西省社会科学院副研究员。

门话题之一,仅在“百度”上搜索到的直接关联网页就高达179万余篇。本文所称“跨国商业贿赂犯罪”是狭义上的概念,是指在国际商业活动中,一国或地区的公民或商业实体对外国公职人员、国际公共组织给予任何不正当好处的行为,又称“对外国公职人员行贿罪”、“海外行贿罪”。在20世纪中期之前,各国对跨国商业贿赂普遍采取放任的态度,甚至将其视为一种能够享受税收抵扣政策的合法商业行为。20世纪后半叶以来,随着全球经济一体化进程加快,国际市场竞争日益激烈,跨国商业贿赂开始在全球蔓延并日趋渗透到国际商业领域的各个方面,其合法性逐渐在全世界范围内遭到否定。现今,世界大多数国家将跨国商业贿赂视为一项具有道德和法律双重非难性的犯罪行为而纳入刑事立法。自1977年美国出台全球第一部专门规制跨国商业贿赂的《反海外腐败法》(Foreign Corrupt Practices Act,FCPA)至今,跨国商业贿赂犯罪的治理一直是西方国家的一个重要国际法律议题。

相较于普通贿赂犯罪,跨国商业贿赂犯罪因其“与生俱来”的有组织性、国际性、隐蔽性、长期性、复杂性等特征更是增加了治理难度,使过度依赖国家严刑峻法预防和控制跨国商业贿赂犯罪的传统治理模式越来越显得捉襟见肘。现代反腐败治理领域据此提出了“积极治理模式”①“合作模式”②等对策。这些对策虽然侧重点不同,但都是主张发挥刑法的预防性功能,将预防企业贿赂犯罪的部分责任转移给企业,推动国家与社会共同协作反腐。随着跨国商业贿赂犯罪治理逐渐从美国走向世界各国、走向中国,在新时代下,我国倡导的“走出去战略”、“一带一路”建设、“亚投行”建设等都涉及国际商业腐败的监管问题,我国对跨国商业贿赂犯罪的治理策略与国际社会深化接轨乃大势所趋。本

① 积极治理模式更强调“间接打击”的重要性,针对现代公共权力架构,积极扩展预防措施的作用场域,深化预防措施的作用效果,形成以预防为主导的治理模式。参见魏昌东:《腐败治理模式与中国反腐立法选择》,载《社会科学战线》2016年第6期。

② 合作模式是指以司法机关与企业之间的对立合作为主线,以组织责任论为基础,以合规计划为核心,根据企业文化、组织责任等新的原则追究企业刑事责任的模式。参见周振杰:《惩治企业贿赂犯罪合作模式之提倡》,载《云南社会科学》2016年第4期。

文逐本溯源介绍合规反腐路径的提出与确立，阐述其刑事制度定位与话语表达，并结合具体案例详述合规计划的司法适用与特征，提出合规计划与我国刑事法律实践的互动设想，以期对我国治理跨国商业贿赂犯罪提供新的视角与借鉴。

一、合规反腐路径的提出

（一）公司治理的含义及其内涵的扩大化

"公司治理"（Corporate Governance）这一概念发端于英美两国，20世纪后期随着现代公司制度建立而日益被人们熟知。对于公司治理的概念，国内外尚无统一定义，实务界、理论界从不同角度进行了界定。有的主张从广泛的意义上理解，认为公司治理概念是指公司控制的各种形式，通常只是狭义上用来指公司的组织机构，如《德国公司治理指南》主要是要求证券公司建立透明的组织机构。[①] 有的基于利益相关者理论，[②]强调公司治理问题包括在高级管理层、股东、董事会和公司的其他利益者的相关作用而产生的具体问题。[③] 这一认识实则是将公司治理从本质上界定为对利益相关者多方利益的平衡，较为简洁而又完整地涵盖了公司治理的内涵。

现代企业制度的完善加深了人们对公司治理的认识深化，其内涵和外延也随之丰富，从最初对股东利益的保护发展为对所有投资者及利益相关者，甚至公共利益服务，增加了企业社会责任要素。近年来，

① 参见［德］乌尔里希·齐白：《全球风险社会与信息社会中的刑法：二十一世纪刑法模式的转换》，周遵义、江溯等译，中国法制出版社2012年版，第239页。

② 利益相关者理论可以追溯到1932年Dodd的经典论述：现代公司管理层不仅要代表股东的利益，而且要代表其他利益主体，如员工、消费者，特别是社区的整体利益。See Dodd，E. Merrick，For Whom Are Corporate Managers Trustees，*Harvard Law Review*，1932，(45) 7：1145 – 1163.

③ 参见费方域：《企业的产权分析》，上海三联书店、上海人民出版社2006年版，第165页。

在世界范围内兴起的关于公司治理的新理念主要有合规计划(Compliance Programme)、风险管理(Risk Management)、企业伦理(Business Ethics)、价值管理(Value Management)、企业社会责任(Corporate Social Responsibility,CSR)、行为守则(Code of Conduct)等,频频见诸报端。这些概念都是用以界定公司为防止犯罪而确立的某些目标、价值和方法,虽然侧重点不同,但都是旨在确立以现代法治、伦理价值为导向的公司治理形式。因此,现代公司治理实际与公司法治化息息相关,公司治理就是公司组织结构的现代化、法治化问题。

由此,现代公司治理已远远超出公司法的范畴,不仅包括公司内部组织结构安排,还包括外部关系架构,几乎涵盖了公司能够实际控制的所有范围和所有相关者利益的博弈平衡。有效的公司治理就是通过内、外部的共同治理达到规范公司及其员工行为、降低运行成本、预防企业犯罪、提高商业利润、平衡利益相关者与国家的目的。在这一趋势下,公司治理的边界日益扩大化,与其他领域的法律如金融法、证券法、刑法等界限也日益模糊,预防和治理商业贿赂犯罪也成为现代公司治理的应有之义和必然要求。

(二)合规反腐的提出与确立

将合规计划纳入企业犯罪治理体系,并作为出罪与入罪处理的中间路线,通过综合衡量多方面利益,体现了以企业自治为基石的特殊预防理论。[①] 随着合规计划的应用和推广,立法机关也对此实务做法给予了极大关注,开始正式将其作为预防企业犯罪的重要手段。在美国,合规已经成为联邦检察机关起诉、判定公司成立经济犯罪时的主要考虑因素。[②]

在这一现代公司治理理念下,反跨国商业贿赂犯罪的合规反腐的

① 参见马明亮:《作为犯罪治理方式的企业合规》,载《政法论坛》2020年第3期。

② 参见万方:《企业合规刑事化的发展及启示》,载《中国刑事法杂志》2019年第2期。

路径应运而生。所谓合规反腐,是以企业合规计划(Anti-Bribery Compliance Program, ABCP)为核心进行腐败犯罪治理的简称,是指在跨国商业贿赂犯罪治理中,充分运用公司治理原理,以企业组织责任为基础,以合规计划为核心,将刑法预防腐败犯罪的功能内化为企业合规计划的组成部分,同时赋予合规计划一定的量刑激励效力,以加强企业犯罪的事前刑事风险防范、事中调查取证配合和事后刑事责任减免的一系列措施与计划的统称。简言之,合规反腐即以合规计划为核心进行腐败犯罪的治理路径。为论述的方便,本文统称"合规计划"。

1987 年,美国量刑委员会公布了《美国联邦量刑指南》(United States Sentencing Guidelines)。这份首次明确规定了合规计划及其对企业刑事责任影响的立法性文件,加大了对企业犯罪的惩罚力度。1991 年,美国司法部联邦量刑委员会在开始施行的《关于组织的联邦量刑指南(Federal Sentencing Guidelines for Organizations)》(以下简称《量刑指南》)中,在第八章《组织量刑》(Sentencing of Organizations)第 C2.5 条首次将企业合规纳入企业犯罪的量刑考量,首先强调犯罪的企业将面临高额罚款,同时又规定,对已发生违法犯罪行为的企业,若实施了以防止和侦查违法行为为目的的"有效的合规管理计划"(Effective Program to Prevent and Detect Violations of Law),可酌情大幅度减轻对该企业的罚金数额。这一制度设计旨在激励公司建立合规管理措施。这一法案赋予合规计划一定权限的量刑激励效力,刺激企业若想通过内部控制措施获得刑事责任的减免,需要与国家开展合作,积极自我披露与认罪,不仅要自主证明其相关内部规定、实施机制、制裁措施等是"充分的"或者"有效的",而且立法或司法机关通常也会要求企业在发现内部已经或者可能存在的违法行为后,应及时向执法机关汇报,并协助调查取证,大大降低了司法成本。

"管理学理论与管理实践显示,人具有趋利避害的本性,因此,无论对于企业职工,还是对于政府公务人员,都要既加以制约又加以激励,才能提高效率。"①反跨国商业贿赂犯罪的合规反腐路径正是充分

① 罗豪才、宋功德:《现代行政法学与制约、激励机制》,载《中国法学》2000 年第 3 期。

尊重这一科学规律:以重责严罚为基础,通过采取合理的配套性措施激励商业组织积极开展针对商业贿赂行为的自我防控和自我修补,这种良好的量刑激励所产生的诱惑力能够有效促进商业组织积极实施合规计划,严格规制商业贿赂行为。跨国公司是跨国商业贿赂犯罪的主要参与者,其“合规”问题更多集中在商业贿赂方面。预防和打击跨国商业贿赂不仅是各国腐败犯罪治理的重要环节,更是跨国公司合规建设的中心。在合规反腐模式下,那些原本属于国家的职权可以被委托给具有更强经济能力、专业资质的当事企业来完成,使国家在行使职权主义原则时受到更少的限制。就此而言,刑事合规也从某种程度上表明刑法的演进受到了民法协商一致原则以及在公法领域已被讨论已久的由国家化到私人化一般发展的影响。①

二、合规计划的刑事制度定位

遏制跨国商业贿赂犯罪需要制定并实施综合性的防治措施。在这些措施之中,作为行为主体,国家与企业相互联系、互相影响;作为内容构成,刑事制裁、非刑事制裁以及企业文化、企业合规之间也必然产生联系,交互作用。在反腐败企业合规路径下,企业通过合规计划承担了“法律”制定者的角色,同时承担自我管理的任务。可以说,这是国家职能的一种分担。与任意自制不同,这里的“规制了的自制”是政府规制与完全放任的企业自律的一种平衡,它既克服了政府规制与任意型的企业自制的弱点(如滞后、无效以及不作为等),又充分利用了两者的优点,此种规制是在企业违法犯罪之后,国家强制法的一种救济。在此情形下,政府强制企业制定适合本企业的特殊反腐败政策与程序,并由监管机构进行审批,一旦审批通过,企业就要严格执行该规则,如有违背则将遭受刑事处罚,并接受监管机构的特殊监管。企业内部则设立专门的合规部门监督合规计划的执行情况,并及时将监督情况反馈

① 参见[德]托马斯·罗什:《合规与刑法:问题、内涵与展望——对所谓的“刑事合规”理论的介绍》,李本灿译,载《刑法论丛》(第 48 期),法律出版社 2016 年版,第 357 页。

给监管机构。若合规官怠于行使职权,则要承担相应的刑事责任。政府在其中扮演的角色就是,保证企业内部合规组织的独立性。[①] 因此,从制度设计的层面来看,合规计划实际上是企业在国家法律的要求和监管下,在其内部开展的一种刑事风险防控和刑事责任避免的活动,具有其特定的价值性定位和功能性定位。

(一)合规计划的价值性定位

刑法就贿赂犯罪治理实施由惩治向预防的功能转型,有其复杂的原因:一是基于腐败后果严重性的考虑。现代国家发展中,政治腐败与经济腐败双重交集,加剧了对国家政治安全与经济稳定的破坏力,贿赂犯罪造成的国民对公民正当性的信赖危机无法恢复,需要刑法立法积极向前拓展,发挥预防功能。二是基于腐败治理定位的"抑欲"需要。腐败根源于人类对利益的原始欲望,抑制欲望是深化腐败治理层次的关键,需要采取"内抑型"治理原则,[②]扩大腐败者对其行为应承担刑事责任的范围与形式,最大限度地遏制个人贪欲。三是基于公共产品经济秉性之驱动。反腐制度属于消耗公共资源的公共产品,犯罪追究成本属于公共产品的运行成本,构建预防性刑法治理机制,有助于降低腐败犯罪的追诉成本,符合现代国家治理的经济性要求。[③]

具体到跨国商业贿赂犯罪治理体系中,合规计划这种"规制了的自制"关注跨国商业贿赂犯罪治理的内在逻辑品质:国际商业腐败的治理方式主要是降低政府被俘获指数、增加权力的透明度、压缩企业求助官僚的空间以及加强企业内部的合规性建设等。[④] 在刑事法律体系

① John Braithwaite, Enforced Self-Regulation: A New Strategy for Corporate Crime Control, *Michigan Law Review*, Vol. 80, 1982, p. 1470 – 1471.

② 参见孙国祥、魏昌东:《反腐败国际公约与贪污贿赂犯罪立法研究》,法律出版社2011年版,第8页。

③ 参见钱小平:《创新中国贿赂犯罪刑法立法之选择——基于刑法预防功能的考察》,载《南京大学学报(哲学·人文科学·社会科学)》2017年第4期。

④ 参见杨力:《商业反腐的结构性治理和模式》,载《中国法学》2016年第5期。

中,合规计划以其独特的价值,成为法律规范的重要补充,主要体现在以下两点:第一,预立法功能。守法计划(笔者注:合法计划)是"超国家的"、"独立于国家之外的立法过程",由所谓"私政府"制定的法律。在国家立法相对滞后的现实下,透明国际、OECD、G20等致力于腐败犯罪全球治理的国际组织,通过行动纲领、行动守则等形式对企业内部治理作出设计。这种具有先导性、操作性的规范守则可以在跨国公司的国际贸易实践中测试企业内部守法规范对预防和减少商业贿赂的效用,从而通过这种具有实验性的先行"立法"为日后纳入法律规范体系做好准备。第二,协作共生功能。在信息化时代,公共治理中的网络体系要求主体之间具有一种更加和谐、相互合作的关系,传统的过于强硬的法律治理手段已难以担当这一重任。① 随着20世纪90年代新公共管理的兴起,"善治"的基本精神催生了积极治理主义理念,成为探索新时代腐败犯罪治理的重要模式。国家机关需要对作为预防企业犯罪政策核心的企业合规表示出充分重视,并采取措施提高企业自律的积极性,推动形成国家、社会、企业合作反腐的局面。

实际上,合规计划是兼具国家强制、企业自制和社会襄助三种,不同于传统的自上而下的统治型模式,而是在积极治理主义模式下,不拘泥于只有国家才能发号公共命令、提供公共产品的理念,由企业承担部分犯罪预防的职能,即所谓的"公共职能的私人化"。② 这种私人化的自我规制实际是对国家事务治理的实质性介入,显然,这具有了分担国家腐败治理公权力的性质,也意味着原先绝对垄断的国家强制权力在一定程度上被重新分配。相对于严格的反腐败,守法能力建设和合规经营制度建立将企业从避免惩罚层面提升到主动合规层面,对建立"内部规制+外部规制"的双重规制体系助推作用明显。从价值性定位来讲,合规计划是国家规制难以起到很好的犯罪预防和惩治效果的情况下的替代性措施或者补充性举措,即通过企业与政府合作反腐、加

---

① 参见沈亚平、宋心然:《论商业贿赂的软法治理》,载《河北法学》2011年第5期。

② 参见李本灿:《企业犯罪预防中国家规制向国家与企业共治转型之提倡》,载《政治与法律》2016年第2期。

强自我规制以实现企业犯罪的尽早发现和有效惩治。不难预见,随着对腐败犯罪治理认识的深入和预防性立法策略导向,此种更能激发“不想腐”的犯罪治理路径必将受到更多关注和实践。

(二)合规计划的功能性定位

对于合规计划的功能性(也称效用性)定位,存在否定说和肯定说。否定说认为合规计划仅仅是一种“减轻罪责的装饰”(Window Dressing),难以实现企业犯罪预防的目的,尤其是安然事件发生后,以个案为例对合规计划进行批评的声音更多。① 有学者提出,合规计划的假设前提是企业的管理层是在慈善意图下开展业务,这显然具有根本性的缺陷。② 还有的认为合规计划导致企业陷入两难之地:一方面企业根据法律要求建立有效的合规计划并予以实施,能够获得责任减免;但另一方面也加大其处罚的可能性以及经济成本,显然这对于中小型企业而言是沉重的负担。因此,许多企业不过是做“表面功夫”,“徒有其名”而已。③ 新近,还有学者对预先存在的合规计划在美国反腐败执行政策中的突出地位提出了质疑。④

近年来,学界对合规计划在企业犯罪预防中的地位与作用开始热切关注,出现数篇研究成果。我国学者更多吸收借鉴美国、德国等国家对合规计划的理论研究和实证分析成果,普遍对合规计划的效用性持肯定说。例如,孙国祥教授进行了更为详细的阐述,认为合规计划对经济犯罪的预防具有重要作用。首先,可以弥补国家预防经济犯罪资源

---

① 参见李本灿:《企业犯罪预防中合规计划制度的借鉴》,载《中国法学》2015 年第 5 期。

② Charles Barnes, Why Compliance Fail, Economics, Ethics and the Role of Leadership, *HEC Forum*, Vol. 19, 2009, p. 109.

③ Philip A. Wellner, Effective Compliance Programs and Corporate Criminal Prosecutions, *Cardozo Law Review*, Vol. 27. 2005, p. 519.

④ Andrew Spalding, Restoring Pre-Existing Compliance through the FCPA Pilot Program, *University of Toledo Law Review*, Vol. 48, 2017, p. 519 – 550.

和力量的不足;其次,强化了企业预防经济犯罪的责任感;最后,合规计划使得内部监督管理的细化,有助于堵塞经济犯罪可资利用的漏洞。① 客观来讲,就刑罚目的而言,中西方差异较大:中国刑罚更看重犯罪的特殊预防,西方则将一般预防放在了更重要的位置。中国刑罚选择"抓大放小",集中精力惩治较为严重的危害性行为,惩罚与威慑是刑罚首要考虑的目标。西方国家则强调通过刑罚的适当性、公开性和不可避免性,来达到儆戒潜在的犯罪人、教育一般公众守法的目的。② 积极治理模式的主旨在于根据犯罪治理需要,主动更新刑法传统理论,构建以预防为导向的刑事规范体系,进而深化腐败的根源性治理。③ 在积极治理主义下,合规计划能够推动国家、企业和个人形成一种良好的合作关系。

因此,合规计划,不仅可以事前预防违法和犯罪行为的发生,并且也可以在事后纠正已发现的违法犯罪行为、配合执法机关开展调查、建立更为完善的防范机制。执法部门对涉案企业因合规行为不同而给予的差别处遇措施,不仅对其他经济实体的企业合规建设起到宣告作用,也对其高风险贿赂行为起到警示作用,可谓是兼具一般预防和特殊预防的双重功能。首先,从企业的层面上,合规计划的目的是避免实现犯罪行为构成要件,起到实质性预防犯罪作用;其次,从国家的层面上,国家对于事前或事后建立的合规系统的认可,起到了程序性抑制潜在犯罪的作用。

三、合规计划的刑事话语表达

合规计划(Compliance Programm)是合规反腐路径的核心概念。

---

① 参见李本灿:《合规计划的效度之维——逻辑与实证的双重展开》,载《南京大学法律评论》2014年第1期。

② 参见李怀胜:《刑法二元化立法模式的现状评估及改造方向——兼对当前刑事立法重刑化倾向的检讨》,载《法律适用》2016年第6期。

③ 参见魏昌东:《腐败治理模式与中国反腐立法选择》,载《社会科学战线》2016年第6期。

美国司法部将合规计划定义为:企业管理部门制定的法规遵从计划,旨在预防和发现不法行为,以确保企业活动符合刑事、民事的法律和规则的制度。① 显然,合规计划是一个动态的体系建设和持续过程。合规计划是在积极治理模式下,基于政府与企业合作反腐这一理念,对控制公司腐败犯罪的路径探索,将国家刑罚的外部强制约束内化为企业的合规计划来规范企业及其员工的行为,以防范企业进行腐败犯罪的刑事风险和减免刑事可罚性的一系列措施与计划的统称。企业根据自身的组织性质、组织规模、合规惯例等采取一系列措施,使企业能够在最大程度上合乎法律规范,避免违反法律规范,以及尽可能降低因违法规范造成的法律后果。简言之,合规计划是企业为预防、发现、调查、处置违法及犯罪行为的一系列机制。

这种在公司治理结构下形成的腐败犯罪治理理念,使企业通过设定一种规则化的内部控制机制进行自我约束,以实现对国家规制的配合与补充。从国家治理能力现代化的角度,刑法作为法律体系中的强力法和保障法,需要应新形势、新要求而保持应有的理性,努力在维护基本市场经济秩序与发挥市场在资源配置上的决定性之间取得平衡。② 合规计划作为一个全新的犯罪防控理念,其推行不能仅依赖于行政性法律规范或域外法律,刑事法律也应当有所担当。立法机关对企业合规计划给予了极大关注,开始正式将其作为预防和治理企业犯罪的重要手段。很多国家在刑事实体法中规定了合规计划。

例如,澳大利亚1995年《联邦刑法典》规定,如果企业内部存在引导、鼓励、容忍或者导致违反法律规范的企业文化,或者企业未能建立并保持要求遵守法律的企业文化,就可以认定企业具有犯罪的故意或者过失。澳大利亚的判例也表明,是否存在有效的计划而发生了犯罪,

---

① Principles of Federal Prosecution of Business Organizations, at https://www.justice. gov/sites/default/files/opa/legacy/2008/08/28/corp-charging-guidelines. pdf; 2020年5月20日访问。

② 参见张超:《〈刑法修正案(九)〉提出新挑战“三位一体”联手建设新机制——第四届企业家刑事风险防控与经济发展高端论坛综述》,载《河南警官学院学报》2016年第6期。

则减轻刑罚可能是适当的。与此相反,未能实施合规计划则应该成为加重处罚的裁量因素。[①] 匈牙利2001年CXXI法案第255条B款引入了保证人责任原理,规定了“公职人员怠于报告行贿罪”,将公务人员知晓但未被发觉且未立刻向权力机关报告的不作为行为犯罪化,构建了贿赂犯罪理论中的“保证人责任”。[②] 意大利突破了不承认企业犯罪的传统,于2001年6月颁布了包含合规计划五项标准的《第231号法令》(Legislative Decree No. 231/2001 – Law 231),不仅开创性地规定法人刑事责任的一般模式,还在刑法中增设“结构性疏忽”的责任形式,为追究企业因其下属成员为本企业利益实施行贿犯罪管理失当行为提供了重要的法律基础。[③] 该法在规定企业刑事责任的同时,还指出,如果被追诉的企业在犯罪实施之前已经制订并积极地实施合规计划,可以对之不予起诉。[④]

由于各国法制环境、立法认知、经济发展等方面的不同,合规计划在各国刑法中的制度定位和具体规定又不尽相同,主要有两种典型的刑事话语表达形式。

(一)以英国为代表,将企业预防贿赂犯罪失职的犯罪化,合规计划作为抗辩事由

合规反腐模式认为,现代社会中的贿赂犯罪,其衍生已不再是权力支配者的个人独立行动,而与组织机构内部的权力运行、监督不均衡存

---

① Jonathan Clough and Carmel Mulhern, *The Prosecution of Corporations*, Melbourne: University of Oxford Press, 2002, p. 188. 转引自周振杰:《惩治企业贿赂犯罪合作模式之提倡》,载《云南社会科学》2016年第4期。

② 魏昌东:《腐败治理模式与中国反腐立法选择》,载《社会科学战线》2016年第6期。

③ 范红旗:《意大利法人犯罪制度及评析》,载《刑法论丛》2008年第3期。

④ Stefano Manacorda et al. Preventing Corporate Corruption, London: Springer, 2014, p. 333 – 363. 转引自周振杰:《惩治企业贿赂犯罪合作模式之提倡》,载《云南社会科学》2016年第4期。

在密切关系，后者对贿赂行为的鼓励、放纵、默许或监督不力，成为贿赂泛滥的重要原因。基于腐败衍生的组织机构理论，要求组织者应承担对权力组织体内成员的监督责任，对怠于行使责任而放任贿赂发生的，须承担刑事责任。[①] 同时刑事立法还为企业规定了特殊的违法阻却事由：合规计划，即在出现了与商业组织有关的个人为其利益实施贿赂行为的情形下，就可认定犯罪成立，除非被追诉的企业已经制定并有效实施了预防贿赂行为的适当程序，构成辩护理由，可以减轻或免除这一组织责任。这里的适当程序即是指合规计划。

最为典型的立法要属英国《2010 年反贿赂法》。作为世界上较早关注腐败治理的国家，英国历来坚持严厉打击贿赂犯罪的立场，具有悠久的贿赂犯罪刑事治理历史。英国贿赂犯罪法制由普通法和制定法组成，作为典型的英美法系国家，英国在贿赂犯罪立法方面也颇有成效。自 19 世纪末以来，英国通过扩大主体范围、拓展贿赂内容、引入新型证明责任等举措，创立并构建起完备的贿赂犯罪成文法体系。[②] 然而，进入 20 世纪末期以后，随着社会的不断发展，特别是一系列跨国商业贿赂丑闻的爆发，国际组织加大对贿赂犯罪预防与惩治，导致英国原有的法律规定与现实严重脱节，甚至存在冲突，给英国贿赂犯罪的刑事治理提出了新的挑战。尤其是 20 世纪 80 年代后期英国最大军火商英国航空航天系统公司 BAE 海外贿赂案接连被曝光，轰动英国。[③] 最终，BAE 公司在 2007 年因涉嫌海外贿赂行为分别受到美国司法部（DOJ）和英国重大欺诈案件办公室（SFO）的刑事调查，BAE 被美国 DOJ 处以

① 参见钱小平：《创新中国贿赂犯罪刑法立法之选择——基于刑法预防功能的考察》，载《南京大学学报（哲学·人文科学·社会科学）》2017 年第 4 期。

② 魏昌东：《英国贿赂犯罪刑法治理：立法发展与制度创新》，载《学习与探索》2013 年第 2 期。

③ 20 世纪 80 年代中后期，英国 BAE 海外贿赂案被曝光：在 BAE 系统公司的前身英国宇航公司与沙特阿拉伯王国签署的一份出售价值 430 亿英镑的 120 架战机及相关武器装备的军售合同中，传出曾使用不法手段的消息，但海外贿赂行为并未引起立法的重视。20 世纪 90 年代末，BAE 公司再次与沙特续签新的欧洲战机合同。转引自魏昌东：《英国贿赂犯罪刑法治理：立法发展与制度创新》，载《学习与探索》2013 年第 2 期。

4.71 亿美元罚款,同时被英国 SFO 处以 5000 万美元罚款。[①] 该案使英国近代以来一直保持的清廉声誉遭到重创,直接推动了立法议程。如何规范跨国公司的商业行为,强化商业组织预防犯罪的义务,以及监督员工和商业伙伴的责任,成为英国治理贿赂犯罪尤其跨国商业贿赂犯罪的重要关注点。

为了建立一个较为完整的反贿赂体系,履行相关国际公约的义务,提高打击贿赂犯罪的有效性,重塑英国清廉国家的形象,经数年的审议,英国颁布《2010 年反贿赂法》。该法对合规反腐的路径探索的最大贡献是创设了商业组织预防贿赂失职罪(Failure of Commercial Organization to Prevent Bribery),将商业组织疏于建构行贿预防机制、内控弱化导致行贿产生的行为犯罪化,突破了传统上法人犯罪刑事责任的"同一原则"(Identification Principle),代之以组织责任原则。该法第 7 条以组织责任为基础,规定在商业组织未制定并实施预防贿赂犯罪的内部措施、履行犯罪预防义务,从而导致贿赂行为发生的情况下,就可以追究其刑事责任。[②] 在证明责任上,商业组织预防贿赂失职罪采取的是严格责任(Strictly Liable),即任何商业组织仅自己反商业贿赂是不够的,还要采取措施防止代表商业组织的关联人员实施贿赂,否则将为关联人员的行为承担责任。这种严格责任的罪过类型是英国对传统法人责任模式的重大调整,认为贿赂犯罪不仅是个人自由选择的结果,也是商业组织预防不当的结果,如果法人等商业组织内部能够对贿赂行为产生的风险进行有效预防和监督,则可以减少贿赂犯罪发生的概率。基于此,将商业组织怠于行使预防行贿的行为犯罪化,即对商业组织有决定权、控制权的内部责任人员的行为和意图视为商业组织自身实施犯罪,故而直接承担刑事责任,但能证明已经建立了预防贿赂犯罪的充分程序除外。

---

① 参见肖可:《罗尔斯—罗伊斯,贿赂知情者?》,载《第一财经周刊》2014 年 1 月 3 日。

② 参见周振杰:《惩治企业贿赂犯罪合作模式之提倡》,载《云南社会科学》2016 年第 4 期。

充分程序是适用严格证明责任的商业组织预防行贿失职罪的积极抗辩(affirmative defense)。2011年3月,英国司法国务大臣肯尼斯·克拉克颁布的《2010年反贿赂法:相关商业机构防止与其有关人员贿赂可以实施的程序指引》(The Bribery Act 2010 Guidance,以下简称《2011年指引》)规定了构建“充分程序”的“六项原则”包括相称程序原则、高层承诺原则、风险评估原则、尽职调查原则、沟通交流原则以及监控与检查原则等六项原则。[①] 该指引不仅详细规定了预防贿赂的政策,还规定了预防贿赂政策的执行程序。这些规定都体现了现代公司治理的合规建设要求,敦促企业根据实体法的程序指引选择符合自身的合规计划与措施,唤醒商业组织的预防意识,消除其参与商业贿赂治理的天然惰性。

英国《2010年反贿赂法》的最大贡献是完美诠释了企业合规计划与法律责任的关系:一方面,商业组织预防贿赂失职罪规定了严格责任,直接加重了商业组织的刑事责任,有可能会限制企业的自由发展,但另一方面,《2010年反贿赂法》也特别规定了“充分程序”的抗辩事由,即在企业已经构建了并执行了充分的预防行贿程序也未能阻止雇员任意地向他人行贿的情况下,企业无须承担责任,保护了经济发展自由发展的空间。这种立法模式,不仅增强了刑罚的威慑效果,更在于通过外部的刑罚刺激,督促企业自觉进行合规建设与检查,在打击贿赂犯罪与保障商业发展之间寻求一种新的平衡,甚至倒逼企业确立和改善合规程序。尽管英国《2010年反贿赂法》及其指引施行的时间较短,其效用性有待司法实务进一步检验,但该法案对商业组织疏于贿赂预防的犯罪化做法得到了不少国家的认同,并受英国影响开始以立法形式迫使企业加强对腐败犯罪的内部控制,完善企业合规制度。例如,2011

① 参见印波、高远:《英国企业预防行贿失职罪的充分程序抗辩——兼谈对我国治理商业贿赂的启示》,载《河北经贸大学学报》2015年第6期。也有学者翻译为:风险评估、高层承诺、尽职调查、清晰可操作和可获得的政策和程序、有效执行、监控和审查。参见谭彪:《英国〈反贿赂法〉对跨国公司合规提出新挑战——严格责任及其抗辩》,载《企业经济》2012年第7期。

年6月,美国在对FCPA的审议提案中,增加积极合规这一抗辩事由。[①]英国这一罪名的创设增加了企业防范贿赂犯罪的责任,企业法律风险加大,英国企业纷纷按照指引规定要求,加强内部合规建设,在与商业伙伴的合作中也强调反贿赂政策,以应对严格责任的法律规制。

(二)以美国为代表,赋予合规计划一定权限的量刑激励效力,作为重要的量刑依据

企业作为社会公民,具有预防犯罪的义务,企业实施了贿赂犯罪即是企业对其社会责任的违反,因此在立法中规定企业是否以及在多大程度上履行了预防犯罪的义务即制订并实施有效的合规计划,以此作为加重或减免处罚的依据,赋予合规计划免予起诉、免除刑罚乃至量刑上的减免功能。

1991年,美国司法部联邦量刑委员会在开始施行的《联邦组织量刑指南》中在第八章《组织量刑》第C2.5条首次将企业合规纳入企业犯罪的量刑考量。其一方面规定对违法犯罪的企业处以高额罚金,同时还规定在犯罪发生之时,如果企业内部存在以防止和调查违法行为为目的的"有效的合规计划",则可以根据企业的规模、合规计划的实施情况以及犯罪情节,酌情减免罚金,由此合规计划在法律上的重要性大大增强。具体来讲,《联邦组织量刑指南》规定企业犯罪"加重刑事处罚"的因素有:(1)管理层参与;(2)犯罪前科;(3)妨碍侦查。"减轻刑事处罚"的因素有四点:(1)实施了有效的合规计划;(2)主动披露;(3)配合侦查;(4)主动交代犯罪行为等。[②] 其后,《联邦组织量刑指南》的2000年修正案进一步强化了首席合规官(CCO)在商业组织中

---

① Hearing Before the Subcommittee on Crime, Terrorism and Homeland Security of the Committee on the Judiciary, House of Representatives, One Hundred Twelfth Congress, First Session, June 14, 2011, Serial No. 112 – 47, http://judiciary. house. gov/hearings/printers/112th/112 – 47_66886. PDF.

② [日]甲裴克则:《守法计划和企业的刑事责任》,但见亮译,载《刑事法前言》(第3卷),中国人民公安大学出版社2006年版,第358页。

的作用,进一步完善了对合规计划的构成要求。

美国 FCPA 的两个执法机构司法部(DOJ)和证券交易委员会(SEC)也先后出台一系列明确合规计划与刑事责任关系的指导文件。在 1999 年之前,DOJ 并没有统一的关于公司起诉的政策和标准,但在实践运行中逐渐形成并确立了企业通过合规计划得到量刑奖励的政策和标准。从 1999 年以来,美国司法部多位助理总检察长陆续发布名为《联邦起诉商业组织原则》(The Principles of Federal Prosecution of Businessd Organization)的备忘录,又称 1999 年霍尔德备忘录(Holder Memorandum),其后先后发布三个备忘录,分别为 2003 年汤姆森备忘录(Thompson Memorandum)、2006 麦克纳特备忘录(McNulty Memorandum),以及 2008 年菲利普备忘录(Filip Memorandum)。这十年间陆续发布的备忘录不断规范、完善合规计划与刑事责任的关系。

目前,适用的菲利普备忘录在取代汤姆森备忘录、麦克纳特备忘录的同时,也延续了之前发布的备忘录确立的一些原则,如细化了合规计划的标准。在菲尔普备忘录列举的 9 项起诉企业考虑因素中,有关合规计划的规定占了其中 3 项。例如第 4 项:公司及时、自愿的披露和合作配合调查的意愿;第 5 项:企业是否制订合规计划以及有效性;第 6 项:企业的补救措施,包括实施有效的合规计划或改进现有合规计划、更换有责管理层、惩戒或解聘违法犯罪者、支付罚金以及与政府相关机构合作的任何努力。菲利普备忘录通过对检察官起诉企业标准和合规计划要求的完善,形成了对合规计划的统一要求和标准。

2016 年 4 月,DOJ 推出了为期一年的"试点计划"(Pilot Program),鼓励涉案企业自我披露,积极配合调查,完善并执行合规计划,在此基础上给予罚金的相应减免甚至免于起诉。[①] 2017 年 11 月 29 日,DOJ 副总检察长 Rod Rosenstein 发布《FCPA 公司执法政策》,向涉案公司提供更多量刑激励措施,即如果涉案企业满足自愿自我披露、开展充分合作以及采取及时、适当的补救措施(包括有效的合规计划)这三个条件,则

① FCPA Corporate Enforcement Policy, https://www. justice. gov/criminal-fraud/file/838416/download,2020 年 5 月 20 日访问。

可获得量刑减免包括不起诉,除非有特定加重情节(如累犯等)。若达成刑事和解,司法部将视情况向法院建议在《量刑指南》基础上减免50%(此前"试点计划"则是"有可能在50%以下减免");若企业不是自愿自我披露,但在后期能够调查合作以及采取及时、适当的补救措施,则最高可获25%减免。① 该政策的亮点还体现在为企业规定了"有效的合规计划"标准,如培养合规文化,以及要求企业对合规投入足够资源、确保有经验的合规人员能够适当地进入管理层和董事会,并定期向董事会报告。② 显然,由"试点计划"向"永久计划"的转变,意味着FCPA更加重视企业自制,强调合规的权威性和独立性,使合规部门在公司治理结构中的权力得到强化,更使得合规与刑事责任的关系更加直接和密切。

FCPA的另一执法机构SEC也逐渐在其内部建立起评估企业与政府合作基本要素的统一标准。2001年10月,SEC发布《关于1934年〈证券交易法〉第21(a)条规定的调查报告和与政府执法机构合作关系的委员会声明》,又称西伯尔报告(Seaboard Report)。在报告中,SEC明确指出涉案企业在适当情况下的全面合作可以避免任何指控,并第一次表明了评估企业合作作为宽大处理时主要考量的四项基本因素,其中第一项便是要求发现不当行为之前的自我监管,即建立了有效的合规计划。③

① FCPA Corporate Enforcement Policy, https://www.justice.gov/criminal-fraud/file/838416/download,2020年5月20日访问。

② Rod J. Rosenstein, Deputy Attorney General Rosenstein Delivers Remarks at the 34th International Conference on the Foreign Corrupt Practices Act, https://www.justice.gov/opa/speech/deputy-attorney-general-rosenstein-delivers-remarks-34th-international-conference-foreign, 2020年5月20日访问。

③ 西伯尔报告所列的企业合作因素要素包括:(1)发现不当行为之前的自我监管,即存在有效的合规计划;(2)对监管机构发现的不当行为进行彻底的审查和自我报告;(3)补救措施:包括解聘或者适当惩戒违法者,对受到不利影响的人进行补偿,并建立内部控制程序,防止再犯;(4)与执法部门合作。Report of Investigation Pursuant to Section 21(a) of the Securities Exchange Act of 1934 and Commission Statement on the Relationship of Cooperation to Agency Enforcement Decisions, Exchange Act Release No. 44969, Accounting and Auditing Enforcement Release No. 1470 (Oct. 23, 2001), http://www.sec.gov/litigation/inverstreport/34-44969.htm,2020年5月20日访问。

2008 年 10 月，SEC 发布的《内部执法手册》(SEC Enforcement Manual)强化了西伯尔报告确立的评估因素，[①]详细规定了在具体执法过程中 SEC 根据企业的合作意愿、合规计划以及内部控制等因素，决定是否对涉案企业采取进一步的行动或者对其减轻或免除处罚。

(三)合规计划与自然人的刑事责任

合规计划的制定和执行情况，除了对企业法律责任产生影响外，还对自然人同样具有法律与约束力。对公司董事或高级管理人员而言，一套行之有效的合规计划同样可以使其避免承担信托责任，反之，则难逃罚责。2002 年《萨班斯法案》继续采纳了合规计划规定，对首席执行官(CEO)、首席财务官(CFO)以及独立董事等高层管理者等赋予了有必要采取行动预防腐败和贿赂行为发生的积极义务，如企业财务报表“重大不合规”将被要求重新提供。更为严格的是，该法案提高了 FCPA 会计条款下的处罚原则：将个人罚金从原来的不超过 100 万美元提高到不超过 500 万美元，并处或单处监禁的最高刑期从原来的 10 年提高到 20 年。

在替代责任下，公司责任只是个人责任的衍生物，因此追究跨国商业贿赂犯罪案件中自然人的刑事责任，是美国 FCPA 执法机构始终不断强调的重点。2017 年 11 月 29 日，DOJ 副部长罗森斯坦(Rosenstein)在第 34 届 FCPA 国际会议上的讲话中再次强调了 DOJ 对加大个人执法力度的态度，若企业不披露相关涉案个人的所有相关事实，则无法享

---

① SEC《内部执法手册》所列的企业合作因素包括：(1)及时披露与调查有关的事实；(2)自愿提供未请求的相关信息；(3)要求企业员工与工作人员合作，并作出一切合理努力，确保合作；(4)在证券交易委员会在与证人进行访谈存在困难时，向其提供证人；(5)协助负责的业务记录。Securities and Exchange Commission, Division of Enforcement, Enforcement Manual (2016), http://www.sec.gov/divisions/enforcementmanual.pdf, 2020 年 5 月 20 日访问。

受到《FCPA 公司执法政策》这一新政策下的“福利”。[①]

通过出台一系列立法和执法政策,美国逐渐明确了“合规计划”在企业反腐败犯罪中的地位和作用。在20世纪90年代,美国把自己塑造为世界其他国家的样板,美国公司的经营理念和做法在全球范围内被广泛接受。美国财政部甚至声称,其他国家在公司治理和会计制度都应该接受美国的指引。[②] 例如在挪威,对企业犯罪的起诉具有很大的自由性,但是在考量是否对企业实施追诉时的一个要素是企业是否具有防止犯罪的合规措施。[③]

四、合规计划的具体运用与施行效果:以西门子跨国商业贿赂案为视角[④]

2008年被披露的西门子商业贿赂案,不仅时间跨度十余年(从1996年至2007年),范围波及欧、亚、非大陆,而且涉案人员上至国家

① Deputy Attorney General Rosenstein Delivers Remarks at the 34th International Conference on the Foreign Corrupt Practices Act, https://www.justice.gov/opa/speech/deputy-attorney-general-rosenstein-delivers-remarks-34th-international-conference-foreign, 2017年11月29日发布/2020年5月20日访问。

② [美]约瑟夫·斯蒂格利茨:《喧嚣的九十年代——一部关于全球最繁荣十年的新历史》,张明、何璋译,中国金融出版社2005年版,序言第5页。

③ Jeffrey M. Kaplan & Joseph E. Murphy, Compliance Programs and the Sentencing Guideline: Preventing Criminal and Civil Liability, Thomson Reuters 2013 - 2014 Edition, p. 1031. 转引自李本灿:《企业犯罪预防中国家规制向国家与企业共治转型之提倡》,载《政治与法律》2016年第2期。

④ 在西门子商业贿赂案受到美国FCPA执法机关调查期间,还同时受到多国、多组织的调查和处罚。例如,由于西门子俄罗斯分公司在投标世界银行提供融资的莫斯科交通项目中涉嫌贿赂而遭到世界银行调查。2009年7月双方达成和解协议:西门子承诺将在今后5年内向世界银行支付1亿美元的罚金以支持后者打击各项商业腐败,同时西门子俄罗斯公司被禁止在4年内投标世界银行融资的项目,西门子集团在2010年年底以前暂停投标世界银行项目以及撤回2009年1月前尚未开标的投标。参见《西门子就贿赂案与世界银行达成和解协议》,载驻德国经商参处子站,http://finance.qq.com/a/20090707/005834.htm,2020年5月20日访问。

总统下至普通官员，贿赂金额高达14亿美元，被称为世纪大案，而西门子也由此成为FCPA历史上第一个因违反会计条款受到刑事指控的公司，最后以达成和解协议结案。

1996年至2007年，德国西门子股份公司及其子公司至少向委内瑞拉、中国、以色列、俄罗斯、越南、阿根廷、伊拉克、孟加拉国、尼日利亚等国政府官员进行不正当支付4283次，行贿总额约14亿美元，以获得在这些地区的地铁、发电厂、移动电话网络、电信、身份证制造、医疗设备订单等业务。此外，另有大约1185个单独支付给第三方，总共约为3.9亿美元，至少部分用于商业贿赂和贪污的非法目的。① 其中，向中国政府官员或国有医院行贿6000余万美元。② 根据美国执法机构指控，西门子未能采取足够的内部控制来检测和防止违反FCPA的行为，这一内部控制的失效与未能建立并保持一个有效的合规计划体系息息相关。例如，西门子的合规部门没有得到充分授权，无法进行尽职监管；反贿赂合规政策和程序也未能得到充分执行。2008年12月15日，西门子与美国政府、德国政府达成合作共识，西门子选择认罪，并签署认罪协议。在认罪协议中，西门子及其子公司同意美国司法部对其违反FCPA反贿赂条款以及内部控制与账簿要求的会计条款的两项指控；同意向美国司法部支付罚金4.5亿美元，并同意司法部委任一名合规监察官，期限为4年，以及同意继续开展调查合作。③

---

① SEC Charges Siemens AG for Engaging in Worldwide Bribery, http://www.sec.gov/news/press/2008/2008-294.htm，2020年5月20日访问。

② SEC Files Settled Foreign Corrupt Practices Act Charges Against Siemens AG for Engaging in Worldwide Bribery With Total Disgorgement and Criminal Fines of Over $1.6 billion, http://www.sec.gov/litigation/litreleases/2008/lr20829.htm，2020年5月20日访问。

③ Siemens AG and Three Subsidiaries Plead Guilty to Foreign Corrupt Practices Act Violations and Agree to Pay $450 Million in Combined Criminal Fines, Coordinated Enforcement Actions by DOJ, SEC and German Authorities Result in Penalties of $1.6 Billion, https://www.justice.gov/archive/opa/pr/2008/December/08-crm-1105.html，2017年10月22日访问。在此前两天，西门子还与证交会达成和解：同意法院命令，永久禁止违反美国《证券交易法》；支付罚金3.5亿美元；遵守FCPA合规计划中的承诺，包括在今后4年后的独立监测。西门子还被德国检察机关处以合计8.54亿美元的罚金。

嚣乎全球的西门子商业贿赂案使西门子这一将近 200 年历史的跨国巨头遭受史无前例的信誉危机和财务危机。西门子决策层果断自省、积极认真并配合调查,迅速与各国(包括国际组织)执法机构开展全面合作,以高达数十亿美元的罚金代价换取认罪。其后,西门子严格履行 PA 协议中关于合规计划的规定,不惜花费 20 亿欧元重金重建合规体系,主要包括三部分:防范、监察与应对。防范是指制定明确的反腐败合规政策和流程,建立完善的合规培训;监察是指对案件的跟踪调查;应对,则是指西门子内部的纪律委员会在法律允许范围内对违反 FCPA 行为进行严厉追究。

在严格的合规体系下,西门子首先对反腐败合规政策进行了明确。2009 年,西门子专门颁布了《反公共腐败合规政策》,对在国际市场环境中确保公司员工与政府官员交往时遵循商业行为准则和 FCPA 的各项规定。在与代理人和商业伙伴等第三人的合作中,颁布《供应商行为准则》以执行更为严格的尽职调查,并且与竞争对手建立合规公约,作为行业长期发展的反腐计划,重塑企业合规文化。虽然代价不菲,但西门子重构的合规体系以及一套行之有效的实施和监管机制在最短时间内即发挥作用:从 2008 年第二季度开始,已经有 460 多个举报被查实,有效履行了和解协议的举报机制和奖惩机制。通过史无前例的公司治理变革创新,仅在两年时间内,西门子便走出了公司发展史上最黑暗的一章,被美国 DOJ 高度评价为“以异乎寻常的努力实施了亡羊补牢和自我清理的措施,建立了最先进的‘超一流’的合规体系”。

五、合规计划对我国治理跨国商业贿赂犯罪的启示

以美国为代表的西方国家通过政府与企业合作,确立企业腐败犯罪的责任非难性,促使企业积极加强内部控制和合规建设,并配合政府开展反腐调查以获得量刑优惠,使诸多原属于国家职责的事项也开始逐渐由企业承担。从诸多国家的立法和司法实践来看,这种在公司治理视野下以企业组织责任为基础,以合规计划为核心,加强企业内部控制,预防和减少贿赂犯罪的治理路径以其纳入法治的彻

底性、执行力度的坚决性和实践效果的可观性,已然形成了全球化趋势。深入分析合规计划的特征,对我国治理跨国商业贿赂犯罪不乏借鉴意义。

(一)合规计划具有独特的适用原则

合规合法性原则,是指建立的合规计划应当在遵循国家法律、法规的要求,保证每一项商事活动能够在合规与合法的状态下开展。虽然合规计划是政府与企业合作反腐动因下的产物,从某种意义上说也是双方博弈的效果,也体现了国家在一定程度上的职权让渡。但国家法律、法规体现了广大人民群众的根本利益,对企业生产经营活动起着强制性或指导性作用,因此,合规计划必须首先符合法律法规要求,在此前提下,根据行业要求、业务特点和企业实际情况建立符合企业自身管理和发展要求的合规计划制度,这是合规计划建立的先决条件。

有效性原则。含义有二:一是企业的各项合规手段和方法在施行过程中应当具有明显的犯罪预防作用。合规计划本身即是企业内部控制中预防性管理体系的一部分,又是确保其他预防性管理措施实现的进一步控制。二是企业应当定期检查合规计划的执行情况,即合规检察官应当加强例行检查和抽查,就在合规计划施行过程中的偏离、违规甚至违法现象及时加以报告、处理,并有针对性地采取相应的完善措施,确保企业能够在规定期限内完成合规计划内容,最终取得刑罚的减轻或赦免,为企业再次发展赢得机遇。

成本收益原则,是指建立合规计划的成本应该低于刑事责任承担造成的损失。政府在要求企业制定合规计划的过程中,应当树立成本收益观念,避免合规计划的烦琐与复杂,否则过分强调严密要求,则不但浪费企业成本,也会造成员工的心理不适甚至抵触心理,影响犯罪预防的功能发挥。企业也应当根据犯罪行为暴露出来的风险点进行重点控制,建立起切实又高效的合规管理体系。

(二)合规计划已成为企业腐败犯罪结案方式的必要组成部分

在政府与企业的和解谈判中,涉案企业除了自首、配合调查并采取适当的补救措施以外,有无合规计划以及合规计划是否充分有效可能影响到FCPA执法机构的指控能否以暂缓起诉或不起诉方式解决,还会影响到缓刑期限长短、罚金数额大小以及执法机构是否需要指派合规监察官或进行定期自我报告。因此,合规计划成为与执法机构进行审前分流和解谈判的主要考量因素。

在美国FCPA两大执法机构的结案方式中,无论是占据主流的不起诉协议(NPA, non-prosecution agreement)、[①]暂缓起诉协议(DPA, deferred prosecution agreement),[②]还是传统的认罪协议,其内容中均包含合规计划。随着执法案件的增多和执法经验的成熟,合规计划的构成也相对规范化、模板化。合规计划的普遍应用,赋予了检察官和法官

① 暂缓起诉协议,又被称为缓诉协议。在暂缓起诉协议下,司法部会向法院提交一份起诉书,但同时又会要求暂缓起诉,即通过延缓起诉,给公司立功表现的机会。暂缓起诉通常要求被告同意支付一定的罚金,放弃诉讼时效权力,与政府合作,承认相关事实,并作出一定的合规和补救承诺,其中可能包含聘任合规监察官的条款。暂缓起诉协议会对公司的行为、合作以及补偿(如果有的话)作出承诺,并且依据《美国量刑指南》作出一个处罚计算。除了向法院公开提交,司法部还会将所有的暂缓起诉协议放在其网站上。如果公司能够按时成功地履行协议中的承诺(通常在两到三年内),司法部将会向法院提出放弃起诉要求。公司成功地履行暂缓起诉协议,将不会被视作刑事定罪。参见《美国〈反海外腐败法〉信息指引》。

② 不起诉协议,又称为免诉协议。在不起诉协议下,美国司法部仍保留提起公诉的权力,但基于协议条件而不提起诉讼。与暂缓起诉协议不同,不起诉协议不提交给法院,而是由双方保存。当某公司因为违反FCPA而与司法部达成不起诉协议,公众可以通过司法部网站获知。不起诉协议与暂缓起诉协议相似,都是通常要求被告在支付一定罚金基础上,同意放弃诉讼时效权利,与政府合作,承认相关实质性事实,并作出一定的合规和补救承诺。如果公司完全履行协议条件,司法部将不会进行刑事诉讼。如果个人正确履行不起诉协议的条件,即真实且完全的合作并不再违法,司法部将不予起诉。参见《美国〈反海外腐败法〉信息指引》。

更多的裁量权和灵活性,提高了司法效率,加快了刑事诉讼程序,既能够完成涉案当事人的有效规制,又促进企业加强内部控制和合规经营,实现了对违反 FCPA 的企业与自然人的最佳威慑和有效预防,成为其他企业进行自我对照检查和在触法时为减轻处罚而参照的模板。这一作用也得到了执法实践的支持。无论是 DOJ 还是 SEC 都在其结案文书中认可了合规计划的作用性,成为审前分流以及起诉认罪和协议的必要组成部分,更已经成为大多数公司合规经营中不可或缺的环节。

(三)合规计划具有强制性

合规计划的履行具有强制性,并且这一强制履行义务具有深刻的法律基础。FCPA 及《萨班斯法案》均规定了反贿赂政策和加强内部控制的条款。《萨班斯法案》还在 FCPA 基础上,增设了对公司高管、审计师在公司合规问题上的责任,并规定更加严格的内部调查监控和刑事法律责任,将政府对公司内部控制、合规计划、信息披露等公司治理要求提升到一个崭新的高度,明确了合规计划适用的强制性,一旦违反,将面临严厉的法律制裁。

美国 FCPA 框架下适用不起诉协议或暂缓起诉协议时最为突出的共同点是要求涉案企业对公司进行结构性的重构,制订或完善合规计划,并予以严格执行。对合规计划的评估,包括是否设计合理、是否能够得到善意实施和有效执行,都是 FCPA 执法机构的重要监管事项。这一强制性内部控制要求,强化了联邦政府对公司治理的监管,尤其指派的合规检察官有权在检察官的指导下评估、建议、修改公司内部规章,解聘违法犯罪员工,直接以公司名义雇佣审计人员、律师进行尽职调查。该项权利甚至可以延伸至不起诉协议或暂缓起诉协议的考察期满之后。[①] 首席合规检察官除了直接向董事会进行报告外,也作为 FCPA 执法机构的派驻人员,直接与执法机构对接,加强合规计划后续

① 参见袁杜娟:《反商业腐败之公司治理路径研究》,上海三联书店 2017 年版,第 47 页。

履行的沟通,时刻彰显 FCPA 的司法效力。

在适当的情况下,DOJ 和 SEC 可以基于公司的有效合规计划而撤销对公司的指控。例如摩根士丹利商业贿赂案,即反映出基于公司原有的有效的合规计划等公司治理机制,虽然公司高管受到制裁,但公司本身免于 FCPA 的刑事制裁。或者可以就其合规计划对公司另行给予奖励,即使该方案未能防范引发调查的某项特定的 FCPA 违法行为。①

(四)合规计划蕴含着合规反腐的终极目标

计划的目的是实现目标,目标是计划活动的起点与归宿,明确的计划目标有助于实务操作和审核检查。构建合规计划体系的终极目标并不是简单地动用刑罚惩处犯罪,而是实现对跨国商业贿赂犯罪的治理,最终平衡各利益关联方的诉求。因此在建立合规计划时,必须根据实现犯罪有效治理的这一现实目标来确定应采取的方法、措施和应当遵循的程序,要善于根据案件的具体情况和企业的实际状况,以发现背离合规计划要求的偏差行为作为规制的对象。

目前,合规计划在 FCPA 框架下发挥着极为重要的作用。如美国 FCPA 在其信息指引中所指出的,一项结构完善、实施缜密且执行一致的合规计划和道德方案有助于防范、发现、补救和报告违法犯罪行为。从美国 FCPA 执法机构在其裁判文书中对合规计划规定的细致性和全面性不难看出其非常重视这一项措施,且在正文的结案形式的适用理由和执行合规计划中两次提到合规计划的重要性。在具体的合规计划附件中也是加重对公司高层的合规责任、合规指南的制定、会计账簿要求、合规监督和培训、聘请专门的合规监察官要求及其职责、对第三方的尽职调查,以及内部举报和惩罚机制等要求。这就要求公司不仅要"洁身自好",更要对其商业伙伴负责并纳入公司合规政策、文件和程序中,可谓事无巨细、用心良苦。执法机构并不是单纯对涉案企业进行

---

① 参见袁杜娟:《反商业腐败之公司治理路径研究》,上海三联书店2017年版,第183页。

刑事处罚,更重要的是推动和监督涉案企业建立起有效的公司内部控制、对商业伙伴的监管等一整套合规体系,其终极目的是实现对商业贿赂犯罪源头治理。尤其西门子商业贿赂案,虽然缴纳了巨额罚金,但实现了在最快速度和最深层面上倒逼西门子重构起全球公司的合规体系,重新焕发出生机。显然,传统的公司治理模式,往往以公司自我规制为主,但是在合规反腐路径下,通过政府与企业及其高管、审计师等开展合作,使得企业在国际市场环境中,不仅要遵守法律反腐规定,还要符合公平竞争、诚信经营等商业伦理,增加了法律的威慑,加强了企业社会责任,丰富了企业文化,提供了一条更加强有力的公司腐败犯罪治理路径。

(五)合规计划适用的全球化

合规反腐的全球化是指针对企业腐败犯罪而进行的合规计划在逐步得到实施,受到越来越多国家的青睐和国际社会的重视。如前所述,对国家和企业而言,建立起完善的合规计划,主动预防、配合调查犯罪行为无疑是多赢的选择。更多国家接受了美国通过合规计划为核心的跨国商业贿赂犯罪治理举措,不仅纷纷纳入刑事立法,将企业合规建设与法律责任相衔接,更在全球范围内形成了加强合规建设的浪潮。

为避免美国 FCPA 的法律风险,2002 年以后,越来越多的美国公司开始制定并实施一套有效的公司合规程序,以使公司免受潜在的风险、责任和名誉损失。据调查显示,90% 的美国公司已经进行或计划进行公司内部针对反腐败行动的合规培训。意大利内部审计协会(Italian Internal Auditor Association)2006 年 4 月公开的一项研究结果显示,在接受调查的 72 家企业中,82% 的企业已经制订并正在实施企业合规计划,91% 的企业已经或正在根据第 231 号法令制订特殊的行为监督计划。[①] 普华永道公司定期发表的研究也证明合规计划的全球

① 转引自周振杰:《企业适法计划与企业犯罪预防》,载《法治研究》2012 年第 4 期。

化发展趋势。在这项研究中,1166家德国公司受访。多达87%的公司称(取决于该措施的方式),他们对经济犯罪采取了预防措施。这些公司主要是依赖于内部或外部审核这样的控制性措施。在控制力度较大的公司中,62%的公司实施了合规计划,76%的公司实施了伦理指令。KPMG咨询公司对420家德国公司进行了经济犯罪的调查,调查结果类似于以上调查结论。调查结果显示,84%的公司采取了防止经济犯罪行为的措施,且这些公司还尤其致力于改善内部控制并制定指令。①

合规已成为当今跨国公司发展的新趋势,企业合规已不仅局限在本国本地区,而是将视野投向了全球。2008年席卷全球的金融危机暴露出原有金融监管体系的不足。随着美国打击跨国商业贿赂执法力度的加强,惩处了一大批重大、恶性跨国商业贿赂案件。在这些震惊全球的跨国公司腐败事件之后,全球企业反腐合规进入新的发展阶段:一是执法机构积极执法和高额罚金,让企业高层切实认识到合规管理的重要性。越来越多的大型企业设立首席合规官职位,将合规职能提高到公司最高管理层。合规管理成为跨国公司公司治理和企业内部管理的最重要工作内容之一。二是出现新的执法趋势。除了对企业的高额罚款,执法机构还越来越多地向有失职责任的高管追究刑事责任。在监管执法机构调查和处罚结束,一些案子还引起了后续的股东诉讼。美国法院的判决支持将合规风险控制纳入董事会应尽忠诚注意义务的范畴。如果企业出现违规遭受处罚,说明董事会没有对股东尽职。三是直接推动各国立法和国际标准形成。各国立法开始集中关注如何将更为有效的刑法机制引入跨国商业贿赂犯罪;国际组织和一些发达国家在全球范围内加大了企业合规反腐的力度,出台各项法律、公约、准则和指南,反对商业贿赂,加强企业合规反腐成为全球共识。

---

① 参见[德]乌尔里希·齐白:《全球风险社会与信息社会中的刑法:二十一世纪刑法模式的转换》,周遵义、江溯等译,中国法制出版社2012年版,第241页。

六、合规计划纳入刑事法的路径分析

合规激励制度不仅保证国家规范得到良好贯彻,有效预防公司内部不法行为,其还可以为国家节约司法资源。[①] 真正的合规计划,必须体现刑法担当。[②] 相较于其他国家跨国商业贿赂犯罪立法,我国刑事立法整体而言较为完整,相关配套法律法规也并无明显缺失,关键是如何将这些法律规定作进一步的完善以适应国际公约要求和国际立法趋势,更为重要的是如何落到实处、加强预防和监管,以及各部门协调配合的问题。

(一)合规计划在我国刑事法中的表达

首先,从宏观的立法思路来看——

第一,合规计划的刑法功能需要明确。德国刑法学家埃里克·希尔根多夫在《德国刑法学:从传统到现代》一书中对近年来德国刑法学界探讨的“刑事合规性”问题予以匡正和廓清。他认为,刑事合规性不是刑法的替代物,而是跨学科认知和系统化推动预防工作的一种新形式。反腐败合规计划的创新性和决定性之处,部分在于视角的转变:早期刑法的研究只要针对过去的案例,即依据法律艺术的规则对已经发生的案件进行刑法上的“加工”,而对合规措施的研究则是朝向未来的;它是今后为避免刑事违法和刑法责任的措施。通过合规进行企业反腐败工作对于企业法务人员和合同设计者并没有什么新鲜可言的,但对于传统上以刑事法官为模型而培养出来的刑法学者而言,刑事合规性则从根本上转变了研究视角和思路。显然,应将企业合规从传统的公司治理范畴中跳将出来,遵从犯罪治理的客观需要主动更新、修正

① 参见李本灿:《刑事合规的制度边界》,载《法学论坛》2020 年第 4 期。

② 参见李勇:《“合规计划”中须有刑法担当》,载《检察日报》2018 年 5 月 24 日,第 3 版。

传统刑法理论,建立以预防为导向、蕴含积极治理主义的刑事规范体系,以实现对腐败犯罪的根源性治理。传统报应主义刑罚观下的强制性规制的不足可以通过企业合规的激励性而得到克服:在市场经济条件下,倡导企业反腐败合规管理,有利于公平竞争理念的深度培育,催生商业组织及其成员积极防治商业贿赂行为的自觉性,从而助力发挥刑法的一般预防与特殊预防功能。

第二,合规计划的刑事功能发挥过程需要关注:法律不仅在于制定,更在于执行。美国将企业合规纳入刑事立法并非"横空出世",而是有着深刻的时代背景。在20世纪六七十年代爆发的洛克希勒贿赂案等跨国商业贿赂丑闻,不仅直接导致尼克松总统的下台,也在美国国内引发了人们对跨国公司的信任危机。为重振投资者的信心,美国政府不仅将企业合规纳入刑事立法,更直接推动跨国公司开始重视内部合规和企业文化建设。在健全刑事法制的同时,美国更是在司法实践中始终贯彻着对企业合规的运用和推动。在政府与企业的和解谈判中,涉案企业除了自首、配合调查并采取适当的补救措施以外,有无合规计划以及合规计划是否充分有效可能影响到FCPA执法机构的指控能否以暂缓起诉或不起诉方式解决,还会影响到缓刑期限长短、罚金数额大小以及执法机构是否需要指派合规监察官或进行定期自我报告。这使合规计划成为执法机关各种执法协议中的必要组成部分,既实现了涉案当事人的最佳威慑和有效预防,又成为其他企业进行自我对照检查以及在触法时为减轻处罚而参照的模板。美国将企业合规的刑事立法与司法充分结合,最大限度发挥企业合规刑事制度功能的做法值得关注。

第三,中国刑法需要建立企业合规计划与刑事责任的关系。对单位犯罪主观方面的判断,不能仅以单位组成人员的主观意思为基础,而应当从包括企业的结构、文化、合规计划等多方面因素加以判断。[①] 美国反跨国商业贿赂犯罪法治实践的策略是:以实用主义为导向,充分运用公司治理原理,通过暂缓起诉、不起诉、辩诉交易等诉讼程序弱化跨

① 参见黎宏:《合规计划与企业刑事责任》,载《法学杂志》2019年第9期。

国商业贿赂犯罪的侦查难度,为实现对这类犯罪的刑法控制探索新的路径。近年来,我国不断完善腐败犯罪刑事立法,反腐力度持续加强,但仍未实现对腐败犯罪惩治效果的显著提升,尤其对于跨国商业贿赂犯罪,司法更是远远落后于立法,严重影响司法权威。因此,应当积极探索符合中国特色的反跨国商业贿赂犯罪实际的司法优化路径,以提高实体法适用效果。反观美国通过探索与企业进行合作,建立起反跨国商业贿赂犯罪反腐败合规计划的程序机制,凸显实体法的实践效果,这种法治经验为我国刑法理论深刻反思和借鉴惩治跨国商业贿赂犯罪的实践路径提供了很好的视角。

其次,从微观的立法建议来看——

中国现行刑法对企业实施商业贿赂犯罪的规定,主要是《刑法》第393条"单位行贿罪"与第387条"单位受贿罪"。这两个法律条款的不足之处在于仅关注了贿赂犯罪的实行行为,并未规制相关修正行为,也就难以通过刑事法治推动企业加强内部行为的监督与控制,不够严谨、全面。如前所述,反腐败犯罪的有效治理依赖于政府、企业及社会的共同努力。企业合规作为预防腐败犯罪的有力手段,可有效约束内部员工、第三方中介及商业伙伴的行为,从源头切断腐败犯罪产生的根源。通过建立企业内部反腐败合规机制,将一部分原本由国家承担之预防腐败犯罪的责任转移给企业,将企业反腐败之社会责任上升为国家法律责任的一部分,从而在监管环节便加大预防力度,防微于杜渐,以最大限度减少商业腐败犯罪的发生。

因此,应着重从以下四方面加强刑事立法:一是立法理念。应借鉴英美做法,采取以预防为主导的积极治理主义模式,将一般预防放在更为重要的位置,最大限度激发行为主体的守法意愿并对其行为予以法律上的肯定,并在司法实践中给予明确的刑罚减免,树立司法的权威。二是关于定罪。应借鉴英国立法增设单位预防贿赂犯罪失职罪,明确企业及其相关主管人员、责任人员预防企业(包括内部员工)贿赂行为的法律义务,若这种预防机制失效,那么企业及其责任人员应承担相应的刑事责任。通过本罪名的设置,倒逼企业建立和实施合规政策与程序,构筑起预防腐败犯罪的"防火墙"。三是量刑激励。在单位行贿罪和单位受贿罪中,采纳美国政府与企业的合作反腐模式,将合规计划纳入刑事立法中,以贿赂数额、贿赂方式、企业规模、自我披露、调查合作等因素为基础,调节单位贿赂犯罪量刑的基准刑比例,以预防单位贿赂犯罪。四是作为出罪事由。应将企业已建立有效的合规计划作为抗辩事由。

还应注意的是,形成预防腐败文化的有效方式是将教育培训与明确引导相结合。在通过刑事规制倒逼企业建立反腐败合规计划的同时,还应激励企业将加强内部合规管理作为企业首要责任,建立配套的规章制度,在企业内部提出更高要求的反腐败道德准则,明确适用利益冲突法、贿赂与报酬的相关规则。这些企业内部规定应比刑事规制更为严格,并通过企业网站或其他方式对外发布,形成舆论监督压力。企业管理人员还必须确保员工对企业内部规定的遵守与执行,加强企业合规的培训,并不断加以修正完善。

(二)有效合规体系的构成要素

合规计划就是使企业守法成为自觉的一种机制。有合规计划的企业就有了守法的自觉性,没有合规计划的企业就无以表明其守法的自觉性。[①] 企业合规是通过制定组织的合规目标、合规要求和各种合规风险控制流程,并根据合规计划原则为实现组织的合规目标进行合规风险控制的过程。商业组织在合规上面临的真正问题,不仅是制定出完善、科学的流程步骤,更为重要的是要建立起合规的有效运行机制,使合规体系真正发挥作用。需强调的是,因企业业务领域不同,各企业在商业活动中适用的具体法律规范有所不同,因此在实践中,各企业的合规体系实际各自侧重。例如在医药领域,企业合规主要调整的是制药企业与医疗专业人士(如医生、护士、药店店员)之间的关系,防止为销售产品、占有市场而铤而走险,实施贿赂犯罪等

① 参见黄晓亮:《合规犯罪的概念证成与防治推演》,载《山东社会科学》2020年第5期。

行为。又如，就金融领域而言，银行合规主要是防止因未能遵循相关法律、法规、准则及标准，相关金融主体可能面临法律制裁或声誉损失等风险。

有效合规体系的共性内容。虽然合规计划的内容因企业类别、规模等不同而有所差别，但其遵循原则与内容基本一致：先是规定企业的经营理念，其后规定企业为进行正当商业活动而需要遵循的行为准则。从守法角度来讲，这些行为准则之核心内容均是不实施任何构成犯罪的行为。① 根据前文对域外合规体系构成要素的分析不难看出，虽然个案或个企的合规具体规定不同，但具有一个明显的共性，即有效的反商业贿赂合规体系包括三大内容：事前预防、事中监管与事后应对。其中，事前预防是指企业制定相应的反商业贿赂政策，并针对相关政策对员工进行充分培训，提升员工的合规意识，预防商业贿赂行为；事中监管主要是指合规管控、定期合规检查与检测等；事后应对是指企业建立针对商业贿赂行为的举报机制、内部调查程序、奖惩机制以及商业贿赂犯罪案发后的补救与协助调查机制等。

反商业贿赂合规政策的具体内容。有效的合规体系应当根据企业的具体业务以及与该业务相关的风险而建立，合规体系是动态的过程，随着业务范围即市场变化而调整。根据企业所处行业、业务模式、规模大小的不同，其反商业贿赂合规政策亦有所不同，但均包含如下内容：(1)禁止商业贿赂行为的原则性规定；(2)对于与业务相关的礼品、招待、娱乐及差旅等规定；(3)对与业务相关的供应商、服务提供商、经销商等第三方合规管控的规定；(4)针对企业特定业务行为的指引，如营销、捐赠等；(5)对不合规行为的举报机制；(6)对于不合规行为的惩戒机制等。

合规专门机构的设置。除一些大型央企外，目前国内大多数企业未设立专门的合规部门，很多企业的合规职能散落在不同部门，如法务部、人力资源部、财务部等，甚至直接由业务部门主管负责合规工作。

① 参见[日]芝原邦尔：《经济刑法》，金光旭译，法律出版社2002年版，第126～127页。

合规具有很强的专业性和独特性,根据企业规模和行业特征等,企业可以设立专门的合规部门或聘任专业的合规人员。

对第三方的合规监管。如前所述,跨国商业贿赂犯罪多是通过第三方完成,因此加强第三方的合规管理同样重要。对第三方的合规监管应包含三方面内容,即聘任前的预防、聘任期内的监管以及反馈与纠正措施。聘任前的预防包括对第三方的尽职调查、聘任协议中相关反腐败条款的设置、第三方人员的反腐败培训等。聘任期内的监管包括对第三方参与的高风险交易进行审查、向第三方支付费用前审查费用的合法性、定期审计、举报机制、违规调查等。反馈与纠正措施包括合规奖励机制、对不合规第三方的惩戒机制、建立高风险第三方黑名单等。

对商业伙伴的合规管理。对第三方的反商业贿赂合规政策既应禁止受贿行为,也应禁止行贿行为;既应禁止对国家工作人员行贿,也应禁止对非国家工作人员行贿。具体步骤包括:第一,识别合规风险,即根据业务所在国的腐败风险、商业伙伴的类型、业务范围、诚信记录等确定商业伙伴的风险等级。第二,尽职调查。尽职调查的信息可以通过现场调查、开展调查问卷或从相关国际组织(如世界银行"黑名单")、政府诚信管理系统(如我国检察机关"档案查询系统"资源)中收集。第三,合作与定期报告。根据对商业伙伴尽职调查确定的风险等级决定是否合作、如何合作,并且在合作协议中明确诚信条款,要求商业伙伴提供定期报告,以确保合规贯穿合作全过程。第四,检查与评估。建立商业伙伴监管档案,实施跟踪商业活动表现,检查商业伙伴合规的有效性并进行定期评估,对不合格者予以惩戒。第五,培训与沟通。培训内容主要为在法律、社会、道德等方面的要求,并建立起良好的沟通机制,确保合规标准的践行。

此外,随着更多"走出去"和"一带一路"建设的深入推进,中资企业的海外合规风险呈上升趋势。因此,企业合规的重要性必将更为突出,要重点关注中资企业在海外投资,尤其"一带一路"建设中反跨国商业贿赂执法风险的防范。鉴于涉"一带一路"建设的沿线国家之清廉指数大部分排名靠后,可以说公平竞争的市场环境均较为匮乏，不难预料，中资企业在这些国家开展业务，即使不主动行贿，也可能面临索贿，难免陷入跨国商业贿赂丑闻之中。进一步讲，“一带一路”建设系以基础建设为主，许多参与基础设施建设的中资能源、通信或其关联企业均在美国上市，因此，若这些企业在“一带一路”沿线国家进行商业活动时，一旦实施海外贿赂，无疑会面临FCPA等域外法制的管辖。此外，虽然一些企业不在美国、英国等国家上市，但也要注意防范因“长臂管辖”或“密切联系”而产生的管辖权，以免被卷入域外反跨国商业贿赂执法当局的调查。因此，中资企业在海外投资中需要同时遵守我国与东道国的法律法规，坚决抵制自身与关联公司的海外贿赂行为。在选择商业伙伴或与第三方中介合作时，也必须开展严格完善的合规管理，规范开展尽职调查，全方位强化企业合规管理，构建企业合规文化，提升中资企业在国际市场中的软实力和竞争力。

七、结　　语

党的十八大以来我国进入“全面反腐时代”，腐败犯罪治理取得重大进展。正如习近平总书记在党的十九大报告中所指出的，“中国特色社会主义进入了新时代”，“反腐败斗争压倒性态势已经形成并巩固发展”。但客观上讲，仍未实现对腐败犯罪惩治效果的显著提升，尤其对于跨国商业贿赂犯罪，司法更是远远落后于立法，严重影响司法权威。反观域外治理跨国商业贿赂犯罪的合规反腐路径，这种以预防犯罪为中心的合规计划虽然只是一项程序机制，却凸显实体法的实践效果。这种法治经验为我国刑法理论深刻反思跨国商业贿赂犯罪的路径提供了很好的视角。因此，应当对作为合规反腐路径核心的合规计划予以充分重视，有步骤、分层次地推动企业合规体系建设，在刑法中确立公司预防贿赂犯罪失职的严格责任及其充分程序的抗辩事由，完善法律责任制裁体系，同时注重营造合规经营的文化氛围，最终构建起以预防腐败犯罪为导向的企业合规体系。

An Anti-Corruption Compliance Approach in Regulating Trans-National Bribery from the Perspective of Corporate Governance

ZHAO Qing & YE Ping

[**内容摘要**]跨国商业贿赂犯罪治理是全球一体化进程中的重大国际法律议题。在美国的主导和推动下,合规反腐逐渐由美国的单边行动上升为全球共识,成为现代化进程中治理跨国商业贿赂犯罪的重要导向。作为治理跨国商业贿赂犯罪的新理念,合规反腐具有鲜明的价值性定位和功能性定位。西门子贿赂案为我国借鉴域外惩治跨国商业贿赂犯罪的治理路径提供了很好的视角。应当采取积极治理主义模式,在刑事法体系中明确合规计划的刑法功能,增设单位预防贿赂犯罪失职罪,并将有效的合规计划作为抗辩事由。同时,企业应当建立起合规计划的有效运行机制,使合规体系真正发挥作用。

[**关键词**]跨国商业贿赂;合规反腐;合规计划;犯罪预防;量刑激励

Abstracts: Regulating trans-national bribery is a significant international legal issue in the process of global integration. The US promotes to extend anti-corruption compliance from a unilateral movement to a world-wide consensus, which has now become an important guidance in the governance of trans-national bribery in the process of modernization. As a new idea in regulating trans-national bribery, anti-corruption compliance has prominent values and functions. The Siemens case provides us an enlightenment in regulating trans-national bribery. An active approach needs to be adopted to clarify criminal function of compliance programs, and to create corporate liability for its negligence in bribery prevention, and to establish compliance defense for those companies having incorporated effective compliance programs. At the same time, enterprises are supposed to build effective mechanism to operate compliance programs.

Keywords：Trans-National Bribery；Anti-Corruption Compliance；Corporate Compliance Programs；Crime Prevention；Motivation in a Sentence

〔刑事执行法学〕

刑事罚没收入作为司法经费用途的历史惯性*

冷必元**

目　　次

案件发生后,由与案件无关的第三方居中裁决,确定责任,这是一项耗费人力、物力、专门技术能力的社会活动。第三方人员所投入的人力、物力、专门技术能力等人财物成本,构成了解决案件的司法成本。司法成本的货币化形式,现代社会称为司法经费。

司法成本的支付责任应当由谁承担,存在不同做法和制度安排。

---

* 本文为2020年度国家社会科学基金项目"刑法定性与行业技术标准对接研究"(批准号:20BFX057)的阶段性成果。

** 湖南工业大学法学院副教授,中国包装标准与法规研究中心主任,硕士生导师。

现代西方国家,司法经费基本上由国家年度预算统一安排,全额国家拨支。长期以来,我国的司法经费采取差额预算办法,国家只给地方司法机关拨付部分运行经费,不足部分由地方财政从地方司法机关所收取的刑事罚没收入中拨付补足。这种差额预算方法,学界形成了比较普遍的反对意见。司法成本到底应当由谁承担?刑事罚没收入是否可以支用于司法经费?本文的主要目的不在于对司法经费差额预算方式进行简单的褒贬,而是试图追溯刑事罚没收入支用司法经费做法的历史根源,并在此基础上剖析司法经费无法摆脱罚没收入财源的真正原因。

一、罚金支用司法报酬的罗马传统

在古希腊古罗马,原始社会纠纷裁决所产生的"司法"劳务费和"司法"报酬,由当事人以缴纳罚金方式予以承担,这就衍生了原始司法的副产品,形成了最初的罚金刑制度。罚金刑制度一定程度就是为了回应解决司法经费的原始社会需求而自然形成的。

英国古代法史名家梅因认为,古希腊古罗马尚未形成正式诉讼程序的时代,纠纷解决方式带有浓厚日常习惯性,甚至是具有一定戏剧性。某些杀人行为,如过失杀人,相应法律规范注入了宗教色彩,允许行为人通过支付财物形式赎罪解决。① 这一说法能够得到事实印证,如王政时代的努玛法律即规定,"如果某人因不慎杀死一个人,他应当在民众大会上向死者的宗亲属献上一只公绵羊"。② 梅因即引述了古希腊诗人荷马对"杀人罪和解金"审判场景的描述,该一场景显示了当时司法活动的原始习惯特色。在杀人案件和解金支付过程中,犯罪人一方陈述自己已经支付了和解金,被害人方则陈述自己没有收到和解金。对于这一类型的"杀人罪和解金"支付争议,其解决方式是:要由当事人提供两塔仑黄金,放在原被告双方中间;如果有谁能够将双方的"杀人罪和

---

① 参见[意]朱塞佩·格罗索:《罗马法史》(2009 年校订本),黄风译,中国政法大学出版社 2009 年版,第 97 页。

② 徐爱国:《古代法律中的宗教元素》,载《人民法院报》2015 年 1 月 16 日,第 5 版。

解金”争议判决得“使听众十分满意”,两塔仑黄金就可以支付给这个公断人,“作为他操心和损失时间的报酬”。[①] 相应地,当事人就为解决纠纷付出了两塔仑黄金的代价,黄金成了支付给公断人的司法报酬。

这种由当事人提供司法报酬,聘请公断人居中裁决纠纷的方式,“在民事诉讼的历史开始时,被诗人看作英雄时代城市生活中一个显著的、特有的但仍然只是偶然出现的特点而加以介绍的场景”,却在后来的生活中慢慢“被固定为诉讼的正规的、一般的形式”。[②] 随之罗马最古老的司法程序,即“誓金法律诉讼”,被确立下来。

作为“杀人罪和解金”的升级形式和制度化形式,誓金法律诉讼要完成以下固定诉讼步骤:首先,争议双方将争议标的带到执法官面前,如当事人将双方争议的奴隶带到现场。如果争议标的不便移动,则带来象征争议标的的一小部分。其次,在纠纷解决现场,要求当事人一方抓住木棍,并庄重主张权利,“我宣布:根据奎里蒂法这名奴隶就其法律地位来说是属于我的,因此,我把我的棍子架在它[③]上面”。该当事人宣布权利的同时,将手中木棍伸到诉讼标的上。提出反请求的乙方也重复这一做法。再次,执法官出面干预,要求双方放开奴隶,以示不是通过争斗而是依照国家司法途径解决纷争。最后,当事人双方互相要求对方发布誓言,同意自己败诉后会将一定数额财物交给国库。[④]这些财物就是誓金法律诉讼中的“誓金”。

完成以上诉讼步骤后,则由审判人员对案件进行裁决,决定谁的赌誓正确,谁的不正确。案件办结,司法人员会从所收取的誓金中提取部分保证金纳入国库,作为对败诉一方的惩罚,同时也作为审判人员的司法报酬。誓金被收入国库,誓金就变成了罚金。“许多研究现代欧洲

---

① [英]梅因:《古代法》,沈景一译,商务印书馆2009年版,第179~181页。

② [英]梅因:《古代法》,沈景一译,商务印书馆2009年版,第181页。

③ 按当时的法律规定,奴隶的法律地位是“物”非“人”,故表述为“它”。参见[英]爱德华·吉本:《罗马帝国衰亡史》(第4卷),席代岳译,吉林出版集团股份有限公司2011年版,第256页。

④ 参见[意]朱塞佩·格罗索:《罗马法史》(2009年校订本),黄风译,中国政法大学出版社2009年版,第93页。

最早司法惯例的学者都认为‘法院’施以罪犯的罚金起初就是誓金”，誓金法律诉讼成了罚金刑的制度形态。国家提取罚金的目的，在于本次司法裁决中，将之作为“补偿其时间和操心的公平价格”，①实际上也就是用罚金抵偿国家司法运行成本。故此罚金产生之初，具有双重功能，一方面它可以支用司法运行成本，解决司法经费问题，另一方面它使败诉方丧失财产，对败诉方形成财产性惩罚。

法律经历了从粗到细从合一到分门别类的发展过程。古老法律都具有民刑合一的基本基调，有的合一于民，民法为主，包含刑法；有的合一于刑，刑法为主，包含民法。古罗马《十二表法》第八表的“私犯”中，用民法“私犯之债”的形式规定了多种刑事犯罪。“以手或棍棒折断自由人一骨的，处300阿斯的罚金；这段奴隶一骨的，处150阿斯的罚金”，“对人施行其他侵辱行为的，处25阿斯的罚金”，“实施非现行盗窃者，加倍赔偿损失”。② 对伤害、强暴、盗窃等典型刑事犯罪，要求行为人支付财产予以赎买，刑事责任即告完成。民事纠纷解决思路在刑事司法中变相延伸。这种司法观念中，“给付罚金的义务因而被列入债的范围”，“在债的体系中，除契约之债外，出现了私犯之债”。③ 行为人以民事债务的形式承担刑事责任。但是，刑法罚金之债，不同于普通民法的侵权之债。普通侵权之债，赔偿金应当支付给受害人，而私犯的罚金之债，罚金应当缴纳给裁判官所代表的国家。④ 故而罚金不是对受害人的经济补偿，而是对犯罪人的惩罚，是一种刑罚，是由法律制度加以确定的财产刑。⑤

罗马法的罚金刑适用，司法人员既解决了纷争，平息了社会矛盾，然而他们也从自己提供给社会的特殊劳务中，分享了相应罚金作为劳务对

---

① ［英］梅因：《古代法》，沈景一译，商务印书馆2009年版，第181页。

② 《〈十二表法〉新译本》，徐国栋、阿尔多·贝特鲁奇、纪蔚民译，载《河北法学》2005年第11期。

③ ［意］朱塞佩·格罗索：《罗马法史》（2009年校订本），黄风译，中国政法大学出版社2009年版，第99页。

④ 参见［英］梅因：《古代法》，沈景一译，商务印书馆2009年版，第181页。

⑤ 参见［意］朱塞佩·格罗索：《罗马法史》（2009年校订本），黄风译，中国政法大学出版社2009年版，第99页。

价。利用这种刑事责任的民事债务承担形式,突出了司法人员的独立参与地位,体现了参与者提供劳务的等价有偿的民事生活规则。正因为有机会提取罚金,不是免费服务,刑事司法人员才有条件用心于与自己本无关系的解分止争。一定程度上,罚金就成了吸引刑事司法人员专业从事犯罪裁断业务的物质基础。在法律逐步成型的社会初期,缺乏固定资金作为司法运行经费。某种意义上,正是罚金作为一种司法收入形式,支撑和促成了专业刑事司法队伍的形成。试想在罗马浓郁的商业氛围中,如果不能提取罚金作为劳务对价,是不会形成一只专心于无偿输送正义的刑事司法队伍的。在司法起源初期,自然形成的刑事司法秩序中,罚金具有设定刑事司法组织开展工作的物质前奏的作用。如果没有罚金等起自于当事人的类同物作为物质铺垫,很难形成正规的独立的刑事司法专业队伍和组织,更难形成独立的正规的刑事司法制度。

从罗马罚金刑确立的历史动因观察,罚金刑是原始刑罚习惯的历史遗留,反映了刑罚产生的自发和自给自足特性,同时是民众自发自愿挤出资财,支付罚金,培育并不断发展了公共专业刑事司法体系。

二、晚清罚金的司法筹款功能

清朝末期以前的中国,各级地方政府统管本行政区域所有事务,涉及经济、司法、教育、军事、治安等各个方面。司法审判是地方政权诸多政务中的一种,司法职责只是地方长官众多职责中的一项职责。① 处理政务的过程中,地方政府长官会聘请书吏作为工作人员,以保证政府机构运转。聘请的书吏分为六房,吏房、户房、礼房、兵房、刑房、工房。六房所负责的政务中涉及纠纷、案件的,由六房在各自行政职掌范围内协助长官予以处理。一般而言,“吏房承办有关诰封、官衔、印信、科目、捐照等词讼案件;户房承办田土房屋买卖租佃、粮税、关税、谷米等词讼案件;礼房承办祠祀、庙宇、家产、债账、婚姻、杂货、药材等词讼案件;兵房承办驿站、夫马、铺司、红船等词讼案件;刑房承办命、盗、抢、

① 参见郑秦:《清代司法审判制度研究》,湖南教育出版社1988年版,第35页。

奸、娼、匪、飞走、凶伤、私宰、诈索、邪教等刑事案件；工房承办坟、埝、炭、木、工造、铜铅、硝磺、铸贩私钱等词讼案件”等。① 行政职能包罗一切，司法管理寄身于行政管理的屋檐下。没有独立的司法机构，就不需要独立的司法业务经费；没有专门的司法工作人员，也就不需要发放独立的司法工作劳务报酬。司法工作既然属于行政工作的一个组成部分，司法业务经费就包含在行政经费当中，司法工作劳务报酬也当然包含在政务工作报酬当中。故此对于清末以前的中国，我们想了解刑事司法罚没收入的情况，并进而了解该项收入用作司法经费的情况，这就相当于寻找龟毛兔角，是无从谈起的事。

随着晚清司法权从行政权中分离，清朝末期的中国建立了独立的司法机构系统。正是在清末刑制改革过程中，确立了我国现代意义上的罚金刑。② 宣统二年(1911 年)十二月二十五日上谕颁布的《钦定大

---

① 参见吴吉远：《清代地方政府司法职能研究》，故宫出版社 2014 年版，第 83 页。

② 中国古代是否存在罚金刑，学界说法不一。总体上看，认为中国古代无罚金刑的观点较为合理。较多学者认为，我国罚金刑的原形是唐虞时期的赎刑，《尚书·舜典》中就记载有舜时期“金作赎刑”的说法。(参见杨建华：《刑法总则之比较与检讨》，三民书局 1982 年版，第 308 页。)《大清新刑律草案》附论罚金刑“沿革”时亦认为，“罚金即唐虞之遗制，历代相沿，或以谷，或以缣，或以金，或以绢，或以铜，或以钞，其制不一”。(参见《大清新刑律草案(附总说、沿革、理由及注意)》，载高汉成主编：《〈大清新刑律〉立法资料汇编》，社会科学文献出版社 2013 年版，第 53 页。)然而，沈家本认为，赎刑本身并非独立刑种，乃是犯罪人被处以死刑等刑罚后，通过金钱赎买而免除原判刑罚的一种具体刑罚执行方式。“凡言赎者，皆有本刑，而以财易其刑，故曰赎。”(参见沈家本：《历代刑法考(一)》，中华书局 1985 年版，第 330 页。)如此说来，罚金刑起源于唐虞时期的赎刑一说，乃是误传。蔡枢衡通过音韵学、训诂学考证认为，“金作赎刑”中，“金”字是“裣”同音字，乃是“衣两前襟在颈下相交”的意思；“作”字是“如”的借字；“赎”字是“斶”的借字，乃是刺杀的意思；“刑”字是“形”的借字。“金作赎刑”实是“裣如斶形”，是将犯罪人衣服前襟相交起来，做出“身受杀刑的形状”，(参见蔡枢衡：《中国刑法史》，中国法制出版社 2005 年版，第 60 页。)以此表明犯罪人是被判处了杀刑。按蔡枢衡的说法，“金作赎刑”是一种死刑，和罚金刑完全沾不上关系。其余朝代，则只有“汉晋之间，罚金列为正刑”。(参见《大清新刑律草案(附总说、沿革、理由及注意)》，载《〈大清新刑律〉立法资料汇编》，高汉成主编，社会科学文献出版社 2013 年版，第 53 页。)另有些朝代，虽有“罚金”之名，但并非现代刑法意义上的罚金刑。如宋朝“所谓罚金，恐即后来之罚俸也”，将官员的工资罚没，只适用于犯罪官员，没有普遍适用性，故而“宋无罚金之刑”。(参见沈家本：《历代刑法考(一)》，中华书局 1985 年版，第 331 页。)

清刑律》(以下简称《大清刑律》,又称《大清新刑律》)中,[1]废除了笞杖肉刑,将笞杖刑改为罚金刑纳入五刑体系,罚金成为刑法主刑。[2] 笞杖刑改罚金的做法为:“凡律例内笞五十以下者,改为罚银五钱以上、二两钱以下;杖六十者,改为罚五两,每一等加银二两五钱;以次递加,至杖百改为罚十五两而止。”[3]清末刑制改革,将法制发达国家的罚金刑制度移植进中国刑法,继后的司法实践中也在不断扩大罚金刑的适用范围。国家动用罚金刑收取罚金后,转而将该笔资金用于救济当时普遍存在的司法经费短缺,以保障司法机构正常运行,是有据可查的历史事实。史料甚至可以证明,晚清政府之所以同意移植外国罚金刑制度编入中国刑法,并不断扩大适用范围,其内在动因即是基于当时存在的司法经费不敷的财政困境,需要大量收取罚没收入予以救济和补足。

在《钦定大清刑律》将笞杖肉刑改为罚金刑之前,晚清政府对这一刑制改革方案有过较长时间的讨论和试用期。

起始于光绪三十一年(1905年),曾任两江总督的刘坤一等变法条奏,请求将传统刑法的笞杖刑改为罚金刑。该年三月二十日,光绪皇帝批示该条奏,“依议。钦此”,[4]光绪皇帝照准了刘坤一等的罚金刑改革意见。其后,兼掌司法行政事务,[5]并对推动刑制改革具有决定性影响的刑部,也上了一道折本,对笞杖改罚金后所收取罚金的用途做了进一步规划。这道折本中,刑部请求光绪皇帝将刑制改革后适用罚金刑所收取的罚金提解到刑部,由刑部统筹列入司法办案经费。

---

① 参见《著将新刑律总则、分则暨暂行章程先为颁布以备实行谕(宣统二年十二月二十五日)》,载《〈大清新刑律〉立法资料汇编》,高汉成主编,社会科学文献出版社2013年版,第697页。

② 参见黄秉心编:《中国刑法史》,上海书店出版社1940年版,第411页。

③ 《法部奏申明罚金定章并酌拟详密办法折》,载《大清新法令》(1901~1911点校本第7卷),上海商务印书馆编译所编纂,商务印书馆2010年版,第138页。

④ 《修订法律大臣奏轻罪禁用刑讯笞杖改为罚金请申明新章折》,载《大清新法令》(1901~1911点校本第1卷),上海商务印书馆编译所编纂,商务印书馆2010年版,第293页。

⑤ 参见闵钐:《中国检察史资料选编》,中国检察出版社2008年版,第5页。

奏章中，刑部首先痛陈了刑部办案经费十分紧张的艰难，“臣等伏念办公固以筹款为先，而筹款尤以经久为要。现在户部库帑支绌，既无专款之可拨，而臣部例禁需索，分文入署，即以赃论，无私可化，自不待言”。刑部认为，国家既不给我们拨款，又不给我们向办案对象索取筹集办案经费的政策，真让我们无计可施。刑部用语犀利，“于此欲筹公费，其难可知”。既不给钱又要我们办案，又要马儿跑又要马儿不吃草，我们能怎么办呢？但同时刑部也表达了决心，想改变局面，承诺要“于无可筹措之中，预谋一经久之计”。什么是“经久之计”，哪里有能够源源不断为刑部输送司法运行经费的财源？急剧的社会革新中，刑部敏锐地发现自己手头实际上掌握了一座可经久开发支持司法经费的金矿。“查新章笞杖改为罚金，此项新案罚金，似可籍资挹注，以济臣部要需。”正好将罚金支用办案经费。刑部认为，将罚金支用刑部办案经费，“不特于国计民生两无妨碍，抑且以公家之款办公家之事，于言固顺，于理亦安”，[①]最有利于解决司法运行经费问题。这道折本中，“刑部把笞杖改为罚金就是为了筹款的动机表露无遗”。[②]

刑部的奏本中还拟定了详细的地方罚金支用司法经费和汇缴刑部方案。刑部估计，外省各州县每年所收取的罚金断然不止100两银，故而刑部将给地方各州县下指标，每一州县每年要向刑部完成上缴解银100两的任务。该100两每年分两次缴纳，每半年缴50两。具体“由各该督抚汇齐解部，年清年款，不得蒂欠分厘，并不得藉口修改监狱及设立习艺所，留作地方之用”。如此实行，刑部“办公不至无资，实于刑政大有裨益”。刑部对实行这一方案的态度非常积极恳切，也甚至是非常热烈和急迫，“如蒙俞允，恭俟命下，臣部即行文各该督抚、将军、都统、府尹，一体遵照办理”。光绪皇帝于同年(1905年)六月七日批示

① 《刑部奏拟请将州县自理刑名案内笞杖改为罚金一项酌提解部折》，载《大清新法令》(1901～1911点校本第1卷)，上海商务印书馆编译所编纂，商务印书馆2010年版，第295页。

② 唐仕春：《北洋时期的基层司法》，社会科学文献出版社2013年版，第240页。

“依议。钦此”,[①]完全依刑部意见通过了这一方案。自此,罚金支用司法经费就具有了明确的政策法律依据。

将笞杖改为罚金,并将罚金定为主刑,当时是存在反对意见的。如河南巡抚吴重熹于宣统元年(1909年)五月初六上了一道折本,提议罚金相关规定“急应更正刑名,改正条例”。其原因在于,罚金难免“畸轻畸重”,“非刑罚之平”。如“因过失致尊亲属于死及笃疾者”,悉处之以罚金,失之过宽。五等有期徒刑及拘留可以易科罚金,犯罪人可以以钱买刑。故而罚金刑“是使豪于财者玩于法,絀于赀者罹于刑,止奸不足,长恶有余”。[②]

江西举人廖尔焱也于宣统元年将罚金刑试用期间的不良情况具本反映到都察院。廖尔焱发现罚金刑适用中,“地方罚款诸多浮滥”,“州、县以为律有罚金明条,也不问案情之何若,犯罪之何等,一口角之微疵,一行动之细故,今日催堂,明日索金”。地方刑事司法实践中,罚金刑被肆意扩大适用范围,实际成了司法机关“筹款之别法”。廖尔焱情词恳切地呼吁:“即地方新政迫于要需,亦万不能以便民之端,转而为扰民之举”,呼吁国家管理部门密切关注罚金刑的适用情况并切实予以整顿。都察院将廖尔焱的意见启奏宣统帝后,引起了宣统帝的高度重视,下旨要求“切实整顿条陈”,“著法部知道”。[③] 此时的法部是1906年由刑部改设而成。法部不审理案件,只管理“司法上之行政事务”,管理司法财物,管理讼费、罚金赃物等司法收入。[④] 刑部是罚金刑的强力支持的,是推动罚金刑制定和扩大适用的中坚力量。宣统帝要

---

① 《刑部奏拟请将州县自理刑名案内笞杖改为罚金一项酌提解部折》,载《大清新法令》(1901~1911点校本第1卷),上海商务印书馆编译所编纂,商务印书馆2010年版,第295页。

② 《河南巡抚吴重熹奏签注刑律草案缮单呈览并陈制律应顾立国本原折》,载《晚清筹备立宪档案史料(下)》,故宫博物院明清档案部汇编,中华书局1979年版,第870页。

③ 《法部奏申明罚金定章并酌拟详密办法折》,载《大清新法令》(1901~1911点校本第7卷),上海商务印书馆编译所编纂,商务印书馆2010年版,第137~138页。

④ 参见闵钐编:《中国检察史资料选编》,中国检察出版社2008年版,第4~6页。

求整顿罚金刑的指示到达法部后,遭到了法部的明确抵制。法部奋力捍卫罚金刑补充司法经费的现行做法,并于宣统元年十一月七日具奏折一份,详陈罚金刑适用的正当性。该奏折中,一是说明罚金刑是古今中外都采用的常刑,符合刑罚历史要求;二是陈述罚金刑制度完备,并无不当;三是论述罚金刑敛财扰民的固有弊端自古有之,并非今天才有。①

刑部、法部为什么要大费周章,甚至是在不回避罚金刑存在重大弊端的前提下,极力为罚金刑的正当性辩护?原因无他,就在于罚金刑能使司法部门提取部分经费,从而切实解决司法经费短缺问题,保障司法业务正常运行。面对法部强力抵制的坚决态度,经费日显艰难的宣统帝也无可奈何,只好听之任之,并于宣统元年(1909年)十二月二十三日作出批示:"依议。钦此",②同意了法部维持罚金刑适用现状的意见。

三、民国刑事罚没收入支用司法经费的特别会计

民国北洋政府刑法沿用晚清《钦定大清刑律》。1912年3月10日袁世凯就任中华民国临时大总统当日,发布了《宣告暂行援用前清法律及暂行新刑律》的法令。③ 根据"除与民主国体抵触之处,应行废止之外,其余均准暂时适用"的原则,④略加删减形成《暂行新刑律》颁布施行。⑤ 其后,南京国民政府对《暂行新刑律》进行较大幅度修改,又形

① 参见《法部奏申明罚金定章并酌拟详密办法折》,载《大清新法令》(1901~1911点校本第7卷),上海商务印书馆编译所编纂,商务印书馆2010年版,第138~139页。

② 《法部奏申明罚金定章并酌拟详密办法折》,载《大清新法令》(1901~1911点校本第7卷),上海商务印书馆编译所编纂,商务印书馆2010年版,第139页。

③ 参见周少元:《中国近代刑法的肇端》,商务印书馆2012年版,第221页。

④ 参见谢振民:《中华民国立法史》(上册),中国政法大学出版社2000年版,第54~55页。

⑤ 参见汪楫宝:《民国司法志》,商务印书馆2013年版,第25~26页。

成了1928年的《中华民国刑法》。[①] 但总体上看,刑事法律中,民国政权继承了晚清刑制,继承了晚清罚金刑制度,同时继承了晚清罚金支用司法经费的基本做法。

辛亥革命期间军政府于1911年制定了《各部官职令通则草案》,设立司法部,其职掌包括管理司法行政事务。[②] 其后成立的北洋政府亦由司法部管理法检机关、监狱等部门的司法行政事务,司法部负责定期向财政部申报司法运行经费。民国三年即1914年财政部在编制年度财政预算时,省一级司法经费配比严重不足。根据财政部的预算,规模大的省份,年度司法行政经费预算为35万元,中小省份行政经费预算为20万元到10万元。司法部非常担心,认为司法部门所需经费,"照核定之数,无论如何分配,终属不敷"。[③] 比如江西省,民国元年司法经费支出为21.23万元,二年度增至76.1万元,但三年度支出减为32万元,比上年减少58%。[④] 不仅如此,"三年度概算,各省仅准开支高等审检厅经费暨新旧监狱及司法警察经费,其余概行删除"。而当时有些县级单位尚未设置独立司法部门,而是沿用传统,仍由县政府兼理司法。财政部对未设置独立司法机构的县级单位,没有编制独立司法经费,因而出现了"县知事司法经费亦尚无着"的困难局面。[⑤]

怎么解决司法经费严重不足?司法部认为,"查本部所管司法收入,各省检厅向恃为唯一挹注"。北洋政府以及前政府的司法行政习惯中,罚金、没收的"赃费"等司法收入,一向作为救济司法运行经费不足的唯一财源。管理司法行政工作的司法部,只能习惯性条件反射地从司法行政运行习惯中寻找药方,考虑用罚没等司法收入补救司法经

---

① 参见李秀清:《点校导引:近代中国刑法法典化及1928年〈中华民国刑法〉》,载《中华民国刑法》,中国方正出版社2006年版,第9~16页。

② 参见陈旭麓:《宋教仁集》(上册),中华书局1981年版,第358~359页。

③ 《整顿司法收入暂作特别会计之批准》,载《申报》民国三年六月二日(1914年),第6版。

④ 参见华桐:《江西省财政志》,江西人民出版社1999年版,第551页。

⑤ 参见《整顿司法收入暂作特别会计之批准》,载《申报》民国三年六月二日(1914年),第6版。

费短缺。但按当时的管理制度,罚没收入作为非税收入,是由财政部列入预算统一管理,司法部并无管理权。不过,财政部对司法收入的管理软弱无力,没有制定统一管理办法,“故各省既多纷歧,经收款项或复隐匿”。当时的状况是,“但各省呈报数目,汇解现款者仍属寥寥无几”,司法收入征收情况很不景气。司法部认为,要增加罚没收入等司法收入财源,“惟有将此项司法收入竭力整顿”。司法部提议,既然财政部对罚没收入等法收征收不力,则应“由本部详订规则,明立程限,随时考察,逐事籍求,以期清釐而收实效”。司法部磨刀霍霍,要自己动手,以确保征收效果。

基于此一考虑,司法部向大总统袁世凯提出了罚没收入等司法收入不列入普通财政预算,而是“暂作特别会计”的请求。对于罚没部分,特别会计制度设计如下:省级司法部门所判处罚金赃费,由各省高等厅独立会计核算,执行到位后“归各省高等厅汇解本部”;各县知事判处的罚金赃费,“准其截留自用,由各省长分配作为县属司法经费,以补助其所不足”。司法部在特别会计制度中强调了省高等厅汇解罚金赃费到部的作用,是为了“以补额定经费之不足”。司法部为防止财政部插手该项经费,要求这项经费只能“由本部直接稽核”。① 此后,司法部要求各责任单位对下级司法部门的罚金赃费等司法收入征收情况进行考核。例如民国八年经省长核定,杭州各县上一年度的考核结果是,“平湖朱孚保、海盐孙熙鼎、奉化姜岩、临海汪莹、东阳胡远芬各记大功一次”,“安吉郭曾煜、绍兴王嘉曾、新昌金城各记大過一次”。② 司法部还制定了配套稽核措施,如1923年下发了《经征应解收入须按月报解,留用各款应先呈部核定方准动拨令》,1924年下发了《司法收入册报务须按期填送,如再迟误即行惩处令》等。③

---

① 《整顿司法收入暂作特别会计之批准》,载《申报》民国三年六月二日(1914年),第6版。

② 《杭州快信》,载《申报》民国八年五月二十二日(1919年),第2版。

③ 参见《司法收入册报务须按期填送如再迟误即行惩处令十三年二月训令第一一四号》,载《司法公报》民国十三年(1924年)第189期。

司法部直接管理罚金赃费等司法收入,司法收入可能会大幅度增加。在司法收入增加后,需要防止财政部门借口司法收入的增加,而刻意减少对司法部门的司法预算,或者让原来的预算缩水,不按预算足额划拨。对此,司法部也提前作了制度安排。司法部在请求中要求,“惟此项收入系由整理所得,当作为新增之款,不在额定经费内扣除。无论收得若干,各省对于财政部核定之额,仍应照数发给”。故而财政部预算收入之外的罚金赃费等司法收入,“暂由本部另定专章作为特别会计,按期将收入支出汇报财政部及审计处,以备查考”。财政部对司法收入的管理权限只限于备案了解,不能插手干预。只有到了司法收入“整理就绪”后,才考虑“再行编入普通预算”,[①]由财政部接手管理。

经司法部大力争取,财政部支持了司法部罚没收入暂作特别会计的计划,会同司法部将该方案呈报大总统袁世凯。最终,袁世凯批准了这一方案,罚没暂作特别会计制度就此正式推行。司法业务非经济生产性公共服务业务,[②]它本身并不直接创造财富,不能给政府带来财政税收。建立在物质载体上的行政管理机构,一旦财政紧张,司法服务就属于它们最想甩包袱的行当。这种情况下,司法部门往往只能选择自谋出路。靠山吃山,靠水吃水,司法收入会成为司法部门自救的唯一财源,用罚金、诉讼费、没收的财产,自给自足,养活自己。财政吃紧、百病缠身的北洋政府,本已自顾不暇,只要能将财政包袱甩出去,当然乐意司法部门自己创收,自食其力。

司法部亲自主抓司法收入,并暂作特别会计,取得了较好效果。1921年司法部直管江西省司法经费,该年度江西司法经费“经临预算共计46.46万元,除向由司法收入项下留用各款改列预算5.66万元外,较1919年净增8万余元”。1923年,司法经费预算增至48.6万

① 《整顿司法收入暂作特别会计之批准》,载《申报》民国三年六月二日(1914年),第6版。

② 参见左卫民等:《中国基层司法财政变迁实证研究——1949~2008》,北京大学出版社2015年版,第31页。

元。[①] 另以苏省各检厅的罚金收入统计情况为例予以说明。苏省江宁地方检察厅1919年罚金及罚金提赏收入为10,117元,1920年为7184元,1921年为19,828元,三年年平均罚金及罚金提赏收入为12,376.57元。苏省上海地方检察厅1919年罚金及易科罚金收入为25,585元,1920年为31,314元,1921年为24,548元,三年年平均罚金收入为27,149元。苏省高等检察厅1919年的罚金及易科罚金数为19,502.3元,1920年为21,954元,1921年为25,500.3元,三年年平均罚金收入为22,318.866元。对于以上罚金收入,各检厅经报司法部核准,不同程度予以了留用。江宁地方检察厅留用罚金收入作为"特别经费",留用数额为年支5188元,占年平均罚金收入的41.9%。上海地方检察厅留用罚金收入作为"特别经费",留用数额为年支7880元,占年平均罚金收入的29%。高等检察厅留用罚金收入作为"特别经费""8年度漏编经费""补助上海妇孺救济会新普育堂""检察长公费""临时费""各厅监所不敷俸给""各监所口粮不敷""书记官录事津贴",留用数额达到年支29,148元,甚至超出年均罚金收入2447.7元。[②] 为什么会出现超出年均罚金收入情况,统计机构未予说明。从统计数据看,江宁地方检察厅、上海地方检察厅、省高等检察厅三部门的年均罚金收入总计超过61,844元。比较1914年大省司法经费预算为35万元,仅三部门的罚金收入就相当于该预算的17.7%。

对刑事罚没收入,南京国民政府采取了由司法机关、省财政、个人三方分成的管理模式。1947年2月江西省政府公报转载了当时国民政府的《财务罚金处理办法》。该办法要求,罚金分为10成,向同级财政解库5成,提解主办及协助出力人员5成;经举报发案的案件,应当在罚金中优先提成3成奖励举报人,余额则按上述5∶5的分成规则处理;经司法机关裁决的罚金,应当在罚金中优先提成4成交司法机关作

① 参见华桐:《江西省财政志》,江西人民出版社1999年版,第551页。

② 参见李文海主编:《民国时期社会调查丛编(二编)》,福建教育出版社2014年版,第204~207页。

为办公经费,余额则按上述规定处理。[①] 案件所收罚金,主办人员、协助出力人员、举报人、司法机关均有机会参与分成。分成中,分配给主办人员、协助出力人员、举报人的部分应当认为是一种司法报酬或者司法奖励,而分配给司法机关的部分则应用于冲抵司法运行成本,两者都属于司法经费的开销范围。

罚没收入支用司法经费,源源不断的财源,能为地方司法机关正常运转提供强有力的财政保障。历史上又出现了这样的时期,司法一方面挂名为国家机关,另一方面又必须依靠部门从民间提取资金创收存活。以罚养法,同样成了民国司法机关的物质供给生命线。

四、新中国罚没收入支用司法经费的明令潜规

(一)实践探索:提成奖励时期

1949年新中国成立后,废止了国民政府的六法全书,《中华民国刑法》在中国就此被废除。旧朝刑法废止后,面对频发的刑事案件,新政权的司法机关应当如何办理案件?《中共中央关于废除国民党的六法全书与确定解放区的司法原则的指示(一九四九年二月)》给出了答案:“目前,在人民的法律还不完备的情况下,司法机关的办事原则,应该是:有纲领、法律、命令、条例、决议规定者,从纲领、法律、命令、条例、决议之规定;无纲领、法律、命令、条例、决议规定者,从新民主主义的政策。”[②]新政权的全国人大、中央政府加紧制定了一批单行刑法和附属刑法,如1951年政务院制定的《妨害国家货币治罪暂行条例》、《中华人民共和国暂行海关法》、1952年中央政府制定的《中华人民共和国惩治贪污条例》、1957年全国人大制定的《中华人民共和国国境卫生检疫

---

① 参见华桐:《江西省财政志》,江西人民出版社1999年版,第346页。

② 《中共中央关于废除国民党的六法全书与确定解放区的司法原则的指示(一九四九年二月)》,载《法学基础理论资料选辑(一)》,云南大学法律系法学基础理论教研室1982年编,第2~3页。

条例》等。通过这些刑法规定,在刑事领域建立了罚没刑事责任制度。例如《妨害国家货币治罪暂行条例》第3、4条规定的以反革命为目的伪造国家货币罪,第5条以其他方法破坏国家货币信用罪,都规定了罚金刑和没收财产刑。又如《国境卫生检疫条例》第7条规定了两档罚金,"对违反本条例和本条例实施规则的人……处一千元以下罚金;如果因违反本条例……并处或者单处一千元以上五千元以下罚金"。①

新中国成立初期废除了国民政府的刑事法律,对于刑事罚没收入,新政权也颁布了新的管理制度。

中南军政委员会于1951年下发了一个具有全国性法律效力的《关于整顿罚款、没收收入的决定》。该决定中所称的"罚款",既包括行政罚款,也包括司法机关所判处的罚金。② 对于罚没收入,决定从三个方面予以了规范:首先,该决定明确了罚没收入的性质为国家收入,"各省市敷县行政、司法、公安机关所收罚款及没收款物,均为国家收入"。其次,该决定对罚没收入进行了中央收入、地方收入的两级划分,"依照政务院公布之财政收支系统划分的决定,此类收入,中央级列为中央收入,大区以下划归地方,列入地方预算"。最后,该决定建立了市县级地方罚没收入的分成制度,"县市级各机关所收罚款和没收款物,以三成划归县、市,作地方财政收入,七成上解省库,由各地支行划分入账"。③

《关于整顿罚款、没收收入的决定》的效力一直维持到了1982年。在省、市县二级财政对罚没收入7:3予以分配之后,二级财政是否将

① 冷必元:《刑事罚没收入补支司法经费制度的形成与变革》,载《湖南工业大学学报(社会科学版)》2019年第2期。

② 参见中南军政委员会办公厅编:《法令汇编》(1951年第三辑),中南军政委员会办公厅1951年编,第164~165页。

③ 有论者认为,从1949年到1956年,中国缺乏对罚没收入的统一管理制度,各执法单位对于罚没收入基本上都是自行管理,这一阶段可以看作是司法罚没收入的自发管理阶段。参见赵海益:《中国地方政府行政罚没问题研究:基于政府间财税分配体制的视角》,立信会计出版社2016年版,第62~63页。该论述不完全符合事实,忽略了中南军政委员会于1951年颁布的《关于整顿罚款、没收收入的决定》。

所收罚没收入拨支司法机关作为司法经费,司法经费的来源是否和司法机关所判处罚没收入紧密挂钩,目前尚缺乏明确的规划性文件作为支撑。① 不过,从 1951 年到 1982 年这一时期,对罚没收入的处置形成了两个与司法经费密切关联的习惯做法。

一是形成了罚没收入司法提成习惯。1956 年 12 月,财政部、司法部联合发布了《通知 1957 年司法业务费决定交由地方管理》的文件。决定自 1957 年起,司法业务费列入地方预算,由地方财政拨支。此后,我国逐步形成了地方司法业务费由同级地方财政承担的财经管理模式。② 司法业务经费的同级财政保障,便于地方政府灵活掌握司法机关司法业务经费的总体需求,但同时该制度也为司法机关罚没收入提成习惯的形成提供了制度前提。根据《关于整顿罚款、没收收入的决定》,地方政府可以分享罚没收入的三成。故此地方政府容易形成根据自身分享的司法机关上缴罚没非税收入的数量,以确定拨付司法业务经费的相应数量的习惯。在地方政府罚没收入的期待下,司法机关也容易形成以罚没收入作为司法工作运行出发点的办案思路。罚没收入高,地方财政拨付的司法业务经费就多;罚没收入少,拨付的司法业务经费就少。这是一种变相的罚没收入提成体制。1982 年国家酝酿重新制定统一罚没收入管理办法之际,财政部预算管理司制度处就认为,司法机关已形成了"收入提成办法,造成多收多提,少收少提,无收不提,容易产生'向钱看'和'以罚代刑'等偏向,对打击经济领域的严重犯罪活动不利",认为应当"把现行罚没收入提成办法,改为罚没收入全部上交财政的办法"。③

二是形成了罚没收入抵支办案奖金习惯。南京国民政府时期形成了用罚没收入奖励举报人的制度。新中国成立后,该做法一定程度蔓

① 参见冷必元:《刑事罚没收入补支司法经费制度的形成与变革》,载《湖南工业大学学报(社会科学版)》2019 年第 2 期。

② 参见左卫民等:《中国基层司法财政变迁实证研究——1949 ~ 2008》,北京大学出版社 2015 年版,第 39 ~ 40 页。

③ 财政部预算管理司制度处:《〈关于罚没财物管理办法〉和〈关于追回赃款赃物的财务处理办法〉的问题解答》,载《财政》1982 年第 11 期。

延开来,奖励习惯做法从奖励举报人延伸到了一并奖励司法机关办案人员,甚至扩张到了奖励办案单位全体职工。到1980年,广西壮族自治区人民检察院还向最高人民检察院提交了《关于从没收财物和罚款中提成给检察机关的请示报告》,要求从罚没收入中提成奖励费用。[①] 1982年国家在重新制定统一罚没收入管理办法之际,财政部预算管理司制度处总结认为,不能再用罚没收入给办案机关发放奖金,“因为协助办案、破案是这些部门应尽的职责。过去许多单位把奖励金拿来给本机关职工发奖金,不仅严重腐蚀国家执法干部,而且用罚没收入来发奖金,政治影响也不好”。[②]

新中国成立后形成的司法罚没收入提成、罚没收入支用办案奖金习惯做法,对以后制定统一的罚没收入管理办法,对以后罚金制度、没收财产制度不断扩大适用范围,都产生了极其深远的影响。

罚没收入提成习惯与抵支奖金习惯的形成,与当时司法经费的低水平财政保障状态是有关联的。从1958年到1978年,某县法院支出占县财政支出比重的均值为0.4%,且呈下降初始,1958年占比为0.7%,到1978年,下降到了0.3%。司法机关不具有经济管理职能,不能为社会快速发展形成立竿见影的经济效果,故此司法经费的国家配比难免会以低标准对待。在这种情况下,司法机关运行经费拮据,有的法院甚至无法给没有工资收入的陪审员发放生活补助费,陪审员只能自带粮食、自付房租开展工作。由于缺少必要的工作报酬,甚至有的陪审员下班后回到家里,家属都不愿意为其准备饭菜。[③] 在经费周转极其困难的情况下,司法机关寻求非常规解决办法,对接政府部门,逐步形成了罚没收入提成习惯与抵支奖金习惯,其中或许也存在诸多难言的苦衷。

---

① 参见《最高人民检察院关于从没收财物和罚款中提成给检察机关的请示的批复》([1980]高检办函第2号)。

② 财政部预算管理司制度处:《〈关于罚没财物管理办法〉和〈关于追回赃款赃物的财务处理办法〉的问题解答》,载《财政》1982年第11期。

③ 参见左卫民等:《中国基层司法财政变迁实证研究——1949~2008》,北京大学出版社2015年版,第43、40页。

(二)习惯制度化:退库时期

为了遏制办案单位提成罚没收入或用罚没收入抵支奖金的司法乱象,财政部于 1982 年制定了《关于罚没财物管理办法》的部门规章。该规章将执罚单位分为两类:一类是政法机关,包括公安机关、人民检察院、人民法院;另一类是行政执法机关,包括海关、工商行政管理机关、税务机关。两类执罚机关处理罚没财物,统一适用《关于罚没财物管理办法》。《关于罚没财物管理办法》第 3 条要求,两类执罚机关"依法收缴的罚没款和没收物资变价款,都应作为罚没收入,如数上缴国库。任何部门、单位和个人都不得自行提成"。该条的立法目的在于校正并禁止两类机关以往执罚过程中形成的罚没收入提成习惯做法。罚没收入具有国家收入属性,办案单位私自提成,殊乏法理根据。

在禁止罚没收入提成之后,是否意味着国家从制度上切断了司法机关参与分享罚没收入的期望,是否意味着司法机关不能再以罚没收入用作自己的运行经费?则又不然。《关于罚没财物管理办法》规定的罚没收入退库制度,为司法机关参与分享罚没收入提供了入口。

《关于罚没财物管理办法》第 4 条规定,"政法机关和行政执法机关,因办案需要增加的费用,由案件主办单位定期编报用款计划,由财政机关核准后在入库的罚没收入中 20% 至 30% 以内掌握退库,统一安排使用"。该条确定了罚没收入退库制度。所谓罚没收入退库,是指"国家金库根据有关政策规定按入库罚没收入的一定比例返回原交款单位"。[①] 办案机关按照第 3 条规定将罚没收入全额上缴国库后,可以按照第 4 条的规定按上缴国库罚没收入的 20% 到 30% 的比例申请返还。和提成习惯时代相比,办案单位还是可以分享 20% 到 30% 比例的罚没收入。只不过,提成习惯时代,分享罚没收入的方式是直截了当的"提成",也即是"坐支截留",而到了退库时代,多了一道手续,需要办案单位定期编报用款计划,并报财政机关予以核准。由于制度上已经

---

① 王文彬等:《审计辞典》,三联书店上海分店 1990 年版,第 418 页。

肯定了办案单位对罚没收入按比例的分享权，故此编报、核准的行政程序控制作用主要是形式上的，主要是为了体现政府财政部门对国家收入的监管职能。尽管办案单位申请退库的理由需要是“因办案需要增加费用”，但何种情况属于办案需要增加费用，规章未予明确。“办案需要”的范围非常宽泛，司法机关的所有物质需要都可以认定为是办案需要，“办案需要”的罚没收入退库限制条件也就相当于没有条件。

《关于罚没财物管理办法》规定罚没收入退库制度后，司法机关参与罚没收入分享就具有了法律依据，具有了明确的制度保障。《关于罚没财物管理办法》肯定了罚没收入提成时代提取办公办案经费的习惯做法，并进一步将之统一化、法制化。和提成时代相比，退库制度与其说是一种制度创新，倒不如说是顺应了司法机关提成的运行现状，对以前罚没收入支用司法经费的习惯做法做了一个制度总结。①

《关于罚没财物管理办法》对于罚没收入退库支用的要求，并没有得到很好的贯彻执行。1985 年财政部发布的《关于重申国家罚、没收入一律上缴国库的通知》([85]财预字第 47 号)中指出，一些办案单位“擅自截留应上缴国库的罚没收入，乱搞计划外基建，乱买高级设备和消费品，滥发奖金，请客送礼，个别单位甚至乱拿乱借或低价私分罚没物资”。根据以往罚没收入提成传统，一些办案单位业已将罚没收入看成了自己部门的创收所得，本办案单位理应具有支配权，故而继续坐支截留，不执行申报退库的行政程序规定，罚没收入退库制度的执行效果大打折扣。

(三)制度调适：收支分离的申报补助时期

《关于重申国家罚、没收入一律上缴国库的通知》([85]财预字第 47 号)下发执行后，坐支截留的情况有所好转。比如，江西省 1985 年全省罚没和收缴赃款赃物收入 867 万元，其中包括刑事司法罚没收入，

① 参见冷必元：《刑事罚没收入补支司法经费制度的形成与变革》，载《湖南工业大学学报(社会科学版)》2019 年第 2 期。

比1984年增长58.1%。[①] 但在此过程中,退库制度所形成的执罚单位对国家财经管理权力的挑战也充分暴露出来。根据《关于罚没财物管理办法》退库制度的授权,只要执罚单位编造"因办案需要增加费用"的理由,就可以自由地向政府财政伸手,按比例办理退库。"因办案需要增加费用"的规定,实际上成了执罚单位明火执仗提成罚没收入的护身符。在规则的支持下,政府对罚没收入的财经管理职能,与其说是一种权力,反而不如说是一种毫无收益的服务;与其说是一种对财经的监管控制,反而不如说是一种规则明文要求的失控。只要执罚单位按规则提出要求,政府财经部门就必须按规则予以满足。财政部本拟制定规则限制执罚单位对罚没收入的自由支配,扩充财政部门的财政管理权,但规则设定出现了意料之外的反效果,助长了执罚单位对罚没收入分享的自由度,财政部搬起石头砸了自己的脚。但是,在财经管理权对执罚权占有充分优势的现状下,这种制度设计显然容易引起财经管理权力的反思和反对,财经管理权力显然难以屈从于自己扮演单纯财经服务者的角色。

财政部很快反省过来,为了改变制度设计现状,该部于1986年3月7日紧急下发了《对〈关于罚没财物管理办法〉作两点原则修改的紧急通知》。文件中措施严厉急切,要求"从文到之日起,立即严格执行"。该文件在对《关于罚没财物管理办法》的两点原则性修改中,实际上表达了多层意思。其中包括:一是废止了罚没收入提成、退库制度。"罚没收入一律上交国库,不提成,不退库,办案费用补助由财政机关专项拨付。"对《关于罚没财物管理办法》第4条"因办案需要增加的费用"可以按20%到30%办理退库的规定,坚决予以废止。提成、退库问题涉及财政部门的财经管理权力问题,这是底线问题,也是原则性问题,卧榻之侧,底线不容侵犯。二是明确了"因办案需要增加的费用"范围的认定问题。财政部当然也深知执罚单位办案经费短缺的现实,但对于短缺而需要调增、追加的费用的认定问题,财政部将确认和区分权授予了省级财政部门。具体认定规则,要求"各省、自治区、直

---

① 参见华桐:《江西省财政志》,江西人民出版社1999年版,第348页。

辖市财政厅(局),按照原‘办法’第十六条规定的开支范围,结合具体情况制定”。

紧急通知下发后,为进一步巩固财政部门对罚没收入管理的正统地位,财政部又于1986年12月31日发布了《罚没财物和追回赃款赃物管理办法》。该办法进一步用规章的形式废止了《关于罚没财物管理办法》规定的罚没收入退库制度。《罚没财物和追回赃款赃物管理办法》第11条规定:“执法机关依法收缴的罚没款、赃款和没收物资、赃物的变价款一律作为国家‘罚没收入’或‘追回赃款和赃物变价款收入’,如数上缴国库。任何机关都不得截留、坐支。……除因错案可予以退还外,财政机关不得办理收入退库。”

司法机关司法经费短缺是一个由来已久的老问题。截断执罚机关的罚没收入退库财源后,如何解决司法机关的经费不敷?对此,《罚没财物和追回赃款赃物管理办法》第20条提出了办案费用补助制度。“特殊情况下的必不可少的办案业务开支,可由各级执法机关的主管部门向同级财政机关编报‘办案费用补助’专项支出预算。”规章要求司法机关向同级财政申报办案费用补助,但在缺乏罚没收入作为财源的情况下,同级财政如何能够承担起拨付补助的职责,财源问题如何解决?财政部明显通盘考虑了这个难题,在规章第15条隐含了解决办法。第15条规定,“工商行政管理机关、公安机关、人民检察院、人民法院,以及隶属地方的国家经济管理部门查处或判处的罚没收入,全部上交地方财政”。罚没收入全部划归地方财政后,充实了同级地方财政的财源,地方财政具备承担拨付办案费用补助的能力。

新中国成立后司法机关填补经费不敷,要么是通过提成罚没收入方式解决,要么是通过罚没收入退库方式予以解决。罚没收入是填补司法经费不敷的重要财源。多年的司法财经运行经验,形成了司法经费短缺与罚没收入填补之间秤不离砣砣不离秤的内在关联。《罚没财物和追回赃款赃物管理办法》颁行后,传统司法财经运行经验依然对司法经费填补方式产生着重要影响。在罚没收入划归地方财政并由地方财政承担拨付办案费用补助责任后,经验惯性使然,在地方财政和司法机关之间,又自然形成了地方财政仰仗司法罚没收入填补司法经费不敷的经验做法。同级财政收取司法机关缴存的罚没收入后,依然会根据司法机关上交罚没收入的数量,全额或按比例将罚没收入返还司法机关。

《罚没财物和追回赃款赃物管理办法》虽然建立了禁止退库制度,但并没有否定用罚没收入填补司法经费不敷的传统做法。新办法只是换了一种方式,罚没收入存入地方财政账户,司法机关不能直接支取,而需要向同级财政申报支用。① 这就是所谓的“收支两条线”罚没收入管理制度,收取的权力归属司法机关,保管和批准使用的权力归属财政部门。“收支两条线”形式上使罚没收入与支出脱钩,一定程度上可以起到遏制执罚单位私设小金库、坐支截留的情况。但实质上,换汤不换药,罚没收入基本上还是按照原来的方式在使用,只不过原来直接支取的方式改为了申报支取。

“但值得思考的是,直接支取和按需申报支取,这两种罚没收入使用方式之间,究竟是否存在本质区别。无论是直接支取还是按需申报支取,所使用款项同样是办案机关自己‘创收所得’的罚没收入,花的是同样一笔钱。所不同的是,与提成支取相比,按需申报支取要多填些表格,会多几道审批手续,两者本质并无不同。”②某些执罚单位在编制之外雇佣了大量临聘人员,比如法检系统的书记员等工作人员。临聘人员的工资福利全部或绝大部分需要用工单位自行解决,而作为用工单位的司法机关就只能依赖同级财政返还罚没收入作为源头活水。这种情况下,地方政府财政部门与执罚机关在收支两条线的外衣下,依然保留传统形成的罚没收入分成机制,就成了一拍两合的最佳合作机制。③

根据收支两条线的罚没收入返还机制,司法部门罚没越多,地方财

① 参见冷必元:《刑事罚没收入补支司法经费制度的形成与变革》,载《湖南工业大学学报(社会科学版)》2019 年第 2 期。

② 冷必元:《刑事罚没收入补支司法经费制度的形成与变革》,载《湖南工业大学学报(社会科学版)》2019 年第 2 期。

③ 参见赵海益:《中国地方政府行政罚没问题研究:基于政府间财税分配体制的视角》,立信会计出版社 2016 年版,第 75 页。

政返回给司法机关的办公经费也就越多。和传统的提成、退库做法一样,收支两条线之下的返还机制依然具有罚没"创收"的激励效应。这种体制下,"下达(如口头下达)收费罚款目标、任务、奖励已经成了一种潜规则"。[①] 尽管如此,但是在司法机关长期经费不敷的情况下,地方财政返还的罚没收入还是为补足司法经费提供了重要支持。

五、刑事案件的私务性与成本承担

我国自晚清将司法职能从行政机构兼理中剥离以来,司法机关似乎一直呈现出某种共同面貌,虽然是独立的司法机关,但在国家机构架构中,它一直受困于司法经费的短缺甚至朝不保夕的窘况。晚清的司法机关,从筹划伊始至清政府下台,一直都在忧虑司法经费来源问题,最后还不得不打起了罚没收入填补不敷的主意。民国的北洋政府、南京政府,重复着同样的历史故事,司法机关同样是紧盯着罚没收入这根救命稻草乞怜哀鸣。新中国成立以来,无论是建构初期的法律虚无主义时期,还是当前的依法治国时期,司法机关也同样是摘不下用罚没收入等司法收入维持运行的"奶瓶"。似乎总有一种宿命,也似乎是一种历史惯性,罚没收入和司法经费之间有着无法分离的固有内在联系,司法经费形成了长期的对罚没收入的财源依赖。[②]

确实,目前学界对罚没收入支用司法经费的做法是骂声一片,似乎没有学者赞成这种支用。法学学者反对这么做。例如,张明楷教授认为,"司法的唯一目的就是实现法律的目的,在法律目的之外,司法不应当具有其他目的。""如果罚没收入全部或者部分返还给公安、司法机关,我国永远也不会有司法权威与司法公正,永远也不可能走上法治

---

① 周天勇:《财政"改革"把一些部门变成了公权"抢劫"者》,载《审计与理财》2006年第9期。

② 参见冷必元:《刑事罚没收入补支司法经费制度的形成与变革》,载《湖南工业大学学报(社会科学版)》2019年第2期。

的轨道”。[①] 经济学学者也反对这么做。例如,赵海益教授认为,“罚没预算收入连年增长,足以说明中国行政罚没以取得财政收入为主,而不是以威胁和阻止违法乱纪为目的”。[②] 周天勇教授认为,许多“社会和经济的危害,是财政应当承担的经费去鼓励自筹造成的,都是自筹惹的祸!政府不应当将…司法…商业化、市场化、利益化和部门化……不应当再让它们去收费和罚款来供养自己”。[③] 似乎从罚没收入支用司法经费计划筹划开始,就一直有人反对这么做。在宣统元年(1909年),上文提到的河南巡抚吴重熹、江西举人廖尔焱都对罚金适用表明了反对态度,更反对罚金成为“筹款之别法”,恳请责任部门修改整顿。

但值得检讨的是,尽管众目所视千夫所指,罚没收入支用司法经费的情况依然没有中断过。一种众人都斥责的现象,众人都欲除之而后快的做法,为什么能够行之久远,富有生命力?是不是在粗糙的外表下面,也隐藏着某种真实和合理性?对罚没收入支用司法经费的做法,现在学界都只讨论它的危害,它的问题,没有人关注这一现象存在的合理性一面。虽然存在的不一定是合理的,罚没收入支用司法经费这一长期历史现象,并不一定经得起严格的理性推敲,但是,罚没收入支用司法经费所带来的特殊作用,司法活动具有某些容易接纳罚没收入作为运行经费的内在特性,或许也值得我们总结和重视。这些特殊作用和内在特性,或许能够为我们掌握罚金支用司法经费的内在原因提供参考。

我们可以回到罚没收入支用司法经费历史发端原生形态的古罗马。不存在任何外在强制力介入的情况下,完全是根据当事人双方以及居中裁断人三者的合意,古罗马案件裁决的原始形态中,原告、被告、裁断人自然而然地选择了罚没收入作为司法裁判工作经费。这种罚金

① 张明楷:《刑事司法改革的断片思考》,载《现代法学》2014年第2期。

② 赵海益:《中国地方政府行政罚没问题研究:基于政府间财税分配体制的视角》,立信会计出版社2016年版,第74页。该书所论述的行政罚没,包含了刑事罚没。

③ 周天勇:《于国于民:都应该坚决废除公共经费自筹体制》,载《中国经济时报》2007年3月26日,第5版。

的起源中,将罚金作为司法裁断服务报酬,似乎是一种自然自发的选择。原被告之间的私人事务,要诉诸无关第三人提供裁断服务,要第三人提供智力、精力支持和专业知识帮助,要求原被告之间承担责任的一方付出支付罚金给裁断人作为劳务报酬,对任何人来讲,都是理所当然的事。它既符合基本的人情世故,符合普通的人性,同时也符合基本的等价交换经济观念。

故此或许可以认为,用罚没收入支用司法经费,是私人事务解决过程中的经济理性使然。古罗马时期,流行着私犯之债的理念,今天视为财产犯罪的抢劫、盗窃、毁坏财物行为被规定为民事不法,今天视为犯罪的侮辱、伤害行为也被规定为民事不法,诸如此类的私犯之债,都可以要求被告通过向国家支付罚金予以解决。[①] 这些罚金即是支付给国家的司法报酬。私人之间的事务,要求无关的第三者即国家裁判官帮助解决,请求人当然要付出司法酬劳。同古罗马一样,很多原初社会,也比较普遍地认为犯罪特别是轻微犯罪实际上是一种私人事务,而非公共事务。如非洲卡斐人的阿马霍萨族及邻近部族,对政治犯、巫术犯、同部族成员之间人身伤害犯罪之外的刑事案件,由原告提起诉讼,原告在获得赔偿后,必须将所得赔偿约三分之一交给办案法吏,作为办案经费。[②] 既然是一种私人事务,对为自己提供司法服务的劳务承揽人,对为自己解分止争的人,除了精神感激之外,还需要支付与其所提供劳务所适应的物质酬谢,也属理所应当。

众所周知,轻微刑事案件,具有明显私人事务特性。1914 年司法部颁布的《县知事审理诉讼暂行章程》第 9 条就规定,“应处拘役、罚金之被告人及法人犯罪,得委任被告代理人到案”。[③] 被告人可能被判处拘役、罚金这一类型轻刑的犯罪,实际上属于“私犯”,侵害的主要是私

① 参见[意]阿尔多·贝特鲁奇:《罗马法上的私犯之债》,徐铁英译,载《法律史评论》2018 年第 11 卷第 1 期。

② 参见[美]罗维:《初民社会》,吕叔湘译,江苏教育出版社 2006 年版,第 252 页。

③ 陈刚主编:《中国民事诉讼法制百年进程第二卷民国初期》,法制出版社 2014 年版,第 281 页。

益,保护的也主要是私益。被告人无法出庭的情况下,准许委托代理人出庭应诉。“得”是可以的意思,说明这一类型“私犯之债”案件中,委托代理人出庭应诉是被告人的法定权利。

我们的司法财经体制,总是习惯于用罚没收入支用司法经费,并自然而然地长期坚持并不断完善这一做法,这恐怕与司法业务,包括刑事司法业务,很多时候主要是用于解决特定私人之间的私务具有密切关系。只要我们肯定个人应当为自己的私人事务买单的基本原理,只要我们承认司法所要解决的问题具有突出的私人特性,我们就应当肯定私人付出罚没收入用以支付司法经费,符合社会一般人的理性。

国家配置了公安机关、检察院、法院,建立了庞大的司法服务体系,我们总认为司法机关是国家机关,是公家的机关,具有明显的公共服务特性。由此,我们会想当然地认为司法活动完全是一种公共服务活动。我们容易忽略,司法活动也具有私人服务性的一面。这正如侵害人身权利的犯罪,这种犯罪行为一方面直接危害了公民个人的人身安全,同时也间接威胁到了不特定公民以及整个社会的安全。刑事司法对故意伤害犯罪行为追究刑事责任,它一方面是为了还被害人一个公道,保护被害人的合法人身权益,另一方面也是为了保护被害人之外的不特定人的安全,保护不特定人的人身权益。刑法规定的犯罪,除了危害国家政治、军事安全、经济体制之外的其他大多数犯罪,都具有明显的侵犯私人权益的特性。刑法名义上是一部公法,但实际上很多时候它解决的是私人问题,保护的是私人权益。刑事司法也是一样,名义上是由检察机关代表国家为了保卫国家而对犯罪人提起了公诉,但实际上,这种公诉大多数时候是建立在保护私人权益基础上的。它是在以国家名义保护国家、社会利益的同时,越俎代庖取代了个人地位,将个人利益融化混合到了名义上的国家利益当中。不管形式如何,大多数刑事案件的司法过程,在保护国家社会利益的同时,实际上必然主要或者附带性地解决了私人之间的争端,保护了私人利益。刑事司法尽管是以国家的公的名义在进行,但我们无法否认,大多数刑事案件实际上最终主要或者附带性地解决了私人事务,确保了个人利益。确切地讲,大多数刑事司法活动,必然是一项既具有半公共服务性质,同时又具有半私人服务性质的活动。

为解决私人之间争端的刑事司法服务活动，古罗马以来就形成了用罚没收入支用报酬的传统。或许有人会认为，古罗马当事人之所以愿意支付罚金作为司法报酬，其原因也在于当时的国家还没有编制司法经费专项预算，国家没有提供司法劳务报酬，司法人员只能从当事人提供的罚没收入中获取劳动对价。这种看法是对的。如果有足够的专项司法预算，国家已经为司法人员支付了办案经费和劳务对价，古罗马司法人员就没有必要再向市民索取报酬。晚清至今，我们的司法机关之所以能够理直气壮地从罚没收入中分享司法经费，从来没有觉得自己理亏或不对，其实和古罗马有着共同的理由。晚清以来，各时期的政府从来没有给予司法机关拨付足够经费预算，从中央到地方，司法经费从来就呈现出一种青黄不接的短缺。很多地方不但办案经费不足，且"审核、拨发慢得出奇，甚至半年以上才能拨到"，[①]有的地方还连人头费、基本工资都无力发放，司法队伍曾出现过"自动关门"和罢工事件。[②]

既然作为人民代表的国家提供不了解决私人争端的司法经费，当然就应当由享受司法劳务成果的私人为自己接受了这一项服务来买单。在司法经费国家配比不足，同时解决的争端又具有为私人提供服务特性两个条件下，司法机关以及财政部门，自然而然会想到要争端中接受劳务的私人来承担司法劳务报酬，这是一般人的经济理性使然。或者，我们也可以反过来考虑，在这种情况下，如果不由接受劳务价值的当事人私人来承担这笔经费，还有谁更合适于承担这笔经费？具备以上两个条件的情况下，由当事人中的败诉方，由公诉中法院裁定承担责任的犯罪人，来承担司法劳务报酬、司法运行成本，是补足司法经费不敷部分的唯一合理财源。司法机关裁决案件保护国家利益并最终解决了个人之间的纠纷，晚清时期的诸克聪就认为，"盖国家为个人事务

---

① 胡绩：《旧司法制度的一些回忆》，载毛德富主编：《百年记忆——河南文史资料大系（政治卷卷二）》，中州古籍出版社2014年版，第764页。

② 参见厦门市《政法志》编委会编：《厦门政法史实——晚清民国部分》，鹭江出版社1989年版，第159页。

执行判断,一切费用,使概由国库支出,则诉讼者与非诉讼者同一负担,殊非情理之平"。[①] 被告人、被害人之外的第三人与案件无关,当然不适合于通过纳税或捐助等形式承担支付司法劳务报酬的义务。与之相比,被告人、被害人接受了司法劳务,司法机关为他们解决了争端,解决了与其他切身利益相关的纠纷,他们更适合于被课以为自己私人事务买单的义务。但被告人、被害人两者相比,被告人是争端的惹起者和责任的承担者,"国家和法庭不应当无酬地为被告的利益做任何事情",[②] "既然判决不能不需要费用,那么由惹起事端的人承担这笔费用的规定看来是合情合理的",[③]因而被告最适合于被处以罚没责任,被课以支付司法经费的义务。

我国的司法经费形成了罚没收入来源依赖,追根溯源,历史久远,其情非一日所致。我们习惯于斥责这一做法,总认为是司法贪婪、财政体制不健全、国家对司法不够重视,才导致了这一习惯做法不断蔓延。我们往往容易忽略,司法服务劳务价值的享有者,除了国家、社会和集体之外,还有作为私人一方的当事人个人。大多数刑事案件中,刑事司法服务的半公共性半私人性、半公务性半私务性,才是导致司法经费斩断不了罚没收入依赖惯性的根本原因。也正因如此,由政府利益诉求和私人利益诉求共同培植起来的刑事司法,总难免出现半国家经费半罚没收入、半官方资本半民间资本经费混搭运行的财经格局。

六、余　　论

刑事诉讼建立了由公诉机关对被告人起诉的制度。公诉制度有一

---

① [清]诸克聪:《讼费考》,载吉林司法官报局编:《吉林司法官报》,宣统辛亥年(1911年)第4期,第78页。

② [德]马克思:《关于林木盗窃法的辩论》,载《马克思恩格斯全集》(第1卷),人民出版社1956年版,第165页。

③ [法]埃米尔·迪尔凯姆:《社会分工论》,张鹏译,吉林出版集团股份有限公司2017年版,第48页。

个前提设定,认为刑事犯罪是一种具有损害公共利益的社会危害行为,[①]故而需要公诉机关代表国家公共利益对被告人提起公诉。刑事司法活动作为保护公共利益的社会公共事务,代表了全体国民的利益诉求,需要全体公民向国家缴纳税收保障诉讼机制运转。故而司法经费应当由国家从税收收入中全额予以支付。

然而,刑事司法保护社会公共利益的假设,并不完全符合刑事司法的真实面目。刑事司法虽然也具有明显的社会公益性,但它同时更具有为私人解决争端的私益性,处于纠纷中的私人一般会成为刑事司法活动的最大受益者。现代公诉制度为西方国家创立,西方国家在建立公诉制度的过程中,单方面拔高刑事司法的公益性,而忽视了刑事司法的私益性。公益性极大化,而私益性被极小化,最终,公诉制度基本上成为了刑事案件的唯一起诉形式。我国刑法中只有侮辱罪、诽谤罪、暴力干涉婚姻自由罪、虐待罪、侵占罪,规定了"告诉才处理",不作为公诉罪,其他罪名均为公诉罪。在制度层面将公益极大化、私益边缘化后,为保护社会公益而构建的公诉,当然需要全体国民纳税保障运转。我们站在国家的高度,出于公益保护的立场,不同意刑事司法的公益性受到财经体制的否定,不同意公诉制度的运转成本由作为案件当事人的私人付费承担,不同意将对刑事案件关联人的罚没收入作为国家公诉运转经费。

刑事公诉制度具有公益拟制的一面,它是在忽视了私益或者是将私益最小化后单纯突出了公益,本来是属于私益的部分内容,也被作为了公益对待。特别是人身、财产方面的犯罪,侵犯的本是私人利益,犯罪人应当对被害人承担责任,而建立公诉制度后,代表公益的国家成了被害人,犯罪人变成了要对国家而不是实际意义上的被害人承担刑事责任,实际上的被害人的公诉地位被虚置了。西方国家建立起来的公诉制度,偷换了被害人的概念,在这种类似文字游戏的制度诡辩逻辑中,用公益掩盖了私益。尽管私益被制度所掩盖和抹杀,但是,私益作为一个客观事实还是存在的,它并不会因为制度和文字上的掩盖而消亡。民众的心

① 参见[德]马克思:《关于林木盗窃法的辩论》,载《马克思恩格斯全集》(第1卷),人民出版社1956年版,第168页。

目中,依然会认为多数的刑事诉讼,实际上是在解决犯罪人与被害人之间的问题,解决的是私人权益问题。既然解决的是私人之间的问题,最终受益的主要是私人,或者是国家和私人同时受益,那么,用取自私人的刑事罚没收入充当刑事司法运转经费,也就符合了自然而然的公理。

公诉制度在忽视私益后所拟制出来的刑事公益司法,虽然喊着公益的口号,但解决的却是公益和私益并存的问题,口号和事实、名和实之间并不完全相符。公益性要求全体国民的纳税支持制度运行,但私益性却要求私人承担运行成本。作为法治后进国家,我们一直在沿着西方国家探索出来的刑事司法道路构建自己的刑事公诉制度。最终,在看似毫无理性的制度运行中,民众用实际行动显示了高度的理性,刑事司法一方面选择了国家公益经费作为运行成本,另一方面也选择了案件关联人的私人经费作为运行成本。国家财政与社会共同负担的司法财经体制,①本质上是刑事诉讼公私关系糅合协调形成的产物。在公益私益并存的刑事司法中,社会理性试图用最简单最实在的方式,从财经来源上还原了刑事司法公私益并存的本来面目。

我国刑事司法制度的运行,自然而然选择了刑事罚没收入作为运行经费,这或许揭示了一个简单的道理:西方国家拟制出来的刑事公诉道路,存在名实不副的缺陷,它没有真实反映私益的基本需求。刑事司法中公私益并存的社会需求,构建的与之对应的却是单一保障社会公益的公诉制度,私益被置于无地,社会需求和司法制度两者之间不相协调。刑事公诉制度脱离了社会现实,反映在财经保障机制上,必然会出现经济基础和上层建筑之间的不匹配甚至断裂现象。社会物质需求是制度文明最基本的需求,是制度运行的基础,司法制度脱离了社会物质需求后,必然无法运行于空中楼阁。实际运行中,它只能回过头来寻找自己赖以存在的物质载体。形式上代表公益的刑事公诉回过头来,接受了私益作为自己的运行经费,赎回了自己的真身。当刑事司法回过头来接受了刑事罚没收入作为自己的物质支撑,回归到了自己公私益

---

① 参见左卫民等:《中国基层司法财政变迁实证研究——1949～2008》,北京大学出版社 2015 年版,第 31 页。

并存的物质载体,实际上也就是用物质的形式宣告了刑事公诉制度本身是一种名实不副的制度。刑事公诉制度在实实在在的物质利益面前,用实在的妥协折射出了制度的拟制缺陷。

当我们一味责备不应该支用刑事罚没收入作为司法经费,或许我们是带着不一定正确的前见在表达自己的观点。前见中,我们的潜意识接受了西方国家创设的刑事公诉理念,认为犯罪是侵害公益的行为,国家取代被害人地位提起公诉是正确的,刑事司法体系应当是一个社会公共服务体系。或许我们忽略了审查西方国家刑事公诉理念是否完全正确,用以支撑刑事公诉的前提设定是否合理,忽略了考虑私益在刑事诉讼中的应有地位。

The Historical Inertia of Criminal Penalty Income Used as Judicial Funds

LENG Biyuan

[**内容摘要**]罗马法通过适用罚金刑收取罚没收入,作为一种司法收入形式,支撑和促成了专业刑事司法队伍的形成,培育并不断发展了古罗马的专业刑事司法体系。我国清末的刑制改革确立罚金刑作为主刑,主要原因在于罚金刑存在筹款功能,能让司法部门提取部分经费,切实解决司法运行经费不敷问题。民国政府为解决司法经费短缺,暂行特别会计制度,由司法部主抓刑事罚没收入。用刑事罚没收入支用司法经费,刑事罚没收入成了民国司法机关的物质供给生命线。新中国成立后,司法机关也形成了罚没收入提成、退库或返还的传统,罚没收入为司法机关的正常运行提供了重要支持。从古到今,司法经费都很难摆脱与罚没收入之间的联系。刑事罚没收入支用于司法经费的制度,学界形成了较为普遍的反对意见。多数刑事案件中,刑事司法服务的半公共性半私人性、半公务性半私务性,才是导致司法经费斩断不了罚没收入依赖惯性的根本原因。由政府利益诉求和私人利益诉求共同培植起来的刑事司法,总难免出现半国家经费半罚没收入、半官方资本半民间资本经费混搭运行的财经格局。

[关键词]刑事罚没收入;司法经费;罚金刑;公诉;成本

Abstract: By applying fine penalty, Roman law not only solved the disputes and settled the social contradictions, but also allowed judicial personnel to share the corresponding fine as the labor consideration from the special services they provided to the society. It is fine, as a form of judicial income, that supports and promotes the formation of professional criminal justice team and fosters and develops the professional criminal justice system in ancient Rome. The main reason for the establishment of the fine as the main penalty in the reform of the criminal system in the late Qing Dynasty lies in the fund-raising function of the fine, which enables the judicial department to withdraw part of the funds and effectively solves the problem of insufficient funds for judicial operation. In order to solve the shortage of judicial funds, the government of the Republic of China adopted a temporary special accounting system, in which the Ministry of justice was in charge of criminal penalty income. The income from criminal confiscation was used to support the judicial funds, which became the lifeline of material supply for the judicial organs of the Republic of China. After the founding of new China, the judiciary also formed the tradition of commission, withdrawal or return of confiscated income, which provided important support for the normal operation of the judiciary. From ancient times to the present, it is very difficult to get rid of the connection between judicial funds and confiscated income. There is a general objection in the academic circles to the system that criminal penalty income is used for judicial funds. In most criminal cases, the semi public and semi private nature of the criminal justice service is the fundamental reason for the inertia of the dependence of the judicial funds on the confiscated income.

Keywords: Criminal Penalty Income; Judicial Funds; Fine Penalty; Public Prosecution; Cost

〔犯罪学与刑事政策〕

社会学想象力推动下的社会解组理论成长*

杨学锋**

目　次

一、引　言

美国社会学家米尔斯(Mills)在《社会学的想象力》中强调指出,历史社会结构往往是个人困扰的根源。这种把个人困扰与公共议题关联起来的理论能力被称作"社会学的想象力";它要求研究者能够自觉地

* 本文系中国刑事警察学院2017年度中央高校基本科研业务费项目"犯罪学主流理论的成长"(项目编号:D2017027)的系列成果之一。

** 中国刑事警察学院犯罪学教授,法学博士,硕士生导师。

在微观视角与宏观视角之间实现往复的转换与互动融合。[①] 更早以前,法国社会学家迪尔凯姆亦深刻地指出:"一种社会事实的决定性原因,应该到先于它存在的社会事实中去寻找,而不应到个人意识的状态中去寻找。"[②]

具体到犯罪学领域,个体责任视角与社会问题视角的争论由来已久。概括而言,在个体责任视角之下,行为人在一方面可能是由于自身在生物学或心理学意义上的特征导致了其具有较大的犯罪性,在另一方面亦有可能是基于自由意志而选择了在某种情境之下将自己的犯罪性外化为具体的犯罪行为。简言之,个体责任视角基于行为人的个体原因而要求行为人为其犯罪行为承担责任尤其是刑事责任。对照之下,社会问题视角具有更加丰富的"社会学的想象力",它认为犯罪问题的根本原因以及治本性的犯罪对策均应该到那些结构性的、个体难以摆脱的各种社会矛盾中去找寻。[③]

纵观犯罪学百余年的发展历史,个体责任视角在其发展初期一度占据主导地位。当犯罪学的研究中心自20世纪初期逐渐从欧洲转移到美国之后,犯罪社会学渐次地超越了犯罪生物学、犯罪心理学而成为了西方犯罪学的主流方向,社会问题视角也逐渐成为犯罪学界的主导观念。其中,社会解组理论是伴随着美国芝加哥大学社会学系的创立而在犯罪社会学领域诞生的首个重要理论成果。尽管在20世纪五六十年代曾经陷入了相对沉寂的状态,然而,自70年代末期以来,随着学术界与实务界对于社区问题与社区建设的高度关注,社会解组理论出现了复兴的趋势。概括而言,在实证检验与理论完善的良性相长过程中,社会解组理论取得了许多重要的新进展,不但为20世纪30年代创立的"芝加哥区域计划"提供了重要的理论依

① Mills W, *The Sociological Imagination*, Oxford University Press, 1959, p. 5.

② [法]迪尔凯姆:《社会学方法的准则》,狄玉明译,商务印书馆1995年版,第125页。

③ 参见杨学锋主编:《犯罪学基础教程》,中国人民公安大学出版社2018年版,第15页。

据，而且，其最新的发展成果也为方兴未艾的社区警务、热点警务等新兴警务模式提供了必要的理论基础和实践指引，[①]进而推动着社区建设与社区治理。

在社会解组理论的创制与复兴的过程中，它一直秉持并不断丰富着社会学想象力，从而成为在犯罪学的分析单位从宏观转向微观的整体趋势之下的一股清流。[②] 简言之，在社会解组理论中体现出的社会学想象力清楚地表明：为了解释不同社区的犯罪率差异，必须到社区层面所具有的结构特征和组织水平中去探寻原因，而不应单纯地归因于社区居民在个体层次上的生物学或心理学特征。

概括而言，本土犯罪学界对于社会解组理论的学术传播非常有限。一方面，社会解组理论在创制阶段的基本命题得到了相对较为详尽的引介；[③]另一方面，本土学者对于社会解组理论在20世纪70年代以来的复兴过程及最新成果则缺乏充分的学术梳理。[④] 这些学术落差阻碍着社会解组理论的本土化实证检验与实践应用。为此，本文将系统地评述社会解组理论的成长历程，特别着眼于自20世纪70年代末期以来的最新发展成果，重点介绍在系统模型之下的各种中介变量以及在方法论上的某些重要进展，以期更新中国犯罪学界对于社会解组理论

---

① 参见杨学锋：《犯罪学视角下社区警务的理论基础及效果评估》，载《江苏警官学院学报》2018年第2期；杨学锋：《热点警务的犯罪学理论基础及实践评估》，载《中国人民公安大学学报(社会科学版)》2018年第3期。

② 尽管犯罪社会学家通常秉持社会问题视角，但是在分析单位上仍然有必要加以细分。例如，紧张理论原本关注的是宏观社会结构层面的紧张；对照之下，后来的一般紧张理论则更多地涵盖了行为人与其微观社会环境中的重要他人之间的负面关系；制度性失范理论则再次回归了宏观社会层面的探究。概括而言，随着学习理论、控制理论等社会过程理论的兴起，西方犯罪学研究的分析单位在20世纪六七十年代出现了从宏观社会结构到微观社会环境的转变。如今，在理论整合的背景之下，理论犯罪学家更加关注个体责任视角与社会问题视角之间、宏观社会结构与微观社会环境之间的整合潜力。

③ 参见吴宗宪：《西方犯罪学》，法律出版社2006年版，第329～339页。

④ 近些年来，一些华人犯罪学家日益关注到中国犯罪学的发展机会，开始参与犯罪学领域的“西学东渐”进程。其中，对社会解组理论发展进程的初步追踪可参见曹立群、任昕主编：《犯罪学》，中国人民大学出版社2008年版，第21～41页。

的认知,亦希冀有助于本土犯罪学家在理论构建与实证研究的过程中进一步发挥社会学的想象力。

二、社会解组理论的诞生

犯罪在地理空间上并不是随机地分布的,而是倾向于聚集在少数特定区域,这个被称作"少数地点对多数犯罪负责"①的现象如今已经成为犯罪学领域的公认事实之一。社会解组理论以此作为理论的关注起点,进而试图利用社区的某些结构特征而不是居民的个体特征来加以解释。

与犯罪学中的许多重要理论一样,社会解组理论也是时代的产物。自19世纪末期至20世纪初期的几十年间,芝加哥市经历了迅猛的工业化、城市化、移民潮等野蛮的生长过程。这为以芝加哥大学社会学系作为研究基地的芝加哥学派提供了一个天然的社会实验室。作为芝加哥学派的灵魂人物,Park & Burgess(1925年)研究了这些剧烈的社会变迁对于芝加哥市的巨大冲击,继而开创了城市社会学,其中包括人类生态学与同心圆理论等。② Shaw & MacKay(1942年)将这些思想具体地应用于解释芝加哥市各个同心圆地带的青少年犯罪率差异问题,进而创制了社会解组理论。③

首先,Shaw & MacKay利用手工绘制的点图、比率图、地带图等初级地图形式直观地展示了在1900~1906年、1917~1923年、1927~1933年等三个不同历史时期芝加哥市少年法庭记录的青少年犯罪率及行为人的家庭住址等数据,并利用生活史等方法补充了大量的实地调查数据。其次,通过上述的犯罪制图等直观方式,Shaw & MacKay发

① 另外,犯罪在行为人、被害者方面亦存在类似的聚集规律,可以分别称作"少数行为人对多数犯罪负责""少数对象对多数被害负责"的现象。

② Park R, Burgess E, Mckenzie R, *The City: Suggestions for Investigation ofHuman Behavior in the Urban Environment*, University of Chicago Press, 1925.

③ Shaw C, MacKay H, *Juvenile Delinquency and Urban Areas*, University of Chicago Press, 1942.

现青少年犯罪率在芝加哥市的五个同心圆地带之间稳定地存在显著的差异,而毗邻着中心商业区的“过渡区”总是具有相对最高的青少年犯罪率。再次,Shaw & MacKay 发现,尽管在 20 世纪初期的几十年间,居住在芝加哥市“过渡区”的居民种族背景多次发生了转换,①但是这一地带的青少年犯罪水平则一直稳定地处于相对最高的水平。Shaw & MacKay 将此现象称作“居民接替”或“社区稳定性”。最后,Shaw & MacKay 认为,上述的犯罪分布规律不能简单地利用社区居民的种族特征或其他个体特征来加以解释,而应该归因于过渡区的某些结构性特征,其中包括贫困人口多、居民流动性高、种族差异性大等三个方面。简言之,社会解组理论的原始阐述可以被概括为以下初始模型:社区结构特征→社会解组→社区犯罪率。

然而,在社会解组理论的原始阐述中存在一些饱受诟病之处。第一,作为社会解组理论的创制者,Shaw & MacKay 并没有明确地界定社会解组的概念,而是直接借用了同为芝加哥学派的 Thomas 及其合作者在 1918 年至 1920 年间陆续出版的五卷本著作《身处欧美的波兰农民》中提出的这一名词,后者用其指代“群体规则对于其成员的影响力不断减弱的过程”。② 第二,Shaw & MacKay 有时用社会解组来解释某些社区的较高犯罪率,在另外的时候则用社区的较高犯罪率来证明其处于社会解组状态,而这实际上陷入了逻辑循环。第三,Shaw & MacKay 较为随意地使用了紧张、文化冲突、社会控制等概念,而没有能够将其有效地整合到社会解组理论模型之中。第四,过度依赖了官方犯罪统计。众所周知,官方犯罪统计由于自身难以克服的局限而可能无法准确地反映犯罪在不同阶层、不同地理区域上的分布规律,然而,社会解组理论的创制者未加批判地接受了官方犯罪统计数据,并将

① 在 19 世纪与 20 世纪之交,芝加哥市过渡区的居民大多来自英国、德国、爱尔兰;在 20 世纪 20 年代,该区域的居民则大多来自波兰等东欧国家;到了 20 世纪 30 年代,美国南部的黑人大量地涌入芝加哥市并聚居在过渡区。

② Kramer R, The Conceptual Status of Social Disorganization, *American Journal of Sociology*, 1943, 48(4), p. 471.

从中挖掘出来的地理分布规律作为了社会解组理论的解释对象。应该看到,诸如逻辑循环与概念模糊的理论缺陷在很大程度上削减了社会解组理论原始阐述的科学严谨性,再叠加上当时犯罪学研究的分析单位逐渐从宏观下降到微观,从而造成了它在 20 世纪六七十年代期间陷入了沉寂状态。

三、社会解组理论的复兴

从社会解组理论的原始阐述中可以看到,由于 Shaw & MacKay 有名无实地使用着社会解组概念,因而未能在更深层次上厘清社区结构特征与社区犯罪率之间的因果作用机制。换言之,这种较为粗糙的理论命题无法排除其他一些竞争性的解释。例如,Merton(1938 年)的紧张理论认为,社会结构层面的紧张状态将导致下层阶级的成员更有可能采用某种非遵从的方式来适应紧张,进而导致这一阶层具有较高的犯罪水平。[①] 因此,为了证明社会解组理论具有独特的学术贡献,尚需进一步指明作为前端变量的社区结构特征与作为末端变量的社区犯罪率之间的因果链条,也就是两者之间潜在的中介变量。实际上,这是社会解组理论晚近发展的主线,也是本部分述评的重点。

(一)社会控制的视角:从结构到过程

1. 系统模型的提出

如前所述,自 20 世纪 70 年代末期以来,社会解组理论出现了复兴的势头。在此过程中,具有奠基性意义的学术文献当属 Kornhauser 在 1978 年出版的《青少年犯罪的社会根源》。[②] Kornhauser 指出,社会解组理论实际上包括了两个不同的维度:社区的结构性特征、社区的犯罪

① Merton R, Social Structure and Anomie, *American Sociological Review*, 1938, 3(5), p. 672 – 682.

② Kornhauser R, *Social Sources of Delinquency*, University of Chicago Press, 1978.

亚文化；然而，Shaw & MacKay 在原始阐述中并没有真正有效地区分上述两个维度，因此只是提出了一个混杂的模型；而且，更为严重的是，Shaw & MacKay 不恰当地将社会解组理论的论述重点放在了社区的犯罪亚文化上，而极大地忽视了对结构层面上社会解组的阐释。简言之，在 Kornhauser 看来，由于 Shaw & MacKay 将结构层面与文化层面的社会解组混杂在了一起，因而未能真正地厘清社区犯罪水平居高不下的因果机制。

Kornhauser 认为，理解社会解组理论的恰当方式应该是从社区的社会结构层面入手，并将其纳入"系统模型"的视角之下。此时，社区被视为"一个由根植于家庭生活与继续社会化过程的友情和亲情网络、正式和非正式的交往性联结而构成的复杂系统"。[①] 基于系统模型的基本思想，Kornhauser 不仅首次明确地界定了社会解组的概念——它是指"社区没有能力实现其共同目标并解决其长期面临的问题"，[②] 而且初步刻画了社会解组理论的基本因果机制——社区的某些结构性特征通过削弱社区内的社会联结进而削弱了社区对其居民维持有效的非正式社会控制的能力，最终导致了社区犯罪率的上升。简言之，在系统模型的视角之下，Kornhauser 初步地将社会解组理论修正为以下因果链条：社区结构特征→社会联结→非正式社会控制→社区犯罪率。

Sampson（1987 年）进一步诠释了系统模型："诸如家庭解体、居民流动、结构密度等社区特征削弱了非正式社会控制网络；薄弱的当地社会联结、较低的社区依恋、匿名性、较低的监督与保卫能力等都妨碍着非正式社会控制；贫困以及种族差异等其他因素也可能影响着非正式控制，尽管它们的影响很有可能是间接的；在具有家庭解体、居民流动、建筑物稠密等特征的社区内的居民不太可能履行保卫行动，也不太可

① Kasarda J, Janowitz M, Community Attachment in Mass Society, *American Sociological Review*, 1974, 39(3), p. 329.

② Kornhauser R, *Social Sources of Delinquency*, University of Chicago Press, 1978, p. 63.

能向执法机构报告一般的越轨行为、介入公共失序、承担监督青少年活动的责任;结果就是越轨行为得到了容忍、社会控制的公共规范不能发挥作用。"①

概括而言,系统模型是从社会控制的角度对社会解组理论重新加以表述的结果,其中处于核心地位的中介变量包括了社会联结与社会控制,这为社会解组概念填充了实质内容。其中,社会联结(social ties)有时亦被译作"社会关系"或"社会连带",它是指社会网络分析图中各个结点之间的连线,其中包含着数量、密度、方向、范围、强度等不同的维度。② 相比于正式社会控制,非正式社会控制长期以来更多地受到犯罪社会学理论的关注,社会解组理论亦不例外。其中的原因是易于理解的。一般而言,正式社会控制是由社区之外的、基于法律授权的刑事司法部门来执行的,而且它通常是在犯罪事件发生之后才可能被启动的;相比之下,非正式社会控制则是基于社区的,由社区居民或某些社区机构来实施的,其中包括但不限于社区成员对于公共空间的非正式监管或直接介入,如询问可疑人员、训诫越轨者、向儿童父母或社区组织投诉、向刑事司法机关报案,等等。由于非正式社会控制的上述特点,它在系统模型的初始版本被赋予了重要地位。

然而,在城市化、现代化的深刻背景之下,完全忽视正式社会控制的作用显然是不合时宜的,也在理论上存在较为严重的漏洞。因此,系统模型的后续发展逐渐囊括了社区内外的非正式和正式社会控制因素。其中,颇具影响力的一个版本来自 Bursik & Grasmick(1993年),③参见图1:

---

① Sampson R, Communities and Crime, in Hirschi T, Gottfredson M, *Positive Criminology*, Sage Publishing, 1987, p. 109.

② 参见郑杭生:《社会学概论新修》(精编版),中国人民大学出版社2009年版,第152~153页。

③ Bursik R, Grasmick H, *Neighborhoods and Crime: The Dimensions of Effective Community Control*, Lexington Publishing, 1993, p. 39.

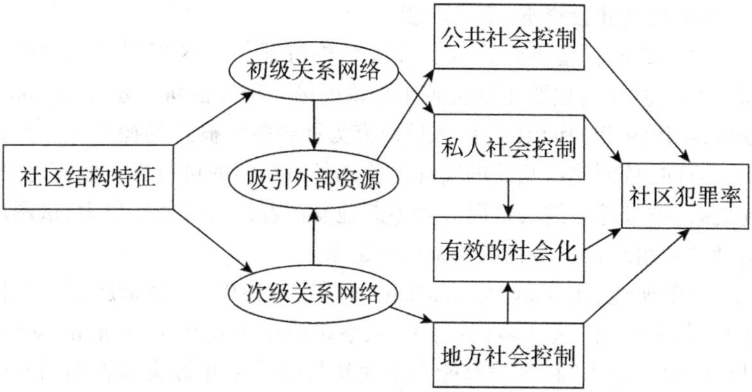

图1　系统模型

可以看到，在这个更为复杂的系统模型之中，共包括了三种不同层次的社会控制——私人控制、地方控制、公共控制。就概念而言，私人控制是指至亲挚友等初级群体对行为人的非正式监管和影响，它通常是通过给予或威胁撤除感情、社会支持或相互尊重而实现的；地方控制是指社区内的教会、学校、志愿者组织等社会机构对行为人的非正式控制，它通常取决于社区居民与次级群体的弱联结，并体现为居民对于社区内各种社会机构的参与水平；公共控制则是指社区之外的某些公共机构特别是包括警察机关在内的刑事司法系统对于行为人的正式控制。

由上述版本的系统模型中还可以看到，社区内包括了初级和次级关系网络的社会联结影响着社会控制的水平，进而影响了社区犯罪率。就此而言，社会联结是其中处于核心重要位置的中介变量。这些关系网络在一方面直接地影响着私人和地方两个层次上的社会控制，在另一方面则通过吸引社区外部的资源而间接地影响着公共控制。总而言之，社区结构特征影响着社会联结，而社会联结则进一步影响着在社区内施加不同层次的社会控制的能力，进而影响到社区犯罪水平。

2. 系统模型下的中介变量与实证检验

如上所述，在系统模型的范畴之内，社会解组理论的晚近发展主要体现在中介变量上，其中最早受到关注的是社会联结与非正式社会控制,后来则是社会资本、集体效能。

尽管之前有些研究检验了社区结构特征与社区犯罪率之间的关联,[①]但是真正地检验了社会解组理论的第一项实证研究是 Sampson & Groves(1989 年)作出的。[②] 该项研究为社会解组概念的操作化路径指明了方向,从而使得相关的实证检验具备了切实的可行性。概言之,自此之后,越来越多的实证研究者不断地发挥着社会学的想象力,试图厘清社会解组理论中潜在的复杂因果链条。

如前所述,在 Shaw 与 MacKay 的原始阐述中,只是未加定义地使用着“社会解组”这一名词;后来,在系统模型的视角下,Kornhauser 将社会解组界定为“社区没有能力实现其共同目标并解决其长期面临的问题”。基于这一概念性定义,Sampson & Groves 将社会解组概念操作化为“社区层次上的友情网络、参与社区组织的水平、未受监管的青少年群体”等三个变量,进而基于“英国犯罪调查”(British Crime Survey)项目分别在 1982 年和 1984 年收集的两百多个社区的有关数据,利用加权最小二乘回归分析的统计方法首次为社会解组变量在社区结构特征与社区犯罪率[③]之间的中介效应模型提供了经验支持。

然而,应该看到,Sampson & Groves 并没有区分社会联结与非正式社会控制,而是将两者合并作为“社会解组”的操作化定义。也就是说,他们并没有分别检验社会联结或非正式社会控制与社区犯罪率之间的因果关系,亦没有进一步厘清社会联结与非正式社会控制之间的潜在关联。然而,按照系统模型的基本假设,社会联结与非正式社会控制之间并不是并列或可加的关系,而在理论上应该遵循以下因果链条机制——社会联结影响着非正式社会控制,进而影响到社区犯罪率。

十年之后,Veysey & Messner(1999 年)利用结构方程模型分析了

---

① 如前所述,由于缺乏明确的中介机制,并不能简单地将此类研究视为对社会解组理论的直接检验。

② Sampson R, Groves W, Community Structure and Crime: Testing Social-Disorganization Theory, *American Journal of Sociology*, 1989, 94(4), p. 774 – 802.

③ 鉴于“英国犯罪调查”实际上是一种被害调查项目,因此,更加准确地来说,此处的“社区犯罪率”是指社区居民的被害水平。

同一数据集。他们在一方面部分地证实了 Sampson & Groves 的中介效应模型，但是在另一方面则发现了上述操作化得到的社会解组变量并不是单维度的，有必要将其进一步地细分。① 后来，另一项基于美国 36 个社区数据的实证研究不仅再次复证了 Sampson & Groves 提出的中介效应模型，而且证实了社区层次上的友情网络（作为社会联结的测量）与未受监管的青少年群体（作为非正式社会控制的测量）之间存在符合系统模型预期的显著负向关联。②

尽管系统模型预期社会联结对应着较低的社区犯罪率，而且这种预期的确获得了相对较多的经验支持，但是，也应该看到，有些实证研究者发现，社会联结对于社区犯罪率的效应在程度或机制上，甚至在方向上都有可能不符合上述预期。例如，Warner & Rountree（1997 年）在一方面证实了社会联结具有显著的中介效应，在另一方面还支持了调节效应模型；具体而言，该文发现，社会联结与社区犯罪率之间的关联程度依犯罪类型和社区类型而表现出统计学意义上的显著差异。例如，在种族混居社区以及少数族裔社区，社会联结并没有显著地降低犯罪率。③ 类似地，Pattillo（1998 年）在利用民族志方法研究了芝加哥市的黑人社区之后发现，在一方面，守法居民之间的社会联结有助于对青少年群体的非正式监管，进而有助于降低社区的犯罪水平；然而，另一方面，某些居民之间的社会联结却削弱了社区对于犯罪的控制能力，因为这些社会联结的结点中既有守法居民也有帮伙成员和毒品贩子。④

① Veysey B, Messner S, Further Testing of Social Disorganization Theory: An Elaboration of Sampson and Groves's "Community Structure and Crime", *Journal of Research in Crime and Delinquency*, 1999, 36(2), p. 156 – 174.

② Sun I, Triplett R, Gainey R, Neighborhood Characteristics and Crime: A Test of Sampson and Groves' Model of Social Disorganization, *Western Criminology Review*, 2004, 5(1), p. 1 – 16.

③ Warner B, Rountree P, Local Social Ties in a Community and Crime Model: Questioning the Systemic Nature of Informal Social Control, *Social Problems*, 1997, 44(4), p. 520 – 536.

④ Pattillo M, Sweet Mothers and Gangbangers: Managing Crime in a Black MiddleClass Neighborhood, *Social Forces*, 1998, 76(3), p. 747 – 774.

Zata & Portillos(2000年)通过对33名青少年犯罪帮伙成员及20名社区工作者的深度访谈数据的分析,发现了类似结果:帮伙成员之间的强联结反而阻碍着他们对于合法职业的追求,进而使他们深陷犯罪的泥沼而难以自拔。① 对照之下,Bellair(1997年)分析了美国60个城市社区的被害数据后发现,社区居民之间的弱联结与强联结均可以显著有效地预测社区的非正式控制水平,进而可以显著有效地解释社区在入室盗窃、机动车盗窃、抢劫等三类犯罪方面的被害率。②

由此不难看到,社会联结对于社区犯罪率的效应远非那么简单而直接;不同形式或内容的社会联结可能产生在程度上,甚至在方向上不尽一致的影响。例如,亲社会群体之间的社会联结、反社会群体之间的社会联结对于社区犯罪率有着不同方向的显著影响;此外,社区居民之间的强联结通常要比弱联结在更大程度上影响着社区内的犯罪水平,尽管其影响的方向未必是正面的。简言之,社会联结可能有助于社区组织性,亦有可能有损于社区组织性,这至少在部分上取决于社会网络中各个结点的特征及其利益诉求的一致程度。总体而言,尽管中外社会学家早已关注到了不同类型的社会联结对于职业流动等其他社会后果上所产生的差别化影响,③但是,对照之下,既往的犯罪学文献往往更多地关注了有利于非正式社会控制的社会联结,而相对地忽略了某些社会联结的负面影响。

后来,一些研究者认为,对社区犯罪率产生更加直接影响的并不一定是社会联结本身,而很可能是由它传递的某些无形的社会资源,即所谓的"社会资本"。尽管有着不尽相同的定义,但是,按照著名社会学家科尔曼的解读,社会资本是由人际关系所产生的某些无形资源,它有

---

① Zatz M, Portillos E, Voices from the Barrio: Chicano/a Gangs, Families, and Communities, *Criminology*, 2000, 38(2), p. 369 - 401.

② Bellair P, Social Interaction and Community Crime: Examining the Importance of Neighbor Networks, *Criminology*, 1997, 35(4), p. 677 - 703.

③ Granovetter M, The Strength of Weak Ties, *American Journal of Sociology*, 1973, 78(6), p. 1360 - 1380;边燕杰、张文宏:《经济体制、社会网络与职业流动》,载《中国社会科学》2001年第2期。

助于行动者们实现其共同利益。[①] 在社会资本的视角之下，由社会联结所传递的责任、信息、信任、规范等无形资源才是形成非正式社会控制的关键。例如，在成年居民之间的亲社会联结可以使他们共享信息或分担责任，从而有助于更加高效地监管社区内青少年的越轨行为。

尽管社会联结与社会资本在概念性定义上有着某种细微的区别，正如 Taylor(2002 年)总结的，“社会资本是社会网络的产物，而不是它的同义词”，[②]然而，在几乎所有的实证研究中，两者的操作化结果存在很大程度的重合，有时甚至难以明确区分。[③] 例如，在 2000 年出版的经典名著《独自打保龄：美国社区的衰落与复兴》中，Putnam 首先将社会资本定义为“个体之间的联系，即社会网络以及从中产生的互惠和信任等规范”；[④]之后，Putnam 分别讨论了七种不同形式的“社会资本”：政治参与；公民参与；宗教参与；工作联系；正式社会联系；利他、志愿与慈善活动；互惠、诚实与信任。类似地，Messner 等(2004 年)[⑤]在操作化社会资本概念时，不仅测量了社区居民主观评价的社会信任水平，而且还用较大的篇幅测量了社区居民各种社会参与的水平，从而证实了“社会资本”与杀人犯罪率之间的因果关联。在评论社会资本概念的上述操作化结果时，Paxton(1999 年)不无道理地指出，无论是

---

① Coleman J, Social Capital in the Creation of Human Capital, *American Journal of Sociology*, 1988, 94(S), p. 100.

② Taylor R, Fear of Crime, Social Ties, and Collective Efficacy, *Justice Quarterly*, 2002, 19(4), p. 775.

③ 例如，按照中国著名社会学家郑杭生教授的解释，社会联结(social ties，原文译作“社会关系”)是指各个结点(行动者)之间的连线；按照美国著名社会学家科尔曼的解释，社会资本(social capital)是指连接各个结点(行动者)的线段。从中不难看出，两位著名的社会学家对社会联结和社会资本的概念做出了高度重合的定义。分别参见郑杭生：《社会学概论新修》(精编版)，中国人民大学出版社 2009 年版，第 152 页；[美]詹姆斯·S. 科尔曼：《社会理论的基础》，邓方译，社会科学文献出版社 1999 年版，第 357 页。

④ Putnam R, *Bowling Alone: TheCollapse and Revival of American Community*, Simon & Schuster Publishing, 2000, p. 16.

⑤ Messner S, Baumer E, Rosenfeld R, Dimensions of Social Capital and Rates of Criminal Homicide, *American Sociological Review*, 2004, 69(6), p. 882 - 903.

政治参与,还是社会参与,它们更应该是社会联结的指标,而不应被当作社会资本的指标。① 最后,还有一些研究者发现,如同不同性质的社会联结可能有着不同方向的影响,社会资本不但可能降低社区犯罪率,也有可能提高社区的越轨或犯罪水平。②

尽管有些实证研究表明,社会联结在获取和分配社会资本、形成社区内的非正式社会控制的过程中具有重要作用,③但是,Sampson 等(1997年)注意到,系统模型更多地关注了社会控制的能力,而这种能力通常并不会自动地外显为介入社区事务的实际行动,它还需要某种激发机制,这就是所谓的"集体效能"。④ 按照 Sampson 等(1997年)的定义,集体效能是指"社区居民之间的相互信任以及介入社区公共事务的意愿"。用他们的话来说:"总之,正是相互信任和愿意为了共同利益而出面干预的意愿之间的联系确定了集体效能的社区环境。就像不同的个体进行效能行动的能力有所不同一样,不同的社区在实现其共同目标的能力方面也有所差异"(Sampson 等,1997年)。可以看到,相比于最初版本的系统模型更加关注非正式控制的能力,Sampson 等提出的集体效能模型则更加关注社区居民集体性地施加非正式社会控制的意愿。应该说,集体效能这一颇具社会学想象力的中介变量进一步丰富了系统模型。

Morenoff、Sampson & Raudenbush (2001年)再次证实了集体效能这一中介变量的重要性。⑤ 研究者发现,集体效能与集中弱势都可以

---

① Paxton P, Is Social Capital Declining in the United States? A Multiple Indicator Assessment, *American Journal of Sociology*, 1999, 105(1), p. 88 - 127.

② Browning C, Illuminating the Downside of Social Capital, *American Behavioral Scientist*, 2009, 52(11), p. 1556 - 1578.

③ Bursik R, The Informal Control of Crime Through Neighborhood Networks, *Sociological Focus*, 1999, 32(1), p. 85 - 97.

④ Sampson R, Raudenbush S, Earls F, Neighbourhoods and Violent Crime: A Multilevel Study of Collective Efficacy, *Science*, 1997, Vol. 277, p. 918 - 924.

⑤ Morenoff J, Sampson R, Raudenbush S, Neighborhood Inequality, Collective Efficacy, and the Spatial Dynamics of Urban Violence, *Criminology*, 2001, 39(3), p. 517 - 560.

显著有效地预测芝加哥市某些社区的杀人犯罪率;然而,在社会联结较弱的社区,其暴力犯罪率也可以维持在较低水平,只要这些社区具有较高水平的集体效能即可。该研究还再次警示了,社区结构特征或者社会联结本身并不能直接地影响到社区犯罪水平,它必须通过社会资本、集体效能等中介变量才能在社区内形成控制犯罪所必需的介入能力和意愿。无独有偶,Walton(2016 年)发现,即便是在族群混居的贫困社区里,由于公租房的租客们具有较高水平的集体效能,社区的集中弱势并没有按照社会解组理论预期的那样造成社区的较高犯罪率。① 总体而言,集体效能已经成为社会解组理论中不可或缺的中介变量之一。在一篇关于 20 余种宏观社会原因因素的荟萃分析中,研究者发现,集体效能的效应度名列第四,仅次于非经济机构的实力、枪支拥有水平、监禁效应。②

然而,在许多具体的实证研究中,类似于社会联结与社会资本之间存在一定的重合之处,社会资本与集体效能这两个概念的操作化也存在相当程度的交叉。从前文的定义中可以看到,社会资本与集体效能都将社区居民之间的相互信任作为重要的内容。据此,Taylor(2002 年)认为,集体效能就是一种特定形式的社会资本。③ 综合而言,社会解组理论的原始版本由于存在较为严重的概念不清等问题而受到了诸多质疑,相比之下,社会解组理论的晚近发展提出了更多的新概念、新命题,但是,概念模糊、操作化结果重叠、量具标准化程度不足等问题依然在不同程度上侵蚀着社会解组理论的严谨性。未来的发展质量将取决于这些核心概念的更精确的定义、更清晰的区分以及更准确的操作化。正如 Kubrin & Weitzer(2003 年)所评论的,"就方法论而言,研究

---

① Walton E, "It's Not Just a Bunch of Buildings": Social Psychological Investment, Sense of Community, and Collective Efficacy in a Multiethnic Low-Income Neighborhood, *City & Community*, 2016, 15(3), p. 231 – 263.

② Pratt T, Cullen F, Assessing Macro-Level Predictors and Theories of Crime: A Meta-Analysis, *Crime and Justice*, 2005, Vol. 32, p. 373 – 450.

③ Taylor R, Fear of Crime, Social Ties, and Collective Efficacy, *Justice Quarterly*, 2002, 19(4), p. 775.

者应该特别注意发展出可以明确区分的概念指标,并且将所有的测量纳入研究设计中去。只有这样,社会联结、社会资本、集体效能等变量的效应才可以被直接地加以比较"。[①]

此外,更加关注社会控制能力的系统模型与更加关注社会控制意愿的集体效能模型还没有真正地整合起来。首先,控制能力与控制意愿无论在概念上、还是在操作化上都存在相当大的模糊与交叉之处,因而将两者严格地区分开来具有一定难度。其次,影响着两者的原因因素是否相同、两者之间存在哪些关系、两者以何种机制(如是独立地还是交互地)影响着社区犯罪率,诸如此类的问题尚未得到完全的阐释。既往的实证研究大多仅仅涉及其中一种模型,可喜的是,Triplett 等(2005年)同时纳入了控制能力与控制意愿两个变量,从而初步地回答了上述问题。其中,具有启发意义的一些结论包括:第一,尽管控制能力与控制意愿都涉及某些资源,但是两者在概念上还是可以区分的——前者是指"拥有、获取或者有才能去创造出施加社会控制所需的各种资源";后者则是指"动用现有资源施加社会控制的动机或欲望"。[②] 而且,从因子分析的结果来看,那些旨在测量控制能力和控制意愿的测度项在同一因子上的载荷具有显著差异,进而能够加以分离。第二,尽管影响着控制能力与控制意愿的各原因因素之间具有相当高的重叠部分,但是依然在某些方面存在统计学意义上的显著差异。第三,控制能力与控制意愿之间具有中等程度的相关关系(相关系数等于0.377),而且控制能力显著地影响着控制意愿。第四,尽管有一些学者预测说,控制能力与控制意愿具有交互作用,但是该文并没有为这一假设提供充分的经验支持。

---

① Kubrin C, Weitzer R, New Directions in Social Disorganization Theory, *Journal of Research in Crime & Delinquency*, 2003, 40(4), p. 378.

② Triplett R, Sun I, Gainey R, Social Disorganization and the Ability and Willingness to Enact Control: A Preliminary Test, *Western Criminology Review*, 2005, 6(1), p. 91.

(二)文化解组的视角:从对立到多元

如前所述,按照Kornhauser的概括,社会解组理论的原始阐述中实际上混杂着两个不同的侧重点——社区的社会结构、社区的犯罪亚文化。Kornhauser认为,Shaw & MacKay在很大程度上有名无实地使用着社会解组的概念,并且错误地将论述的重点指向了在社区,特别是在过渡区内代际传播的犯罪亚文化。[①] 也就是说,在社会解组理论的初始版本中,Shaw & MacKay认为,由于在社区内长期存在的犯罪亚文化对于其居民特别是青少年的社会化过程所产生的深刻影响,因此促成了社区的较高犯罪水平。Kornhauser将这一犯罪亚文化视角概括为以下模型:犯罪亚文化——社会化——少年犯罪,并对其进行了极端排斥:"青少年犯罪亚文化并不存在。因为注定要生活在一起的人们绝不会普遍地认为青少年的犯罪行为是具有正向价值的。"[②]Kornhauser甚至在结论部分这样写道:"在解释青少年犯罪时,文化和亚文化的概念被如此地滥用,以至于如果在犯罪学家的专业词典中将它们清除出去,那么对于青少年犯罪的研究将会因为没有这些概念而受益良多。"[③]于是,自Kornhauser以来,从社会控制的视角来解读社会解组理论的系统模型变成了主流方向,文化因素则长期地被忽略了。

然而,Kornhauser并没有完全排斥文化因素的影响。更为准确地说,Kornhauser在严厉批判了犯罪亚文化观点的同时,提出了"文化解组"的观点。换言之,Kornhauser认为,某些社区之所以具有较高的犯罪率,不是因为这些社区存在与主流文化有着对立关系的犯罪亚文化,而是由于社区的结构性特征造成了主流文化的削弱或崩溃,从而难以

① 由于Shaw & MacKay在社会解组理论的原始阐述中并没有直接测量社区文化,因而并没有为文化传递假设提供宏观层面的经验证据。他们使用生活史方法进行的个案调查仅为文化传递假设提供了个体层面支持。

② Kornhauser R, *Social Sources of Delinquency*, University of Chicago Press, 1978, p. 229.

③ Ibid., p. 253.

有效地发挥其功能,使得社区没有能力实现其共同的价值观和规范。在文化解组视角之下,文化解组并不是独立或并列于社区结构性特征的犯罪原因,而是后者的潜在结果之一。近些年来,这一所谓的“文化解组”视角日益受到研究者的关注,成为系统模型之下的一个新动向。①

实际上,从文化角度来解释某个地理空间、某个社会群体的较高犯罪率在理论犯罪学中由来已久。Warner(2003 年)将其划分为两种不尽相同的类型:一是强调文化的异质性,即犯罪亚文化的视角。② 备受 Kornhauser 批判的 Shaw & MacKay 及其同时代的文化理论均是从这个角度来阐释不同类型的亚文化如何影响青少年犯罪的。二是强调社区结构特征削弱了传统文化,即 Kornhauser 提出的文化解组视角。Warner 进一步论述到,文化解组应该在社区结构特征、社会联结与非正式社会控制之间具有显著的中介效应。简言之,Warner 利用美国南部两座城市的 66 个社区调查数据为以下文化解组模型提供了初步的经验支持:社区结构特征→(社会联结)③→文化解组→非正式社会控制。

沿袭类似的研究进路,Warner & Burchfield(2011 年)利用等级线性模型重新分析了上述 66 个社区的有关数据,再次证实了社区居民对于遵从文化的错误认知在社区结构特征、社会联结与非正式社会控制之间的中介效应模型。④

Sampson & Bartusch(1998 年)认为,一方面,处于社会解组状态社

---

① Kubrin C, Cultural Disorganization and Crime, in Cullen F, *Challenging Criminological Theory: The Legacy ofRuth Rosner Kornhauser*, Routledge Publishing, 2015, p. 193 - 214.

② Warner B, The Role of Attenuated Culture in Social Disorganization Theory, *Criminology*, 2003, 41(1), p. 73 - 98.

③ 此处的括号表示社区结构特征不但可能通过社会联结变量而间接地影响到文化解组,也可能跳过社会联结变量而直接地影响到文化解组。

④ Warner B, Burchfield K, Misperceived Neighborhood Values and Informal Social Control, *Justice Quarterly*, 2011, 28(4), p. 606 - 630.

区的居民实际上了解主流文化以及体现了主流文化的法律规范和包括警察部门在内的刑事司法机构；但是，在另一方面，由于社区居民在日常生活中难以看到践行主流文化的机会，亦难以切身感受到主流文化的益处，从而逐渐形成了“法律犬儒主义”的倾向。① 也就是说，尽管解组社区的居民并不是真正地认可或赞许违法行为，亦希望生活在没有犯罪的社区之中，但是，由于他们深陷犯罪的旋涡之中，对于法律或执法机构在社区内的无能为力已经习以为常，这种深深的无力感和宿命论使得他们难以真正地信任法律和执法机构，这种不断滋生的法律犬儒主义使得他们对于社区的较高犯罪率具有更大的容忍度，甚至在某些情况之下默许或纵容了以暴制暴、以罪易罪的做法，进而进一步推高了社区犯罪率。为了检验上述假设，Sampson & Bartusch 利用多层次方法分析了芝加哥市 343 个社区的相关数据，结果表明，在黑人社区并不存在与主流文化相对立的“暴力亚文化”；这些黑人社区之所以具有较高的暴力犯罪水平，其真正的因果机制是由于社区的集中弱势特征导致了社区居民的法律犬儒主义倾向，进而降低了他们对于警察部门的信任水平以及提高了他们对于暴力行为的容忍程度。

此外，尽管 Kornhauser 对于包括塞林的文化冲突理论、萨瑟兰的差别交往理论、沃尔夫冈的暴力亚文化理论、科恩的地位挫折理论、米勒的焦点关切理论等早先出现的各种犯罪亚文化理论作出了较为极端的批判，但是，更为晚近的一些著作则对其提出了反证。Anderson（1999年）就是其中最为著名的代表之一。Anderson 长期追踪研究了美国费城的贫民社区，并发现其中的确存在一种不同于主流文化的“街头法则”，其中包括了体面、尊重、男子气概、勇敢、毒品、酒精、犯罪与生存等诸多方面的内容。另外，Anderson 认为，在下层阶级的社区，并不是所有的居民都共同地遵从这种“街头法则”，还有一些居民更加信奉主流文化。因而，准确地来说，Anderson 并不是简单地印证了传统的犯罪

① Sampson R, Bartusch D, Legal Cynicism and (Subcultural?) Tolerance of Deviance: The Neighborhood Context of Racial Differences, *Law & Society Review*, 1998, 32 (4), p. 777-804.

亚文化理论提出的“对立文化模型”,而是印证了一个“多元且竞争性的亚文化模型”。①

随着文化因素再次被引入社会解组理论的系统模型之中,一些悬而未决的问题构成了未来的研究需要重点关注的两个核心议题:第一,社会结构因素与文化因素之间具有何种关联?第二,文化因素通过何种机制来影响社区犯罪率?Kubrin & Weitzer 分析了美国圣路易斯市111个普查区结构特征的定量数据以及警方对于该市二千余宗杀人案件的定性描述之后发现,报复性杀人案件更多地发生在那些同时具有经济弱势、街头法则文化特征的社区之中。这一探索性研究为“整合的结构文化视角”提供了初步支持。② 显而易见的是,为了回答上述议题,急需更多的相关研究;此外,从方法论角度而言,实证研究者亦需要进一步关注量具的标准化问题,如如何具体地区分并测量文化解组、法律犬儒主义、街头法则等新概念?

(三)社会支持的视角:从控制到支持

在1994年,美国著名犯罪学家Cullen首次系统地将业已存在于社会学、心理学、精神卫生学中的社会支持概念引入到犯罪学领域之内,并初步阐述了犯罪学意义上的社会支持理论的基本命题。在重读了芝加哥学派的一些著作尤其是Shaw & MacKay的《城市区域与青少年犯罪》之后,Cullen总结道:“当我们将这些理论家的观点缩减为解组、控制和文化价值观等概念之间了无生机的相互作用时,我们在遗漏掉某些重要的思想。他们的犯罪学所蕴含的人道主义以及(我个人从中看到的)他们对于社会支持的重要性的见解被忽视了。”③

---

① Kubrin C, Weitzer R, New Directions in Social Disorganization Theory, *Journal of Research in Crime & Delinquency*, 2003, 40(4), p. 374 – 402.

② Kubrin C, Weitzer R, Retaliatory Homicide: Concentrated Disadvantage and Neighborhood Culture, *Social Problems*, 2003, 50(2), p. 157 – 180.

③ CullenF, Social Support as an Organizing Concept for Criminology: Presidential Address to the Academy of Criminal Justice Sciences, *Justice Quarterly*, 1994, 11(4), p. 528.

Cullen 认为，就概念而言，不能简单地将社会支持等同于社会联结或社会网络；社会支持不仅意味着社会联结或社会网络的客观存在，更加在于这些社会关系能够在多大程度上为行为人提供实际的或潜在的援助。简言之，社会支持是向行为人传递各种形式的资本①的过程，是指“社群、社会网络和可信赖的伙伴为满足某人的工具性和情感性需求所提供的（或领悟提供的）援助”。②

在 Cullen 看来，Shaw & MacKay 的社会解组理论思想不仅包括了非正式社会控制的缺乏、犯罪亚文化的教化与习得，还包括了社会支持的缺乏。例如，基于社会解组理论的“芝加哥区域计划”（Chicago Area Project）更加强调在贫民区建造公租房、在刑事审判体系中注重少年犯的挽救、帮助居民重建社区等具体措施，其中深刻地包含着社会支持的理念，绝非单纯的社会控制的思想。③ 然而，在社会解组理论的复兴过程中，系统模型由于顺应了控制理论的主导地位而成为最为显要的发展方向，但是，由于它极大地忽略了社会控制与社会支持之间不同的作用机制，因而亟需后者的有力补充。用 Cullen（1994 年）的话来说，“社会支持通常是有效社会控制的先决条件”。④

类似于系统模型下社会控制来源的不同层次，社会支持的来源也是非常广泛的，如政府的社会项目、社区、社会网络、家庭、人际关系、刑事司法部门等。概括来说，社会支持体系包括了三个子系统：国家支持

---

① 其中不仅包括社会资本，还包括人力资本、文化资本、物质资本等。See Cullen F, Wright J, Chamlin M, Social Support and Social Reform: A Progressive Crime Control Agenda, *Crime & Delinquency*, 1999, 45(2), p. 188 – 207.

② Colvin M, Cullen F, Ven T, Coercion, Social Support, and Crime: An Emerging Theoretical Consensus, *Criminology*, 2002, 40(1), p. 19 – 20.

③ 准确地说，社会支持与社会控制并非必然是对立的关系，而是存在潜在的相互强化关系。例如，撤除社会支持可以被视为社会控制的一种手段；提供有效的社会支持则更加利于实现社会控制的目标，特别是有利于提升非正式社会控制水平。简言之，过度强调控制特别是强制性的控制，非但不能产生长期的积极效果，反而有可能引起了“强制观念”，进而产生“慢性犯罪人”。

④ Cullen F, Social Support as an Organizing Concept for Criminology: Presidential Address to the Academy of Criminal Justice Sciences, *Justice Quarterly*, 1994, 11(4), p. 545.

子系统、群体支持子系统、个体支持子系统。如今的研究大多停留在个体层面,特别是源自父母、亲人等强联结所提供的社会支持。相比之下,社区居民之间的社会联结往往属于弱联结,它是否可以在社区层面上提供必要的社会支持,进而有助于降低社区犯罪率?Cullen思辨性地给出如下两个命题:在一个人的社会网络中社会支持越多,这个人越不容易犯罪;社会支持越少的社区,其犯罪率越高。然而,从经验研究的角度来说,诸如此类的命题尚需进行必要的实证检验。

后来的研究发现,在检验上述假设时,有必要进一步区分亲社会支持与反社会支持。易于理解的是,亲社会支持将有助于降低个体层面的犯罪性或社区层面的犯罪率;然而,"当社会支持源自犯罪同伴、犯罪群体或组织等非法来源时,行为人将借由这种'反社会支持'而逐渐积累起犯罪资本。在这种情况下,'反社会支持'非但不会减少犯罪,还有可能使得行为人更加深入地卷入有着更高技能要求的、组织程度更高的犯罪活动之中"。①

概括而言,对于犯罪人之外的各种弱势群体提供必要的亲社会支持在一方面获得了相对较多的社会学研究,另一方面在公共观念上受到的阻力要小得多。对照之下,基于社会控制理论的基本思想,"对犯罪人做点什么"似乎有着更大的民意基础,然而,基于社会支持理论的基本思想,"为犯罪人做点什么"尚没有得到政策决策层以及广泛的民意的足够重视。例如,最近的一项本土犯罪学研究发现,生涯犯罪人将深陷"国家惩罚、社会排斥、家庭放弃"的陷阱,一般社会资本将明显下降直至归零,而专业犯罪资本将会持续上升,因而其犯罪生涯只能止于"身死"或"重生"。② 可以看到,在这个向下沉沦的过程中,犯罪行为人越来越难以获得任何一种亲社会支持,以更大的概率面临着更多、更强的社会排斥与差别强制,尽管后者也有着减少或预防犯罪的良苦本

---

① 杨学锋:《差别强制、社会支持及其整合理论之引介》,载《公安学研究》2020年第1期。

② 参见孔一:《犯罪生涯持续中的资本变化》,载《中国人民公安大学学报(社会科学版)》2019年第1期。

意,但是这种"邪恶的戏剧化"过程早已被标签理论家深刻地警示了。[①] 总体而言,在当今的刑事司法政策,乃至社会政策中,强制有余、支持不足,差别化有余、一致性不足,因而至少在短期内难以摆脱犯罪水平的螺旋式上升轨道。

对社会支持视角的重视不足可以从流行的西方犯罪学教科书中略窥一斑。例如,在国内颇具学术影响力的一些西方犯罪学教材译本中,通篇没有出现"社会支持"这一名词,如沃尔德等人的《理论犯罪学》、[②]巴坎的《犯罪学:社会学的理解》。[③]

就实证研究而言,社会支持的操作化依然面临着一些问题。例如,Cullen 认为,在社会纽带理论这一著名的控制理论版本中,其中的"依恋"维度亦可以看作是父母对子女的社会支持。此外,尽管在检验基于控制理论视角的系统模型时,研究者往往将家庭破裂、友情网络稀薄、参与志愿组织的意愿不高、社区居民相互信任水平不足等视为社会联结、社会资本、集体效能等的测量指标,然而,Cullen 认为,"虽然这种解释有一定的道理,但是并不能说这些变量就肯定是在测量社会控制,而不是在测量社会支持"。[④] 由此可以看到,就操作化而言,社会支持与系统模型下的诸如社会资本、集体效能等中介变量之间存在较大的交叉,有时甚至难以区分。在此情形之下,社会支持视角与社会控制视角之间的核心差异并未得到充分体现,概念上的模糊使得一些实证研究实际上测量的可能是相同或类似的概念,或者只是从不尽相同的角度来看待相同或类似概念的结果。就此而言,社会支持视角尚需进一步廓清社区结构特征作用于社区犯罪水平的独特的因果机制。

---

① 参见杨学锋:《标签效应的衍生与整合理论之引介》,载《中国刑警学院学报》2020 年第 1 期。

② 参见[美]乔治·B. 沃尔德、托马斯·J. 伯纳德、杰弗里·B. 斯奈普斯:《理论犯罪学》,方鹏译,中国政法大学出版社 2005 年版。

③ 参见[美]斯蒂芬·E. 巴坎:《犯罪学:社会学的理解》,秦晨等译,上海人民出版社 2011 年版。

④ Cullen F, Social Support as an Organizing Concept for Criminology: Presidential Address to the Academy of Criminal Justice Sciences, *Justice Quarterly*, 1994, 11(4), p. 535.

四、实证方法的重要发展

(一)社区的操作化:"自我区域"测量法

社会解组理论的分析单位既不是微观层次上的犯罪个体,也不是非常宏观的整座城市、国家或社会,而是相对宏观层面上的城市区域——社区。然而,即便在犯罪学的母学科——社会学之中,"社区"这一概念亦没有一致的定义。从社会解组理论的既往实证研究来看,社区往往被操作化为街区、街区群、邻里、普查区、邮政投递区、选区。① 这些空间和人口规模迥异的"社区"造成了相关实证研究的结论并不具有直接的可比性或可积累性,而且由于社会联结、集体效能等中介变量的核心特征显然会依赖于"社区"的规模,因此很可能引起统计显著性的巨大差异。例如,Hart & Waller(2013年)发现,就平均面积而言,各种官方定义的"社区"范围与居民对于所在社区的心理地图范围具有显著的差异;类似地,基于官方数据汇总起来的社区结构特征与居民主观认知的社区结构特征在绝大多数方面亦表现出显著的差异。②

Hipp & Boessen(2013年)进一步扩展了上述的心理地图方法,提出了一种被称作"自我区域"(egohoods)的社区测量方法,并初步证明了这一新兴的测量方法可以显著地提高犯罪地理分布模型的拟合度。③ Kim & Hipp(2020年)则再次证实了这一方法的有效性。④ 所谓

---

① 英文表述分别为block,block group,neighborhood,census tract,zipcode,precinct。

② Hart T, Waller J, Neighborhood Boundaries and Structural Determinants of Social Disorganization: Examining the Validity of Commonly Used Measures, *Western Criminology Review*, 2013, 14(3), p. 16 - 33.

③ Hipp J, Boessen A, Egohoods as Waves Washing across the City: A New Measure of "Neighborhoods", *Criminology*, 2013, 51(2), p. 287 - 327.

④ Kim Y, Hipp J, Street Egohood: An Alternative Perspective of Measuring Neighborhood and Spatial Patterns of Crime, *Journal of Quantitative Criminology*, 2020, 36(1), p. 29 - 66.

自我区域，就是指包含着焦点区域的一系列交叉的、不独立的等圆区域，其中，焦点区域是指研究者关注的街区或其他地理单位。以街区为例，研究者首先以该街区的中心点为圆心，画出一个半径为某值（如0.5英里）的圆形缓冲区；之后，以这个缓冲区内的每个街区的中心点为圆心，画出相应的等圆缓冲区。这些等圆之间存在大小不一的重叠部分，而重叠的程度取决于与焦点街区中心点的距离。可以看到，自我区域测量法具有一种平滑机制，它将周边区域对于焦点区域的结构性特征的潜在影响纳入了进来，而不是像传统的社区测量方法那样将不同区域截然分开。①

（二）背景效应分析：多层线性模型

在犯罪学的发展中心从欧洲转移到美国之后，以社会解组理论为代表的犯罪社会学更加关注宏观的研究单位。在20世纪60年代之后，犯罪社会学的研究单位一度从宏观层次转向了微观层次。这在一方面弥补了既往对于个体层次的不恰当的忽略，但是，另一方面这种转向一度出现了矫枉过正的情况。也就是说，在从宏观转向微观的过程中，宏观因素的背景效应被极大地忽略了；简言之，在这一过程中，社会学想象力出现了不应有的萎缩趋势。自20世纪70年代以来，犯罪学理论出现了整合的趋势，其中就包括将不同层次的犯罪因素加以整合。实际上，从不同层次来探究犯罪原因的努力应该是互补关系，而不是非此即彼的对立关系。

就社会解组理论而言，它的分析单位属于宏观社会层面上的社区。尽管Shaw & MacKay在阐述社会解组理论时也曾经利用犯罪个体的生活史资料加以补充，但是，从实证的角度来说，社区因素与个体因素并未

---

① 显而易见的是，相邻的社区很有可能在结构性特征、犯罪率水平等诸多方面存在空间相依性。因此，以如今的标准来看，既往那些将相邻社区视为独立的、进而运行常规的回归分析模型的实证检验基本上是违背了上述前提条件的，因而在统计学意义下是不够妥当的。如今，空间统计学的发展已经能够更恰当地处理这种空间自相关关系。

被有效地整合到一个理论模型之中。在之后的几十年间,随着对于过度地依赖了具有重要局限的官方统计数据的批判意见越来越多地获得认可,实证研究者逐渐开始将针对居民个体的问卷调查数据汇总至社区层面来检验社会解组理论的相应假设。应该承认的是,数据获取方式的上述转变极大地缓解了社会解组理论的实证研究所需的数据源在可得性或适用性方面的诸多不足,极大地促进了社会解组理论的复兴;但是,在另一方面这种汇总方法产生的是嵌套的分层数据,此时,传统的回归分析方法将导致难以控制的估计误差,因而从统计学上来说是不恰当的。

简言之,某个社区内的个体在犯罪或被害方面的风险在一方面是由其个体层面的因素所决定的,另一方面则是由社区层面的结构性特征所决定的。然而,此时两个不同层面的因素并不是独立的,而是存在一种嵌套关系。也就是说,社区特征构成了个体行为的背景——此时,社区内的不同居民处于同样的社区背景之中,因此居民个体之间的独立性假设可能是不完全成立的。[①] 概括而言,对于社会解组理论来说,社区的背景效应假设主要体现在以下两个方面:第一,在控制了个体因素之后,社区特征是否对个体的犯罪或被害具有显著的直接影响;第二,个体层面因素与犯罪率之间的关系是否受到了社区因素的调节,即在不同的社区背景下是否有着不同的表现,此时表现为统计模型中的交互项是否具有统计显著性。例如,Simcha-Fagan & Schwartz(1986年)以纽约市的12个社区、553名居民为样本,初步证实了,在控制了个体层面的诸多因素之后,社区层面的结构性特征对于社区犯罪率的解释力尽管有所下降,但是依然具有统计显著性;[②]Silver(2000年)以来自美国匹斯堡市145个普查区的270名精神病人为样本,印证了社区结构特征对于精神病人的暴力犯罪率具有显著影响,但是并没有支

① 类似地,由于不同社区处于同样的城市背景之下,因此,社区之间特别是邻近的社区之间也未必满足独立性假设,这就是所谓的空间相依性问题。除了前文所述的"自我区域法"可以将社区之间的差异进行一定程度的平滑化处理,现在已经出现了专门的空间统计学方法来处理这种空间相依数据。

② Simcha-Fagan O, Schwartz J, Neighborhood and Delinquency: An Assessment of Contextual Effects, *Criminology*, 1986, 24(4), p. 667 – 703.

持社区结构特征与个体因素的交互效应假设。①

尽管分层和嵌套分析的思想由来已久,然而,专业的多层线性模型(Hierarchical Linear Model,HLM)无论在统计学原理上,还是在软件实现上都是20世纪90年代之后才逐渐发展起来的。② 自此之后,社会解组理论的实证研究者也越来越多地利用这种更为适切的统计模型来检验社区的背景效应假设。在多层线性模型之下,个体与社区层面的变量将被处理为两个不同的层次,进而将因变量方差划分为社区之间以及社区之内两部分,从而使在两个不同层次上的直接效应得到了独立的估计。此外,个体因素被嵌套在社区因素之中,这有效地控制了个体层次的变量观测值之间的相关性,并且可以检验两个不同层次变量之间的交互效应。从统计学原理而言,这样的处理方法更加符合实际的数据结构,从而可以获得更加切合的统计估计与推断结论。

然而,迄今为止,背景效应分析只能局限于个体与社区两个层次上,而对于超越了社区的其他宏观社会因素还无法纳入统计模型。未来的研究应该将背景效应进一步延伸至社区之外,如社区之外的学校、整个城市的社会经济结构等。当然,为了处理这些更具挑战性的议题,社会解组理论的实证研究者必须及时关注统计学和统计软件的最新发展。

(三)犯罪率的反作用:非递归模型

按照社会解组理论的基本逻辑,是社区结构性特征通过前述的各种中介机制最终影响了社区犯罪率。然而,正如 Bursick & Grasmick 所

---

① Silver E, Extending Social Disorganization Theory: A Multilevel Approach to the Study of Violence Among Persons With Mental Illnesses, *Criminology*, 2000, 38(4), p. 1043 - 1074.

② 对于多层线性模型的统计学原理及软件操作可参见张雷、雷雳、郭伯良:《多层线性模型应用》,教育科学出版社2003年版。

述,他们提出的系统模型可能只是讲述了故事的一半,因为社区内居高不下的犯罪率也可能反过来削弱了社区的地方控制水平;[①]另外,Rose(1998年)补充性地印证说,社区外的公共控制有可能显著地削弱社区内的非正式社会控制。[②]

换言之,在实际的社区发展过程中,不仅是社会解组有可能导致较高的犯罪率,反之,如果较高的犯罪率长期地无法得到有效控制,将有可能反过来进一步加剧社会解组,从而引起社区的持续衰败;其中的潜在中介机制可能是提高了犯罪恐惧感、削弱了社会联结、降低了集体效能,等等。

上述的互为因果关系往往与社区发展的动态过程密切相连,在统计学上则需要相应的非递归模型与动态模型才能进行更加切合的统计估计与推断。Markowitz等(2001年)利用英国犯罪调查项目中151个社区的四千余名居民的三轮调查数据,证实了一种非递归模型:低水平的社区团结提高了社区的犯罪与失序水平,因而导致了居民具有更高水平的犯罪恐惧感,之后,较高的恐惧感则进一步削弱了社区团结。[③]Hipp(2010年)利用美国13座城市中的2534个普查区在十年间的社区结构特征以及犯罪率的动态数据,证实了一种更加扩展的非递归模型:一方面,包括集中弱势在内的社区结构特征可以显著有效地预测社区的暴力和财产犯罪率;另一方面,较高的犯罪率导致了社区居民的更大流动性、更加严重的集中弱势等。[④]

---

① Bursik R, Grasmick H, *Neighborhoods and Crime: The Dimensions of Effective Community Control*, Lexington Publishing, 1993, p. 57 – 59.

② Rose D, Clear T, Incarceration, Social Capital, and Crime: Implications for Social Disorganization Theory, *Criminology*, 1998, 36(3), p. 441 – 479.

③ Markowitz F, Bellair P, Liska A, Liu J, Extending Social Disorganization Theory: Modeling the Relationships Between Cohesion, Disorder, and Fear, *Criminology*, 2001, 39(2), p. 293 – 320.

④ Hipp J, A Dynamic View of Neighborhoods: The Reciprocal Relationship between Crime and Neighborhood Structural Characteristics, *Social Problems*, 2010, 57(2), p. 205 – 230.

值得注意的是,较高的犯罪率并非必然地恶化社会解组的趋势,有时还有可能提高了社区的组织性。例如,Bellair(2000年)发现,发生在陌生人之间的抢劫与伤害案件的确降低了社区内的非正式监控水平,但是,入室盗窃案件反而有利于提高社区内的非正式监控水平。① 申言之,某些特定类型的犯罪可能具有积极的社区控制功能,但是,这一假设尚未得到社会解组理论实证检验的充分关注。实际上,法国社会学家迪尔凯姆曾经从更加宏观的视角上预见了犯罪的某些正功能,并已经获得了一定的经验支持。② 总之,不同类型的犯罪是否具有不同方向或程度的反作用和差别化效果,这一问题有待进一步的实证研究。

五、结　语

如同其他许多犯罪学理论一样,社会解组理论的复兴经历了理论构建与实证检验的良性相长过程。概括而言,社会解组理论作为美国犯罪社会学的早期成果之一,对后来的三大犯罪社会学分支——紧张理论、学习理论、控制理论都具有重要的奠基意义。相比之下,从社会控制视角来解读社会解组理论而得到的系统模型成为复兴的主流方向,其中的主要发展体现在社会纽带、社会资本、集体效能、非正式社会控制等中介变量上。然而,随着文化解组视角的强势回归和社会支持视角的重新审视,上述三种视角的整合远未完成,仍然需要犯罪学家们继续充分发挥社会学想象力,尽早构建出可供实证检验的整合模型。

就其本源而言,社会解组理论是以社区为分析单位的。具体而言,它原本的关注点是城市社区内的街头犯罪。如今,有些犯罪学家认为,应该将社会解组理论的分析单位延伸至其他各类组织,如社会机构、企

① Bellair P, Informal Surveillance and Street Crime: A Complex Relationship, *Criminology*, 2000, 38(1), p. 137－170.

② 参见刘建宏:《犯罪功能论》,赵若辉、熊海燕译,人民出版社2011年版。

事业单位,乃至于“一切有意进行自我规制的集体”。[①] 可以设想的是,基于类似的中介机制,“集体”的社会解组水平会影响着自我规制的能力,进而影响着“集体”成员实施犯罪的可能性。于是,社会解组理论不但可以解释社区内的街头犯罪率,亦有可能用于解释各种“集体”内的白领犯罪和职务犯罪。

在本土语境下真正对于社会解组理论的实证检验非常少见,其中的原因至少包括以下两个方面:第一,满足研究需要的社区数据是极其缺乏的。从研究设计上来说,为了检验社会解组理论,首先必须在社区样本、居民样本两个方面保证足够的样本容量。例如,Sampson & Groves 在首次检验社会解组理论时,社区层面的样本容量达到了238,居民个体层面的样本容量则高达10,000以上;[②]对照之下,一项本土研究只是在四个社区内调查了175名居民。[③] 显而易见的是,后者的实证检验在解释社区间犯罪率差异方面存在较为严重的效度不足问题。此外,在因变量的选择上,不应过度依赖于官方犯罪统计数据,还应该借助被害调查、自述调查等非官方的犯罪测量方法,也可以使用报警水平等数据。总之,利用多种不同的数据源来复证式地检验社会解组理论,才能保证统计结论的稳健性。[④] 第二,如前所述,社会解组理论的复兴无论在理论模型上,还是在实证方法上都体现了丰富的社会学想象力,也更加体现着犯罪学作为社会科学的基本属性。对照之下,本土的犯罪学者则大多擅长规范性的、思辨式的演绎研究,对于实证研究特别是其中所需的统计技术则缺乏必要的知识储备,对于文中所述

---

① Bursik R, Social Disorganization and Theories of Crime and Delinquency: Problems and Prospects, *Criminology*, 1988, 26(4), p. 536.

② Sampson R, Groves W, Community Structure and Crime: Testing Social Disorganization Theory, *American Journal of Sociology*, 1989, 94(4), p. 774–802.

③ 参见毛哲玮、金诚:《社会解组理论视角下流动人口聚居区犯罪防控模式——以温州市丽岙镇为样本》,载《预防青少年犯罪研究》2014年第3期。

④ Kaylen M, Pridemore W, The Association between Social Disorganization and Rural Violence Is Sensitive to the Measurement of the Dependent Variable, *Criminal Justice Review*, 2013, 38(2), p. 169–189.

的多层线性模型、非递归模型等前沿性的统计学方法则更加缺乏了解。正如"巧妇难为无米之炊"这句谚语所警示的,本土犯罪学的实证研究面临着"米"和"巧"两个方面的困境。

在这一背景之下,对于我国本土犯罪学界而言,张旭(2008年)认为,"西方理论本身所提供的知识与智慧值得我们学习,西方犯罪学的研究历程与发展经验更值得我们重视和借鉴"。① 最近,"亚洲范式理论"的创制者刘建宏教授勾勒了亚洲犯罪学的"三阶段"发展路径:(1)在亚洲社会检验西方犯罪学理论的适用性;(2)基于第一阶段的检验结果,逐步补充亚洲社会的特有因素以修订西方犯罪学理论;(3)创设亚洲范式的犯罪学概念和理论。② 可以看到,上述发展路径的共同起点是对于西方犯罪学主流理论的持续追踪。本文就是遵循这一思路而对社会解组理论的最新发展进行学术追踪的成果。从中可以清晰地看到,社会解组理论的复兴过程充分地体现了"理论变量多元化、资料收集国际化、统计方法正确化"等诸多特点,③其中尤为关键的是充分发挥了"社会学的想象力";对照之下,这些可能正是本土犯罪学尤为缺乏的,因而也成为本土犯罪学家必须痛下决心加以克服的挑战。

Developments of Social Disorganization Theory in Impetus of Sociological Imagination

YANG Xuefeng

[**内容摘要**]作为芝加哥犯罪学派的代表性成果之一,社会解组理论为后来的紧张理论、控制理论、学习理论、犯罪亚文化理论等提供了重要的理论借鉴。自20世纪70年代末期以来,社会解组理论在复兴

① 张旭:《犯罪学的西方理论与中国现实》,载《吉林大学社会科学学报》2008年第6期。

② 参见刘建宏、杨学锋:《亚洲犯罪学的新范式:关系主义理论》,载《中国刑警学院学报》2019年第5期。

③ 参见曹立群、任昕主编:《犯罪学》,中国人民大学出版社2008年版,第36~37页。

过程中取得许多重要进展,其中尤为突出的特征是充分发挥了社会学想象力。具体而言,从社会控制视角而提出的系统模型充分地揭示了社区结构特征作用于社区犯罪率的过程,其中的重要中介变量包括社会联结、社会资本、集体效能、非正式社会控制等;此外,更为晚近的文化解组视角、社会支持视角则进一步补充了上述因果机制。从实证方法来说,无论是基于空间自相关关系的自我区域测量法,还是为了检验背景效应或互为因果关系而引入的多层线性模型或非递归模型,均充分地利用了统计学的最新发展成果。社会解组理论的复兴路径为本土犯罪学提供了必要的借鉴。概言之,为了推动本土犯罪学的社会科学化,必须在理论构建和实证检验中充分发挥社会学想象力,着手解决实证数据缺乏、实证能力不足等长期阻碍着本土犯罪学发展的瓶颈问题。

[**关键词**]社会解组;系统模型;集体效能;文化解组;社会支持

Abstract: As a major contribution of Chicago School of Criminology, social disorganization theory provides necessary momentums for many mainstream sociological criminological theories, including strain, social control, learning and subcultural theories. Since the end of 1970s, there have been some noteworthy developments in the revitalizing process, which characterized as embodiments of sociological imaginations. Theoretically, the systemic models emanating from the perspective of social control outline the complex causal links between community structural characteristics and crime rates, which are mediated by such intervening variables as social tie, social capital, collective efficacy and informal social control. Furthermore, the perspectives of cultural disorganization or social support are assumed to complement the systemic models. Methodologically, the empirical researchers have beentaking full advantage of the concurrent statistical toolkits, such as egohoods method for considering spatial autocorrelation, hierarchical linear model for testing contextual effects, and nonrecursive model for testing reciprocal effects. The native criminologists could learn much more from the revival of social disorganization theory. In summation, for taking criminology as a member of social science family, indigenous criminologists should extend sociological imaginations as much as possible both in theory constructing and in empirical testing, and must overcome several chronic impediments, such as scarce of reliable data sources and unfamiliarity with advanced statistical toolkits.

Keywords: Social Disorganization; Systemic Model; Collective Efficacy; Cultural Disorganization; Social Support

行刑衔接视角下“受过刑事或行政处罚入罪”规定的适用*

段阳伟**

目　　次

一、问题之提出

2013年以来,我国刑事司法解释有一明显趋势,即将行为人受过刑事或行政处罚的事实作为定罪情节,纳入犯罪成立与否的考量之中。2013年4月23日《最高人民法院、最高人民检察院关于办理敲诈勒索刑事案件适用法律若干问题的解释》第2条第1、2项规定,

* 本文系司法部中青年课题“预防性犯罪化立法对我国刑事立法模式的挑战及应用”(19SFB3017)、第65批中国博士后科学基金面上资助项目“行政处罚事实的定罪功能研究”(2019M653894XB)阶段性成果。

** 西北政法大学反恐怖主义法学院(国家安全学院)讲师、法学博士、博士后。

"曾因敲诈勒索受过刑事处罚的,或者一年内曾因敲诈勒索受过行政处罚的,'数额较大'的标准可以按照本解释第一条规定标准的百分之五十确定";2019年11月18日《最高人民法院关于审理走私、非法经营、非法使用兴奋剂刑事案件适用法律若干问题的解释》第1条第1款第1项规定,一年内曾因走私被给予二次以上行政处罚后又走私的,应当依照《刑法》第151条第3款的规定,以走私国家禁止进出口的货物、物品罪定罪处罚;2017年4月27日《最高人民检察院、公安部关于公安机关管辖的刑事案件立案追诉标准的规定(一)的补充规定》第10条第6项规定,二年内曾因违反国家规定,排放、倾倒、处置有放射性的废物、含传染病病原体的废物、有毒物质受过2次以上行政处罚,又实施前列行为的,应予立案追诉。① "受过刑事或行政处罚入罪"的规定,具有理论和实践方面的双重价值。在理论上,契合了我国"定性+定量"的刑事立法模式——在此种立法模式下,行政违法行为与刑事犯罪行为具有"质的同一性",行政违法性"量的累加"必将产生刑事违法性,而影响犯罪成立"量"的要素具有综合性的特点,既包括反映行为客观危害程度的要素,也包括反映行为人主观可

① 以"北大法宝"发布的最高人民法院和最高人民检察院的相关资料为主,根据笔者的统计,在现行有效的刑事司法解释中,有多达41个对"受过刑事或行政处罚入罪"进行了规定,其中,2013年之后通过的就有29个,涉及参加恐怖组织罪,非法持有宣扬恐怖主义、极端主义物品罪;走私国家禁止进出口的货物、物品罪,走私普通货物、物品罪,虚报注册资本罪,虚假出资、抽逃出资罪,高利转贷罪,利用未公开信息交易罪,操作证券、期货市场罪,虚开发票罪,侵犯著作权罪,虚假广告罪,串通投标罪,组织、领导传销活动罪,非法经营罪,非法转让、倒卖土地使用权罪,提供虚假证明文件罪;诽谤罪,侵犯公民个人信息罪;盗窃罪,抢夺罪,敲诈勒索罪;扰乱无线电通讯管理秩序罪,非法利用信息网络罪,帮助信息网络犯罪活动罪,寻衅滋事罪,组织、利用会道门、邪教组织、利用迷信破坏法律实施罪,开设赌场罪,掩饰、隐瞒犯罪所得、犯罪所得收益罪,包庇罪,偷越国(边)境罪,非法行医罪,污染环境罪,非法占用农用地罪,非法采矿罪,非法生产、买卖、运输制毒物品、走私制毒物品罪,非法种植毒品原植物罪,容留他人吸毒罪,非法提供麻醉药品、精神药品罪,引诱、容留、介绍卖淫罪;贪污罪,受贿罪等罪名。

谴责性程度的要素。[①] 行为人无视刑事或行政处罚的体验而再次实施同一性质违法行为的,表明行为人主观上具有更强烈的违反规范意识,理应予以更严厉的谴责。在实践中,“受过刑事或行政处罚入罪”一定程度上弥补了劳动教养废除后留下的制度空白,弥补了我国刑事立法结果本位的“结构性缺损”,有利于行政处罚和刑事处罚的进一步衔接。

但是,“徒法不足以自行”,任何一部法律,其有效实施的终端都在于法律的适用。在我国“行政处罚+刑事处罚”的二元制裁体系下,对行政违法行为与刑事犯罪行为分别采取的是行政与司法的二元处理模式,同一性质的危害行为可以仅仅依据危害程度的不同,或者由行政机关按照行政执法程序予以行政处罚,或者由司法机关依照刑事诉讼程序予以刑事处罚。而“受过刑事或行政处罚入罪”规定的内涵即在于,行为人受过刑事或行政处罚后再次实施同一性质的“违法”行为的,将行为人曾经受过刑事或行政处罚的事实作为认定行为人主观可谴责性程度高的情节,综合考虑“后行为”[②]客观危害的“违法”程度和行为人主观上较高的可谴责性程度,对“后行为”可以以犯罪论处。由此可见,“受过刑事或行政处罚入罪”规定在司法实践中的贯彻和落实,首先涉及行政执法和刑事诉讼的有效衔接问题,需要行政机关和司法机关的密切配合。

---

① 在我国“定性+定量”的刑事立法模式下,对于影响社会危害性“量”的要素的范围,我国刑法学界虽多有争议,但不论是从主流的刑法理论,还是从刑事立法和司法实践来看,影响犯罪成立的“量”的要素具有综合性的特点,既包括影响行为客观危害程度的要素,也包括影响行为人主观可谴责程度的要素。参见陈兴良:《刑法哲学》(修订三版),中国政法大学出版社2004年版,第160页;张明楷:《犯罪构成体系与构成要件要素》,北京大学出版社2010年版,第241~243页。

② 为了论述的方便,如无特别说明,下文将已经受过刑事或行政处罚的行为统称为“前行为”,而对再次实施的,可能以犯罪论处的行为统称为“后行为”。

二、违法犯罪记录制度的建立

在我国"定性+定量"的刑事立法模式下，认定某一危害行为是否构成犯罪，既需要考虑这一行为是否属于刑法分则规定的特定行为类型，也需要考虑行为的危害程度，罪量①甚至成为同一类型的危害行为是犯罪行为还是一般违法行为的唯一区别。而我国对违法行为与犯罪行为采取的是行政与司法的二元处理模式，这种处理模式容易导致行政处罚与刑事处罚的割裂。"受过刑事或行政处罚入罪"的规定，在行政处罚和刑事处罚之间架设了桥梁，使行为人受过刑事或行政处罚的"前行为"可能成为追究其"后行为"刑事责任的依据，加大了行政违法和刑事犯罪的成本，有利于国民法规范意识的增强；无形中还形成司法权对行政权的监督和制约，有利于防止行政权的滥用，规范行政权的行使，避免了行政、司法调控的脱节。但是，永久性违法犯罪记录的存在，或者对违法犯罪记录者的非规范性评价，可能会给具有违法犯罪记录的人员在以后的工作、学习和生活中带来诸多难以克服的困难，甚至可能由于社会的隔离而使他们最终再次走上违法犯罪的道路，不仅不利于违法犯罪者重新回归社会，而且不符合人道主义精神。有鉴于此，有必要完善我国的违法犯罪记录制度，在有效发挥违法犯罪记录应有功效的基础上，最大限度抑制其可能给具有违法犯罪记录者带来的消极影响。

（一）违法犯罪记录数据库的建立

可以说，一切违法犯罪均有记录，违法犯罪记录制度在客观上首

---

① 在许多文献中，使用的不是"罪量"而是"定量"这一概念。相对于定量而言，罪量更具规范性，具有影响犯罪成立的构成要件要素的意蕴。因此，本文选择使用罪量这一概念。参见柏浪涛：《罪量要素的属性与评价》，载《上海政法学院学报（法治论丛）》2017年第1期。

先体现为一个对违法犯罪信息进行统计的数据库,其价值主要表现在以下几个方面:一是为有效防控违法犯罪行为,适时调整刑事政策,完善相关法律法规提供必要信息;二是为各项法律制度,如从业禁止、累犯、毒品再犯、前科等的贯彻和执行提供基础信息;三是可以成为其他信息监管系统,如金融记录监管、移民监管等信息系统的基础内容;四是可以掌握跨国违法犯罪人员的相关信息,促进国际刑事司法协助,等等。违法犯罪记录由于其自身的重要价值,引起了世界各国的广泛关注。德、法、英、美等国都已经建立了比较完善的犯罪①记录制度——为了确保有关的犯罪信息能够得到有效管理和合理使用,一般采取信息化处理的方式建立全国性的犯罪记录,并由一个部门统一主管。② 但是,我国目前有关违法犯罪的记录,在立法体例上缺乏系统性——我国当前有关违法犯罪记录的规定分散在其他不同的法律法规中,这些规定在司法实践的适用中多有交叉甚至冲突,还没有专门规定违法犯罪记录的法律法规;在内容上也不够完整——有关违法犯罪记录的法律法规,多仅仅是规定了违法犯罪记录的后果,这些后果片面强调违法犯罪记录对违法犯罪人员的惩戒作用,而较少关注违法犯罪记录在社会管理和人权保障等方面的功能,也没有一部法律法规明确规定如何对违法犯罪记录进行收集、登记、整理和管理。由此,不仅使得违法犯罪记录的价值难以有效发挥,还带来许多负面的影响,最明显的就是不利于具有违法犯罪记录的人员重新回归社会。

为了有效回应社会需求,2012年5月10日最高人民法院、最高人民检察院、公安部、国家安全部、司法部联合印发《关于建立犯罪人员

① 由于“定性+定量”和“立法定性、司法定量”刑事立法模式的不同,其他国家或地区犯罪的范围与我国刑法所规定的犯罪的范围并不一致。大体上来说,在自然犯领域,其他国家或地区的犯罪范围大于我国,还包含了我国《治安管理处罚法》规定的大多数的属于行政违法的行为,但在行政犯领域,我国刑法所规定的一些犯罪在其他国家或地区往往作为行政违法行为处理。

② 参见李玉萍:《〈关于建立犯罪人员犯罪记录制度的意见〉理解与适用》,载《人民检察》2012年第16期。

犯罪记录制度的意见》,要求公安机关、国家安全机关、人民检察院、司法行政机关分别建立有关记录信息库,并实现互联互通,待条件成熟后建立全国统一的犯罪信息库。根据该意见,我国有关部门围绕违法犯罪记录信息库的建立进行了积极的探索和有益的尝试。例如,公安系统建立并开始运行的全国违法犯罪人员数据库、检察机关已然投入运行的行贿犯罪人员数据库、司法行政系统的监狱服刑人员信息数据库、审判系统的裁判文书网络数据库等。但是,其一,在我国"行政处罚+刑事处罚"的二元制裁体系下,为了实现行政执法和刑事诉讼的有效衔接,最大限度地发挥违法犯罪记录制度的价值,不仅应当重视对犯罪行为记录数据库的建立,还应当重视对违法行为记录数据库的建立,两者应予以统一;其二,地大人多,行政、司法信息交流与查询不畅是我国难以回避的现实,完整而有效的全国性违法犯罪记录数据库的缺乏,将使违法犯罪记录制度应有的价值大打折扣。在无法准确、及时查询行为人是否具有违法犯罪记录时,我国法律法规有关从业禁止、累犯、毒品再犯、前科等的规定难以在司法实践中得到有效的贯彻和落实,"受过刑事或行政处罚入罪"规定理论和实践的双重价值也难以发挥。

近年来,随着我国信息化水平的大幅度提高,违法犯罪记录数据的信息化和集中化程度显著提高,历史性数据的回溯性增补也已经没有障碍。我国建立全国性违法犯罪记录数据库的工作积累也是成熟的,公安、检察院、法院、司法行政机关等建立的多个信息系统都有着类似的数据潜能,实际上也分散地承担查询违法犯罪记录的功能,只不过每个信息系统的侧重点并不相同。客观地讲,我国目前建立全国性的完整而有效的违法犯罪记录数据库不仅是必要的,而且是可行的。

(二)违法犯罪记录的管理、查询和封存

为了进一步预防违法犯罪行为和保护社会公共利益,法律法规对具有违法犯罪记录的人员规定了一定的规范性评价,作为一种"预备

性”的法律反击手段和对策性手段，在一定期间内评估行为人的改造情况，并以此为基础来决定对行为人的有关权利是否继续进行限制或剥夺——从业禁止、累犯、前科、毒品再犯、“受过刑事或行政处罚入罪”等的规定无疑均属于法律法规对违法犯罪记录的规范性评价。但是，由于社会上普遍存在的对违法犯罪人的敌视，在规范性评价之外，还往往存在非规范性评价——主要体现为社会公众对违法犯罪人的排斥，在理论上被总结为“标签效应”等学说。由法律法规进行的规范性评价往往是“对案不对人的”，评价效果也是暂时的而非永久的，由社会大众进行的非规范性评价却是潜移默化、无声无息，但又无处不在。特别是在我国。我国《刑法》第100条对“前科报告”制度进行了明确规定，报告时间“有始无终”；①行政法律法规虽然没有对违法记录如实报告的义务进行明确规定，但事实上不然——我国存在严格的政审、档案管理等制度，使行为人的违法记录还是比较容易为人所知悉。合理的违法犯罪记录制度的建立，不仅致力于公共利益的维护，还将致力于推动具有违法犯罪记录的人员顺利回归社会。因此，全国性的完整而有效的违法犯罪数据库的建立，仅仅只是违法犯罪记录制度建设的基础性准备工作，为了实现我国的违法犯罪记录数据库在保卫社会和保障人权之间的平衡，应当对数据库的管理，特别是查询、使用、封存等规则进行合理的顶层设计，进行立法的规范化。

就数据库的管理来说，为了在行政机关和司法机关之间实现协调、统一，数据库的管理工作当前由司法行政机关负责最为合适。行政机关、司法机关、司法行政机关作为违法犯罪记录的主要提供机关，将相应的违法犯罪事实及其行为人的信息提供给司法行政部门进行登记管理。为了对不同行政区的违法犯罪事实进行有效的登记和管理，各级司法行政机关的数据库应实现互联互通，全国性的违法犯罪数据库的管理工作应由国家层级的司法行政机关，即司法部来负责。就数据库的查询来看，为了尽量避免违法犯罪记录的非规范性评价，应以被动查

① 对未成年犯罪人有一定的例外性规定。

询为基础，[①]行政机关、司法机关、有关单位或个人必须提供有关了解行为人违法犯罪记录的理由、用途等方面的明确申请，经司法行政部门批准、认可后[②]方可查询；查询到的有关情况也只能用于该目的，随意处分、泄露行为人违法犯罪信息的应承担责任。此外，还应当建立违法犯罪记录的封存制度，即违法犯罪人经过特定期限的“考验”后，无规范性评价的必要的，任何单位或个人在查询后将会得到无违法犯罪记录的否定答复。[③]

三、行政违法性的刑事司法审查

违反行政法律法规涉嫌构成犯罪案件刑事责任的追究，不仅涉及行政执法程序与刑事诉讼程序的衔接问题，还特别涉及在“行政犯罪”情形下，刑事违法性判断与行政违法性判断的关系问题。[④] 在行政犯

① 从世界范围来看，犯罪记录数据库查询模式基本可以分为主动公开和被动查询两种模式。前者是指国家犯罪记录数据库面向公众公开，一般公众在承诺合法利用后都可以申请查询特定个体的犯罪信息；后者是指国家犯罪记录数据库仅向特定相关主体提供，对申请主体进行限制和审核，符合资格的特定主体也仅可以接触特定范围的犯罪记录信息。参见高一飞、高建：《犯罪记录查询模式比较研究》，载《西部法学评论》2013 年第 2 期。

② 违法犯罪数据库的建立，不仅涉及司法机关，而且涉及行政机关。我国的司法行政机关可以在行政机关和司法机关之间进行有效协调，因此，将司法行政机关作为违法犯罪数据库的管理机构具有一定的优势。但是，司法行政机关既作为违法犯罪数据库的管理机构，又作为数据提供、使用和审批机构，难以实现对司法行政机关的有效监督，也具有一定的弊端。如果条件允许，我国应建立独立的机构负责违法犯罪数据库的管理、审批等工作；不经申请，违法犯罪记录数据库的管理机构不得使用数据库。如此设计才能最大限度地发挥违法犯罪数据库保卫社会和保障人权的功能。

③ 但是，该违法犯罪记录还是存在的，“封存”的仅仅是违法犯罪记录的查询。国家基于刑事政策的制定、立法完善的考虑，或者特定主体基于获取案件线索、了解有关定罪量刑信息等的需要，可以对违法犯罪记录的数据进行统计、分析，但应当严格予以保密。

④ 在我国“定性 + 定量”的刑事立法模式下，违反行政法律法规涉嫌构成犯罪的情形不仅发生在行政犯罪中，还表现在刑事犯罪中，而刑事违法性与行政违法性“双重违法性”的问题，主要体现在行政犯罪中。参见董邦俊、李俊：《简论行政犯罪的惩罚机制及其协调》，载戴玉忠、刘明祥主编：《犯罪与行政违法行为的界限及惩罚机制的协调》，北京大学出版社 2008 年版，第 384 页。

罪案件中,“刑事违法以行政违法为前提,只有在违反了相应的行政法律法规的基础上,进一步符合刑法规定的犯罪成立条件的,才可能构成犯罪”。[①] 而在我国司法实践中,某一行为是否具有行政违法性,在大多数情况下首先是由行政执法机关判断的。刑事违法性的判断是否以行政执法机关做出的行政违法性判断为必要?对行政执法机关已做出的行政违法性判断,司法机关是否需要进行审查?如何进行审查?在我国刑法学界争议较大。“受过刑事或行政处罚入罪”规定的适用,就不仅涉及对“后行为”已做出的行政违法性判断的司法审查问题,而且涉及对“前行为”已做出的刑事或行政处罚的司法审查问题。

(一)实质审查与形式审查之争

对于行政犯罪的认定而言,是否以行政执法机关做出的行政违法性判断为必要?对于行政执法机关已做出的行政违法性判断,在刑事司法中是否需要进行审查?如何进行审查?我国法律目前并没有明确的规定,形成了刑事司法中的盲区。对此,我国刑法学界多有争议,概括起来,主要有以下两种观点:一是认为对于行政执法机关已作出的行政违法性判断,司法机关应当做实质审查。行政违法行为与刑事犯罪行为具有质的差异,对于犯罪成立与否的判断,当然应当也只能由司法机关进行;行政执法机关虽然就行为的性质已经做出行政违法性的判断,但刑事司法人员应当根据刑法的基本原则、刑法条文的具体规定等进行独立判断,不能直接根据行政执法机关的意见得出结论。[②] 二是认为对于行政执法机关已作出的行政违法性判断,司法机关只需要进行形式审查即可。在行政犯的情况下,犯罪的刑事违法性的判断大多

---

① 张明楷:《避免将行政违法认定为刑事犯罪:理念、方法与路径》,载《中国法学》2017年第4期。

② 参见张明楷:《避免将行政违法认定为刑事犯罪:理念、方法与路径》,载《中国法学》2017年第4期;王新:《不法与行政犯罪区分视角下的内幕交易罪——兼评内幕交易罪司法解释》,载《法律适用》2012年第8期。

能从行为行政违法性的性质中得到印证,而对于行政违法性的判断,司法机关在行使司法权的过程中往往是无法代行的;因此,在行政执法机关已经就行为的性质作出行政违法性认定的情况下,刑事司法机关直接以此作为判定行为的刑事违法性的依据,从行政法与刑法的衔接角度来看并无不妥。①

就行政执法机关已经做出的行政违法性判断的刑事司法审查而言,首先有一个前提需要明确,即对于行政违法与刑事犯罪的区别无论是采取“质的差异说”“量的差异说”,还是“质量的差异说”,②行政犯罪总是以违反一定的前置行政法律法规为前提的;再加之我国采取“定性+定量”的刑事立法模式,只有那些违反行政法律法规,并且社会危害性达到一定严重程度的行为才可能被刑法规定为犯罪。③ 因此,在我国,行政犯罪的违法性应当包括两个层次:首先是违反了行政法律法规,具有行政违法性;其次是由于社会危害程度严重又违反了刑事法规范,具有刑事违法性。在行政犯罪的认定过程中,对于行为刑事违法性的判断,也就是对于行为是否符合刑法规定的犯罪构成要件的判断,当然应当而且必须由司法机关来进行,不能根据行政机关的意见直接得出结论,这是不言而喻的。也就是说,对于行政犯罪的刑事违法性,司法机关应当而且必须进行实质审查。但是,问题的核心在于对于行政犯罪的行政违法性的审查,是否以行政执法机关的判断为必要?对于行政执法机关已做出的判断是否也必须进行实质审查?

---

① 参见孙国祥:《行政犯违法性判断的从属性和独立性研究》,载《法学家》2017年第1期;时延安:《行政处罚权与刑罚权的纠葛及其厘清》,载《东方法学》2008年第4期。

② 在我国“定性+定量”的刑事立法模式下,行政违法行为与刑事犯罪行为之间是仅具有“量”的差异,还是具有“质”的差异,还是兼具“质”和“量”的差异,我国刑法学界存在较大争议。参见高铭暄、孙晓:《行政犯罪与行政违法行为的界分》,载戴玉忠、刘明祥主编:《犯罪与行政违法行为的界限及惩罚机制的协调》,北京大学出版社2008年版,第175页以下;孙国祥:《行政犯违法性判断的从属性和独立性研究》,载《法学家》2017年第1期;张明楷:《避免将行政违法认定为刑事犯罪:理念、方法与路径》,载《中国法学》2017年第4期。

③ 参见张绍谦:《试论行政犯中行政法规与刑事法规的关系——从著作权犯罪的“复制发行”说起》,载《政治与法律》2011年第8期。

(二)以形式审查为原则

司法机关在一般情况下应给予行政机关足够尊重,这是由行政权和司法权的分立和分工决定的。行政机关做出的行政违法性判断,并不是单纯的事实认定,而是具有明显的规范评价色彩,表现为行政权力的行使;对于行政违法性的这种规范评价,司法机关在往往是没有权力做出的。① 因此,对于行政违法性判断,司法机关应以形式审查为原则。如果要求司法机关对行政违法性判断一律进行实质审查,这种审查必然是重头来过、事无巨细的全方位审查,不仅有将司法权和行政权"合二为一"之嫌,还会造成行政调查资源与刑事诉讼资源的重合、浪费,不利于行刑衔接,带来诉讼效率的低下。而且,随着科技的不断进步和社会的不断发展,行政管理的领域越来越广泛,有些领域的专业性和复杂性程度也越来越强。对于一些案情复杂,特别是专业性较强、性质认定疑难的案件,司法机关往往缺乏认定的能力,客观上需要行政机关的认定作为司法人员认定案件待证事实的依据。从这个角度看,对行政执法机关做出的行政违法性判断的尊重就是对专业和知识的尊重。② 在我国的刑事司法实践中,大量的行政犯罪案件同样依赖于行政机关的行政认定,如产品质量部门对商品质量的鉴定、商标局对涉案商标是否具有相似性的认定、证监会对是否为内幕交易的认定等,类似的还包括对是否有毒、有害的非食品原料,是否污染环境,是否珍贵、濒危的野生动物,或者国家重点保护的植物的鉴定等。我国主张"实质审查说"的学者也不得不认为,"行政主体比司法机关在行政管理上更为专业,司法实践也不排除会遇到一些专业性比较强的领域,司法机关

① 参见时延安:《行政处罚权与刑罚权的纠葛及其厘清》,载《东方法学》2008年第4期。

② 英美法系国家的法院往往对行政机关的事实认定采取尊重态度,大陆法系国家对于一些警察、技术性强及需要行政机关自由决定等事项,法院也是往往尊重行政机关的权力。参见杨伟东:《法院对行政机关事实认定审查的比较分析》,载《法学研究》1999年第6期。

受专业限制而无法认定,对此不妨考虑借助相关行政主体的专业力量"。[①] 由此可见,要求司法机关对行政违法性判断一律进行实质审查,在司法实践中不仅是不可行的,在结论上也不一定符合正义的要求。但是,需要注意的是:

第一,对行政执法机关已做出的行政违法性判断的形式审查,仅仅是解决了行政犯罪认定"第一层次"的问题,对于行政机关已做出的行政违法性判断在刑事违法性判断中的地位和作用问题,属于行政犯罪认定"第二层次"的问题,当然应由司法机关进行实质审查。[②] 例如,对于违反行政法律法规的行为与严重危害结果之间的因果关系问题,违反行政法律法规的行为人对于严重危害结果的主观过错问题等,应当而且必须由司法机关依据刑法规定的犯罪构成要件进行实质的判断。[③]

第二,对行政机关做出的行政违法性判断原则上应进行形式审查,也不意味着在任何情况下对行政犯罪的行政违法性认定司法机关一律不可进行实质审查——尤其是在行政机关怠于行使职权不做出行政违法性判断,或者行政机关做出的行政违法性判断具有明显瑕疵的情形下。其一,在行政犯罪的认定过程中,行政违法性的认定虽然是必不可缺的,但并不以行政机关的认定为必要。详言之,虽然行政犯罪的成立以违反一定的前置行政法律法规为前提,但就行政犯罪的认定而言,终究是司法机关的责任,而且从刑事诉讼的程序上看,刑事司法机关并不需要将行政机关的行政违法性判断作为必然的前置程序,刑事司法机关可以就行为的行政违法性和刑事违法性作一次性认定,行政机关对

① 王崇青:《行政认定不应作为行政犯认定的前置程序》,载《中国刑事法杂志》2011 年第 6 期。

② 我国刑法学界主张"实质审查说"的学者正是混淆了对行政违法性的形式审查和对行政违法性在刑事违法性判断中的地位和作用的实质审查之间的界限。后者的实质审查是针对行政犯罪刑事违法性的实质审查,而不是对行政违法性本身的实质审查。

③ 参见薛晓蔚:《鉴定意见的一种新类型——行政认定意见》,载《太原师范学院学报(社会科学版)》2013 年第 5 期;郑士立:《交通事故认定书在刑事诉讼中的适用探究》,载《学术界》2014 年第 6 期。

行政违法性认定的缺失,不影响对行政犯罪的认定。[①] 最高人民法院2011年印发的《关于非法集资刑事案件性质认定问题的通知》就指出,"行政部门对于非法集资的性质认定,不是非法集资案件进入刑事程序的必经程序。行政部门未对非法集资作出性质认定的,不影响非法集资刑事案件的审判"。[②] 其二,行政机关对行政违法性的认定存在明显瑕疵的情形下,司法机关应对行政犯罪的行政违法性进行实质审查。"公定力是行政行为的基本法律特征和法律效力,行政行为一经作出,不论是否合法,即对任何人都具有被推定为合法有效而予以尊重的效力。"[③]但是,"行政行为的公定力作为法律的一种推定,其正当性只有从行政行为与公共利益的联系中获取,而不能仅从行政行为自身角度得以证成"。[④] 当行政机关做出的行政违法性判断具有明显瑕疵的,司法机关当然可以,而且必须做出实质性审查。

在"受过刑事或行政处罚入罪"规定的适用过程中,为了维护司法机关或者行政机关已做出的刑事处罚或者行政处罚的效力,对其的审查自然也应以形式审查为原则——重点审查曾经受过的刑事或行政处罚是否已被撤销。只有在特殊情形下才需要进行实质审查。例如,行为人对已做出的刑事处罚或行政处罚有异议,尤其是行为人在受到刑事处罚或行政处罚后持续不断地通过申请再审,或行政复议、行政诉讼等途径寻求救济的。又如,由于各种行政法律法规、各个行政机关的并立,行为人完全可能由于实施了一个违法行为,而被两个以上行政机关处以两次以上的行政处罚,但针对同一违法行为由不同行政机关给予

① 参见孙国祥:《行政犯违法性判断的从属性和独立性研究》,载《法学家》2017年第1期;王崇青:《行政认定不应作为行政犯认定的前置程序》,载《中国刑事法杂志》2011年第6期。

② 最高人民法院、最高人民检察院和公安部2014年印发的《关于办理非法集资刑事案件适用法律若干问题的意见》再次作了同样的规定。

③ 王天华:《行政行为公定力概念的源流————兼议我国公定力理论的发展进路》,载《当代法学》2010年第3期。

④ 李小文:《行政犯定罪的基本原理》,上海交通大学2014年博士学位论文,第70页。

的两次以上的行政处罚，显然不是曾经受过行政处罚发挥定罪功能价值层面的两次行政处罚，对于行为人是否在特定期限内受到两次以上的行政处罚，司法机关就应该进行实质审查。①

四、行政责任与刑事责任的竞合

在我国“定性＋定量”的刑事立法模式下，行政违法行为与刑事犯罪行为在行为类型上存在极大的重合，在司法实践中经常会遇到一个行为违反行政法律法规涉嫌构成犯罪的情形，从而出现行政责任与刑事责任竞合的问题。“受过刑事或行政处罚入罪”规定的适用，对“后行为”刑事责任的追究就涉及与行政责任相竞合的问题，应当如何看待这种竞合呢？

（一）共同适用与不得共同适用之争

在刑事责任与行政责任发生竞合时，应当如何适用，我国学界主要存在两种观点。一是以不得共同适用为原则，以共同适用为例外。该观点认为，“刑事责任和行政责任在保护目的及功能上具有一致性，在法律责任的内容上也具有相同性，因此，两者之间存在管辖和适用上的分工，而不是一种并用或交叉适用的关系；当然行政责任与刑事责任不得并用原则也是有例外的，如吊销或者暂扣证照、责令停产停业等，就会与刑事法律责任共同适用”。② 二是以共同适用为原则，不得共同适用为例外。该观点认为，刑事责任与行政责任在责任确认的主体（法院和行政机关），所反映出来的权力性质（司法权和行政权）、责任的基

---

① 对此，应该认为，每次行政处罚都必须有一个独立的违法行为与之相对应，两次行政处罚就必须要有两个违法行为，且这两个违法行为，应该是相互独立的两个行为，不包括在同一犯意下的连续行为。

② 王周户、王漾：《论行政处罚的适用条件及其与刑罚的适用关系》，载《法律科学（西北政法大学学报）》2011 年第 3 期；陈伟、赵赤：《多次犯中的行政处罚与刑罚交叉适用问题研究》，载《西南政法大学学报》2017 年第 4 期。

础(主客观相统一原则和客观违法原则)、所发挥的功能(报应、预防和确认、恢复社会的外部秩序)等方面均是不同的,是两种不同性质的责任,不能相互取代。但是,行政责任与刑事责任的合并适用并不意味着在司法实践中两种责任的实现方式都得共同适用——从有利于行为人的角度出发,相近的处罚种类可以进行合并,如罚款与罚金、拘留与有期徒刑等,但需要注意的是,刑罚吸收行政处罚,仅仅是责任实现方式的吸收,并非责任的吸收。①

从行为人法律责任的最终实现方式上看,上述两种观点具有相似之处,即均认为当刑事责任与行政责任发生竞合时:其一,相似内容的责任实现方法不得重复使用。例如,同样作为财产罚的罚金、没收财产与罚款不得重复适用,同样作为自由罚的管制、拘役、有期徒刑、无期徒刑与行政拘留不得重复适用。其二,不同类的责任实现方法则可合并适用。这主要是指《刑法》规定的财产罚、自由罚、资格罚与行政法律法规规定的资格罚,如责令停产停业、吊销许可证或执照等可以合并适用。但两者亦有明显差异。第一种观点认为,“刑事责任和行政责任具有很大的重合性和同一性,同时适用违反‘一事不再理’、‘一事不再罚’的原则;违反行政法律规范涉嫌犯罪的案件,属于刑事法律规范的调整范围,只能由司法权主管,不能允许行政机关通过行政权力去纠正司法处理中遗漏的事项”。② 第二种观点则认为,“刑事责任和行政责任的差异性决定了二者的适用既不遵循‘一事不再理’原则,也不遵循‘重罚吸收轻罚’原则;某些犯罪情节轻微,法律规定可以免予刑事处罚,人民法院免刑后,行政机关应依法给予犯罪者以相应的行政处罚,在具体适用时,可在法定范围内从重处罚”。③

① 参见周佑勇、刘艳红:《论行政处罚与刑罚处罚的适用衔接》,载《法律科学(西北政法学院学报)》1997 年第 2 期;时延安:《行政处罚权与刑罚权的纠葛及其厘清》,载《东方法学》2008 年第 4 期。

② 王周户、王�:《论行政处罚的适用条件及其与刑罚的适用关系》,载《法律科学》2011 年第 3 期。

③ 周佑勇、刘艳红:《论行政处罚与刑罚处罚的适用衔接》,载《法律科学(西北政法学院学报)》1997 年第 2 期。

(二)以不得共同适用为原则

在我国“定性+定量”的刑事立法模式下,刑事犯罪行为与行政违法行为在行为类型上存在很大的重合,两者“以量的差异为主,以质的差异为辅”——在质的差异的情形下,行政违法行为不可能构成犯罪,刑事犯罪行为也不可能触犯行政法规范,行政责任和刑事责任不可能发生竞合的问题;只有在行政违法行为与刑事犯罪行为具有量的差异的情形下,某一行为才可能既触犯行政法规范,又触犯刑法规范,才会发生行政责任与刑事责任竞合的问题。既然在发生行政责任与刑事责任竞合的问题时,行政违法行为与刑事犯罪行为在社会危害性的质上是同一的,从刑事责任与行政责任的实现方式上看,也主要以量的区别为主——罚款与罚金、没收财产,行政拘留与管制、拘役、有期徒刑、无期徒刑,在剥夺行为人权益的性质上都是相同的,只是量上的差异;刑法规定的赔礼道歉、赔偿损失、没收违法所得、违禁品和供犯罪所用的本人财物和行政法规定的赔礼道歉、赔偿损失、没收违法所得和非法财物,从质和量上都没有任何不同,刑事责任与行政责能够共同适用!

在发生行政责任和刑事责任竞合的问题时,应有的理念是,行政违法行为由行政机关依据行政法律规范追究行政责任,刑事犯罪行为由司法机关依据刑事法律规范追究刑事责任,刑事责任和行政责任之间存在适用上的分工,而不是一种共同适用或者交叉适用的关系。因此,对违反行政法规范而构成犯罪的行为,只需要由司法机关按照刑事诉讼程序追究行为人的刑事责任即可,不应也不能再次成为行政机关追究行为人行政责任的依据;只有在违反行政法规范的行为不构成犯罪的情形下,才可由行政机关追究行为人的行政责任。对同一行为同时追究行政责任和刑事责任,违反“一事不再理”“一事不再罚”的原则。① 我国

① 刑事责任和行政责任“以同时适用为原则”的观点既然认为行政责任和刑事责任的适用既不遵循“一事不再理”原则,也不遵循“重罚吸收轻罚”的原则,何以又认为“类似罚则不得再处罚”,论述不明、理由不详。

《治安管理处罚法》第 2 条也明确规定,“扰乱公共秩序,妨害公共安全,侵犯人身权利、财产权利,妨害社会管理,具有社会危害性,依照《中华人民共和国刑法》的规定构成犯罪的,依法追究刑事责任;尚不够刑事处罚的,由公安机关依照本法给予治安管理处罚”。但是,刑事责任和行政责任以不得合并适用为原则,并不意味着刑事责任的实现方式不可以包括行政法律法规规定的行政责任的实现方式。

第一,刑事责任的实现方式并不排斥行政处罚的适用。例如,根据我国《刑法》第 37 条的规定,对于犯罪情节轻微不需要判处刑罚的,可以免于刑事处罚,由主管部门予以行政处罚或行政处分。又如,由于立法本身的缺陷,我国的刑罚体系和行政处罚体系之间存在不协调、不统一的地方,特别是我国刑法有关资格罚的规定,仅仅只有剥夺政治权利和从业禁止两种,具有明显的缺陷。为了实现刑事处罚和行政处罚之间的协调、统一,司法机关在追究刑事责任时,认为还需要剥夺行为人可能借以继续从事该犯罪行为的某种资格的,仍可建议行政机关作出相关的行政处罚,如责令停产停业、暂扣或者吊销许可证、暂扣或者吊销执照等。[①] 但是,不管上述两种情形中的哪一种,如果司法机关并未“建议”行政机关作出相应的行政处罚的,行政机关不能也无权直接作出行政处罚;行政机关认为应当处以相应的行政处罚而司法机关并未作出的,行政机关可以向法院提出建议,或者建议检察机关提出抗诉。

第二,不可避免的,对于违反行政法律规范涉嫌构成犯罪的案件,在司法实践中会发生行政责任追究程序发生在刑事责任追究程序之前的情形,主要有以下三种情况:其一,法律有明确规定要求行政执法机关先行处理的;其二,行政执法机关定性错误,将刑事犯罪案件误作为行政违法案件而予以行政处罚;其三,行政执法机关明知某一行为涉嫌构成犯罪而徇私舞弊,故意作为一般行政违法行为给予行政处罚的。对于后两种情形,按照“一事不再理”“一事不再罚”的原则,从人权保

---

① 对于一般违法行为都可由行政机关适用相关的资格罚,对于严重违法行为构成犯罪的,当然也可以。如此处理,不仅不违反刑事责任和行政责任不得同时适用的原则,还在一定程度上弥补了我国刑法有关资格罚规定的缺陷。

障的角度考虑，原则上对行为人不得再追究刑事责任，而是应当追究行政机关及其工作人员的行政或刑事责任；对于第一种情形，司法机关在适用刑事处罚时，性质相同的处罚应相折抵，性质不同的处罚则原则上予以保留。①

五、结　语

"受过刑事或行政处罚入罪"规定的适用，以行政机关发现行为人的"违法行为"在先，司法机关追究行为人的刑事责任在后，这就需要将行政执法程序和刑事诉讼程序有机地协调、统一起来。虽然说我国的法律法规和司法解释已经确立了行政执法和刑事诉讼相衔接的基本原则，并为行政执法与刑事诉讼的衔接工作提供了基本的法律依据，但不容否认的是，由于我国的制度、权力分配，刑事立法模式等深层次的原因，行政执法和刑事诉讼工作机制衔接不畅，"以罚代刑"的现象在我国司法实践中表现得仍然十分明显。如何进一步完善和健全行政执法程序与刑事诉讼程序的衔接机制，是进行国家基本权力的重新划分、改变我国的刑事立法模式，还是基于目前这种权力划分、这种刑事立法模式而作中观和微观的调整？这不是一个能够轻易回答的问题，具有进一步深入研究之必要。从我国现行的刑事立法模式和权力分配制度出发，应当在明确行政执法程序和刑事诉讼程序、行政责任和刑事责任的关系的基础上，以违法犯罪记录数据库的建立为契机，完善行政执法

---

① 对此，《行政处罚法》第35条也规定，违法行为构成犯罪，人民法院判处拘役或者有期徒刑时，行政机关已经给予当事人行政拘留的，应当依法折抵相应刑期；违法行为构成犯罪，人民法院判处罚金时，行政机关已经给予当事人罚款的，应当折抵相应罚金。由此可见，《行政处罚法》第35条的规定在功能上更多的是一种后果处理依据，而非事前行使职权依据，所强调的是"已经"形成拘留和罚款的客观事实，所着重解决的是如何保障违法（犯罪）行为人不重复承担行政处罚与刑事处罚两"公法"责任，防止"一事不再理"这一基本原理的底线不被违反的问题。因此，行政执法机关不得以《行政处罚法》第35条有关折抵的规定作为先行实施行政处罚的合法依据。参见王周户、王漾：《论行政处罚的适用条件及其与刑罚的适用关系》，载《法律科学》2011年第3期。

和刑事诉讼的信息共享机制,加强检察机关对行政违法案件处理的监督。

Application of the Provision on "Has Received Criminal or Administrative Penalties Is a Condition of Conviction" under the Perspective of Connection between Administrative Law Enforcement and Criminal Litigation

DUAN Yangwei

[**内容摘要**]"受过刑事或行政处罚入罪"已是我国刑事司法实践中不容回避的客观事实,其适用有赖于行政执法与刑事诉讼的有效衔接。应当建立全国性的违法犯罪记录数据库,规范违法犯罪记录的管理、查询和封存制度,在充分发挥违法犯罪记录应有功效的基础上,最大限度抑制其可能给行为人带来的消极影响;司法机关应给予行政机关足够的尊重,对行政机关已作出的行政违法性判断应以形式审查为主,实质审查为辅;刑事责任和行政责任之间存在适用上的分工,对违反行政法规范进而构成犯罪的行为,只需由司法机关按照刑事诉讼程序追究行为人的刑事责任即可,对同一行为同时追究行政责任和刑事责任,违反"一事不再罚"的原则。

[**关键词**]受过刑事或行政处罚入罪;行刑衔接;违法犯罪记录;形式审查;一事不再罚

Abstract: "Has Received Criminal or Administrative Penalties Is a Condition of Conviction" has become an objective fact that cannot be avoided in China's criminal justice practice. Its application depends on the effective connection between administrative law enforcement and criminal litigation. A national database of criminal records should be established to regulate the management, inquiry and storage system of criminal records, and to minimize the negative impact it may have on the actors, based on the effective use of the criminal records. The judicial organ shall give the administrative organ enough respect, and the administrative illegal judgments already made by the administrative organs shall be subject to formal examination, supplemented by substantive examination. There is an applicable division of labor between criminal responsibility and administrative responsibility. For an action that violates the norms of administrative law and constitutes a crime, the judicial organ may only prosecute the criminal responsibility of the actor in accordance with the criminal procedure. The same action prosecutes both administrative responsibility and criminal responsibility at the same time violates the principle of "non-repeated penalty".

Keywords: Has Received Criminal or Administrative Penaltiesis a Condition of Conviction; Connection between Administrative Law Enforcement and Criminal Litigation; Database of Criminal Records; Formal Examination; Non-repeated Penalty

宽严相济视域下审前调查评估制度审查及完善[*]

贾长森[**]　窦　磊[***]

目　次

一、引　言

19 世纪后半期兴起的刑事近代学派将对犯罪关注的重心由"犯罪行为"转向"犯罪人","对判处与行为相适应的刑罚实际上有无预防犯罪的效果提出质疑","在犯罪人的处遇方面,带来了人道化与科学化的进展;在制度方面,引入了缓刑制度、对累犯加重处刑、对精神障碍人

---

* 江苏省高校哲学社会科学一般项目"审前调查评估制度规范化研究"、扬州大学人文社科基金青年项目"我国审前调查评估体系的实践风险与法治化防范策略研究"阶段性成果。

** 扬州大学法学院讲师、硕士生导师。

*** 扬州大学法学院硕士研究生。

实行保安处分等多种制度”。[①] 刑事近代学派学者将控制、消除罪犯人身危险性，进行社会防卫作为刑罚适用的目的，而不再将报应视为刑罚的目的。审前调查评估机制正是以犯罪人的人身危险性和社会防卫的目的对犯罪人进行的系统调查，进而决定刑罚适用的强度和执行方式。考察域外审前调查的发展历史不难发现，自20世纪20年代以来，调查形成了两种模式：一种是英美法系独立量刑调查模式，定罪量刑分别进行，定罪量刑的决断主体和法律依据不同；另一种是大陆法系混合量刑调查模式，将量刑作为定罪的附带模式，由法官统一裁决。两种模式都被广泛运用于司法实践，并取得了比较好的效果。然而，这种官方主导的模式也存在一些问题，如“格式化”现象比较严重、调查深度有待进一步深化等。有的学者主张应采取更加灵活的方式，既能保障犯罪人的正当权益，亦能实现量刑调查报告更合理。[②] 从我国相关研究成果中不难发现，我国学者对审前调查评估研究成果多集中在量刑情节、检察机关的量刑建议以及量刑规范层面进行分析，而对审前调查评估的性质、程序、法律后果等基础性问题无论是研究的深度还是研究的广度都有待进一步推进。本文正是以对这些基础性问题的研究为出发点，对我国审前调查评估程序规范化路径进行研究，以期为该制度的完善提供一些有益的参考。

二、审前调查评估程序的基本内涵

刑事政策不同于具体的刑法条款，也不同于具体刑事案件的处理，“刑事政策则是一种高于刑法的政治考虑，它是对待犯罪的一种宏观的战略”[③]。根据最高人民法院2010年颁布的《关于贯彻宽严相济刑

---

① 参见[日]西田典之：《日本刑法总论》，王昭武、刘明祥译，法律出版社2013年版，第19、21页。

② Caren Wakerman Converse, Unpoetic Justice: Ideology and the Individual in the Genre of the Presentence Investigation, Journal of Business and Technical Communication, 26(4): 442 - 478.

③ 卢建平：《刑事政策与刑法》，中国人民公安大学出版社2004年版，第11页。

事政策的若干意见》的规定，在刑罚适用中"既要注意克服重刑主义思想影响，防止片面从严，也要避免受轻刑化思想的影响，一味从宽"。审前调查评估程序正是基于"宽严相济"的要求而对犯罪人进行甄别的程序，是"宽严相济"刑事政策的具体运用。从法律规定来看，2020年7月1日施行的《中华人民共和国社区矫正法》(以下简称《社区矫正法》)第18条对审前调查评估程序的决定主体和执行主体进行了规定，即决定主体是社区矫正决定机关，通常为人民法院；而执行主体为社区矫正机构或有关社会组织，通常为司法行政机关。① 从该条可以看出：审前调查评估程序并不完全等同于刑事诉讼法规定的刑事诉讼程序，因为其不仅含有刑事诉讼事项，也包含实体性事项；审前调查评估程序也不属于刑罚执行程序，因为其是要改变刑罚执行方式，而不是通常意义上的执行宣告刑。由此可见，审前调查评估程序有其独特的内涵。这里需要特别指出的是，笔者之所以没有将该程序称为审前调查程序或量刑调查程序，而是称之为审前调查评估程序，是因为在我国的司法实践中不仅有审前调查，而且有评估程序，两者是相对独立的环节。不仅如此，该程序也不宜被称为量刑调查程序，因为很多时候不是量刑的调查，而是刑罚执行模式的调查。故此，为了严谨起见，笔者将之称为审前调查评估程序。

(一)审前调查评估程序的法律性质分析

要分析审前调查评估程序的法律性质，首先要从缓刑制度的起源说起。现代缓刑制度起源于19世纪的美国，而这一制度的创立要归功于美国波士顿市的一名鞋匠，即被誉为"美国缓刑之父"的约翰·奥古斯塔斯。奥古斯塔斯因参加一项宗教性的禁酒运动，与别人一起在波

---

① 参见《中华人民共和国社区矫正法》第18条规定：社区矫正决定机关根据需要，可以委托社区矫正机构或者有关社会组织对被告人或者罪犯的社会危险性和对所居住社区的影响，进行调查评估，提出意见，供决定社区矫正时参考。居民委员会、村民委员会等组织应当提供必要的协助。

士顿城市法院为酗酒犯和构成轻微犯罪的罪犯提供帮助。他的行为最终感动了法官,并保释了这些罪犯。他共监督了1900多名缓刑犯,其中只有1名罪犯违反了缓刑规则。正是在奥古斯塔斯的不懈努力下,现代缓刑制度得以开启。对于罪犯是否适合判处缓刑,奥古斯塔斯有着自己的判断标准,在为罪犯申请保释前,奥古斯塔斯主动收集罪犯的个人经历和犯罪经历方面的背景信息,进而判断罪犯是否能够保释。对于罪犯个人经历和犯罪经历等方面信息的收集、判断正是审前调查评估程序的前身。[①] 之后,美国通过立法的形式确立了较为规范的量刑调查制度,形成了罪犯中心主义报告模式和犯罪中心主义报告模式。[②] 两种模式存在一定差异。前者主要关注罪犯的个人信息,后者更关注罪犯的犯罪状况,包括现在和过去的犯罪。但是,无论哪一种模式,最终目的都是以罪犯是否会再次危害社会为依据。

可以看出,一方面,美国的量刑前调查报告具有程序法性质,即在该程序中要有规范的法律制度保障该报告的顺利开展。缓刑官要对符合条件的罪犯进行筛选,在此基础上对可能判处缓刑的罪犯进行判前调查,在执行中对执行进行监督。这些是对罪犯适用缓刑的程序性要件。另一方面,量刑前调查报告对法官的裁决产生实质性影响。法官会根据调查报告的情况,并兼顾罪犯和社会利益作出是否适用缓刑的裁决。这实质上已经不再是程序层面的内容,而是实体上的判断。总体来看,尽管美国量刑前调查报告是为了实体性裁决,但其制度本身仍是程序性内容。因此,其应属于刑事诉讼的范畴。

从我国《社区矫正法》第18条的规定来看,审前调查评估程序属于法定程序,是该法赋予社区矫正决定机关的权力,被委托机关和其他组织应当依法配合。该法第17条规定,进行审前调查评估程序的目的是决定对罪犯是否适用管制、宣告缓刑、裁定假释、决定或者批准暂予监外执行。可见,我国审前调查评估程序虽然是为实质性裁决服务,但

① 参见王姝苏、顾盈颖:《美国缓刑制度的建立》,载《检察风云》2016年第20期。

② 参见胡红军、李昌盛:《美国量刑前调查报告的历史发展》,载《人民法院报》2013年6月28日,第8版。

其主要内容和形式仍是程序性事项，即针对决定主体、执行主体、调查评估内容等。尽管当前我国刑事诉讼法对审前调查评估程序规定的内容很少(暂予监外执行除外)，但该程序的最终目的是保证刑事实体法的实现，特别是刑罚价值的实现，属于“后刑事诉讼程序”的性质，故此，将其归于刑事诉讼程序并无不妥。

(二)审前调查评估程序的构成要素

审前调查评估程序之所以不能归入其他程序之中，是因为其具有独特的构成要素，这是该程序成立的基本条件。具体包括以下内容：

1. 适用阶段

对“审前”应作宽泛的理解，而不能将其限定于一审、二审程序，否则将极大压缩该程序的适用范围。管制、宣告缓刑是在一审、二审程序中进行的，而裁定假释、决定或者批准暂予监外执行的情况则多发生于刑罚执行程序。对于假释程序，《刑法》第79、82条进行了规定，是在刑罚执行过程中，由执行机关向中级以上人民法院提出假释建议书。而对于暂予监外执行程序，《刑事诉讼法》第265条进行了规定，“对被判处有期徒刑或者拘役的罪犯”，即在刑罚生效之后。可见，审前调查评估程序适用阶段既包括刑罚宣告阶段，也包括刑罚执行阶段。

2. 决定主体

适用管制、宣告缓刑主要发生在一审或二审阶段，因此决定主体是一审、二审法院。然而，刑罚执行阶段的决定主体则有所不同。根据《刑法》第79、82条的规定，对于犯罪分子的假释，由执行机关向中级以上人民法院提出假释建议，人民法院应当组成合议庭进行审理。根据《刑事诉讼法》第265条第5款的规定，“在交付执行前，暂予监外执行由交付执行的人民法院决定；在交付执行后，暂予监外执行由监狱或者看守所提出书面意见，报省级以上监狱管理机关或者设区的市一级以上公安机关批准”。对于假释程序而言，形式上的决定主体是中级以上人民法院，而实质上是由执行机关和中级以上人民法院共同决定。因为执行机关的假释建议在整个程序中起着主导作用，而建议的决定主体是执行机关。对于暂予监外执行程序而言,在交付执行前,决定主体是交付执行的人民法院;在交付执行后,如果是在监狱执行的罪犯,决定主体应是执行的监狱和省级以上监狱管理机关,如果是在看守所执行的罪犯,决定主体是看守所和设区的市一级以上公安机关。

3. 审查内容

根据《社区矫正法》第18条规定,审前调查评估的内容是"被告人或者罪犯的社会危险性和对所居住社区的影响"。最高人民法院、最高人民检察院、公安部、司法部在2020年6月18日联合下发了《中华人民共和国社区矫正法实施办法》(以下简称《社区矫正实施办法》),其中第5条第1、2项对审前调查评估的内容进行了规定。对于拟判处管制、宣告缓刑、决定暂予监外执行的犯罪人,"对被告人或者罪犯的社会危险性和所居住社区的影响,进行调查评估";对于报请假释的,"审查执行机关移送的罪犯假释后对所居住社区影响的调查评估意见"。我国审前调查评估的内容主要集中在对犯罪人"社会危险性和所居住社区的影响"。而"所居住社区的影响"实质上是"社会危险性"的组成部分,两者并非并列关系。由此可见,我国规范性文件中没有明确审前调查评估具体内容,而只是宏观地概括为"社会危险性",这事实上会造成理解上的出入和适用标准上的不一致。

4. 执行主体

根据《社区矫正法》和《社区矫正实施办法》的规定,审前调查评估程序的执行主体是社区矫正机构或者有关组织,以及协助执行的居民委员会、村民委员会等组织。社区矫正机构是司法行政机关的组成部分,而"有关组织"主要指社会民间组织,由于我国社会民间组织发挥作用相当有限,故此执行主体仍是司法行政机关下属的社区矫正机构。从法律层面而言,居民委员会、村民委员会不是独立的执行主体,只能发挥辅助性作用。而事实上,由于自身精力所限,很多时候基层社区矫正机构会委托居民委员会、村民委员会进行调查评估,并据此作出调查报告。

三、审前调查评估程序规范化的理论依据和实践动力

审前调查评估制度的设立有着充分的理论依据,这不仅是国外审前量刑调查运行的理论支撑,也是我国审前调查评估程序方兴未艾的原因所在。审前调查评估程序不仅有理论依据,而且也有实践的需要。事实上,该制度是理论与实践紧密结合的具体体现。

(一)审前调查评估程序规范化的理论依据分析

1. 刑法谦抑性原则的具体化

刑法谦抑性是指“若刑罚之外,尚有其他可有效防制不法行为之社会控制手段时,应避免用刑罚。刑法具有最后手段性,故只有在其他法律效果未能有效防制不法行为时,才能使用刑罚。故刑罚具有补充性格,用来补充其他法律效果之不足。此即刑法的谦抑性”①。刑罚是犯罪的直接法律后果,其与犯罪共同组成了刑法的基本架构,“犯罪与刑罚被认为是刑法的基本范畴”②。故此,作为刑法基本原则的刑法谦抑性原则在犯罪与刑罚中都发挥着重要作用。审前调查评估程序是在调查犯罪人人身状况的基础上来决定刑罚种类和执行方式。在查明犯罪人人身危险性较小,不会再次危害社会的情况下,就可以降低刑罚适用的强度或以缓和的方式来执行刑罚,进而避免不必要和过量的刑罚。

2. 刑罚个别化原则的内在要求

对于刑罚个别化原则,学者们从不同角度有着不同的解释,但一般认为刑罚个别化是“审判机关在量刑时,应当根据犯罪人所犯罪行的社会危害程度和犯罪人的人身危险性大小,在相应的法定刑范围内,或

---

① 张丽卿:《刑法总则理论与运用》,台北,神州图书出版有限公司 2003 年版,第 35 页。

② 马克昌主编:《外国刑法学总论(大陆法系)》,中国人民大学出版社 2009 年版,第 3 页。

以法定刑为基础，判处适当的刑罚或刑期”①。笔者基本赞同该观点，但同时认为刑罚个别化原则应进一步扩大适用空间。

3. 社会防卫论“目的刑”的实质要素

社会防卫论摒弃了古典学派所坚持的报应刑主义，正如菲利所主张的那样“为了社会自卫的利益，有必要反对古典学派过分强调个人主义的做法”②。社会防卫论者认为刑罚是基于防卫社会之需要，“犯罪乃共同生活之侵害，刑罚之设，在保障共同生活之安全，亦即为预防犯罪防卫社会之必要手段”③，并由此得出刑罚使命不仅在于改造罪犯，也应“唤醒和强化国民对法的忠诚、对法秩序的存在力与贯彻力的信赖，从而预防犯罪”④。司法实践中之所以设置审前调查评估程序，是司法机关、执行机关出于保护社会安全的考虑，对罪犯回归社会后是否会对所在社区、他人再次实施侵害行为的判断，是“针对将来的犯罪防卫社会的手段”⑤。这里需要明确的是，无论是缓刑、假释，还是暂予监外执行，其实质都是刑罚执行的过程，只是与一般的执行方式不同而已。故此，在这些刑罚的执行过程中，刑罚的适用是要有目的的。审前调查程序正是事先对刑罚目的能否实现的判断，因而是社会防卫论中“目的刑”的实质性运用。

（二）审前调查评估程序规范化的实践动力

在刑事司法环节、刑罚执行环节适用审前调查评估程序是基于司法实践的现实需要，是为了摆脱刑事司法的某些困境。这种困境具体体现在以下几个方面：一方面，犯罪人实施了危害行为，需要对其进行处罚；另一方面，为了实现刑罚改造、节约刑罚成本的目的，在刑罚执行

① 马克昌主编：《刑罚通论》，武汉大学出版社1995年版，第293页。

② 张明楷：《外国刑法纲要》，清华大学出版社2007年版，第14页。

③ 韩忠谟：《刑法原理》，北京大学出版社2009年版，第18页。

④ 张明楷：《刑法学》（第3版），法律出版社2007年版，第399页。

⑤ 马克昌：《比较刑法原理——外国刑法学总论》，武汉大学出版社2002年版，第43页。

方式裁处时往往要对通常的监禁刑进行调整和变更。另外,刑罚的执行成本也是司法机关不得不考虑的因素。在我国,每年都有数以百万的罪犯在监管场所执行刑罚,这给国家带来沉重的经济负担。当有更适宜的执行方式时,就应当及时进行变更。

就我国的司法现状来看,管制、缓刑、假释的适用率普遍较低,这就造成了刑罚适用中的一对矛盾的长期存在,即一方面国家明知我国假释率偏低,而另一方面又在司法实践中严控假释。故此,完善审前调查评估程序,形成规范化的调查评估制度是一件亟待解决的问题。

将罪犯放归社会,需要执行机关、司法机关有证据判定罪犯回归社会后不会再次危害社会,其所在社区也不会因为罪犯的回归而面临正常社会秩序被破坏的风险。而规范化的审前调查评估制度在很大程度上有助于这种判断的顺利完成,即执行机关、司法机关根据罪犯所犯罪行、在执行机关的改造状况得出罪犯个人人身状况的判断,同时通过审前调查评估程序对犯罪人回归后生活的社区、其他关系进行调查,得出罪犯回归后是否存在风险,是否会对所在社区、他人形成侵害等结论。在有证据表明罪犯没有人身危险性、社会危害性之后,才会将罪犯放归社会。可见,审前调查评估程序的司法意义重大,可以为缓刑、假释等目的的实现提供判断依据。

四、我国审前调查评估程序适用的困境及其原因分析

如前文所述,审前调查评估程序对司法实践具有重大、积极意义,是保证刑罚目的实现的重要条件,也是诸多刑法原则的具体化路径。然而,由于受主客观原因的制约,我国审前调查评估程序的司法适用状况并不理想,存在诸多障碍,影响了其应有作用的发挥。

(一)审前调查评估程序的法律性质定位不清

审前调查评估程序的决定主体既有司法机关,也有行政机关;执行机关是司法行政机关,甚至可以是基层社会组织。可以看出,调查评估

程序涉及不同性质的机关,故此需要多个紧密衔接的部门法进行调整或者某一个部门法进行统筹性调整。然而,现实的立法状况并非如此。除了《社区矫正法》《刑事诉讼法》《刑法》等规范性法律文件有零星的规定外,尚无体系性的立法规定。对比可见,刑法、刑事诉讼法等对一些重要的基本法律原则、司法制度一般都有详细的规定,通常不存在法律性质判断争议的问题。与之不同的是,由于立法的欠缺以及司法实践经验的缺乏,致使我们很难对审前调查评估程序的法律性质形成一致性意见。如果从司法机关的角度来看,其决定主体是司法机关,而且结果会对刑事案件产生直接影响,故此其应为刑事司法程序。如果从司法行政机关的角度来看,调查报告的形成是由其实施完成的,调查的内容并非依照司法机关的指令,而是主要依据《社区矫正法》完成的,故此可以认为其是行政性质。

正是因为审前调查评估的法律性质定位不明,导致了该程序的主导主体认识不清,才会在调查评估的内容、法律效力、救济程序等产生争议,进而产生相互掣肘的现象,不利于该程序的顺利展开。较之前的立法而言,现行《社区矫正法》规定了审前调查评估程序,使得该程序的运用有了法律依据。然而,由于立法缺乏应有的明确性且并没有得到较大改观,导致司法实践中审前调查评估程序的运用依然困难重重。

(二)程序缺乏规范性,随意性过大

新出台的《社区矫正法》明确了启动该程序的主体(社区矫正决定机关),并明确了执行主体(社区矫正机构或者有关社会组织)、调查的内容(社会危险性和对所居住社区的影响),这些规定有利于审前调查程序的展开。然而,由于立法中的规定较为粗疏,导致该程序规范性不足、适用的随意性过大。具体体现在以下几个方面:其一,从立法规定中可以看出,审前调查评估程序是任意性程序,即社区矫正机关可以适用该程序,亦可不适用该程序。那么就会产生疑问,什么情况下适用该程序,什么情况下可以不适用该程序。我们知道,审前调查评估程序的结果是判断罪犯是否能够回归社会的依据。从客观上来说,让犯罪人

回归社会都存在一定风险,都有可能对社会、所居住社区产生不利影响。然而,由于司法资源的有限性,不可能对所有判处非监禁刑的罪犯都适用审前调查评估程序。那么,对哪些罪犯需要适用审前调查评估程序就应当进行明确。也就是说,当出现什么情况时应当适用,或者说当具备什么情况时可以不适用该程序。很可惜的是,我国现行立法中对这一前提性条件没有相应的规定。其二,调查对象、申诉保障程序没有明确。在审前调查评估程序启动后,究竟应向哪些人调查,法律没有明确的规定,也没有明确调查的规避对象,这就会给调查结果的客观、公正性带来风险。在现行的审前调查评估程序中,往往会依托甚至直接委托村民委员会、居民委员会的工作人员协助(进行)调查。犯罪人是否会对所在社区造成影响,有时候会出现不取决于事实状况,而取决于关系亲疏、物质利益等非案件事实因素。更为严重的是,在决定犯罪人是否能够适用非监禁措施这样对犯罪人非常重大的决定性事项时没有救济程序。也就是说,这个程序具有不可逆性。一旦司法机关裁决,那么就是终裁,犯罪人没有申诉的机会。

(三)调查评估结果对实体的影响具有不确定性

对审前调查评估程序而言,不仅是否启动具有不确定性,而且调查评估报告是否被采信也具有不确定性。《社区矫正法》只笼统地规定了被委托机关“进行调查评估,提出意见,供决定社区矫正时参考”,也就是说,调查报告只是司法机关在决定社区矫正时的一种参考,是否被采纳并不是由报告内容本身决定的,而是由司法机关办案人员所决定的。笔者认为这一规定有不严谨之处。这是因为,通常情况下,司法机关决定对犯罪人实施非监禁措施时都有一定的判断依据。也就是说,他们认为对这些罪犯不监禁也是没有风险的,出于谨慎起见而启动审前调查评估程序。然而,当司法行政机关完成调查报告后,即使调查报告的结果是客观公正的,也有可能被否决。为了避免司法资源的浪费,保障当事人合法权益,对于社区矫正决定机关发起的审前调查评估程序在适用上应当给予一定限制,而不应像现在这样由决定机关任意加以处置。事实上,无数的类案刑罚的适用表明,在类似的案件办理过程中,是否适用缓刑随意性比较大,而这也是现实中司法不公的一个重要内容。当然,这也不能完全归咎于司法机关或办案人员,立法上的缺陷是导致这一问题的重要原因。

五、审前调查评估程序法治化的中国进路

审前调查评估程序法治化对于我国管制、缓刑、假释、暂予监外执行具有重要意义,特别是对非监禁措施中的缓刑、假释适用率的提升意义重大。而我国有着自己的国情,不可能完全照搬照抄域外的经验和做法,需要进行适合我国司法现状的制度构建。最为重要的是,无论是刑罚价值的实现,还是本国经验的探索,都要建构在法治化的路径上,这是社会主义法治国家建设的必然要求。基于以上三个方面的考虑,对审前调查评估程序法治化的进路进行探索十分必要。

(一)明确审前调查评估程序的法律性质

究其本质,笔者认为明确审前调查评估程序法律性质的实质就是明确主导权。如果是司法程序,那么就应当由决定机关主导;反之,如果是司法行政程序,那么就应当由执行机关主导。这样区分的实质性意义何在?如果将其认定为司法程序,那么在审前调查报告中就应当明确调查的相关内容,如调查的对象、调查人员的数量、调查的具体内容、调查报告的反馈时间等。并且,在调查报告中执行机关不需要形成最终判断意见,而是由决定机关根据执行机关调查的内容并结合刑事案件的具体情况来形成自己的判断意见。如果将审前调查评估程序认定为是司法行政程序,那么决定机关只需要向执行机关发出调查请求,而不需要发出具体指令性内容。执行机关可以依据法律规定、工作流程对罪犯是否会再对社会、所在社区构成危害进行调查,调查的具体要素由司法行政机关自己决定,并在调查的基础上形成带有最终意见的调查评估报告。决定机关在收到调查报告后应以此作为裁判依据,并

应在法律文书中加以明确,而不能就同一事项再进行评判。

笔者主张审前调查评估程序应归属于决定机关主导,该程序属于刑事司法程序。主要原因如下:其一,从审查的便利性来看。决定机关是法院、监狱、看守所①,而这些机关不仅可以根据刑事案件、罪犯执行情况来判断其人身危险性,还可以根据实际需要请求执行机关进一步补充相关信息,进而得出更全面的判断。这一点执行机关很难做到,因为执行机关通过实地调查可以掌握罪犯平时在所在社区的表现,这方面确实具有便利性,但其并不了解或者说不完全了解罪犯犯罪的具体情况,对罪犯改造的情况更无法把握。故此,让其进行最终裁判很难保证全面性和客观性。其二,从调查评估结果影响来看。审前调查评估程序以判断是否可以对犯罪人适用非监禁措施为目的,非监禁措施的适用对象是犯罪人。"非监禁刑尽管与一些传统的刑罚方法不同,但仍然是一类刑事制裁方法,它只能对犯罪人适用。"②故此,无论从实体结果来看,还是从程序历程来看,审前调查评估程序都属于刑法规制的范畴,而非行政法规制的范畴。而且,从管制、缓刑、假释的适用上来看,其决定主体仍是法院,即能不能适用,适用何种措施都是由法院组织合议庭来进行审判的,是要经过司法审判程序的,故此也是其属于刑事司法程序的重要证明。其三,从司法救济程序的途径来看。尽管我国现有立法中对审前调查评估程序没有救济程序的相关规定,但随着我国法治化进程的不断推进,完善基本的法律制度是必然的结果。在这些重要事项中,特别是事关基本人身自由权利的事项中设立救济程序是必不可少的。另外,当今公民的法律意识不断强化,通过法律程序捍卫自己、特定关系人的合法权益将成为他们越来越强的共识,给他们提供维护权益的通道势在必行。故此,在将来的审前调查评估程序层面设立救济程序将是法治完善的一项重要内容。而从司法救济程序的

① 这里需要明确的是,对于在监狱、看守所执行的罪犯的监外执行,同时需要报请省级以上监狱管理机关或者设区的市一级以上公安机关批准,而这种审查主要以书面审查为主,故此可以认为实质决定机关为执行的监狱、看守所。

② 吴宗宪:《试论非监禁刑及其执行体制的改革》,载《中国法学》2002年第6期。

途径来看，罪犯审前救济的主体主要是司法机关，而非负责执行的司法行政机关。这是因为，从刑事司法程序上来看，犯罪人不宜或者不太可能直接接触司法行政机关、被调查对象，其很难向这些机关提出异议。另外，从决定主体来看，最终的决定机关主要是司法机关，特别是法院。所以，只有向法院提出异议才具有意义，才可能改变裁判结果。

故此，笔者建议，应当在《社区矫正法》中明确审前调查程序是由社区矫正决定机关主导，委托社区矫正机关或有关社会组织对被告人或者罪犯的状况进行调查，并应在委托调查事项中明确需要调查的内容。执行机关应当按照委托事项进行调查，并应在委托函中所列明的时间内完成调查报告。这样不仅厘清了决定机关与执行机关的关系，而且也有助于调查的针对性、客观性，为罪犯的非监禁措施的适用提供合理的依据。

（二）程序法层面的建构

正如前文所述，我国审前调查评估程序面临的首要问题是该程序启动的条件，即什么情况下启动，什么情况下可以不需要启动，这在立法中没有明确的规定。为了避免审前调查评估程序启动的随意性，笔者建议，应当在立法中明确该程序启动的条件。具体可以分为两种模式：一种可以按照犯罪的性质，如可根据所犯罪行来进行划分。如果所犯之罪危害性较大，那么在决定对其社会矫正时应当启动审前调查评估程序。反之，则可以直接由决定机关适用非监禁措施，而不需要启用该程序。另一种可以根据所判刑罚来决断。如果刑罚时间较长，证明其犯之罪危害性较大，那么就有必要启动审前调查评估程序。反之，则没有必要启动。无论采用哪种模式，决定机关都需要结合罪犯所犯罪行和在刑罚执行中的表现来进行综合判断，而不能忽略其在犯罪中和刑罚执行中的状况，不能忽略具体犯罪中人身危险性的展现，或者刑罚执行对罪犯的影响。

另外，在立法中应当设立救济程序，并确保调查对象的客观性。正如前文所分析的那样，应当在《社区矫正法》中明确规定救济程序。当犯罪人的合法权益受到侵害时,确保其可以通过法定的程序进行申诉。在立法中应当明确哪些状况下犯罪人可以提出申诉,以及申诉的程序、申诉机关、法律后果等内容。事实上,在立法中设立申诉程序不仅可以保障犯罪人的合法权益,同时还有助于预防非监禁措施适用中的司法腐败问题,让审前调查程序更加透明。另外,我们也需要注意一个容易被忽略而又非常重要的问题,那就是审前调查评估程序中对于调查对象的选择。如果对象选择不适当,很容易导致不合理、不公正结果的出现。例如,如果选择被害人及其家属作为调查的对象,通常情况下就会得出犯罪人不适宜适用非监禁措施的结论。相反,如果选择调查的对象是犯罪人的近亲属或者朋友,那么通常就会得出对其适宜适用非监禁措施的结论。这两种对象的选择都不利于公正调查结果的形成,应当尽量避免将其作为调查对象。故此,建议在立法中明确审前调查评估程序的调查对象应当是与犯罪人无利害关系的人。当然,为了保障被害人的合法权益,在必要时也应当听取被害人及其家属的意见。

(三)实体层面的建构

从前文的分析可以看出,我国的审前调查评估程序不仅在程序层面存在一些问题,在实体层面同样也存在问题,需要结合我国国情进一步完善。具体体现在以下几个方面:

其一,审前调查评估的内容应当进一步明确。在法制健全的国家和地区的立法或司法实践中,量刑前调查报告中都有着明确的内容。如在美国的量刑前调查报告中,调查要由专门的缓刑监护官来进行,调查的内容相当广泛,包括被告人的职业、工作历史、经济状况、社区居住期限、教育状况等内容。① 英国是由地方缓刑委员会的官员负责,调查

① 参见孙春雨:《中美定罪量刑机制比较研究》,中国人民公安大学出版社 2007 年版,第 403 页。

的内容包括犯罪人的个人情况和社会背景、再犯可能性等。[①] 在德国，调查工作由接受过良好心理学训练的社会工作者进行，调查的内容不仅包括犯罪人犯罪的相关事实，而且还包括经济情况、犯罪后的表现等。除此之外，大陆法系的德国、日本等国都有较为翔实的相关规定。[②] 从这些国家或地区的立法中不难看出，调查工作一般由专门人员进行，是为了确保调查报告的质量和调查的专业性。而调查内容的广泛性是基于犯罪因素多元性的考虑。虽然犯罪人在监禁环境中人身危险性较低，但是，一旦犯罪人回归社会，那些诱发其实施犯罪的因素可能又会激发他再次实施危害社会的行为，故此需要进行全面的调查。

这些国家和地区的做法可以为我们所借鉴。在我国立法中，应当进一步明确审前调查评估程序所要调查的内容，进而确保调查报告的全面性、真实性、有效性。故此，笔者建议，在立法中可采用列明的方式明确调查的内容，其基本内容应包括犯罪人的一贯表现、家庭成员、经济状况、教育状况、违法乱纪状况等。当然，在实际操作中并非要求对所有的犯罪人都适用同一个标准，而是赋予办案人员可以根据实际状况选择调查的重点。这样既可以降低执行机关的工作压力，又能够保证调查结果的有效性、针对性。

其二，审前调查评估报告的法律效力需要在立法中加以确定。现在的审前调查评估报告是否会对决定机关产生影响并不明确，既可能会作为裁判的依据，也可能被“束之高阁”，成为一纸空文。这样不仅是公共资源的浪费，而且也会影响执行机关工作的积极性。故此，在立法中应当明确，一旦决定机关启用审前调查评估程序，就应当对裁判产生实质性的影响，并且在裁判文书中对调查报告的作用进行较为细致的情况说明。

---

① 参见陈岚：《西方国家的量刑建议制度及其比较》，载《法学评论》2008 年第 1 期。

② 参见杨静：《量刑规范化视野下的量刑调查制度研究》，载《研究生法学》2011 年第 5 期；《日本刑法典》（第 2 版），张明楷译，法律出版社 2006 年版，第 131 页；冯卫国：《未成年人刑事案件的审前调查制度探讨》，载《青少年犯罪问题》2007 年第 1 期。

六、结 语

审前调查评估程序不是一个可有可无的程序,而是对刑事司法、刑罚执行有着重要影响的程序,对该程序中的相关内容的完善是法治建设中的一个重要议题。该程序的完善不仅需要理论层面的探索,也会随着司法实践的逐步深化,最终为我国刑罚的适用和执行发挥重要作用。当然,囿于文章篇幅所限,本文对于一些问题尚未详细展开。例如,对于程序、实体层面的完善建议是通过《社区矫正法》来实现,还是需要单独立法来完成的问题,本文尚未进行探讨。笔者认为,无论采取何种方式,最终目的都是确保该程序的顺利运行,在实践过程中不断丰富、完善相关制度才是最有效、最符合国情的路径。

The Criminal Policy of Combination of Leniency and Strictness Through the Application of Pre-trial Investigation and Evaluation

JIA Changsen & DOU Lei

[**内容摘要**]审前调查评估程序是"宽严相济"刑事政策的具体化,是判断是否能够对罪犯适用非监禁刑罚措施的前置性程序,其对刑罚裁量和执行体系都有着重大意义。然而,由于受到立法依据不足、司法不规范等主客观因素的制约,我国审前调查评估程序在司法实践中发挥的作用有限。为了化解司法实践的困境,扩大审前调查程序的作用,有必要对我国审前调查评估程序进行重构,在立法中明确审前调查评估程序的法律性质;在程序层面明确调查的对象、救济程序;在实体层面明确调查的事项、调查报告的法律效力等基本问题。

[**关键词**]审前调查;规范化;刑法谦抑性;刑罚个别化;目的刑

Abstract: The pre-trial investigation and evaluation procedure is the concretion of the criminal policy of combination of leniency, and is a prejudging procedure for judging whether or not criminals can be applied to non custodial penalty measures, it has great significance for the penalty judgment and enforcement system. However, due to legislative and judicial imperfections, the pre-trial investigation and evaluation procedures in our country play a limited role in judicial practice. In order to solve this problem, it is necessary to improve the pre-trial investigation and evaluation procedures in my country, and clarify the nature of the pre-trial investigation and evaluation procedures in the legislation. In terms of procedures, clarify the applicable objects and relief procedures; at the entity level, clarify the investigation matters and the legal effect of investigation reports.

Keywords: Pre-trial Investigation; Standardization; Modest Restraint of Criminal Law; Individualization of Penalty; Purpose Penalty

附带民事和解制度的刑事政策审视

王　斓*

目　　次

一、刑事政策引导下附带民事和解制度的运用和争议

在我国刑事政策是指党和国家制定的，或者政法机关制定并经党和国家肯定、推行的运用刑事法律武器同犯罪作斗争的一系列方针、措施、政策、办法的总和。刑事政策以犯罪人为主要研究对象，通过对犯罪人的惩治达到减少甚至消除犯罪的目的，最终实现预防再犯的功效。刑事政策存在于刑法体系之外，但却指导刑事立法，旨在更好地完成刑法的社会保护任务。

在我国刑事司法方面主要的刑事政策是宽严相济，即当宽则宽、应严则严、宽严兼济。其源自《中共中央关于构建社会主义和谐社会若

* 吉林大学法学院博士研究生，曾任吉林省高级人民法院三级高级法官、长春市朝阳区人民法院审委会委员。

干重大问题的决定》(中发[2006]19号,以下简称为《决定》)中的第六部分“完善社会管理,保持社会安定有序”中的“实施宽严相济的刑事司法政策……”的表述。我国在宽严相济的刑事政策指导下的贯彻措施主要有刑事和解、社区矫正、认罪认罚制度。其中刑事和解制度于2013年1月1日开始实施,社会反响良好。刑事和解制度是我国2012年《刑事诉讼法》修改中创建的特别制度,是指司法机关在法定范围的公诉案件中,犯罪嫌疑人、被告人真诚悔罪,通过向被害人赔偿损失、赔礼道歉等方式获得被害人谅解、双方当事人自愿达成协议的,可以对犯罪嫌疑人、被告人作出不同方式的从宽处罚程序。刑事和解制度具有妥当对待犯罪人,关注犯罪被害人的功能,有助于贯彻宽严相济的刑事政策,契合刑事政策的价值内涵,有助于推进社会秩序的和谐安定,提高诉讼效率和有效解决纠纷。但根据《刑事诉讼法》第288条,刑事和解制度只适用于特定犯罪案件中可能判处三年有期徒刑以下刑罚的案件,以及除渎职犯罪以外的可能判处七年有期徒刑以下刑罚的过失犯罪案件。范围过于狭窄,对于刑事司法实践中的重刑犯,是否能够在附带民事诉讼中通过和解方式获得量刑考虑,法律并没有明确规定。但是附带民事和解制度在司法实践中却经常被司法机关采用,并受到诸多争议。

案例①:被告人付某在歌厅消费,因琐事与歌厅保安(被害人)韩某发生冲突,韩某在工作范围内制止付某的不当行为,在此过程中发生厮打,付某持随身携带的尖刀猛刺韩某腹部一刀,致韩某肝脏刺创失血性休克死亡。案发后,被害人韩某的母亲提起刑事附带民事诉讼,要求被告人付某赔偿死亡赔偿金、被抚养人的抚养费、丧葬费等费用总计30万元。一审法院对刑事部分根据付某的犯罪行为及犯罪后果等情节,以故意伤害罪判处付某死刑立即执行;对民事部分判处付某承担30万元的民事赔偿。在法定上诉期限内,付某提出上诉,理由为一审量刑过重,愿意尽量凑钱赔偿附带民事诉讼原告人的部分经济损失,要求二审法院对其从轻处罚。附带民事诉讼原告人也提出上诉,要求付某赔偿

① 参见吉林省高级人民法院(2009)吉刑一终字第23号。

其经济损失。

在二审审理过程中,被告人付某表示只能凑到 5 万元钱赔偿附带民事诉讼原告人,这与附带民事诉讼原告人要求的赔偿数额相差甚远。虽然被告人对被害人物质损失的赔偿可以作为量刑情节考虑,但如果附带民事诉讼原告人对赔偿数额不满意,对犯罪行为不谅解,硬性要附带民事诉讼原告人对赔偿的数额表示接受,而对被告人从轻或减轻处罚,必然会造成附带民事原告人的抵触情绪,产生新的社会矛盾。所以,在宽严相济刑事政策的指导下,二审法官主动介入和解工作,建议被告方争取得到亲属的经济资助赔偿被害人家属以取得被害人家属的谅解。对于附带民事诉讼原告人一方,鉴于被告人付某没有对 30 万元进行完全赔付的赔偿能力,即使判决生效,也会产生执行难的现实问题,法官建议被害人方以案结事了为宗旨,接受被告人赔偿,并谅解对方。最后,双方在法院的调解下,达成了民事赔偿调解协议,被告人赔偿附带民事诉讼原告人 10 万元的经济损失,附带民事诉讼原告人对被告人的犯罪行为表示谅解,撤回附带民事上诉,并向法院提出对被告人付某从轻处罚的请求。二审法院综合考虑量刑情节,以故意伤害罪,改判被告人付某无期徒刑。

但本案引发了诸多争议:(1)在不符合刑事和解法定条件的死刑案件中,附带民事诉讼的结案方式是否影响被告人量刑?如果构成影响,其法律基础是什么?这是否会陷入“拿钱买罪”的司法尴尬?(2)被告人赔偿附带民事诉讼原告人的物质损失,法院是否能够当然地对其从轻、减轻或免除处罚?是否需要考虑被告人是否认罪悔罪,被害人是否谅解等条件?(3)如果依据被告人赔偿附带民事诉讼原告人物质损害的经济能力和赔偿效果对其量刑,在具有同等犯罪情节的情况下对贫富不同的被告人是否有失公平?(4)法官自由裁量权在此过程中是否处于没有规制的状态?其量刑依据是什么?

二、附带民事和解制度的困境

(一)传统附带民事诉讼制度的司法困境

我国传统的附带民事诉讼制度是建立在“国家—犯罪”二元模式下的,[①]其本质源于对抗性司法(Adversarial Justice),即控辩双方基于其诉讼立场截然对立,为追求相互矛盾的诉讼目标积极的对抗和争辩。这一模式在强调国家追诉权的前提下,被害人在诉讼过程中没有相应的地位,只能作为国家公诉权行使过程中的证人出庭作证,而对公诉权行使的结果无权发表意见。虽然被害人可以在刑事诉讼过程中提起附带民事诉讼,但必须等待法院在对公诉案件审理完毕之后,并确定被告人的行为属于犯罪行为时,才能参与到有限的附带民事诉讼中来,法院就公诉和民事诉讼问题一并作出裁判。其具有程序性的便利和审判效率,也利于维护司法裁判的权威性和统一性。

然而实践表明,这种诉讼模式难以实现较好的诉讼效果。在“国家—犯罪”二元模式下,被害人在刑事诉讼中不具备当事人的地位,仅仅作为证人出庭作证,而随后的附带民事诉讼也只是作为刑事诉讼的附带品,没有受到足够的重视。而且民事诉讼与刑事诉讼在审理程序、赔偿范围、赔偿主体、证明责任、[②]诉讼时效、审理期限以及执行效果等方面,存在严重的冲突,刑事附带民事诉讼制度出现了严重的危机。[③]由于篇幅有限,本文仅就执行效果方面举例说明。以上述案例为例,法

---

① 有学者将附带民事诉讼分为“先刑后民”“刑民分离”“先民后刑”模式,侧重于刑事部分与民事部分审理的先后顺序。本文对附带民事诉讼模式分为“国家—犯罪”二元模式、“国家—犯罪”与“犯罪—被害人”分离模式、“国家—犯罪—被害人”三元模式,着重于被害人在诉讼过程中的主体地位以及被害人与被告人的关系,笔者认为这种分类更能体现被害人在刑事附带民事诉讼制度发展过程中地位的转变和提升。

② 参见樊崇义:《证据法学》,法律出版社2010年版,第273页。

③ 参见瓮怡洁:《刑事赔偿制度研究》,中国人民公安大学出版社2008年版,第164页。

院须先确定付某的定罪和量刑,即以故意伤害罪,对其判处死刑立即执行,然后审理附带民事赔偿诉讼。这造成付某在知道自己被判处死刑立即执行的情况下,对自己的未来失去了希望,必然导致没有履行民事赔偿义务的积极性,而且民事赔偿与法院量刑没有必然的联系。所以被告人往往采取隐匿、转移财产等手段逃避民事执行,其附带民事诉讼双方难以达成和解,执行力低下。这种模式是在被告人与司法机关和被害人对立、对抗状态下进行的,这种对抗性司法无法使控辩双方在诉讼中合作,既不能使被告人获得更轻的刑罚,也不能使被害人得到应有的赔偿。其所追求的是无益于任何一方的抽象正义,在促成调解与和解方面具有先天的劣势。①

(二)附带民事和解制度的建立

针对传统附带民事诉讼制度的司法困境,近年来司法实务界逐渐创造了附带民事和解制度,即在“国家—犯罪—被害人”三元的程序模式下进行附带民事诉讼,其本质是一种合作性司法(Negotiated Justice)。该模式是在“世界范围内的恢复性司法运动”中形成的。“恢复性司法(Restorative Justice)最大程度上吸纳特定案件的利害关系人参与司法过程,以求共同地确定和承认犯罪所引发的损害,由该损害所引发的需要以及由此所产生的责任,进而最终实现对损害的最大补救这一目标。”②其充分关注社会和被害人因犯罪受到的伤害,最大限度地尊重被害人因受到伤害而产生的需要,并吸纳被害人及利害关系人参与到诉讼过程中来,以补救和修复被害人和社会因被告人的犯罪行为所受损害和不安状态。③《刑事诉讼法司法解释》第157条规定:“审理刑事附带民事诉讼案件,人民法院应当结合被告人赔偿被害人物质

---

① 参见瓮怡洁:《刑事赔偿制度研究》,中国人民公安大学出版社2008年版,第164页。

② 陈瑞华:《司法过程中的对抗与合作》,载《法学研究》2007年第3期。

③ 参见陈瑞华:《刑事诉讼的中国模式》,法律出版社2010年版,第128页。

损失的情况认定其悔罪表现,并在量刑时予以考虑。"这一司法解释放弃了将定罪量刑与民事赔偿独立看待的立场,根据被告人履行民事赔偿义务的情况来确定量刑种类和量刑幅度。其与调解结案方式有着密切的联系,法院促成被害方与被告方达成民事赔偿协议,并根据被害人对被告人的犯罪行为表示谅解的情节,作出对被告人从轻、减轻甚至免刑的刑事裁决。

(三)附带民事和解制度的司法困境

审判实践中,对最高人民法院以司法解释建立的附带民事和解制度产生了很多争议:

第一,有些人认为这一制度实质是"赔钱减刑"和"拿钱买罪"。[①]附带民事和解制度适用的前提是,被告人必须对其犯罪行为给被害人造成的损害进行一定的经济赔偿,在此前提下,才能从轻、减轻或免除处罚。从结果上看,这种经济赔偿可以转化成一种较轻的刑法处罚,也就是说用钱可以"买"刑,被告人赔偿的越多,买到的刑罚就越多,其最后所受的刑罚就越少。所以,有些人对此制度难以接受。

第二,有些人认为这一制度使得两个可能犯有同样罪行的被告人,仅仅因为经济能力和赔偿效果的不同而受到不适当的差别对待。[②] 如果被告人家庭贫困,无法赔偿附带民事诉讼原告人的经济损失,那么他将得不到更轻的量刑;然而如果被告人经济条件优厚,能够全额赔偿附带民事诉讼原告人的经济损失,那么他将得到较轻的量刑。量刑的轻重与被告人的经济能力有直接的关系,其必将引起法律适用的不平等。

第三,有些人认为这一制度没有法律基础。依据相关立法规定,赔偿被害人因犯罪行为所遭受的经济损失,是被告人应尽的法定义务。既然是"法定义务",就应当无条件地履行,没有理由把它当成量刑情

---

① 参见高遥生等:《聚焦刑事附带民事诉讼》,载《法制资讯》2008年2月29日。

② 参见李国民:《杜绝"法律白条","赔钱从轻"不是办法》,载《检察日报》2007年2月1日。

节予以考虑。[①] 被告人对被害人物质损害的赔偿不应与其量刑相挂钩,如果将这种赔偿视为一种量刑情结予以考虑,在立法中难以找到法律依据。

第四,有些人担忧这一制度将导致能动司法及自由裁量权的不适当的扩大。一旦被告人符合从轻或减轻的量刑条件,而在法律未对这种量刑种类和幅度作出明确规定的情况下,会导致法官的自由裁量权扩张。被告人赔偿被害人的经济损失的程度,会引起多大程度的从轻或者减轻处罚,被告人的犯罪性质、赔偿能力与量刑结果之间如何进行考量,被告人认罪悔罪的标准是什么。关于具体的量刑规则在法律中并未明确规定。

三、对附带民事和解制度的刑事政策审视

(一)隔离模式的优势和弊端

鉴于传统的"国家—犯罪"二元模式已经陷入前所未有的困境,一些学者和司法人员提出了刑事诉讼与民事诉讼隔离模式的改革思路。这一模式强调国家对犯罪人公法意义上的追诉权与犯罪人对被害人私法意义上的侵权责任是完全独立的,后者不应依附于前者,主张"英美刑事诉讼与民事诉讼彻底分离"的做法,将民事侵权诉讼塑造成完全独立于刑事诉讼的诉讼形态。刑事诉讼的提起与否,进展到哪一阶段,都与民事诉讼不发生关系,被害人可向人民法院民庭提起独立的民事诉讼。[②] 这种情况实际导致了附带民事诉讼被根本取缔。本文称之为"国家—犯罪"与"犯罪—被害人"隔离模式。其改革思路是将民事侵权之诉从刑事公诉程序中独立出来,既保障了刑事诉讼的正常进行,又能够全面

① 参见李国民:《杜绝"法律白条","赔钱从轻"不是办法》,载《检察日报》2007年2月1日。

② 参见庞君淼:《刑事附带民事诉讼制度存在价值质疑》,载《中国刑事法杂志》2004年第5期。

地保护民事诉讼当事人的民事权利,在审判程序、赔偿范围、诉讼时效等方面使刑事诉讼和民事诉讼不再发生冲突,使其各自独立的诉讼价值得以展现。

然而,这一模式却陷入了一个司法困境——在促成和解方面,法院无法将被告人履行赔偿义务的情况与量刑情节挂钩,而被告人一旦没有"赔偿折抵刑期"这一现实的激励机制,要么在履行赔偿义务方面失去足够的动力,要么会采取更加不受节制的隐匿财产、逃避赔偿义务的行动。附带民事判决"执行难"的问题依然得不到根本解决,大多数附带民事判决最终都成了空判。这一模式表面上使附带民事诉讼脱离了刑事诉讼,使附带民事诉讼的当事人权利得到了全面的保护,但将被告人的犯罪行为与被害人的民事诉求完全的隔离开,在民事调解和执行效果上,其依然陷入了与二元模式相同的困境。尤为重要的是,由于刑事诉讼与民事诉讼的证明标准、证明对象、证明的程序规则和证明责任不同,往往会发生被告人在刑事诉讼中不构成刑事犯罪,但在民事诉讼中却承担民事赔偿责任的情形。美国加利福尼亚州最高法院 1995 年的辛普森案(O. J. Simpson murder case)就是一个最典型的案例。在刑事陪审团作出辛普森无罪的一致裁决之后,在 1997 年民事陪审团却作出裁决一致认为辛普森对两名受害人之死负有责任,并裁决辛普森赔偿原告 3350 万美元。判决一出,引起公众哗然,强烈表示了对司法判决结果的困惑和不解,克林顿总统不得不出面解释,他也必须尊重法院的判决。不难看出,将刑事诉讼与民事诉讼完全隔离,法律规范之间的相互冲突会使当事人无所适从,对法律技术的过度追求将会导致逾越法律的正义。① 这不仅使司法资源遭到了浪费,而且使法院的判决失去了权威性、确定性和统一性。②

① 参见苏力主编:《法律书评》,北京大学出版社 2008 年版,第 5 ~ 23 页。

② 参见林达:《历史深处的忧虑》,生活 · 读书 · 新知三联出版社 2006 年版,第 273 ~ 289 页。

(二)三元模式的优势

相对于隔离模式的理想化,"国家—被告人—被害人"三元模式在促成和解方面具有其先天的优越性。

以本文案例为例。对于被告人付某来说,三元模式下的附带民事和解制度为其提供了一种激励机制:如果积极赔偿附带民事诉讼原告人,履行民事赔偿义务,就可以获得从轻量刑的机会,这种量刑政策带有奖励的效果;如果没有对被害方作出足额的经济赔偿,法院就不会做出从轻量刑,这种量刑上的威慑其实带有明显的惩罚效果。在这种情况下,被告人付某及其近亲属,经过认真权衡利弊得失,对附带民事赔偿问题采取相当程度的积极态度。尤其在一审判处其死刑立即执行的情况下,如果二审法院对其从轻处罚,改判为死刑缓期两年执行或者无期徒刑,会极大地激发其民事赔偿热情。被告人付某即便本身确实没有赔偿能力,也会动员其近亲属想方设法地提供赔偿。这体现了宽严相济刑事政策对当事人追求有利结果的积极导向作用。

这样对于法院而言,通过将民事赔偿与从轻量刑紧密联系在一起,符合宽严相济刑事政策的基本要求和价值取向,有效破解了被告方与被害方过去相持不下的僵局,激发了他们达成民事赔偿协议的积极性。对于当事人双方而言,通过这种相互和解、结束对抗的纠纷处理方式,可以减少甚至消除双方在刑事诉讼结束后继续相互仇视的局面,减少双方结为"世仇"的可能性。相比较二元模式追求无益于任何一方的抽象正义,三元模式追求的是基于合作的司法正义。其最终结果是诉讼的实体结局直接产生于被告人与被害人的诉讼合意之中,在法律效果和社会效果上,达到了司法的和谐状态和纠纷的和平解决。①

---

① 参见马明亮:《协商性司法——一种新程序主义理念》,法律出版社2007年版,第45~76页。

(三)附带民事和解制度的正当性及刑事政策规制

从以上分析不难看出三元模式下的附带民事和解制度具有无可替代的优越性,但我们有必要解答以下几个问题:

首先,关于附带民事和解制度是否具有法律基础的问题。《刑法》第61条规定:"对于犯罪分子决定刑罚的时候,应当根据犯罪的事实、犯罪的性质、情节和对于社会的危害程度,依照本法的有关规定判处。"其中,"社会危害程度"即社会危害性,是指罪行对某种社会关系或合法利益的侵害性。其危害程度大小的决定因素包括被告人的主观恶性(罪过、目的和动机)和犯罪行为侵犯的客体及对其造成的损害程度。[①] 被告人在主观上是否具有认罪、悔罪决定了其主观恶性;给被害人造成的经济损失决定了损害程度。所以如果被告人能够对被害人的经济损失予以赔偿,并且在主观上认罪、悔罪,就说明被告人的社会危害程度的降低。而民事赔偿行为之所以能够转化为量刑依据在于,被告人赔偿被害人的经济损失并表示认罪、悔罪的,由此证明被告人犯罪对社会的危害程度较低。而根据刑法的规定,法官可以此作为量刑情节加以考虑。因此可以说,这一制度具备了法律根源和法律上正当性。

值得注意的是,《刑事诉讼法》第288条仅将刑事和解制度范围限定在因民间纠纷引起可能判处三年有期徒刑以下刑罚的、除渎职犯罪以外的可能判处七年有期徒刑以下刑罚的过失犯罪案件,该适用范围并未包含可能判处十年以上有期徒刑、无期徒刑、死刑的刑事案件。也就是说,对于可能判处十年以上有期徒刑、无期徒刑、死刑的刑事案件的刑事和解制度并未以立法的形式予以确立。第103条也只规定了附带民事诉讼的结案方式可以是调解,或者根据物质损失情况作出判决、裁定。《刑事诉讼法司法解释》第148条、第153条、第504条等规定了附带民事诉讼案件可以进行调解。但上述法律和司法解释并未对附带

---

① 参见高铭暄:《刑法学原理》(第1卷),中国人民大学出版社1993年版,第382~394页;陈兴良:《社会危害性理论》,载《法学研究》2000年第1期。

民事诉讼调解后将会对案件刑事部分以及刑罚量刑的后果产生何种影响进行明确规定。

而对附带民事诉讼和解的相关制度在现有阶段仅停留在刑事政策规定,在附带民事诉讼和解制度广泛应用于司法实务审判的今天,其在立法上仍属于空白状态。虽然我们能够找到间接的相关法律依据,但对该制度制订明确的、直接的立法规范是必要的。本文建议立法者将附带民事诉讼和解制度写入刑事诉讼法,并明确和解案件中法官的职责和地位,规范和解案件的范围以及参与和解当事人的范围,确立当事人自愿的原则以及和解反悔情况如何处理等规则,以使附带民事诉讼和解制度具有明确的法律依据和内在的正当性。

其次,关于附带民事和解制度是否属于"拿钱买罪"的问题。本文认为,"赔钱减刑""拿钱买罪"的做法与我们所采用的附带民事和解制度有着本质的区别。第一,接受钱财的主体不同。"拿钱买罪"接受的主体是司法行政机关,被告人将钱财交付给司法行政机关,以此获得一定程度的减刑,在此过程中被害人所受的经济损失未予考虑;而和解制度中,接受经济赔偿的主体是被害人及其近亲属,被害方根据被告人的犯罪行为对自己造成的物质损害,向被告人提出损害赔偿的请求及数额,由被害方担任接受经济赔偿的主体以弥补其所受损害。第二,二者中被害人接受损害赔偿的地位是不同的。"拿钱买罪"对被害人的物质损害并没有进行弥补,也未得到被害人的谅解,只是刑罚权和金钱的简单交易,被害人在此过程中没有诉讼地位,其所遭受的损害经常被忽略;而和解制度中,被告人必须对被害人的物质损害给予一定的经济补偿,并得到被害人对其犯罪行为的谅解,其赔偿行为才能作为其认罪悔罪的表现,以此作为量刑时的考量。由此可见,被害人具有相当重要的地位,其因犯罪所受的损害得到了极大的重视和肯定,其对犯罪行为的态度决定了被告人刑罚的命运。第三,二者引起的法律效果和社会效果不同。"拿钱买罪"造成了人民群众"富人可以顺利逃脱刑罚"和司法不公的印象,并且因被害人在此过程中并没有法律地位,其对待司法机关对被告人的量刑结果只能忍耐和承受,造成了对判决抵触和涉诉信访的隐患,这又会引起新的社会矛盾和不和谐因素;而和解制度侧重的是被告人对被害人的物质损害进行一定的经济赔偿,并且赔偿的数额或方式取得被害人的同意,在此基础上达成民事赔偿调解协议,更重要的是,通过民事赔偿,被告人对自己的犯罪行为表示认罪、悔罪,被害人对被告人犯罪行为的表示谅解,法院才能以此作为量刑的考量,其效果是平息了当事人的诉讼纠纷,化解了社会矛盾,消除了双方的仇视和恩怨,真正达到了案结事了和社会关系的恢复。所以,"拿钱买罪"的做法与我们所采用的附带民事和解制度在主体、程序和法律效果上有着本质的区别,也与宽严相济刑事政策的价值取向相违背。

再次,关于附带民事和解制度是否破坏了法律面前人人平等原则的问题。公平和平等是法律的基本价值之一,这是一个十分复杂的概念,可以用下面这句格言表示"同样情况同样对待"(treat like cases alike)。还可以补上"不同情况不同对待"(treat different cases differently)。[①] 而法律平等是对政治平等的一种确认,不能离开政治社会结构讨论平等问题,平等总是有限的,并不意味着否定任何差别,法律面前人人平等并不意味着对所有人都要判处相同的刑罚。平等只是一种机会平等、程序平等和形式平等。[②] 美国学者罗尔斯认为:"在纯粹程序正义中,不存在对正当结果的独立标准,而是存在一种正确的或公平的程序,这种程序若被人们恰当地遵守,其结果也会是正确的或公平的,无论它们可能会是一些什么样的结果。"[③]也就是说,平等即是以平等的机会和平等的程序定义平等的结果。就和解制度而言,司法机关为进入诉讼程序的所有当事人都提供了协商和解的机制,并给予其程序保证,但不一定所有的当事人都能达成和解协议,即便达成和解协议其内容也不尽相同。但只要当事人之间形成了某种合意,并基于此种合意化解了争讼,那么法院就会以此作为量刑情节的考虑,最终的结

---

① 参见[英]哈特:《法律的概念》,张文显等译,中国大百科全书出版社 1996 年版,第 157 页。

② 参见陈兴良:《本体刑法学》,商务印书馆 2005 年版,第 73 ~ 75 页。

③ [美]罗尔斯:《正义论》,何怀宏等译,中国社会科学出版社 2001 年版,第 120 页。

果是因当事人的主体差异而存在合理差别的。此外,在司法实践中,为避免因被告人的经济情况不同而给被害人的赔偿结果造成较大的差异,即针对被告人不具备赔偿能力,被害人得不到赔偿,生活陷入困境的情况,以及被告人具有法定从轻处罚情节,依法应当减轻处罚,但被害人因未能得到有效赔偿,而强烈地要求对被告人处以重刑的情况,最高人民法院 2000 年 7 月出台了《关于对经济确有困难的当事人予以司法救助的规定》,已经建立了相应的司法救助制度,并在 2005 年 4 月出台了《关于对经济确有困难的当事人提供司法救助的规定》,其中第三条规定的可以申请司法救助的事由从 11 项增加到 14 项,进一步扩大了司法救助的范围,逐步加大对被害人给予司法上经济援助的保障力度,以达到同类或类似案件的被害人所受损害相对恢复的平衡。

最后,关于附带民事和解制度是否会导致自由裁量权扩大的问题。针对这一问题,司法实务中出台了针对规范量刑制度的政策和指导意见。最高人民法院 2010 年 2 月 8 日颁布的《关于贯彻宽严相济刑事政策的若干意见》第 23 条规定:“被告人案发后对被害人积极进行赔偿,并认罪、悔罪的,依法可以作为酌定量刑情节予以考虑。”最高人民法院 2010 年 10 月 1 日起实施的《人民法院量刑指导意见(试行)》第三部分第 9 条规定:“对于积极赔偿被害人经济损失的,综合考虑犯罪性质、赔偿数额、赔偿能力等情况,可以减少基准刑的 30% 以下。”第 10 条规定:“对于取得被害人或其家属谅解的,综合考虑犯罪的性质、罪行轻重、谅解的原因以及认罪悔罪的程度等情况,可以减少基准刑的 20% 以下。”最高人民法院 2014 年 1 月 1 日起实施并于 2017 年 4 月修订的《关于常见犯罪的量刑指导意见》对此进行了更加明确细致的规定,第三部分第 9 条规定:“对于积极赔偿被害人经济损失并取得谅解的,综合考虑犯罪性质、赔偿数额、赔偿能力以及认罪、悔罪程度等情况,可以减少基准刑的 40% 以下;积极赔偿但没有取得谅解的,可以减少基准刑的 30% 以下;尽管没有赔偿,但取得谅解的,可以减少基准刑的 20% 以下;其中抢劫、强奸等严重危害社会治安犯罪的应从严掌握。”第 10 条规定:“对于当事人根据刑事诉讼法第二百七十七条达成附带民事和解协议的,综合考虑犯罪性质、赔偿数额、赔礼道歉以及真诚悔罪等情况,可以减少基准刑的50%以下;犯罪较轻的,可以减少基准刑的50%以上或者依法免除处罚。”该指导意见意味着全国法院正式实施量刑规范化工作,人民法院在落实司法为民公正司法、提高司法透明度和公信力迈出了重要一步,为确保量刑公开、公平、公正做出了重要努力。“两高三部”于2020年11月实施的《关于规范量刑程序若干问题的意见》第2条第1款规定:“侦查机关、人民检察院应当依照法定程序,全面收集、审查、移送证明犯罪嫌疑人、被告人犯罪事实、量刑情节的证据。”第5条规定:“……人民检察院提起公诉时可以提出量刑建议;被告人认罪认罚的,人民检察院应当提出量刑建议……”这些关于量刑规范的指导意见,不仅将赔偿被害人经济损失和被害人谅解作为量刑情节予以考虑,而且对具体的量刑幅度和量刑程序给予了规范准则和适用规则,并赋予公诉机关、当事人等提出量刑意见和理由的资格,增加了量刑适用的透明度。①

四、总　结

在宽严相济刑事政策的指导下,附带民事和解制度发挥着保护被害人的合法权益、化解被害人与被告人的矛盾、实现被害人与审判机关的良性互动、促进社会关系修复和社会和谐达成的无可替代的价值与功效。虽然附带民事和解制度尚待完备,但这一制度在司法实务中正在不断通过量刑规范化机制、宽严相济等刑事政策对法官的自由裁量权予以规制。由此可见,宽严相济刑事政策既对附带民事和解制度进行了有效规制,又避免了“机械司法”“体系僵化”,为司法实践体现情与法的统一提供了政策支持。

---

① 参见熊选国主编:《量刑规范化改革》,法律出版社2010年版,第161~167页。

A Survey of Criminal Policy with Civil Reconciliation System

WANG Lan

[**内容摘要**]附带民事和解制度是我国宽严相济刑事政策指导下重要制度之一,随着构建和谐社会理念不断深入,附带民事和解制度在化解社会矛盾、关注被害人等功能上发挥着有力作用。但对该制度的争议越来越大,比如附带民事赔偿对被告人量刑是否构成影响?法院是否能够当然地对履行赔偿义务的被告人从轻、减轻或免除处罚?是否需要考虑被告人认罪悔罪、被害人谅解等情节?法官自由裁量权在此过程中是否处于没有规制的状态?其量刑依据是什么?等等。本文结合真实案例进行分析,认为在宽严相济及量刑规范化等刑事政策和制度有效规制的前提下,附带民事和解制度对化解社会矛盾、预防和控制犯罪、构建司法公信力等方面一定能起到积极的推动作用。

[**关键词**]刑事政策;附带民事和解;宽严相济;量刑规范化

Abstract: The incidental civil reconciliation system is one of the important systems under the guidance of the criminal policy of tempering justice with mercy. With the deepening of the concept of building a harmonious society, the incidental civil reconciliation system plays a powerful role in resolving social contradictions and paying attention to victims. But there are more and more disputes about this system, such as whether the incidental civil compensation has an impact on the defendant's sentencing? Can the court, of course, give a lighter, mitigated or exempted punishment to the defendant who performs the obligation of compensation? Is it necessary to consider the circumstances such as the defendant's confession of guilt and the victim's understanding? Based on the analysis of real cases, this paper holds that under the premise of effective regulation of criminal policies and systems such as tempering justice with mercy and standardizing sentencing, the incidental civil reconciliation system will play a positive role in resolving social contradictions, preventing and controlling crimes, and building judicial credibility.

Keywords: Criminal Policy; Incidental Civil Reconciliation; Tempering Justice with Mercy; Standardizing Sentencing